中華博物通考

總主編 張述錚

文具卷

本卷主編
賈秀麗

上海交通大學出版社

圖書在版編目（CIP）數據

中華博物通考. 文具卷 / 張述錚總主編；賈秀麗本
卷主編.—上海：上海交通大學出版社, 2024.1
ISBN 978-7-313-24700-1

Ⅰ.①中… Ⅱ.①張… ②賈… Ⅲ.①百科全書—中
國—現代②文具—歷史—中國 Ⅳ.①Z227②TS951

中國國家版本館CIP數據核字(2023)第238414號

特約編審：王　傳
責任編輯：朱　菁
裝幀設計：姜　明

中華博物通考·文具卷

總　主　編：張述錚			
本卷主編：賈秀麗			
出版發行：上海交通大學出版社		地　　址：上海市番禺路951號	
郵政編碼：200030		電　　話：021-64071208	
印　　製：蘇州市越洋印刷有限公司		經　　銷：全國新華書店	
開　　本：890mm×1240mm　1 / 16		印　　張：25.5	
字　　數：521千字			
版　　次：2024年1月第1版		印　　次：2024年1月第1次印刷	
書　　號：ISBN 978-7-313-24700-1			
定　　價：298.00元			

《中華博物通考》編纂委員會

名譽主任：匡亞明

主　　任（按姓氏筆畫排序）：王春法　　張述錚

副主任：和　襲　　韓建民　　顧　鋒　　張　建　　丁鵬勃

委　　員（按姓氏筆畫排序）：

丁鵬勃	丁艷玲	王　勇	王元秀	王午戌	王立華	王青梅	王春法
王素芳	王栩寧	王緒周	文啓明	孔令宜	石　磊	石永士	白建新
匡亞明	任長海	李　淳	李西寧	李延年	李紅霞	李峻嶺	吳秉鈞
余志敏	沈江海	宋　毅	武善雲	林　彬	和　襲	周玉山	胡　真
侯仰軍	俞　陽	馬　巖	耿天勤	華文達	徐建林	徐傳武	高毅清
高樹海	郭砥柱	唐桂艷	陳俊强	陳益民	陳萬青	陳聖安	黃笑山
盛岱仁	婁安良	崔淑雯	康戰燕	張　越	張　標	張小平	張太龍
張在德	張述錚	張維軍	張學鋒	董　巍	焦秋生	謝冰冰	楊秀英
賈秀麗	賈貴榮	路廣正	趙卜慧	趙宗來	趙連賞	鄭小寧	劉世敏
劉更生	劉景耀	賴賢宗	韓建民	韓品玉	鍾嘉奎	顧　鋒	

《中華博物通考》總主編

張述錚

《中華博物通考》副總主編

韓品玉　　陳益民　　俞　陽　　賴賢宗

《中華博物通考》編務主任

康戰燕　　盛岱仁

《中華博物通考》學術顧問

（按姓氏筆畫排序）

王　方	王　釗	王子舟	王文章	王志强	仇正偉	孔慶典	石雲里
田藝瓊	白庚勝	朱孟庭	任德山	衣保中	祁德樹	杜澤遜	李　平
李行健	李克讓	李德龍	李樹喜	李曉光	吳海清	佟春燕	余曉艷
邱永君	宋大川	苟天林	郝振省	施克燦	姜　鵬	姜曉敏	祝逸雯
祝壽臣	馬玉梅	馬建勛	桂曉風	夏興有	晁岱雙	晏可佳	徐傳武
高　峰	高莉芬	陳　煜	陳茂仁	孫　機	孫　曉	孫明泉	陶曉華
黃金東	黃群雅	黃壽成	黃燕生	曹宏舉	曹彥生	常光明	常壽德
張志民	張希清	張維慎	張慶捷	張樹相	張聯榮	程方平	鈕衛星
馮　峰	馮維康	楊　凱	楊存昌	楊志明	楊華山	賈秀娟	趙志軍
趙連賞	趙榮光	趙興波	蔡先金	鄭欣淼	寧　强	熊遠明	劉　静
劉文豐	劉建美	劉建國	劉洪海	劉華傑	劉國威	潛　偉	霍宏偉
魏明孔	聶震寧	蘇子敬	嚴　耕	羅　青	羅雨林	釋界空	釋圓持
鐵付德							

《中華博物通考·文具卷》編纂委員會

主　　編: 賈秀麗

副 主 編: 周玉山

撰 稿 人: 賈秀麗　　周玉山　　王力文　　郎秀麗　　陳　霞　　張鐵柱　　劉曉倩

導　論

——縱論中華博物學的沉淪與重建

引　言

在中國當代，西方博物學影響至巨，自鴉片戰争以來，屈指已歷百載。何謂"西方博物學"？"西方博物學"是以研究動植物、礦物等自然物爲主體的學科，但不包含社會領域的社會生活，至19世紀後期已完成學術使命，成爲一種保護大自然的公益活動，但國人却一直承襲至今。中華久有自家的博物學，已久被忘却，無人問津，這一狀况實是令人不安。前日偶見《故宫裏的博物學》問世，精裝三册，喜出望外，以爲我中華博物學終得重生，展卷之後始知，該書是依據清乾隆時期皇室的藏書《清宫獸譜》《清宫鳥譜》《清宫海錯圖》（"海錯"多指海中錯雜的魚鱉蝦蟹之類）繪製而成，其中一些并非實有，乃是神話傳説之物。其内容提要稱"是專爲孩子打造的中華文化通識讀本"，而對博物院内琳琅滿目的海量藏品則隻字未提。這就是説，博物院雖有海量藏品，却與故宫裏的博物學毫不相干，或曰并不屬於博物學的研究範圍。此書的編纂者是我國的著名專家，未料我國這些著名專家所認定的博物學仍是西方的博物學。此書得以《故宫裏的博物學》的名義出版，又證我國的出版界對於此一命題的認同，竟然不知我中華久有自家的博物學。此書如若改稱《故宫裏的皇室動物圖譜》，則名正言順，十分精彩，不失爲一部别具情趣的兒童讀物，但原書名却無意間形成一種誤導，孩子們可能會據此認定：唯有鳥獸蟲魚之類才是中華文化中的大學問，故而稱之爲"博物學"，最終會在其幼小心靈裏留下西方博物學的深深印記。

何以出現這般狀況？因爲許多國人對於傳統的中華博物及中華博物學，實在是太過陌生！那麼，何謂"博物"？本文指稱的"博物"，是指隸屬或關涉我中華文化的一切可見或可感知之物體物品。何謂"中華博物學"？"中華博物學"的研究主體是除却自然界諸物之外，更關涉了中國社會的各個方面各個領域，進而關涉了我中華民族的生息繁衍，關涉了作爲文明古國的盛衰起落，足可爲當代或後世提供必要的藉鑒，是我國獨有、無可替代的學術體系。故而重建中華博物學，具有歷史的、現實的多方面實用價值。我中華博物學起源久遠，至遲已有兩千年歷史，衹是初始没有"博物學"之名而已。時至明代，始見"博物之學"一詞。如明楊士奇《東里續集》卷一八評述宋陸佃《埤雅》曰："此書於博物之學蓋有助焉。"此一"博物之學"，可視爲"中華博物學"的最早稱謂。又，《四庫全書總目提要》卷一三六評清陳元龍《格致鏡原》曰："〔此書〕分三十類：曰乾象，曰坤輿，曰身體，曰冠服，曰宮室，曰飲食，曰布帛，曰舟車，曰朝制，曰珍寶，曰文具，曰武備，曰禮器，曰樂器，曰耕織器物，曰日用器物，曰居處器物，曰香奩器物，曰燕賞器物，曰玩戲器物，曰穀，曰蔬，曰木，曰草，曰花，曰果，曰鳥，曰獸，曰水族，曰昆蟲，皆博物之學。"此即古籍述及的"中華博物學"最爲明確、最爲全面的定義。重建的博物學於"身體"之外，另增《函籍》《珍奇》《科技》等，可以更全面地融匯古今。在擴展了傳統博物學天地之外，又致力於探索浩浩博物的淵源、流變，以及同物異名與同名異物的研究，致力於物、名之間的生衍關係的考辨。"博物學"本無須冠以"中華"或"中國"字樣，在當代爲區別於西方的"博物學"，遂定名爲"中華博物學"，或曰"中華古典博物學"。"中華博物學"，國人本當最爲熟悉，事實却是大出所料，近世此學已成了過眼雲烟，少有問津者，西方博物學反而風靡於中國。何以形成如此狀況？何以如此本末倒置？這就不能不從噩夢般的中國近代史談起。

一、喪權辱國尋自保，走投無路求西化

清王朝自鴉片戰爭喪權辱國之後，面對列强的進逼，毫無氣節，連連退讓，其後又遭

甲午戰爭之慘敗，走投無路，於是由所謂“師夷之長技”，轉而向日本求取西化的捷徑，以便苟延殘喘。日本自19世紀始，城鄉不斷發生市民、農民暴動，國內一片混亂。1854年3月，又在美國鐵艦火炮脅迫之下，簽訂《神奈川條約》。四年後再度被迫與美國簽訂通商條約。繼此以往，荷、俄、英、法，相繼入侵，條約不斷，同百年前的中國一樣，徹底淪爲半封建半殖民地社會，當權的幕府聲威喪盡。1868年1月，天皇睦仁（即明治天皇）下達《王政復古大號令》，廢除幕府制度，但值得注意的是仍然堅守“大和精神”，并未全部廢除自家原有傳統。同年10月，改元明治，此後的一系列變革措施，即稱之爲“明治維新”。維新之後，否定了“近習華夏”，衝決了“東亞文化圈”，上自天皇，下至黎民，勠力同心，在“富國強兵、置産興業”的前提之下，遠法泰西，大力引入嶄新的科學技術，從而迅速崛起，廢除了與列強的一切不平等條約，成爲令人矚目的世界強國之一。可見“明治維新”之前，日本內憂外患的遭遇，與當時的中國非常相似。在此民族存亡的關鍵時刻，中國維新派代表人物不失時機，遠渡東洋，以日本爲鏡鑒，在引進其先進科技的同時，也引進了日本人按照英文natural history的語意翻譯成的漢語“博物學”，雖并不準確，但因出於頂禮膜拜，已無暇顧及。況且，自甲午戰爭至民國前期，日源語詞已成爲漢語外來語詞庫中的魁首，遠超英法俄諸語，且無任何外來語痕迹，最難識別。如“民主”“科學”“法律”“政府”“美感”“浪漫”“藝術界”“思想界”“無神論”“現代化”等，不勝枚舉。國人曾試圖自創新詞，但敗多勝少，衹能望洋興嘆。究其原因，并非民智的高下，也并非語種的優劣，實則是國力強弱的較量，國強則國威，國威則必擁有強勢文化，而強勢文化勢必涌入弱國，面對強勢文化，弱國豈有話語權？西方的“博物學”進入中國，遒勁而又自然。

那麼，西方博物學源於何時何地？又經歷了怎樣的發展變化？答曰：西方博物學發端於古希臘亞里士多德（公元前384—前322）《動物志》之類著述，又經古羅馬老普林尼（公元23—79）的《自然史》，輾轉傳至歐洲各國。其所謂博物除却動植物外，更有天文、地理、人體諸類。這是西方的文化背景與知識譜系，西人習以爲常，喜聞樂見。在歐洲文藝復興和美洲地理大發現之後，見到別樣的動物、植物以及礦物，博物學得到長足發展。至19世紀前半期，博物學形成了動物學、植物學和礦物學三大體系，達於鼎盛。至19世紀後期，動物學、植物學獨立出來，成爲生物學，礦物學則擴展爲地質學，博物學已被架空。至20世紀，博物學已不再屬於什麼科學研究，而完全變成一種生態與環境探索，以供民衆休閑安居的社會活動。其時，除却發端於亞里士多德的"博物學"之外，也有後起的"文化博物學"（Cultural Museology），這是一門非主流的綜合性學科，旨在研究人類一切文化遺産，試圖展示并解釋歷史的傳承與發展，但在題材視野、表達主旨等方面與中華傳統博物學仍甚有差异。面對此類非主流論説，當年的譯者或視而不見，或有意摒弃，其志在振興我中華。

在尋求救國的路途中，仁人志士們目睹了西方先進文化，身感心受，嚮往久之。"試航東西洋一游，見彼之物質文明，莊嚴燦爛，而回首宗邦，黯然無色，已足明興衰存亡之由，長此以往，何堪設想？"（吴冰心《博物學雜誌》發刊詞，1914 年 1 月，第 1 ~ 4 頁），此時仁人志士們滿腔熱血，一心救國。但如何救國，却茫茫然，如墮五里霧中。這一救國之路從表象上觀察似乎一切皆以日本爲鏡鑒，實則迥别於"明治維新"之路，未能把握"富國强兵、置産興業"之首要方嚮，而當年的執政者却祇顧個人權勢的得失，亦無此遠大志嚮。仁人志士們雖振臂疾呼，含泪呐喊，祇飄揺於上層精英之間，因一度失去民族自信、文化自信，而不知所措，矛頭直指孔子及千載儒學，進而直指傳統文化。五四運動前夜，北京大學著名教授錢玄同即正告國人"欲驅除一般人之幼稚的野蠻的頑固的思想"，就必須要"廢孔學"，必須要"廢漢文"（錢玄同《中國今後的文字問題》，載 1918 年 4 月 15 日《新青年》第 4 卷第 4 號）。翌年，五四運動爆發，仁人志士們高舉"德謨克拉西"（民主）、"賽因斯"（科學）兩面大旗，掀起反帝反封建的狂濤巨瀾，成爲中國近現代史上的偉大里程碑，中國人民自此視野大開。這兩面大旗指明了國家强弱成敗的方嚮。但與此同時，仁人志士們又毫不猶豫，全力以赴，要堅决"打倒孔家店"。於是，孔子及其儒家學説成了國弱民窮的替罪羊！接踵而至的就是對於漢字及其代表的漢文化的徹底否定。偉大革命思想家魯迅也一直抨擊傳統觀念、傳統體制，1936 年 10 月，在他逝世前夕《病中答救亡情報訪員》一文中，竟然斷言："漢字不滅，中國必亡！"而新文化運動的主要人物之一胡適更是語出驚人："我們必須承認我們自己百事不如人，不但物質機械上不如人，不但政治制度不如人，并且道德不如人，知識不如人，文學不如人，音樂不如人，藝術不如人，身體不如人。"中華民族是"又愚又懶的民族"，是"一分像人，九分像鬼的不長進民族"（胡適《介紹我自己的思想》，1930 年 12 月亞東圖書館初版《胡適文選》自序）。這是五四運動前後一代精英們的實見實感，本意在於革故鼎新，但這些通盤否定傳統文化的主張，不啻是在緊要歷史關頭的一次群情失控，是中國文化史中的一次失智！在這樣的歷史背景、這樣的歷史氣勢之下，接受西方"博物學"就成了必然，有誰會顧及古老的傳統博物學？

在引進西方博物學之後，國人紛予效法，試圖建立所謂中華自家的博物學，於是圍繞植物學、動物學兩大方面遍搜古今，窮盡群書，着眼於有關動植物之類典籍的縱橫搜求，但這并非我中華的博物全貌，也并非我中華博物學，況且在中華古典博物學中，也罕見西方礦物學之類著作，可見，試圖以西方的博物學體系，另建中華古典博物學，實在是削足適履、邯鄲學步。自 1902 年始，晚清推行學制改革，先後頒布了"壬寅學制""癸卯學制"。1905 年，根據《奏定學堂章程》，已將西方博物學納入中學的課程設置。其課程分爲植物、動物、礦物、人體生理學四種，分四年講授。1912 年中華民國成立後，江浙等地出現過博物學會和期刊，稍後武昌高等師範學校設立了博物學系，出版過《博物學雜誌》，主要研究動物學、植物學及人體生理學，隨後又將博物學系改稱生物學系，《博物學雜誌》也相應改稱《生物學雜誌》，重走了西方的老路。北京高等師範學校也有類似經歷，甚爲盲目而混亂。至 30 年代，發現西方博物學自 20 世紀始，已轉型爲生態與環境探索，國人因再無興趣，對西方博物學的大規模推廣、學習在中國遂告停止，但因影响至深，其餘風猶存。

二、中華典籍浩如海，博物古學何處覓？

應當指出，中國古代典籍所載之草木、鳥獸、蟲魚之類，亦有別於西方，除却其自身屬性特徵外，又常常被人格化，或表親近，或加讚賞，體現了另一種精神情愫。如動物龜、鶴，寓意長壽（其後，龜又派生了貶義）；豺、狼、烏鴉、貓頭鷹，或表殘忍，或表不祥；其他如十二生肖，亦各有象徵，各有寓意。而那些無血肉、無情感的植物，同樣也被賦予人文色彩。如漢班固《白虎通·崩薨》載："《春秋含文嘉》曰：天子墳高三仞，樹以松；諸侯半之，樹以柏；大夫八尺，樹以欒；士四尺，樹以槐；庶人無墳，樹以楊、柳。"足見在我國古老的典制禮俗中，松、柏、欒、槐、楊、柳，已被賦予了不同的屬性，被分爲五等，楊、柳最爲低賤；就連如何埋葬也分爲五等，嚴於區別，從墳高三仞到無墳，成爲天子到庶人的埋葬標志。實則墳墓分爲等級，早在公元前 3300 年至公元前 2300 年的良渚古城遺址已經發現。這些浩浩博物，廣泛涉及了古老民族和古老國度的典制與禮俗，我國學人也難盡知，西方的博物學又當如何表述？

可見西方博物學絕難取代中華古典博物學，中華古典博物學的研究範圍，遠超西方博物學，或可說中華古典博物學大可包容西方博物學。如今，這一命題漸引起國內一些有識之士、專家學者的關注。那麼，中華古典博物學究竟發端於何時何地？有無相對成型的體系？如何重建？答曰：若就人類辨物創器而言，上古即已有之，環宇盡同。若僅就我中華文獻記載而言，有的學者認爲當發端於《周易》，因爲“易道廣大，無所不包”（《四庫全書總目提要》卷九），或認爲發端於《書·禹貢》，因爲此書廣載九州山河、人民與物產。《周易》《禹貢》當然可以視爲中華博物學的源頭。而作爲中華博物學體系的領銜專著，則普遍認爲始於晉代張華《博物志》。而論者則認爲，中華博物學成爲一門相對獨立的學科體系，當始於秦漢間唐蒙的《博物記》，此書南北朝以來屢見引用，張華《博物志》不過是續作而已。對此，前人久有論述。如《四庫全書總目提要》卷一四二曰：“劉昭《續漢志》注《律曆志》引《博物記》一條，《輿服志》引《博物記》一条，《五行志》引《博物記》二條，《郡國志》引《博物記》二十九條……今觀裴松之《三國志》注（《魏志·太祖紀》《文帝紀》《吳志·孫賁傳》等）引《博物志》四條，又於《魏志·涼茂傳》中引《博物記》一條，灼然二書，更無疑義。”再如宋周密《齊東野語·野婆》曰：“《後漢·郡國志》引《博物記》曰：‘日南出野女，群行不見夫，其狀晶且白，裸袒無衣襦。’得非此乎？《博物記》當是秦漢間古書，張茂先（張華，字茂先）蓋取其名而爲《志》也。”再如明楊慎《丹鉛總錄》卷一一：“漢有《博物記》，非張華《博物志》也，周公謹云不知誰著。考《後漢書》注，始知《博物記》爲唐蒙作。”如前所述，此書南北朝典籍中多有引用，如僅在南朝梁劉昭《續漢志》注中，《博物記》之名即先後出現了三十三次之多。據有關古籍記載，其內包括了律曆、五行、郡國、山川、人物、輿服、禮俗等，盡皆實有所指，無一虛幻。故在明代有關前代典籍分類中，已將唐蒙《博物記》與三國魏張揖《古今字詁》、晉呂靜《韻集》、南朝梁阮孝緒《古今文詁》、唐顏元孫《干祿字書》、宋洪适《隸釋》等字書、韵書并列（見明顧起元《說略》卷一五），足見其學術地位之高，而張華《博物志》則未被錄入。

至西晉已還，佛道二教廣泛流傳，神仙方士之說大興，於是張華又衍《博物記》爲《博物志》，其書內容劇增，自卷一至卷六，記載山川地理、歷史人物、草木蟲魚，這些當是紀要考訂之屬，合乎本文指稱的名副其實的博物學系統。此外，又力仿《山海經》的體例，旨在記載异物、妙境、奇人、靈怪，以及殊俗、瑣聞等，諸多素材語式，亦幾與《山海經》盡同，若"羽民國，民有翼，飛不遠……去九嶷四萬三千里"云云，并非"浩博實物"，已近於"志怪"小説。張華自序稱其書旨在"博物之士覽而鑒焉"，張序指稱的"博物之士"，義同前引《左傳》之"博物君子"，其"博物"是指"博通諸種事物"，虛虛實實，紛紛紜紜，無所不包。此類記述，正合世風，因而《博物志》大行其道，《博物記》則漸被冷落，南北朝之後已失傳，其殘章斷簡偶見於他書，可輯佚者甚微。後世輾轉相引，又常與《博物志》混同。《博物志》至宋代亦失傳，今本十卷爲采摭佚文、剽掇他書而成，真僞雜糅，亦非原作。其後又有唐人林登《續博物志》十卷，緊接《博物志》之後，更拓其虛幻内容，以記神异故事爲主，多是叙述性文字，其條目篇幅較長，宋代之後也已亡佚。再後宋人李石又有同名《續博物志》十卷，其自序稱："次第仿華書，一事續一事。"實則并不盡然，華書首設"地理"，李書改增爲"天象"，其他内容，間有與華書重複者，所續多是後世雜籍，宋世逸聞。此書雖有舛亂附會之弊，仍不失爲一部難得的繼補之作。李書之後，又有明人游潛《博物志補》三卷，仍係補張華之《志》，旨趣體例略如李石之《續志》，但頗散漫，時補時闕，猥雜冗濫。李、游一續一補，盡皆因仍張《志》，繼其子遺。以上諸書之所謂"博物"，一脈相承，注重珍稀之物而外，多以臚列奇事异聞爲主旨，同"浩博實物"的考釋頗有差异。游潛稍後，明董斯張之《廣博物志》五十卷問世，始一改舊例，設有二十二類，下列子目一百六十七種，所載博物始於上古，達於隋末，不再因仍張《志》而爲之續補，已是擴而廣之，另闢山林，重在追溯事物起源，其中包括職官、人倫、高逸、方技、典制，等等。其後，清人陳逢衡著有《續博物志疏證》十卷、《續博物志補遺》一卷，對李石《續志》逐條研究探索，并又加入新增條目，成爲最系統、最深入的《續》説。其後，徐壽基又著有《續廣博物志》十六卷，繼董《志》餘緒，於隋代之後，逐一相繼，直至明清，頗似李石之續張華。但《廣志》《續廣志》之類，仍非以專考釋"浩博實物"爲主旨。我國第一部以"博物"命名而研究實物的專著，當爲明末谷應泰之《博物要覽》。該書十六卷，惜所涉亦不過碑版、書畫、銅器、窑器、瑪瑙、珊瑚、珠玉、奇石等玩賞之器物，皆係作者隨所見聞，摭録成帙；所列未廣，其中碑版書畫，尤爲簡陋，難稱浩博，其影響遠不及前述諸《志》，但所創之寫實體例，則非同尋常。而最具權威者，當是明末黄道周所著《博物典彙》，該書共二十卷，所涉博物，始自遠古，達於當朝，上自天文地理，下至草木蟲魚，盡予囊括，并以其所在時代最新的觀點、視野，對歷代博物著述進行了彙總研究。如卷一關於"天文"之考釋，下設"渾天""七曜"，"七曜"下又設"日""月""五星"，再後又有"經星圖""緯星圖""二十八宿"。又如卷七關於"后妃"，下設"宮闈內外之分""宮闈預政之誡"，緊隨其後的即教育"儲貳"之法，等等，甚爲周嚴。

以上諸書就是以"博物"命名的博物學專著。在晚清之前，代代相繼，發展有序，并時有新的建樹。

與這些博物學專著相并行，相匹配，另有以"事"或"事物"命名，旨在探索事物起源的博物學專著。初始之作爲北魏劉懋《物祖》十五卷，稍後有隋謝昊《物始》十卷，是對《物祖》的一次重大補正。《物始》之後，有唐劉孝孫等《事始》三卷，又有五代馮鑑《續事始》十卷，是對《事始》的全面擴展與開拓。《續事始》之後，另有宋高承《事物紀原》十卷，此書分五十五個類目，上自"天地生植"，中經"樂舞聲歌""輿駕羽衛""冠冕首飾""酒醴飲食"，直至"草木花果""蟲魚禽獸"，較《物祖》《物始》尤爲完備，遂成博物學的百代經典。接踵而來者有明王三聘《古今事物考》八卷，效法《紀原》之體，自古至今，上至天文地理，下至昆蟲草木，中有朝制禮儀、民生器用、宮室舟車，力求完備，較之他書尤得要領，類居目列，條理分明，重在古今考釋，一事一物，莫不求源溯始，考核精審。此書載錄服飾資料尤爲豐富，如卷一有上古禮制之種種服式，非常全面，卷六所載後世之巾冠、衣、佩、帶、襪、履舄、僧衣、頭飾、妝飾、軍服等百餘種，考證多引原書原文，確然有據，甚爲難得。就全書而言，略顯單薄。明徐炬又有《古今事物原始》三十卷，此書仿高承《紀原》之體，又參《事物考》之章法，以考釋制度器物爲主，古今上下，盡考其淵源，更有所得，凡日月星辰、山川草木，亦必確究其淵源流變，但此與天地共生之浩浩博物，四百餘年前的一介書生，豈可臆測而妄斷？爲此而輾轉援引，頗顯紛亂。且鳥獸花草之起首，或加偶語一聯，或加律詩二句，而後逐一闡釋，實乃蛇足。其書雖有此瑕疵，却不掩大成。與王、徐同代的還有羅頎《物原》二卷（《四庫》本作一卷），羅氏以《紀原》不能黜妄崇真，故更訂爲十八門，列二百九十三條，條條錘實。如，刻漏、雨傘、鋦子（用於連合破裂器物的兩脚釘）、酒、豆腐之類的由來，多有創見。惜違《紀原》明記出典之體，又背《事物考》之道，凡有考釋，則溷集衆説爲一。如，烏孫公主作琵琶，張華作苔紙，皆茫然不知所本。不過章法雖有差失，未臻完美，但其功業甚巨，《物原》成爲一部研究記述我國先民發明創造的專著。時至清代，陳元龍又撰

《格致鏡原》一百卷。何謂"格致鏡原"？意即格物致知，以求其本原。此書的子目多達一千七百餘種，明代以前天地間萬事萬物盡予羅致，一事一物，必究其原委，詳其名號，廣博而精審，終成中華古典博物學的巔峰之作。

以上兩大系列專著，自秦漢以來，連續兩千載，一脉相承，這并非十三經、二十六史之類的敕編敕修，無人號令，無人支持，完全出自一種無形的力量，出自文化大國、中華文脉自惜自愛的傳承精神，從而構成浩大的博物學體系。在我國學術研究史中，在我國圖書編纂史中，乃至於世界文化史中，當屬大纛獨立，舉世無雙！本當如江河之奔，生生不息，終因清廷喪權辱國、全盤西化而戛然中斷。

三、博物古學歷磨難，科技起落何可悲！

回顧我國漫長的文化史可知，中華博物學是在傳統的"重道輕器"等陳腐觀念桎梏下，以强大的民族自覺精神、民族意志爲推動力，砥礪前行，千載相繼，方成獨立體系，因而愈加難得，愈加可貴。

"重道輕器"觀念是如何出現的？何謂"道器"？兩者究竟是何關係？《周易·繫辭上》曰："形而上者謂之道，形而下者謂之器。"何謂"道"？所謂道乃"先天地生"，無形無象、無聲無色、無始無終、無可名狀，爲"萬物之所然也，萬理之所稽也"（見《韓非子·解老》），是指形成宇宙萬物之本原，是形成一切事理的依據與根由。何謂"器"？器即宇宙間實有的萬物，包括一切科技發明，至巨至大，至細至微，充斥天地間，而盡皆不虛，或有實物可見，或有形體可指。器即博物，博物即器。"道器關係"本是一種有形無形、可見與不可見的生衍關係，并無高下之分，但在傳統文化中却另有解釋。如《周禮·考工記序》曰："坐而論道，謂之王公；作而行之，謂之士大夫；審曲面埶，以飭五材，以辨民器，謂之百工。"又曰："智者創物，巧者述之，守之世，謂之百工。百工之事，皆聖人之作也。"此文突顯了"道"對於"器"的指導與規範地位。"坐而論道"，可以無所不論，民生、朝政、國運、天下事，當然亦在所論之中。"道"實則是指整體人世間的一種法則、一種定律，或説是我古老的中華民族所創造的另一種學説。所謂"論道者"，古代通常理解爲"王公"或"聖人"，實則是代指一代哲人。《考工記序》却將論道與製器兩者截然分開，明確地予以區別，貶低萬衆的創造力，旨在維護專制統治，從而確定人們的身份地位。坐而論道者貴爲王公，親身製器者屬末流之百工（"審曲面埶，以飭五材、以辨民器"，謂觀察金、木、皮、玉、土之曲直、性狀，據以製造民人所需之器物）。《考工記序》所記雖名爲"考工"，實則是周代禮制、官制之反映，對芸芸衆生而言，這種等級關係之誘惑力超乎尋常，絶難抵禦，先民樂於遵從，樂於接受，故而崇敬王公，崇敬聖人，百代不休。因而在中國古代，科學技術大受其創。

"重道輕器"的陳腐觀念，在中國古代影響廣遠，"器"必須在"道"的限定之下進行，不得隨意製作，不得超常發揮，"道"漸演化爲統治者實施專政的得力手段。"坐而論道"，似乎奥妙無盡。魏晋時期，藉儒入道，張揚"玄之又玄"，乃至於魏晋人不解魏晋文章，本朝人爲本朝人作注，史稱"玄學"。兩宋由論道轉而談理，一代理學宗師應運而生，闡理思辨，超乎想象，就連虚幻縹緲的天宫，亦可談得妙理聯翩，後世道家竟繪出著名的《天宫圖》來。事越千載，五四運動時期，那些新文化運動主將們聯手痛搗"孔家店"，却不攻玄理，"論道""崇道""樂道""惜道"，滚滚而來，遂成千古"道"統，已經背離《易》《老》的本義。出於這樣的觀念，如何會看重"形而下"的博物與博物學？

那麽，古代先民又是如何看待與博物學密切相關的科學技術？《書・泰誓下》載，殷紂王曾作"奇技淫巧，以悦婦人"，爲百代不齒，萬世唾駡。何謂"奇技淫巧"？唐人孔穎達釋之曰："奇技謂奇異技能，淫巧謂過度工巧……技據人身，巧指器物。"所謂"奇技淫巧"，今大底可釋爲超常的創造發明，或可直釋爲科學技術。論者認爲，"百代不齒，萬世唾駡"者并不在於"奇技淫巧"這一超常的創造發明，而在於紂王奢靡無度，用以取悦婦人的種種罪孽。至於紂王是否奢靡無度，"以悦婦人"，今學界另有考證。紂王當時之所以能稱雄天下，正是由於其科技的先進，軍事的强大，其失敗在於大拓疆土，窮兵黷武，導致内外哀怨，決戰之際又遭際叛亂。所謂"以悦婦人"之妲己，衹是戰敗國的一種"貢品"而已，對於年過半百的老人并無多大"媚力"。關於殷商及妲己的史料，最早見於戰國時期成書的《國語・晋語一》，前後僅有二十七字，并無"酒池肉林""炮烙之刑"之類記載，後世史書所謂紂王對妲己的種種寵愛，實是一種演繹，意在宣揚"紅顔禍水"之説（此説最早亦源於前書。"紅顔禍水"，實當稱之爲"紅顔薄命"）。在中國古代推崇"紅顔禍水"論，進而排斥"奇技淫巧"，從而否定了科技的力量，否定了科技强弱與國家强弱的關係。時至周代，對於這種"奇技淫巧"，已有明確的法律限定："作淫聲、異服、奇技、奇器以疑衆，殺！"（見《禮記・王制》）這也就是説，要杜絶一切新奇的創造發明，連同歌聲、服飾也不得超乎常規，否則即犯殺罪！此文自漢代始，多有注疏，今擇其一二，以見其要。"淫聲"者，如春秋戰國時鄭、衛常有男女私會，謳歌相引，被斥爲淫靡之聲；"奇技"者，如年輕的公輸班曾"請以機窆"，即以起重機落葬棺木，因違反當時人力牽挽的埋葬禮節，被視爲不恭。一言以蔽之，凡有違禮制的新奇科技、新奇藝術，皆被視爲疑惑民衆，必判以重罪。這就是所謂"維護禮制"，其要害就是維護統治者的統治地位，故而衣食住行所需器物的質材及數量，無不在尊卑貴賤的等級制約之中。如規定平民不得衣錦綉，不得鼎食，商人、藝人不得乘車馬，就連權貴們娛樂時選定舞蹈的行列亦不可違制，違制即意味着不軌，意味着僭越。杜絕"奇技淫巧"，始自商周，直至明清而未衰。我國著名的四大發明，千載流傳，未料却如同國寶大熊猫一樣，竟由後世西方科學家代爲發現，實在可悲！四大發明、大熊猫之類，或因史籍隱冷，疏於查閱，或因地處山野，難以發現，姑可不論，但其他很多非常具體的發明創造，雖有群書連續記載，也常被無視，或竟予扼殺。如漢代即有超常的"女布"，因出自未嫁少女之手而得名（見《後漢書·王符傳》），南北朝時已久負盛名，稱"女子布"（見南朝宋盛弘之《荆州記》）。宋代又稱"女兒布"，被贊爲"布帛之品……其尤細者也"（見宋羅濬《寶慶四明志·郡志四》）。其後歷代製作，不斷創新，及至明清終於出現空前的妙品"女兒葛"。"女兒葛"爲細葛布的一種，其物纖細如蟬翼紗，又如傳説中的"蛟女絹"，僅重三四兩，捲其一端，整匹女兒葛便可出入筆管之中，精美絕倫，明代弘治之後曾發現於四川鄰水縣，但却被斷然禁止。明皇甫錄《下陴記談》卷上："女兒葛，出鄰水縣，極纖細，必五越月而後成，不減所謂蟬紗、魚子纈之類，蓋十縑之力也。予以爲淫巧，下令禁止，無敢作者。"對此美妙的"女兒葛"，時任順慶府知府的皇甫錄，并没給予必要的支持、鼓勵，反而謹遵古訓，以杜絕"奇技淫巧"爲己任，堅決下達禁令，并引以爲榮。皇甫錄乃弘治九年（1496）進士，爲官清正，面對"奇技淫巧"也如此"果斷"！此後清代康熙年間，"女兒葛"再現於廣東增城縣一帶，其具體情狀，清屈大均《廣東新語·貨語·葛布》中有翔實描述，但其遭遇同樣可悲，今"女兒葛"終於銷聲匿迹。在中國古代，類似的遭遇，又何止"女兒葛"？杜絕"奇技淫巧"之風，一脈相承，何可悲也。

但縱觀我華夏全部歷史可知，一些所謂的"奇技淫巧"之類，雖屢遭統治者的禁弃，實則是禁而難止，況統治者自身對禁令也時或難以遵從，歷代帝王皇室之衣食住行，幾乎無一不恣意追求舒適美好，爲了貪圖享樂，就不得不重視科技，就不得不啓用科技。如

"被中香爐"（爐內置有炭火、香料，可隨意旋轉以取暖，香氣縷縷不絶。發明於漢代）、"長信宮燈"（燈內裝有虹管，可防空氣污染。亦發明於漢代）的誕生，即明證。歷代王朝所禁絶的多是認定可能危及社稷之類的"奇技淫巧"，并未禁止那些有利於民生的重大發明，也没有壓抑摧殘黎民百姓的靈智（歷史中偶有以愚民爲國策者，祇是偶或所見的特例而已）。帝王們爲維護其統治地位，以求長治久安，在"重道輕器"的同時，也極重天文、曆算、農桑、醫藥等領域的研究，凡善於治國的當權者，爲謀求其國勢得以强盛，則必定大力倡導科技，《後漢書·和熹鄧皇后紀》所載即爲顯例。和熹皇后鄧綏（公元81—121），深諳治國之道，兼通天文、算數。永元十四年（102），漢和帝死後，東漢面臨種種滅頂之災，鄧綏先後擁立漢殤帝和漢安帝，以"女君"之名親政長達十六年，克服了有史以來最嚴重的十年天災，剿滅海盜，平定西羌，收服嶺南三十六個民族，將九真郡外的蠻夷夜郎等納入版圖，恢復東漢對西域的羈縻，征服南匈奴、鮮卑、烏桓等，平息了内憂外患，使危機四伏的東漢王朝轉危爲安。正是在這期間，鄧綏大力發展科技，勉勵蔡倫改進造紙術，任用張衡研製渾天儀、地動儀等儀器，并製造了中尚方弩機，這一可以連續發射的弩機，其射程與命中率令時人驚嘆，成爲當時世界上最具殺傷力的先進武器（此外，鄧綏又破除男女授受不親的陳腐觀念，創辦了史上最早的男女同校學堂，并通過支持文字校正與字詞研究，推動了世界第一部字典《説文解字》問世）。這就爲傳統的博物研究提供了巨大的空間，因而先後出現了今人所謂的"四大發明"之類。實際上何止是"四大發明"？天文、曆算等領域的發明創造，可略而不論。鄧綏之前，魯班曾"請以機窆"的起重機，出現於春秋時期，早於西方七百餘年。徐州東洞山西漢墓出土的青銅透光鏡，歐洲和日本人稱其爲"魔鏡"，當一束光綫照射鏡面而投影在墻壁上時，墻上的光亮圈内就出現了銅鏡背面的美麗圖案和吉祥銘文。這一"透光鏡"比日本"魔鏡"早出現一千六百餘年，而歐洲的學者直到19世紀纔開始發現，大爲驚奇，經全力研究，得出自由曲面光學效應理論，將其廣泛運用於宇宙探索中。今日，國人已能够恢復這一失傳兩千餘載的原始工藝，千古瑰寶終得重放异彩！鄧綏之後，又創造了"噴水魚洗"，亦甚奇妙，令人大開眼界。東漢已有"雙魚洗"之名（見明梅鼎祚《東漢文紀》卷三二引《雙魚洗銘》），未知當時是否可以噴水。"噴水魚洗"形似現今的臉盆。盆内多刻雙魚或四魚，盆的上沿兩側有一對提耳，提耳的設置，不祇是爲了便於提動，同時又具有另外一個功用，即當手掌撫摩時，盆内還能噴射出兩尺高的水柱，水面形成一片浪花，同時會發出樂曲般的聲響，十分神奇。今可確知，"噴水魚洗"興起於唐宋之間（見宋王明清《揮麈前録》卷三、宋何薳《春渚紀聞》卷九），當是皇家或貴族所用盥洗用具。魚洗能够噴水，其道理何在？美國、日本的物理學家曾用各種現代科學儀器反復檢測查看，試圖找出其導熱、傳感及噴射發音的構造原理，雖經全力研究，但仍難得以完整的解釋，也難以再現其效果。面對中國古代科技創造的這一奇迹，現代科學遭遇了空前挑戰，祇能"望盆興嘆"。

中華民族，中華博物學，就是在這樣複雜多變的背景之下跌宕起伏，生存發展，在晚清之前，兩千餘年來，從未停止前進的步伐，這又成爲中華民族的民族性與中華博物學的一大特點。

四、西化流弊何時休，誰解古老博物學？

自晚清以還，中華博物學沉淪百年之久，本當早已復蘇，時至今日，幸逢盛世，正益修典，又何以總是步履維艱？豈料經由西學東漸之後，在我國國内一些學人認定科學決定一切，無與倫比，日積月纍，漸漸形成了一種偏激觀念——"唯科學主義"，即以所謂是否合於科學，來判定萬事萬物的是非曲直，科學擁有了絶對的話語權。"唯科學主義"通常表現爲三種態度：一、否認物質之外的非物質。凡難以認知的物質，則稱之爲"暗物質"。這一"暗"字用得非常巧妙，"暗"，難見也！於是"暗物質"取代了"非物質"；二、否認科學之外的其他發現。凡是遇到無從解釋的難題，面對別家探索的結論，一律斥爲"僞科學"。三、否認科學範圍以外的其他一切生産力，唯有科學可以帶動社會發展，萬事萬物必須以科學爲推手。

何謂"科學"？中國古代本有一種認識論的命題，稱之爲"格致"，意謂"格物致知"，指深究事物原理以求得知識，從而認識各種客觀現象，掌握其變化規律。這種哲學我國先秦諸子久已有之，雖已歷千載百代，但却未得應有的重視，終被西方科學所取代。自 16 世紀始，歐洲由於文藝復興，掙脱了天主教會的長期禁錮，轉向於對大自然的實用性的探索，其代表作即哥白尼的"日心説"與伽利略天文望遠鏡的發明，同時出現牛頓的力學，這是西方的第一次科技革命。這一時期已有"科學"其實，尚無後世"科學"之名，起始定名爲英語 science 一詞，源於拉丁文，本意謂人世間的各種學問，隸屬於古希臘的哲學思想，是一種對於宇宙間萬事萬物的生衍關係的一種想象、一種臆解，原本無甚稀奇，此時已反響於歐洲，得以廣泛流傳。至 18 世紀，新興的資產階級取得政權，爲推行資本主義，又大力發展科學，西方科學已處於世界領先地位。時至 19 世紀 60 年代後期及 20 世紀初，歐洲發生了以電力、化學及鋼鐵爲新興産業的第二次科技革命，英語 science 一詞迅速擴展於北美和亞洲。日本明治維新時期，赴歐留學的日本學者將 science 譯成“科學”，學界認爲是藉用了中國科舉制度中“分科之學”的“科學”一詞，如同將英文 natural history 的語意翻譯成漢語“博物學”一樣，也并不準確，中國的變法派訪日時，對之頂禮膜拜，欣然接受，自家固有的“格致”一詞，如同國學中的其他語詞一樣被弃而不用，“科學”一詞因得以廣泛流傳。“科學”當如何定義？今日之“科學”包括了自然科學、社會科學、思維科學以及交叉科學。除却嚴謹的形式邏輯系統之外，本是一種具體的以實踐爲手段的實證之學。實踐與實證的結果，日積月纍，就形成了人類關於自然、社會和思維的認知體系，成爲人類評斷事物是非真僞的依據。但科學不可能將浩渺無盡的宇宙及宇宙間的萬事萬物盡皆予以實踐、實證，能够實踐、實證者甚微，因而科學總是在不斷地探索，不斷地補正，不斷地自我完善之中，其所能研究的領域與功能實在有限。當代科學可以在指甲似的晶片上，一次性地裝載五百億電晶體，可以將重達六噸以上的太空船射向太空，并按照既定指令進行各種探索，但却不能造出一粒原始的細胞來，因爲這原始細胞結構的複雜神秘，所蘊含的奇妙智慧，人類雖竭盡全力，却至今無法破解。細胞來自何處？是如何形成的？科學完全失去了話語權！造不出一粒原始的細胞，造一片樹葉尤無可能，造一棵大樹更是幻想，遑論萬千物種，足證“科學”并非萬能的唯一學問。况且，“暗物質”之外，至少在中國哲學體系中尚有“非物質”。何謂“非物質”？“非物質”是與“物質”相對而言，區別於“暗物質”的另一種存在，正如前文所述，它“無形無象、無聲無色、無始無終、無可名狀”，在中國古代稱之爲“道”。“道”可以不遵循因果關係，可以無中生有，爲“萬物之所然也，萬理之所稽也”，可以解釋萬物的由來，可以解釋宇宙的形成。今以天體學的的視野略加分析，亦可見“唯科學主義”的是非。人類賴以生存的地球，其直徑約爲 12 742 公里，是太陽系中的第三顆小行星。太陽系的直徑約爲 2 光年，太陽是銀河系中數千億恒星之一，銀河系的直徑約爲 10 萬光年，包括 1 千億至 4 千億顆恒星，而宇宙中有一千至兩千億銀河系，宇宙有 930 億光年。一光年約等於 9.46 萬億公里。地球在宇宙中祇是一粒微塵，如此渺小的地球人能創造出破解一切的偉大科學，那是癡人説夢！中華先賢面對諸多奥妙，面對諸多不可思議的現象，提出這一“無可名狀”之“道”，當然并非憑空想象，自有其觀測與推理的依據，這顯然不同於源自西方的科學，或曰是西方科學所包容不了的。先賢提出的"無可名狀"的"道"，已超越物質的範圍，或曰"道"絕非"暗物質"所能替代的。這一"無可名狀"的"道"，在當今的別樣的時空維度中已得到初步驗證（在這非物質的維度中滿富玄機）。論者提出這一古老學説，旨在證明"唯科學主義"排斥其他一切學説，過分張揚，不足稱道，絕無否定或輕忽科學之意。百年前西學東漸，尤其是西方科學的傳入，乃是我中華民族思維與實踐領域的空前創獲，是實踐與思維領域的一座嶄新的燈塔，如今已是家喻户曉，人人稱贊，任誰也不會否認科學的偉大，但却不能與偏激的"唯科學主義"混同。後世"科學"一詞，又常常與"技術"連稱爲"科學技術"，簡稱"科技"。何謂"技術"？ "技術"一詞來源於希臘文"techs"，通常指個人的技能或技藝，是人類利用現有實物形成新事物，或改變原有事物屬性、功能的方法，或可簡言之曰發明創造。科學技術不同於科學，也不同於技術，也不是科學與技術的簡單相加。科學技術是科學與技術的有機結合體系，既是人類認識世界和改造世界的成果或產物，又是人類認識世界和改造世界最有力的工具或手段，兩者實難分割。某些技術本身可能祇是一種技法，而高深技術的背後則必定是科學。

　　出於上述"唯科學主義"偏激觀念，重建中華博物學就遭致了質疑或否定，如有學者認爲，中國古代祇有技術而没有科學，哪有什麼中華博物學？中華博物學被看作"前科學時代的粗糙的知識和技能的雜燴"，是一種"非科學性思考"，没有什麼科學價值，當然也就没有重建的必要，因爲西方博物學久已存在，無可替代。中國古代當真"祇有技術而没有科學"麼？前文已論及"科學"與"技術"很難分割，在中國古代不祇有"技術"，同樣也有"科學"。回眸世界之歷史長河，僅就中西方的興替發展脉絡略作比較，就可以看到以下史實：當我中華處於夏禹已劃定九州、建有天下之際，西方社會多處於尚未開化的蠻荒歲月；當我中華已處於春秋戰國鋼鐵文化興起之際，整個西方尚處於引進古羅馬文明的青銅器時代；當我宋代以百萬册的印數印刷書籍之際，中世紀的西方仍然憑藉修士們成年纍月在羊皮卷上抄寫複製；著名的火藥、指南針等其他重大發明姑且不論，單就中國歷朝歷代任何一件發明創造而言，之於西方社會也毫不遜色，直至清代中葉，中國的科技一直處於世界領先地位。英國科學家李約瑟主編的七卷巨著《中國科學技術史》，即認爲西方古代科學技術85%以上皆源於中國。這是西方人自發的没有任何背景、没有任何色彩的論斷，甚爲客觀，迄今未見异議。此外又有學者指出，中華傳統博物學不祇擁有科技，又超越了科技的範疇，它是"關於物象（外部事物）以及人與物的關係的整體認知、研究範式與心智體驗的集合"，"這種傳統根本無法用科學去理解和統攝"，中華古典博物學"給我們提供的'非科學性思考'，恰恰是它的價值所在"（余欣《中國博物學傳統的重建》，載《中國圖書評論》，2013 年第 10 期，第 45 ～ 53 頁）。這無疑是對"唯科學主義"最有力的批駁！是的，本書極重"科技"研究，又不拘泥於"科技"，同樣重視"非科學性思考"。

中華古典博物學的研究主體是"博物"，是"博物史"，通過對"博物""博物史"的探索，而展現的是人，是人的生存、生活的具體狀況，是人的直觀發展史。中華傳統博物學構成了物我同類、天人合一的博大的獨立知識體系，是理解和詮釋世界的另一視野，這種視野中的諸多"非科學性思考"的博物，科學無法全面解讀，但却是真真切切的客觀存在。所謂傳統博物學是"前科學時代的粗糙的知識和技能的雜燴"，是"非科學性思考"的評價，甚是武斷，祇不過是一種不自覺的"唯科學主義"觀念而已。另將"科學"與"技術"分割開來，強調什麼"科學"與否，這一提法本身就不太"科學"。對此，本書前文已論及，無須複述。我國作爲一個古老國度，在其漫長的生衍過程中，理所當然地包容了"粗糙的知識和技能"。這一狀況世界所有古國盡有經歷，并非中國獨有。"粗糙的知識"的表述似乎也并不恰當，"知識"可有高下深淺之分，未聞有粗糙細緻之別。這所謂"粗糙"，大約是指"成熟"與否，實際上中華傳統博物學所涉之"知識和技能"，并非那麼"粗糙"，常常是合於"科學"的，有些則是非常的"科學"。英國科學家李約瑟等認定古代中國涌現了諸多"黑科技"。何謂"黑科技"？這是當前國際間盛行的術語，即意想不到的超越科技之科技，可見學界也是將"科學"與"技術"連體而稱，而并非稱"黑科學"。認定中國古代"祇有技術而沒有科學"，傳統博物學是"前科學時代的粗糙的知識和技能的雜燴"之說，頗有些"粗糙"，準確地說頗有些膚淺！這位學者將傳統博物學統稱爲"前科學時代"的產物，亦是一種妄斷，也頗有些隨心所欲！何謂"前科學時代"？"前科學時代"是指形成科學之前人們僅憑五官而形成的一種感知，這種感知在原始社會時有所見，但也并非全部如此，如鑽木取火、天氣預測、曆法的訂立、灸砭的運用等，皆超越了一般的感知，已經形成了各自相對獨立的科學。看來這位學者并不怎麼瞭解中國古代科技史，并不太瞭解自家的傳統文化，實屬自誤而誤人。

中華博物學的形成及發展歷程，與西方顯然不同。西方博物學萌生於上古哲人的學説，其後則以自然科學爲研究主體，遍及整個歐洲，全面進入國民的生活領域。在這樣的文化背景之下，西方日益强大，直接影響和推動了社會的發展，因而步入世界前列。我中華悠悠數千載，所涉博物，形形色色，浩浩蕩蕩，逐漸形成了中華獨有的博物學體系，但面臨的背景却非常複雜，與西方比較是另一番天地，那就是貫穿數千載的“重道輕器”觀念與排斥“奇技淫巧”之國風，這一觀念、這一國風，其表現形式就是重文輕理，且愈演愈烈。如中國久遠的科舉制度，應試士子們本可“上談禮樂祖姬孔，下議制度輕儵玄”（見明高啓《送貢士會試京師》詩），縱論古今國事，是非得失，而朝廷則可藉此擇取英才，因而國家得以强盛。時至明代後期，舉國推行的科舉制度竟然定型爲千篇一律的八股文，泯滅了朝廷取才之道，一代宗師顧炎武稱八股之禍勝似“焚書坑儒”（見《日知録·擬題》）。清代後期爲維護其獨裁統治，手段尤爲專横强硬，又向以“天朝”自居，哪裏會重視什麼西方的“科學技術”？“科學技術”的落伍最終導致文明古國一敗塗地，這也就是“李約瑟難題”的答案！“科學”之所以成爲“科學”，是因爲其出自實踐、實證，實踐、實證是科學的生命。實踐、實證又必須以物質爲基礎，這正與我中華博物學以浩浩博物爲研究主體相合！但中華博物學，或曰博物研究，始終被置於正統的國學之外，這一觀念與國風，極大地制約了中華博物學的發展。制約的結果如何？可以毫不誇張地説，直接阻礙了中國古代社會的歷史進程。

五、中華博物知多少，皓首難解千古謎

中華博物如繁星麗天，難以勝計，其中有諸多別樣博物，可稱之爲“黑科技”者，令人百思不得其解。如八十餘年前四川廣漢西北發現的三星堆古蜀文化遺址，距今約四千八百年至三千年左右，所在範圍非常遼闊，遠超典籍記載的成都平原一帶，此後不斷探索，不斷有新的發現，成爲 20 世紀人類最偉大的考古發現之一。該遺址內三種不同面貌而又連續發展的三期考古學文化，以規模壯闊的商代古城和高度發達的青銅文明爲代表的二期文化最具特點。二期文化中青銅器具占據主導地位，極爲神奇。衆多的青銅人頭象、青銅面具，千姿百態。還有舉世罕見的青銅神樹，該樹有八棵，最高者近 4 米，共分三層，樹枝上栖息有九隻神鳥，應是我國古籍所載“九日居下枝”的體現；斷裂的頂部，當有“一日居上枝”的另一神鳥，寓意九隻之外，另一隻正在高空當班。青銅樹三層

九鳥，與《山海經・海外東經》中所載"扶桑""若木""九日居下枝，一日居上枝"正同。上古時代，先民認爲天上的太陽是由飛鳥所背負，可知九隻神鳥即代表了九個太陽。其《南經》又曰："有木，其狀如牛，引之有皮，若纓、黃蛇。其葉如羅，其實如欒，其木若蓝，其名曰建木。"何謂"建木"？先民認爲"建木"具有通天本能，傳説中伏羲、黃帝等盡皆憑藉"建木"來往神界與人間。由《山海經》的記載可知，這神奇物又來源於傳統文化，大量青銅文化明顯地受到夏商文明、長江中游文明及陝南文明的影響。那些金器、玉器等禮器更鮮明地展現出華夏中土固有的民族色彩。如此浩大盛壯，如此神奇，這一古蜀國究竟是怎樣形成的？又是怎樣突然消失的？詩人李白在《蜀道難》中曾有絶代一問："蠶叢及魚鳧，開國何茫然？"意謂蠶叢與魚鳧兩位先帝，是在什麽時代開創了古蜀國？何以如此茫茫然令人難解？今論者續其問曰："開國何茫然，失國又何年？開失兩難知，千古一謎團。"三星堆的發掘并非全貌，僅占遺址總面積的千分之一左右，只是古蜀文化的小小一角而已，更有浩瀚的未知數，國人面臨的將是另一個陌生的驚人世界。中華民族襟懷如海，廣納百川，中外文化相容并包，故而博大精深。這些百思不得其解的神奇之物，向無答案，確屬於所謂"非科學性思考"，當代專家學者亦爲之拍案。"唯科學主義"面臨這些"黑科技"的挑戰，當然也絶難詮釋。以下再就已見出土，或久已傳世之實物爲例。上世紀 80 年代，臨潼始皇陵西側出土了兩乘銅車馬，其物距今已有兩千二百餘年，造型之豪華精美，被譽爲世界"青銅之冠"，姑且不論。兩輛車的車傘，厚度僅 0.1 ～ 0.4 厘米，一號車古稱"立車"或"戎車"，傘面爲 1.12 平方米，二號車傘面爲 2.23 平方米，而且皆用渾鑄法一次性鑄出，整體呈穹隆形，均勻而輕薄，這一鑄法迄今亦是絶技，無法超越。而更絶的是一號立車的大傘，看似遮風擋雨所用，實則充滿玄機，此傘的傘座和手柄皆爲自鎖式封閉結構，既可以鎖死，又可以打開，同時可以靈活旋轉 180 度，隨太陽的方位變化而變化，亦可取下插入野外，遮烈日，擋風雨，賞心隨意。令人尤爲稱奇的是，打開傘柄處的雙環插銷，傘柄與傘蓋可各獨立，傘柄就成了一把尖鋭的矛，傘蓋就成了盾，可攻可守。這一 0.1 ～ 0.4 厘米厚的盾，其抗擊力又遠勝今人的製造技術，令今人望塵莫及，故國際友人贊之爲罕見的"黑科技"。此外分存於西安與鎮江東西兩方的北宋石刻《禹迹圖》，尤爲奇異。此圖參閲了唐賈耽《海内華夷圖》，并非單純地反映宋代行政區劃及華夷之間的關係，而是上溯至《禹貢》中的山川、河流、州郡分布，下至北宋當世，已將經典與現實融爲一體。此圖長方約 1 平方米，宋朝行政區劃即達三百八十個之多，五個大湖，七十座山峰，更有蜿蜒數千里的長江、黃河等江川八十餘條；不衹是中原的地域，尚有與之接壤的大理、吐蕃、西夏、遼等區域，這些區域的山野江河亦有精準的繪製。作爲北宋時代的製圖人，即使能够遍踏域内、域外，也絕難僅憑一己的目力俯瞰全景。此圖由五千一百一十個小方格組成，每一小方格皆爲一百平方公里，所有城市、山野江河的大小距離，盡包容在這些格子裏，全部可以明確無誤地測算出來，其比例尺與今世幾無差異。如此細密精準，必須具有衛星定位之類的高科技纔能繪製出來，九百年前的宋人是憑藉什麽儀器完成的？此一《禹迹圖》較之秦陵銅車馬，更超乎想象，詭異神奇，故而英國學者李約瑟評之爲“世界上最神秘、最杰出的地圖”，美國國家圖書館將一幅19世紀據西安圖打製的拓本作爲館藏珍品。中國古代“黑科技”，又何止臨潼銅車馬與《禹迹圖》？

　　除却上述文獻記載與出土及傳世之物外，另一些則是實見於中華大地的奇特自然景觀，這些百思不得其解的神奇之物，散處天南海北，自古迄今，向無答案，亦屬於所謂“非科學性思考”，當代專家學者亦爲之拍案。“唯科學主義”面臨這些“黑科技”的挑戰，當然也絕難詮釋。我中華大地這些神奇之物，在當世尤應引起重視，國人必須迎接“超科技時代”的到來。如“應潮井”，地處南京市東紫金山南麓定林寺前。此井雖遠在深山之間，却與五公里外的長江江潮相應，江水漲則井水升，江水退則井水降，同處其他諸井皆無此現象。唐宋以來，已有典籍記載，如《江南通志·輿地志·江寧府》引唐段成式《酉陽雜俎》：“蔣山有應潮井，在半山之間，俗傳云與江潮相應，嘗有破船朽板自井中出。”《景定建康志·山川志三·井泉》：“應潮井在蔣山頭陁寺山頂第一峰佛殿後。《蔣山塔記》云：‘梁大同元年，後閣舍人石興造山峰佛殿，殿後有一井，其泉與江潮盈縮增减相應。’”何以如此，自發現以來，已歷千載，迄今無解。以上的奇特之物，多有記載，名揚天下，而另一些奇物，却久遭冷落，默默無聞。如“靈通石”，亦稱“神石”“報警石”，俗稱“猪叫石”。該石位於太行大峽谷林縣境内高家臺輝伏巖村。石體方正，紫紅色，裸露於地面約 4 立方米，高寬各 3 米，厚 2 米，象是一頭體積龐大的臥猪，且能發聲如猪叫。傳聞每逢大事（包括自然灾害、重大變革等）來臨之前，常常“鳴叫”不止，大事大叫數十天，小事則小叫數日，聲音忽高忽低，一次可叫百餘聲，百米之内清晰可聞。但其叫聲衹能現場聆聽，不可録音。何以如此怪異？同樣不得而知！中華博物浩浩洋洋，漫漫無涯，可謂無奇不有，作爲博物之學，亦必全力探究，这也正是中華博物學承担的使命。

六、中華博物學的研究範圍與狀況，新建學科的指嚮與體式如何？

中國當代尚未建立博物學會，也没有相應的報刊，人們熟知的則是博物院館，而博物院館的職責在於收藏、研究并展出傳世的博物，面對日月星辰、萬物繁衍以及先民生息起居等數千年的古籍記載（包括失傳之物），豈能勝任？中華博物全方位研究的歷史使命祇能由新興的博物學承擔。古老中華，悠悠五千載，博物浩茫，疑難連篇，實難解讀，而新興的博物學却不容迴避，必須做出回答。

本書指稱的博物，包括那些自然物，但并不限於對其形體、屬性的研究，體現了博物古學固有的格致觀念，且常常懷有濃厚的人文情結，可謂奧妙無窮，這又迥别於西方博物學。

如"天宇"，當做何解釋？在中國傳統文化中是與"宇宙"并存的稱謂，重在強調可見的天體和所有星際空間。前已述及，天體直徑可達930億光年以上，實際上可能遠超想象。這就出現了絕世難題：究竟何謂天體？天體何來？戰國詩人屈原在其《天問》篇中，曾連連問天："上下未形，何由考之？""馮翼惟象，何以識之？""明明闇闇，惟時何爲？"千古之問，何人何時可以作答？天宇研究在古代即甚冷僻，被稱爲"絕學"。中國是天宇觀測探索最爲細密的文明古國之一，天象觀測歷史也最爲悠遠，殷墟甲骨、《書》《易》諸經，盡有記載，而歷代正史又設有天文、曆律之類專志，皇家設有司天監之類專職機構，憑此"觀天象、測天意"，以決國策。於是，天文之學遂成諸學之首。天宇研究的主體是天空中的各種現象，這些現象又以各種星體的位置、明暗、形狀等的變化爲主，稱之爲星象。星象極其繁複，難以辨識。於是，在天空位置相對穩定的恒星就成爲必要的定位標志。在人們目力所及的範圍内，恒星數以千計，簡單命名仍不便查找和定位，我華夏先民又將天空劃分爲若干層級的區域，將漫天看似雜亂無章的恒星位置相近者予以組合并命名，這些組合的星群稱之爲星宿。古人視天上諸星如人間職官，有大小、尊卑之分，故又稱星官，因而就有了三垣二十八宿，成爲古天宇學最重要理論依據，這一理論西方天文學絕難取代。

再如古代類書中指稱的"蟲豸"，當代辭書亦少有確解。何謂"蟲豸"？舉凡當今動物學中的昆蟲綱、蛛形綱、多足綱，以及爬行動物中的綫形動物、扁形動物、環節動物、軟體動物中形體微小者，皆爲蟲豸之屬。蟲豸形雖微小，然其生存之久、種類之繁、分布之廣、形態之多、數量之巨，從生物、生態、應用、文化等角度，其意義和價值都大異於其他各類動物，或説是其他各類動物所不能比擬的。蟲豸之屬，既能飛於空，亦能游於水，既能潛於土，亦能藏於山，形態萬千，且各具靈性，情趣互異，故古代典籍遍見記叙，不僅常載於詩文，且多見筆記、小説中。先民又常憑藉其築穴或搬遷之類活動，以預測氣象變化或靈異别端，同樣展現了一幅具體生動的蟲文化畫卷，既有學術價值，又充滿趣味性。自《詩》始，就出現了咏蟲詩，其後歷代從蝶舞蟬鳴、蟻行蛇爬中得到靈感者代不乏人，或以蟲言志，或以蟲抒懷，或以蟲爲比，或以蟲爲興，甚至直以蟲名入於詞牌、曲牌，如僅蝴蝶就有“蝴蝶兒”“玉蝴蝶”“粉蝶兒”“蝶戀花”“撲蝴蝶”“撲粉蝶”等名類。唐歐陽詢《藝文類聚》收集有關蟬、蠅、蚊、蝶、螢、叩頭蟲、蛾、蜂、蟋蟀、尺蠖、螳、蝗等蟲類的詩、賦、贊等數量浩繁，後世仿其體例者甚多，如《事物紀原》《五雜俎》《淵鑑類函》《古今圖書集成·禽蟲典》等，洋洋大觀。不僅詩詞歌賦，在成語、俗語中，言及蟲豸者，亦不可勝數，如莊周夢蝶、蠔首蛾眉、金蟬脱殼、螳螂捕蟬、螳臂當車、蚍蜉撼樹、作繭自縛、飛蛾撲火（詞牌名爲“撲燈蛾”）等；不僅見諸歷代詩文，今世辭章以蟲爲喻者，仍沿襲不衰，如以蝸喻居、以蝶喻舞、以蟬翼喻輕薄、以蛇蠍喻狠毒等，比比皆是，不勝枚舉。

本博物學所指稱博物又包括了人類社會生活的各方面、領域，自史前達於清末民初，有的則可直達近現代，至巨至微，錯綜複雜。而對於某一具體實物，必須從其初始形態、初始用途的探討入手，而後追逐其發展演變過程，這樣纔能有縱橫全面的認定，從而作出相應的結論，這正是新興博物學的使命之一。今僅就我中華民族時有關涉者予以考釋。今日，國人對於古代社會生活實在太過陌生，現當代權威工具書所收錄的諸多重要的常見詞目，常常不知其由來，遭致誤導。如“祭壇”一詞，《漢語大詞典·示部》釋文曰：

　　祭壇：供祭禮或宗教祈禱用的臺。劉大傑《中國文學發展史》第一章三：“無論藝術哲學都得屈服於宗教意識之下，在祭壇下面得着其發展生命了。”艾青《吹號者》詩：“今日的原野呵，已用展向無限去的暗綠的苗草，給我們布置成莊嚴的祭壇了。”亦指上壇祭祀。侯寶林《改行》：“趕上皇上齋戒忌辰，或是皇上出來祭壇，你都得歇工（下略）。”

以上引用的三個書證全部是現代漢語，檢索此條的讀者可能會認定“祭壇”乃無淵源的新興詞，與古漢語無關。豈不知《晋書·禮志下》《舊唐書·禮儀志三》《明史·崔亮傳》

諸書皆有"祭壇"一詞，又皆爲正史，并不冷僻。《漢語大詞典》爲證實"祭壇"一詞的存在，廣予網羅，頗費思索，連同侯寶林的相聲也用作重要書證。侯氏雖被贊爲現代語言大師，但此處的"祭壇"，并非"供祭禮或宗教祈禱用的臺"，"祭"與"壇"爲動賓語結構，并非名詞，不足爲據。還應指出，"祭壇"作爲人們祭祀或祈禱所用實體的臺，早在史前即已出現，初始之時不過是壘土爲臺罷了。

此外，直接關涉華夏文化傳播形式的諸多博物更是大异於西方。如"文具"初稱"書具"，其稱漢代大儒鄭玄在《禮記·曲禮上》注中已見行用。千載之後，宋人陶穀《清異錄·文用》中始用"文具"一詞。文具泛指用於書寫繪畫的案頭用具及與之相應的輔助用具。國人憑藉這些文具，創造了最具特色的筆墨文化、筆墨藝術，憑藉這些文具得以描述華夏五千載的燦爛歷史。中華傳統文具究有多少？國人最爲熟悉的莫過於"文房四寶"，實際又何止"文房四寶"？另有十八種文房用具，定名爲"十八學士"，宋代林洪曾仿唐韓愈《毛穎傳》作《文房職方圖贊》（簡稱《文房圖贊》，即逐一作圖爲之贊）。實際上遠超十八種，如筆筒、筆插、筆搋、筆洗、墨水匣、墨床、水注、水承、水牌、硯滴、硯屏、印盒、帖架、鎮紙、裁刀、鉛槧、算袋、照袋、書床、筆擱、高閣，等等，已達三十種之多。

"文房四寶""十八學士"之類中華獨具的傳統文化，今國人熟知者已不甚多，西方博物又何從涉及？何可包容？

七、新興博物學的表述特點，其古今考辨的啓迪價值

當代新興博物學所展現的是中華博物本身的生衍變化以及其同物異名、同名異物等，其主旨之一在於探尋我古老的中華民族的真實歷史面貌，温故知新，從而更加熱爱我们偉大的中華文明。

偉大的中華民族，在歷史上產生过許多杰出的思想觀念，比如，我中華民族風行百代的正統觀念是"君爲輕，民爲本，社稷次之"（見《孟子·盡心下》），這就是強調人民高於君王，高於社稷（猶"國家"），人民高於一切！古老的中華正統對人民如此愛護，如此尊崇，在當今世界也堪稱難得。縱觀朝代更迭的全部歷史可知，每朝每代總有其興起及消亡的過程，有盛必有衰。在這部《通考》中，常有實例可證，如有關商代都城"商邑"的

記載，就頗具代表性。試看，《詩·商頌·殷武》："商邑翼翼，四方之極。"鄭玄箋："極，中也。商邑之禮俗翼翼然……乃四方之中正也。"孔穎達疏："言商王之都邑翼翼然，皆能禮讓恭敬，誠可法則，乃爲四方之中正也。"《詩》文謂商都富饒繁華，禮俗興盛，足可爲全國各地的學習楷模。"禮俗"在上古的地位如何？《周禮·天官·大宰》曰："以八則治都鄙：一曰祭祀，以馭其神……六曰禮俗，以馭其民。"這是說周代統治者以禮俗馭其民，如同以祭祀馭鬼神一樣，未敢輕忽怠慢，禮俗之地位絶不可等閑視之。古訓曰："倉廩實而知禮節，衣食足而知榮辱。"（見《史記·管晏列傳》）此處的"禮節"是禮俗的核心內容，可見禮俗源於"倉廩實"。"倉廩實"展現的是國富民强，而國富民强，必重禮俗，禮俗展現了國家的面貌。早在三千年前的商代，已如此重視禮俗。"商邑翼翼"所反映的是上古時期商都全盛時期的繁華昌明，其後歷代亦多有可以稱道的興盛時期，如"漢武盛世""文景盛世"、唐"貞觀盛世""開元盛世"、宋"嘉祐盛世"、明"永宣盛世"、清"康乾盛世"等，其中更有"夜不閉户，路不拾遺"的佳話。盛世總是多於亂世，或曰溫飽時代總是多於飢寒歲月。唐代興盛時期，君臣上下已萌生了甚爲隨和的禮儀狀態，不喜三拜九叩之制，宋元還出現了"衣食父母"之類敬詞（見宋祝穆《古今事物類聚別集》卷二〇、元關漢卿《竇娥冤》第二折），這正體現了"王者以民爲天，民以食爲天"（見《漢書·酈食其傳》）的傳統觀念。中國歷史上的黎民百姓并非一直生活在水深火熱之中，在漫長的歲月中也常有溫飽寧静的生活，因而涌現了諸多忠心報國的詩詞。如"但使龍城飛將在，不教胡馬度陰山"（唐王昌齡《出塞二首》之一）；"忘身辭鳳闕，報國取龍庭"（王維《送趙都督赴代州得青字》）；"僵卧孤村不自哀，尚思爲國戍輪臺"（宋陸游《十一月四日風雨大作》）；"奇謀報國，可憐無用，塵昏白羽"（宋朱敦儒《水龍吟·放船千里凌波去》）。

久已沉淪的傳統博物學今得重建，可藉以知曉我中華兒女擁有的是何樣偉大而可愛的祖國！偉大而可愛的祖國，江山壯麗，蘭心大智，光前裕後，莘莘學子尤當珍惜，尤當自豪！回眸古典博物學的沉淪又可確知，鴉片戰爭給中華民族帶來的是空前的傷害，不衹是漢唐氣度蕩然無存，國勢極度衰微，最爲可怕的是傷害了民族自信，爲害甚烈。傷害了民族自信，則必會輕視或否定傳統文化，百代信守的忠義觀念、仁義之道，必消失殆盡，代之而來的則是少廉寡恥，爾虞我詐，以崇洋媚外爲榮，這一狀況久有持續，對青少年的影響尤甚，怎不令人痛心！時至當代，正全力弘揚中華優秀傳統文化，全力推行科技創新，踔厲奮發，重振國風，這又怎不令人慶幸！

新興博物學在展現中華博物本身的生衍變化進而展現古代真切的社會生活之外，又展現了一種獨具中華風采的文化體系。如常見語詞"揚州瘦馬"，其來歷如何？祇因元馬致遠《天净沙・秋思》中有"西風古道瘦馬"之句。自 2008 年山西吕梁市興縣康寧鎮紅峪村發現元代壁畫墓以來，其中的一首《西江月》小令："瘦藤高樹昏鴉，小橋流水人家，古道西風瘦馬，夕陽西下，已獨不在天涯。"在學界引發了關於《天净沙・秋思》的争論熱議。由《西江月》小令聯想元代的另一版本："瘦藤老樹昏鴉，遠山流水人家，古道西風瘦馬，夕陽西下，斷腸人去天涯。"於是有學人又認爲此一"瘦馬"當指"揚州藝妓"，意謂形單影隻的青樓女子思念遠赴天涯的情郎——"斷腸人"，但這小令中的"瘦馬"之前，何以要冠以"古道西風"四字？則不得而知。通行本狀寫天涯游子的冷落凄涼情景，堪稱千古絶唱，無可置疑。那麽何以稱藝妓爲"瘦馬"？"瘦馬"一詞，初見於唐白居易《有感》詩三首之二："莫養瘦馬駒，莫教小妓女。後事在目前，不信君看取。馬肥快行走，妓長能歌舞。三年五年間，已聞换一主。"金董解元《西廂記諸宫調》中的《仙吕・賞花時》又載："落日平林噪晚鴉，風袖翩翩吹瘦馬。"此處的"瘦馬"無疑確指藝妓。稱妓女爲人人可騎的馬，後世又稱之爲"馬子"，是一種侮辱性的比擬。何以稱"瘦"？在中國古代常以"瘦"爲美，"瘦"本指腰肢纖細，故漢民歌曰："楚王好細腰，宫中多餓死。""細腰"强調的是苗條美麗。"好細腰"之舉，在南方尤甚，揚州的西湖所以稱之爲"瘦西湖"，不祇是因其狹長緊連京杭大運河，實則是因湖邊楊柳依依，芳草萋萋，又有荷花池、釣魚臺、五亭、二十四橋，美不勝收，較之杭州西湖有一種别樣的美麗。國人何以推崇揚州？《禹貢》劃定九州之中就有揚州，今之揚州已有兩千五百餘年的歷史。其主城區位於長江下游北岸，可追溯至公元前 486 年。春秋時期，吴王夫差在此開鑿了世界最早的運河——邗溝，建立邗城，孕育了唯一與邗溝同齡的運河城；因水網密布，氣候温潤，公元前 319 年，楚懷王熊槐在此建立廣陵城（今揚州仍沿稱"廣陵"），遂成爲中華歷史名城之一。此後歷經魏晋等朝代多次重修，至隋文帝開皇九年（589），廣陵改稱揚州。揚州除却政治地位顯赫之外，又是美女輩出之地，歷史上曾有漢趙飛燕、唐上官婉兒及南唐風流帝王李煜先後兩任皇后周薔、周薇，號稱"四大美女"。隋煬帝楊廣又在此開鑿大運河，貫通至京都洛陽旁連涿郡，藉此運河三下揚州，尋歡作樂。時至唐代，揚州更是江河交匯，四海通達，成爲全國性的交通要衝，故有"故人西辭黄鶴樓，煙花三月下揚州。孤帆遠影碧空盡，唯見長江天際流”的著名詩篇（唐李白《黃鶴樓送孟浩然之廣陵》，今之揚州已遠離長江）。揚州在唐代是除却長安之外的最爲繁華的大都會，商旅雲聚，青樓大興，成爲文壇才士、豪門公子醉生夢死之地。唐王建《夜看揚州市》詩贊曰：“夜市千燈照碧雲，高樓紅袖客紛紛。”詩人杜牧《遣懷》更有名作：“落魄江湖載酒行，楚腰纖細掌中輕。十年一覺揚州夢，贏得青樓薄幸名。”此“楚腰纖細掌中輕”之用典，即直涉楚靈王好細腰與趙飛燕的所謂“掌中舞”兩事。杜牧憑藉豪放而婉約的詩作，贏得百世贊頌，此詩實是一種自嘲、以書懷才不遇之作，却曾遭致史家“放浪薄情”的詬病。大唐之揚州，確是令人嚮往，令人心醉，故而詩人張祐有“人生只合揚州死”（見其所作《縱游淮南》）之感嘆。元代再度大修的京杭大運河弃洛陽直達北京，揚州之地位愈加顯赫。總之，世界這一最古最長的大運河歷代修建，始終離不開揚州。時至明清，揚州經濟依然十分繁盛，仍是達官貴人喜於擇居之地，兩淮鹽商亦集聚於此，富甲一方，由此振興了園林業、餐飲業，娛樂中的色情業也應運而生，養“瘦馬”就是其中的一種，一些投機者低價買進窮苦人家的美麗苗條幼女，令其學習言行禮儀、歌舞繪畫及其他媚人技能技巧，而後以高價賣至青樓或權貴豪門，大發其財。除却“揚州瘦馬”之外，又催生了著名的“揚州八怪”，文化藝術色彩愈加分明。

　　“揚州瘦馬”本是一種當被摒弃的陋習，不足爲訓，但這一陋習所反映出的却是關聯揚州的一種別樣的文化，反映了揚州古今社會的經濟發展與變化，這當然也是西方博物學替代不了的。

結　語

　　綜上所述可知，中華博物學是學術研究中的另一方天地，無可替代，必須重建，且勢在必行。如何重建？如何展現我中華博物獨有的神貌？答曰：中華博物絕非僅指博物館的收藏物，必須是全方位的，無論是宮廷裏，無論是山野間，無論是人工物，無論是天然品，無論是社會中，無論是自然界裏，皆應廣予收錄考釋。考釋的主旨，乃探索我中華浩浩博物的淵源、流變。此一博物學甚重“物”的形體、屬性及其淵源流變，同時又關注其得名由來，重視兩者間的生衍關係。通常而言（非通常情況當作別論），在人類社會中有其物必當有其名，有其名亦必有其物。此外，更有同物異名，或同名異物之別。探究“物”本體的淵源流變并釐清名物關係，這就是中國古典博物學的使命，這也正是最爲嚴密的格物致知，也正是最爲嚴肅的科學體系。但中國古典博物學，又必須體現《博物記》以還的國學傳統，必須體現博大的天人視野及民胞物與情懷，有助於我中華的再度振起，乃至於世界的安寧和諧。而那些神怪虛無之物，則不得納入新的博物學中，祇能作爲附錄以備考。如何具體裁定，如何通盤布局，并非易事，遠超想象。因我中華民族是喜愛并嚮往神話的古老民族，又常常憑藉豐富的想象對某種博物作出判斷與解讀，判斷與解讀的結果，除却導致無稽的荒誕之外，又時或引發別樣的思考，常出乎人們的所料，具有別樣的價值。如水族中的“比目魚”，亦稱“王餘魚”“兩鰤”“拖沙魚”“鞋底魚”“板魚”“箬葉”，俗稱“偏口魚”，爲鰈形目魚類之古稱。成魚身體扁平而闊，兩眼移於頭的另一端，習慣於側卧，朝上的一面有顏色鮮明的眼睛，朝下一面似無眼睛，先民誤以爲祇有一眼，必須相互比并而行。此一判斷與解讀，始自漢代《爾雅・釋地》：“東方有比目魚焉，不比不行。”郭璞注：“狀似牛脾……一眼，兩片相合乃得行。今水中所在有之，江東又稱爲王餘魚。”事過千載，直至明代李時珍《本草綱目》問世，盡皆認定比目魚僅有一隻眼，出行必須各藉他魚另一眼（見《本草綱目・鱗四・比目魚》）。傳統詩文中用比目魚以比喻形影不離的情侶或好友，先民爭相傳頌，百代不休，直至 1917 年徐珂的《清稗類鈔》問世，始知比目魚兩眼皆可用，不必兩兩并游（《清稗類鈔・動物篇》）。古人憑藉想象，又認爲尚有與比目魚相對應的“比翼鳥”，見於《爾雅・釋地》：“南方有比翼鳥焉，不比不飛。”這一“比翼鳥”，僅一目一翼，須雌雄并翼飛行，如同比目魚一樣，亦用以比喻形影不離的情侶或好友。“比目魚”“比翼鳥”之類虛幻者外，後世又派生了所謂“連理枝”，著名詩作有唐白居易《長恨歌》曰：“在天願爲比翼鳥，在地願爲連理枝。”何謂“連理枝”？“連理枝”是指自然界中罕見的偶然形成的枝和幹連爲一體的樹木。“連理枝”之外，又出現了“并蒂蓮”之類。“并蒂蓮”亦稱“并頭蓮”“合歡蓮”等，是指一莖生兩花，花各有蒂，蒂在花莖上連在一起的蓮花。這種“連理枝”“并蒂蓮”，難以納入下述的世界通行的階元系統，也難依照林奈創立的雙名命名法命名，但却又是一種不可忽視的實物，是大自然所形成的另一種奇妙的實物。此一“并蒂蓮”如同“比目魚”“連理枝”一樣，亦用以喻情侶或好友，同樣廣見於傳統詩文。歲月悠悠，始於遠古，達於近世，先民對於我中華博物的無限想象以及與之并行的細密觀察探索，令人嘆爲觀止，凡天地生靈、袞袞萬物，無所不及，超乎想象，從而構成了一幅文明古國的壯闊燦爛畫卷。

　　這當是歷經百年沉淪、今得復蘇的我國傳統的博物學，這當是重建的嶄新的全方位的中華博物學。

　　中華博物學除却遵循發揚傳統的名物學、訓詁學、考據學及近世的考古學之外，也廣泛汲取了當代天文、地理、生物、礦物、農學、醫學、藥學諸學的既有成就，其中動植物的本名依照世界通行的階元系統，分爲界、門、綱、目、科、屬、種七類。又依照瑞典卡爾·馮·林奈（瑞文Carl von Linné）創立的雙名命名法命名。"連理枝""并蒂蓮""比目魚""比翼鳥"之屬旁及龍、鳳、麒麟、貔貅等傳説之物，則作爲附録，劃歸相應的動物或植物卷中。這樣的研究章法，這樣的分類與標注，避免了傳統分類及形狀描述的訛誤或不確定性，即可與國際接軌。綜合古今中外，論者認爲《中華博物通考》的研究主體，可劃歸三十六大類，依次排列如下：

　　《天宇》《氣象》《地輿》《木果》《穀蔬》《花卉》《獸畜》《禽鳥》《水族》《蟲豸》《國法》《朝制》《武備》《教育》《禮俗》《宗教》《農耕》《漁獵》《紡織》《醫藥》《科技》《冠服》《香奩》《飲食》《居處》《城關》《交通》《日用》《資産》《珍奇》《貨幣》《巧藝》《雕繪》《樂舞》《文具》《函籍》。

　　存史啓智，以文育人，乃我中華千載國風。新時代習近平總書記甚重民族自信、文化自信，極力倡導"舊邦新命"，明確指出要"盛世修文"，怎不令人振奮，令人鼓舞！今日，我輩老少三代前後聯手、辛苦三十餘載、三千餘萬言的皇皇巨著——《中华博物通考》欣幸面世，并得到國家出版基金资助。這就昭示了沉淪百載的中華傳統博物學終得復蘇，這就是重建的全新中華博物學。"舊邦新命""盛世修文"，重建博物學，旨在賡續中華文脉，發揚優秀傳統文化，汲取生生不息的精神力量，再現偉大民族的深邃智慧，展我生平志，圓我强國夢！

張述铮

乙丑夾仲首書於山東師範大學映月亭
甲辰南吕增補於歷下龍泉山莊東籬齋

總　説

——漫議重建中華博物學的歷史意義與現實價值

緣　起

　　《中華博物通考》（下稱《通考》）是一部通代史論性的華夏物態文化專著，係“九五”“十五”“十四五”國家重點出版物專項規劃項目，并得到 2020 年度國家出版基金資助。全書共三十六卷，另有附錄一卷，其中有許多卷又分上下或上中下，計有五十餘册，逾三千萬字。《通考》的編纂，擬稿於 1990 年夏，展開於 1992 年春，迄今已歷三十餘載，初始定名爲《中華博物源流大典》，原分三十二門類（即三十二卷）。此後，歷經斟酌修補，終成今日規模。三十餘載矣，清苦繁難，步履維艱，而大江南北，海峽兩岸，衆多學人，三代相繼，千里聯手，任勞任怨，無一退縮，何也？因本書關涉了古老國度學術發展的重大命題，足可爲當今社會所藉鑒，作者們深知自家承擔的是何樣的重任，未敢輕忽，未敢怠慢。

　　何謂中華物態文化？中華物態文化的研究主體就是中華浩博實物。其歷史若何？就文字記載而言，中華物態文化史應上溯於傳説中的三皇五帝時期，隸屬於原始社會。“三皇五帝”究竟爲何人，我國史家多有不同見解，大抵有三説：一曰“人間君主説”，“三皇”分別指天皇、地皇、人皇，“五帝”分別指炎帝烈山氏、黄帝有熊氏、顓頊高陽氏、帝堯陶唐氏和帝舜有虞氏；二曰“開創天下説”，三皇分别指有巢氏、燧人氏、伏羲氏，“五帝”分别指炎帝烈山氏、黄帝有熊氏、顓頊高陽氏、帝堯陶唐氏和帝舜有虞氏；三曰“道治德化説”，認爲“三皇以道治，五帝以德治”，“三皇”是遠古三位有道的君主，分别指太昊伏羲氏、炎帝神農氏及黄帝軒轅氏，五帝則是少昊金天氏、顓頊高陽氏、帝嚳高辛氏、帝堯陶唐氏和帝舜有虞氏。有關三皇五帝的組合方式，典籍記載亦不盡相同，大抵有四種，在此不予臚列。“三皇五帝”所處時間如何劃定，學界通常認爲有巢、燧人、伏羲屬於舊石器時代，有巢、燧人爲早期，伏羲爲晚期，其餘皆屬新石器時代，炎帝、黄帝、少昊、顓頊等大致同時，屬仰韶文化後期和龍山文化早期。“三皇五帝”後期，已萌生并逐步邁進文明史時代。

　　中華文明史，國際上通常認定爲三千七百年（主要以文字的誕生與城邑的出現等爲標志），國人則認定爲逾五千年，今又有九千年乃至萬年之説。後者可以上溯至新石器時代，如隸屬裴李崗文化的河南省舞陽縣賈湖村出土了上千粒碳化稻米，約有九千年歷史，是世界最早的栽培粳稻種子。經鑒定其中百分之八十以上不同於野生稻，近似現代栽培稻種，可證其時已孕育了農耕文化。其中發現的含有稻米、山楂、葡萄、蜂蜜的古啤酒也有九千年以上的歷史，可證其時已掌握了釀造術。賈湖又先後出土了幾十支骨笛，也有七千八百年至九千年的歷史，其中保存最爲完整者，可奏出六聲音階的樂曲，反映了九千年前，中華民族已具有相當高度的生產力與創造力、具有相當高度的文化藝術水準與審美情趣。有美酒品嘗，有音樂欣賞，彼時已知今人所稱道的“享受生活”，當非原始人所能爲。賈湖遺址的發現并非偶然，近來上山文化晚期浙江義烏橋頭遺址，除却出土了古啤酒之外，又發現諸多彩陶，彩陶上還繪有伏羲氏族所創立的八卦圖紋飾，故而國人認爲這一時期中華文明已開始形成，至少連續了九千載。中華文明的久遠，當爲世界四大文明古國之首，徹底否定了中華文明西來之説。九千載之説雖非定論，却已引起舉世關注。此外，江西省上饒市萬年縣大源鄉仙人洞遺址發現的古陶器則產生於一萬九千至兩萬年前，又遠超前述的出土物的製作時間。雖有部分學界人士認爲仙人洞遺址隸屬於舊石器遺址，并未進入文明時代，但其也足可證中華博物史的久遠。

一、何謂“博物”與《中華博物通考》？《通考》的要義與章法何在？

何謂“博物”？“博物”一詞，首見於《左傳·昭公元年》：“晋侯聞子産之言，曰：‘博物君子也。’”其他典籍也時有記載，如《漢書·楚元王傳贊》：“自孔子後，綴文之士衆也，唯孟軻、孫況、董仲舒、司馬遷、劉向、揚雄此數公者，皆博物洽聞，通達古今。”《周書·蘇綽傳》：“太祖與公卿往昆明池觀魚，行至城西漢故倉地，顧問左右莫有知者。或曰：‘蘇綽博物多通，請問之。’”以上“博物”指博通諸種事物，一般釋爲“知識淵博”。此外，《三國志·魏書·國淵傳》：“《二京賦》博物之書也，世人忽略，少有其師可求。”唐釋玄奘《大唐西域記·摩臘婆國》：“昔此邑中有婆邏門，生知博物，學冠時彦，内外典籍，究極幽微，曆數玄文，若視諸掌。”明王褘《司馬相如解客難》：“借曰多識博物，賦頌所託，勸百而風一。”這些典籍所載之“博物”，即可釋爲今義之“浩博實物”。這一浩博實物，任一博物館盡皆無法全部收藏。本《通考》指稱的“博物”既可以是天然的，也可以是人工的；既可以是静態的，也可以是動態的；既可以是斷代的，也可以是歷時的，是古今并存，巨細俱備，時空縱横，浩浩蕩蕩，但必須是我中華獨有，或是中土化的。研究這浩蕩博物的淵源流變以及同物異名或同名异物之著述即《博物通考》，而爲與西方博物學相區别，故稱之爲《中華博物通考》。

在中國古代久有《皇覽》《北堂書鈔》等類書、《儒學警語》《四庫全書》等叢書以及《爾雅》《説文》等辭書，所涉甚廣，却皆非傳統博物典籍。本書草創之際，唯有《中國學術百科全書》《中華百科全書》《中國大百科全書》之類風行於世，這類百科全書亦皆非博物學專著。專題博物學著作甚爲罕見，僅有今人印嘉祥《物源百科辭書》，俞松年、毛大倫《生活名物史話》，抒鳴、鋭鏵《世界萬物之由來》等幾種，多者收詞約三千條，少者僅一百八十餘款，或洋洋灑灑，或鳳毛麟角，各有千秋，難能可貴。《物源百科辭書》譽稱“我國第一部物源工具書”（見該書序），此書中外兼蓄，虛實并存，堪稱廣博，惜略顯雜蕪。本《通考》則另闢蹊徑，别有建樹，可稱之爲當代第一部“中華古典博物學”。

《通考》甚重對先賢靈智的追踪與考釋。中華民族是滿富慧心的偉大民族，極善觀察探索，即使一些不足挂齒的微末之物也未忽視，且載於典籍，十分翔實生動。如對常見的鳥類飛行方式即有以下描述：鳥學飛曰翎，頻頻試飛曰習，振翅高飛曰翯，向上直飛曰翀，張翼扶摇上飛曰羿，鳥舒緩而飛、不高不疾曰翥、曰翂，快速飛行曰翪，水上飛行曰摞，高飛曰翰，輕飛曰翩，振羽飛行曰翻，等等，不一而足。如此細密的觀察探隱，堪稱世界之最，令人嘆服！而關於禽鳥分類學，在中國古代也有獨到見解。明代李時珍所著《本草綱目》已建立了階梯生態分類系統，將禽鳥劃分爲水禽、原禽、林禽、山禽等生態類別，具有劃時代意義。這一生態分類法較瑞典生物學家林奈的《自然系統》（第十版）中的分類要早一百六十餘年，充分展示了我國古代鳥類分類學的輝煌成就，駁正了中國傳統生物學一貫陳腐落後的舊有觀念。此外，那些目力難及、浩瀚的天體，也盡在先民的觀察探索之中，如關於南天極附近的星象，遠在漢代即有記載。漢武帝元鼎六年（公元前 111），滅南越國，置日南九郡事，《漢書》及顏注、酈道元《水經注》有關“日南”的定名中皆有詳述，而西方於 15 世紀始有發現，晚中國一千四百餘年。再如，關於太陽黑子，在我國漢代亦有記載，《漢書・五行志》載：“日黑居仄，大如彈丸。”其後《晋書・天文志中》亦載：“日中有黑子、黑氣、黑雲。”而西方於 17 世紀始有發現，晚於中國一千六百餘年。惜自清朝入關之後，對於中原民族，對於漢民族長期排斥壓抑，致使靈智難展，尤其是中後期以來的專制國策，遭致國弱民窮，導致久有的科技一蹶不振，於是在列強的視野下，中華民族變成了一個愚昧的“劣等”民族。受此影響，一些居留國外或留學國外的學人，亦曾自卑自弃，本書《導論》曾引胡適的評語：中華民族是“又愚又懶的民族”，是“一分像人，九分像鬼的不長進民族”（見胡適《介紹我自己的思想》，1930年 12 月亞東圖書館初版《胡適文選》自序）。本《通考》有關民族靈智的追踪考索，巨細無遺，成爲另一大特點。

　　《通考》遵從以下學術體系：宗法樸學，不尚空論，既重典籍記載，亦重實物（包括傳世與出土文物）考察，除却既有博物類專著自身外，今將博物研究所涉文獻歸納爲十大系統：一曰史志系統，即史書中與紀傳體并列，所設相對獨立的諸志。如《禮樂志》《刑法志》《藝文志》《輿服志》等，頗便檢用。二曰政書類書系統。重在掌握典制的沿革，廣求佚書異文。三曰考證系統。如《古今注》《中華古今注》《敬齋古今黈》等，其書數量無多，見重實物，頗重考辨。四曰博古系統。如《刀劍録》《過眼雲煙録》《水雲録》《墨林快事》等，這些可視爲博物研究散在的子書，各有側重，雖常具玩賞性，却足資藉鑒。五曰本草系統。其書草木蟲魚、水土金石，羅致廣博，雖爲藥用，已似百科全書。六曰注疏系統。爲古代典籍的詮釋與發揮。如《易》王弼注、《詩》毛亨傳、《史記》裴駰集解、《老子》魏源本義、《楚辭》王夫之通釋、《三國志》裴松之注、《水經》酈道元注、《世說新語》

劉孝標注等。七曰雅學系統、許學系統，或直稱之爲訓詁系統，其主體就是名物研究，後世稱爲“名物學”。八曰異名辨析系統。已成爲名物學的獨立體系。如《事物異名》《事物異名録》等，旨在同物異名辨析。九曰説部系統。包括了古代筆記、小説、話本、雜劇之類被正統學者輕視的讀物，這是正統文化之外，隱逸文化、民間文化的淵藪，一些世俗的衣、食、住、行之類日常器物，多藉此得見生動描述。十曰文物考古系統，這是博物研究中至爲重要的最具震撼力的另一方天地，因爲這是以歷代實物遺存爲依據的，足可印證文獻的真僞、糾正其失誤，多有創獲。

二、《通考》内容究如何，今世當作何解讀？

《通考》内容極爲豐富，所涉範圍極廣，古今上下，時空縱横，實難詳盡論説，今略予概括，主要可分兩大方面，一爲自然諸物，二爲社科諸物，兹逐一分述如下：

（一）自然諸物：包括了天地生殖及人力之外的一切實體、實物，浩博無涯，可謂應有盡有。

如“太陽”“月亮”，在我中華凡是太空中的發光體（包括反射光體）皆被稱爲“星”，因此漢語在吸納現代天文學時，承襲了這一習慣，將“太陽”這類自身發光的等離子物體命名爲恒星。《天宇卷》研究的主體就是天空中的各種星象。星象就是指各種星體的位置、明暗、形狀等的變化。星象極其繁複，難以辨識。於是，在天空中位置相對穩定的恒星就成爲必要的定位標志。在人們目力所及的範圍内，恒星數以千計，先民將漫天看似雜亂無章的恒星位置相近者予以組合并命名，這些組合的星群稱之爲星宿，因而就有了三垣二十八宿之説。在远古難以對宇宙進行深入探索的時代，先民未能建立起完整的天體概念，也不知彼此的運動關係，僅憑藉直感認知，將所見的最强發光體——“太陽”本能地給予更多的關注，作出不同於西方的別樣解釋。視太陽爲天神，太陽的出没也被演繹成天神駕車巡游，而夸父追日、后羿射日等典故，則承載了諸多遠古信息。先民依據太陽的陰陽屬性、形體形象、光熱情況、時序變化、神話傳説及俗稱俗語等特點，賦予了諸多別名和異稱，其數量達一百九十餘種，如“陽精”“丙火”“赤輪”“扶桑”“東君”“摩泥珠”等，可見先民對太陽是何等的尊崇。對人們習見的“月亮”，《天宇卷》同樣考釋了其異名別稱及其得名由來。今知月亮異名別稱竟達二百二十餘種，較之“太陽”所收尤爲宏富。如

“太陰”“玉鏡”“嬋娟”“姮娥”“顧兔”“桂影”“玉蟾蜍”“清涼宮”，等等。而關於“月亮”的所見所想，所涉傳聞佳話，連綿不絕，超乎所料。掩卷沉思，無盡感慨！中華民族是一個明潔溫婉、追求自由、嚮往和平、極具夢想的偉大民族。愛月、詠月、賞月、拜月，深情綿綿，與月亮別有一番不解之緣！饒有趣味者，爲東君太陽神驅使六龍馭車的羲和，如同爲太陰元君駕車的望舒一樣，竟也是一位女子，可見先民對於女性的信賴與尊崇。何以如此？是母系社會的遺風流韵麼？不得而知！足證《通考》探討“博物”的意義并不祇在“博物”自身，而是關乎“博物”所承載的傳統文化。

再如古代出現的“雪”“雹”之類，國人多認定與今世無多大差異，實則不然。《氣象卷》收有“天山雪”“陰山雪”“燕山雪”“嵩山雪”“塞北雪”“南秦雪”“秦淮雪”“盧山雪”“嶺南雪”“犬吠雪”（偏遠的南方之雪。因犬見而驚吠，故稱），等等，這些雪域不祇在長城內外，又達於大江南北，可謂遍及全國各地，令人眼界大開。這些雪域的出現，又并非遠古間事，所見文字記載盡在南北朝之後，而“嶺南雪”竟見於明清時期，致使今人難以置信。若就人們對雪的愛惡而言，有“瑞雪”“喜雪”“災雪”“惡雪”；若就雪的屬性而言，有“乾雪”“濕雪”“霧雪”“雷雪”；若就降雪時間長短而言，有“連旬雪”“連二旬雪”“連三旬雪”“連四旬雪”；若就雪的危害而言，有“致人凍死雪”“致人相食雪”等，不一而足。此外，雪另有色彩之別，本卷收有“紅雪”“綠雪”“褐雪”“黑雪”諸文，何以出現紅、綠、褐、黑等顏色？這是由於大地上各類各色耐寒的藻類植物被捲入高空，與雪片相遇，從而形成不同色彩。對此，先民已有細微觀察，生動描述，但未究其成因。1892 年冬，意大利曾有漫天黑雪飄落，經國際氣象學家研究測定，此一現象乃是高空中億萬針尖樣小蟲，在飛翔時與雪片粘連所致。這與藻類植物被捲入高空，導致顏色的變幻同理。或問，今世何以不見彩色之雪？因往昔大地之藻類及針尖樣小蟲，由於生態環境的破壞而消失殆盡。就氣象學而言，古代出現彩雪，是正常中的不正常，現代祇有白雪，則是不正常中的正常。本卷中有關雹的考釋，同樣頗具情趣，十分精彩。依雹的顏色有“白色雹”“赤色雹”“黑色雹”“赤黑色雹”，依形狀有“杵狀雹”“馬頭狀雹”“車輪狀雹”“有柄多角雹”，依長度有“長徑尺雹”“長尺八雹”，依重量有“重四五斤雹”“重十餘斤雹”，依危害則有“傷禾折木雹”“擊殺鳥雀雹”“擊殺獐鹿雹”“擊死牛馬雹”“壞屋殺人雹”等，這些記載并非出自戲曲小説，而是全部源於史書或方志，時間地點十分明確，毋庸置疑。古今氣象何以如此不同？何以如此反常？祇嘆中國古代的科研體系多注重對現象的觀察，而不求其成因，祇是將以上現象置於史志之中，予以記載而已。本《通考》對中華"博物"的考辨，不祇是展現了大自然的原貌、大自然的古今變幻，而且也提供了社會的更迭興替和民生的禍福起落等諸多耐人尋味的思考。

另如，《水族卷》中收有棘皮動物"海參"，其物在當代國人心目中，是難得的美味佳餚和滋補珍品。《水族卷》還原其本真面貌，明確指出海參爲海洋動物中的棘皮動物門，海參綱之統稱，而後依據古代典籍，考證其物及得名由來：三國吳沈瑩《臨海水土異物志》："土肉，正黑，如小兒臂大，中有腹，無口目……炙食。"其時貶稱"土肉"，祇是"炙食"而已。既貶稱爲"土"，又止用於燒烤而食，此即其初始的"身份""地位"，實是無足稱道。直至明代謝肇淛《五雜俎·物部一》中，始見較高評價，并稱其爲"海參"："海參，遼東海濱有之，一名海男子。其狀如男子勢然，淡菜之對也。其性溫補，足敵人參，故名海參。""男子勢"，舊注曰"男根"，因海參形如男性生殖器，俗名"海男子"，正與形如女性生殖器的淡菜（又稱"海牝""東海夫人"，即厚殼貽貝）相對應。此一形似"男根"之物，何以又被重視起來？國人對食療養生素有"以形補形"的觀念，如"芹菜象筋骼，吃了骨頭硬；核桃象大腦，吃了思維靈"之類，而因海參似男根，故認定其有補腎壯陽的功能，這就是"足敵人參"的主要根據之一。謝氏在贊其"足敵人參"的同時，又特別標示了其不雅的綽號"海男子"，則又從另一側面反映了明代對於海參仍非那麼珍視，故而在其當代權威的醫典《本草綱目》中未予記載。"海參"在清朝的國宴"滿漢全席"中始露頭角，漸得青睞。本卷作者在還其本真面貌的過程中，又十分自然地釐清了海參自三國之後的異名別稱。如，"土肉""海男子"之後，又有"蚵""沙噀""戚車""龜魚""刺參""光參""海鼠""海瓜""海瓜皮""白參""牛腎""水參""春皮""伏皮"諸稱，"蚵"字之外，其他十三個異名別稱，古今辭書無一收録，唯一收録的"蚵"字，又含混不清。而"海參"喻稱"海瓜"，則爲英文 sea cucumber 的中文義譯，較中文之喻稱"海男子"似有异曲同工之妙，又可證西人對海參也并不那麼重視。

全書三十六卷，卷卷不同。本書設有《珍奇卷》，別具研究價值。如"孕子石"，發現於江蘇省溧陽市蘇溧地區。此石呈灰黄色，質地堅硬，其外表平凡無奇，但當人們把石頭敲開時，裏面會滾出許多圓形石彈子，直徑 21 厘米左右，和母石相較，顏色稍淺，但成分一致。因石中另包小石，好似母石生下的子石，故稱"孕子石"。這種"石頭孕子"史志無載，首次發現，地質學家們同樣百思而不得其解，祇能"望石興嘆"。再如"預報天旱井"，位於廣西全州縣內，每年大旱來臨前二十天，水井會流出渾水，長達兩天之久，附近村民見狀，便知大旱將臨，便提前做好抗旱準備。此外，該井每二十四小時漲潮六次，每次約漲五十分鐘，水量約增加兩倍。此井如同"孕子石"一樣，史志無載，首次發現，對此井的奇特現象有關專家同樣百思不得其解，也祇能"望井興嘆"。

（二）社科諸物：自然物外，中華博物中的社科諸物漫布於社會生活之中，其形成發展、古今變化，尤爲多彩，展現了一種別樣的國情特徵和民族靈智。

如《國法卷》，何謂"國法"？國法係指國家之法紀、法規。國法其詞作爲漢語語詞起源甚爲久遠，先秦典籍《周禮·秋官·朝士》中即已出現，"國法"之"法"字作"灋"，其文曰："凡民同貨財者，令以國灋行之，犯令者刑罰之。"同書《地官·泉府》中又有另詞"國服"，其文曰："凡民之貸者，與其有司辨而授之，以國服爲之息。"此"國服"言民間貿易必須服從國法，故稱"國服"。作爲語詞，"國法""國服"互爲匹配。國法爲人而設，國服隨法而施，有其法必有其服，有法無服，則法罔立，有服無法，舉世罔聞。今"國法"一詞存而未改，"國服"則罕見使用。就世界範圍而言，中國的國法自成體系，具有國體特色與民族精神，故西方學者稱之爲"中華法系"或"東方法系"。本《國法卷》即以"中華法系"爲中心論題，全面考釋，以現其固有特色與精神。中華法系如同世界諸文明古國法系一樣，源於宗教，興於禮俗，而最終成爲法律，遂具有指令性、强制性。中華法系一經形成，即迥异於西方，因其從不以"永恒不變的人人平等的行爲準則"自詡，也沒有立法依據的總體理論闡釋，而是明確標示法律應維護帝王及權貴的利益。在中國古代，從没出現過如古希臘或古羅馬的所謂絕對公正的"自然法"，毋須在"自然法"指導下制定"實在法"。中國古代的全部法律皆爲正在施行的"實在法"，但却有不可撼動的權威理論——"君權天授"説支撑。"天"，在先民心目中是無可比擬的最神秘、最巨大的力量。"天"，莊重而仁慈，嚴厲而公正，無所不察，無所不能。上自聖賢哲人，下至黎民百姓，少有不"敬天意"、不"畏天命"者，帝王既稱"天子"，且設有皇皇國法，條文森然，何人敢於反叛？天下黔首，非處垂死之地，絕不揭竿而起，妄與"天"鬥！故而在中國古代，帝王擁有最高立法權與司法權，享有無盡的威嚴與尊貴。今知西周時又强化了宗族關係，即血緣關係。血緣關係又分爲近親、遠親、异姓之親等。血緣關係成爲一切社會關係的核心，由血緣關係擴而廣之，又有師生、朋友及當體恤的其他人等關係。由血緣關係又進而强化了尊卑關係，即君臣關係、臣民關係，這些關係較之血緣關係更爲細密，爲此而設有"八辟"之法，規定帝王之親朋、故舊、近臣等八種人，可以享有減免刑罰之特權。漢代改稱"八議"，三國魏正式載入法典。其後，歷代常有沿襲。這一血緣關係在我國可謂根深蒂固，直至今世而未衰。爲維護這尊卑關係，西周之法典又設有《九刑》，以"不忠"爲首罪。另有《八刑》以"不孝"爲首罪。"忠"，指忠君，"孝"指孝敬父母，兩者難以分割。《九刑》《八刑》雖爲時過境遷之古法，但其倡導的"忠孝"，已成爲中華民族的一種處世觀念，一種道德規範。作爲個人若輕忽"忠孝"，則必極端自私，害及民衆；作爲執政者若輕忽"忠孝"，則必妄行無忌，危及國家。今世早已摒弃愚忠愚孝之舉，但仍然繼承并發揚了"忠孝"的傳統。"忠"不再是"忠君"，而是忠於祖國，忠於人民，或是忠於信守的理想；"孝"謂善事父母，直承百代，迄今不衰。"忠孝"是人們發自心底的感恩之情，唯知感恩，始有報恩，人間纔有真情往還，纔有心靈交融。佛家箴言警語曰"上報四重恩，下濟三途苦"（見《大乘本生心地觀經》），"四重恩"指父母恩、師長恩、國土恩、衆生恩（衆生包括動植物等一切生靈）。我國傳統忠孝文化中又融入了佛家的這一經典旨意，可謂相得益彰。"忠孝"乃我文明古國屹立不敗的根基，絶不可視之爲"封建觀念"。縱觀我中華信史可知，舉凡國家昌盛時代，必是忠孝振興歲月，古今如一，堪稱鐵律。國家可敬又可愛，所激起的正是人們的家國情懷！"忠孝"這一處世觀念，這一道德規範，直涉人際關係，直涉國家命運，成爲我中華獨有、舉世無雙的文化傳统。

中國之國法，并非僅靠威懾之力，更有"禮治"之宣導，而關乎禮治的宣導今人常常忽略。前已述及中華法系如同世界諸文明古國法系一樣，源於宗教，興於禮俗，由禮俗演進爲禮治，禮治早於刑法之前已經萌生。自商周始，《湯刑》《吕刑》（按，《湯刑》《吕刑》之"刑"當釋爲"法"）相繼問世，尤重"禮治"，何謂"禮治"？"禮治"指遵守禮儀道德與社會規範，破除"禮不下庶人"的舊制，將仁義禮智信作爲基本的行爲規範，《孟子·公孫丑上》曰："辭讓之心，禮之端也。""辭讓"指謙和之道，尊重他人，由"禮讓"而漸發展爲"禮制"。至西周時，"禮治"已成定制。這一立法思想備受推崇。夏商以來，三千餘載，王朝更替，如同百戲，雖脚色各異，却多高揚禮制之大旗，以期社會和諧，民生安樂。不瞭解中國之禮治，也就難以瞭解中華法制史，就難以瞭解中國文化史。此後"禮治"配以"刑治"，相輔相成，久行不衰。"禮刑相輔"何以行使？答曰：升平之世，統治者無不强調禮制之作用，藉此以示仁政；若逢亂世，則用重典，施酷刑（下將述及），軟硬兩手交替使用。這就組成了一張巨大的不可錯亂、不可逾越的法律之網，這就是中華民族百代信守的國家法制的核心，這就是中華民族有史以來建國治國之道。這一"禮刑相輔"的治國之道，迴別與西方，爲我中華所獨有，在漫長而多樣的世界法制史中居於前沿地位。

在我古老國度中，國家既已形成，於是又具有了不同尋常的歷史意義與價值觀。自先秦以來，"國家"一詞意味着莊嚴與信賴。在國人心目中，"國"與"家"難以分割，直與身家性命連爲一體，故"報效國家"爲中華民族的最高志節，而"國破家亡"則爲全民族的最大不幸。三十年前本人曾是《漢語大詞典》主要執筆者之一，撰寫"國家"條文時，已注意了先民曾把皇帝直稱爲"國家"。如《東觀漢紀·祭遵傳》："國家知將軍不易，亦不遺力。"《晉書·陶侃傳》："國家年小，不出胸懷。"稱皇帝爲"國家"，以皇帝爲國家的代表或國家的象徵，較之稱皇帝爲天子，更具親切感，更具號召力。中國歷史上的一些明君仁主也多以維護國家法制爲最高宗旨，秦皇、漢武皆曾憑藉堅定地立法與執法而國勢強盛，得以稱雄天下，這對始於西周的"八辟"之法，無疑是一大突破。本書《國法卷》第一章概論論及隋唐五代立法思想時，有以下論述：據《隋書·王誼傳》及文帝相關諸子傳載，文帝楊堅少時同王誼爲摯友，長而將第五女嫁王誼之子，相處極歡，後王誼被控"大逆不道，罪當死"，文帝遂下詔"禁暴除惡"，"賜死於家"。《隋書·文四子傳》又載，文帝三子秦王楊俊，少而英武，曾總管四十四州軍事，頗有令名，文帝甚爲愛惜，獎勵有加。後楊俊漸奢侈，違制度，出錢求息，窮治宮室，文帝免其官。左武衞將軍劉升、重臣楊素，先後力諫曰："秦王非有他過，但費官物、營廨舍而已。"文帝答曰："法不可違！"劉、楊又先後諫曰："秦王之過，不應至此，願陛下詳之。"文帝答曰："我是五兒之父，若如公意，何不別制天子兒律？"文帝四子、五子皆因違法，被廢爲庶民，文帝處置毫不猶豫，毫不留情。隋文帝身爲人君，以萬乘之尊，率先力行，實踐了"王子犯法，與民同罪"的古訓。在位期間，創建"開皇之治"，人丁大增，百業昌盛，國人視文帝爲真龍天子，少數民族則尊稱其爲聖人可汗。《國法卷》主編對歷史上身爲人君的這種舉措，有"忍割親朋私情，立法爲公"的簡要評論。這一評論對於中國這種以宗族故交爲關係網的大國而論，正是切中要害。此後，唐太宗李世民、玄宗李隆基、憲宗李純等君王皆有類似之舉，終成輝煌盛世。時至明代，面對一片混亂腐敗的吏治，明太祖朱元璋更設有"炮烙""剥皮"之類酷刑嚴法，懲治的貪官污吏達十五萬之衆，即便自家的親朋故舊，也毫不留情。如進士出身的駙馬，朱元璋的愛婿歐陽倫只因販茶違法，就直接判以死刑，儘管安慶公主及儲君朱允炆苦苦哀求，也絕不饒恕。據《明史·循吏傳序》載：〔官吏〕一時受令畏法，潔己愛民，以當上指……民人安樂、吏治澄清者百餘年。"其時，士子們甘願謀求他職，而不敢輕率爲官，而諸多官員却學會了種田或捕魚，呈現了古今難得一見的別樣的政治生態。明太祖的這類嚴酷法令雖是過當，却勝於放縱，故而明朝一度成爲世界經濟大國、經濟強國。中國歷史上的諸多建國之名君仁主，執法雖未若隋文帝之果決，未若明太祖之嚴酷，但無一不重視國家安危。這些建國名君仁主"上以社稷爲重，下以蒼生在念"（見《舊唐書·桓彥範傳》），故而贏得臣民的擁戴。今之世人多以爲帝王之所以成爲帝王，盡皆爲皇室一己之私利，祇貪圖自家的享榮華富貴而已，實則并非盡皆如此。歷代君王既已建國，亦必全力保國，并垂範後世，以求長治久安。品讀本書《國法卷》，可藉以瞭解我國固有的國情狀況，瞭解我國歷史中的明君仁主如何治理國家，其方策何在，今世仍有藉鑒價值。縱觀我國漫長的歷史進程，有的連續數代，稱爲盛世；有的衰而復起，稱爲中興；有的則二世而亡，如曇花一現。一切取決於先主與後主是否一脉相繼，一切取決於執法是否穩定。要而言之：嚴守國法，則國家興盛，嚴守國法，則社會祥和，此乃舉世不二之又一鐵律。

《國法卷》雖以國法爲研究主體，却力求超越法律研究自身，力求探索法律背後的正反驅動力量，其旨義更加廣遠。因而本卷又區別於常見的法律專著。

另如《巧藝卷》，在《通考》全書中未占多大分量，但在日常社會生活中却有無可替代的獨特地位，藉此大可飽覽先民的生活境遇和精神世界。何謂"巧藝"？古代文獻中無此定義。所謂"巧藝"，專指巧智與技藝性的娛樂及各種健身活動，同時展現了與之相應的家國關係。中華民族的"巧藝"別具特色，所涉內容十分廣泛，除却一般游戲活動外，又包涵了棋類、牌類、養生、武術、四季休閑、宴飲娛樂、動物馴化等等。細閱本卷所載，常爲古人之智巧所折服。如西漢東方朔"射覆"之奇妙，今已成千古佳話。據《漢書·東方朔傳》載，漢武帝嘗覆守宮（即壁虎）於杯盂之下，令衆方士百般揣度，各顯其能，并無一言中的者，而東方朔却可輕易解密，有如神算，令滿座驚呼。何謂"射覆"？"射覆"爲古代猜測覆物的游戲。射，揣度；覆，覆蓋。"射覆"之戲，至明清始衰，其間頗多高手。這些高手似乎出於特異功能，是古人勝於今人麼？當作何解釋？學界認爲這些高手多善《易》學，故而超乎常人，但今世精於《易》學者并非罕見，却未見有如東方朔者，何也？難以作答，且可不論，但古代對動物的馴化，又何以特別精彩，令今人嘆服？

著名的唐代象舞、馬舞，久負盛名，這些大動物似通人性，故可不論，而那些似乎笨拙的小動物，如"烏龜疊塔""蛤蟆説法"之類的馴養，也常常勝過今人，足可展現先民的巧智，"'疊塔''説法'，固教習之功，但其質性蠢蠢，非他禽鳥可比，誠難矣哉！"（見明陶宗儀《輟耕録·禽戲》）古人終將蠢蠢之蟲馴化得如此聰明可愛，藉此可見古人之扎實沉着，心智之專一，少有後世浮躁之風。目前，國人甚喜馴養，寵物遍地，却未見馴出如同上述的"疊塔"之烏龜與"説法"之蛤蟆，今之馬戲或雜技團體，爲現代專業機構，也未見絶技面世。

《巧藝卷》的條目詮釋，大有建樹，絶不因襲他人成説，明確關聯了具體事物形成的歷史淵源與社會背景。如"踏青"，《漢語大詞典》引用了唐代的書證，并稱其爲"清明節前後，郊野游覽的習俗"。本卷則明確指出，"踏青"是由遠古的"春戲"演變而來。西周時曾爲禮制。漢代已有"人日郊外踏青"之俗，同時指出"踏青"還有"游春"的別稱。《漢語大詞典》與本卷的釋文内容差異如此之大，實出常人之所料。何謂"春戲"？所有辭書皆未收録。本卷有翔實考證，兹録如下：

春戲：古代民間春季娛樂活動。以繁衍後代和期盼農作物豐收爲目的的男女歡會活動。始於原始社會末期，西周時仍很流行。《周禮·地官·司徒》："中春之月，令會男女。於是時也，奔者不禁。若無故而不用令者，罰之。司男女之無夫家者而會之。"《墨子·明鬼篇》："燕之有祖，當齊之社稷。宋之有桑林，楚之雲夢也，此男女之所屬而觀也。"《詩·鄭風·溱洧》："溱與洧，瀏其清矣。士與女，殷其盈矣。女曰：'觀乎？'士曰：'既且。''且往觀乎！洧之外，洵訏且樂。'維士與女，伊其將謔，贈之以芍藥。"《楚辭·九歌·少司命》："秋蘭兮麋蕪，羅生兮堂下。緑葉兮素枝，芳菲菲兮襲予。夫人兮自有美子，蓀何以兮愁苦？"戰國以後逐漸演變爲單純的春游活動"踏青"。

《巧藝卷》精心地援引了以上經典，可證在中國上古時期男女歡會非常自然，而且是具有相當規模的群體性活動。此舉在中國遠古時代已有所見，青海大通縣上孫家寨出土的舞蹈紋彩陶盆，已展現了男女携手共舞的親密生動場景，那是馬家窰文化的代表，距今已有五千年歷史，但必須明確，這并非蒙昧時期的亂性之舉。這是一種男女交往的公開宣示。前述《周禮·地官·司徒》曰："中春之月，令會男女……司男女無夫之家者而會之。"其要點是"男女無夫之家者"。這是明確的法律規定，故而作者的篇首語曰："以繁衍後代和期盼農作物豐收爲目的。"這就撥正了後世對於中國古代奴隸社會或封建社會有關男女關係的一些偏頗見解，可證本卷之"巧藝"非同一般的娱樂，所展現的是中華先民多方位的生活狀態。

三、博物研究遭質疑，古老科技又誰知？

《通考》所涉博物盡有所據，無一虚指，如繁星麗天，構成了浩大的博物學體系，千載一脉，本當生生不息，如瀑布之直下，但却似大河之九曲，時有峽谷，時有險灘，終因清廷喪權辱國、全盤西化而戛然中斷，故而迥异於西方。由於西方科技的巨大影響，致使一些學人缺少文化自信，多認爲中國古老的博物學，無甚價值。豈知我中華民族從不乏才俊、精英，從不乏偉大的發明，很多祇是不知其名而已。如《淮南子·泰族訓》："欲知遠近而不能，教之以金目則快射。"漢代高誘注曰："金目，深目。所以望遠近射准也。"何謂"金目"？據高注可知，就是深目。"深目"之"深"，謂深遠也（又說稱"金目"爲黄金之目，用以喻其貴重，恐非是）。"金目"當是現代望遠鏡或眼鏡之類的始祖。"金目"其物，在古代萬千典籍中僅見於《淮南子》一書，別無他載。因屬古代統治者杜絶的"奇技淫巧"，又甚難製作，故此物宫廷不傳，民間絶踪，遂成奇品。上世紀 80 年代，揚州邗江縣東漢廣陵王劉荆墓中出土一枚凸透鏡，此鏡之鏡片直徑 1.3 厘米，鑲嵌在用黄金精製而成的小圓環内，視物可放大四五倍，此鏡至遲亦有兩千餘年的歷史。廣陵墓之外，安徽亳州曹操宗族墓等處，亦有出土。是否就是"金目"已難考證。作爲眼鏡其物，發展到宋代，始有明確的文字記載，其時稱之爲"靉靆"（見明方以智《通雅·器用·雜用諸器》引宋趙希鵠《洞天清録》）。今日學者皆將眼鏡視爲西方舶來品，一說來自阿拉伯，又說來自英國，如猜謎語，不一而足；西方的眼鏡實則是由中國傳入的，如若說是西方自家發明，也晚於中國千年之久。

"金目"其物的出現絶非偶然，《墨子》中的《經下》《經說下》已有關於光的直綫傳播、反射、折射、小孔成象、凹凸透鏡成象等連續的科學論述，這一原理的提出，必當有各式透體器物，如鏡片之類爲實驗依據，這類器物的名稱曰何今已不得而知，但製造出金目一類望遠物，是情理之中的必然結果。據上述《經下》《經說下》記載可知，早在戰國時期，先賢已有光學研究的成就，與後世西方光學原理盡同。在中國漫長的古代日常生活中，隨時可見新奇的創造發明，這類創造發明所展現的正是中國獨有的科學。《導論》中所述"被中香爐""長信宮燈"之外，更有"博山爐"（一種形似傳說中神山"博山"的香爐，當香料在爐內點燃時，烟霧通過鏤空的山體宛然飄出，形成群山蒙蒙、衆獸浮動的奇妙景象，約發明於漢代）、"走馬燈"（一種竹木扎成的傳統佳節所用風車狀燈具，外貼人馬等圖案，藉燈內點燃蠟燭的熱力引發空氣對流，輪軸上的人馬圖案隨之旋轉，投身於燈屏上，形成人馬不斷追逐、物換景移的壯觀情景，約發明於隋唐時期）之類。古老中華何止是"四大發明"？此外，約七千年前，在天灾人禍、形勢多變的時代背景之下，先民爲預測未來，指導行爲方嚮，始創有易學，形成於商周之際，今列爲十三經之首，稱爲《周易》，這是今世的科學不能完全解釋的另一門"科學"，其功用不斷地爲當世諸多領域所驗證，在我華夏、乃至歐美，研究者甚衆，本《通考》對此雖有涉及，而未立專論。

那麽，在近現代，國人又是如何對待古代的"奇技奇器"的呢？著名的古代"四大發明"，今已家喻户曉，婦幼皆知，但却如同可愛的國寶大熊猫一樣，乃是西方學者代爲發現。我仁人志士，爲喚醒"東方睡獅"，藉此"四大發明"，竭力張揚，以振奮民族精神。這"四大發明"影響非凡，但在中國傳統文化中亦無重要地位，其中"火藥"見載於唐孫思邈《丹經》，"指南針""印刷術"同見載於宋沈括《夢溪筆談》，皆非要籍鴻篇，唯造紙術見於正史，全文亦僅七十一字，緊要文字衹有可憐的四十三字（見《後漢書·宦者傳·蔡倫》）。而這"四大發明"中有兩大發明，不知爲何人所爲。

在古老中國的歷史長河中，更有另一種科學技術，當今學界稱之爲"黑科技"（意謂超越當今之科技，出於人類的想象之外。按，稱之爲"超科技"，似更易理解，更準確），那就是現代科學技術望塵莫及、無法破解的那些千古之謎。如徐州市龜山西漢楚襄王墓北壁的西邊墻上，非常清晰地顯示一真人大小的影子，酷似一位老者，身着漢服，峨冠博帶，面東而立，作揖手迎客之狀。人們稱其爲"楚王迎賓圖"。最初考古人員發掘清理棺室時，并無壁影。自從設立了旅游區正式開放後，壁影纔逐漸地顯現出來，仿佛是楚王的魂魄顯靈，親自出來歡迎來此參觀的游人一樣。楚襄王名劉注，是西漢第六代楚王，死後葬於此。劉注墓還有五謎，今擇其三：一、工程精度之謎。龜山漢墓南甬道長 55.665 米，北甬道長爲 55.784 米，沿中綫開鑿，最大偏差僅爲 5 毫米，精度達 1/10000；兩甬道相距 19 米，夾角 20 秒，誤差爲 1/16000，其平行度誤差之小，大約需要從徐州一直延伸到西安纔能使兩甬道相交。按當時的技術水準，這樣的墓道是何人如何修建的？二、崖洞墓開鑿之謎。龜山漢墓爲典型的崖洞墓，其墓室和墓道總面積達到 700 多平方米，容積達 2600 多立方米，幾乎掏空了整個山體。勘察發現，劉注墓原棺室的室頂正對着龜山的最高處，劉注府庫中的擎天石柱也正位於南北甬道的中軸綫上。龜山漢墓的工程人員是利用什麼樣的勘探技術掌握龜山的山體石質和結構？三、防盜塞石之謎。南甬道由 26 塊塞石堵塞，分上下兩層，每塊重達六至七噸，兩層塞石接縫非常嚴密，一枚硬幣也難以塞入。漢墓的甬道處於龜山的半山腰，當時生產力低下，人們是用什麼方法把這些龐大的塞石運來并嵌進甬道的？今皆不得而知。

斷言"中國古代衹有技術而没有科學"者，對中國歷史的瞭解實在是太過膚淺，并不瞭解在中國古代不衹有科技，而且竟然有超越科學技術的"黑科技"。

四、當世灾難甚可懼，人間正道何處覓？

在《通考》的編纂過程中，常遇到的重要命題，那就是以上論及的"科技"。今之"科技"，在中國上古曾被混稱爲"奇技奇器"，直至清廷覆亡，迄未得到應有的重視，導致國勢衰微，外寇侵略，民不聊生。這正是西方視之爲愚昧落後，敢於長驅直入，爲所欲爲的原因。因而一個國家、一個民族，要立於不敗之地，必須擁有自家的科技！世人當如何評定"科技"？如何面對"科技"？本書《導論》已有"道器論"，今《總説》以此"道器論"爲據，就現代人類面臨的種種危機，論釋如下：

何謂"道器"？所謂"道"是指形成宇宙萬物之原本，是形成一切事理的依據與根由。何謂"器"？"器"即宇宙間實有的萬物，包括一切科技，一切發明，至巨至大，至細至微，充斥天地間，而盡皆不虛。科技衍生於器，驗證於器，多以器爲載體，是推進或毀壞人類社會的一種無窮力量，故而又必須在人間正道的制約之下。此即本書道器并重之緣由，或可視爲天下之通理也。英國自 18 世紀第一次工業革命以來，其科學技術得以高速而全方位地發展，引起西方乃至全世界的密切關注與重視，影響廣遠。這一時期，英帝國統治者睥睨全球，居高臨下，自我膨脹，發表了"生存競争，勝者執政"等一系列宏論；托馬斯・馬爾薩斯的《人口論》亦應時而起，其核心理論是："貧富强弱，難以避免。承認現實，存在即合理。"甚而提出"必須控制人口的大量增長，而戰爭、饑荒、瘟疫是最後抑制人口增長的必要手段"（這一理論在以儒學爲主體的傳統文化中被視爲離經叛道，滅絕人性，而在清廷走投無路全面西化之後，國人亦有崇信者，直至20年代初猶見其餘緒）。在這樣的時代背景下，查爾斯·達爾文所著《物種起源》得以衝破基督教的束縛，順利出版，暢行無阻。該書除却大量引用我國典籍《齊民要術》《天工開物》與《本草綱目》之外，還鄭重表明受到馬爾薩斯《人口論》的啓示和影響。《物種起源》的問世，形成了著名的進化理論："物競天擇、優勝劣汰，弱肉强食，適者生存。"（近世對其學説已有諸多評論，此略）進化學説在人們的社會生活中留下了深刻的印迹，在世界範圍内引起巨大反響，當時英國及其他列强利用了自然界"生存法則"的進化理論，將其推行於對外擴張的殖民戰争中，打破了世界原有生態格局，在巨大的聲威之下，暢行無阻，遍及天下。縱觀人類的發展史，尤其是近世以來的發展史可知，科技的高下决定了國家的强弱，以强凌弱，已成定勢，在高科技强國的聲威之下，無盡的搜羅，無盡的采伐，無盡的探測實驗（包括核試驗），自然資源和自然環境漸遭破壞，各種弊端漸次顯露。時至20世紀中後期，以原子能、電子電腦、信息技術、空間技術等發明和應用爲標志、第三次科技革命的到來，學界稱之爲"科技革命的紅燈時刻"，其勢如風馳電掣，所向披靡，人類社會發生了翻天覆地的變化，時至21世紀，又凸顯了另一灾難，即瘟疫肆虐，病毒猖獗，危及整個人類。這一系列禍患緣何而生？天灾之外，罪魁爲人。何也？世間萬種生靈，習性歸一，盡皆順從於大自然，但求自身生息而已，别無他求，而作爲"萬物之靈"的人類，在茹毛飲血，跨越耕獵時代之後，却欲壑難填，毫無節制！爲追求享樂、滿足一己之貪婪，塗炭萬種生靈，任你山中野外，任你江面海底，任你晝藏夜出，任你天飛地走，皆得作我盤中佳餚。閑暇之日，又喜魚竿獵槍，目睹異類掙扎慘死，以爲暢快，以爲樂趣，若爲一己之喜慶，更可"磨刀霍霍向猪羊"，視之爲正常！"萬物之靈"的人類，永無休止，地表搜刮之外，還有地下的搜索挖掘，如世界著名的南非姆波尼格金礦，雖其開采僅起始於百年前，憑藉當代最先進的科技，挖掘深度已超4000米（我國的招遠金礦，北宋真宗年間已進行開采，至今深度不過2000米左右），現有370千米軌道，用以運送巨大的設備與成噸重的礦石，而每次開采都必須用兩千多公斤的炸藥爆破，可謂地動山摇！金礦之外，又有銀礦、鐵礦、銅礦、煤礦、水晶礦（如墨西哥的奈咯水晶洞，俗稱"神仙水晶礦"，其中一根重達50噸，挖出者一夜暴富），種種礦藏數以萬計。此外尚有對石油、純净水，乃至無形的天然氣等的無盡索取，山林破壞，大地沙化，水污染、大氣污染、核污染，地球已是百孔千瘡，而挖掘索取，仍未甘休，愈演愈烈，故今之地球信息科學已經發現地球性能的變异以及由此帶來可怕的全球性灾難。今日世界，各國執政者憑仗高科技，多是從一國、一族或一己之私利出發，或結邦，或聯盟，争强鬥勝，互不相顧，國際關係日趨惡化，人類時刻面臨可怕的威脅，面臨毁滅性的核戰争。凡此種種，怎不令人憂慮，令人悲痛？故而有學者宣稱："科技確實偉大，也確實可怕。一旦失控，後患無窮。"又稱："人類擁有了科技，必警惕成爲科技的奴隸。"此語并非危言聳聽，應是當世的警鐘，因爲人類面對强大的科技，常常難以自控，這是科技發展必然的結果。而作爲"萬物之靈"的人類，具有高智慧，能够擁有高科技，確乎超越了萬物，居於萬物主宰的地位，而執政者一旦擁有失控的權力，肆意孤行，其最終結局必將是自戕自毁，必將與萬物同歸於盡。一言以蔽之，毁滅世界的罪魁禍首是人類自己，而并非他類。

面對這多變的現實與可怕的未來，面對這全球性的灾難，中外科學家作了不懈努力，而收效甚微。1988 年 1 月，七十五位諾貝爾獲獎者及世界著名學者齊聚巴黎，探討了 21 世紀科學的發展與人類面臨的種種難題，提出了應對方略。在隆重的新聞發布會上，瑞典物理學家漢内斯·阿爾文發表了鄭重的演説："如果人類要在 21 世紀生存下去，必須回頭到兩千五百年前去汲取孔子的智慧。"（見 1988 年 1 月 24 日澳大利亞《堪培拉時報》原文——《諾貝爾獎獲得者説要汲取孔子的智慧》）這是何等驚人的預見，又是何等嚴正的警示！這七十五位諾貝爾獲獎者没有一位是我華夏同胞，他們對孔子的認知與崇敬，非常客觀，非常深刻，超乎我們的想象。這種高屋建瓴式的睿智呼籲，振聾發聵，可惜并没有警醒世人，也没有引起足够多的各國領導人的重視。

人類爲了自救，不能不從人類自身發展史中尋求答案。在人類發展史中，不乏偉大的聖人，孔子是少有的没有被神化、起於底層的聖人（今有稱其爲"草根聖人"者），他生於春秋末期，幼年失父，家境貧寒，又正值天下分裂，戰亂不斷，在這樣的不幸世道裏，孔子及其弟子大力宣導"克己復禮"，這是人類歷史上最切實際的空前壯舉。何謂"禮"？《説文·示部》曰："禮，履也。所以事神致福也。"禮本來是上古祭祀鬼神和先祖的儀式。史稱文、武、成王、周公據禮"以設制度"，此即"周禮"。"周禮"的内容極爲廣泛，舉凡國家的政治、經濟、軍事、行政、法律、宗教、教育、倫理、習俗、行爲規範，以及吉、凶、軍、賓、嘉五類禮儀制度，均被納入禮的範疇。周禮在當時社會中的地位與指導作用，《禮記·曲禮》中有明確記載："分争辯訟，非禮不決；君臣上下、父子兄弟，非禮不定；宦學事師，非禮不親；班朝治軍、涖官行法，非禮威嚴不行。"當然也維護了"君臣朝廷尊卑貴賤之序,下及黎庶車輿衣服宮室飲食嫁娶喪祭之分"(見《史記·禮書》),這符合於那個時代的階級統治背景。孔子提出"克己復禮",期望世人克服一己之私欲,以應有的禮儀禮節規範自己的言行,建立一個理想的中庸和諧社會,這已跨越了歷史局限。孔子的核心思想是"敬天愛人",何謂"敬天"?孔子強調"巍巍乎唯天爲大"(見《論語·泰伯》),又曰:"天何言哉?四時行焉,百物生焉,天何言哉!"(見《論語·陽貨》)孔子所言之"天",并非指主宰人類命運的上蒼或上帝,并非是孔子的迷信,因"子不語怪力亂神"(見《論語·述而》)。孔子認爲四季變化、百物生長,皆有自己的運行規律,人類應謹慎遵從,應當敬畏,不得違背。孔子指稱的"天",實則指他所認知的宇宙。此即孔子的天人觀、宇宙觀。"巍巍乎唯天爲大",在此昊天之下,人是何樣的微弱,面臨小小的細菌、病毒,即可淒淒然成片倒下。何謂"愛人"?孔子推行"仁義之道",何謂"仁"?子曰:"仁者,愛人!"(《論語·顏淵》)即人人相親、相愛。又曰:"己所不欲,勿施於人。"意即重正義,絕不損人利己。何謂"義"?"義"指公正的道理、正直的行爲。子曰:"不義而富且貴,於我如浮雲。"(見《論語·述而》)這就是孔子的道德觀與道德規範,當作爲今世處理人與自然、人與社會的規範與行動指南。其弟子又提出"親親而仁民,仁民而愛物"(見《孟子·盡心上》),漢代大儒又有"天人之際,合而爲一"的主張(董仲舒在《春秋繁露·深察名號》中,爲維護皇權的需要而建立了皇權天授的觀念),這種主張已遠遠超越了維護皇權的需要,成爲了一種可貴的哲理。時至宋代,大儒張載再度發揚孟子"親親而仁民,仁民而愛物"的襟懷,又有"民吾同胞,物吾與也"(見其所著《西銘》)之名言箴語,即將天下所有的人皆當作同胞,世間萬物盡視爲同類,最終形成了著名的另一宏大的儒學系統,其主旨則是"天人合一"論。何謂"天人合一"?"天人合一"有兩層意義:一曰天人一致,天是一大宇宙,人則如同一小宇宙,也就是說人類同天體各有獨立而相似之處;二是天人相應,這是說人與天體在本質上是相通的,是相互相連的。因此,一切人事應順乎自然規律,從而達到人與自然的和諧。達到人與自然的和諧統一,當作爲今世處理人與自然、人與社會的明確規範與行動指南。這是真正的"人間正道",唯有遵循這一"人間正道",人際關係纔能融洽,社會纔能和諧,天下纔能太平。

　　古老中國在形成"孔子智慧"之前,早已重視人與自然的關係。約在七千年前,我中華先祖已能够通過對於蟲鳥之類的物候觀察,熟練地確定天氣、季節的變幻,相當完美地適應了生産、生活、繁衍發展的需求,這一遠古的測算應變之舉,處於世界領先地位。約四千年前，夏禹之時，已建有令今人嚮往的廣袤的綠野濕地。如《書·禹貢》即記載了“雷夏”“大野”“彭蠡”“震澤”“菏澤”“孟豬”“豬野”“雲夢”諸澤的形成及其利用情況，如其中指出：“淮海惟揚州，彭蠡既豬（瀦），陽鳥攸居；三江既入，震澤底定。篠簜既敷，厥草惟夭，厥木惟喬……厥貢惟金三品，瑤琨篠簜，齒革羽毛，惟木。”這是説揚州有彭蠡、震澤兩方綠野濕地，適合於鴻雁類禽鳥居住，適合於篠竹（箭竹）、簜竹（大竹）生長，青草繁茂，樹木高大，向君主進貢物品有金銀銅等三品，又有瑤琨美玉、箭竹、大竹以及象齒皮革與孔雀、翡翠等禽鳥羽毛。所謂“大禹治水”，并非祇是被動的抗災自救，實則是大治山川，廣理田野，調整人與大自然的關係，使之相得益彰。《逸周書·大聚解》又載，夏禹之時“且以并農力，執成男女之功，夫然則有生不失其宜，萬物不失其性，人不失其事，天不失其時……放此爲人，此謂正德”，此即所謂夏禹“劃定九州”之功業所在。其中“放此爲人，此謂正德”的論定，已蘊含了後世儒家初始的“天人合一”的觀念。西周初期，已設定掌管國土資源的官職“虞衡”，掌山澤者謂“虞”，掌川林者稱“衡”（見《周禮·天官·太宰》及賈疏）。後世民衆，繼往開來，對於保護生態環境，保護大自然，采取了各種措施，又設有專司觀察氣象、觀察環境的機構，并有方士之類的“巫祝史與望氣者”，多管道、多方位進行探測研究，從而防患於未然。《墨子·號令篇》（一説此篇非墨子所作，乃是研究墨學者取以益其書）曰：“巫祝史與望氣者，必以善言告民，以請（讀爲‘情’）上報守（一説即太守），上守獨知其請（情）。無［巫］與望氣，妄爲不善言，驚恐民，斷弗赦。”這裏明確地指出，由“巫祝史與望氣者”負責預告各種災情，但不得驚恐民衆，否則即處以重刑，絶不饒恕。愛惜生態，保護自然，這是何樣的遠見卓識，這又是何樣的撫民情懷！

是的，自夏禹以來，先民對於大自然、對於與蒼生，有一種別樣的愛惜、保護之舉措，防範措施非常細密，非常全面而嚴厲。《逸周書·大聚解》有以下記載：夏禹時期設定禁令，大力保護山林、川澤，春季不准帶斧頭上山砍伐初生的林木；夏季不准用漁網撈取幼小的魚鱉，此即世界最早的環境保護法。《韓非子·内儲説上》又載：殷商時期，在街道上揚弃垃圾，必斬斷其手。西周時又有更爲具體規定：如，何時可以狩獵，何時禁止狩獵，何樣的動物可以獵殺，何樣的動物禁止獵殺；何時可以捕魚，何時禁止捕魚，何樣的魚可以捕取，何樣的魚禁止捕取，皆有明文規定，甚而連網眼的大小也依季節不同而嚴予區別。并特別强調：不准搗毁鳥巢，不准殺死剛學飛的幼鳥和剛出生的幼獸。春耕季節不准大興土木。《禮記・月令》又載："毋變天之道，毋絶地之理，毋亂人之紀。"這一"毋變""毋絶""毋亂"之結語，更是展現了後世儒家宣導并嚮往的"天人合一"説。至春秋戰國之際，法律法規的範圍更加全面，特別嚴厲。這一時期已經注意到有關礦山的開發利用，若發現了藏有金銀銅鐵的礦山，立即封禁，"有動封山者，罪死而不赦。有犯令者，左足入，左足斷，右足入，右足斷"（見《管子・地數》）。古人認爲輕罪重罰，最易執行，也最見成效，勝過重罪重罰。這些古老的嚴厲法令，雖是殘酷，實際却是一聲斷喝，讓人止步於犯罪之前，因而犯罪者甚微。這就最大限度地保護了大自然，同時也最大限度地保護了人類自己。而早在西周建立前夕，又曾頒布了令人欽敬的《伐崇令》："文王欲伐崇，先宣言曰……令毋殺人，毋壞室，毋填井，毋伐樹木，毋動六畜，有不如令者，死無赦！崇人聞之，因請降。"（見漢劉向《説苑・指武》）這是指在殘酷的血火較量中，對於敵方人民、財産及生靈的愛惜與保護。我中華上古時期這一《伐崇令》，是世界戰爭史中的奇迹，是人類應永恒遵守的法則！當今世界日趨文明，闊步前進，而戰爭却日趨野蠻，屠殺對方不擇手段，實是可怖可悲！我華夏先祖所展現的這些大智慧、大慈悲，爲後世留下了賴以繁衍生息的楚山漢水，留下了令人神往的華夏聖地，我國遂成爲幸存至今、世界唯一的文明古國。

五、筆墨革命難預料？卅載成書又何易？

《通考》選題因國内罕見，無所藉鑒，期望成爲經典性的學術專著，難度之大，出乎想象，初創伊始，即邀前輩學者南京大學老校長匡亞明先生主其事。這期間微信尚未興起，寧濟千里，諸多不便，盛岱仁、康戰燕伉儷滿腔熱情，聯絡於匡老與筆者之間，得到先生的熱情鼓勵與全力支持，每逢疑難，必親予答復，但表示難做具體工作，在經濟方面也難以爲力。因爲先生於擔任國家古籍整理領導小組組長之外，又全面主持南京大學中國思想家研究中心的工作，正在編纂《中國思想家評傳》，百卷書稿須親自逐一審定，難堪重任。筆者初赴南大之日，老人家親自接待，就餐時當場現金付款，没有讓服務員公款記賬，筆者深受感動，終生難以忘懷。此後在匡老激勵之下，筆者全力以赴，進而邀得數百作者并肩携手，全面合作，并納入國家"九五"重點出版規劃中。1996年12月，匡老驟然病逝，筆者悲痛不已，孤身隻影，砥礪前行，本書再度確定爲國家"十五"重點出版規劃項目，并將初名更爲今名。那時，作者們盡皆恪守傳統著述方式，憑藏書以考釋，藉筆墨以達志。盛暑寒冬，孜孜矻矻，無敢逸豫。爲尋一詞，急切切，一目十行，翻盡千頁而難得；爲求善本，又常千里奔波，因限定手抄，不得複印，纍日難歸！諸君任勞任怨，潛心典籍，閱書，運筆，晝夜伏案，恂恂然若千年古儒。至上世紀末，一些年輕作者已擁有個人電腦，各種信息，數以億計，中文要籍，一覽無餘，天下藏書，“千頃齋”“萬卷樓”之屬，皆可盡納其中，無須跋涉遠求。搜集檢索，祇需“指點”，瞬息可得；形成文章，亦祇需“指點”，頃刻可就。在這世紀之交，面臨書寫載體的轉換，老一輩學人步入了一個陌生的電腦世界，遭遇了空前的挑戰。當代作家余秋雨在其名篇《筆墨祭》中有如下陳述：“五四新文化運動就遇到過一場載體的轉換，即以白話文代替文言文；這場轉換還有一種更本源性的物質基礎，即以‘鋼筆文化’代替‘毛筆文化’。”由“毛筆文化”向“鋼筆文化”的轉換，經歷了漫長的數千載，而今日再由“鋼筆文化”向“電腦文化”轉換，却僅僅是二十年左右，其所彰顯的是科學技術的力量、“奇技奇器”的力量。作家所謂的“筆墨”，係指毛筆與烟膠之墨，《筆墨祭》祇在祭五四運動之前的“毛筆文化”。今日當將毛筆文化與鋼筆文化并祭，乃最徹底的“筆墨祭”。面對這世紀性的“筆耕文化”向“電腦文化”的轉換，面對這徹底的“筆墨祭”，老一輩學人没有觀望，没有退縮，同青年作者一道，毅然决然，全力以赴，終於跟上了時代的步伐！筆者爲我老一輩學人驕傲！回眸曩日，步履維艱，隨同筆墨轉型，書稿也隨之經歷了大修改、大增補，其繁雜艱辛，實難言喻。天地逆旅，百代過客，如夢如幻，三十餘年來，那些老一輩學人全部白了頭，却無暇“含飴弄孫”，又在指導後代參與其事。那些“知天命”之年的碩博生導師們皆已年過花甲，却偏喜“舞文弄墨”，又在尋覓指導下一代弟子同步前進。如此前啓後追，無怨無悔，這是何樣的襟懷？憶昔乾嘉學派，人才輩出，時有“高郵王父子，棲霞郝夫婦”投入之佳話，今《通考》團隊，於父子合作、夫婦合作之外，更有舉家投入者，四方學人，全力以赴。但蒼天無情，繼匡老之後，另有幾位同仁亦撒手人寰。上海那位《天宇卷》主編年富力强，却在貧病交加、孩子的驚呼聲中，英年早逝。筆者的另一位老友爲追求舊稿的完美，於深夜手握鼠標闃然永訣，此前他的夫人曾勸其好好休息，答説“我没有那麽多時間”！可謂鞠躬盡瘁，死而後已，這又是何樣的壯志，思之怎能不令人心酸！這就是我的同仁，令我驕傲的同仁！

自 2012 年之後，因面臨多種意外的形勢變化，筆者連同本書回歸原所在單位山東師範大學，于是增加了第一位副總主編——文學院副院長、古籍整理研究所所長韓品玉，解決了編務與財力方面的諸多困難，改變了多年來的孤苦狀況。時至 2017 年春，爲盡快出版、選定新的出版社，又增加了天津人民出版社總編輯、南開大學客座教授陳益民，中國職工教育研究院常務副院長、全國職工教育首席專家俞陽，臺北大學人文學院東西哲學與詮釋學研究中心主任賴賢宗教授三位爲副總主編，於是形成了現今的編纂委員會。

在全書編纂過程中，編纂委員會和學術顧問，以及分卷正副主編、主要作者所在單位計有：中國國家博物館、中國國家圖書館、中央文史研究館、中國佛教圖書文物館、全國總工會、中聯口述歷史研究中心、河北省文物與古建築保護研究院、河北省文物考古研究院、河北閱讀傳媒有限責任公司、北京大學、浙江大學、南京大學、南京師範大學、東北師範大學、鄭州大學、河北大學、河北師範大學、河北醫科大學、廈門大學、佛山大學、山東大學、中國海洋大學、山東師範大學、曲阜師範大學、山東中醫藥大學、濟南大學、山東財經大學、山東體育學院、山東藝術學院、山東工藝美術學院、山東省社會科學院、山東博物館、山東省圖書館、山東省自然資源廳、山東省林業保護和發展服務中心、濟南市園林和林業綠化局、濟南市神通寺、聊城市護國隆興寺、臺北大學、臺灣成功大學、臺灣大同大學、臺北中國文化大學、臺灣中華倫理教育學會，以及澳大利亞國立伊迪斯科文大學等，在此表示由衷的謝忱！

本書出版方——上海交通大學領導以及上海交通大學出版社領導，高瞻遠矚，認定《通考》的編纂出版，不祇是可推動古籍整理、考古研究的成果轉化，在傳承歷史智慧，弘揚中華文明，增强民族凝聚力和認同感，彰顯民族文化自信等各個方面具有重要意義。出版方在組織京滬兩地專家學者審校文字的同時，又付出時間精力，投入了相當的資金，增補了不少插圖，這些插圖多來自古籍，如《考工記解》《考工記圖解》《考工記圖說》《考古圖》《續考古圖》《西清古鑑》《西清續鑑》《毛詩名物圖說》《河工器具圖說》等等，藉此亦可見出版方打造《通考》這一精品工程的決心。而山東師範大學各級領導同樣十分重視，社科處高景海處長一再告知筆者：“需要辦什麼事情，儘管吩咐。”諸多問題常迎刃而解，可謂足智善斷。筆者所屬文學院孫書文院長更親行親爲，給予了全面支持，多方關懷，令筆者備感親切，深受鼓舞，壯心未老，必酬千里之志。此前，著名出版家和龔先生早已對本書作出權威鑒定，并建議由三十二卷改爲三十六卷。本書在學術界漂游了三十餘載終得面世，并引起學界的關注。今有國人贊之曰：《通考》是中華優秀傳統文化創造性轉化、創新性發展的優異成果，是一部具有極高人文價值的通代史論性的華夏物態文化專著，凝聚了中華民族的深層記憶，積澱了民族精神和傳統文化的精髓。又有國際友人贊之曰：《通考》如同古老中國一樣，是世界唯一一部記述連續數千載生機盎然的人類生活史。國內外的評論衹是就本書的總體面貌而言，但細予探究，缺憾甚爲明顯，因本書起步於三十餘年前，三十餘年以來，學術界有諸多新的研究成果未得汲取，田野考古又多有新的發現，國內外的各類典藏空前豐富，且檢索方式空前便捷，而本書作者年齡與身體狀況又各自不同，多已是古稀之年，或已作古，或已難執筆，交稿又有先後之別，故而三十六卷未能統一步伐與時俱進，所涉名物，其語源、釋文難能確切，一些舊有地名或相關數據，亦未及修改，而有些同物異名又未及增補。這就不能不有所抱憾，實難稱完美！以上，就是本書編纂團隊的基本面貌，也是本書學術成就的得失狀況。

　　筆者無盡感慨，卅載一瞬渾似夢，襟懷未展，鬢髮盡斑，萬端心緒何曾了？長卷浩浩，古奧繁難，有幾多知音翻閱？何處求慰藉？人道是紅袖衹揾英雄泪！歲月無情，韶光易逝，幾位分卷主編未見班師，已倏而永別，何人知曉老夫悲苦心情？今藉本書的面世，聊以告慰匡老前輩暨謝世的同仁在天之靈！

張述錚

丙子中吕初稿於山東師範大學映月亭
甲辰南吕增補於歷下龍泉山莊東籬齋

凡　例

　　一、本書係通代史性的中華物態文化學術專著，旨在對構成中華博物的名物進行考釋。全書三十六卷，另有附錄一卷。各卷之基本體例：第一章爲概論，其後據内容設章，章下分節，爲研究考釋文字，其下分列考釋詞目。

　　二、本書所涉博物，分兩種類型：一曰"同物異名"，二曰"同名异物"。前者如"女墙"，隨從而來者有"女垣""女堞""女陴""城堞""城雉""陴堞"等，盡皆爲"女墙"的同物異名；後者如"衽"，其右上分別角標有阿拉伯數字，分別作"衽¹"（指衣襟）、"衽²"（指衣服胸前交領部分）、"衽³"（指衣服两旁掩裳際處）、"衽⁴"（指衣袖）、"衽⁵"（指下裳）等，皆爲"衽"的同名异物。

　　三、各卷詞目分主條、次條、附條三種。次條、附條的詞頭字型較主條小，并用【　】括起。主條對其得名由來、産生年代、形制體貌、歷史演進做全面考釋，然後列舉古代文獻或實物爲證，并對疑難加以考辨，或列舉諸家之説；次條往往僅用作簡要交代，補主條不足，申説相佐；附條一般衹用作説明，格式如即"××"、同"××"、通"××"、"××"之單稱、"××"之省稱，等等。

　　四、各卷名物，或見諸文獻記載，或見諸傳世實物，循名責實，依物稽名，於其本稱、別稱、單稱、省稱，務求詳備，代稱、雅稱、謔稱、俗稱、譯稱，旁搜博采。因中華博物的形成、演化有自身規律，實難做人爲的斷代分割。如"朝制"之類名物，隨同帝王的興起而興起，隨同帝王的消亡而消亡，因而其下限達於辛亥革命；"禮俗"之類名物起源於上古，其流緒直達今世；而"冠服"之類名物，有的則起源甚晚，如"中山裝"之類。故各卷收詞時限一般上起史前，下迄清末民初，有的則可達現當代。

五、各卷考釋條目中的文獻書證一般以時代先後爲序；關乎名物之最早的書證，或揭示其淵源成因之書證，尤爲本書所重，必多方鈎索羅致；二十五史除却《史記》《漢書》外，其他諸史皆非同朝人編纂，其書證行用時間則以書名所標時代爲準；引書以古籍爲主，探其語源，逐其流變，間或有近現代書證爲後起之語源者，亦予扼要采用。所引典籍文獻名按學術界的傳統標法。如《詩》不作《詩經》，《書》不作《尚書》，《說文》不作《說文解字》等；若作者自家行文爲了强調或區別於他書，亦可稱《詩經》《尚書》《說文解字》等。文獻卷次用中文小寫數字：不用"千""百""十"，如卷三三一，不作卷三百三十一；"十"作〇，如卷四〇，不作卷四十。

六、本書使用繁體字。根據1992年7月7日新聞出版署、國家語言文字工作委員會發布的《出版物漢字使用規定》第七條第三款、2001年1月1日施行的《中華人民共和國通用語言文字法》第二章第十七條第五款之規定，本書作爲大量引徵古籍文獻的考釋性學術專著，既重視博物的源流演變，又重視對同物異名、同名異物的考辨，故所有考釋條目之詞頭及文獻引文，保留典籍原有用字，包括异體字，除明顯錯别字（必要時括注正字訂誤）之外，一仍其舊。其中作者自家釋文，則用正體，不用异體，但關涉次條、附條等异體字詞頭等，仍予保留。繁體字、异體字的確定，以《規範字與繁體字、异體字對照表》（國發〔2013〕23號附件一）及《通用規範漢字字典》爲依據。

七、行文叙述中的數字一律采用漢字小寫，但標示公元紀年及現代度量衡單位時，用阿拉伯數字。如"三十六計"，不作"36計"；"36米"，不作"三十六米"。

八、各卷對所收考釋詞條設音序索引，附於卷末，以便檢索。

目　録

序　言

　　《中華博物通考》（下稱《通考》）是一部通代史論性的華夏物態文化專著，係"十四五"國家重點出版物出版專項規劃項目，并得到 2020 年度國家出版基金資助。全書共三十六卷，另有附錄一卷，達三千萬字，《文具卷》即其中的一卷。

　　何謂"博物"？"博物"一詞，首見於《左傳·昭公元年》："晉侯聞子產之言，曰：'博物君子也。'"此一"博物"指博通諸種事物，一般釋爲"知識淵博"。《三國志·魏志·袁煥傳》中另有"博物之書"的記載，唐玄奘《大唐西域記·摩臘婆國》中又有"知博物"之語，此一"博物"即可釋爲今義之"浩博實物"。本《通考》指稱的"博物"，是指可見或可感知之物體物品。這一"博物"既可以是天然的，也可以是人工的，既可以是静態的，也可以是動態的，既可以是斷代的，也可以是歷時的，但必須與中華文化密切相關，中土化的，是中華獨有的五千年文明史具體生動的再現。

　　《通考》上自日月星辰，下至田野江海，中有鳥獸蟲魚、木果花卉、衣食住行、農耕漁獵、雕繪樂舞，乃至禮俗教育、國法朝制，囊括了中華自然界與社會生活的各個領域，對於所涉浩博實物逐一進行考論辨析，探其淵源，逐其流變，而就浩博實物的總體之間的生衍關係而言，《通考》又隸屬於中華古典博物學。

　　文具，初稱"書具"，在漢代大儒鄭玄《禮記·曲禮上》注中已見行用。千載之後，宋人陶穀《清異録·文用》中始用"文具"一詞。文具泛指筆、墨、紙、硯、尺、規等用於書寫繪畫的案頭用具及與之相應的輔助用具。國人憑藉這些文具，創造了最具特色的筆墨文化、筆墨藝術，記載了延續五千年的華夏文明史。

作者將中國傳統的文具及與之相關的其他用具，盡予羅致。本卷共八章，謀篇布局，分類排比，科學嚴謹，鮮明生動。如第一章爲“概論”，共五節，第一節首先訓釋了文具名義，即何謂文具，文具在中國文化史上的地位，第二、第三、第四節，分別論述了文具四大體系的由來，即筆的源流、墨的源流、紙的源流、硯的源流。第二章爲“總名合稱說”。下分兩節，第一節爲“總名考”，下有“文具”“文房四寶”“十八學士”等。第二節爲“合稱考”，下又有“毫楮”“兔楮”“鉛素”“筆硯”“墨硯”等，同樣列出其種種別名、異稱。在作出以上全面綜合論述之後，以下則逐一展開具體論說。第三章爲“筆說”，第四章爲“墨說”，第五章爲“紙說”，第六章爲“硯說”，第七章爲“璽印組綬說”，最後一章爲“輔助用具說”。作者對於文具的專業、體式，頗爲熟悉，積累深厚，觀察細密，對於語言學、編輯學的研究又頗見功力。如第三章“筆說”中，依次分爲“筆源考”“筆體考”“异名考”“種類考”“部件考”“名筆考”“專筆考”共七節。各考之下又分小類，小類之下又分以細類。如第三節“异名考”下分爲“指代之類”“擬人之類”“美稱之類”三小類，而其中“指代之類”之下又分“部件指代”（如“毫穎”“管翰”等）、“形狀指代”（如“毫錐”“寸管”等）、“性質指代”（如“柔翰”“弱毫”等）、“顏色指代”（如“玄毫”“灰筆”等）、“料飾指代”（如“象管”“葦管”等）。有趣的是，作者根據文史慣用語設定了第七節“專筆考”，計有“帝王、官宦筆類”（如“天筆”“御筆”“彤管”“白筆”等）、“才子筆類”（如“五色筆”“生花妙筆”等）、“書畫筆類”、“決重筆類”等部分。

中國文具究有多少？當真僅有“十八學士”，即十八種文具麼？非也。作者依“十八學士”分類體例，又增補了十二種，如“鉛槧”“水牌”“算袋”“照袋”“書床”“高閣”等等。作者增補的這些文具，在文史記載中常語焉不詳，在傳統名物研究中亦常欠確解。如“照袋”，作者考釋曰：“盛放筆硯文具的盒子。四方形，有蓋與袢紐，多用馬皮製作……何以稱‘袋’？或因其物由算袋演化而成。‘袋’，亦非專指軟狀物，如旱烟袋、水烟袋之‘袋’皆以銅製作。”又如“高閣”，作者釋曰：“置放書籍、字畫等的閣架。多以竹製作。因高懸于牆上，故稱。”主條之後，又列其異名別稱“插架”“高閣學”“高介”“高文友”“清節處士”。

本卷的主體乃是國人最爲熟悉的文房四寶，但并未限於此，第七章“璽印組綬說”，實爲本卷的一大亮點。何謂璽印？璽印相當於今之印章。古代鑄刻文字於金屬、玉石等材料之上，鈐印出來，作爲表明身份、地位、權力的標識，或用作履行某種手續的信物。璽印是人類學會使用文字之後的產物，其發軔於何時，衆説不一。漢代讖緯學者在《春秋運斗樞》中稱“舜爲天子，黄龍負璽”，認爲傳説的三皇五帝時期，即新石器時代晚期已有了璽印。20 世紀 30 年代中期，河南安陽殷墟發現了三枚銅璽。其印文爲圖形文字，印體皆爲方形平版，并有一模一樣的鼻鈕，大抵具備了印璽的基本特徵。有學者認爲正式璽印大約產生於西周時期。1997 年在湖北長陽商周遺址中出土了兩枚西周陶璽，印面呈橢圓形，印文不同於甲骨文和金文，據考定係目前中國考古發現最早的古璽。經過西周時期的發展，至春秋戰國時璽印已盛行世間，時人習稱“璽節”。《周禮·地官·司市》：“凡通貨賄，以璽節出入之。”漢鄭玄注：“璽節者，今之印章也。”1956 年湖南長沙沙湖橋戰國墓出土銅印一方，上端有孔，下有凸榫兩個，據考此爲璽節的一半，還需另一半方能合符。據《釋名·釋書契》稱：“璽，徙也。封物使可轉徙而不可發也。”上述《周禮》所稱“凡通貨賄，以璽節出入之”，正是“封物使可轉徙而不可發也”，可見西周時之璽節衹是經濟領域的一種信物，官民通用，可個人佩帶，亦可鈐押。印押即指封泥，即《釋名》所謂“封物”。春秋後期漸用於政治、軍事等機要領域。後世發現了大量戰國璽，印體活潑多樣，印文奇麗如畫，已形成了官璽、私璽、吉語璽等不同用途及另一類型印陶(刻陶片爲印，非後世之陶范爲印)，爲秦漢璽印之發展奠定了堅實的基礎。自秦代始，璽成爲帝王所用印章的專用稱呼，太子、諸王、皇后、太后之印亦多稱璽。作爲皇權神授的象徵，其規制別於民間通用之一般印章。

皇族所用璽寶之外，又有形形色色的官印，上自三公九卿，下至地方官府，皆有印章關防，用於行使職權，象徵身份地位，并沿用至今。漢代已有印、印章之名，凡禄比二百石以上者皆有印，依地位分金印、銀印、銅印三等，印綬分緑、紫、青、黑、黄數等。行用時以印章加蓋於封泥之上。漢以後公文書札漸用紙帛，遂以朱色直鈐紙帛之上。南北朝時官印有金章、金印、銀章、銀印諸目。至唐代又有“印信”“朱記”等名，宋元以來，有“花押”“元戳”，明清又有“條記”“條印”“官防”等。民國以後，各機關公務部門皆有用於行使職權的官印。

何謂印章？印章單稱“印”或“章”，亦稱“圖章”。刻有反向文字或圖形的金石之類載體。初用以封發簡牘時加蓋於封泥之上，作信驗以防私啓。後亦蓋於文書、圖籍、書畫等載體之上，用作驗證憑信，間或作爲典禮、賞玩、吉祥用物。戰國時始有"印"之稱，漢始有"章""印章"之名。秦代之後廣興於民間，除在人際交往時鈐印作爲信物外，書畫作品中尤爲盛行，有本名印、字型大小印、別號印、雅號印、起首印、腰印等章，成爲一種別樣的藝術。

何謂"組綬"？"組綬"簡稱"綬""韍""紱"，是古代用以拴繫瑞玉和官印的絲帶。先秦時期，綬主要用來拴繫瑞玉。按周代禮制，天子、公侯、世子、大夫、士皆得佩玉，名分不同，所佩之玉亦不同，也佩有不同顏色的綬帶。自漢以後，綬始用以繫官印。色彩更加複雜，有赤、紫、綠、青、黑、黃、纁朱等顏色。隨着色彩的增多，不同尺寸及編織密度的變化，綬帶成爲封建社會區分官秩等級、辨別官員名分的標誌。自漢唐以至明清，組綬制度一直行用，大體沿襲漢制而稍有變革，清亡，此制廢止。

第八章"輔助用具說"，又細分爲"案頭用具考""藏貯用具考""憑倚宜寫用具考"三節。筆、墨、紙、硯文房四寶憑藉這些相關聯的器具、物件，始得配套進行，妥善保管，順利運用。一、案頭用具，如鎮紙、界尺、筆洗、筆筒、硯滴、筆架、硯匣、墨床、臂擱、刀削、硯屏等。二、藏貯用具，如墨匣（用以盛墨塊、可防潮濕）、算袋（用以盛筆硯等文具，唐宋兩代官員上朝時多隨身攜帶)、方便囊（多爲唐代王侯出行時攜帶)、照袋（五代士人旅行所攜文具袋)、書床（指一種低矮書案，多用以置放圖書)、書匱(指置放書籍之櫥)。三、憑倚宜寫用具，係指憑倚器具與宜寫器具兩類。作爲憑倚器具，最初多以几案連稱泛指，其物即書几、書案之類，兩漢典籍時見記載，其物先秦已有，多連稱几案。另有"書格"，即書寫時枕臂之具。舉毛筆時用以支持手腕，不致爲桌面所掣肘，書寫順暢，并可防墨污。所謂宜寫器具，專指常用書寫工具之外的個別器具。如《西京雜記》卷三所載，揚雄"好事，常懷鉛提槧……訪殊方絕域四方之語"，後世多連稱爲"鉛槧"，指鉛粉筆與木板。因其輕巧簡便，可攜帶，易擦淨，故至明代猶見行用。因可用水洗，故後世稱之爲"水牌"，今世則稱爲"粉板"或"黑板"，等等。

或問，這些筆墨文具在中國當代有何現實意義？當作出怎樣評價？一位散文作家於20世紀90年代曾以《筆墨祭》命題，其文曰："五四新文化運動就遇到過一場載體的轉換，即以白話文代替文言文。這場轉換還有一種更本源性的物質基礎，即以'鋼筆文化'代替'毛筆文化'。"由"毛筆文化"向"鋼筆文化"的轉換，經歷了漫長的數千載，而今在由"鋼筆文化"向"電腦文化"轉換，卻只是十幾年。但兩者皆是與時共進，帶來了另一種文明。這并未否定筆墨文具的存在價值（包括歷史價值與現實價值），因爲筆墨文具所創造的筆墨文化，已構成中華文明的基因與脊梁，與民族同生共存，永不會消亡。而筆墨文具本身，又具有中華古典美學的基本特徵，體現了一種思想境界與人生境界，凝聚了中華民族的無窮智慧，成爲舉世無雙的文化象徵。

　　本卷主編賈秀麗君先後就讀於武漢大學、北京大學，專攻圖書館學，就職於山東省圖書館古籍部時，風華正茂。20 世紀 90 年代出任本卷主編。記得那時她已調任該館采編部主任，工作甚爲繁忙，但還是嚴守約定，按時交付書稿。在等待出版的漫長時期，没有狐疑，没有觀望，没有抱怨，更没有“按兵不動”，她不厭其煩，手自校對，反覆潤色，歷時幾近三十載。賈君的大度寬容、堅毅嚴謹，令筆者深爲感動。

　　慨然操觚，是以爲序。

張述錚

太歲玄黓執徐菊月中浣於山東師範大學映月亭初稿
太歲庚子上章困敦下浣於歷下龍泉山莊東籬齋定稿

第一章　概　論

第一節　文具名義訓

　　我國是一個有着悠久歷史的文明古國，在幾千年的發展歷史中，先民創造了燦爛的、具有民族特色的古代文化，文房用具則是我國文化藝術寶庫中重要的組成部分。文房用具，古代即概稱爲文具，沿襲至今。

　　文具又稱"書具"，是多種與書寫有關的文房器具之總稱。幾千年來，它對記錄祖國的悠久歷史、傳播文化知識，起到重要作用。"文具"一詞最早見於宋陶穀《清異録・文用》。"書具"則見於漢代。《禮記・曲禮上》："史載筆，士載言。"漢鄭玄注："筆，謂書具之屬。"唐宋以來，隨着社會經濟、文化的發展繁榮，文房用具品種越來越多，製作亦越來越精美，不僅具有實用價值，還成爲融繪畫、雕刻、書法、裝飾等各種藝術形式於一體的綜合藝術品。在文房用具中，筆、墨、紙、硯被稱作"文房四寶"，是四種最基本的用具。唐宋時，這四種器具已有名品出現，如宣筆、李廷珪墨、四大名硯、宣紙等，受到當時文人墨客的喜愛和贊賞，唐人李嶠有咏紙、墨、硯、筆詩傳世。文人雅士詩文中，除"文房四寶"外，又有"文房四侯""文苑四貴""文房四士""文房四物""文房四事"

等稱謂，以及"文房""四寶"等省稱。南唐時，世人將澄心堂紙、李廷珪墨、龍尾石硯、諸葛筆，并稱爲"南唐文房四寶"。北宋時出現了我國第一部系統論述文房四寶的專著《文房四譜》，又名《文房四寶譜》，蘇易簡著，共五卷，分筆譜二卷，硯譜、紙譜、墨譜各一卷。各卷分述叙事、製造、雜說、辭賦諸事，内容極爲詳盡。當時文人以追求名品爲樂事。宋歐陽修《試筆》文中稱"筆硯紙墨，皆極精良，亦自是人生一樂"，足可證明文房四寶在文人心目中的地位。至明清，湖州（今屬浙江）的"湖筆"，宣城（今屬安徽）的"宣紙"，徽州（今屬安徽）的"徽墨"及廣東肇慶的"端硯"，被譽爲全國的"文房四寶"，至今仍傳盛名。

我國的文房用具，除上述四寶外，還有許多與之搭配的輔助用具，如筆筒、筆洗、筆架、鎮紙、界尺、硯滴、硯匣、墨床、墨盒、印泥、印章、臂擱、裁刀、都丞盤等。宋人林洪仿唐代韓愈以筆擬人之作《毛穎傳》，著《文房職方圖贊》，將十八種文具列爲十八學士，分取名、字、號及官職，頗具雅趣，流傳一時。明清時，文房用具更爲講究，據統計，品種多達四十餘種，製作日漸精美華麗，并出現"文玩"一詞，説明文具已具有怡情養性、陶冶情操的"賞玩"功能。古時流傳至今最多的一套文房用具，内按固定格位放置有六十五件文具，是清代乾隆皇帝出巡時御用的折叠文具箱。折叠箱展開加以支撑，即固定成爲小炕桌，文具置於其上，可供隨時隨地書寫批閱之用。這套文具品種齊全，製作精美，携帶方便，代表了我國數千年來文房用具的發展水準，堪稱國寶。

此外，尚有璽印、印綬，爲瞭解印綬之淵源，今將"璽印組綬"從《朝制卷》移入本卷。

第二節　筆之源流訓

文房四寶中的筆，主要指以動物毫毛加工製作的毛筆。這是我國獨特的書法繪畫工具，被尊爲文房四寶之首。毛筆的産生，可追溯至五六千年前。在中國原始氏族社會晚期仰韶文化和半坡文化遺址出土的大量陶器上，繪有許多美麗的彩色花紋，綫條匀稱流暢，色彩鮮明，筆觸清晰，具有明顯的提捺所形成的粗細筆畫痕迹，顯然是用毛筆類的軟性描繪工具繪製的。可見當時即使没有完善、定型的毛筆，但類似的書畫工具已被廣泛使用。至殷商時代，"筆"字在甲骨文中已多有出現。現今傳世最早的毛筆，係 1954 年湖南長沙左家山戰國墓中出土。此筆筆杆爲竹製，杆的一端劈成數片，將兔毛夾於其中，用細絲綫纏緊，外塗漆液以加固。筆長近 18.5 厘米，筆毫爲優質兔箭毛，剛勁尖鋭，便於書寫。這種原始形式的筆，後在湖北荆州、河南信陽等地戰國楚墓中陸續都有發現，反映戰國時期毛筆使用的普遍性。這一時期各國對筆的稱謂亦有多種。《説文·聿部》："聿，所以書也。楚謂之聿，吴謂之不律，燕謂之弗……秦謂之筆。"至秦代，據傳，秦將蒙恬對毛筆加以改進，以枯木爲杆，以羊毛和鹿毛爲筆毫。1975 年湖北雲夢睡虎地秦墓中，發現三支秦筆，其製法是將筆杆一端鏤空成筆腔，筆頭插入其中，與現代毛筆製法已很相近。

漢代毛筆亦多有實物出土。甘肅出土的"漢居延筆""白馬筆""史虎筆"等，筆杆爲木製，係因西北地方少竹。但漢代製筆多以竹爲筆杆，以兔毫製筆頭，皇室及貴族大臣用筆講究裝飾。《西京雜記》卷一："天子筆管，以錯寶爲跗，毛皆以秋兔之毫，官師路扈爲之，以雜寶爲匣，廁以玉璧翠羽，皆直百金。"時已有製筆名家出現，如漢代草聖張芝，所製筆稱"張芝筆"，爲書家所重。

魏晉南北朝時期，承繼漢代製筆技術，製筆業發展迅速，製筆原料日漸豐富，除兔毫外，又有鹿毫、虎僕毫、鼠鬚、石鼠毛等。所製之筆，性能各異，主要分硬毫筆、軟毫筆和軟硬毫相雜的兼毫筆。南北朝時，筆杆製作一般較短，多以竹製。宮廷官宦所用，仍講究貴重形美。南朝梁元帝蕭繹爲湘東王時，筆管飾以金銀，分爲三品，按書寫內容取用不同筆管的筆。這一時期製筆名家有魏初的韋誕（字仲將），其製筆法世稱"韋誕法"。北魏賈思勰《齊民要術》中記録了韋氏製筆經驗。晉代書法大家王羲之著有《筆經》一書，內亦詳述製筆之法。製筆業的改進和發展，爲書法藝術的繁榮提供了便利條件。

唐代毛筆製作一改書家製筆之風，出現了專門的筆匠和作坊。當時，宣州（今安徽宣城）爲全國製筆中心，所製之筆，世稱"宣筆"。以選料嚴格、製作精細而著稱於世，尤以深色兔毫爲原料製成的紫毫筆最爲著名。唐代大詩人白居易作《紫毫筆》詩，稱："紫毫筆，尖如錐兮利如刀。江南石上有老兔，吃竹飲水生紫毫。宣城之人采爲筆，千萬毛中揀一毫。"此筆價值昂貴，每年作爲貢品進獻皇帝，一般文人難以得到。唐筆在形體上有新的改進，所創製的"雞距筆"，筆鋒短小犀利，風行一時。時白居易作《雞距筆賦》贊曰："足之健兮有雞足，毛之勁兮有兔毛。就足之中，奮發者利距；在毛之內，秀出者長毫。合爲手筆，正得其要；象彼足距，曲盡其妙。"這種毫短而硬挺的筆，對唐代書法有較大影響。唐代製筆名家，以諸葛氏和宣州陳氏兩家爲最。諸葛氏所製筆，人稱"諸葛筆"，其製筆法，世稱"諸葛法"。另一名家陳氏所製筆亦馳名當時，大書法家柳公權曾寫"求筆帖"，向陳氏求筆，也僅得兩支，可見其筆之難得。

宋代製筆業非常發達，除前代所用原料外，又出現了以鼠尾製作的"鼠尾筆"，以猩猩毛製作的"猩猩毛筆"，以雞毫製作的"雞毫筆"等。北宋製筆中心仍在宣州，唐代"諸葛法"至宋時由其後裔諸葛高等承繼，創製出聞名海內的"無心散卓筆"，風靡一時。當時文人如歐陽修、梅堯臣、蘇軾、黃庭堅、米芾等，無一不是散卓筆的崇尚者。時製筆名工還有舒城張真，歙州呂道人，新安汪伯立，黟州呂大淵，歷陽柳材、柳東等。所製之筆，均爲世人所稱道。南宋遷都臨安（今浙江杭州）後，製筆中心南移至湖州（今屬浙江），至元代，成爲全國製筆業中心，歷經明清，至今不衰。所製筆以羊毫、狼毫、紫毫各品馳名，尤以羊毫最負盛譽。其製筆特點是"尖、齊、圓、健"，人稱此爲"湖筆四德"。其時能工巧匠輩出，製筆大師馮應科所製之筆與趙子昂的字、錢舜舉的畫，并稱爲"吳興三絕"。元時，湖南湘筆生産亦較發達，所製以兼毫、水筆著稱。

明代製筆崇尚硬毫，筆頭渾圓飽滿，便於揮灑。筆的種類更爲豐富，出現了適合大書快書的斗筆、攝筆、管筆等。其時湖筆製作技藝上又有飛躍，在選料上，除傳統的羊毫、狼毫、紫毫外，又以貂毫、豬毫作爲製筆原料。筆桿除竹製之外，又有金、銀、玉、象牙、玳瑁、花梨木種種，且集雕刻、鑲嵌、彩繪於一體，成爲極精美的工藝品。當時名筆尚有湘筆、京筆，京筆以"衡水毛筆"爲主要代表。清代製筆業的發展，隨着湖筆技藝的外傳而興盛，製筆作坊幾遍全國。清初硬毫筆仍占主流，嘉慶、道光後，羊毫軟筆再度興起，成爲通行的書寫工具。其時，衡水毛筆已稱雄北方，以生産狼毫爲主。至近現代，毛筆製作仍以羊毫、狼毫居多，名筆品種豐富。世人用筆，重實用而不尚奢華，雕飾鑲嵌之風日衰。且隨着硬筆的發展興盛，今之毛筆，已從日常書寫用具，退爲書法繪畫的專用工具。

第三節　墨之源流訓

墨是中國傳統的書寫工具之一，它適合我國書畫家用以着色、書寫漢字，以及利用其墨色的濃淡相濟，創作出具有獨特風格的中國水墨畫。它的出現，也爲後世印刷術的産生奠定物質基礎。除了實用價值外，墨還是集書法、繪畫、雕刻於一體的精美藝術品。此外，墨在中藥學中，還具有藥用價值。

墨的歷史久遠，產生的年代應與筆同時。因墨是書寫繪畫必備之染料，筆是書寫繪畫的工具。從目前出土實物看，早在新石器時代，人們已將墨色應用於製陶工藝。1953 年在陝西西安發現的半坡遺址中，出土了大量繪有黑色或紅色花紋的陶器。1931 年山東濟南城子崖遺址中，發現了純黑色陶器，説明這一時期墨色的使用已相當廣泛。據文獻記載，先秦以前的墨是用天然礦物石墨製成的。據考證，所謂石墨，即指我們今天用作燃料的煤炭（一説石墨即爲石油）。"上古無墨，竹挺點漆而書"（明陶宗儀《輟耕録·墨》），在上古漢語中，"漆"與"墨"二字相通，"漆書即是墨書"（尹潤生《中國墨創始年代的商榷》，《文物》1983 年第 4 期），這種墨即出自石墨。石墨的使用一直持續到魏晉時期。西晉文學家陸雲在《與兄平原書》中説："一日上三臺（銅雀臺、冰井臺、金虎臺，漢獻帝建安十五年曹操建），曹公藏石墨數十萬片，云燒此消復可用，然烟中人不知，兄頗見之否？今送二螺。"北魏地理學家酈道元《水經注》中亦有較多關於石墨的記載。漢魏時期，石墨與松烟墨并行使用。至魏晉，隨着製墨技術的發展，石墨漸廢。宋晁説之《墨經·松》："古用松烟、石墨二種，石墨自晉、魏以後無聞，松烟之製尚矣。"較之石墨稍晚的另一種礦物墨爲硃砂墨。在殷墟出土的甲骨中，有墨書和朱書的字迹，經化學分析證明，黑色是碳素單質，紅色均爲硃砂。可見在三千多年前的商朝，已使用碳質墨色來書寫甲骨文字。對此，《禮記·玉藻》記載："卜人定龜，史定墨。"

有關人造墨，長久以來在民間流傳着邢夷造墨的傳説。邢夷爲西周宣王時人，在溪邊洗手時，隨手撿起漂浮在水中的一塊木炭，發現手被染黑，受到啓發，帶回家中，搗碎用粥飯拌和，捏成圓餅形狀，製成最早的墨。但這畢竟祇是民間傳説，難以定論。目前發現最早的人造墨，是 1975 年湖北雲夢睡虎地秦墓中出土的。此墨直徑 2.1 厘米，長 1.2 厘米，爲一圓柱形墨塊，墨色純黑，細密有光澤。早期的人造墨無定制，祇是一些大小不一的碎墨塊，無法直接拿住研磨，需放在研磨器上，用研石壓住研磨和濡。故西漢墓出土的石硯，都帶有研墨石及芝麻粒大小的墨丸或碎墨塊。漢代時，隃麋（今陝西千陽）所產的松烟墨，已是爲人推崇的優質墨，在官府中廣泛使用。漢蔡質《漢官典儀》："尚書令、僕射、郎月賜隃麋大墨一枚，小墨一枚。"至東漢，墨的形制有了改進，出現了較爲規則的墨錠，可用手拿着直接研磨。故東漢出土的石硯，不再帶有研墨石。

　　魏晋時，製墨業發展迅速，主要産墨區已由扶風（今屬陝西）、延州（今陝西延安）等地，向江南林區擴展，以松烟爲主要原料的松烟墨製作已很考究。製墨名家韋誕在總結前人製墨經驗的基礎上，發明了"搗膠和墨"製墨法，并首創貴重藥物入墨的先例。所製之墨，人稱"仲將墨"或"韋誕墨"，被譽爲"仲將之墨，一點如漆"。同代的大書法家蔡邕即喜愛用韋誕墨作書。晋時，江西廬山所産松烟墨，亦爲書家所稱道。東晋書法家衛夫人《筆陣圖》中説："其墨取廬山之松烟，代郡之鹿角膠，十年以上，强如石者爲上。"至南北朝，因産於易州（今河北易縣）而得名的"易墨"，以其獨特的製墨技藝而嶄露頭角。當時，還有一種以漆烟和松煤混合製成的圓形墨，人稱"墨丸"。明陶宗儀《輟耕録·墨》："至魏、晋，始有墨丸，乃漆烟、松煤夾和爲之。"

　　唐時，易州（今河北易縣）、潞州（轄今山西長治、武鄉及河北涉縣）成爲主要産墨區。宋晁説之《墨經·松》："唐則易州、潞州之松，上黨松心尤先見貴。"製墨仍以松烟爲主要原料。墨的形制多種多樣，墨錠上開始印有墨銘及墨工姓氏。唐高宗時，宮廷内藏有一塊巨墨，"重二斤許，質堅如玉石，銘曰'永徽二年鎮庫墨'"（宋何薳《墨記·唐高宗鎮庫墨》），説明唐代製墨已達較高水準。隨着製墨技藝的提高，北方出現了一批製墨名工，見於史册記載的有祖敏、王君德、陳朗、奚鼐兄弟、奚超等人。唐朝末年，爲躲避中原戰火，奚氏家族舉家南遷，定居於歙州（今安徽歙縣）。此地松多水好，爲製作上等墨品提供了得天獨厚的條件。奚氏父子（奚超、奚廷珪）悉心鑽研製墨技藝，其墨以松烟爲主要原料，加入珍珠、玉屑、龍腦、生漆等配料，精工細作。所製墨肌理細膩，光澤如漆，代表了唐五代製墨的最高水準，得到南唐後主李煜的極度贊賞，封官賜國姓，所製墨世稱"李墨"，與澄心堂紙、諸葛筆、龍尾石硯并稱爲"南唐文房四寶"，名滿天下。時歙州耿姓、盛姓兩大製墨世家，皆仿李氏製墨法，所製之墨亦名噪一時。

　　宋代是製墨業發展的高峰時期，作爲宮中的必用物品，李墨仍盛行一時，至宣和年間，已達到"黃金易得，李墨難求"的地步。宋宣和三年（1121），歙州改稱徽州，轄歙、休寧、黟、祁山、績溪、婺源等地區，所産墨統稱"徽墨"。自此，徽墨在中國製墨業中占據統治地位，成爲後世文房四寶中墨的主要代表。宋代墨的品類日益豐富，除傳統的松烟製墨外，著名墨工張遇又創製了油烟墨。油烟墨是以桐油、石油、麻油、脂油等所燃之烟質爲原料，配以藥料加膠所製成。明陶宗儀《輟耕録·墨》："宋熙、豐間張遇供御墨，用油烟入腦麝金箔，謂之龍香劑。"根據松烟墨和油烟墨的特點，宋代還出現了一種松烟、油烟兼和製作的油松墨，爲四川墨工蒲大韶所製。此墨墨色深重，堅實耐用，易於書寫，爲時人所喜愛。此外，著名墨工沈珪以油、松枝、生漆渣燃燒取烟，和膠製成漆烟墨，人稱"十年如石，一點如漆"。除上述黑色墨外，安徽歙、黟間還生產一種白墨。宋蘇易簡《文房四譜·墨譜》："近黟、歙間有人造白墨，色如銀，迨研訖，即與常墨無異，即未知所製之法。"隨着宋代製墨業的發展，涌現出一大批製墨的能工巧匠，其中以製墨巨匠潘谷最爲著名。所製墨質地優良，香氣濃郁，人稱"墨中神品"。蘇軾將其與唐代李白并稱，譽爲"墨仙"。

明代是製墨業發展的輝煌時期，製墨原料仍以松烟爲主，桐油烟和漆烟製墨法亦被廣泛應用，油烟墨的製作達到頂峰。明墨不僅以質取勝，且以墨式衆多、精雕細作而著稱，是極具欣賞和收藏價值的藝術品。製墨名家程君房的《墨苑》、方于魯的《墨譜》、方瑞生的《墨海》，都收入大量精美雅致的墨式圖樣，對後世製墨業影響極大。徽州作爲全國製墨業中心，出現了專門的製墨手工作坊，并形成以羅小華、程君房、方于魯爲代表的歙派和以汪中山、邵格之爲代表的休寧派兩大派系。歙派中，羅氏善用桐油烟製墨，其墨"堅如石，紋如犀，黑如漆，一螺值萬錢"。程氏製墨，集前人所長而自成一家，所製"玄元靈氣"墨，深得同時代著名書畫家董其昌推崇。方氏與羅、程齊名，所製"九玄三極"墨，被譽爲"前無古人"的佳墨。汪中山爲休寧派創始人，其本人即爲著名墨工，製墨技藝超群，具有獨到之處，開"集錦墨"之先河。所製"太元十種"，包含了十錠精品墨，每錠分別以鳥獸題名，堪稱集錦墨之代表作。

清初，徽州産墨主要集中在歙、休寧、婺源三縣，所製墨因各具特色而形成三大派別。歙墨質地絕佳，大方典雅，進獻朝廷的貢墨多源於此。休寧墨則絢麗精美，富麗堂皇，極具收藏與欣賞價值。婺源墨以物美價廉，自産自銷爲主，適合一般文人及平民百姓使用。徽墨三派中見於記載的製墨名家，當屬曹素功、汪近聖、汪節庵和胡開文四家，被稱爲清代四大製墨名家。曹素功居四名家之首，製墨立意創新，有"天下之墨推歙州，歙州之墨推曹氏"之美譽。今傳世"紫玉光"墨，以三十六錠墨拼合成爲一幅完整的黃山圖，堪稱墨中珍品。汪近聖係技藝高超的製墨工匠，所製墨光潔照人。其子汪惟高乾隆時任内廷"製墨教習"之職，主持皇家用墨的製作。汪節庵所制墨則被地方官作爲貢品進獻朝廷，且爲文人私家造墨頗多。胡開文製墨雅俗共賞，既精心選料配方，製作精品墨，所製"蒼佩室墨"，質地優异，工藝精絶，百年中歷充貢品，同時大量生產普通墨，以滿足一般平民的廣泛需要。其所開設的墨店發展迅速，製墨達六十多個品種，在全國影響較大。清同治年間，經湖南湘鄉人謝崧岱潛心研製，發明了直接生產墨汁的工藝，在北京開設“一得閣”，爲書法繪畫及日常書寫帶來極大方便。

第四節　紙之源流訓

我國是造紙術發明最早的國家，紙的出現爲人類文化遺産的保存提供了有形載體，對人類文化的發展産生了巨大影響。

東漢以前，文獻中提到的紙，一般指的是“絲絮紙”或“絲綿紙”。這種紙在漢代被稱作“赫蹏”。《漢書・外戚傳下・孝成趙皇后》中有“發篋中，有裹藥二枚，赫蹏書”一語。唐代訓詁學家顏師古注引東漢學者應劭訓釋曰：“赫蹏，薄小紙也。”三國魏孟康注曰：“蹏，猶地也，染紙素令赤而書之。”《說文・糸部》曰：“紙，絮一箔也。從糸，氏聲。”段玉裁注：“‘箔’下曰：‘澈絮簀也。’‘簀’下曰：‘於水中擊絮也。’”說明早期的紙同絲絮有關。

西漢是我國用植物纖維造紙的初創階段，近代以來，隨着考古事業的發展，西漢古紙時有發現。1933 年在新疆羅布淖爾的漢代烽隧遺址中出土有“羅布淖爾紙”，1973 年在甘肅居延地區出土有“金關紙”，1978 年在陝西扶風出土有“中顏紙”，1990 年在甘肅懸泉置遺址出土的敦煌古紙等，足以證明在這一時期已有植物纖維紙的製造，但因質地粗劣，極少用於書寫。

至東漢，蔡倫在總結前人造紙經驗的基礎上，改進造紙技術，以樹皮、麻頭、破布、廢魚網爲原料，經浸泡、切碎、蒸煮、舂搗、打漿等多道工序，造出質地輕薄均匀，細密有韌性的植物纖維紙，“天下咸稱‘蔡侯紙’”（《後漢書・蔡倫傳》）。此後，造紙技術被廣泛采用，紙作爲主要書寫材料逐漸取代簡牘與縑帛。東漢末，書法家左伯又進一步改進造紙方法，製出潔白細膩、柔軟勻密的“左伯紙”，名重一時。唐張懷瓘《書斷》贊其紙曰：“子邑之紙，妍妙輝光。”

晋代時，造紙技術得到空前發展，紙的産量和品質都有大的提高。因南北分治，故晋紙又有南北之分。宋趙希鵠《洞天清録・古翰墨真迹辨》：“北紙用橫簾造紙，紋必橫，又其質松而厚……南紙用豎簾，紋必豎。"造紙原料也逐漸增多，除仍采用蔡倫時以麻類纖維爲原料製造麻紙外，南方又以水苔爲原料製造"苔紙"，因紙面簾紋縱橫邪側，又稱"側理紙"。在剡縣（今浙江嵊州）利用當地野生藤條藤皮爲原料造的"剡藤紙"，勻細光滑，潔白如玉，有"剡紙光如月"之美譽。北方則以桑樹莖皮纖維造"桑皮紙"，紙質優良，輕薄軟綿。當時已出現對麻紙進行再加工的技藝，用黃檗染紙以滅蟲防蛀，相傳爲葛洪創製。東晋末，隨着紙張的廣泛應用，國家對造紙規格也有具體規定。宋蘇易簡《文房四譜·紙譜》："晋令：諸作紙，大紙一尺三分，長一尺八分，聽參作廣一尺四寸，小紙廣九寸五分，長一尺四寸。"南北朝時，已出現了製作精美的箋紙，"五色花箋，河北、膠東之紙"（南朝陳徐陵《〈玉臺新詠〉序》）。

唐代發明雕版印刷術後，紙張使用量大增，促進造紙業的迅速發展。除前代各類紙張繼續生產外，以各類韌皮纖維，如瑞香皮、棧香皮、楮皮、桑皮、藤皮、木芙蓉皮、青檀皮等爲原料製造的皮紙，其時有了較大發展。所製紙質地柔韌細薄，纖維交錯均勻，形成紙業生產中的一大品類。這一時期紙的名目更加繁多。唐李肇《唐國史補·叙諸州精紙》："紙則有越之剡藤、苔箋，蜀之麻面、屑末、滑石、金花、長麻、魚子、十色箋，揚之六合箋，韶之竹箋，蒲之白薄、重抄，臨川之滑薄。又宋、亳間……又有蠒紙。"隨着造紙技術的精益求精，還出現了許多經過特殊處理的紙品。如中唐女詩人薛濤於益州浣花溪畔，用芙蓉花加工創製的深紅色小彩箋，製作精緻，色彩艷麗，世稱"薛濤箋"。因取用浣花溪水所製，又稱"浣花箋"。又如在創製於晋代染色黃紙的基礎上經過塗蠟研光製成的"硬黃紙"，在彩紙上塗以金銀粉或飾以金銀片加工而成的"冷金箋"，在紙箋上壓製有各種紋樣、千狀百態、製作考究的"砑花紙"等，都是聞名全國的上等佳紙。產於涇縣（今屬安徽）的宣紙唐時已負盛名，成爲宣州每年向朝廷進獻的貢品。五代時，南唐後主李煜設專門機構造紙，所製紙"膚如卵膜，堅潔如玉，細薄光潤"（民國《歙縣志》卷一六），收藏於自己讀書批奏之處——澄心堂內，故名曰"澄心堂紙"。此紙僅供宮中御用，世人難以見到，至北宋，方傳於世間。著名文人歐陽修、梅堯臣、蘇軾等，得之無不視若珍寶，紛紛賦詩贊美，名冠一時。

宋代造紙業較爲普及，主要產紙中心集中在今福建、四川、安徽、浙江等地，造紙原料也因地而异。紙工們利用當地造紙資源，製出不同品類的紙張。宋蘇易簡《文房四譜·紙譜》："蜀中多以麻爲紙，有玉屑、屑骨之號。江浙間多以嫩竹爲紙，北土以桑皮爲紙，剡溪以藤爲紙，海人以苔爲紙。浙人以麥莖稻秆爲之者脆薄焉，以麥稾油藤爲之者尤佳。"宋時著名紙品除宣紙外，又有仿澄心堂紙、金粟山藏經紙、謝公箋、布頭紙等。創製於唐代的竹紙，在品質上有了較大提高，紙質光滑細白，易於書寫，以今浙江所產"春膏紙"最爲著稱。

明清時期，造紙業生產規模日益擴大，除原有造紙產地外，又擴展至今江西、江蘇、湖南等地。今安徽宣城一帶造紙作坊林立，宣紙生產進入興旺時期。明代文人墨客對宣紙推崇備至，爭相購買，又促進了宣紙的發展。竹紙則因原料豐富、價格低廉而得以大量生產并廣泛使用。產於今江西、福建等地的"毛邊紙"，是晚明藏書家毛晉大規模刊刻古籍時特製的一種竹紙，因紙的邊緣處印有"毛"字而得名。紙質平滑均勻，易於托墨吸水，頗受世人歡迎，成爲當時書寫刻印的主要用紙。明時，皇宮內府中亦特設造紙機構，專製供宮廷使用的高級用紙，主要品類有宣德紙、大玉版紙、大開化紙等，尤以明宣宗宣德年間的"宣德紙"最爲著名。其名品"宣德貢箋"，與"宣德爐""宣德瓷"并稱爲三寶。該紙多以皮紙爲原料，有本色紙、磁青紙、五色粉箋、金花五色箋等品種。其中磁青紙用靛藍染料染成，初染時色澤頗似青花瓷，故名。此紙堅韌如緞素，常被用作書籍封面，古樸典雅。以此紙經再加工製成的羊腦箋，黑如漆，明如鏡，用泥金書寫，防蟲防蛀，歷久不壞。金花五色箋是在五色紙上再以泥金描繪各種紋飾圖案而成，富麗堂皇，精美至極。清代時，宣紙分爲棉料、皮料、净料三大類，生宣有單宣、夾貢宣、羅紋宣等二十多個品種。經加工處理製成的熟宣，又有虎皮宣、玉版宣、泥金宣、蟬翼宣等名目。其中以安徽涇縣人汪六吉所製宣紙享譽最高，世稱"汪六吉紙"。清時除各地所造各類紙品外，仿古加工紙的製作頗爲興盛，其名品有康乾間的仿"側理紙"，紙形如筒狀，紙面爲斜向簾紋，與原"側理紙"相比，紙形、紋飾相似，而原料、製法迥异。有依五代南唐澄心堂紙製作的"仿澄心堂紙"，其原料爲皮紙，紙質較厚，可分層揭開，多爲粉蠟彩箋，用泥金銀描繪各種圖案紋飾，紙上加隸書小印"乾隆年仿澄心堂紙"。有依宋代金粟山藏經紙製作的"仿金粟山藏經紙"，內外皆塗蠟磨光，多用於裝裱書畫。有依元代內府明仁殿紙製作的"仿明仁殿紙"，以桑皮紙爲原料，兩面皆以黃粉加蠟，用泥金繪以圖案，紙背灑以金片，紙的右下角鈐以"乾隆年仿明仁殿紙"隸書小印。這些仿製品製作工本極高，精美絕倫，本身即爲一種藝術欣賞品。此外，康熙年間製作的"梅花玉版箋""灑金銀五色蠟箋"等，華貴典雅，達到了箋紙製作的高峰。

　　今以合成纖維爲原料製作的合成紙，在數量上已取代植物纖維紙，大量用於學習、書寫、印刷、包裝及人們的日常生活。而以植物纖維爲原料，利用手工操作技藝所製成的宣紙、竹紙、皮紙等，其用途已根據書寫工具的變化而改變，退出主要書寫材料的行列，成爲中國書法繪畫的專用紙品。

第五節　硯之源流訓

　　我國硯的歷史悠久，硯最早是從研磨器逐漸演變發展而來的。漢劉熙《釋名·釋書契》："硯，研也，研墨使和濡也。"作爲研磨工具，它是伴隨着墨的產生而產生的。由於早期的墨爲天然石墨，質地較堅硬，需用研石研細、兌水稀釋後方可使用。因此，最初的硯總是與研石并提。1980年在陝西臨潼姜寨一座仰韶文化初期遺址墓葬中，發現了一塊石硯，上面還蓋有石蓋，掀開石蓋，硯面凹處有一支石質磨棒，硯旁有黑色顏料數塊以及灰色陶質水杯，共五件，構成了一套完整的彩繪陶器的工具。其中的石質磨棒，即是用於研磨的研石。考古發掘表明，此硯距今至少已有五六千年的歷史。除石質硯具外，商代時已有玉質硯具的製作。1976年河南安陽殷墟婦好墓出土了一方玉質調色盤，通體呈長方形，上部雕有一對鸚鵡，下部爲一鏟形硯池，造型生動，雕琢精緻。春秋戰國時期亦有硯的實物發現。1975年湖北雲夢睡虎地秦墓中出土一件帶有研石的石硯，係用鵝卵石加工而成。硯的形體較爲規整，硯面及研石均帶有研磨痕迹和墨迹，是最早的書寫用硯。

　　漢代時，供書寫使用的硯已普遍出現，製硯材料除石質外，又有玉硯、陶硯、金屬硯、漆硯等多種。西漢前期，硯的形制較爲簡單，多爲圓形、長方形，以實用爲主。當時尚未出現有形制的墨錠，使用時仍需用研石壓磨墨丸，故西漢時的石硯多帶有研石。至西漢中期，硯的製作水平明顯提高，出現了雕刻紋飾和有足硯。1955年河北滄州漢墓出土的雙盤龍蓋三足硯，1956年安徽太和漢墓出土的雙獸纏蓋三足硯，1978年山東臨沂金雀山漢墓出土的漆盒石硯，甘肅省博物館藏漢代的螭蓋三足石硯等，其硯蓋和硯足都雕有鳥獸紋飾，厚樸古拙。東漢時，隨着製墨技術的提高，出現了有形制的、可用手拿着研磨的墨錠，研石隨之被淘汰。自此，硯的發展完成了從有研石到無研石的過渡，開始向現代硯發展。

魏晋南北朝時期，除漢代所用製硯材料外，又出現了瓷硯這一新品類。硯形有圓形、長方形、箕形等。石硯製作技藝遠超漢代，硯面的雕刻裝飾愈見精美。1970 年山西大同北魏建築遺址出土的石雕方硯，其圖案、雕刻、工藝、造型都堪稱上品。晉時，因多使用漆烟、松煤夾和製作墨丸（即圓形墨），硯的形制亦多爲凹形。明陶宗儀《南村輟耕録·墨》："至魏晉時始有墨丸，乃漆烟、松煤夾和爲之，所以晉人多用凹心硯者，欲磨墨貯瀋耳。"陶硯形制多是上狹下寬，前俯後仰，有足。因硯面形似畚箕，被稱作"箕形硯"或"風字硯"。瓷硯則多以青瓷和白瓷製成，硯面不施釉，以利磨墨。造型多爲圓形多足，"辟雍硯"在這一時期開始出現。

唐代是我國製硯業發展的興盛時期，各種優質石硯材被相繼開采，如山東魯硯、廣東端硯、安徽歙硯、甘肅洮硯等。其中尤以魯硯中的紅絲硯最爲著名，被譽爲"中國第一硯"。源於陶硯的澄泥硯，因硯質優良、造型多樣而受到人們的喜愛。這一時期用秦漢時宮殿磚瓦所製的瓦硯和磚硯也很流行，如漢未央宮瓦硯、魏銅雀臺瓦硯等。唐時硯的造型以圓形、箕形較爲普遍。同時，隨着高腳桌椅的盛行，出現了無足平臺硯，并開始在硯上雕刻銘文。五代時，南唐中主李璟、後主李煜均酷愛名硯，尤重歙硯。朝廷專設硯務官，負責宮廷用硯的製作。所製硯，選材精良，造型別致，圖案生動，雕工細膩，爲後世所推重。五代時還發明了補硯技術。宋蘇易簡《文房四譜·硯譜》："近石晉之際，關右有李處士者，放達之流也。能畫馴狸，復能補端硯至百碎者。貲歸旬日，即復舊焉，如新琢成，略無瑕纇。世莫得其法也。"

宋代製硯業發展迅速，更多的石硯材被開采，唐州、溫州、端州、歙州、青州、潭州、廬山、信州、成州等地，都出産優質硯材。硯的形制以體輕且穩的"抄手硯"爲代表，相傳爲文學家蘇軾所設計，造型古樸大方，移動方便靈活，體現了這一時期的製硯藝術風格，在當時甚爲流行。此外，橢圓形高臺硯和長方形平臺硯也屬常見款式。宋代還是雕硯工藝大發展時期，硯工們利用硯石的天然形狀及硯材上的星眼紋色，設計出各種巧妙的造型。尤其是端硯，形狀千姿百態，僅據宋人《端溪硯譜》記載，不下幾十種。在雕刻技藝上，已能運用各種技法來體現硯畫主題，大大提高了硯的工藝鑒賞價值。

明代硯材仍以石硯爲主，尤以端溪石爲重。宣德年間又開新硯坑——宣德岩，石色以豬肝色爲主，石質細膩溫潤。所製硯，造型豐富多彩，出現了因石定式的"隨形硯"及形態自然、不加雕琢的"天然硯"。硯的紋飾題材亦很廣泛，如花鳥、走獸、山水、人物、博古等。在硯上題詩銘文之風極盛，成爲文人雅士記情叙懷的一種表達方式。優質硯材加以精心製作，反映了明代端石製硯的主流，即向工藝品方向發展。澄泥硯在明代有了新的發展，製作技藝趨於精密細緻，色澤絢麗多彩，有朱、紫、黃、綠等各種名目，可謂五光十色。其造型除傳統的方、圓、橢圓、八角、箕形外，又出現有仿古硯和象形硯，極具欣賞和收藏價值。明代製硯高手以上海顧從義、常熟張寅、徽州汪硯伯最爲著名。明人對硯品的收藏、保護亦頗有研究，珍貴硯品多以硯匣貯存，硯匣的用料、裝潢均十分講究。

清代前期，製硯中心主要分布在北京、廣東、江蘇、浙江等地，各地自成流派，各具風格，在硯質、硯式、紋飾、雕刻、裝潢等方面都有所創新。清初皇帝嗜好名硯，宮廷內特設製硯作坊，徵召技藝卓越的工匠專製御硯。文人士大夫製硯、藏硯、賞硯也成風氣，推動了我國製硯業的發展。清乾隆至道光年間，揚州人盧葵生、其孫盧棟仿宋宣和內府漆砂硯，形質類澄泥而絕輕，入水不沉，爲世人稱頌。這一時期技藝高超的製硯名家衆多，著名的有宮廷製硯大師金殿揚，江南琢硯高手王岫筠，端州黃純甫、羅贊、羅寶，蘇州顧德麟、顧二娘、顧公望，太倉吳完夫，餘姚黃宗炎，歙縣汪復慶、吳士傑，上海瞿應紹、沈崇益，濟寧高鳳翰，曲阜孔傳焯等，他們都爲清代製硯業的發展做出了貢獻。清代後期，內憂外患不斷，國力日衰，製硯業也由盛而衰，一蹶不振。

20 世紀 50 年代，在政府扶持及各界人士關懷下，我國製硯業生產得以恢復，許多長期失傳的名硯相繼獲得新生，新硯材的開發研究亦成果顯著。衆多製硯藝人不拘古格，大膽創新，所製大量造型新穎的名硯精品，馳名國內外。

第二章　總名合稱說

第一節　總名考

　　所謂總名，係指本卷所有文具的總體名稱。總體名稱又分兩類，一爲普通語詞構詞方式。如"文具""書具"。"文具"一詞首見於宋代陶毅《清異録・文用》，"書具"則見於漢代。《禮記・曲禮上》："史載筆，士載言。"漢鄭玄注："筆，謂書具之屬。"二爲語詞連稱方式。如"十八學士"（見宋林洪《文房職方圖贊》）、"文房四寶"（見宋梅堯臣《九月六日登舟再和潘歙州紙硯》詩）；省稱"文房"（見唐陸龜蒙《石筆架子賦》）、"四寶"（見宋晁冲之《答僧法一》詩）；亦稱"文苑四貴"（見宋蘇軾《萬石君羅文傳》文）、"文房四士"（見宋陸游《閒居無客所與度日筆硯紙墨而已戲作長句》）、"文房四侯"（見宋王應麟《小學紺珠・器用類》）；省稱"四侯"（見唐文嵩《四侯傳》文）；間或稱"文房四物"（見宋陳師道《寇參軍集》序）、"文房四友"（見宋史彌寧《嬾不作詩覺文房四友俱有慍色謾賦》）、"文房四事"（見清乾隆《御製西清硯譜序》）。連稱之數字"十八""四"之後的中心詞多爲美稱，或尊之爲"學士""侯"，或贊之爲"寶""貴"，可見文人雅士之喜愛與推崇，表現了前賢對筆墨文具的重視與鍾情，此亦中華文化的特色之一。

中國文具究有哪些？唐宋之後，通常認定的有十八種，即所謂"十八學士"。計有：筆（指毛筆）、墨、紙、硯、水注（注水於硯磨墨之器皿）、文具（帶花紋的貝殻，用以碾研紙張以平之）、筆架、鎮紙（書寫時或讀書時壓住紙頁）、界尺（即直尺）、裁刀（裁紙所用）、壓尺（書寫時壓住紙頁并使字形方正的重尺）、靠手（亦稱"書格"，書寫時用以托住手腕的器具）、筆托（書寫完畢，用以擱筆之器具，今稱"筆枕"）、剪刀、糊斗（即糨糊瓶）、印章、封泥（古代文書、信函存檔或寄發時，先置版笥中，再加繩捆扎，在繩結處以膠泥加封，上蓋鈐印，以防失密）、都承盤（即放置文具的盤子，多帶蓋，故亦稱"都承盒"，猶後世之文具盒）。實則文具遠非十八種，此外尚有墨匣（見宋何薳《春渚紀聞·墨磨人》）、畫匣（見明文震亨《長物志·書畫》）、算袋（見《舊唐書·睿宗紀》，指用以盛放筆墨的袋子，亦稱"算囊""算勝"）、方便囊（見宋陶穀《清異録·文用》，用以盛文具及雜物的袋子，如今之公事包，多爲唐代王侯所用）、照袋（五代士人專盛筆墨文具的袋子）。按，宋林洪《文房職方圖贊》所指稱的"十八學士"中既有"靠手""都承盤"之類憑倚器、盛貯器，那麼，几閣（見《漢書·刑法志》，指放置書籍的櫥案）、書床（見南朝梁陶弘景《冥通記》卷一，指放置書籍的几案）、書櫃（見《晋書·劉曜載記》）、插架（見《晋書·庾翼傳》，指置放書籍字畫的墻上書架）、書架（見五代若虚《懷廬山舊隱》詩）之類，當然亦應稱之爲文具。此外鉛、槧（見《西京雜記》卷三，指書寫用的鉛筆、薄木板）、水牌（見唐馮贄《雲仙雜記》卷二，指一種記事漆板，可隨擦隨寫）等，無疑亦應歸屬文具。

據以上臚列可知，"十八學士""文房四寶"衹是一種概要稱謂，爲文人雅士之昵稱，或以吟咏，或隨文而擬，所指代的常是全部文具。從語詞辨析的角度而論，最全面的概括則應稱之爲"文具"或"書具"，而"文具"最爲通行。總之，"文具"總稱起源於東漢造紙術興起之後，歷代相沿相衍，隨科學技術的發展而變化無窮。時至當代，不止"十八學士"之類總稱已成歷史語詞，"文房四寶"之類，亦漸失去原有價值觀，"四寶"中的筆、墨、硯三要素，已不再是唯一的書寫工具，種種嶄新的書寫工具取得統治地位，而電腦的誕生又可將三者合而爲一，成爲劃時代的偉大改變。但文具却將永遠同人類文明共步，形態方式可以變化，而文具的本體屬性却不會廢止。電腦自身功能雖多，亦不失其文具屬性，其打印部件即可視爲全新之文具。

文具

泛指筆、墨、紙、硯、尺、規、印章等用於書寫繪畫的案頭用具。文具作爲案頭用具的總稱，最早見於宋人著述，後世一直沿用，至今猶然。宋陶穀《清異録·文用》："歐陽通（唐人）善書，修飾文具，其家藏遺物尚多，皆就刻名號。"明文震亨《長物志·器具》："文具雖時尚，然出古名臣手，亦有絕佳者。"清魏秀仁《花月痕》第一一回："彩秋因向荷生道：'你帶有文具要寫對子，這裏寫罷！'於是跟班們就中間方桌，擺上文具。"清蒲松齡《聊齋志異·西湖主》："登其亭，見案上設有文具。"參閱明屠隆《文具雅編》。

【書具】

即文具。此稱始見於漢代，至宋代猶見行用，文具一稱出現後，漸廢。《禮記·曲禮上》："史載筆，士載言。"漢鄭玄注："筆，謂書具之屬。"孔穎達疏："史謂國史，書録王事者。王若舉動，史必書之；王若行往，則史載書具而從之也。不言簡牘而云筆者，筆是書之主，則餘載可知。"宋蘇易簡《文房四譜·筆譜》："謝承《後漢書》云：劉祐爲郡主簿，郡將之子出錢付之，令買果實，祐悉買筆墨書具以與之。"宋陶穀《清異録·文用》："徐鉉兄弟工翰墨，崇飾書具，嘗出一月團墨曰：'此價值三萬。'"宋王安石《傷仲永》："仲永生五年，未嘗識書具，忽啼求之。父異焉，借旁近與之，即書詩四句，並自爲其名。"

十八學士

十八種文具的謔稱。宋林洪仿唐代韓愈《毛穎傳》，以文具擬人，作《文房職方圖贊》，將十八種文具列爲十八學士，并各爲其取一職官名，計：筆，毛中書；墨，燕正言；紙，楮待制；硯，石端明；水注，水中丞；文貝，貝光禄；筆架，石架閣；鎮紙，邊都護；界尺，黎司直；裁刀，刁吏書；壓尺，方正字；靠手，竺秘閣；筆托，曹直院；剪刀，齊司封；糊斗，胡都統；印章，印書記；封泥，黃秘書；都承盒，殷都承。此稱今已不再通行。按，十八學士原係唐人對太宗、玄宗兩次封贈的十八位博學之士的通稱，爲林氏借譽十八種文具。

文房四寶

省稱"文房"或"四寶"。書房案頭必備的筆、墨、紙、硯之統稱。此稱始於唐宋，沿用至今。宋時文人著述多用"文苑四貴""文房四士""文房四侯""文房四物"等別稱。有時特指宣紙、徽墨、湖筆、端硯。唐陸龜蒙《石筆架子賦》："若自戴山，如當榻几，則叨居談柄之列，辱在文房之裏。"宋梅堯臣《九月六日登舟再和潘歙州紙硯》詩："文房四寶出二郡，邇來賞愛君與予。"宋吳自牧《夢梁録·士人赴殿試唱名》："其士人祇許帶文房及卷子，餘皆不許夾帶文集。"宋晁冲之《法一以余所贈墨爲不佳》詩："上人好事世莫當，羅列四寶如文房。"金董解元《西厢記諸宮調》卷四："文房四寶都拈住，謾把松烟試；墨池點得兔毫濃，拂試錦箋一紙。"元馬致遠《岳陽樓》第一折："這墨光照文房，取烟在太華頂上仙人掌，更壓着五李三張，入硯松風響。"元方回《贈筆工馮應科》詩："文房四寶擬四賢，最不易致管城伯。"又《贈壽昌墨客葉實甫》詩："風頽俗降嘆近日，四寶往往俱難得。"明李實在所得嘉陵峽硯上題詩曰："石膩堪入玉，工藝聖手傳。貴似翰家客，四寶居一員。"明馮夢龍《醒世恒言·佛印師四調琴娘》：“學士遂令院子取將文房四寶，放在面前。”明蘭陵笑笑生《金瓶梅詞話》第五七回：“那長老宣揚完畢，就教行者拿去文房四寶，磨起龍香墨。”清洪昇《長生殿·製譜》：“不免將文房四寶擺設起來。”周立波《掃盲志異》：“文房四寶給捧出來了。”

【文房】

“文房四寶”之省稱。此稱唐代已行用。見該文。

【四寶】

“文房四寶”之省稱。此稱宋代已行用。見該文。

【文苑四貴】

即文房四寶。此稱主要見於宋人著述，後未見沿用。宋蘇軾《萬石君羅文傳》：“是時，墨卿、楮先生皆以能文得幸，而四人同心，相得歡甚，時人以爲‘文苑四貴’。”按，文中“四人”爲毛純、羅文、墨卿、楮先生，各代指筆、硯、墨、紙。

【文房四士】

“文房四寶”之別稱。此稱僅見於宋人詩句，民間并未流行，後世也不見沿用。宋陸游《閒居無客所與度日筆硯紙墨而已戲作長句》：“水復山重客到稀，文房四士獨相依。”

【文房四侯】

“文房四寶”之別稱。省稱“四侯”。流行於唐宋時期。唐文嵩曾作《四侯傳》。四侯即指文房四侯。宋王應麟《小學紺珠·器用類》：“四侯：管城侯毛元銳，即墨侯石虛中，好時侯楮知白，松滋侯易玄光。”參閲宋蘇易簡《文房四譜》。

【四侯】

“文房四侯”之省稱。此稱唐代已行用。見該文。

【文房四友】

“文房四寶”之別稱。宋人著述中已行用。宋史彌寧《懶不作詩覺文房四友俱有愠然謾賦》詩：“一毛不拔管城子，冷眼相看石丈人。急性陳玄楮居士，未分皂白也生嗔。”

【文房四物】

即文房四寶。此稱始見於宋代。宋陳師道《〈寇參軍集〉序》：“張、李氏之墨，吳、唐、蜀、閩、兩越之紙，端溪、歙穴之硯，鼠鬚、栗尾、貍毫、兔穎之筆。所謂文房四物，山藏海蓄，極天下之選。”宋饒節《送江南景喜上人》詩：“丁寧佛法苦無多，文房四物來作魔。”

【文房四事】

“文房四寶”之別稱。此稱行用於清代。清乾隆《御製西清硯譜序》：“向詠文房四事，謂筆硯紙墨，文房所必資也。”又《四藏書屋詠文房四事》序：“文房四事中，墨硯入古，紙入古者已罕見，而筆則不入古，此堅脆之分也。然四者如乾之四德與地之四方，豈可闕一哉。兹得明雕漆匣，恰宜置文房四事於中而藏於書屋，因即以名之。”

第二節　合稱考

所謂合稱，係指筆、墨、紙、硯四者的兩兩組合并稱。所組成的新詞衍生了新義，多泛指文具，或泛指詩文及書畫作品。如"筆牘"（首見《戰國策·齊策六》。牘，薄木板，秦漢之前用以代紙）、"筆札"（見《史記·司馬相如列傳》。札，薄木片，東漢之前用以代紙）、"毫素"（見晉陸機《文賦》。毫，毫毛，可製筆，故借指筆；素，白色生絹，秦漢之前用以代紙）、"毫楮"（見南朝梁武帝《答陶弘景論書文》。毫，借指筆；楮，楮樹皮，可製紙，故以借指紙）、"兔楮"（見唐高彥休《唐闕史·鄭少尹及第》。兔，兔毛，可製筆，故以代指筆；楮，借指紙）、"箋翰"（見《舊唐書·賀知章傳》。箋，精美紙張；翰，羽毛，可製筆，故借指筆）、"箋毫"（見舊題宋尤袤《全唐詩話·韋蟾》，即箋翰）、"筆楮"（見《新唐書·儒學傳中·王元感》）、"楮穎"（見宋楊萬里《答太常虞少卿》。穎，毛筆頭，借指筆，即筆楮）、"楮翰"（見明劉球《春草圖記》，即筆楮）、"鉛素"（見宋佚名《翰苑新書》。鉛，用以書寫，可製筆，故借指筆）、"筆硯"（見《三國志·魏書·后妃傳》，亦作"筆研"）"泓穎"（見宋陸游《書巢五詠·硯滴》。陶泓、毛穎爲唐人韓愈寓言作品《毛穎傳》中虛擬人物姓名，分別暗指硯與筆）、"墨硯"（見漢李尤《墨硯銘》）、"墨研"（見宋梅堯臣《次韻永叔試諸葛高筆戲書》。同"墨硯"），以上合稱諸詞均可泛指文具。另，"筆墨"（見《漢書·揚雄傳下》）、"翰墨"（見漢張衡《歸田賦》。即筆墨）、"毫墨"（見晉葛洪《抱朴子·崇教》。即筆墨）、"楮墨"（見唐劉知幾《史通·暗惑》。指紙墨）、"墨楮"（見宋黃庭堅《跋潞公帖》。即楮墨），以上合稱諸詞均可泛指詩文及書畫作品。

由以上舉證可知，新生的合成詞達二十餘種，但這也并非全部。其數量如此之多，不衹是由於單純的排列組合，其中更有兩方面重要因素，一是社會歷史的沿革所致，或曰科學技術發展的結果。筆墨紙硯的演進憑藉的是科技這個原動力的牽引。紙的演進尤爲明顯，初稱"牘"，又稱"札""素"，這表明其時限爲秦漢及其之前；後稱"楮""箋"，表明秦漢以降紙已發明，并已由粗製而轉精。二是騷人文士巧用雅稱，極大豐富了漢語詞彙量。如"筆"可稱之爲"毫""穎""翰""鉛"，乃以局部特色舉代全貌本體，這衹是巧用雅稱的些許典型。通過以上闡釋可知，我國紙的發明已有近兩千年的歷史，爲世界之最，此乃不爭的史實，就漢語構詞的角度亦可作出佐證。而諸雅稱的妙用，也屬舉世無雙，從中可略見中華傳統文化之縷光片羽。

　　以上僅就合稱諸詞而論，亦祇是示例而已，遠非全貌。筆、墨、紙、硯獨用的雅稱別名，在以下各章節中俯拾皆是。

筆牘

　　筆與牘的合稱。指筆與紙。古無紙，常書寫文字於木牘上，故稱。亦泛指文具。此稱始見於先秦典籍，沿用至唐宋，後漸廢。《戰國策·齊策六》："君王后病且卒，誡建曰：'群臣之可用者某。'建曰：'請書之。'君王后曰：'善。'取筆牘受言。"《北史·李渾傳》："弟繪，字敬文，六歲便求入學。家人以偶年俗忌不許，遂竊其姊筆牘用之。"唐柳宗元《上裴晋公度獻唐雅詩啓》："故天下文士，皆願秉筆牘，勤思慮，以贊述洪烈，闡揚大勳。"宋陸游《秋雨》詩："呼兒具筆牘，作詩識吾喜。"

筆札

　　筆與簡札之合稱。猶筆牘。古無紙，書寫於札上，故稱。札，薄木片。此稱始見於漢代，流傳至清。《史記·司馬相如列傳》："相如曰：'有是，然此乃諸侯之事，未足觀也。請爲天子游獵賦，賦成奏之。'上許，令尚書給筆札。"《漢書·朱博傳》："閉閤數責以禁等事，與筆札使自記。"《後漢書·曹褒傳》："褒少篤志有大度……常憾朝廷制度未備，慕叔孫通爲漢禮儀，晝夜研精，沈吟專思，寢則懷抱筆札，行則誦習文書。"紙代簡札後，此稱擴展爲文具的代稱。清方文《懷吳日生》詩："此日大官分筆札，上林諸樹盡含香。"

毫素

　　亦作"豪素"。筆和紙的代稱。猶筆牘。毫，毫毛，可製筆；素，白色生絹，秦漢時造紙術發明之前常用以書寫繪畫，故稱。始見於魏晋時期，沿用至今。《文選·陸機〈文賦〉》："紛葳蕤以馺遝，唯毫素之所擬。"李善注："毫，筆也……書縑曰素。"南朝宋顔延之《五君詠》："向秀甘淡薄，深心托豪素。"宋秦觀《陳用之學士挽詞》："願寫此情歌挽者，淚霑毫素不成篇。"明張居正《雲海子序》："即古巖穴之士，殫精神於毫素者，有不以窮約自發憤者哉！"金松岑《文學上之美術觀》："故夫肺臟欲鳴，言詞斯發，運之烟墨，被之毫素者，人心之美感，發於不自己者也。"葉聖陶《倪焕之》十七："合并以後，昕夕相親，靈心永通，無煩毫素。"

【豪素】

　　同"毫素"。此體南北朝時期已行用。見該文。

毫楮

　　筆和紙的代稱。猶筆牘。毫，毫毛，可製筆；楮，楮皮，可製紙，故名。此稱始見於南北朝典籍，流行於唐宋時代，今世少見行用。南朝梁武帝《答陶弘景論書文》："此亦非可倉卒運於毫楮，且保拙守中也。"宋蘇軾《書鄢陵王主簿所畫折枝二首》詩之二："若人富天巧，春色入毫楮。"宋羅燁《醉翁談録·張氏夜奔吕星哥》："敢以悃誠，寫於毫楮。"

兔楮

筆和紙的代稱。猶毫楮。因筆多以兔毛製作，紙常以楮皮爲原料，故稱。此稱始見於唐，後世使用不廣。唐高彥休《唐闕史·鄭少尹及第》："同年有郭八郎，陰驚驅駕，須及於斯，非兔楮可以盡述者。"

箋翰

紙與筆之合稱。猶筆牘。箋，精美紙張；翰，羽毛，可以爲筆。此稱主要行用於唐宋元時期。《舊唐書·賀知章傳》："〔知章〕又善草隸書，好事者供其箋翰，每紙不過數十字，共傳寶之。"五代丘光庭《兼明書》卷四："五臣注《文選》，將欲從首至末搴其蕭根，則必溢帙盈箱，徒費箋翰。苟蔑而不語，則誤後學。"宋韓淲《王校以詩送筍及一壺》詩："歡喜收箋翰，提携到酒泉。"元洪希文《謝林教授良佐寄油烟墨》詩："吟成裁答無箋翰，準擬揮題染素裾。"

箋毫

亦稱"牋毫"。紙與筆之合稱。牋，精美紙張；毫，動物細毛，可製筆。此稱行於唐代。唐鄭谷《雲臺編自序》："因以所記，或得章句，綴於牋毫。"舊題宋尤袤《全唐詩話·韋蟾》："〔韋〕蟾曾書《文選》句云：'悲莫悲兮生別離，登山臨水送將歸。'以牋毫授賓從，請續其句。逡巡，有妓云：'武昌無限新栽柳，不見楊花撲面飛。'坐客無不嘉嘆。"宋李若水《次韻張濟川雪》詩："氣凌詩骨牋毫健，味借茶甌齒頰香。"清乾隆《頤志堂》詩："几有箋毫架有書，設論頤志莫斯如。"

【牋毫】

同"箋毫"。此體唐代已行用。見該文。

筆楮

筆與紙的合稱。楮皮可造紙，故稱。亦泛指文具。此稱行用於唐，沿用至清。《新唐書·儒學傳中·王元感》："〔王元感〕年雖老，讀書不廢夜。所撰《書糾謬》《春秋振滯》……等凡數十百篇，長安時上之，丐官筆楮寫藏秘書。"元袁桷《送范德機序》："四方士游京師，則必囊筆楮，飾賦詠以偵候於王公之門。"清龔自珍《乙丙之際塾議》第十六："凡民以有易無，使市官平之，皆以稻、麥、百穀……蒲葦、鹽酒、筆楮使相當。"

楮穎

紙與筆之合稱。楮皮可造紙，借指紙；穎，毛筆頭，借指筆。此稱行用於宋元，沿用至清。亦借指文字。宋楊萬里《答太常虞少卿》："小兒來販，袖出華星秋月之書，玉聯金句之軸，藥物楮穎之贈。"元倪瓚《留別王叔明》詩："秋蚓唧唧雨蕭蕭，楮穎陶泓伴沉寥。"清周亮工《書〈丙申入閩圖〉後》："嗟夫！立三何所求于予，而昵予如是。予之抱愧于君不一事，感激于中，不能形之楮穎，輒因此圖以識之。"又《書影》卷一："朱竹、墨菊，余初亦但求之楮穎間，後親見朱竹於延平山中。"

楮翰

紙與筆之合稱。楮皮可造紙，借指紙；翰，羽毛，可以代筆，故稱。此稱見於明清典籍。明劉球《春草圖記》："菌覆萋萋芊芊，競芳而騁媚于楮翰之間。"清王晫《今世說·文學》："徐武合喜著書，苦無由得錢易楮翰，常於破几上起草，束麻濡煤作字。"

鉛素

古代早期書寫繪畫用具。猶筆牘。鉛，可

書寫，用以製筆；素，白色生絹。亦代指筆和紙。宋佚名《翰苑新書》："人拾青紫，家懷鉛素，求古文於孔壁，收竹書於汲冢。"清錢謙益《題武林兩關碑記》："及瓜之日，薦紳懷鉛素，童髦卧轅轍。"

筆硯

筆與硯之合稱。亦泛指文具。此稱始見於漢代，後世沿用，直至近現代始廢。《三國志·魏書·后妃傳》"文昭甄皇后"裴松之注引晋王沈《魏書》："年九歲，喜書，視字輒識，數用諸兄筆硯。"北齊顏之推《顏氏家訓·雜藝》："王褒地胄清華，才學優敏，後雖入關，亦被禮遇。猶以工書，崎嶇碑碣之間，辛苦筆硯之役。"唐白居易《雞距筆賦》："願爭雄於爪距之下，冀得雋於筆硯之間。"宋蘇軾《和人見贈》詩："知有雪兒供筆硯，應嗤竈婦洗盆餅。"宋張耒《瓜洲謝李德載寄蜂兒木瓜筆》詩："銛鋒皓管見還愧，老去筆硯生塵土。"宋蘇易簡《文房四譜·筆譜》："黎逢《石硯賦》：有子墨客卿，從事於筆硯之間，學舊史之暇日，得美石於他山。"

【筆研】

通"筆硯"。研，古通"硯"。多見於漢魏至兩宋時期，元明以後漸廢。《漢書·薛宣傳》："性密靜有思，思省吏職，求其便安。下至財用筆研，皆爲設方略，利用而省費。"《後漢書·班超傳》："久勞苦，嘗輟業投筆，嘆曰：'大丈夫無它志略，猶當效傅介子、張騫立功異域，以取封侯，安能久事筆研間乎？'"宋孟元老《東京夢華録·育子》："至來歲生日，謂之'周晬'，羅列盤琖於地，盛果木、飲食、官誥、筆研、算秤等，經卷針綫，應用之物，觀其所先拈者，

以爲徵兆。"

泓穎

硯與筆之合稱。陶泓、毛穎爲唐人韓愈寓言作品《毛穎傳》中虛擬人物的姓名，分別暗指硯與筆。後人合稱之謂筆硯。此稱始見於宋代典籍，流行至明清，今已不用。宋陸游《書巢五詠·硯滴》："天祿與辟邪，乃復參泓穎。"錢鐘書選注："按，毛穎爲筆，陶泓爲硯。"明章懋《與謝木齋閣老書》："聊憑泓穎，以道區區。"

墨硯

墨與硯之合稱。漢代之前，墨與硯緊相配伍，故多連稱。亦泛指文具。後世雖有沿用，但流行不廣。《三才圖會·器用》："後漢李尤《墨

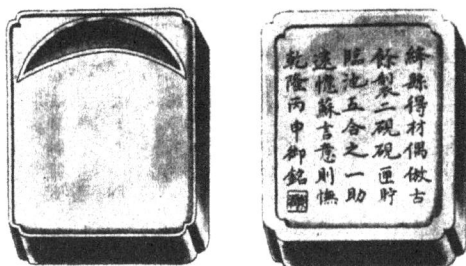

墨　硯
（清于敏中等《西清硯譜》）

硯銘》：'書契既造，墨硯乃陳。則是茲二物者，與文字同興於黄帝之代也。'"宋蘇易簡《文房四譜·硯譜》："西域無紙筆，但有墨。彼人以墨磨之甚濃，以瓦合或竹節，即其硯也。彼國人以指夾貝葉，或藤皮，掌藏墨硯。以竹筆書梵字，橫讀成文，蓋順葉之長短也。"

【墨研】

通"墨硯"。研，古通"硯"。此體僅見於宋人詩句。宋梅堯臣《次韻永叔試諸葛高筆戲書》："安能事墨研，欲效前人述。"

筆墨

筆與墨之合稱。此稱始見於漢代典籍，後世一直沿用，至今猶然。亦借指詩文及書畫作品。《漢書·揚雄傳下》：“上《長楊賦》，聊因筆墨之成文章，故藉翰林以爲主人，子墨爲客卿以風。”《晉書·溫嶠傳》：“陶侃上書曰：‘故大將軍嶠忠誠著於聖世，勳義感於人神，非臣筆墨所能稱陳。’”清乾隆《詠古玉文房匣》詩：“却惜大家唐宋有，未藏筆墨寫胸襟。”《兩交婚》第一回：“天尚未晚，神座傍有寫疏頭的現成筆墨，一時感慨不平，遂提起筆來，在廟傍粉壁上題了一首《踏莎行》的詞兒。”曹禺《北京人》第一幕：“案上放着筆墨畫硯、磁器古董，都極其古雅而精致。”

翰墨

筆與墨之合稱。翰，羽毛，古作筆用。此稱始見於漢代，沿用至今。漢張衡《歸田賦》：“揮翰墨以奮藻，陳三皇之軌模。”三國魏曹丕《典論·論文》：“是以古之作者，寄身於翰墨，見意於篇籍……而聲名自傳於後。”《兩交婚》第三回：“將金帶樓收拾得詩書充棟，翰墨連楹，畫圖四壁，琴劍滿床。”宋蘇易簡《文房四譜·筆譜》引唐韋充《筆賦》：“今也文章具舉，翰墨皆陳，秋毫以削，寶匣以新。”清秦道然《金縷曲·題雲川蓉湖詞隱圖》：“老矣城南杜，尚依然飛揚翰墨，詞填花雨。”

毫墨

筆與墨之合稱。毫，動物細毛，可製筆，故稱。此稱主要見於兩晉南北朝至唐宋間典籍，後世沿用使用不廣。晉葛洪《抱朴子·崇教》：“因機會以坐無端，藉素信以設巧言，交構之變，千端萬緒，巧筭所不能詳，毫墨所不能究也。”南朝宋鮑照《蜀四賢詠》：“陵令無人事，毫墨時灑落。”唐吳融《贈聲光上人草書歌》：“可中一入天子國，絡素裁縑灑毫墨。”唐李嗣真《續畫品録》：“夫丹青之妙……立萬象於胸懷，傳千祀於毫墨。”宋戴復古《題趙仲淵家藏巨然山居舊隱圖》詩：“山人構思固不易，造化神機出毫墨。”

楮墨

紙與墨之代稱。因楮皮可以製紙，故稱。亦借指詩文及書寫繪畫作品。此稱始見於唐代典籍，後世沿用，至今猶然。唐劉知幾《史通·暗惑》：“無禮如彼，至性如此，猖狂生態，正復躍見楮墨間。”明楊士奇《題誠齋楊公易傳稿後》：“此小畜、同人、大有三卦……至今二百餘年，楮墨如新，誠可寶也。”明李昌祺《剪燈餘話·田洙遇薛濤聯句記》：“永奉閨房樂，長陪楮墨嬉。”明徐渭《畫鶴賦》：“楮墨如工，反壽終身之玩。”清曹寅《尚中索書真州東園》詩：“楮墨向千載，咳唾猶芳鮮。”魯迅《漢文學史綱要》第十篇：“恨爲弄臣，寄心楮墨，感身世之戮辱，傳畸人於千秋。雖背《春秋》之義，固不失爲史家之絶唱，無韻之《離騷》矣。”

【墨楮】

即楮墨。楮，楮樹皮，可製紙，故爲紙之代稱。此稱宋代已行用，流行至明清。宋黃庭堅《跋潞公帖》：“余嘗論潞公書，極似蘇靈芝公，曰靈芝墨楮耳。”明章潢《圖書編》卷三三：“得無名之水，界畫分明者，不可以數計。但眼目難檢點，墨楮難以描畫。”清龔自珍《海門先嗇陳君祠堂碑文》：“君之屋於海也，幾六十年，不蓄墨楮，結繩而治。”

第三章　筆　説

第一節　筆源考

　　毛筆是我國獨有的傳統書寫繪畫工具，秦漢之後逐漸傳向域外，因多以動物毫毛製作筆頭而得名。國人對毛筆極爲重視，尊之爲"文房四寶"之首。

　　毛筆的歷史甚爲古遠，起源於何時，迄無定説。晋成公綏《棄故筆賦》稱倉頡始製（倉頡乃黃帝時左史），明羅頎《物原》稱虞舜始製，另有秦大將蒙恬始製之説（詳見本章第六節"秦筆""宣筆""蒙恬筆"文）。據考古發現，毛筆的雛形當産生於史前時期。新石器時代的陶器，除刻有符號外，多繪有各種圖畫，尤其是彩陶花紋，綫條清晰流暢，且有明顯的提捺所形成的粗細筆畫痕迹，這無疑是以毛筆類工具所繪製。在出土遺物中，雖未見毛筆，却有與毛筆配套使用的石硯、墨棒、陶杯及黑色顔料。此類遺物及彩陶，發現於整個仰韶文化區域，可見毛筆類的工具早在六千年前已普遍應用。至殷商時期，毛筆的運用已相當熟練。近世出土的甲骨文上多留有顯著墨迹，或先以毛筆寫定，爾後契刻成字；或先契刻成字，爾後以毛筆填色。甲骨文中更出現了諸多"聿"字，其形爲"㕞"，表示以手執工具書寫，其工具作"小"形，似筆毛散開狀；"彐"爲以手執筆狀。此"聿"

字，一直沿用至先秦兩漢，始漸爲"筆"字取代。

1954年6月，湖南長沙左家公山戰國墓出土了一支毛筆，因此地舊屬楚國，該筆便命名爲"楚筆"，這是迄今爲止發現最早的傳世實物。此筆筆杆係竹製，杆的一端劈成數片，筆頭嵌入其中，再以細長絲綫纏緊，綫外又塗一層漆。筆頭爲上好兔箭毛做成，筆鋒尖挺，極宜書寫小字。其後，湖北荆州、河南信陽等地戰國楚墓中陸續有毛筆出土，其形制與長沙左家公山出土的楚筆大致相同。

1975年12月，湖北雲夢睡虎地秦墓發現的毛筆，除有楚筆筆體外，有的已將竹竿一端鏤空，直接插入筆頭，其形已似今制。漢代毛筆仍多以竹爲筆杆，西北等少竹地區亦有以木爲筆杆者，兔毫爲筆頭，間有以鼠鬚爲筆頭者。漢筆造型較考究，做工較精細。甘肅武威出土了兩支漢筆，筆杆上刻有"白馬作"與"史虎作"的名款，這是已知最早的古代製筆工匠姓名。既鎸姓名，可推知其獨具之工藝價值。由於漢代書法藝術之發展，書家擇筆要求愈高，書家亦精研製筆之技，成爲製筆名家。如漢代草聖張芝，不僅以創今草聞名於世，且以製筆著稱，時謂"張芝筆"。漢代史書已見以毛筆爲賞賜物之記載。三國時出現了製筆名家韋誕，其製筆法稱"韋誕法"，惜無實物面世，其法不傳。漢代以前出土的毛筆，筆杆上端多刻成尖頭，這同文獻記載一致，是爲簪筆於髮際，以便隨時取用，戰國至兩漢曾作爲文官的禮儀冠飾。

魏晋時製筆工藝益加進步，種類增多，出現了硬毫、軟毫、兼毫三種筆類。其時仍以兔毫爲主，旁及稀有毫料，如鹿毫、虎僕（一種可緣木、形似豹之獸）毫等。國家對毫料的選定、筆杆的長度，皆有一定衡量標準。東晋時，宣州（今安徽宣城）陳氏所製毛筆，備受大書法家王羲之推崇，相傳其曾寫過"求筆帖"。至南北朝時，筆杆通常較短，便於把握有力。此時中國書法之各式書體趨於成熟，書法諸家風格各异其趣，對筆的要求逐漸多樣，這必然開拓製筆之路，而筆的改進，又進而激發了書家才情。書筆各自演進，相得益彰。

唐代製筆業空前興盛，擺脱了書家製筆之風習。宣州已成爲當時製筆中心，其筆世稱"宣筆"。尤其是宣州之諸葛筆，更是名滿天下，其製作方法稱爲"諸葛氏法"。著名書法家柳公權曾向諸葛氏寫過"求筆帖"，如同東晋書聖王羲之寫給陳氏的"求筆帖"一樣。唐代崇尚筆毫堅挺有力，筆鋒短小尖銳，鷄距筆風行一時。筆杆或雕或飾，筆已成爲專門的藝術品。如今陝西博物館藏象牙金銀裝飾竹管毛筆與藏於日本正倉院的"太平筆"，皆爲難得奇寶。宫廷開設了製筆作坊，且開始引進域外傑作，宫廷樂用的高麗（今朝鮮）狼毫筆即一顯例。

至宋代，一改唐朝以硬挺爲上的製筆方法，製筆原料及筆的性能趨於多樣化，漸向軟毫發展。北宋仍以宣州爲製筆中心，并擴展至歙州（今屬安徽歙縣）、黟縣（今安徽黟縣東）、廣陵（今屬江蘇揚州）等地。南宋遷都臨安（今浙江杭州），宣筆中衰，製筆中心移向吳興（今屬浙江湖州）。宋筆尤精美，諸葛氏又創"無心散卓筆"，世人珍愛有加。其時兔毫仍居主導地位，而黄鼠毛、猩猩毛亦見采用，羊毫、兔毫合製的兼毫筆更風靡一時。軟毫、散毫的興盛，更使宋代行書、草書有了長足進步，而楷書反拙於唐代。

至元代，諸筆暗啞，湖筆（因産於浙江湖州而得名）驟起，獨擅天下。宣筆雖尚有舊名，但畢竟難以同湖筆抗衡。稍後另有湘筆，亦是一時之名筆，尤以兼毫、水筆著稱。

明代崇尚硬毫，筆頭渾圓飽滿，揮灑快捷，適於日趨加快的生活節奏。依今人學説，明代已滋生資本主義萌芽，經濟呈迅猛發展之勢頭。其時湖筆的製作工藝又有躍進，選料上，除傳統的羊毫、狼毫、兔毫外，更有貂毫、豬毫之類。筆杆於竹製之外，還有檀木、花梨木，另有金、銀、玉、象牙、玳瑁、綠沉漆管種種，更有雕刻、鑲嵌、彩繪之工藝。如此豪奢之風，毛筆常成爲珍玩之具，難以實用。其時之名筆尚有湘筆（因産於湖南湘潭而得名）、京筆（因産於北京而得名）。筆的種類益加豐富，已製出大書快書之筆體，如斗筆（大頭之筆）、管筆（粗管之筆）與摣筆（筆頭特大、筆管短而肥、需抓寫之筆）。

清代製筆業尤盛，繼元明餘緒，仍以湖州爲中心，進而向四方擴展，製筆作坊幾乎遍及全國。其間京筆再度輝煌，直至近現代仍居統領地位。清初用筆，仍習硬毫，嘉慶、道光之後，以羊毫軟筆復起，成爲風行的書寫工具，硬毫筆漸趨衰微。

近現代之筆業，已由湖州轉向京滬兩地，用筆則以羊毫、狼毫爲主，或軟或硬，或軟硬兩兼，自由多樣，此時"小大由之"之筆（即既可寫大字，亦可寫小字）尤爲風行。這期間在西學東漸的氛圍中，世人多重筆體之實用，不尚奢華，雕飾鑲嵌的筆體日漸冷落，大失其勢。20 世紀 50 年代之後，西方的硬筆，如鋼筆、圓珠筆之類，已取得統治地位。傳統的一切軟筆，包括毛筆及毛筆中的軟、硬、軟硬兩兼之筆體，盡皆弃置。今世之毛筆，多作爲書法繪畫工具，隨同科學技術的迅猛發展，毛筆筆體品類益繁，品質益高，亦重實用，用料仍以兔毫、羊毫、狼毫爲主。

筆

　　文房四寶之一。用於書寫繪畫的工具。起於上古，沿用至今。"筆"字甲骨文中已見，爲象形字，其名稱有多種變化。《説文·聿部》："聿，所以書也。楚謂之聿，吳謂之不聿，燕謂之弗，从聿，一聲。"又《聿部》："筆，秦謂之筆。从聿从竹。"王筠《釋例》："《聿部》收'筆'字，與'其'字在《箕部》正同，蓋皆一字……不以筆爲聿之重文者，以音辨之也。《經典》讀其如姬，如記者多有，而聿、筆異讀，故聿下云：'楚謂之聿，吳謂之不聿，燕謂之弗。'筆下云：'秦謂之筆。'其詞相連而及，以見其爲一物，而以'謂之'別其爲不同音也。"朱駿聲《通訓定聲》："秦以竹爲之，加竹。"我國古代的筆形式多樣，主要是毛筆，還有竹筆、木筆、葦筆、炭筆等。《禮記·曲禮上》："史載筆，士載言。"鄭玄注："筆謂書具之屬。"《莊子·田子方》："宋元君將畫圖，衆史皆至，受揖而立，舐筆和墨，在外者半。"唐韓愈《進撰平淮西碑文表》："必有奇能博辯之士，爲時而生，持簡操筆，從而寫之。"近代以來，筆的種類日多，如鉛筆、鋼筆、圓珠筆、粉筆、石筆、蠟筆、水彩筆、鐵筆等，其性能亦非古代可比。

【聿】

　　"筆"之本字。戰國時楚地方言，秦以後始加"竹"頭。唐以前此稱仍偶有用之者，宋以後則不再行用。《説文·聿部》："聿，所以書也。楚謂之聿，吳謂之不聿，燕謂之弗。从聿，一聲。"又《聿部》："筆，秦謂之筆，从聿从竹。"朱駿聲《通訓定聲》："聿，秦以後皆作筆字。"漢揚雄《太玄·飾》："舌聿之利，利見知人也。"司馬光集注："聿，筆也。君子發言著書，不失中道，惟智者能知之。"唐柳宗元《湘源二妃廟碑》："咸執牘聿，至于祠下。"

【不聿】

　　"筆"之古代稱謂。戰國時吳地方言，後作爲筆的代稱，今已極少行用。《説文·聿部》："聿，所以書也。楚謂之聿，吳謂之不聿。"按，《爾雅·釋器》作"不律"。"不聿""不律"急讀之，則爲"筆"。清周亮工《〈陋軒詩〉序》："〔賓賢〕每晨起翻書枯坐，少頃起立，徐步操不聿疾書，已復細吟。"清俞正燮《癸巳類稿·反切證義》："負蠜爲蜚，不聿爲筆。"陶曾佑《論文學之勢力及其關係》："其他各國，亦莫不孜孜於文字之林，合謀社會之改良，力促社會之進步。憑兹不聿，闡厥宗風。"

【不律】

　　"筆"之古代稱謂。"不律"急讀即爲筆，先秦蜀方言作此稱。《爾雅·釋器》："不律謂之筆。"郭璞注："蜀人呼筆爲不律也，語之變轉。"歷代學者喜用其稱。今罕用之。元方回《贈筆工楊日新》詩："吳云不律燕云弗，韻書又以律爲聿。"清查慎行《以紫檀鏤管筆一雙饋院長兼呈拙句》："客從吳興來，遺我雙不律。"又《仙游茅筆歌》："覺來信手縛不律，巧被筆工偷妙術。"清吳騫《〈拜經樓詩話〉自序》："予於有韻之語，初未能研其得失，譜其良楛，又烏足以操三寸不律，而雌黃而陽秋哉？"清盧文弨《李元賓文集跋》："今天下之操不律，伸赫蹏，日役其五指者，亦幾於流矣。"瞿宣穎纂輯《中國社會史料叢鈔·木工厭勝彙記》引《瑣事閒録》云："余村東南里許，舊有奎星閣……共議拆建於村西文昌宫，已隔四十餘年矣。墙内乃拆出楮紙，謄寫陰騭文篇，内卷不律二管，不特字迹完好，亦毫無脱落，紙猶如新。"

【弗】

"筆"之古代稱謂。戰國時燕地方言。《説文·聿部》："聿，所以書也。楚謂之聿，吳謂之不聿，燕謂之弗。"元方回《贈筆工楊日新》詩："吳云不律燕云弗，韻書又以律爲聿。"清杭世駿《續方言》卷上引同。

第二節　筆體考

本節所謂筆係指書寫繪畫之用品，包括自古至今的一切筆體，有軟筆、硬筆及現當代軟硬兼備的新款筆體，而主體則是毛筆。本節祇論述作爲主體的毛筆，而其他筆體可參見本章第四節《種類考》，此不贅述。

筆當産生於文字之前。先民最初是結繩而治，結繩之後則是繪畫，而繪畫之原始工具不過是削竹木而爲之，此即原始之筆。後世之竹筆、木筆或爲其孑遺。至新石器時代，在五六千年前仰韶文化時期，已産生了毛筆。甲骨文中的"筆"字作"聿"，爲象形字，即象毛筆之形。先秦兩漢時，筆的名稱已見多種變化。其本字仍爲"聿"，小篆作"聿"。"ㅋ"象手；"巾"象筆，包括筆管、筆頭；"一"表聲。此稱初起於楚地，其地潤澤，竹木繁盛，故得就地取材，削竹木或製竹木以爲筆。吳地稱"不聿"，燕地謂之"弗"，至秦地始稱之"筆"，於"聿"上加一"竹"字，因"筆"以竹製者爲多。秦統一六國後，"筆"字遂風行天下。聿、弗，乃筆之近音或轉音，不聿爲筆之急讀。《説文·聿部》："聿，所以書也。楚謂之聿，吳謂之不聿，燕謂之弗，从聿，一聲。"又《聿部》："筆，秦謂之筆。从聿从竹。"王筠《釋例》："《聿部》收'筆'字，與'其'字在《箕部》正同。蓋皆一字也……不以筆爲聿之重文者，以音辨之也。《經典》讀其如姬、如記者多有，而聿、筆異讀，故聿下云：'楚謂之聿，吳謂之不聿，燕謂之弗。'筆下云：'秦謂之筆。'其詞相連而及，以見其爲一物，而以'謂之'別其爲不同音也。"朱駿聲《通訓定聲》："秦以竹爲之，加竹。"可見聿、不聿、弗、筆實爲一物，祇是因方言而讀音不同。其筆多指毛筆，筆杆用料則有竹有木。楚地之筆本多以竹爲之。1954年6月，湖南長沙左家公山及其後在湖北荆州、河南信陽等戰國墓葬中出土的毛筆，其筆杆皆爲竹製。清人朱駿聲所謂"秦以竹爲之，加竹"，因戰國時秦乃後起善學之國，善以竹竿爲筆，故云。秦漢之後，"筆"字風行，聿、不聿、弗，祇在詩文中偶或用之。

中國古代之筆，多指軟筆中的毛筆，筆名之淵源流變，實則是毛筆之淵源流變。既以毛爲主，則有"羊毫"（即羊毛筆）、"兔毫"（即兔毛筆）、"狼毫"（指以黃鼠狼之毛所製之筆）、"鹿毛筆"、"鼠鬚筆"（見《初學記》卷二十一引晉王羲之《筆經》，鼠鬚指黃鼠狼之鬚）、"狸毛筆"（以狸猫之毛所製之筆）、"雞毛筆"（見唐段公路《北戶錄・雞毛筆》）、"胎髮筆"。此外就是"兼毫筆"（見晉崔豹《古今注・問答釋義》）。所謂"兼毫"，指禽獸毛羽并采兼用，包括兩種或多種毛羽製成的筆，文史中常以稱道的"五色筆"，即爲"兼毫筆"之顯例。

數千年來既以軟筆中的毛筆爲主流，而硬筆中的"竹筆"（見宋米芾《筆史》，指筆頭以細竹絲爲材者）、"龍筋筆"（見《太平御覽》卷九一三引晉張華《博物志》，指以松根爲筆頭。龍筋，爲松根之喻稱）、"茅筆"（見明黃佐《廣州人物志》，係以山茅根爲原料製成）、"鉛筆"[1]（見《東觀漢記・曹褒傳》，係用鉛粉寫字或塗改之筆），以及18世紀之後陸續傳入我國的"鉛筆"[2]、"鋼筆"、"圓珠筆"、"簽字筆"等等，則相形處於從屬地位。雖然就社會需要與筆體的演變趨勢而論，現當代及未來，書寫必定以硬筆爲主流，尤其是鋼筆、簽字筆，早已取代了軟筆中的毛筆。20世紀60年代我國出現一筆兩端、軟硬兼備的筆體，仍具生命力，常可爲不時之需。雖然毛筆之類軟筆，今世祇能作爲書法或繪畫之專用工具，但就數千載歷史而言，中國之筆史，無疑是毛筆專史，而非其他。

故而本卷每章每節標題中的筆，概指毛筆之筆。爲反映古今相輔相成之源流關係，章節之後的條目中，仍然列有些許其他筆類。

毛筆

我國獨有的傳統書寫繪畫工具。因多以動物毫毛製作筆頭而得名。我國使用毛筆的歷史，可追溯到新石器時代。近人俞劍華在《中國繪畫史》一書中説："毛筆和墨都創始於新石器時代，根據那時的彩陶圖案，確有筆鋒，還有筆毫描畫的痕迹，並可分辨大小不同的毛筆。"甲骨文中亦有先以毛筆書寫而後刻畫的餘緒。現存最早的毛筆實物爲1954年6月湖南長沙左家公山戰國墓出土的楚筆。當時此地屬楚國，這支筆便命名爲"楚筆"。此筆筆杆係竹製，筆杆一端劈成數片，用細長絲綫纏緊，其外又塗一層漆，筆頭爲上好兔箭毛做成，筆鋒尖挺，極宜書寫小字。後在湖北江陵、河南信陽等地戰國楚墓中，都有毛筆出土。秦人蒙恬造筆的傳說，實言他對秦筆有開創性的改進而已。1975

年 12 月，湖北雲夢睡虎地秦墓中所發現的毛筆，其形狀已與今之毛筆相近，即將筆杆一端挖成空腔，將筆毛塞於腔内，并附有以細竹管製成的筆套，一端爲竹節，另端打通，中間兩側鏤空，便於取筆。人們稱之爲"秦筆"。自古至今，我國毛筆約有 200 多個品種，主要有羊毫、狼毫、兔毫、兼毫四大類，後亦有用鼠鬚、鼠尾、鷄毛、胎髮、猩猩毛等製作。明陳繼儒《太平清話》卷三："宋時有鷄毛筆、檀心筆、小兒胎髮筆、猩猩毛筆、鼠尾筆、狼毫筆。"筆杆用材亦豐富多樣，主要爲竹材，名貴的有金、銀、瓷、象牙、玳瑁、琉璃、紫檀等，加上釉彩、雕刻、鑲嵌等工藝，使筆成爲一種特製的工藝品。今之毛筆雖已不是人們最常用的書寫工具，但作爲軟筆書法、國畫的工具，仍被大量生産和廣泛使用。其筆頭之用料，裝潢之華麗，略可追比古代名筆。

倉頡筆

相傳爲中國最早的筆。因係上古黄帝左史倉頡所製，故稱。參見本卷《筆説·筆源考》文。

虞舜筆

相傳爲中國最早的筆。因係上古虞舜所製，故稱。參見本卷《筆説·筆源考》文。

第三節　异名考

作爲"文房四寶"之首的毛筆，國人極爲重視，尤其是古代，在政治、法律、軍事、經濟、科學、技術、文化、藝術各個領域，須臾離不開。古人常隨身携帶，并賦予一種莊嚴色彩。《史記·滑稽列傳》中記"西門豹治鄴"，爲拆穿"河伯娶婦"騙局，西門豹將大巫嫗及其弟子、三老諸人抛入滚滚漳河中，然後"簪筆磬折，嚮河立待良久，長老、吏傍觀者皆驚恐"。此處之"簪筆"，指將筆簪於冠前，表示自己的虔誠嚴肅；"磬折"，指曲體作揖，形若磬石之曲折。西門豹爲鄴令，是在戰國初期魏文侯時，可見簪筆表示禮儀由來已久。《漢書·趙充國傳》："〔張世安〕本持橐簪筆事孝武帝數十年，見謂忠謹，宜全度之。"顔師古注引張晏曰："近臣負橐簪筆，從備顧問，或有所紀也。"古代史官、諫官入朝，或近臣侍從，皆插筆於冠上，以便隨時書寫記録。後簪筆於冠上或插筆笏中，成爲古代冠服禮儀之一。毛筆更被文人雅士賦予神奇色彩。傳説南朝梁江淹青年時夢見東晋文學家郭璞，贈他一支五色斑斕的毛筆，從此他文思敏捷，才情焕發，所著詩文，稱絶一時。到了晚年，復夢見郭璞，索回彩筆。至此而後，文思枯竭，再無佳作，世人嘆謂"江郎才盡"。事見南朝梁鍾嶸《詩品》卷中（《南史·江淹傳》同），《晋書·王珣傳》《南史·文學傳·紀少瑜》傳主皆有類似記載。另説唐代詩仙李白年少時忽夢所用之筆頭突生奇花，至此天才卓異，名聞天下。事見五代王仁裕《開元天寶遺事·夢筆頭生花》。毛筆地位如此之重，故行用於墳典詩文中，其異名別稱十分繁夥。今擇三類，扼要分述如下。

一、指代之類。其中又可細分爲五小類：

（一）以毛筆之部件爲指代。1.以某一部件爲指代。如"翰"，本指筆毫，借指毛筆。《文選·張衡〈四愁詩〉》："我所思兮在太山，欲往從之梁父艱，側身東望涕沾翰。"李善注："韋昭《漢書注》：'翰，筆也。'"又如"管"，本指筆管，借指毛筆。南朝梁庾肩吾《謝賚銅硯筆格啓》："烟磨青石，已踐孔氏之壇；管插銅龍，還笑王生之璧。"2.亦可以某兩部件指代。如"管翰"，《晉書·文苑傳·曹毗》："子徒知辯其説，而未測其源，明朝菌不可踰晦朔，蟪蛄無以觀大年，固非管翰之所述，聊敬對以終篇。"又如"毫管"，唐陸龜蒙《紀夢游甘露寺》詩："雲濤觸風望，毫管和烟搦。聊記夢中游，留之問禪客。"

（二）以毛筆之形狀爲指代。如"毫錐"，因毫鋒如錐，故名。唐白居易《代書詩一百韻寄微之》："策目穿如札，鋒毫鋭若錐。"自注："時與微之各有纖鋒細管筆，携以就試，相顧輒笑，目爲毫錐。"又如"毛錐子"，因其束毛爲筆，其狀如錐，故名。《舊五代史·漢書·史弘肇傳》："弘肇又厲聲言曰：'安朝廷，定禍亂，直須長槍大劍，至如毛錐子，焉足用哉？'"省稱"毛錐"。宋楊萬里《跋徐恭仲省幹近詩》："仰枕槽丘俯墨池，左提大劍右毛錐。"又如"三寸弱翰"，"三寸"言筆管之短，"弱"言其細巧。漢揚雄《答劉歆書》："雄常把三寸弱翰，齎油素四尺，以問其異語。"省稱"弱翰"。晉陸雲《答大將軍祭酒顧令文》詩："企予朔都，非子孰念。豈無弱翰，才不克贍。"亦稱"三寸管""三寸弱管"。明徐渭《〈亦陶集〉序》："吾友葛公旦氏當其爲生時，負奇姿，承世學，抱三寸管，以與一時儁彦，校馳駉於上下之間。"清汪價《三儂贅人廣自序》："僕所携，三寸弱管耳，當揮斥成長律奉獻。"亦稱"三寸鷄毛"，因鷄毛可爲筆頭，筆管長約三寸，故名。清黃六鴻《福惠全書·蒞任·考代書》："鄉愚孤嫠不能自寫，必倩代書，類多積年訟師，慣弄刀筆……所以空中樓閣，祇憑三寸鷄毛；座上秦銅，莫辨五里昏霧。"

（三）以毛筆之性質爲指代。如"柔翰"，因古以羽毛爲筆頭，取其柔軟，故名。《文選·左思〈詠史〉》："弱冠弄柔翰，卓犖觀群書。"又如"弱毫"，晉陶潛《答龐參軍》詩："物新人惟舊，弱毫多所宣。"亦稱"柔毫"，或作"柔豪"。宋梁周翰《大宋新修商中宗廟碑銘并序》："采舊史以披文，但瞻陳迹；染柔毫而叙事，終玷清芬。"清姚鼐《過程魚門墓下作》詩："憶挈柔豪就石渠，春風花藥襲襟裾。"

（四）以毛筆之顔色指代。如"玄筆"，指着墨之筆鋒。玄，黑色。晋葛洪《抱朴子·嘉遯》："逍遥竹素，寄情玄毫；守常待終，斯亦足矣。"又如"灰筆"，因筆頭常用灰兔之毫，故名。元鍾嗣成《醉太平》曲："提灰筆寫遍鴛鴦字，打爻槌唱會鷓鴣詞。"

（五）以毛筆之料飾指代。如"金管"，因筆杆飾以金，故名。宋蘇易簡《文房四譜·筆譜上》："梁元帝爲湘東王時好文學，著書常記録忠臣義士及文章之美者。筆有三品，或金銀雕飾，或用斑竹爲管。忠孝全者，用金管書之；德行精粹者，用銀管書之；文章贍逸者，以斑竹管書之。"又如"銀管"，因筆杆飾以銀，故名（書證同"金管"）。又如"葦管"，以蘆葦之莖爲筆管，故名。以葦爲管，謂生活之簡樸。宋蘇軾《孫莘老寄墨四首》詩之三："瓦池研竈煤，葦管書柿葉。"

二、擬人之類。如"管城子"，唐代韓愈以筆擬人，戲作《毛穎傳》："遂獵圍毛氏之族，拔其毫，載穎而歸……秦皇帝使恬（蒙恬）賜之湯沐而封諸管城，號曰管城子。"後因以稱毛筆，省稱"管城"。宋蘇軾《次韻范純父涵星硯月石風林屏詩》："陶泓不稱管城沐，醉石可助平泉醒。"亦稱"管城君"。宋劉克莊《賀新郎》詞："不但槊棋誇妙手，管城君亦自無勍敵。終賈輩，恐難匹。"亦稱"管城公"。宋黄庭堅《戲詠猩猩毛筆》詩："政以多知巧言語，失身來作管城公。"亦稱"毛穎""中書君"。因韓愈以筆擬人，戲作《毛穎傳》，文中有"累拜中書令，與上益狎，上嘗呼爲中書君"之語，故名。宋林洪《文房職方圖贊》中，將毛筆列爲十八學士之一，有"毛中書，名述，字君舉"之句，故亦稱"毛中書"。宋梅堯臣《次韻景彝閣後紫薇花盛開》詩中，有"六十無名空執筆，顛毛應笑映簪華"之句，故亦稱"顛毛"。唐人文嵩仿韓愈《毛穎傳》，以毛筆擬人，作《管城侯毛元鋭傳》，故毛筆又得"管城侯""毛元鋭"諸稱。此外，唐代馮贄《雲仙雜記》卷二載："郤詵射策第一，再拜其筆曰：'龍鬚友使我至此。'"卷六又載："薛稷爲筆封九錫，拜墨曹都統、黑水郡王兼毛州刺史。"故毛筆又有"龍鬚友""墨曹都統""黑水郡王""毛州刺史"諸稱。此外，毛筆尚有"藏鋒都尉"（見唐薛濤《四友贊》）、"文翰將軍"（見宋葉廷珪《海録碎事·文學》）、"畦宗郎君"（見宋陶穀《清異録·文用》）、"尖頭奴"（見《魏書·古弼傳》）諸稱。

三、美稱之類。如"玉筆"，"玉"喻其白而華麗。元虞集《觸石墜馬卧病蒙恩予告先至上京寄李溉之學士柯敬仲參書二首》詩："給札修辭持玉筆，賜羮充腹出珍庖。"又如

"玉管"，"管"，借指毛筆。隋薛道衡《詠苔紙》："今來承玉管，布字改銀鈎。"又如"寶跗"，"寶"言其珍貴，"跗"指筆管下端栽毛處，借指毛筆。唐陸龜蒙《石筆架子賦》："寶跗非鄰，金匣不敵，真堪諫静之士，雅稱元靈之客。"又如"寶管"，清曾樸《孽海花》第四回："磨香墨，潤寶管，行行寫定。"又如"銀翰"，"銀"喻筆鋒潔白如銀，"翰"，以鳥羽爲筆頭，借指毛筆。唐元稹《酬樂天江樓夜吟稹詩因成三十韻》："昔憑銀翰寫，今賴玉音宣。"又如"霜毫"，"霜"，喻筆頭潔白如霜，"毫"，以獸毛爲筆頭，借指毛筆。元王實甫《西廂記》第三本第一折："我則道拂花箋打稿兒，原來他染霜毫不勾思。"又如"月兔筆"，"月兔"喻筆頭潔白如傳説中的月兔。唐釋貫休《觀懷素草書歌》："月兔筆，天竈墨，斜鑿黃金側剉玉。"亦稱"玉兔毫"，"玉兔"爲月兔的别名。唐釋齊己《寄黄暉處士》詩："鋒鋩妙奪金雞距，纖利精分玉兔毫。"另稱"霜兔"，"霜"借指白色兔毫所製之筆，以其鋒色如霜，故名。宋楊萬里《過白沙渡得長句呈澹庵先生》詩："先生半酣染霜兔，金章玉句空萬古。"

指代之類

部件指代

翰

指筆毫，借指毛筆。翰，鳥羽。古以羽毛爲筆，因代稱。此稱始見於漢朝，沿用至明代。《漢書·揚雄傳下》："故藉翰林。"顏師古注："翰，筆也。"《文選·張衡〈四愁詩〉》："我所思兮在太山，欲往從之梁父艱，側身東望涕沾翰。"李善注："韋昭《漢書注》：'翰，筆也。'"唐杜甫《寄彭州高三十五使君適、虢州岑二十七長史參三十韻》詩："荆玉簪頭冷，巴箋染翰光。"唐柳宗元《送韓豐群公詩後序》："天水趙（佶）秉翰序事，殷勤宣備，詞旨甚當。"宋王安石《送董伯懿歸吉州》詩："亦曾戲篇章，揮翰疾蒿矢。"明英宗朝吏部尚書李實

在其所得嘉陵峽硯上題詩曰："貴以翰家客，四寶居一員。"

管 [1]

指筆管，借指毛筆。此稱南北朝時已行用，流行至今。南朝梁庾肩吾《謝賫銅硯筆格啓》："烟磨青石，已踐孔氏之壇；管插銅龍，還笑王生之璧。"清沈復《浮生六記·閨房記樂》："先生循循善誘，余今日之尚能握管，先生力也。"二月河《乾隆皇帝·天步艱難》："紀昀是當值軍機，一頭審看各地報來的庫存錢糧奏摺，凡有災賑出項要求蠲免的折片、人命刑獄案卷、參奏官員瀆職貪賄的本章及水利田土建議條陳，分門别類挑出來另寫節略，手不停管聽他們説，時而一笑而已。"

毫翰

指毛筆。毫，毫毛；翰，羽毛，均可爲筆。晋葛洪《抱朴子·行品》："精微以求，存乎其人，固非毫翰之所備縷也。"唐沈佺期《傷王學士》詩："目絶毫翰灑，耳無歌諷期。"唐孟浩然《洗然弟竹亭》詩："逸氣假毫翰，清風在竹林。"《舊五代史·唐書·莊宗紀七》："朕昨親援毫翰。"宋徐鉉《御製雜説序》："觸緒研幾，因文見義，縱橫毫翰，炳焕縑緗。"元楊弘道《宿浚儀公湖亭四首》詩之四："載酒白雲山下路，擬將毫翰與同揮。"明王世貞《和仲蔚元日詩》："托素毫翰林，千秋垂金石。"清乾隆《迎步廊》詩："可以挨毫翰，可以供繪素。"

毫穎

"毛筆"的雅稱。行用於宋至清代，今已不用。宋羅願《新安志》卷一〇："余家有歙研，底有款識云：吴順義元年處士汪少微。銘云：松操凝烟，楮英鋪雪，毫穎如飛，人間五絶，所頌者三物耳。"宋劉宰《簡張榮齋以國朝四君子文易南華經》："餘功墮毫穎，雲烟起千嶂。"金周昂《送李天英下第》詩："試捲波瀾入毫穎，莫教歐九識劉幾。"元柳貫《題陳子仁屏間新作長松疊嶂》詩："陳子胸中有奇句，墨瀋如雲時一吐。不知毫穎挾何神，頃刻移山起烟霧。"明沈德符《野獲編·玩具·高麗貢紙》："〔高麗〕貢箋，又名鏡面箋，毫穎所至，鋒不留行，真可貴尚，獨稍不宜於畫。"清厲荃《事物異名録·文具部·筆》："汪少微《硯銘》：'松操凝烟，楮英鋪雪，毫穎如飛，人間四絶。'按，毫穎，謂筆也。"

管翰

"毛筆"之别稱。管，筆杆；翰，筆鋒。此稱見於魏晋南北朝之際。《晋書·文苑傳·曹毗》："子徒知辯其説，而未測其源，明朝菌不可踰晦朔，蟪蛄無以觀大年，固非管翰之所述，聊敬對以終篇。"

毫管

指毛筆。毫，筆鋒；管，筆管。此稱始見於唐人詩句，沿用至明。唐陸龜蒙《紀夢游甘露寺》詩："雲濤觸風望，毫管和烟搦。聊記夢中游，留之問禪客。"唐徐寅《夢》詩："文通毫管醒來異，武帝蘅蕪覺後香。"明范嵩《元旦戲筆》詩："老子新年喜氣冲，謾招毫管試春風。"

形狀指代

毫錐

"毛筆"之謔稱。以鋒短毫鋭，故名。此稱源於唐人著述。唐白居易《代書詩一百韻寄微之》："策目穿如札，毫鋒鋭若錐。"自注："時與微之各有纖鋒細管筆，攜以就試，相顧輒笑，目爲毫錐。"宋陳櫧《負暄野録·毫錐名筆》："世稱筆之鋒短而毫鋭者，謂之毫錐。"亦稱"毫錐子"。宋趙孟堅《送朱支倉試刑法科》詩："贈君飽霜毫錐子，萬毫齊力鋒穎鋭。"

【毫錐子】

即毫錐。此稱宋代已行用。見該文。

毛錐子

省稱"毛錐"。"毛筆"的謔稱。以其束毛爲筆，其狀如錐，故名。此稱始出五代後漢史弘肇之口，本含貶意，後世沿用以稱筆，直至今。《舊五代史·漢書·史弘肇傳》："弘肇又厲聲言曰：'安朝廷，定禍亂，直須長槍大劍，至如毛錐子，焉足用哉？'三司使王章曰：'雖有長槍大劍，若無毛錐子，贍軍財賦自何而集？'"宋黃庭堅《將次施州先寄張十九使君》詩之二："囊中尚有毛錐子，花底尊前作戰場。"宋楊萬里《跋徐恭仲省幹近詩》："仰枕糟丘俯墨池，左提大劍右毛錐。"元沈夢麟《陸文寶筆花軒》詩："練水春生洗玉池，陸郎邀我試毛錐。"清蔣士銓《臨川夢・隱奸》："他能開神臂萬鈞弓，那識毛錐輕重？"黃葆楨《醉後看弄烏古刀》詩："安用毛錐子，何如屠狗豪。"茅盾《對於文壇的一種風氣的看法》："不暇剪裁，不事組織，信手拈來，都付毛錐。"

【毛錐】

"毛錐子"的省稱。此稱五代已行用。見該文。

尖毫

"毛筆"的代稱。因筆毫圓尖，故名。此稱爲清代民間語言，今已不用。清陳端生《再生緣》第六五回："只見他，一放尖毫立起來。"

諸毛

"毛筆"之別稱。因筆頭所束毛不止一種，故名。此稱見於唐代，沿用至清。唐韓愈《寄崔二十六立之》詩："又論諸毛功，劈水看蛟螭。"宋方崧卿注："上文諸毛，乃謂筆也。"宋蘇轍《缸硯賦序》："則亦不見夫諸毛之捽拔，諸楮之爛糜。"清吳綺《張山來筆歌序》："夫子文無口，何意能聲，元銳諸毛，寧能奏雅，子惟是也。"

手管

"毛筆"的別稱。管，竹管，手握以寫，故名。此稱主要行用於清代。清黃六鴻《福惠全書・稟啓附・侯文宗某》："燦萬花於手管，紅飛杏苑之奇香。"

三寸弱翰

省稱"弱翰"。"毛筆"的別稱。弱，細巧；翰，羽毛，可以爲筆。此稱主要行用於兩漢到魏晉時期，沿用至宋元。漢揚雄《答劉歆書》："雄常把三寸弱翰，齎油素四尺，以問其異語。"晉陸雲《答大將軍祭酒顧令文》詩："企予朔都，非子孰念。豈無弱翰，才不克贍。"元虞集《酬上清道士鈔陰何詩》："不愁勞弱翰，亦足助高情。"

【弱翰】

"三寸弱翰"的省稱。此稱晉代已行用。見該文。

三寸管

"毛筆"的代稱。此稱見於唐代，行用至清代。唐杜荀鶴《維揚冬末寄幕中二從事》詩："聞道長溪尉，相留一館閒。已投三寸管，尚隔幾重山。"元楊公遠《次程南仲韻五首》詩之一："耕釣雲烟三寸管，剪裁風月幾聯詩。"明林弼《送王子俊都司經歷》詩："持此三寸管，制彼丈二殳。"清趙執信《題大木所寄晴川集後》詩："男兒手持三寸管，取快正在江山長。"清查慎行《蕪湖關》詩："聯吟三寸管，壓浪百卷書。"清秋瑾《寄友書題後》："慰我好憑三寸管，寄君惟有七言詩。"

【三寸弱管】

即三寸管。此稱僅見於清代著述。清汪價《三儂贅人廣自序》："僕所携，三寸弱管耳。當揮斥成長律奉獻。"

三寸鷄毛

"毛筆"的代稱。鷄毛可製筆，管長約三寸，故名。此稱流行於清代。多指舞文弄墨者手中之筆，略含貶意。清黄六鴻《福惠全書·蒞任·考代書》：“鄉愚孤蔾不能自寫，必倩代書，類多積年訟師，慣弄刀筆……所以空中樓閣，祇憑三寸雞毛；座上秦銅，莫辨五里昏霧。”

寸翰

亦稱“寸毫”。“毛筆”的代稱。寸，喻其短小；翰，羽毛，古時用作筆。此稱僅見於漢魏典籍。三國魏曹植《薤露行》：“騁我逕寸翰，流藻垂華芬。”唐陸龜蒙《奉酬襲美先輩吳中苦雨一百韻》：“文分乏寸毫，武也無尺鐵。平生所韜蓄，到死不開豁。”宋陸游《僧師源畫觀音贊》：“佛子無財可修供，尺紙寸毫俱妙用。”明李攀龍《感懷》詩之四：“秉我徑寸翰，興文一如飛。”蕭乾《栗子》：“他看到裁紙的，揮着寸毫的，研墨的。”

【寸毫】

即寸翰。此稱唐代已行用。見該文。

寸管

“毛筆”的代稱。古時筆管長約三寸，寸喻其短。此稱始見於魏晋南北朝時期，沿用至清，今已罕用。南朝梁江淹《蕭驃騎讓太尉增封表》：“具煩寸管，備黷尺史，曠旬浹景，祈指遂宜。”宋王安石《再用前韻寄蔡天啓》：“侯方習篆籀，寸管静嘗麾。”明高啓《嫘蛾子歌》：“手提數寸管，欲發義理根。上探孔孟心，下弔屈賈魂。”清林則徐《杭嘉湖三郡觀風告示》：“本經史而爲詞章，盍展長才於寸管？”

寸錐

“毛筆”的代稱。古時筆管長約三寸，毫鋒圓尖如錐，故名。流行於元明時期。元袁桷《黄臨汝以長句索筆次韻》：“寸錐飲墨工傳書，千載妙蹟遺官奴。”明沐昂《秋夜偶成》詩：

“寸錐未脱囊中穎，斷木誰修爨下琴。”

性質指代

柔翰

“毛筆”的代稱。古以羽毛作筆，取其柔軟，後以稱筆。此稱始見於漢魏之際，後世一直沿用。《文選·左思〈詠史〉》：“弱冠弄柔翰，卓犖觀群書。”劉良注：“柔翰，筆也。”唐韋應物《過昭國里故第》詩：“柔翰全分意，芳巾尚染澤。”明何景明《水管墅治田圃種樹》詩：“汲古綴遺言，欣焉秉柔翰。”清曹寅《雨中病起讀詩館諸公見寄》詩：“嗟哉把柔翰，我俗何時除？”

弱毫

“毛筆”的代稱。弱，言其柔軟；毫，毫毛，可以製筆。此稱始見於魏晋典籍，沿用至清。晋陶潛《答龐參軍》詩：“物新人唯舊，弱毫多所宣。”宋蘇軾《和貧士七首》詩之四：“弱毫寫萬象，水鏡無停酬。”元倪瓚《和吳寅夫對雨見懷》詩：“脆質愛靈藥，閒情宜弱毫。”明吳寬《再答》詩：“西臺退筆塚如山，魏晋書家盡轍環。長愛弱毫能瘦硬，戲將濃墨故斕斑。”清張鵬翀《恭和御製翰林院宴畢駕幸貢院七律四首元韻》之一：“健翮當風培萬里，弱毫結陣掃千人。”

柔毫

亦作“柔豪”。“毛筆”的代稱。此稱宋代已行用，沿用至清。宋梁周翰《大宋新修商帝中宗廟碑銘并序》：“采舊史以披文，但瞻陳迹；染柔毫而叙事，終玷清芬。”宋華鎮《寺韻送廣西行倅令同賦》：“景勝語難工，柔毫幾頻閣。"宋董逌《懷素別本帖》："世人方將捉三寸柔毫，籍之緹油，心量形象而暗度遠近疏密。"明薛瑄《褒斜道中》詩："行色宜柔毫，庶用傳孫子。"清彭孫遹《東歸贈別諸上人》詩："柔毫輕繭手慵提，毒熱何時大火西。"清姚鼐《過程魚門墓下作》詩："憶挈柔豪就石渠，春風花藥襲襟裾。"

【柔豪】

同"柔毫"。此體宋代已行用。見該文。

修毫

指毛筆。修，整治，因其以諸毫加以修治而成，故稱。此稱始見於魏晉時期，流傳至清。晉葛洪《抱朴子·逸民》："夫仕也者，欲以爲名邪，則修毫可以泄憤懣，篇章可以寄姓字，何假乎良史？何煩乎鑊鼎哉？"宋夏竦《奉和御製筆歌》："製之精兮漢宮之雙管，鋒之妙兮趙國之修毫。"清彭孫遹《小年朝詞十首》之九："修毫欲倩纖纖影，寫作春山第一圖。"

秋毫

"毛筆"的代稱。本指秋天脫換的鳥獸之毛，因其細而末銳，可作筆材，故稱。此稱始於南北朝，主要流行於唐宋。南朝宋鮑照《飛白書勢銘》："秋毫精勁，霜素凝鮮，沾此瑤波，染彼松烟。"唐王雕《懷素上人草書歌》："銅瓶錫杖倚閒廷，斑管秋毫多逸意。"唐釋齊己《送胎髮筆寄仁公》詩："内惟胎髮外秋毫，綠玉新裁管束牢。"宋蘇易簡《文房四譜·筆譜》引韋充《筆賦》："今也文章具舉，翰墨皆陳，秋毫以削，寶匣以新。"宋宋祁《送次饒趙職方罷成德軍通判還朝》詩："秋毫供握處，春草見歸時。"元劉因《有懷》詩："百年身世付秋毫，萬里雲霄有羽毛。"明羅倫《鑑湖書屋》詩：

"莫教平地風波起，一鏡秋毫坐古今。"

兔穎[1]

"毛筆"的代稱。此稱始見於宋代，沿用至清。宋黃庭堅《戲答趙伯充勸莫學書及爲席子澤解嘲》詩："空餘小來翰墨場，松烟兔穎傍明窗。"元趙孟頫《贈張進中筆生》詩："韓子未容誇兔穎，涪翁底用賦猩毛。"明陳謨《和蕭廷菊中書傳》詩："蕭郎巧智似蒙恬，兔穎狸毫健且銛。"清查慎行《以紫檀鏤管筆一雙饋院長兼呈拙句》："客從吳興來，遺我雙不律。森然秋兔穎，毫末羞自匿。"

顏色指代

玄毫

"毛筆"的別稱。玄，黑色，指毫上之墨色；毫，毫毛，指筆鋒。此稱行於魏晉之際，達於明清。晉葛洪《抱朴子·嘉遁》："逍遥竹素，寄情玄毫；守常待終，斯亦足矣。"明徐禎卿《贈錢元抑》詩："却恨丹青損真趣，獨事玄毫拂紈素。"

灰筆

"毛筆"的別稱。此稱已見於元人曲詞。元鍾嗣成《醉太平》曲："提灰筆寫遍鴛鴦字，打爻槌唱會鷓鴣詞。"

料飾指代

金管[1]

"毛筆"的代稱。因筆杆飾以金，故名。此稱行用於南北朝時期。宋蘇易簡《文房四譜·筆譜上》："梁元帝爲湘東王時好文學，著書

常記録忠臣義士及文章之美者。筆有三品，或
金銀雕飾，或用斑竹爲管。忠孝全者，用金管
書之；德行精粹者，用銀管書之；文章贍逸者，
以斑竹管書之。故湘東之譽，播於江表。"

銀管 [1]

"毛筆"的代稱。因筆杆飾以銀，故名。此
稱行用於南北朝時期，流傳至元。宋蘇易簡
《文房四譜·筆譜上》："梁元帝爲湘東王時好文
學，著書常記録忠臣義士及文章之美者。筆有
三品，或金銀雕飾，或用斑竹爲管。忠孝全者，
用金管書之；德行精粹者，用銀管書之；文章
贍逸者，以斑竹管書之。故湘東之譽，播於江
表。"南唐韓定辭《答馬或》詩："盛德好將銀
管述，麗詞堪與雪兒歌。"元袁桷《薛濤箋》詩
之一："蜀王宮樹雪初消，銀管填青點點描。"

象管 [1]

"毛筆"的代稱。因筆杆有以象牙製作，故

名。此稱流行於唐宋時期。唐羅隱《清溪江
令公宅》詩："蠻箋象管夜深時，曾賦陳宮第
一詩。"五代劉兼《春宴河亭》詩："蠻箋象管
休凝思，且放春心入醉鄉。"宋李彭老《踏莎
行·題草窗十擬後》詞："蠻箋象管寫新聲，幾
番曾試瓊壺觖。"

葦管

"毛筆"之別稱。以蘆葦之莖爲筆杆，故
名。此稱宋代已行用，多指喻清貧。宋蘇軾
《孫莘老寄墨四首》詩之三："瓦池研竈煤，葦
管書柿葉。"宋張孝祥《賦沈商卿硯》："一收朝
迹歸故園，瓦池葦管塗突烟。"宋晁説之《予筆
多葦管近又得竹筆匣因作絶句》："竹廬葦管可
幽居，前日曾藏萬卷書。"元黄溍《贈夏德頌》
詩："戲拈葦管和竈煤，爲君聊賦山中樂。"

擬人之類

尖頭奴

省稱"尖奴"。"毛筆"的戲稱。本爲北魏
世祖以筆比人、罵古弼之言。語出《魏書·古
弼傳》："詔以肥馬給騎人，弼命給弱者。世祖
大怒曰：'尖頭奴，敢裁量朕也！朕還臺，先斬
此奴。'弼頭尖，世祖常名之曰筆頭。"後因用
以稱筆。宋楊適《絶句》："尖頭奴有五兄弟，
十八公生四客卿。"金元好問《劉遠筆》詩：
"三錢雞毛吐皇墳，尖奴定能張吾軍。"

【尖奴】

"尖頭奴"之省稱。此稱金代已行用。
見該文。

管城子

省稱"管城"。"毛筆"的戲稱。流行於
唐宋時期，沿用至清。唐韓愈以筆擬人作《毛
穎傳》："遂獵圍毛氏之族，拔其毫，載穎而
歸……秦皇帝使恬（蒙恬）賜之湯沐而封諸管
城，號曰管城子。"後因以稱筆。宋蔡絛《鐵圍
山叢談》卷六："宣州諸葛氏，素工管城子，自
右軍以來世其業，其筆制散卓也。"宋黄庭堅
《戲呈孔毅父》詩："管城子無食肉相，孔方兄
有絶交書。"明徐渭《景賢祠上梁文》："獨立敢
言，管城子有萬夫不當之勇；疾書妙契，指南
針定千古未決之疑。"清龔自珍《己亥雜詩》之

二三九："阿咸從我十日游，過管城子於虎邱。有筆可橐不可投，簪筆致身公與侯。"

【管城】

"管城子"的省稱。宋蘇軾《次韻范純父涵星硯月石風林屏詩》："陶泓不稱管城沐，醉石可助平泉醒。"宋楊萬里《霜寒》詩之二："只緣青女降，便與管城疏。"宋岳珂《試廬陵賀發竹絲筆》詩："居然束縛復其始，即墨紆朱封管城。"明陸樹聲《清暑筆談》："士大夫胸中無三斗墨，何以運管城？"清陳維崧《酬許元錫》詩："昨宵飽看冒家燈，一寸管城老龍渴。"

管城君

"毛筆"的擬人稱謂。此稱行用於宋代。宋劉克莊《賀新郎》詞："不但槊棋誇妙手，管城君亦自無勍敵。終賈輩，恐難匹。"

管城公

"毛筆"的擬人稱謂。此稱行用於宋代，達於明清。宋黃庭堅《戲詠猩猩毛筆》詩："政以多知巧言語，失身來作管城公。"宋陳師道《古墨行》："徑須脱帽管城公，小試玉堂揮翰手。"明曾棨《贈筆工陸繼翁》詩："莫言盛世少知己，爲我寄謝管城公。"

管城伯

"毛筆"的擬人稱謂。此稱僅見於元人詩句。元方回《贈筆工馮應科》詩："文房四寶擬四賢，最不易致管城伯。"

毛穎

亦稱"穎毛"。"毛筆"的擬人稱謂。穎，筆鋒，取其毛製形尖，故名。唐韓愈以筆擬人，作《毛穎傳》，後因以稱筆，歷代沿用。宋陳淵《越州道中雜詩》之十二："我行何所挾，萬里一毛穎。"宋梅堯臣《次韻景彝閣後紫薇花盛開》："六十無名空執筆，穎毛應笑映簪華。"金龐鑄《冬夜直宿省中》詩："陶泓面冷真堪唾，毛穎頭尖漫費呵。"元趙孟頫《論書》詩："書法不傳今已久，楮君毛穎向誰陳。"元許有壬《李惟中學士自西臺侍御召入以未央宮瓦硯爲貺作此謝之》詩："楮生毛穎賀得友，坐令几案增光輝。"清唐孫華《筆床》詩："毛穎禿時應避席，君苗燒後漸生埃。"清趙翼《題金玠堂客窗偶筆》詩："毛穎陶泓原有例，古文手筆作傳奇。"

【穎毛】

即毛穎。此稱宋代已行用。見該文。

中書君

亦稱"毛中書"。省稱"中書"。"毛筆"的擬人稱謂。此稱流行於唐宋，明清亦偶有用之者，今已罕用。唐韓愈以筆擬人，作《毛穎傳》，稱毛筆爲毛穎，言穎居中山，爲蒙恬所獲，獻於秦皇，秦皇封之於管城，號管城子，"累拜中書令，與上益狎，上嘗呼爲中書君"。宋林洪《文房職方圖贊》將其列爲文房十八學士之一，稱曰："毛中書，名述，字君畢，號盡心處士。"宋蘇軾《自笑》詩："多謝中書君，伴我此幽棲。"元劉因《遠山筆架》詩："中書未免從高閣，不向林泉怨少恩。"明黃卿《靈嚴寺仙刻》詩："僧言毛中書，留宿臨兹石。"明李昌祺《剪燈餘話·武平靈怪錄》："早拜中書事祖龍，江淹親向夢中逢。"清陳維崧《炙

毛中書
（宋林洪《文房職方圖贊》）

硯》詞："翻惹蟾蜍淚滴，銅雀臺荒，中書君禿，況是磨人墨。"

【毛中書】

即中書君。此稱宋代已行用。見該文。

【中書】

"中書君"之省稱。此稱元代已行用。見該文。

管城侯

亦稱"毛元銳"。"毛筆"的擬人稱謂。唐人文嵩仿韓愈《毛穎傳》作《四侯傳》，其四侯之一《管城侯毛元銳傳》曰："天子因覽前代史，嘉其述美惡不隱，文簡而事備，拜左右史，以積勞累功封管城侯。"後因用以稱筆。宋張耒《送李公輔赴宣城》詩："抱槧石渠無所欲，勞君時致管城侯。"元朱德潤《贈箋紙呂生》詩："莫問殺青千古事，漆書應讓管城侯。"魯迅《集外集拾遺補編·祭書神文》："君之來兮毋徐徐，君友漆妃兮管城侯。"

【毛元銳】

即管城侯。唐文嵩仿韓愈《毛穎傳》作《四侯傳》，爲傳主之一管城侯（毛筆）所擬取的姓名。取其以毛製成，形圓而尖，故稱。此稱一直沿用至清，今已罕用。宋王應麟《小學紺珠·器用類》："管城侯毛元銳，即墨侯石虛中，好時侯楮知白，松滋侯易玄光。"元耶律鑄《桃花源別業重理舊稿戲題》詩："辭鋒幾挫毛元銳，心印都傳楮守玄。"清厲荃《事物異名錄·文具部·筆》："宣城毛元銳，字文鋒，封爲管城侯。"

龍鬚友

"毛筆"的戲稱。此稱見於唐人著述。唐馮贄《雲仙雜記》卷二："邰詵射策第一，再拜其筆曰：'龍鬚友使我至此。'"明周嘉胄《香乘·名香禮筆》："邰詵射策第一，拜筆爲龍鬚友。"

墨曹都統

亦稱"黑水郡王""毛州刺史""亳州刺史"。"毛筆"的戲稱。此稱始見於唐馮贄《雲仙雜記》卷六："薛稷爲筆封九錫，拜墨曹都統、黑水郡王兼毛州刺史。"明解縉《筆妙軒》詩："作之之始稱蒙恬，後來毛州刺史傳。"明彭大翼《山堂肆考·器用》："薛稷封筆爲墨曹都統、黑水郡王兼亳州刺史。"

【黑水郡王】

即墨曹都統。此稱唐代已行用。見該文。

【毛州刺史】

即墨曹都統。此稱唐代已行用。見該文。

【亳州刺史】

即墨曹都統。此稱唐代已行用。見該文。

藏鋒都尉

"毛筆"的戲稱。此稱始見於唐人文集，後世未流行。唐薛濤《四友贊》："磨潤色先生之腹，濡藏鋒都尉之頭，引書媒而黯黯，入文畝以休休。"

文翰將軍

"毛筆"的戲稱。此稱僅見於宋人著述。宋葉廷珪《海錄碎事·文學·筆》："文翰將軍，筆也。"

畦宗郎君

"毛筆"的戲稱。爲唐代書法家歐陽通爲自己的筆所取雅號。宋陶穀《清異錄·文用》："歐陽通（唐人）善書，修飾文具，其家藏遺物尚多，皆就刻名號，硯室曰紫方館……芒筆曰畦宗郎君。"

美稱之類

玉筆

"毛筆"的美稱。玉，言其華麗。此稱始於元，達於清。元虞集《觸石墜馬臥病蒙恩予告先至上京寄漑之學士敬仲參書二首》詩之一："給札修辭持玉筆，賜羹充腹出珍庖。"元劉仁本《餞刑部牛繼志郎中回京》詩："歸覲天顏承顧問，好簪玉筆侍螭頭。"明李夢陽《見素林公以詠懷六章見寄觸事敘歌輒成篇什數亦如之末首專贈林公》詩之三："天池玉筆親留碣，石室山僧獨扣鐘。"清錢謙益《九月初二日奉神宗顯皇帝遺詔於京口成服哭臨恭賦挽詞》之四："侍從朱衣隔，臚傳玉筆遺。"

玉管[1]

"毛筆"的美稱。玉，喻其白而華美。此稱始見於隋唐，沿用至清。隋薛道衡《詠苔紙》："今來承玉管，布字改銀鈎。"明陳汝元《金蓮記·湖賞》："殷勤玉管傳深意，顒望着霜紅暗題。"《群音類選·點絳唇·相思》曲："挑銀燈，拂錦箋，摘玉管，磨穿硯，寫了俏姻緣。"清蔣春霖《鷓鴣天》詞："臨玉管，試瓊甌，醒時題恨醉時休。"

寶跗

"毛筆"的代稱。跗，本指筆管下端裁毛之處，後以稱筆。此稱見於唐人著述，流行於宋元。唐陸龜蒙《石筆架子賦》："寶跗非鄰，金匣不敵，真堪諫靜之士，雅稱元靈之客。"宋岳珂《桯史·姑蘇二異人》："上曰：'是能知我心。'遂賜號通神先生，築通神庵於觀之內，親御寶跗書匾以寵之。"宋文同《御賜飛白書》序："帝召侍臣二十有八人，觀書於龍圖天章閣，又幸寶文閣。是日上親御寶跗，縱寫華楮。"元袁桷《黃臨汝以長句索筆次韻》："寸錐飲墨工傳書，千載妙迹遺官奴。寶跗綠沉不易致，葫蘆荊管那能無。"

寶管

"毛筆"的美稱。此稱見於清人著述。清曾樸《孽海花》第四回："磨香墨，潤寶管，行行寫定。"

銀翰

亦稱"銀毫"。"毛筆"的美稱。因筆鋒潔白如銀，故名。此稱始見於唐宋時期，沿用至清。唐元稹《酬樂天江樓夜吟稹詩因成三十韻》："昔憑銀翰寫，今賴玉音宣。"宋汪藻《銀毫》詩："玉爲蟾蜍冰作滴，烏絲欄開寶鴉墨。天孫夜拾瑤草歸，醉舞銀毫鬭春碧。"清孔尚任《桃花扇·寄扇》："揮灑銀毫，舊句他知道。"清乾隆《題王淵三白獻瑞圖》詩："栩栩采香來粉翅，嘐嘐顧影刷銀翰。"

【銀毫】

即銀翰。此稱宋代已行用。見該文。

霜毫

"毛筆"的美稱。以筆頭潔白如霜，故稱。此稱唐代已行用。唐周朴《謝友人惠箋紙并筆》詩："范陽從事獨相憐，見惠霜毫與彩箋。"宋米芾《筆》詩："寸心用盡終須補，贏得霜毫禿後歸。"元王實甫《西廂記》第三本第一折："我只道拂花箋打稿兒，原來他染霜毫不構思。"明阮大鋮《燕子箋·寫箋》："鱗髓調，霜毫展，方纔點筆題箋。"清龔自珍《己亥雜詩》之四四："霜毫擲罷倚天寒，任作淋漓淡墨看。"

皓管

本指白色筆管。亦爲"毛筆"之美稱。此稱僅見於宋人詩句。宋張耒《瓜洲謝李德載寄蜂兒木瓜筆》詩："銛鋒皓管見還愧，老去筆硯生塵土。"

月兔筆

省稱"月兔"。亦稱"玉兔毫"。兔毫所製毛筆之美稱。因傳説中月兔潔白如玉，故玉月同稱。始稱於唐，後世沿用。唐釋貫休《觀懷素草書歌》："月兔筆，天竈墨，斜鑿黃金側銼玉。"唐姚合《省直書事》詩："蜀箋金屑膩，月兔筆毫精。"唐釋齊己《寄黃暉處士》詩："鋒鋩妙奪金雞距，纖利精分玉兔毫。"元張昱《輦下曲》之十二："星河騎士知唯馬，慣識金箋玉兔毫。"

【月兔】

"月兔筆"之省稱。此稱唐代已行用。見該文。

【玉兔毫】

即月兔筆。此稱唐代已行用。見該文。

霜兔

"毛筆"之雅稱。指白色兔毫所製之筆，以其鋒色白如霜，故名。此稱已見於宋人詞句。後因以爲筆之泛稱。宋楊萬里《過白沙渡得長句呈澹庵先生》詩："先生半酣染霜兔，金章玉句空萬古。"宋黃庭堅《次韻王斌老所畫橫竹》："晴窗影落石泓處，松煤淺染飽霜兔。"元倪瓚《畫竹寄張天民》詩："自矜霜兔健，安有魯魚乖。"明鄭真《太常司丞方公資深使還詩序》："毫鋒縛霜兔，灑灑雲烟揮。"

第四節　種類考

中國之筆，自古至今，大致有兩類，一是軟筆，一是硬筆。前者使用歷史久遠，製品精細，名目繁夥；後者起源較晚，但使用甚廣，已呈取代之勢。

軟筆以毛筆爲主體，起於新石器時代，20 世紀三四十年代之前一直是國人常用的書寫工具，50 年代硬筆興起後，則爲傳統書法藝術所用。古代毛筆常以構成之部件分類。以筆頭而論，則有"羊毛筆"，亦稱"羊毫"。傳説舜帝時已有其物，以鹿毛爲中柱，外裹以羊毛，較有彈性，甚便使用。明張岱所著《夜航船·羊毛筆》中已明載其事。唐段公路《北户録·雞毛筆》、宋蘇易簡《文房四譜·筆譜》、明謝肇淛《五雜俎·物部四》均記有羊毛筆，述及其用料、產地，間或提及製法。再有"兔毫"，傳説秦將蒙恬始用兔毫（見晉崔豹《古今注·問答釋義》），至漢代已相當普遍，諸郡多有進獻者，其最佳者爲趙國中山（今河北正定一帶）毫、宣州中山（今安徽宣城一帶）毫，尤以後者爲最（見《初學記》卷二一引晉王羲之《筆經》、唐段公路《北户録·雞毛筆》）。又有"鹿毛筆"，晋代已見使用，唐宋時甚爲流行，常作爲進獻之物，日本國所進貢品中已有其物。最有名者爲蘄州蘄春郡（今湖北蘄春西北）所貢者（見《藝文類聚》卷五八引晉王隱《筆銘》、唐段公路《北户録・雞毛筆》、《新唐書・地理志五》、《宋史・日本國傳》諸書）。此外尚有“虎僕筆”（見《太平御覽》卷九一三引晉張華《博物志》，虎僕爲一種形似豹的猫科動物）、“鼠鬚筆”（見《初學記》卷二一引晉王羲之《筆經》，鼠鬚指黄鼠狼之鬚）、“狸毛筆”（見唐段公路《北户録・雞毛筆》）、“雞毛筆”（見《初學記》卷二一引晉王羲之《筆經》）、“麝毛筆”（見唐段公路《北户録・雞毛筆》）、“胎髮筆”（見唐段成式《酉陽雜俎・藝絶》）、“馬毛筆”（見唐段公路《北户録・雞毛筆》）、“狼毫筆”（見《宣和畫譜・番族》，狼毫指黄鼠狼之毛）、“丁香筆”（見宋黄庭堅《山谷筆説》，以金絲猴毛製成，因筆鋒圓小，故稱）、“栗尾筆”（見宋歐陽修《歸田録》卷二，栗尾指松鼠尾）。以上爲以單一的禽獸毛羽製成。另一大類就是“兼毫筆”（見晉崔豹《古今注・問答釋義》），即禽獸毛羽并采兼用，包括兔毛與羊毛或狼毫與羊毛的搭配製成的筆，如湘筆中的“水筆”，内層用兔毛或羊毛，便於蓄墨水；外層裹以狼毫，使筆鋒堅挺，因含墨量大，既可書寫，亦可繪畫，也包括鴨毛、雞毛、雀雉毛合製的五色筆。近世始製橡皮頭軟筆，筆管内蓄墨，形制如鋼筆。

以筆管而論，則有“玉管筆”，漢代已見製作，管上或飾以玉，或徑以玉爲管（見清唐秉鈞《文房肆考圖説》卷三）。再有“牙管筆”，係以象牙爲管，或飾以象牙，亦見製於漢代（見清唐秉鈞《文房肆考圖説》卷三、《南史・范岫傳》）。亦稱“象牙筆”（見《南史・庾易傳》），省稱“牙筆”（見五代王仁裕《開元天寶遺事》卷下）、“象管”（見唐羅隱《清溪江令公宅》詩）。另有“麟角筆”（見晉王嘉《拾遺記・晉時事》），多以麟角爲管，省稱“麟筆”（見唐王勃《乾元殿頌序》）。另有“琉璃筆”，多以琉璃爲管（見南朝梁宗懔《荆楚歲時記》）。

另則以大小形狀分類。大小者，如“尋丈書筆”（見明文震亨《長物志・器具》），“尋丈”，極言其大。“搹筆”（上海博物館藏有明代瓷管馬毫搹筆一枝），筆頭特大，筆管短而肥，書寫時需用手抓緊方可。搹，抓緊。以上爲寫大字所用。“小筆”（見唐胡令能《詠繡障》詩、宋蘇軾《與無釋老師書》詩），亦稱“小毫”（見宋晁補之《酬李唐臣贈山水短軸詩》），爲寫小字或繪畫所用。形狀者，如“秃筆”（見唐杜甫《題壁上韋偃畫馬歌》），亦稱“拙筆”（見《南史・王僧虔傳》）、“退筆”（見宋蘇軾《柳氏二外甥求筆迹》詩），戲稱“秃友”“退鋒郎”（見宋陶穀《清異録・文用》）。因筆頭秃頓無鋒，故多用以寫樸拙之大字，或用以作豪放之大畫。"敗筆"（見宋蘇軾《石蒼舒醉墨堂》詩），猶"禿筆"，指用廢了的筆，有時亦用於粗獷的書畫。另有"青鏤管"（見《南史·文學傳·紀少瑜》），指筆管鏤刻有青色花紋的毛筆，或云青色玉雕成筆管之筆，省稱"青鏤"（見宋林逋《詩筆》詩）。"花管"（見宋周邦彦《蕙蘭芳引》），指筆管鏤刻有花紋的毛筆。

近世尚有以下四種分類法：一、産地，如宣筆（因産於宣州，故名）、湖筆（因産於湖州，故名）、京筆（因産於北京，故名）、湘筆（因産於湘潭，故名）；二、用途，如大楷筆（寫一寸半至二寸見方大字）、中楷筆（寫一寸見方中字）、小楷筆（一寸以下小字）；三、對象，如搐（抓）筆（寫榜書字）、提筆（亦稱"斗筆"，寫匾額字）、屏筆（寫屏條字）、聯筆（寫對聯字）；四、性質，毛筆在大範圍中屬軟筆，同硬筆相對，而毛筆自身又可分硬性筆、中性筆、軟性筆三類。最常用者爲第一、二兩類。

古代硬筆有"竹筆"（見宋米芾《筆史》），因筆頭以竹絲爲材，故稱。適於書寫大字，傳說晋代書聖王羲之曾用以作書。又有"龍筋筆"（見《太平御覽》卷九一三引晋張華《博物志》），係以松樹之根製。松根狀若傳說中之龍筋，故名。另有"茅筆"（見明黄佐《廣州人物志》），係以山茅絲草爲原料製成。因始創者陳獻章爲廣東新會白沙村人，書法如仙，故其筆亦稱"白沙茅絲筆""仙茅筆"。此外又有"木筆"（見《新唐書·西域傳上》），係以硬木製作，故稱。"鉛筆"[1]（見《東觀漢記·曹褒傳》），係用鉛粉寫字或塗改之筆，省稱"鉛"。"鉛筆"[2]，係以石墨爲筆芯製成之筆，17世紀始見於英格蘭，18世紀中葉始由德國傳入我國。稱其爲"鉛"，乃西方初發現石墨時的誤認，以訛傳訛，沿稱至今。"鋼筆"，最初多以特種鋼爲筆頭、筆管、筆帽，管內蓄有墨水，毋須邊寫邊蘸，故亦稱"自來水筆"。20世紀初傳入我國。"圓珠筆"，筆內裝有油墨，筆尖爲一小鋼珠，書寫時小珠可上下左右轉動，油墨隨而均匀滲下。1888年由美國人約翰·勞德發明，20世紀40年代傳入我國。今"鉛筆"[2]、"鋼筆"、"圓珠筆"早已國産化。

以上即我國自古至今筆類之概貌。此處臚列種種筆形筆式，多爲習見常用者。此外尚有油畫筆、簽字筆等，均略而不述。

軟筆類

各種毛類

羊毛筆

亦稱"羊毫"。軟筆之一種。因筆頭以山羊毛爲原料製作，故稱。在各種以動物毫毛製成的筆中，以羊毛筆最爲常用。其筆柔軟耐久，使用壽命較長，具吸水力强、蓄墨多的特點，較適宜寫大字。用羊毛製筆歷史悠久，相傳舜時已有此物。明張岱《夜航船·羊毛筆》："舜始造羊毛筆，鹿毛爲柱。"後歷代沿用至今。唐段公路《北户録·雞毛筆》："番禺諸郡如隴右，多以青羊毫爲筆，昭州擇雞毛爲筆。"宋蘇易簡《文房四譜·筆譜》："今江南民間使者則皆以山羊毛焉，蜀中亦有用羊毛爲筆者，往往亦不下兔毫也。"宋劉克莊《書考》詩："五錢買得羊毛筆，自寫年勞送有司。"明謝肇淛《五雜俎·物部四》："〔筆毛〕要其純正得宜，剛柔相濟，終不及中山之兔，下此則羊毫耳。然羊毫柔而無鋒，終非上乘。"清朱彝尊《贈筆工錢叟序》："歸安近多筆工，錢叟所製羊毛筆最爲得法。"

【羊毫】

即羊毛筆。此稱明代始行用。見該文。

【氈筆】

即羊毛筆。此稱行用於唐宋時期。宋張孝祥《鷓鴣天》詞："琅函奏號銀臺省，氈筆書名御苑墻。"

羖䍽羊毛筆

軟筆之一種。因以羖䍽羊毛製作，故稱。羖䍽，一種黑色長毛公羊，以產於陝西河東者毛最長而厚。唐段公路《北户録·雞毛筆》："且筆有豐狐之毫、虎僕之毛、䶅蛉鼠毛、鼠鬚、羖䍽羊毛、麝毛、狸毛、馬毛、羊鬚、胎髮、龍筋爲之，然未若兔毫。"參閱明李時珍《本草綱目·獸一·羊》。

羊鬚筆

軟筆之一種。因以羊鬚製成，故稱。詳本卷《筆説·種類考》"虎僕筆"文。

兔毫筆

省稱"兔毫"。軟筆之一種。以兔毛製成的筆。1954年湖南長沙左家公山戰國楚墓中，首出土了竹杆兔毫筆，其後湖北江陵、河南信陽等地戰國楚墓中陸續出土，這當是我國最早的兔毫筆。據傳爲秦將蒙恬首創，不確，實則秦漢時已應用甚廣泛，屬毛筆中的上品。以宣州中山（宣城附近山名，產兔）爲優。按，《筆經》有"惟有趙國毫中用"語，中山又指今河北正定一帶。晉崔豹《古今注·問答釋義》："昔蒙恬始造，即秦筆耳。古以枯木爲管，鹿毛爲柱，羊毛爲被。秦蒙恬始發兔毫、竹管爲筆。"蒙恬或是大規模推廣了兔毫筆而已，竹管亦非蒙恬首創，上引左家公山戰國楚墓中已見。《初學記》卷二一引晉王羲之《筆經》："漢時諸郡獻兔毫，出鴻都，惟有趙國毫中用。時人咸言兔毫無優劣，管手有巧拙。"又："諸郡毫，惟中山兔肥而毫長可用。"唐段公路《北户録·雞毛筆》："有豐狐之毫、虎僕之毛（原書注：《博物志》：'有獸緣木似豹，名爲虎僕，毛可爲筆也。'）……爲之，然未若兔毫。其宣城歲貢青毫六兩、紫毫三兩、次毫六兩，勁健無以過也。

今嶺中亦有兔，但纔大於鼠，比北中者其毫軟弱不充筆用。是知王羲之嘆江東下濕，兔毫不及中山。”宋蘇易簡《文房四譜·筆譜》：“今江南民間使者則皆以山羊毛焉，蜀中亦有用羊毛爲筆者，往往亦不下兔毫也。”明謝肇淛《五雜俎·物部四》：“吳興自兔毫外，有鼠毫、羊毫二種。”清汪汲《事物原會·筆》：“《博物志》：‘蒙恬作筆。’或問：‘古無筆乎？’程泰之曰：‘古非無筆，但用兔毫自秦蒙恬始耳。’”

【兔毫】

“兔毫筆”的省稱。亦稱“毚毫”。毚，泛指兔。本指兔毛，後作“兔毫筆”之省稱。沿用至今。《初學記》卷二一引晉王羲之《筆經》：“漢時諸郡獻兔毫……惟有趙國毫中用。”晉衛夫人《筆陣圖》：“筆取崇山絕仞中兔毫，八九月收之。”唐許渾《李定言自殿院銜命歸闕拜員外郎俄遷右史因寄》詩：“才歸龍尾含雞舌，更立螭頭運兔毫。”唐羅隱《寄虔州薛大夫》詩：“會得窺成績，幽窗染兔毫。”明高明《琵琶記·孝婦題真》：“兔毫麝尾，和那犀象管。”清曹寅《再和冷齋時字》詩：“一條風景難收拾，除染毚毫付畫師。”葉聖陶《六麼令》：“兔毫在握，賡續前書尚心熱。”

【毚毫】

即兔毫。此稱清代已行用。見該文。

【兔穎】[2]

即兔毫。此稱宋代已行用。宋陳槱《負暄雜録·論筆料》：“韓昌黎《毛穎傳》，是指筆以兔穎爲正。”宋陳師道《寇參軍集序》：“端溪歙穴之硯，鼠鬚栗尾狸毫兔穎之筆。”元楊公遠《詩筆》詩：“銀管空虛藏兔穎，冰懷磊磈吐天葩。”

紫毫筆

軟筆之一種。因以深紫色兔毫爲原料製作，故名。主要原料爲山兔毛，又以秋後所采山兔毛爲最佳。取其毛剛而銳，用以造筆，其筆鋒尖利挺硬，豐碩圓潤，宜作小楷，但不耐用。唐代時著名的“宣筆”多是以兔毫爲主要原料，且以紫色兔毫見長，故有“筆鋒殺進中山兔”之説。其製作的紫毫筆年年充作貢品，價如金貴，爲世人所重。唐白居易《紫毫筆》詩：“紫毫筆，尖如錐兮利如刀。江南石上有老兔，吃竹飲泉生紫毫。宣城之人采爲筆，千萬毛中揀一毫。毫雖輕，功甚重，管勒工名充歲貢，君兮臣兮勿輕用。”唐顏師古《隋遺録》：“張麗華試東郭㕙紫毫筆，答江令‘璧月’句。”宋歐陽修《聖俞惠宣州筆戲書》：“聖俞宣城人，能使紫毫筆。”按，梅堯臣字聖俞，他復於紫毫中攙入蒼鼠鬚，其筆尤堅挺。宋梅堯臣《送杜君懿屯田通判宣州》詩：“吾鄉素誇紫毫筆，因我又加蒼鼠鬚。”

【紫毫】

本指兔頸部之紫色毫毛，爲兔毫上品，後作“紫毫筆”的省稱。此稱流行於唐，歷代沿用至今。唐段公路《北户録·雞毛筆》：“其宣城歲貢青毫六兩，紫毫三兩。”唐白居易《紫毫筆》詩：“每歲宣州進筆時，紫毫之價如金貴。”唐劉滄《及第後宴曲江》詩：“紫毫粉壁題仙籍，柳色簫聲拂御樓。”金董解元《西廂記諸宮調》卷一：“其餘有與誰爲伴侶？有吟硯紫毫箋數幅，壁上瑶琴几上書。”張大翼《速寫三篇·新生》：“他用老潘送給他的那支小紫毫，寫着帶李北海筆意的一筆字。”亦稱“紫穎”。元謝應芳《贈製筆工王世超》詩有句云“拔來紫潁帶秋霜"。元王惲《帚筆》詩："裁剪細筒裝紫潁，卷舒彤管束紅簾。"

【紫潁】

即紫毫。此稱元代已行用。見該文。

【紫霜毫】

即紫毫筆。此稱見於元明詞曲。元岳伯川《鐵拐李》第一折："想前日解來强盜，都只爲昧心錢買轉了這管紫霜毫，減一筆教當刑的責斷，添一筆教爲從的該敲。"明郭勛《雍熙樂府・瑞鶴仙・楊妃藏銘會》："拈下紫霜毫，磨下端溪硯。"明徐伯齡《蟫精雋・挺齋妙選》："紫霜毫蘸濕端溪硯，斷腸詞寫在桃花扇。"

鼠鬚筆

省稱"鼠鬚"。軟筆之一種。以松鼠鬚毛爲原料製作而成。筆鋒强勁，有鋒芒，筆性與兔毫略同。始於魏晋。晋代大書法家王羲之的《蘭亭序》即是用鼠鬚筆書寫而成。相傳王羲之曾同當時筆工韋昶共同試製鼠鬚筆，但其製作方法久已失傳。晋王羲之《筆經》："世傳張芝、鍾繇用鼠鬚筆，筆鋒勁强有鋒芒。余未之信。鼠鬚用未必能佳，甚難得。"清梁同書《筆史・筆之料》："《世說》：右軍得筆法於白雲先生，遺之鼠鬚筆。"唐張彦遠《法書要録》引何延之《蘭亭記》："〔王羲之〕揮毫製序，興樂而書，用蠶繭紙、鼠鬚筆，遒媚勁健，絕代更無。"唐宋時仍有製作使用。著名筆工諸葛高所造鼠鬚筆，爲文人所稱道。唐釋皎然《陳氏童子草書歌》："龍爪狀奇鼠鬚銳，冰箋白皙越人惠。"宋蘇軾《東坡題跋》："予撰《月塔銘》，使澄心堂紙、鼠鬚筆、李廷珪墨，皆一時之選也。"清朱彝尊《奉題徐副相祝園修禊卷》三首之一："輸與先生鼠鬚筆，春風一一寫烏絲。"

清查慎行《禿筆吟二首》之二："姜牙斂手輸雞距，虎僕藏鋒讓鼠鬚。"

【鼠鬚】

"鼠鬚筆"之省稱。此稱唐代已行用。見該文。

鹿毛筆

軟筆之一種。用鹿毛爲原料製作，筆性與紫毫相近。始於先秦。晋崔豹《古今注・問答釋義》："古以枯木爲管，鹿毛爲柱，羊毛爲被。"至晋時頗受書家賞識。《藝文類聚》卷五八引晋王隱《筆銘》："豈其作筆，必兔之毫。調利難禿，亦有鹿毛。"唐段公路《北户録・雞毛筆》："次有鹿毛筆，晋張華嘗用之，不下兔毫。"唐宋時甚爲流行，常作爲各地向皇室進貢之物。時日本國所進貢品中亦有之，今已不傳。《新唐書・地理志五》："蘄州蘄春郡，上。土貢：白紵，簟，鹿毛筆，茶，白花蛇、烏蛇脯。"《宋史・日本國傳》："〔端拱元年貢〕金銀蒔繪硯一筥一合，納金硯一、鹿毛筆、松烟墨。"

虎僕筆

省稱"虎僕"。軟筆之一種。因以虎僕之毛製成。故稱。虎僕，形似豹，善攀木。《太平御覽》卷九一三引晋張華《博物志》："逢伯雲所說，有獸橡木，綠文似豹，名虎僕，毛可爲筆。"唐段公路《北户録・雞毛筆》："且筆有豐狐之毫、虎僕之毛、蠻貂鼠毛、鼠鬚、羖䍽羊毛、麝毛、狸毛、馬毛、羊鬚、胎髮、龍筋爲之，然未若兔毫。"唐陸龜蒙《幽居賦》："羽扇貂裘，猶堪寒暑。得以書抽虎僕，射用牛蝚。"清查慎行《禿筆吟二首》之二："姜牙斂手輸雞距，虎僕藏鋒讓鼠鬚。"

【虎僕】

"虎僕筆"的省稱。此稱唐代已行用。見該文。

鷄毛筆

軟筆之一種。以鷄毛爲原料製作，多取公鷄胸前之毛。所製之筆，性較軟，書寫時較難掌握。最早見於魏晉時期嶺南地區，相傳宋代著名筆工諸葛豐所製最佳，歷代沿用至清。晉王羲之《筆經》："嶺外少兔，以鷄毛作筆，亦妙。"唐段公路《北户録·鷄毛筆》："韶州擇鷄毛爲筆，其三覆鋒，亦有圓如錐，方如鑿，可抄寫細字者。"宋黄庭堅《題自書卷後》："爲資深書此卷，實用三錢買鷄毛筆書。"宋范成大《桂海虞衡志·志器》："鷄毛筆：嶺外亦有兔，然極少，欲不能爲兔毫筆，率用鷄毛，其鋒踉蹡不聽使。"明陳繼儒《妮古録》卷二："宋時有鷄毛筆、檀心筆、小兒胎髮筆、猩猩毛筆、鼠尾筆、狼毫筆。"清趙翼《奉和相公經略來滇余以故吏仍直幕府敬呈》詩："腐儒篋有鷄毛筆，要詠平蠻第一功。"

【三錢鷄毛筆】

省稱"三錢鷄毛"。即鷄毛筆。此稱出自宋人黄庭堅。原謂以三錢所買之鷄毛筆，後人用之以爲"鷄毛筆"之戲稱。宋黄庭堅《跋與張載熙書卷尾》："案上有墨瀋而佳筆莫在，因以三錢鷄毛筆書此卷。"金元好問《劉遠筆》詩："三錢鷄毛吐皇墳，尖奴定能張吾軍。"明張岱《夜航船·鷄毛筆》："嶺外少兔，以鷄毛爲筆，亦妙。即東坡所謂三錢鷄毛筆。東坡書《歸去來辭》，頗似李北海，流便縱逸，而小乏道氣，當是三錢鷄毛筆所書。"

【三錢鷄毛】

"三錢鷄毛筆"之省稱。此稱元代已行用。見該文。

狸毛筆

軟筆之一種。"狸毛"或作"貍毛"。以狸猫之毛爲製筆原料製成的筆。筆性較粗硬。相傳爲唐人歐陽詢創製，流行於唐宋，後世未見流傳。唐段公路《北户録·鷄毛筆》："且筆有豐狐之毫……麝毛、狸毛、馬毛、羊鬚、胎髮、龍筋爲之，然未若兔毫。"《新唐書·儒學傳上·歐陽詢》："子通書亞於詢，父子齊名，號大小歐陽體……晚自矜重，以狸毛爲筆，覆以兔毫，管皆犀象，非是未嘗書。"宋羅願《爾雅翼·釋獸》："鄭虔云：'麝毛筆一管，直行寫書四十張；狸毛筆一管，界行寫書八百張。'"宋蘇易簡《文房四譜·筆譜》："歐陽通，詢之子。善書，瘦怯於父，常自矜能。書必以象牙犀角爲管，狸毛爲心，覆以秋毫；松烟爲墨，末以麝香；紙必須用緊薄白滑者乃書之，蓋自重也。"清梁同書《筆史·筆之料》："《樹萱録》：'番禺諸郡爲筆，或用麝毛、狸毛。'"

【貍毛筆】

同"狸毛筆"。此體唐代已行用。見該文。

【狸毫】

即狸毛筆。清陳維崧《聯吟爲閻牛叟賦》："鳳紙正疊，狸毫乍弄。"

麝毛筆

軟筆之一種。以麝毛爲原料製作。唐段公路《北户録·鷄毛筆》："且筆有豐狐之毫、虎僕之毛、響蛉鼠毛、鼠鬚、羖羅羊毛、麝毛、狸毛、馬毛、羊鬚、胎髮、龍筋爲之，然未若兔毫。"宋羅願《爾雅翼·釋獸》："鄭虔云：

'麝毛筆一管，直行寫書四十張。'"清梁同書《筆史·筆之料》:"《樹萱録》:'番禺諸郡爲筆，或用麝毛、狸毛。'"

胎髮筆

軟筆之一種。因筆心用小兒胎髮爲原料製作，故名。始於南北朝，沿用至今。唐段成式《酉陽雜俎·藝絶》:"南朝有姥，善作筆，蕭子雲嘗書用，筆心用胎髮。"唐釋齊己《送胎髮筆寄仁公》詩:"内惟胎髮外秋毫，緑玉新栽管束牢。"明陳繼儒《妮古録》卷二:"宋時有雞毛筆、檀心筆、小兒胎髮筆……狼毫筆。"清梁同書《筆史·筆之料》:"胎髮，蕭祭酒筆用胎髮爲柱。"今江浙一帶仍有以此製筆者。這種筆主要以紀念爲主，製作時可根據業户需要，作成單枝或雙枝。筆杆上鑲刻孩子姓名、性别、出生年月及對孩子的寄語等。

馬毛筆

軟筆之一種。因以馬毛製成，故稱。詳本卷《筆説·種類考》"虎僕筆"文。

狼毫筆

省稱"狼毫"。亦作"狼豪"。軟筆之一種。以黄鼠狼毛爲主要原料製作，以北方寒冷地區的狼毫爲最佳。狼毫筆清勁有力，富有彈性。據説此筆係唐代由高麗（今朝鮮半島）傳入。明屠隆《考槃餘事》中有"朝鮮有狼毫筆"的記載。後歷代相沿，至今猶然。《宣和畫譜·番族》:"胡瓌（宋人），范陽人，工畫番馬……凡畫驣駝及馬等，必以狼毫製筆疏染，取其生意，亦善體物者也。"清梁同書《筆史·筆之料》:"《披沙記》:'筆有豐狐、蠻蛉、龍筋、虎僕及猩猩毛、狼豪。'"

【狼毫】

"狼毫筆"的省稱。此稱宋代已行用。見該文。

【狼豪】

同"狼毫"。此體清代已行用。見該文。

栗尾筆

省稱"栗尾"。亦作"鸝尾"。軟筆之一種。多以松鼠尾毛爲原料製作。以鼠毛製筆，漢代已有之。主要取於鼠鬚，至宋代則以鼠尾爲多。當時的書法家都喜用這種筆。宋歐陽修《歸田録》卷二:"蔡君謨（蔡襄）既爲余書《集古録目序》刻石，其字尤精勁，爲世所珍。余以鼠鬚栗尾筆、銅絲筆格、大小龍茶、惠山泉等物爲潤筆。"宋蘇軾《孫莘老求墨妙亭詩》:"書來乞詩要自寫，爲把栗尾書溪藤。"這裏的栗尾即是指松鼠尾毛所製之筆。宋黄庭堅《林爲之送筆戲贈》詩:"閣生作三副，規摹宣城葛……巧將希栗尾，拙乃成棗核。"宋釋道潛《西湖雪霽寄彦瞻》詩:"安得飄飄跨鸞鵠，手持栗尾來爲書。"明曾棨《贈筆工陸繼翁》詩:"棗心蘭芯動光彩，栗尾雞距争奇雄。"明高明《琵琶記·孝婦題真》:"兔毫鸝尾，和那犀象管。"

【栗尾】

"栗尾筆"之省稱。此稱宋代已行用。見該文。

【鸝尾】

同"栗尾"。此體明代已行用。見該文。

【鼠尾】

即栗尾筆。此稱行用於宋代，沿用至清。宋黄庭堅《戲贈米元章二首》之一:"萬里風帆水著天，麝煤鼠尾過年年。"清朱彝尊《題王翬畫三首》詩:"鼠尾皴山鴉點樹，只今能事有誰如。"

兼毫筆

軟筆之一種。指用兩種或兩種以上之毫所製之筆。一般以鹿毛、狼毫或紫毫（紫色兔毛）與羊毫合製而成。其製法是：以一種毫爲心柱，他種毫覆之，亦有參雜爲之者。一般是以硬毫爲心，軟毫爲被，用以調和其軟硬程度，使之剛柔相濟。從筆名上可顯示出兼毫的成分，如三紫七羊、七紫三羊、五紫五羊等。紫、狼兼者稱紫狼毫，狼、羊兼者稱狼羊毫，鷄、狼兼者稱鷄狼毫，鹿、狼兼者稱鹿狼毫等。此筆製作歷史悠久。晋崔豹《古今注·問答釋義》記載："蒙恬始造即秦筆耳。以枯木爲管，鹿毛爲柱，羊毛爲被，所謂蒼毫。非兔毫竹管也。"説明其製作當不晚於秦筆，後歷代沿用至今。兼毫筆具有剛柔適中、揮運自如、經久耐用的特點，歷來爲我國書畫家所稱道，是一種較普遍使用的毛筆製作方法。參閱明李翊《戒庵漫筆·毫管産》。

【蒼毫】

即兼毫筆。爲一種筆毛已分柱（中心部分）與被（周圍部分）并采兼用，以別於此前常見的兔毫筆管型毛筆。始見載於晋人著述，實物當早於此。早期記載均謂秦大將軍蒙恬所始造。晋崔豹《古今注·問答釋義》："牛亨問曰：'自古有書契以來便應有筆，世稱蒙恬造筆，何也？'答曰：'蒙恬始造即秦筆耳。以枯木爲管，鹿毛爲柱，羊毛爲被，所謂蒼毫。非兔毫竹管也。'"

水筆

軟筆的一種。屬湘筆中的兼毫筆，內層用兔毛或羊毛，便於蓋墨，外層裹以狼毫，使筆鋒勁挺。筆頭套以筆帽，墨水尤易存貯，故稱"水筆"。此筆用途廣泛，即可書寫，又可繪畫。明陶宗儀《南村輟耕録·寫山水訣》："夏山欲雨，要帶水筆。山上有石，小塊堆在上，謂之礬頭。用水筆暈開，加淡螺青，又是一般秀潤，畫不過意思而已。"明謝肇淛《五雜俎·物部四》："兔毛入北地，一經風霜即脆，故長安多用水筆。"

巨細

軟筆之一種。屬兼毫類。用兔毫、羊毫合製的毛筆。因極便書寫，其字可巨可細，故名。此稱僅見於明代。明謝肇淛《五雜俎·物部四》："近乃兔毫爲柱，羊毫輔之，剛柔適宜，名曰巨細。"

鴨毛筆

軟筆之一種。屬兼毫類。以鴨毛爲主，間以山鷄毛、雀雉毛，呈五色，甚可愛，疑即五色筆。多見於嶺南地區。唐段公路《北户録·雞毛筆》："昔溪源有鴨毛筆，以山雞毛、雀雉毛間之。五色可愛。徵其事，得非江淹夢中者乎？"

各種管類

玉管筆

指以玉做筆管的毛筆。因其造價昂貴，故祇有宮廷和官宦府中方有，世間絶少流傳。以玉飾筆管，漢代已有之。清唐秉鈞《文房肆考圖説》卷三："漢製筆，雕以黃金，飾以和璧，綴以隋珠，文以翡翠，管非文犀，必以象牙，極爲華麗矣。"宋錢世昭《錢氏私志》："岐公在翰苑時，中秋有月……上悦甚，令左右宮嬪各取領、巾、裙帶、團扇、手帕求詩。內侍舉牙床，以金鑲水晶硯、珊瑚筆格、玉管筆，皆上所用者於公前，來者應之，略不停綴，盡出一時新意。”清查慎行《人海記》：“明朝故事，御批一甲三人卷，用玉管筆，拆卷在中極殿左。”省稱“玉管”。隋薛道衡《詠苔紙》：“今來承玉管，布字改銀鉤。”明張羽《贈製筆人》詩：“纖毫發香墨，玉管淡含滋。”明陳汝元《金蓮記·湖賞》：“殷勤玉管傳深意，顒望着霜紅暗題。”清蔣春霖《鷓鴣天》詞：“臨玉管，試瓊甌，醒時題恨醉時休。”

【玉管】 [2]

“玉管筆”的省稱。此稱隋代已行用。見該文。

牙管筆

省稱“牙筆”“牙管”。亦稱“象牙筆”。指以象牙作筆管的毛筆。漢代製筆已有以象牙爲筆管者，後歷代雖有製作使用，因造價昂貴，僅見於宮廷及官宦之家。《南史·范岫傳》：“在晋陵唯作牙管筆一雙，猶以爲費。”又《南史·庾易傳》：“安西長史袁彖欽其風，贈以鹿角書格、蚌盤、蚌研、白象牙筆。”五代王仁裕《開元天寶遺事》卷下：“時十月大寒，筆凍莫能書字，帝敕宮嬪十人，侍於李白左右，令各執牙筆呵之，遂取而書其詔，其受聖眷如此。”宋蘇易簡《文房四譜·筆譜》：《景龍文館集》云：中宗令諸學士入甘露殿，其北壁列書架，架上之書學士等略見，有《新序》《説苑》《鹽鐵》《潛夫》等論。架前有銀硯一，碧鏤牙管十，銀函盛紙數十種。”《宋史·吳越錢氏世家》：“因賜玉硯金匣一、紅緑象牙管筆、龍鳳墨、蜀箋、盈丈紙，皆百數。”

【牙筆】

“牙管筆”之省稱。此稱唐代已行用。見該文。

【牙管】

“牙管筆”之省稱。此稱唐代已行用。見該文。

【象牙筆】

即牙管筆。此稱南北朝時期已行用。見該文。

【象管】 [2]

即牙管筆。此稱見於唐代，沿用至明。唐羅隱《清溪江令公宅》詩：“鸞箋象管夜深時，曾賦陳宮第一詩。”明施耐庵《水滸傳》第八一回：“燕青磨的墨濃，李師師遞過紫毫象管。”

麟角筆

以麟角作筆管的毛筆。始見於晋代，爲當時的遼西國所貢。晋王嘉《拾遺記·晋時事》：“〔張華〕撰《博物志》四百卷，奏於武帝……賜麟角筆。以麟角爲筆管，此遼西國所獻。”唐代文人省稱作“麟筆”。唐王勃《乾元殿頌序》：“金門獻納，縱麟筆於苔箋；石館論思，颺虯章於竹槧。”元謝應芳《寄陳修撰》詩：“五始師麟筆，群公繫馬遷。”亦稱“麟毫”。宋王灼《和唐山叟所贈三詩》之一：“羽駕擬陪天上樂，麟毫猶寫世間文。”清蔣士銓《一片石·宴閣》：“取麟毫、麝煤、龍尾、鳳箋來。”

【麟筆】

“麟角筆”之省稱。此稱唐代已行用。見該文。

【麟毫】

即麟角筆。此稱宋代已行用。見該文。

琉璃筆

以琉璃作筆管的毛筆。琉璃，一種有色而半透明的玉石。始製於魏晋南北朝時期，以琉璃作筆管，取裝飾之美，後世未見流傳。晋陸雲《與兄平原書》：“筆亦如吳筆，硯亦爾，書刀五枚，琉璃筆一枝。”南朝梁宗懍《荆楚歲時記》：“陸士龍曰：‘魏武帝劉婕好以七月七日作琉璃筆。’”宋蘇易簡《文房四譜·筆譜》：“陸雲《與兄機書》曰：‘案視曹公器物，筆枚所希，聞黄初二年，劉婕好折之。見此復使人悵然又有感處。筆亦如吳筆，又有琉璃筆一枝。’”

青鏤管

筆管上鏤刻有青色花紋的毛筆，或云青色玉雕成筆管之筆。爲傳說中的神筆。典出南朝梁人紀少瑜。《南史·文學列傳·紀少瑜》：“少瑜嘗夢陸倕以一束青鏤管筆授之，云：‘我以此筆猶可用，卿自擇其善者。’其文因此遒進。”清查慎行《寄吳少融二十六韻》：“出携青鏤管，歸傍短燈檠。”省稱“青鏤”。宋林逋《詩筆》詩：“青鏤墨淋漓，珊瑚架最宜。”亦稱“青鏤筆”。元袁桷《宋誠甫押送交趾使之武昌》詩：“愛君手中青鏤筆，能寫牙籤三萬帙。”

【青鏤筆】

即青鏤管。此稱元代已行用。見該文。

【青鏤】

“青鏤管”或“青鏤筆”之省稱。此稱宋代已行用。見該文。

花管

本指筆管鏤刻有花紋的毛筆，後亦泛指毛筆。宋周邦彦《蕙蘭芳引》：“塞北氊毹，江南圖障，是處温煖。更花管雲箋，猶寫寄情舊曲。”一說爲彩筆。清魏秀仁《花月痕》第五回：“春風眉黛，花管新描。”

形態用途

尋丈書筆

指巨筆。尋丈，極言其長。此稱見於明人著述。明文震亨《長物志·器具》：“尋丈書筆，以木爲管，亦俗，當以筇竹爲之，蓋竹細而節大，易於把握，筆頭式須如尖笋。”一本作“尋丈大筆”。

搋筆

巨筆。搋，謂抓緊。因此筆爲書寫大字而製，筆頭特大，筆管短而肥，與小筆握筆姿勢不同，需用手抓住方可書寫，故名。明清時有製作。現收藏於上海博物館的明代瓷管馬毫搋筆，爲萬曆時所製。筆管繪有纏枝牡丹和盤龍紋，紋飾細密，製作極精緻。清吳趼人《二十年目睹之怪現狀》第三七回：“他又拿了搋筆，蹲到畫上，看了顏色。”

小筆

亦稱“小毫”。毛筆之一種。因其體小於常者，故稱。其稱多見於唐宋，其物則流傳至今。唐胡令能《詠繡障》詩：“日暮堂前花蕊嬌，爭拈小筆上床描。”唐鄭谷《温處士能畫鷺鷥以四韻換之》：“聞說小毫能縱逸，敢憑輕素寫幽奇。”宋李昉《贈襄陽妓》詩：“峴山亭畔紅妝女，小筆香箋善賦詩。”宋蘇軾《與無釋老師書》：“吾師要寫大字，特爲飲酒數杯，只用尋常小筆作二額。”宋晁補之《酬李唐臣贈山水短軸》詩：“齊紈如雪吳刀裁，小毫束筍縑囊開。”

【小毫】

即小筆。此稱唐代已行用。見該文。

禿筆

亦稱"拙筆""退筆"。指久寫而脫去鋒毛之筆。此稱南北朝時已行用，沿用至後世。《南史·王僧虔傳》："常用拙筆書，以此見容。"唐杜甫《題壁上韋偃畫馬歌》："戲拈禿筆掃驊騮，欻見騏驎出東壁。"宋蘇易簡《文房四譜·筆譜》："僧智永於樓上學書，有禿筆頭十甕，每甕數石。人求題頭，門限穿穴，乃以鐵葉裹之，謂之鐵門限。後取筆頭瘞之，號退筆冢，自製銘志。"宋蘇軾《柳氏二外甥求筆迹》詩："退筆成山未足珍，讀書萬卷始通神。"又《次韻吳傳正枯木歌》："但當與作少陵詩，或自與君拈禿筆。"宋黃伯思《東觀餘論·跋瘞鶴銘後》："字無鋒穎，若拙筆寫。"金雷淵《洮石硯》詩："退筆成丘竟何益，乘時真欲礪吳劍。"元歐陽玄《敗筆》詩："秋拈禿筆似愚慵，曾爲雲烟掃墨松。"明吳寬《再答》詩："西臺退筆冢如山，魏晋書家盡轍環。長愛弱毫能瘦硬，戲將濃墨故爛斑。"

【拙筆】

即禿筆。此稱南北朝時期已行用。見該文。

【退筆】

即禿筆。此稱宋代已行用。見該文。

禿友

亦稱"退鋒郎"。"禿筆"之戲稱。古時文人日常多與毛筆爲伍，筆用久，毛穎則脫落，故名。此稱見於唐宋時期。宋陶穀《清異錄·文用》："趙光逢薄游襄漢，濯足溪上，見一方磚類碑，上題字云：'禿友退鋒郎，功成鬢髮傷。塚頭對馬鬣，不敢負恩光。'磚後積土如盤，微有苔蘚，蓋好事者瘞筆所在。"

【退鋒郎】

即禿友。此稱宋代已行用。見該文。

禿毫

亦稱"禿穎"。"禿筆"的別稱。此稱見於宋代，沿用至今。宋范成大《朋元不赴湖上觀雪之集明日余召試玉堂見寄二絕次其韻》之二："不惜狂言根忌諱，禿毫冰硯竟無奇。"明劉養貞《病中雜志》詩之二："禿穎平生無妄紀，臨文肯爲故人寬。"胡懷琛《與仲兄夜話》詩："兄弟相看羈旅日，禿毫短燭寫殘詩。"

【禿穎】

即禿毫。此稱明代已行用。見該文。

敗筆

"禿筆"的別稱。此稱始見於宋金時期，沿用至清末。宋蘇軾《石蒼舒醉墨堂》詩："君於此藝亦云至，堆墙敗筆如山丘。"金元好問《洛陽衛良臣以墨圖見覛》詩："敗筆成丘死不神，侯門書卷欲誰親？"清吳敬梓《儒林外史》第五五回："他取了一管敗筆，蘸飽了墨，把紙相了一會，一氣就寫了一行。"後其意演變爲書畫、文章的紕漏不足。

硬筆類

竹筆

硬筆之一種。因筆頭以竹爲材，故稱。其製法是：取用嫩竹之一端捶砸出絲，取其纖維加以整修而成，故又稱"竹絲筆"。筆性硬挺，沾墨可變軟，適於書寫大字，但不易蓄墨，使用別有情趣。據傳晋王羲之擅用此筆作書。宋米芾《筆史》載：王羲之《行書帖》真迹係用竹絲乾筆所書。則可知此種筆的發明不晚於魏晋，至宋代仍有製作使用。宋蘇易簡《文房四譜·筆譜》："今之飛白書者，多以竹筆，尤不佳。"又："西域無紙筆，但有墨。彼人以墨磨之甚濃，以瓦合或竹節，即其硯也。彼國人以指夾貝葉，或藤皮，掌藏墨硯。以竹筆書梵字，橫讀成文，蓋順葉之長短也。"南宋時竹絲筆的製作已有改進和發展。宋岳珂《試廬陵賀發竹絲筆》詩："此君素以直節名，延風挹月標韻清。何人心匠出天巧，縷析毫分勻且輕。居然束縛復其始，即墨紆朱封管城。世門官爵豈必計，且幸一家同汗青。"此詩即是送給當時著名筆工賀發，對其所製竹絲筆大加贊賞。宋陳槱《負暄野錄》中載："吳俗近日却有用竹絲者，往往以法揉製，使就揮染。"宋楊萬里《跋御書誠齋二大字》："皇帝陛下欣然，索一大研，命磨潘衡墨，染屠覺竹絲筆，乘興一揮。"元方回《贈壽昌墨客葉實甫》詩："古人削竹以爲筆，木板爲方竹爲策。"明清後已罕見，書法家沈尹默、潘伯鷹曾用竹絲筆書寫并有作品存世。又據宋馬永卿《嬾真子錄》載："蒙恬造筆。古非無筆，但用兔毛自恬始耳。古筆多以竹，如今木匠所用木斗竹筆，故字從竹，又或以毛，但能染墨成字。至恬乃以兔毫，故《毛穎傳》備載之。"此言蒙恬以前已有竹筆，但非以竹絲所製，乃一竹條稍加削製，使能蘸墨書寫。前者現已不見行用，後者則仍時見於木匠所用劃綫工具。今人所云竹筆，乃竹杆毛筆。

【竹絲筆】

即竹筆。此稱宋代已行用。見該文。

龍筋筆

硬筆之一種。因以龍筋製成，故稱。龍筋，指松樹之根。詳本卷《筆説·種類考》"虎僕筆"文。

葦筆

唐代傳世實物。1967 年新疆吐魯番阿斯塔那出土。長 10.6 厘米。全筆爲葦管製作，筆頭用刀削成，筆鋒之尖端與筆管上部已殘，筆鋒上部用布帶包裹，以保持筆鋒不散。此筆同其他硬筆一樣，需蘸墨水書寫。後亦爲毛筆的代稱。元耶律楚材《西域河中十詠》之五："麻牋聊寫字，葦筆亦供吟。"

茅筆

硬筆之一種。用山茅絲草作爲原料所製的筆，故名。這種草產於廣東新會地區。其製法十分簡單，將茅草錘細束之即成。始創於明代陳獻章。因其家居新會白沙村，人稱其爲"白沙先生"。所製之筆又被稱作"白沙茅絲筆"或"仙茅筆"，在當時頗爲流行。陳獻章有《觀自作茅筆書》詩。明黃佐《廣州人物志》載："〔陳獻章〕嘗束茅代筆，人爭效之，謂之茅筆字。"明張翊《東所文集》："公甫（獻章）能作古人數家書，束茅代筆，晚年專用，遂自成一家。"明安世鳳《墨林快事》記李東陽"以茅筆書《苦熱帖》"。清查慎行有《仙游茅筆歌》。清全祖望《慈元全節廟碑跋》："陳先生獻章始爲之碑。陳先生書法最工，其所用爲江門茅筆，嘗稱之爲茅龍。"今廣東新會地區仍有以茅草製筆的傳統，且工藝、品類已遠超前人。

【白沙茅絲筆】

即茅筆，此稱明代已行用。見該文。

【仙茅筆】

即茅筆，此稱明代已行用。見該文。

【茅龍】

"茅筆"之美稱。此稱明代已行用。見該文。

木筆

硬筆之一種。用質地堅硬的植物製作的筆。唐代時盛行於今新疆和田。此地古稱"于闐"，《新唐書・西域傳上》記載有"〔于闐〕以木爲筆，玉爲印。"這種筆係將植物削尖而成，用以劃地書寫。1973 年湖南衡陽一座北宋墓葬中出土了三支木筆，用桃木枝製成，筆尖經過砍削加工。筆長 20 厘米，筆尖長 2.5 厘米。這是目前我國發現的最完整的木筆實物。清梁同書《筆史・筆之料》："木筆，《孔六帖》：于闐以木爲筆。"

鉛筆 [1]

省稱"鉛"。用以蘸鉛粉寫字之毛筆，或云蘸鉛粉塗改錯字的毛筆。始於漢。《東觀漢記・曹褒傳》："寢則懷鉛筆，行則誦文書。"《西京雜記》卷三："揚子雲好事，常懷鉛提槧，從諸計吏，訪殊方絕域之語，以爲裨補輶軒所載。"《文選・任昉〈爲范始興作求立太宰碑表〉》："人蓄油素，家懷鉛筆。"宋宋祁《自訟》詩："鉛筆用多毛禿落，鬢髯愁罷雪紛垂。"

【鉛】

"鉛筆"[1]之省稱。此稱漢代已行用。見該文。

鉛筆 [2]

硬筆之一種。用以書寫之筆芯係以石墨爲原料製成。1564 年，英格蘭的一次颶風拔起波羅爾多地方之大樹，樹下發現一種黑色礦物。當時人們誤稱爲"黑鉛"，用以塗畫羊體，作爲記號，或售於商賈，供其作包裝標志。至 18 世紀，喬治二世將此礦劃歸皇家專利品，嚴禁私采，違者處以絞刑。皇家使用，將石墨磨製成棒形，因其污身且易斷，即於棒上纏上細繩，漸次解開使用，即用多少解多少，此爲鉛筆之雛形。1761 年，德國工匠將石墨與硫黄、松香、銻相混合，壓製成條，石墨棒始有些許韌性，置於兩半圓相合的木管中。其時書寫訛誤，人們則用麵包屑塗去字迹。後有馬其倫始提出以橡皮代替麵包屑，將橡皮嵌入木管的另端。1801 年，德國成立了世界第一所鉛筆工廠。18 世紀中葉，這種石墨筆始傳入我國，仍沿襲訛名——鉛筆。後世的筆芯多用石墨混以黏土，黏土多者筆芯較硬，黏土少者筆芯較軟，此即所謂硬鉛筆、軟鉛筆，加入顏料則可製成彩色鉛筆。現鉛筆家族品類已達三百餘種。

圓珠筆

硬筆之一種。它是利用油墨來書寫，故又稱作"油筆"。其筆內裝有油墨，筆尖爲一小鋼珠，書寫時，小鋼珠可上下來回轉動，油墨便可均匀地滲下。圓珠筆最早由美國人約翰・勞德於 1888 年發明。1938 年，匈牙利拉兹羅・比盧與其弟化學家杰奧戈・比盧改進了勞德的圓珠筆，墨水亦改用含有染料的有機溶液。第二次世界大戰爆發後，比盧兄弟將圓珠筆技術轉售予幾個國家的製筆公司。至 1939 年，"比盧"圓珠筆已風靡歐美大陸。20 世紀 40 年代由美商傳入我國，易名爲"原子筆"。中華人民共和國成立後，我國批量生產。成爲人們日常學習和工作中常用的書寫用具。

【油筆】

即圓珠筆。此稱行用於現代。見該文。

【原子筆】

即圓珠筆。此稱行用於現代。見該文。

鋼筆

亦稱“自來水筆”。最初多以特種鋼爲筆頭、筆管、筆帽之筆。管内蓄有墨水，勿需邊寫邊蘸，故稱。“鋼筆”的前身是蘸水筆，或用羽毛管，或用竹竿、木杆，約經歷三四千年後，始産生鋼筆。1884 年，美國某保險公司職員華特曼因業務需要專製此筆。此筆利用毛細管現象，通過一縷中空硬橡皮，連接筆管内的墨水儲囊與筆嘴。由於硬橡皮孔内吸收了空氣，因此儲囊中的墨水得以自然調劑，不斷滲出。今所用鋼筆，其起動原理與基本結構，與華特曼所創一脉相承。這種鋼筆於 20 世紀初傳入我國。1928 年，上海自來水筆廠批量投産。因其不需邊蘸邊寫，墨水似自然而來，故而初稱“自來水筆”。中華人民共和國成立後，擴大生産，上海有“英雄”“金星”“永生”，北京有“金星”，天津有“長虹”，廣州有“華南”，丹東有“金龍”，重慶有“重文”，哈爾濱有“友誼”等品牌。

【自來水筆】

即鋼筆。此稱多行用於 20 世紀 20 年代至 70 年代。見該文。

第五節　部件考

毛筆之部件有二，一曰筆體，二曰筆套。後者爲前者的配件，係附屬物，製作時間亦晚於前者。茲分述如下。

一、筆體。由筆管與筆頭兩部分構成。筆管，今多稱筆杆，爲筆之手執部分，下端連筆頭。戰國時即以竹爲原料，其中以湘妃竹、雞毛竹爲佳，亦有以柘木、紅木、楠木、花梨木爲原料者（參見本卷《筆說·名筆考》）。手指握筆管之位置，即其高低分寸，在書法上稱爲筆位。通常將筆管一分爲二，中點爲腰，腰至連接筆頭處再均分三段，由下至上，依次稱爲一分處、二分處、三分處。一般寫中楷、小楷，執筆宜在三分處，大楷則可過腰。天子及權貴所用筆管甚華貴，有金管、銀管、象牙管、玳瑁管、鏤金管等（參見本卷《筆說·部件考》“金管”[1]、“犀管”等文）。筆管，單稱“管”，已見諸先秦典籍。《詩·邶風·靜女》：“靜女其變，貽我彤管。”唐陸德明釋文：“管，筆管。”管，漢代亦稱“彄”。《禮記·内則》：“右佩玦、捍、管。”漢鄭玄注：“管，筆彄也。”“斑竹管”一詞，首見於唐代李德裕《〈斑竹管賦〉序》，別稱“寶相枝”。宋陶穀《清異録·文用》：“開平二年賜宰相張文蔚、楊涉、薛貽寶相枝各二十，龍鱗月硯各一。寶相枝，斑竹筆管也。”筆管之下端稱

"跗"，爲筆管下端置入筆頭之處。古筆常於此處加飾。《西京雜記》卷一："天子筆管，以錯寶爲跗，毛皆以秋兔之毫。"

筆頭是筆體中最重要的部分，是判斷全筆優劣之所在。主要由兔毫、羊毫、狼毫製作，亦有以鼠鬚、人鬚、鹿毛、胎髮及其他飛禽走獸羽毛製作者。製作筆頭時，可用單一之毛羽，亦可用兩種或兩種以上毛羽，製成兼毫筆。筆頭有柱（中心部分）、有被（周邊部分）、有心（內料）、有副（輔料），常喻稱"銛錐"，擬稱"管城穎"。筆鋒尖端處有段透明發亮的部分，近世書家常稱爲穎。穎長則耐用，乃構成佳品之先決條件。據穎之長短，又分爲長鋒、中鋒、短鋒三種，三鋒體現筆之彈性强弱。因而寫大字或行書、草書，宜用長鋒筆，寫中小字或楷書，以中短鋒爲佳。筆鋒，古時亦稱"鋒穎"，單稱"穎"。如晋葛洪《抱朴子・重言》："於是奉老氏多敗之戒，思金人三緘之義。括鋒穎而如訥，韜修翰於彤管。"王闓運《〈秋醒詞〉序》："油不漏而炷焦，毫不墜而穎禿，積漸之勢也。"

二、筆套。指藏納毛筆的管狀或圓錐狀器物。最初是將全筆藏入其中，1975 年湖北雲夢睡虎地始皇三十年墓中出土的筆套即此式。該筆套以細竹製成，一端打通，另端爲竹節，中段兩側鏤空，以便取筆。筆套髹以黑漆，繪有朱色條紋。同年湖北江陵鳳凰山 168 號出土的毛筆，即藏在筆套內。筆套以細竹筒製成，長 29.7 厘米，徑 1.5 厘米，中間兩側鏤空 8 厘米。約於隋唐之後，筆套始如今制，不套全筆，稱"筆鏪"（參唐段成式《酉陽雜俎・諾皋記下》）。約至明清時始稱"筆套"。清翟灝《通俗編・器用》："〔筆鏪〕即筆套也。"至近現代多稱"筆帽"，在清吳趼人《二十年目睹之怪現狀》第七五回中"筆帽"與"筆套"同時并用。1970 年至 1971 年山東鄒城明魯荒王朱檀墓中出土一支剔黃筆管。筆杆長 21 厘米，筆套長 9.7 厘米，直徑 1.6 厘米。筆杆兩端飾有回紋泥金環帶，筆杆與筆套的圓頂雕六瓣旋花，筆套口沿刻綫紋。此一剔黃筆管是迄今發現工藝最精之漆器，現藏山東省博物館。

筆　管

筆管

筆毫以上手握的部分。其製作材料先秦時初以竹爲主，多用產自浙江的水竹、雞毛竹及產於湖南、廣西等地的斑竹製作，使用最爲廣泛，并沿用至今。木質筆管則始自秦代，秦將蒙恬造筆時，即以柘木爲管。後多以紅木、紫檀、花梨木（今多稱"花櫚木"）等製作。除竹木外，亦有用名貴材料如象牙、水晶、玉石、金銀、琉璃等作爲筆管材料，并有鏤空雕刻之作，十分精美。此類筆管一般出自宮廷內府或官宦仕家，尋常之家難以見到。以貴重材料製爲筆管，在使用上并無特別之處，且不如竹管輕便，然可顯示其地位及身份的尊貴。《西京雜記》卷一："漢制，天子筆管，以錯寶爲跗，毛皆以秋兔之毫。"晋王羲之《筆經》："昔人或以琉璃、象牙爲筆管，麗飾則有之，然筆須輕便，重則躓矣。近有人以綠沈漆管及鏤管見遺，錄之多年，斯亦可愛玩。詎必金寶雕琢，然後爲貴也？"唐盧言《雜說》："有人於筆管上刻《從軍行》，人馬毛髮皆備，云用鼠牙刻。"清梁同書《筆史·筆之製》："《朝野僉載》：歐陽通以象牙、犀角爲筆管。"許之衡《飲流齋說瓷·說雜具第九》："筆管亦有瓷製者，明時有錦地穿寶相花、靈芝、八寶、團龍等花，然筆管用瓷，究嫌笨重，故後葉不甚尚之。"後世多稱"筆杆子"。清吳趼人《二十年目睹之怪現狀》第七五回："這筆杆子是竹子做的。"

【筆杆子】

即筆管。此稱清代已行用。見該文。

【管】[2]

"筆管"之省稱。此稱始見於先秦典籍，沿用至清。《詩·邶風·靜女》："靜女其孌，貽我彤管。"唐陸德明釋文："管，筆管。"宋蘇易簡

古白玉雙龍筆管
（宋龍大淵《古玉圖譜》）

《文房四譜·筆譜》："蔡邕《筆賦》序曰……削文竹以爲管，加漆絲之纏束。"清梁同書《筆史·筆之製》："山谷《筆說》：宣城諸葛高，係散卓筆，大概筆長寸半，藏一寸於管中。"又："《通雅》：古有以金、以銀、斑象、玳瑁、玻璃、鏤金爲管，或綠沈漆管、棕竹、紫檀、花梨管，皆不若白竹之便持用。"

【彄】

即筆管。此稱春秋時已行用，後世流傳不廣。《禮記·內則》"右佩玦、捍、管"漢鄭玄注："管，筆彄也。"清桂馥《說文義證·弓部》："彄，管弦者也。筆管亦謂之彄。"

竹管

竹製筆杆。以竹作筆杆，史無確載，1954年湖南長沙戰國墓中已發現以竹作筆杆的毛筆，這是迄今爲止見世最早的竹管毛筆。自古至今，筆杆的材質均以竹爲主。所用之竹，有產於浙江餘杭的水竹，浙西天目山的雞毛竹，湖南、廣西的斑竹等。晋崔豹《古今注·問答釋義》："蒙恬始發兔毫、竹管爲筆。"後亦作筆之代稱。晋王羲之《筆經》："近有人以綠沈漆管及鏤管見遺，錄之多年，斯亦可愛玩。詎必金寶雕琢，然後爲貴也？"清姚鼐《題劉雲房少宰滁硯圖》詩："松煤竹管行拋棄，蕉白紅絲塵自封。"

【筼管】

即竹管。筼，竹也。明唐寅《筼隱記》："筼之爲物也，其圓應規，其直爲矩，虛中足以容，貞外足以守，故稱爲材。"因毛筆多以竹爲管，故常以此代稱筆。此稱始見於唐代，沿用至明清，今已不見行用。唐韓偓《安貧》詩："窗裏日光飛野馬，案頭筼管長蒲盧。"宋林逋《清河茂才以良筆並詩爲惠次韻奉答》："郊翰秋

勁愈於錐，筠管温温上玉輝。"宋邵雍《謝人惠筆》詩："兔毫剛且健，筠管直而長。"明袁宏道《舟中逢周行可》詩："通侯畫地取，筠管亦何哉。"清全祖望《答施瞻山問鐘聲不比乎左高帖子》："以内子大病廢紙筆者，匝月，架上牙籤案頭筠管無不塵封。"

【竹管子】

即竹管。常以代指筆。此稱僅見於宋人著述。宋邵博《聞見後録》卷二一："君子爲小人所勝所抑者，不過禄位耳。惟有三四寸竹管子向口角頭褒善貶惡，使善人貴、惡人賤，善人生、惡人死，須是由我始得，不可更有所畏怯，而噤默受不快活也。"

斑竹管

指以斑竹所製筆管。後亦爲"毛筆"的代稱。此稱南北朝時期已行用。唐李德裕《〈斑竹管賦〉序》："余寓居郊外精舍，有湘中守贈以斑竹筆管，奇彩爛然。"宋梅堯臣有《斑竹管筆》詩。宋蘇易簡《文房四譜·筆譜》："梁元帝爲湘東王時好文學，著書常記録忠臣義士及文章之美者。筆有三品，或金銀雕飾，或用斑竹爲管。忠孝全者，用金管書之；德行精粹者，用銀管書之；文章贍逸者，以斑竹管書之。故湘東之譽，播於江表。"

【斑管】

"斑竹管"之省稱。此稱行用於唐，流傳至明清。唐王邕《懷素上人草書歌》："銅瓶錫杖倚閒庭，斑管秋毫多逸意。"元白仁甫《陽春曲·題情》："輕拈斑管書心事，細折銀箋寫恨詞。"明文震亨《長物志·器具》："古有金銀管、象管、玳瑁管、玻璃管、鏤金緑沈管，近有紫檀、雕花諸管，俱俗不可用。惟斑管最雅，不

則竟用白竹。"清陳維崧《閨秀商嗣音詩序》："借斑管以描愁，託銀箏而訴恨。"亦作"班管"。《畫圖緣》第三回："一時情興勃勃，隨在筆架上拈起一枝班管，信手題詩數絶。"

【班管】

同"斑管"。此體清代已行用。見該文。

【寶相枝】

即斑竹管。此稱已見於宋人著述。宋陶穀《清異録·文用》："開平二年賜宰相張文蔚、楊涉、薛貽寶相枝各二十，龍鱗月硯各一。寶相枝，斑竹筆管也。花點勻密，紋如兔毫。"

金管[2]

以黄金鑲製的筆管。用名貴材質做筆管，在實際書寫時并無特別之處，祇是顯示其貴重及地位而已。漢代時已有製作。清唐秉鈞《文房肆考圖説》卷三："漢製筆，雕以黄金，飾以和璧，綴以隋珠，文以翡翠。"後歷代雖有使用，但因造價昂貴，僅在宮廷與王侯之家方有用之者，民間絶少使用。明屠隆《考槃餘事·筆箋》："古有金管、銀管、斑管、象管、玳瑁管、玻璃管、鏤金管、緑沈漆管、棕竹管、紫檀管、花梨管。然皆不若白竹之薄標者爲管，最便持用，筆之妙盡矣。"

銀管[2]

以白銀鑲製的筆管。用名貴材質做筆管，漢代時已有之，後歷代雖流行，終因造價昂貴，僅在宮廷與王侯之家有用之者，民間罕見。元楊公遠《詩筆》詩："銀管空虚藏兔穎，冰懷磊魂吐天葩。"元袁桷《薛濤箋》詩之一："蜀王宫樹雪初消，銀管填青點點描。"明屠隆《考槃餘事·筆箋》："古有金管、銀管、斑管、象管、玳瑁管、玻璃管、鏤金管、緑沈漆管、棕竹管、

紫檀管、花梨管。然皆不若白竹之薄標者爲管，最便持用，筆之妙盡矣。"

象牙管

用象牙製作的筆管。漢代已有之。清唐秉鈞《文房肆考圖説》卷三："漢製筆，雕以黃金，飾以和璧，綴以隋珠，文以翡翠。管非文犀，必以象牙，極華麗矣。"南北朝至唐宋時仍較爲流行。但因象牙貴重不易得，故祇在宮廷及官宦府中纔有使用者，民間極罕見之。晋王羲之《筆經》："昔人或以琉璃、象牙爲筆管，麗飾則有之，然筆須輕便，重則躓矣。"宋蘇易簡《文房四譜·筆譜》："歐陽通，詢之子。善書，瘦怯於父，常自矜能。書必以象牙犀角爲

管，狸毛爲心，覆以秋毫；松烟爲墨，末以麝香；紙必須用緊薄白滑者乃書之。蓋自重也。"

犀管

指以犀牛角製作的筆管。後爲"毛筆"之代稱。唐王勃《七夕賦》："握犀管，展魚箋；顧執事，招仲宣。"宋柳永《玉蝴蝶》詞："珊瑚筵上，親持犀管，旋疊香箋。"宋陸游《愛閒》詩："睡熟素書橫竹架，吟餘犀管閣銅蟵。"金劉仲尹《謝孔遵席後堂畫山水圖》詩："玉腕雪回犀管細，寶煤香散鳳綃空。"清陳維崧《浙西六家詞序》："拈來犀管，匣用琉璃，劈得蠻箋，裝成玳瑁。"

筆　頭

筆頭

毛筆之蘸墨處。多以各種動物毛束裝而成，形多如竹笋。此稱流行於唐宋，沿用至今。唐杜牧《池州清溪》詩："何物賴君千遍洗？筆頭塵土漸無痕。"唐方干《贈孫百篇》詩："羽翼便從吟處出，珠璣續向筆頭生。"宋楊萬里《新路店道中》詩："染得筆頭生五色，急將描取入詩筒。"清梁同書《筆史·筆之製》："《考槃餘事》：舊製筆頭，式如笋尖，最佳。後變爲細腰葫蘆樣。當從舊制。"清吳趼人《二十年目睹之怪現狀》第七五回："順手拿起一枝筆……拔去筆套一看，却又是沒有筆頭的。"

【銛錐】

即毛筆頭。銛，鋭利之意。因毛筆頭形尖如錐，故稱。此稱始見於唐人詩句，流行於宋元。唐柳宗元《楊尚書寄郴筆知是小生本樣令

更商榷使盡其功輒獻長句》詩："截玉銛錐作妙形，貯雲含霧到南溟。"宋張嵲《贈筆工》詩："顧兔霜餘毫健如，銛錐妙手應時胥。"元謝應芳《贈筆生王伯純》詩："拔來秋穎帶微霜，縛得銛錐含五彩。"

【銛穎】

即毛筆頭。銛，鋭利之意；穎，毛筆頭，故稱。此稱見於元明時期。元王惲《送史邦直之任竹山》詩："會待奇姿超駿足，試教銛穎發囊錐。"明袁宏道《〈袁中郎先生全集〉序》："即少年所作……而出自靈竅，吐於慧舌，寫於銛穎。"

【管城穎】

即毛筆頭。管城，毛筆也；穎，毛筆頭。此稱行用於宋代，流傳至清。宋蘇軾《和黃秀才鑑空閣》詩："借君方諸淚，一沐管城穎。"

宋王十朋《次韻謙仲見寄》：“因召管城穎，免冠加拂拭。”清查慎行《損持見和前篇再疊韻奉酬》：“終焉免冠謝，老禿管城穎。”

跗

筆管下端栽毛之處。《西京雜記》卷一：“天子筆，管以錯寶爲跗，毛皆以秋兔之毫，官師路扈爲之，以雜寶爲匣，廁以玉璧翠羽，皆直百金。”

毫

本指毛筆頭。後亦作“毛筆”之代稱。以動物毫毛可製筆，如兔毫、狼毫、紫毫、羊毫等，故稱。此稱始見於魏晉南北朝時期，沿用至近代。《文選・陸機〈文賦〉》：“或操觚以率爾，或含毫而邈然。”唐李善注：“毫，謂筆鋒也。”唐李白《贈瑕丘王少府》詩：“毫揮魯邑訟，目送瀛洲雲。”唐陸龜蒙《哀茹筆工辭》：“晝夜今古，惟毫是鑽。”宋王安石《題中書壁》詩：“夜開金鑰詔辭臣，對御抽毫草帝綸。”元乃賢《江東魏元德所製齊峰墨於上都慈仁殿賜文錦馬湩以寵之既南歸作詩以贈》：“漬毫春黛濕，拂楮翠雲流。”清趙翼《題錢撫棠少宰滌硯圖》詩：“帝鴻硯畔需曩和，預洗羅文待染毫。”清曹雪芹《紅樓夢》第八七回：“〔黛玉〕便叫雪雁將外邊桌上筆硯拿來，濡墨揮毫，賦成四疊。”太平天国洪仁玕《軍次實錄》詩：“龍跳虎伏歸毫底，魚躍鳶飛入興麼。”宋代亦作“豪”。宋陸游《閒居無客所與度日筆硯紙墨而已戲作長句》：“韞玉面凹觀墨聚，浣花理膩覺豪飛。”

【豪】

同“毫”。此體宋代已行用。見該文。

毫心

指筆頭的内部主料。毛筆之製作，有柱有被，有心有副，故稱。此稱見於宋代。宋黃庭堅《林爲之送筆戲贈》詩：“外貌雖銑澤，毫心或粗櫳。”明方以智《通雅・器用・紙筆墨硯》：“蒙恬始爲筆，兔毫筆也。有柱有被，有心有副。”

毫副

省稱“副”。指筆頭内部主料之外的輔助毛羽。這種構造，至遲秦代已行用。參見本卷《筆説・部件考》“毫心”、《筆説・種類考》“兼毫筆”兩文。

【副】

“毫副”之省稱。此稱秦代已行用。見該文。

毫柱

省稱“柱”。指筆頭中心硬挺的柱狀物。這種構造，至遲秦代已行用。參見本卷《筆説・部件考》“毫心”、《筆説・種類考》“兼毫筆”兩文。

【柱】

“毫柱”之省稱。此稱秦代已行用。見該文。

毫被

省稱“被”。指包裹於筆柱之外的毛羽。這種構造，至遲秦代已行用。參見本卷《筆説・部件考》“毫心”、《筆説・種類考》“兼毫筆”兩文。

【被】

“毫被”之省稱。此稱秦代已行用。見該文。

筆鋒

指毛筆頭之尖端處。亦爲“毛筆”的代稱。唐方干《盧卓山人畫水》詩：“海色未將藍汁染，筆鋒猶傍墨花行。”唐張悦《燠硯銘》：

"筆鋒曉凍，墨池夜結。"宋徐鉉《和復州李太保酬筆》詩："處處良工事筆鋒，宣毫自昔最稱雄。"宋陸游《湖山尋梅》詩之二："墨池水淺筆鋒燥，笑拂吳箋作飛草。"元朱德潤《居庸霽雪詩呈拜相》："太平粉飾雖無用，青史千年在筆鋒。"清吳偉業《題歸玄恭僧服小像》詩之四："爲寫頭陀新寺額，筆鋒蒸出墨池雲。"亦稱"鋒毫"。宋陳思《書苑菁華》卷二："墨淡則傷神采，墨濃必滯鋒毫，肥則爲鈍，瘦則露骨。"宋華鎮《書李西臺詩帖》詩："水墨淋漓無顧藉，鋒毫來往輕陵捽。"

【鋒毫】

即筆鋒。此稱宋代已行用。見該文。

【毫鋒】

即筆鋒。此稱行用於魏晋，沿用至後世。晋嵇含《試筆賦序》："季秋之月，毫鋒甚偉。"唐白居易《代書詩一百韻寄微之》："策目穿如札，毫鋒銳若錐。"宋王十朋《行可元章再賦二詩》之二："毫鋒落紙一臺妙，詩艷驚人萬丈長。"元楊公遠《詩筆》詩："有時揮掃渾無礙，盡道毫鋒自有花。"

【鋒穎】

省稱"穎"。即筆鋒。亦借指"毛筆。"此稱魏晋時已行用。晋葛洪《抱朴子·重言》："於是奉老氏多敗之戒，思金人三緘之義。括鋒穎而如訥，韜修翰於彤管。"唐劉禹錫《和郴州楊侍郎玩郡齋紫薇花十四韻》："紫茸垂組綬，金樓攢鋒穎。"唐韓愈《毛穎傳》："上親決事，以衡石自程，雖宮人不得立左右，獨穎與執燭者常侍，上休方罷。"宋曾鞏《送叔延判官》詩："獻書又謁蓬萊宮，新斸豪曹試鋒穎。"清王闓運《〈秋醒詞〉序》："油不漏而炷焦，毫不墜而穎禿，積漸之勢也。"

【穎】

"鋒穎"之省稱。此稱唐代已行用。見該文。

【毫銛】

即筆鋒。銛，銳利之意，筆鋒尖利如錐，故稱。此稱始見於南北朝時期，流行於宋代。南朝梁庾肩吾《書品論一》："敏思藏於胸中，巧意發於毫銛。"宋文彥博《熙寧丙辰十一月二十八日安正堂喜雪》詩："更待三英同勝賞，翩翩賦筆紫毫銛。"

筆 套

筆套

藏納毛筆之管狀或圓錐狀器物。最初是將全筆藏入其中。如1975年12月湖北雲夢睡虎地始皇三十年墓出土之毛筆中，即已有筆套。此筆套以細竹管製成，一端打通，另一端爲竹節，中段兩側鏤空，以便取筆。筆套髹以黑漆，繪有朱色條紋。同年湖北江陵鳳凰山168號出土的毛筆，即藏於筆套内。筆套以細竹筒製成，長29.7厘米，徑1.5厘米，中間鏤空8厘米，制如秦雲夢式樣。約於隋唐之後，筆套始如今制，不套全筆，祇套筆頭，稱"筆銛"，明清時亦稱"筆套"。1970年至1971年山東鄒城明魯荒王朱檀墓出土一支剔黄筆管。筆杆長21厘米、筆套長9.7厘米，直徑1.6厘米。筆杆、筆套通體黃髹雕刻卷雲圖案，筆杆兩端飾有回紋泥金環帶，筆杆與筆套的圓頂雕六瓣旋花，筆套口沿刻綫紋。此一剔黃筆管是迄今發現的工藝最精之漆器，現藏山東省博物館。清翟灝《通俗編・器用》："〔筆錔〕即筆套也。"清吳趼人《二十年目睹之怪現狀》第七五回："順手拿起一枝筆……拔去筆套一看，却又是沒有筆頭的。"

【筆錔】

亦稱"筆榻子""筆帽"。即筆套。錔，套，套子。隋唐之後，筆套不再藏納全筆，而祗套緊筆頭。用料除竹製外，已有以金屬爲之者。唐段成式《酉陽雜俎・諾皋記下》："京宣平坊，有官人夜歸入曲。有賣油者張帽驅驢，馱桶不避，導者搏之，頭隨而落，遂遽入一大宅門。官人異之，隨入，至大槐樹下遂滅。因告其家，即掘之，深數尺，其樹根枯，下有大蝦蟆如疊，挾二筆錔，樹溜津滿其中也……蝦蟆即驢矣，筆錔乃油桶也。"清翟灝《通俗編・器用》："〔筆錔〕即筆套也。"宋代稱"筆榻子"。《説郛》卷二九引宋淮海野人《澹山雜識・獄囚自脱枷杻》："有囚善作法，已自脱去枷杻……可速往取筆榻子，榻其兩中指，復杻之，必無能爲。"按，此"榻"爲"錔"之借字，謂套，套住。近代又稱"筆帽"。清吳趼人《二十年目睹之怪現狀》第七五回："那筆是連筆帽四兩一枝（京師人呼筆套爲帽）。"

【筆榻子】

即筆錔。此稱宋代已行用。見該文。

【筆帽】

即筆錔。此稱近現代已行用。見該文。

第六節　名筆考

中國之名筆，數量之繁夥，堪稱世界之最。自秦漢始，名筆名家史不乏書，近世又屢見出土。出土之筆雖非古代文獻確指之物，但每每可現一代筆體之風尚。祗是收藏絶少，且多爲明清時物。今就古籍所載及面世實物，類比條貫，臚列三端，一曰生産地，二曰製用者，三曰諸類型。

一、産地。名筆之生産，地域性非常鮮明，這同古時産筆的自然環境、人文環境密不可分。如"楚筆"，指戰國時楚國所産之筆。古楚國相當於今湖南、湖北一帶。其時草木葱鬱，修竹千里，楚文化大氣蒸然，文士如雲。所製楚筆，論數論質，皆冠天下。1954年6月，湖南長沙左家公山戰國楚墓出土一支毛筆，乃迄今爲止最早之傳世實物。此筆筆杆係竹製，杆的一端劈成數片，再以絲綫纏緊，綫外又塗一層漆。筆頭爲上好兔箭毛做成，筆鋒尖挺，極宜書寫小字（參閱《文物參考資料》1954年第12期）。其後，湖北江陵、河南信陽等地戰國楚墓中，陸續有毛筆出土，形制與長沙左家公山出土者大致相同。筆杆一端多劈成數片，以便裝入筆頭；另一端削成尖形，以便簪於冠上，這種筆體至西漢猶見行用。又如"秦筆"，《説文·禾部》云："秦，伯益之封國。"漢鄭玄《詩譜》云："堯時有伯翳（即伯益）者，實皋陶之子。佐禹治水。水土既平，舜命作虞官，掌上下草木鳥獸，賜姓曰嬴。歷夏商興衰，亦世有人焉。"上引典籍可證秦國歷史之久遠，其先民之勤勞聰明，而其先祖又是"掌上下草木鳥獸"之虞官，至有百二山川之强秦，發明"秦筆"應是情理中事。 1975 年 12 月，湖北雲夢睡虎地秦墓中發現的毛筆，其形已頗似今制。其筆頭直接插入鏤空的筆端中，明顯區别於楚筆的製作，即將筆端劈成數片嵌住筆頭，再以絲繩纏緊之法。古籍中多見"蒙恬造筆"之説，其筆爲竹管兔毫（參見本卷《筆説·名筆考》"蒙恬筆"文）。秦地或缺竹缺兔，蒙恬原爲刀筆吏，善書，後爲秦大將，征討中能留意并獲得製筆原料，親自監製，當非無稽之説。又如"宣筆"，全稱"宣州筆"，因産於宣州而得名。宣州，今安徽宣城。相傳蒙恬征戰途中，路經中山（今安徽宣城一帶），得上好兔毫，製得秦筆，此乃宣筆之初創，至魏晋時已名聞遐邇。筆工陳氏家族曾先後藏有晋代書聖王羲之與唐代書法家柳公權的《求筆帖》，而筆工諸葛氏家族所創"鷄距筆"尤爲出色，詩人白居易對此筆盛贊有加。其筆又稱"宣毫""中山毫"。唐王建《宮詞》之七："延英引對碧衣郎，江硯宣毫各别床。"唐李白《殷十一贈栗岡硯》詩："灑染中山毫，光映吳門練。"宣州至唐代已成爲全國製筆中心，直至元代始衰（詳本卷《筆説·名筆考》"宣筆"文）。又如"湖筆"，因産於湖州而得名。南宋遷都臨安（今浙江杭州）之後，全國經濟、政治、文化、藝術中心轉至江南，湖州至此成爲又一製筆中心。至元代達於鼎盛時期，宣筆退居其後。湖筆之發源地爲湖州的善璉鎮，被譽爲"筆都"，時湖筆已成貢品。主要原料有羊毫、狼毫、兔毫各品純毫，尤以羊毫最負盛名。毛細色白，性柔鋒嫩。按純净程度分爲净、純、宿三種，并於筆杆上明刻净、純、宿字樣。净指無其他毫料摻雜，純指統一毫料中的規定部位（如頸毫、尾毫等），宿指經過夜晚露宿，自然脱脂，容易蓄墨。筆杆選料也十分考究，主料爲浙西天目山北麓靈峰山下之鷄毛竹，係筆杆中之珍品。其筆名爲"應科筆"，應科即元代製筆名家馮應科，世人稱其筆與趙子昂的字、錢舜舉的畫爲"吳興三絶"。至清代則有"虎臣筆"，虎臣即清代製筆名家周虎臣。又如"京筆"，明代名筆，因産於北京而得名。自元代始，湖筆逐漸外傳，善璉人在各地開設一批著名筆店，如北京的戴月軒、賀連清即是。京筆後自成一派，崇尚古樸典雅之風。又如"萊筆"，因產於萊州而得名。萊州，今屬山東。其上品以兼毫筆著稱。筆頭選用東北黃鼠狼尾毛爲主料，根據不同筆型，分別輔以香狸毫、兔鬚、山羊毫、石獾毫等。筆管則選用湖南湘妃竹、福建鳳眼竹等。其筆被清廷選爲貢品，直至20世紀50年代仍風行海內外（參閱《萊州府志》）。又如"嘉筆"，因產於嘉州（今四川樂山）而得名。國畫名家徐悲鴻於1937年曾題有"嘉州產名筆，工藝甲天下"之贊語。

　　二、製用者。名筆之製造或使用名家，自秦開始，代不乏人。今擇其要者，略予評說。如"蒙恬筆"，前已述及，其筆實爲秦筆之代表。"蒙恬造筆"說，古籍中屢見徵引，中國之兩大筆業中心宣州、湖州均稱秦將蒙恬征戰時曾赴其地，親采其筆料，親製其筆（參見本卷《筆說·名筆考》"宣筆""湖筆"文）。又如"張芝筆"，此爲漢代名筆。因係東漢張芝所製，故名。張氏爲當時著名書法家，亦爲製筆名匠。同代的書法家、文學家蔡邕即喜用張芝筆。漢趙岐《三輔決錄》："夫欲善其事，必先利其器。請用張芝筆、左伯紙、任及墨。"可見張芝筆名聲之重。又如"右軍筆"，宣筆之一種，爲晉代書聖王羲之喜用之筆。王氏出身貴族，官至右軍將軍，人稱"王右軍"。據傳羲之曾向宣州陳氏求筆，陳氏應命特製了一種上品散卓筆，其筆鋒長近二寸，羲之用之如神，後世之人無能用者。宋邵博《聞見後錄》卷二八載宣城陳家曾藏有羲之當年之《求筆帖》手書。又如"諸葛筆"，據宋代蔡絛《鐵圍山叢談》卷五載，自晉以來宣州諸葛氏世傳其業，至唐代已十分興盛，爲宣州著名筆工之代表。所製之筆，以兔毫爲主料，製作精細，品種豐富，并可依書家之要求而特製，故深得文士喜愛。其造筆法，世稱"諸葛法"。至宋代，其後裔諸葛高首創"無心散卓筆"，名揚天下，當時的文學家、書法家無一不是諸葛筆的崇尚者，蘇軾、歐陽修、梅堯臣皆有詩文予以贊揚。又如"馮應科筆"，爲元代製筆名家馮應科所製之筆，爲湖筆早期代表之一。據明謝肇淛《西吳枝乘》載，馮應科之筆與趙孟頫之書、錢選之畫，并稱"吳興三絕"。清梁同書《筆史·筆之匠》亦載其事。又"文寶筆"，指元末明初製筆大師陸文寶所製之筆，爲湖筆中期代表之一。明代書法家曾棨《贈筆工陸繼翁》詩贊曰："吳興筆工陸文寶，製作不與常人同。自然入手造神妙，所以舉世稱良工。"又如"虎臣筆"，指清代製筆名家周虎臣所製之筆。爲湖筆後期代表之一。虎臣原籍江西臨川，清康熙三十三年（1694），集資於蘇州開設"周虎臣筆墨莊"，後總店遷至上海。善製湖筆、水筆，著名品種有"湘江一品""烏龍""九重春""臣心如水"等，此外尚有"福、祿、壽、喜"套筆及豹狼兼毫筆（參閱仲夏編著《古玩鑑賞投資指南·書畫類·毛筆》，四川辭書出版社 1993 年版)。

三、諸類型。名筆之形狀用料，各有其特別類型。如"散卓筆"，省稱"散卓"，係始於晋代之名筆。此筆頭可散可聚，可軟可硬，書寫自如。散，鬆散；卓，聚立。其筆毫長約寸半，藏一寸於管中，一筆可抵他筆數枝。因藏毫較深，故能蓄墨不泄。宣城諸葛氏善製此筆，自晋代以來，世傳其業。宋蘇軾《東坡題跋·書諸葛散卓筆》："散卓筆，惟諸葛能之。他人學者，皆得其形似，而無其法，反不如常筆。如人學杜甫詩，得其粗俗而已。"宋蔡絛《鐵圍山叢談》卷五："宣州諸葛氏，素工管城子，自右軍以來世其業，其筆制散卓也。"宋黃庭堅《筆説》："宣城諸葛高，係散卓筆，大概筆長寸半，藏一寸於管中。"又如"無心散卓筆"，省稱"無心散卓"，宋代著名宣筆之一，由散卓筆發展而成。諸葛高善製此筆。"無心"，指筆頭中無柱。"柱"，包於軟毫中的硬毫。宋葉夢得《避暑録話》卷上："治平、嘉祐前，有得諸葛筆者，率以為珍玩，云一枝可敵他筆數枝。熙寧後，世始用無心散卓筆，其風一變。"宋黃庭堅《書吳無至筆》："〔吳無至〕今乃持刀筆行賣於市……作無心散卓，大小皆可人意。"又如"無心棗核筆"，省稱"棗核"，此筆頗宜行草（參閱元趙孟頫《論書法》），因筆頭形似棗核，故名。由無心散卓筆發展而成，較無心散卓尤短。四川著名筆工嚴永所製者，名揚一時。宋黃庭堅《跋與楊景山書古樂府後》："邑中老儒楊景山乞書，因取嚴永舊無心棗核筆，宛轉可人意，遂書。"又《林爲之送筆戲贈》詩："巧將希栗尾，拙乃成棗核。"亦稱"棗心筆"，省稱"棗心"。因筆毛中心圓凸，似棗中之有核，故名。北宋時著名筆工郎奇所製棗心散卓筆、侍其瑛所製紫毫棗心筆皆爲一代名筆。宋黃庭堅《書侍其瑛筆》："南陽張又祖，喜用郎奇棗心散卓。今侍其瑛秀才以紫毫作棗心筆，含墨圓健，恐又祖不得獨貴郎奇而舍侍其也。"明曾棨《贈筆工陸繼翁》詩："棗心蘭蕊動光彩，栗尾雞距爭奇雄。"又如"雞距筆"，唐代名筆之一種。其筆筆鋒短小犀利，形如雞距，故名。雞距，雞後爪。此筆以兔毫爲原料，筆毫堅挺，勁健有力。唐代詩人白居易有《雞距筆賦》，盛贊其制。至宋代，江西名匠李展所製雞距筆，被譽爲"書蠅頭萬字而不頓"。又如"三副"，指宋代製筆名家諸葛高所製之筆。因以兔毫、羊毫等三種獸毛相配而成，故名。爲宣筆之一種。宋歐陽修作《聖俞惠宣州筆戲書》詩贊其筆曰："宣人諸葛高，世業守不失。緊心縛長毫，三副頗精密。硬軟適人手，百管不差一。"

産　地

楚筆

　　戰國時楚國生產之古筆。1954 年 6 月，湖南長沙左家公山戰國墓出土了一支毛筆，當時此地屬楚國，此筆便命名爲"楚筆"，這是迄今爲止毛筆最早的傳世實物。此筆筆杆係竹製，杆的一端劈成數片，再以細長絲綫纏緊，綫外又塗一層漆。筆頭爲上好兔箭毛做成，筆鋒尖挺，極宜書寫小字。《文物參考資料》1954 年第 12 期："毛筆全身套在一支小竹管裹，杆長 18.5 厘米，直徑 0.4 厘米，筆頭毛長 2.5 厘米。據老技工觀察，做法與現在有些不同，不是將筆毛插在筆杆内，而是將筆頭圍在筆杆的一端，然後用細絲綫纏緊，外面塗漆。"其後，湖北江陵、河南信陽等地戰國楚墓中，陸續有毛筆出土，其形制與長沙左家公山出土者大致相同。筆杆一端多劈成數片，以便裝入筆頭，另一端削成尖形，以便簪於冠上（參見本卷《筆說·異名考》），這種筆體至西漢尤見行用。唐王建《荆南贈別李肇著作轉韻詩》："楚筆防寄書，蜀茶憂遠熱。"

秦筆

　　秦朝生產之古筆。1975 年 12 月，湖北雲夢睡虎地秦墓中出土毛筆三支，筆杆竹製，上端削尖用於"簪筆"，下端粗處鏤空成腔，直接插入筆頭，其形已似今制。這在當時堪稱最

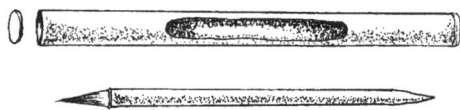

秦　筆

先進的筆體，表明秦代製筆工藝較前代已有所改進。古有"蒙恬造筆"之說，晋崔豹《古今注·問答釋義》："牛亨問曰：'自古有書契以來便應有筆，世稱蒙恬造筆，何也？'答曰：'蒙恬始造即秦筆也。以枯木爲管，鹿毛爲柱，羊毛爲被，所謂蒼毫。非兔毫竹管也。'"據今考古發現，以竹管爲筆戰國之楚國已有，亦非蒙恬首創。蒙恬或是首將筆頭置於鏤空之筆端，首興秦筆之筆體。約自蒙恬之後，秦筆普遍以兔毛爲筆頭。宋陳藻《菊花賦》："有人若我異，彼惡草，誰賦《離騷》。秦筆以刀，嗟俗吏之滔滔者哉。"

江陵漢筆

　　西漢古筆。1975 年湖北江陵鳳凰山 167 號墓出土。筆長 24.9 厘米。筆杆係竹製，筆頭尖小，筆鋒圓健，留有墨迹，附筆套。同時又於該地 168 號西漢初期墓中出土毛筆一支，杆亦爲竹製，長 24.8 厘米，直徑 0.3 厘米。上端削尖，下端略粗，直徑 0.5 厘米。下端毛腔内筆毛已朽。出土時筆杆藏在筆套裹。筆套以細竹筒製成，長 29.7 厘米，直徑 1.5 厘米。一端爲竹節，另一端打通，中間鏤空 8 厘米，便於取用。全筆製作精細，具有實用與觀賞雙重價值。

居延筆

　　西漢古筆。1927 年西北科學考察團在今内蒙古額濟納河西（漢稱居延澤）發現。此筆爲木製筆杆，筆杆下端劈成六片，把獸毛製作的筆頭夾在其間，用細麻捆綁并塗漆加以保護。這種製作可更換筆頭，一杆多用，爲秦漢時北方無竹地區製筆的一種特點。此筆現收藏於中

國歷史博物館。

宣筆

　　全稱"宣州筆"。今安徽宣城（古稱宣州）一帶所製毛筆的總稱。始於秦代，歷經魏晋南北朝，至唐宋此地已成爲全國製筆中心，而達於鼎盛期。其用料係以當地產的上等兔毫爲主。相傳秦將蒙恬征戰途中，路經中山（今安徽宣城一帶），得上好兔毫，製出秦筆。宣城之陳氏家族歷世製筆，其家藏有東晋書聖王羲之、唐代書法家柳公權的"求筆帖"。唐時宣筆製作十分興盛，并以選料精嚴、製作細緻、美觀實用而著稱於世。尤其筆頭，達到了"尖、圓、齊、健"四德標準。"四德"爲明代陳繼儒《妮古錄》、屠隆《考槃餘事》所宣導。時所製紫毫筆甚爲名貴，歷充貢品。著名詩人白居易曾寫下膾炙人口的《紫毫筆》詩，從"宣城之人采爲筆，千萬毛中揀一毫……每歲宣城進筆時，紫毫之價如金貴"的詩句中，可看出紫毫筆製作之不易，也顯示出其貴重地位，深得王公大臣、文人墨客的青睞。唐耿湋《詠宣州筆》詩："落紙驚風起，搖空見露濃。丹青與文事，舍此復何從！"宋鄭文寶《江表志》載："宜春王從謙喜書札，學晋二王楷法，用宣城諸葛筆，一枝酬十金，勁妙甲於當時，從謙號爲'翹軒寶帚'。"唐代時宣州製筆名工以諸葛氏和陳氏爲代表，其製筆能據書家要求特製，筆隨人意。諸葛氏所造之筆人稱"諸葛筆"，其中又以所製"鷄距筆"爲最佳，剛柔適中。時著名詩人白居易有《雞距筆賦》，對此筆盛贊有加。另一製筆名家爲陳氏，其筆亦馳名當時。大書法家柳公權爲得到此筆，曾專門寫過"求筆帖"求筆。宋蘇易簡《文房四譜·筆譜》："世傳宣州陳氏世能作筆，家傳右軍與其祖《求筆帖》。後子孫尤能作筆。至唐柳公權求筆於宣城。先與二管，語其子曰：'柳學士如能書，當留此筆。不爾，如退還，即可以常筆與之。'未幾，柳以爲不入用別求，遂與常筆。陳云：'先與者二筆，非右軍不能用。柳信與之遠矣。'"至北宋時，宣城仍作爲全國製筆中心，當時的製筆名工有舒城（今安徽舒城）張真，歙州（今安徽歙縣）呂道人、汪伯立，黟州（今安徽黟縣）呂大淵，歷陽（今安徽和縣）柳材、柳東等。宋黃庭堅《山谷筆說》："歙州呂道人，非爲貧而作筆，故能工。黟州呂大淵，悟韋仲將作筆法，爲余作大小筆二十餘枝，無不可人意。見余家有割餘狨毛，則以作丁香筆，周旋可人。"宋李之儀《姑蘇題跋》："元祐中，錢唐倪本敦復通守當塗，抵書相問勞，籍以十筆，其簽云'河東柳材'，試之頗相入。自後訪柳不可得，而念不少輟。異時予得罪流是邦，既到，首幸得償所念。而材乃歷陽人，死已久。得柳東，所藝宛轉抑揚，二十年之負恍然見慰。問之，蓋材族人，於是知淵源有自來矣。"在衆多製筆名工中，仍以諸葛氏筆最爲著名。其後裔繼承祖業，創製出海內聞名的"無心散卓筆"，名著一時。宋葉夢得《避暑錄話》卷上："筆出於宣州，自唐惟諸葛一姓，世傳其業……熙寧後，世始用無心散卓筆，其風一變。"宋代的文學家、書法家如蘇軾、黃庭堅、梅堯臣、歐陽修、蔡襄等都深愛諸葛氏所製之筆并大加贊譽。宋歐陽修《試筆·宣筆》："宣筆初不可用，往時聖俞屢以爲惠，尋復爲人乞去。今得此甚可用，遂深藏之。"又《聖俞惠宣州筆戲書》詩："聖俞宣城人，能使紫毫筆。宣人諸葛高，世業守不失。"

宋魏野《送宣筆與成都司理劉大著》詩:“宣城彩筆真堪愛，蜀邑花箋更可誇。”宋楊億有《又以建茶代宣筆別書一絶》詩。元代以後，因戰事頻繁，筆工南流，宣城一帶雖仍有製筆高手不斷出現，但隨着湖筆逐漸興盛，宣筆則日漸衰落，處於瀕絶的境地。20世紀50年代以來，宣筆製作得以復蘇，并飛速發展，規模擴大，品種豐富，至今已達三百多種。其産品在北京榮寶齋、上海朵雲軒等著名書畫店均有出售，行銷日本及東南亞各國。

【宣州筆】

即宣筆。此稱唐代已行用。見該文。

【宣城管】

即宣筆。此稱唐代時已行用。唐安鴻漸《題楊少卿書後》詩:“端溪石硯宣城管，王屋松烟紫兔毫。”

【宣毫】

即宣筆。此稱唐代時已行用，沿用至明清。唐王建《宫詞》之七:“延英引對碧衣郎，江硯宣毫各别床。”五代王定保《唐摭言・酒失》:“〔薛書記〕醒來乃作《十離》詩獻府主:‘越管宣毫始稱情，紅箋紙上撒花瓊。都緣用久鋒頭盡，不得羲之手裏擎。’”宋徐鉉《和復州李太保酬筆》詩:“處處良工事筆鋒，宣毫自昔最稱雄。”元沈夢麟《贈筆生陸文俊》詩:“宣毫拔萃露雨濕，越管入手風雲生。”明李昌祺《剪燈餘話・賈雲華還魂記》:“〔娉娉〕徐入生室，取宣毫，寫絶句一首於生練裙上，投筆而去。”清顧圖河《斷硯歌爲姜西溟先輩賦硯爲家梁汾舍人擊碎》:“隃糜發采宣毫爽，酒半傳觀各誇賞。”宋代亦稱“宣城毫”。宋歐陽修《聖俞惠宣州筆戲書》詩:“豈如宣城毫，耐久仍可乞。”

【宣城毫】

即宣毫。此稱宋代已行用。見該文。

【中山毫】

即宣筆。因以中山（今安徽宣城一帶）所産兔毛所製，故稱。此稱唐時已很有名，宋元亦然，明清後鮮見。唐李白《殷十一贈栗岡硯》詩:“殷侯三玄士，贈我栗岡硯。灑染中山毫，光映吴門練。”宋梅堯臣《依韻和石昌言學士求鼠鬚筆之什鼠鬚鼠尾者前遺君謨今以松管代贈》:“江南飛鼠拔長尾，勁健頗勝中山毫。”按，一説中山在今江蘇溧水東，亦出兔毫，爲筆精良。説見《元和郡縣志》。明釋道衍《贈筆生陸繼翁》詩:“取材妙選中山毫，揮觚圓轉猶霜刀。”

【中山玉兔毫】

即中山毫。此稱行用於宋元時期。宋徐鉉《奉和御製棋二首》詩之一:“御詞仍許群臣和，愁殺中山玉兔毫。”元鄭光祖《倩女離魂》第一折:“他拂素楮鵝溪璽，蘸中山玉兔毫。”

越管

亦稱“越毫”。古代名筆。因産於江浙（古屬越國）一帶，故名。越地製筆，起源亦較早，唐時已很興盛，時人將其與宣筆并稱。南宋以後，湖筆崛起，獨占製筆鰲頭。湖州亦爲古越地，則湖筆之發端，實出自越管。唐薛濤《筆離手》詩:“越管宣毫始稱情，紅箋紙上撒花瓊。”唐薛能《送浙東王大夫》詩:“越臺隨厚俸，剡硾得尤名。”宋梅堯臣《走筆戲邵興宗》詩:“子魚一尾不曾有，又諾毗陵蒼鼠毫。細粒吴粳誰下咽，尖頭越管底能操。”元沈夢麟《贈筆生陸文俊》詩:“宣毫拔萃露雨濕，越管入手風雲生。”明汪廣洋《過黄州有感》詩:“楚茆巴橘通王貢，越管秦筝貯客游。"

【越毫】

　　即越管。此稱唐代已行用。見該文。

湖筆

　　浙江湖州一帶所製毛筆之總稱。南宋遷都臨安（今浙江杭州）之後，全國經濟、文化、藝術中心轉至長江以南，湖州至此成爲又一製筆中心，至元代達於鼎盛時期，唐宋時盛極一時的宣筆退居其後。湖筆發源地爲湖州善璉鎮，被譽爲"筆都"。此地又稱"蒙溪"，相傳秦將蒙恬曾於善璉取羊毫製筆，土人奉爲筆祖，并建有蒙恬祠，内有蒙恬塑像。又傳蒙恬夫人卜香蓮爲善璉西堡人，被供爲筆娘娘。距蒙恬祠不遠處還有一座永勝寺，相傳隋朝時期，晋代大書法家王羲之第七世孫智永和尚曾在此居住多年。智永不僅擅長書法，且對製筆工藝特别是羊毫筆、紫毫筆的製作作了很大改進，提高了吳興一帶製筆水平，并在善璉鎮留下了廣爲人知的"退筆冢"。湖州善璉鎮一帶方圓十幾里，家家户户從事毛筆製作。且此地盛産山羊毛，質地優良，爲製作毛筆的上好原料。明李翊《戒庵漫筆》載："造筆羊毫，天下皆出，以嘉興峽石第一。"據《湖州府志》記載："湖州出名筆，工遍海内，製筆者皆湖人，其地名善璉村。"湖筆自元代已成貢品，主要原料有羊毫、狼毫、兔毫各品純毫，尤以羊毫最負盛名。毛細色白，性柔鋒嫩。按純净程度分爲净、純、宿三種，於筆杆上明刻净、純、宿字樣，以供使用者挑選。净指無其他毫料摻雜，純指統一毫料中的規定部位（如頸部、尾部等），宿指經過夜晚露宿，自然脱脂，容易蓄墨。湖筆的外觀特徵十分醒目，即筆頭尖端具有透明的鋒

穎。其最大特點是"尖、齊、圓、健"，即筆鋒尖鋭，修削整齊，豐碩圓潤，勁健有力，人稱之爲"湖筆四德"。筆有此四德，書寫纔得心應手，揮灑自如。湖筆筆杆選料也甚爲講究，主料爲浙西天目山北麓靈峰山下的鷄毛竹。此竹節稀竿直，適於安放筆頭，係筆杆中之珍品。自元以來，湖州製筆高手如雲，制筆名家馮應科所製"應科筆"，與趙子昂（趙孟頫）的字、錢舜舉（錢選）的畫，并稱爲"吳興三絶"。《嘉慶重修一統志·湖州府土産》："元時馮應科、陸文寶善製筆，其鄉習而精之，故湖筆名於世。"筆工張進中所製鼬鼠筆，每月進於宫中，宫中必賜予酒席款待。清阮葵生《茶餘客話》："都城耆老，善製筆。管用堅竹，毫用鼬鼠，精鋭宜書。吳興趙子昂、淇上王仲謀、上黨宋齊彦皆與之善。尚方有所需，非進中筆不用。進中每月持筆入宫，必蒙賜酒食。"明代時，湖筆聲名更盛，製筆名匠陸文寶、陸繼翁父子所製之筆深受文人喜愛。明曾棨有《贈筆工陸繼翁》詩，盛贊其製筆技藝："吳興筆工陸文寶，製作不與常人同。自然入手造神妙，所以舉世稱良工……惜哉文寶久已死，尚有家法傳繼翁。"與之同時代的著名筆工張天錫，亦多見於記載。明高濂《遵生八箋·燕閒清賞箋·論筆》："杭筆不如湖筆得法，湖筆又以張天錫爲最。"至清代則有"虎臣筆"，虎臣即製筆名家周虎臣，其筆皆爲貢筆。創建於乾隆年間的"王一品筆莊"亦名氣很大。同時隨着吳興筆工的大量外流，湖筆製作技藝廣爲傳授，馳名海内，與徽墨、宣紙、端硯一起，被譽稱爲"文房四寶"，至今不衰。20世紀50年代以來，湖筆的生産規模由原來的家庭手工業、小作坊走上了聯合發展

的道路，其產品花色品種繁多，產量和品質都有大幅提高。現主要有羊毫、兼毫、紫毫、狼毫四大類，近三百個品種，深受書畫界人士及各國友人的贊譽。

京筆

明代名筆。因以北京爲中心製作，故名。自元代始，湖筆逐漸外傳，善璉人在各地開設一批著名筆店，如北京的戴月軒、賀連清，上海的周虎臣，蘇州的貝松泉。其中北京的規模最大，影響廣遠，後自成一派，所製筆，崇尚古樸典雅之風。

湘筆

清代名筆。因以湘潭（今湖南湘潭）爲中心製作，故名。起源於元明時期。其做工、造型多受湖筆影響，至清代始盛，後亦自成一派，顔華美。

萊筆

清代名筆。因產於萊州，故名。萊州，今屬山東烟臺。其筆用料考究，做工精湛，造型典雅，以兼毫筆著稱。筆頭選用優質東北黃鼠狼尾毛爲主料，根據不同筆型，分別輔以香狸毫、兔鬚、山羊毫、石獾毫、豹毫、鷄毛等。筆管選用湖南湘妃竹、福建鳳眼竹等。亦被清廷定爲貢品，直至20世紀50年代仍風行海內外。

嘉筆

近代名筆。因產於嘉州，故名。嘉州，今四川樂山。國畫大師徐悲鴻於1937年曾題有"嘉州產名筆，工藝甲西南"之贊語。

製用者

蒙恬筆

秦朝蒙恬首創之古筆。其區別於前代筆體之特點約有兩端：其一，較早以兔毫爲筆頭；其二，首將筆端鏤空，直接插入筆頭。晋崔豹《古今注·問答釋義》："牛亨問曰：'自古有書契以來便應有筆，世稱蒙恬造筆，何也？'答曰：'蒙恬始造即秦筆耳。以枯木爲管，鹿毛爲柱，羊毛爲被，所謂蒼毫。非兔毫竹管也。'"1975年12月，湖北雲夢睡虎地秦墓中已發現兔毫竹杆毛筆，其筆杆一端已鏤空，將筆頭直接插入，這就區別於戰國時楚國的筆體。楚筆是將竹管一端劈成數片，將筆頭嵌入，再以絲綫纏緊，爾後塗漆防腐。但以兔毫爲筆頭，以竹爲筆杆，并非始於蒙恬。清朱彝尊《吳甥振武用指頭作畫花竹翎毛草蟲山水畢肖异而賦長歌》："彼時蒙恬筆未製，安得中山管城樣。"

張芝筆

漢代名筆。係東漢張芝所製，故名。張氏爲東漢著名書法家，也是製作毛筆的名匠，所製之筆名揚一時。當時的書法家、文學家蔡邕即喜用張芝筆。漢趙岐《三輔決録》："夫欲善其事，必先利其器。請用張芝筆、左伯紙、任及墨。"清查慎行《高斯億爲余畫竹以詩報之》："畫竹原從草書出，眼中孰是張芝筆。"

右軍筆

宣筆之一種。晋代大書法家王羲之喜用之筆。王羲之出身貴族，官至右軍將軍、會稽內史，人稱"王右軍"。所用之筆故有"右軍筆"

之稱。據説王羲之曾向宣城陳氏求筆，陳氏應命特製了一種上品散卓筆，其筆鋒長近二寸，羲之用之如神，而後世之人莫能用之。宋邵博《聞見後錄》卷二八："宣城陳氏，家傳右軍《求筆帖》，後世益以作筆名家。柳公權求筆，但遺以二枝，曰：'公權能書，當繼來索；不，必却之。'果却之，遂多易以常筆。曰：'前者右軍筆，公權故不能用也。'"

諸葛筆

亦稱"諸葛氏筆"。宣筆之一種。始於晋，盛於唐宋。其筆係因人而得名。諸葛氏家傳製筆歷史悠久，據宋蔡絛《鐵圍山叢談》卷五載，自晋以來宣州（今安徽宣城）諸葛氏世代傳其業，至唐代已十分興盛，爲宣州著名筆工代表。所製之筆以兔毫爲主要原料，選料精良，製作精細，品種豐富，并可依書家要求特製，故深得文士喜愛。其造筆法，世稱"諸葛法"。至宋代，其後裔諸葛高創製出"無心散卓筆"，名揚天下。當時著名的文學家、書法家無一不是諸葛筆的崇尚者，得之視爲珍玩。文學家梅堯臣得諸葛氏所製紫毫筆，賦詩贊曰："筆工諸葛高，海内稱第一。"宋歐陽修《聖俞惠宣州筆戲書》詩："聖俞宣城人，能使紫毫筆。宣人諸葛高，世業守不失。緊心縛長毫，三副頗精密。軟硬適人手，百管不差一。"宋蘇軾《跋諸葛筆文》："宣州諸葛氏筆，擅天下久矣。縱其間不甚佳者，終有家法。"又《東坡志林》卷一一："飲官法酒，烹團茶，燒衙香，用諸葛筆，皆北歸嘉事也。"宋葉夢得《避暑録話》卷上："世言歙州具文房四寶，謂筆墨紙硯也，其實三耳。歙本不出筆，蓋出於宣州，自唐惟諸葛一姓，世傳其業。治平、嘉祐前，得諸葛筆者，率以

爲珍玩，云一枝可敵他筆數枝。熙寧後，世始用無心散卓筆，其風一變。"宋蔡絛《鐵圍山叢談》卷五："宣州諸葛氏，素工管城子，自右軍以來世其業，其筆制，散卓也……又幼歲當元符、崇寧時，與米元章輩士大夫之好事者爭寶愛，每遺吾諸葛氏筆，又皆散卓也。"宋王闢之《澠水燕談録·高逸》："翌日，宋以浣花牋、李廷珪墨、諸葛氏筆遺之。"元王惲《玉堂嘉話》卷三："若文室中，磨李庭珪墨，試諸葛氏筆，世間真有揚州鶴也。"清朱彝尊《贈筆工錢叟序》："昔子瞻還自海外，用諸葛氏筆，至於驚嘆，以爲北歸喜事。"清錢謙益《戴初士文集序》："蕭伯玉叙初士之詩，以宣州諸葛筆自況，謂二管之外，別無嘗筆。"

【諸葛氏筆】

即諸葛筆。此稱宋代已行用。見該文。

三副

唐宋時期製筆名家諸葛氏一族所製之筆。因以兔毫、羊毫等三種獸毛相配而成，故名。爲宣筆之一種。唐周朴《謝友人惠牋紙並筆》詩："范陽從事獨相憐，見惠霜毫與彩牋。三副緊纏秋月兔，五般方剪蜀江烟。"宋歐陽修《聖俞惠宣州筆戲書》詩："宣人諸葛高，世業守不失。緊心縛長毫，三副頗精密。軟硬適人手，百管不差一。"宋黃庭堅《林爲之送筆戲贈》詩："閭生作三副，規摹宣城葛。"任淵注："三副、栗尾、棗核、散卓，皆筆名。"宋晁説之《贈筆處士屠希》詩："屠希祖是屠牛坦，今日却屠秋兔毫。自識有心三副健，可憐無補一生勞。"

李晟筆

宋代名筆。係當時著名筆工李晟所製，筆

因人而得名。宋歐陽修《李晸筆説》："余書惟用李晸筆，雖諸葛高、許頌皆不如意。"

葛生筆

宋代製筆名家葛生所製之筆。其筆屬宣州佳品。《江南通志・人物志・藝術二》："林逋云：'頃得宛陵葛生筆，如麾百勝之師，横行紙墨，所向如意。'"清梁同書《筆史・筆之匠》："《林逋集》：予頃得宛陵葛生所茹筆十餘筒，其中復得精妙者二三焉。每用之，如百勝之師，横行於紙墨間，所向無不如意。惜其日久且弊，作詩二篇，以録其功。"

吳政筆

宋代製筆名家吳政所製之筆。與其子吳説兩代共其業，所製亦爲宣筆之佳品。清梁同書《筆史・筆之匠》："吳政、吳説：《東坡外集・書吳説筆》：吳政已亡，其子説，頗得家法。"

蔡藻筆

宋代製筆名家蔡藻所製之筆。藻，一作澡。善製棗核筆。宋朱熹《跋蔡藻筆後》："蔡藻造筆，能書者識之。此故沅州吕使君語也。因試其所製棗心樣，喜其老而益精。"清梁同書《筆史・筆之匠》中曾引此文，并加按曰："元吳澄詩所謂'蔡澡朱所褒'是也。"

馮應科筆

元代製筆名家馮應科所製之筆。爲湖筆早期的代表之一。元方回《贈筆工馮應科》詩："善書今誰第一人，馮應科筆今第一。"據明謝肇淛《西吳枝乘》載："吳興（即湖州）毛穎之技甲天下，元時馮應科者擅長，至與子昂、舜舉並名，今世猶相沿尚之。"子昂即趙孟頫，舜舉即錢選，皆爲元代書畫大家。馮應科之筆與趙、錢之書畫并稱爲"吳興三絶"。清梁同書《筆史・筆之匠》："馮應科：吳興馮筆，至與子昂、舜舉擅名三絶。吳澄《謝馮筆》詩：'坡公詫葛吳，蔡澡朱所褒。邇來浙西馮，聲實相朋曹。'仇遠詩：'精藝惟數馮應科。'"

文寶筆

元明時製筆名家陸文寶所製之筆。爲湖筆中期代表之一。常入貢，作御用筆。元沈夢麟《陸文寶筆花軒》詩："練水春生洗玉池，陸郎邀我試毛錐。天葩五色江淹賦，宮錦千章李白詞。"明解縉《筆妙軒》詩："近代喜稱陸文寶，如錐如鑿還如椽。"明曾棨《贈筆工陸繼翁》詩："吳興筆工陸文寶，製作不與常人同。自然入手造神妙，所以舉世稱良工。"

虎臣筆

清代製筆名家周虎臣所製之筆。爲湖筆後期代表之一。虎臣原籍江西臨川，初爲筆工，自産自銷。清康熙三十三年（1694），集資於蘇州開設"周虎臣筆墨莊"。後總店遷至上海，雇有筆工百餘人，善製湖筆、水筆。其筆選料、做工極精，具有所謂"尖、圓、齊、健"筆之四德。著名品種有"湘江一品""烏龍""九重春""色醉仙桃""臣心如水"等，此外尚有"福、禄、壽、喜"套筆以及豹狼兼毫筆等品樣。

諸類型

散卓筆

省稱"散卓"。始於晋代之名筆。散,鬆散;卓,聚立。謂筆頭可散可聚,可軟可硬,書寫自如。宣州諸葛氏善製此筆,自晋代以來,世傳其業。其筆毫長約寸半,藏一寸於管中,一筆可抵他筆數支,因藏毫較深,故能蓄墨不泄,尤爲世人所重。宋蘇軾《東坡題跋·書諸葛散卓筆》:"散卓筆,惟諸葛能之。他人學者,皆得其形似,而無其法,反不如常筆。如人學杜甫詩,得其粗俗而已。"宋蔡絛《鐵圍山叢談》卷五:"宣州諸葛氏,素工管城子,自右軍以來世其業,其筆制,散卓也。吾頃見尚方所藏右軍筆陣圖,自畫捉筆手於圖,亦散卓也。"宋黃庭堅《筆說》:"宣城諸葛高,繫散卓筆,大概筆長寸半,藏一寸於管中。"又《林爲之送筆戲贈》詩:"李慶縛散卓,含墨能不泄。"元方回《贈筆工楊日新》詩:"雞距散卓楊日新,不落第二亦第一。"按,明人方以智《通雅·器用·紙筆墨硯》云:"散卓者,軟筆也。廣川引皇象曰:'欲作草書,漫漫落落,宜得精毫軟筆,宛轉不叛散者。張友正草字用筆,過爲鋒長。'軟,音而兗切,即借作'軟'字。"方以散卓筆即軟筆。可備一說。

【散卓】

"散卓筆"的省稱。此稱宋代已行用。見該文。

無心散卓筆

省稱"無心散卓"。宋代著名宣筆之一。諸葛高善製此筆。無心,指筆頭中無柱;柱,指包於軟毫中的硬毫;散卓,指筆頭可散可聚,可軟可硬,書寫自如;卓,聚立。宋葉夢得《避暑錄話》卷上:"歙本不出筆,蓋出於宣州。自唐惟諸葛一姓世傳其業。治平、嘉祐前,有得諸葛筆者,率以爲珍玩,云一枝可敵它筆數枝。熙寧後,世始用無心散卓筆,其風一變。"宋黃庭堅《書吳無至筆》:"〔吳無至〕今乃持筆刀行賣筆於市。問其居,乃在晏丞相園東。作無心散卓,大小皆可人意。"

【無心散卓】

"無心散卓筆"之省稱。此稱宋代已行用。見該文。

無心棗核筆

省稱"棗核筆""棗核"。宋代著名散卓筆之一種。因筆頭形似棗核,故名。較無心散卓筆頭短,元明猶見流行。宋時四川著名筆工嚴永所製無心棗核筆,名揚一時。宋黃庭堅《跋與楊景山書古樂府後》:"邑中老儒楊景山乞書,因取嚴永舊無心棗核筆,宛轉可人意,遂書。"又《跋東坡論筆》:"東坡平生喜用宣城諸葛家筆……則宛轉可意,自以爲筆論窮於此。見几研間有棗核筆必嗤誚,以爲今人但好奇尚異,而無入用之實。然東坡不善雙鈎懸腕,故書家亦不伏此論。"又《林爲之送筆戲贈》詩:"閻生作三副,規摹宣城葛。外貌雖銳澤,毫心或粗糲。巧將希栗尾,拙乃成棗核。李慶縛散卓,含墨能不泄。"元趙孟頫《論書法》:"行草宜用棗核筆,以其摺裊婉媚。"

【棗核筆】

"無心棗核筆"之省稱。此稱宋代已行用。見該文。

【棗核】

"無心棗核筆"之省稱。此稱宋代已行用。見該文。

【棗心筆】

省稱"棗心"。即無心棗核筆。因筆毛中心圓凸，似棗中之有核，故名。此筆鋒短毫硬，適宜於書寫行草。始製於宋代。北宋時著名筆工郎奇製作的棗心散卓筆、侍其瑛製作的紫毫棗心筆皆爲一代名筆，頗受文人學士賞識。宋黃庭堅《書侍其瑛筆》："南陽張又祖，喜用郎奇棗心散卓，能作瘦勁字。今侍其瑛秀才以紫毫作棗心筆，含墨圓健，恐又祖不得獨貴郎奇而舍侍其也。"宋趙子固曰："行草宜用棗心筆者，以其摺疊婉媚。然此筆須出鋒用之。"明曾棨《贈筆工陸繼翁》詩："棗心蘭芯動光彩，栗尾雞距爭奇雄。"

【棗心】

"棗心筆"之省稱。此稱宋代已行用。見該文。

無心毫

一種長鋒毛筆。宋代名筆，爲書法家專用。宋邵博《聞見後錄》卷二八："予從王正夫父子得張義祖所用無心毫，雖鋒長二寸許，他人不能用。亦曰右軍遺法也。"

雞距筆

省稱"雞距"。唐代始製名筆之一種。雞距，雞後爪。其筆筆鋒短小犀利，形如雞距，故名。此筆以兔毫爲原料製作，筆毫堅挺，勁健有力。當時高脚桌椅還未普遍使用，人們書寫時多是跪坐席間，在矮低的几案上懸腕而書，故筆鋒不宜軟長。唐代詩人白居易有《雞距筆賦》，贊美其筆曰："足之健者有雞足，毛之勁者有兔毛。就足之中，奮發者利距；在毛之內，秀出者長毫。合爲手筆，正得其要，像彼足距，曲盡其妙……故不得兔毫，無以成起草之用；不名雞距，無以表入墨之功。"唐代著名筆工黃暉所製的短鋒筆，被稱作"金雞距"。唐釋齊己《寄黃暉處士》詩："蒙氏藝傳黃氏子，獨聞相繼得名高。鋒芒妙奪金雞距，纖利精分玉兔毫。"宋代江西名筆工李展所製雞距筆，被譽爲"書蠅頭萬字而不頓"。宋晁說之《清風詩十韻七首》之一："健資雞距筆，偷撼獸環扉。"宋梅堯臣《九華隱士居陳生寄松管筆》："雞距初含潤，龍鱗不自韜。"元方回《贈筆工楊日新》詩："雞距散卓楊日新，不落第二亦第一。"明曾棨《贈筆工陸繼翁》詩："棗心蘭芯動光彩，栗尾雞距爭奇雄。"清查慎行《禿筆吟二首》之二："姜牙斂手輸雞距，虎僕藏鋒讓鼠鬚。"

【雞距】

"雞距筆"之省稱。此稱唐代已行用。見該文。

丁香筆

宋代名筆之一種。以狨毛（即金絲猴毛）製作。因筆鋒圓小似丁香，故稱。爲宋人黃庭堅所獨有，後世不傳。宋黃庭堅《山谷筆說》："黔州道人呂大淵心悟韋仲將作筆法，爲余作大小筆凡二百餘枝，無不可人意。因見余家有割餘狨皮，以手撼之，其毫能觸人手，則以作丁香筆。今試作大小字，周旋可人。亦是古今作筆者所未知也。"又云："張遇丁香筆，撼心極圓，束頡有力，可學徐季海《禹廟》詩字。"

第七節　專筆考

所謂專筆，係指不同身份者所用之筆。常常是筆體、筆名各不相同，明顯區別於普通筆體與通名，但有時却祇是筆名有別，筆體與普通筆體無別。以下茲舉六類，分述如次。

一、帝王、官宦筆類。帝王筆如"天子筆"，特指古代天子所用之筆。始見於漢代，歷代沿襲，直至清代始廢。其筆以珠寶爲飾，以秋兔毫爲筆頭，盛以寶匣，極華貴。《西京雜記》卷一："天子筆，管以錯寶爲跗，毛皆以秋兔之毫，官師路扈爲之。以雜寶爲匣，厠以玉璧翠羽，皆直百金。"省稱"天筆"。唐李白《溫泉侍從歸逢故人》詩："激賞搖天筆，承恩賜御衣。"又稱"御筆"。唐王涯《宮詞三十首》之八："傳索金箋題寵號，鐙前御筆與親書。"亦尊稱"仙毫"。唐劉禹錫《謝手詔表》詩："特紆睿思，親灑仙毫；降自九重，粲然五色。"清代有"萬年青"，是清代皇帝於每年大年初一舉行的"元旦開筆"儀式時所用之筆，現保存於北京故宮博物院。

官宦筆如"彤管"，古代宮中女史官所執，專記宮中政令及后妃行踪及功過事宜的赤管毛筆。此制始於先秦，達於兩漢。《詩·邶風·靜女》："靜女其孌，貽我彤管。"毛亨傳："古者后夫人必有女史彤管之法。"鄭玄箋："彤管，筆赤管也。"《後漢書·皇后紀序》："女史彤管，記其功過。"亦稱"管彤"。清錢謙益《李孝貞傳序》："孝貞之事，古管彤所書，未之有也。"又如"白筆"，指古時官宦隨身携帶之筆，通常爲未蘸墨之新毛筆，故名。官宦進見，爲奏事記言便捷，腰間携帶笏版，版頭或冠上插有毛筆，以備隨時取用，謂之簪筆。此制約始於春秋戰國時期，至漢代，已成爲朝中定制。1954年山東沂南出土之東漢畫像石墓中，其石壁刻有祭祀圖。圖上持笏者，有的冠上即簪有一支毛筆。此爲漢代簪白筆之實證。魏晉以後，簪筆逐漸成爲一種儀飾，多見用於御史、監察史、尚書令、僕射等，一直沿襲至元明時。白筆古事，諸史《輿服志》及詩文雜著中多有記載。

二、才子筆類。如"五色筆"，傳說中的神筆，爲有才華者所擁有。南朝梁江淹事即屬此。江淹青年時夢東晋文學家郭璞贈其五色筆一支，至是，他文思敏捷，才情焕發，所著詩文，稱絕一時。晚年又夢郭璞索筆，至此，文思枯竭，再無佳作，人稱"江郎才盡"。南朝梁鍾嶸《詩品》卷中："淹罷宣城郡，遂宿冶亭，夢一美丈夫，自稱郭璞，謂淹曰：'我有筆在卿處多年矣，可以見還。'淹探懷中，得五色筆以授之。爾後爲詩，不復成語，故世傳江淹才盡。"《南史·江淹傳》所記尤詳。《晉書·王珣傳》《南史·文學傳·紀少瑜》，傳主皆有類似記載。亦稱"五色毫""五雲毫"。唐李商隱《江上憶嚴五廣休》詩："征南幕下帶長刀，夢筆深藏五色毫。"唐李咸用《讀修睦上人歌篇》詩："珊瑚高架五雲毫，小小不須煩藻思。"省稱"色筆"。宋劉克莊《送赴省諸友林少嘉》詩："色筆探懷如有助，朱衣點首豈能神？"又如"生花妙筆"，傳說唐代詩仙李白年少時忽得一夢，夢所用之筆頭突生奇花，至此天才卓異，名聞天下。事見五代王仁裕《開元天寶遺事·夢筆頭生花》。後用以稱可盡顯奇才之筆。此外，又有"彩筆""彩毫""彩翰"諸稱，義猶"五色筆"。如晉潘岳《螢火賦》："羨微蟲之琦瑋，援彩筆以爲銘。"唐溫庭筠《塞寒行》："彩毫一畫竟何榮，空使青樓淚成血。"清袁于令《西樓記》："研朱露，蘸彩毫，這新詞全費敲。"唐李嶠《奉和人日宴大明宮恩賜綵縷人勝應制》詩："愧奉登高搖彩翰，欣逢御氣上丹霄。"

三、書畫筆類。如"文章貨"，筆之戲稱。始見於唐人著述，歷世沿用。唐馮贄《雲仙雜記》卷三引《龍鬚志》："羅隱喜筆工萇鳳，語之曰：'筆，文章貨也。吾以一物助子取高價。'即贈雁頭箋百幅。"又如"仙筆"，爲善書者所用筆之喻稱。唐釋貫休《古意》詩："常思李太白，仙筆驅造化。"又如"界筆"，指用以劃直綫的畫筆。唐張彥遠《歷代名畫記·論顧陸張吳用筆》："衆皆謹於象似，我則脫落其凡俗，彎弧挺刃，植柱構梁，不假界筆直尺。"又如"土筆"，指用以起草之筆。多將淘澄的白土裏作筆頭，取其淺色。宋鄧椿《畫繼·巖學上士》："畫家於人物，必九朽一罷。謂先以土筆撲取形似，數次修改，故曰九朽；繼以淡墨一描而成，故曰一罷。罷者，畢事也。"又如"開面"，指用以描繪人物細微特徵等的畫筆。因輪廓勾成後，用以開畫面部，故名。多以硬毫製成，筆毫尖細。清曹雪芹《紅樓夢》第四二回："（寶玉早已預備下筆硯了）寶釵說道："頭號排筆四支，二號排筆四支……開面十支。"又如"鬚眉"，因筆頭特小而尖細，多用於畫鬚眉，故稱。清鄒一桂《小山畫譜·畫筆》："翎毛、蜂蝶用鬚眉。"又如"蟹爪"，畫筆之一種。主要用於畫山石皴褶。以其細長，形似蟹爪，故名。因南北制式、大小不一，故又有"南北蟹爪""大小蟹爪"之分。清鄒一桂《小山畫譜·畫筆》："山石用蟹爪。"清曹雪芹《紅樓夢》第四二回："大南蟹爪十支，小蟹爪十支。"又如"排筆""判筆"，前者指用羊毛筆連排而成的畫筆，可用以繪畫大塊面及染色。後者指中間留有空隙的畫筆，用以區別大塊面或色界，多同排筆相配使用。排筆又有頭號、二號、三號之別。清鄒一桂《小山畫譜·畫筆》："天水烟雲、地坡石岸用排筆、判筆。"清曹雪芹《紅樓夢》第四二回："頭號排筆四支，二號排筆四支，三號排筆四支。”又如“着色”，畫筆之一類。分大小兩種。因主要用於着色，故名。清鄒一桂《小山畫譜·畫筆》：“葉用小著色。”清曹雪芹《紅樓夢》第四二回：“大著色二十支，小著色二十支。”又如“大染”“中染”“小染”，繪畫用筆。因其爲染色時用，故名。視所染面積大小，選用不同型號。清曹雪芹《紅樓夢》第四二回：“大染四支，中染四支，小染四支。”

　　四、決重筆類。如“朱筆”，指蘸有朱色之筆。原作多用黑色，用朱以示醒目。古人多以其批校文稿，今亦沿而不改。宋趙彦衛《雲麓漫鈔》卷四：“宋景文公修《唐書》，稿用表紙朱界，貼界以墨筆書舊文，傍以朱筆改之。”亦作“硃筆”。清黄六鴻《福惠全書·蒞任部·堂規式》：“本縣每日所用薪米蔬菜等物，逐日登記買辦簿，硃筆點過。”亦稱“丹筆”。也用以判決囚犯名籍。《初學記》卷二二引《後漢書》：“盛吉爲廷尉，每至冬節，罪囚當斷，妻夜執燭，吉持丹筆，夫妻相對，垂泣決罪。”唐劉知幾《史通·點繁》：“阮孝緒《七録》，書有文德殿者，丹筆寫其字。”亦稱“丹毫”。五代譚用之《送丁道士歸南中》詩：“服藥幾年期碧落，驗符何處咒丹毫。”

　　五、其他諸筆。如“佩筆”，指古人隨身携帶之筆，以備取用便捷。可裝於匣内藏懷中，其筆帽上有環，亦可繫於腰間。《舊唐書·李彦芳傳》：“其佩筆尚堪書，金裝玉匣，製作精巧。”又如“定名筆”，本稱“健毫圓鋒筆”，屬毛筆中的小楷硬筆。唐時科場士子應試所用之筆，取榜上有名之意。宋陶穀《清異録·文用》：“唐世舉子將入場，嗜利者争賣健毫圓鋒筆，其價拾倍，號定名筆。筆工每賣一枝，則録姓名。俟其榮捷，則詣門求阿堵，俗呼謝筆。”又如“朱黄”，指朱筆與雌黄筆。雌黄筆，以礦物製成的塗改筆。古時點校書籍，用朱筆批寫，如遇誤字則用雌黄塗抹，因古紙色黄，故可奏效。唐陸龜蒙《甫里先生傳》：“值本既校，不以再三爲限，朱黄二毫未嘗一日去手。”亦稱“丹黄”。清吳敬梓《儒林外史》第一一回：“每日丹黄爛然，蠅頭細批。”

帝王、官宦筆類

天子筆

　　省稱“天筆”。特指古代帝王所用之筆。始見於漢代，唐宋時仍流行。毛筆下端以珠寶爲飾，以秋兔毫爲筆頭，盛以寶匣，極珍貴。《西京雜記》卷一：“天子筆，管以錯寶爲跗，毛皆以秋兔之毫，官師路扈爲之。以雜寶爲匣，廁以玉璧翠羽，皆直百金。”南朝齊孔稚珪《上新定法律表》：“其中洪疑大議，衆論相背者，聖照玄覽，斷自天筆。"唐李白《温泉侍從歸逢故人》詩："激賞摇天筆，承恩賜御衣。"元楊維楨《贈筆史陸穎貴序》："漢製：天子筆皆用兔。蒙恬以鹿毛爲柱，羊毛爲被。"

【天筆】

"天子筆"之省稱。此稱南北朝時期已行用。見該文。

御筆

皇帝所用之筆。此稱見於唐代，行用於後世。唐王涯《宫詞》之八："傳索金牋題寵號，鐙前御筆與親書。"元虞集《玉堂讀卷》詩："玉堂策士詔儒臣，御筆親題墨色新。"明吳寬《乞歸不遂》詩："銀臺投疏列三回，批答頻驚御筆來。"

仙毫

用於尊稱皇帝所用之筆。此稱見於唐宋時期，流傳至明清。唐劉禹錫《謝手詔表》詩："特紆睿思，親灑仙毫；降自九重，粲然五色。"宋蘇頌《謝賜御筵并御書詩》："愧白首之在庭，睹仙毫之眩目。"明于慎行《丁丑三月上親灑宸翰大書責難陳善四字以賜》詩："琅函想見仙毫動，蓬室驚聞御墨香。"清汪由敦《恭和御製九日元韻》："賜出花糕酬令節，題來祇共仰仙毫。"

萬年青

清代皇帝於每年大年初一舉行"元旦開筆"儀式時所用之筆。該筆筆端曰"萬年青"，筆管鎸刻"萬年枝"。"元旦開筆"又稱"元旦舉筆""元旦動筆"，爲民間流行的一種春節文化習俗，即於元旦（大年初一）之日，讀書人在紅紙上寫下"元旦開筆，萬事大吉"一類的祈願，以討吉利之意。清朝自雍正皇帝開始，模仿民間習俗在大年初一於宫中舉行"元旦開筆"

寫吉字。其儀式規模不大，但過程莊重，寓意深刻，所用物品考究。其書寫的開筆吉字少則數字，多則上百字，内容多爲祈望政權穩固、社會安定、五穀豐登、風調雨順等，較之民間討吉利之意賦於了更多的社會政治内涵。今歷朝皇帝所書寫的"元旦開筆"吉字原件，均保存於中國第一歷史檔案館。開筆儀式所用物品如筆、墨、硯、金甌永固杯等，均保存於北京故宫博物院。

彤管 [1]

亦稱"管彤"。古代宫中女史官所執赤管毛筆，專門記載宫中政令、后妃行踪及功過事宜，因其爲赤色，故名。此制始於先秦，達於漢代。《詩·邶風·静女》："静女其孌，貽我彤管。"毛亨傳："古者后夫人必有女史彤管之法。"鄭玄箋："彤管，筆赤管也。"孔穎達疏："必以赤者，欲使女史以赤心事夫人，而正妃妾之次序也。"《左傳·定公九年》："《静女》之三章取彤管。"《後漢書·皇后紀序》："女史彤管，記其功過。"宋蘇易簡《文房四譜·筆譜》："崔豹《古今注》云：牛亨問彤管何也。答曰：'彤，赤漆也。史官載事，故以彤管，言以赤心記事也。'"後也用以記載烈婦貞女之事。《後漢書·列女傳贊》："端操有蹤，幽閒有容。區明風烈，昭我管彤。"唐李賢注："管彤，赤管筆。"清錢謙益《李孝貞傳序》："孝貞之事，古管彤所書，未之有也。"

【管彤】

即彤管 [1]。此稱漢代已行用。見該文。

白筆

古時官宦隨身携帶之筆。一般爲未蘸過墨的新毛筆，故稱。官宦進見，爲奏事記言便捷，腰間携帶笏版，冠上插有毛筆，以備隨時取用，謂之簪筆。此制約始於春秋戰國時期，至漢代，已成爲官府中的一種制度。1954 年山東沂南一座東漢畫像石墓中，其石壁上刻有祭祀圖，圖上持笏祭祀者，有的冠上簪有一支毛筆，此爲漢代簪白筆的實證。魏晉以後，簪筆逐漸成爲一種儀飾，多見用於御史或監察史。南朝宋制，文官二品以上可簪之，謂之白筆。唐制，七品以上可簪白筆。後以此爲官吏身份的象徵，此稱一直沿用至清代。《三國志·魏書·辛毗傳》南朝宋裴松之注："殿中侍御史簪白筆，側階而立。上問此何官，辛毗對曰：'御史簪筆，書過以奏。'"《晋書·輿服志》："笏者有事則書之，故常簪筆，今之白筆是其遺象……尚書令、僕射、尚書手版頭復有白筆，以紫皮裹之。"唐張繼《送張中丞歸使幕》詩："滿臺簪白筆，捧手戀清輝。"明何景明《送王御史德輝西巡》詩："白筆萬人看氣象，肯令河外有烟塵。"清謝啓昆《解州鹽池歌》："河東鹺使始元明，盛世多官簪白筆。"

赤管大筆

省稱"赤管"。亦稱"彤管"[2]。特指漢時賜尚書丞、尚書郎之筆。漢制，月賜其赤管大筆一雙，隃糜墨一丸。此赤管亦多簪於冠上，後世沿之。漢蔡質《漢官典儀》："尚書令、僕、丞、郎月給赤管大筆一雙，篆題曰：'北宮工作楷於頭上，象牙寸半著於筆下。'"《晋書·劉琨傳》："臣等祖考以來，世受殊遇，入侍翠幄，出簪彤管。"唐杜甫《春日江村》詩："赤管隨王命，銀章付老翁。"宋徐鉉《奉和宮傳相公懷舊見寄四十韻》："多謝天波垂赤管，敢教晨景過華磚。"

【彤管】[2]

即赤管大筆。此稱晋代已行用。見該文。

【赤管】

"赤管大筆"之省稱。此稱唐代已行用。見該文。

才子筆類

五色筆

亦稱"五色毫""五雲毫"。傳說中的神筆。典出南朝梁人江淹。後用以泛指有才華者所用之筆。此稱常見於唐宋人著述，今亦偶有用之者。南朝梁鍾嶸《詩品》卷中："淹罷宣城郡，遂宿冶亭，夢一美丈夫，自稱郭璞，謂淹曰：'我有筆在卿處多年矣，可以見還。'淹探懷中，得五色筆以授之。爾後爲詩，不復成語，故世傳江淹才盡。"唐杜甫《寄劉峽州伯華使君四十韻》："雕章五色筆，紫殿九華燈。"唐李商隱《江上憶嚴五廣休》詩："征南幕下帶長刀，夢筆深藏五色毫。"唐方干《再題路支使南亭》詩："睡時分得江淹夢，五色毫端弄逸才。"唐李咸用《讀修睦上人歌篇》詩："珊瑚高架五雲毫，小小不須煩藻思。"宋蘇易簡《文房四譜·筆譜》："石晋之相和凝少爲明經，夢人與五色筆一束，自是文彩日新，擢進士第，三公九卿，無所不歷。"《宋史·范質傳》："質生之夕，母夢神人授以五色筆，九歲能屬文，十三治《尚書》，教授生徒。"沈昌眉《和弟》詩："夜夢五色筆，日擁百城書。"

【五色毫】

"五色筆"之別稱。此稱唐代已行用。見該文。

【五雲毫】

"五色筆"之別稱。此稱唐代已行用。見該文。

【色筆】

即五色筆。此稱行用於宋代。宋劉克莊《送赴省諸友林少嘉》詩:"色筆探懷如有助,朱衣點首豈能神?"又《遣興》詩:"翁折高枝空月窟,子提色筆突烟樓。"

夢筆

指有文采之筆。南朝梁人紀少瑜少時,曾夢見陸倕將一束青鏤管送給他,曰:"我以此筆猶可用,卿自擇其善者。"從此,紀少瑜的文章大有長進。另晉人王珣、南朝梁人江淹都曾有夢筆之事。後用以稱文人才思日進。唐李商隱《江上憶嚴五廣休》詩:"征南幕下帶長刀,夢筆深藏五色毫。"五代王仁裕《開元天寶遺事·夢筆頭生花》:"李太白少時,夢所用之筆頭上生花,後天才瞻逸,名聞天下。"成語"夢筆生花"即源於此。明吳承恩《賞花釣魚賦詩謝表》:"上林欲賦,殊非夢筆之才;下澤雖逢,豈有釣璜之手。"

生花妙筆

謂可盡顯奇才之筆。傳說唐代詩仙李白年少時忽得一夢,夢所用之筆頭突生奇花,至此天才卓異,名聞天下。事見五代王仁裕《開元天寶遺事·夢筆頭生花》。後用稱盡顯奇才之筆。

彩筆

亦作"綵筆"。猶五色筆。亦爲"毛筆"之代稱。晉潘岳《螢火賦》:"羨微蟲之琦瑋,援彩筆以爲銘。"唐杜甫《秋興》詩:"綵筆昔曾乾氣象,白頭吟望苦低垂。"唐羊士諤《都城從事蕭員外寄海梨花詩盡綺麗至惠然遠及》詩:"擲地好辭凌綵筆,浣花春水膩魚箋。"元佚名《定情人》:"指纖長,而玉笋尖尖籠彩筆。"清無名氏《説唐》第一回:"怪是史書收不盡,故將彩筆補奇文。"

【綵筆】

同"彩筆"。此體唐代已行用。見該文。

彩毫

亦作"綵毫"。猶五色筆。亦爲"毛筆"之代稱。此稱行用於唐,流傳至清。唐溫庭筠《塞寒行》:"彩毫一畫竟何榮,空使青樓淚成血。"唐李遠《贈寫御容李長史》詩:"玉座塵消硯水清,龍髯不動綵毫輕。"唐黃滔《鄜畤李相公》詩:"華含未開寧有礙,綵毫雖乏敢無言。"天花藏主人《兩交婚》:"彩毫有言,吞吐霏霏玉屑。"清袁于令《西樓記》:"研朱露,醮彩毫,這新詞全費敲。"

【綵毫】

同"彩毫"。此體唐代已行用。見該文。

彩翰

亦作"綵翰"。猶五色筆。亦爲"毛筆"之代稱。此稱主要流行於唐代。唐李嶠《奉和人日宴大明宮恩賜綵縷人勝應制》詩:"愧奉登高搖彩翰,欣逢御氣上丹霄。"唐劉禹錫《唐秀才贈端州紫石硯以詩答之》:"玉蜍吐水霞光静,綵翰搖風絳錦鮮。"明張景《飛丸記·丸裏緘懷》:"悔昔日人情未諳,爲恁的輕濡彩翰,落衆口登時騰訕。"

【綵翰】

同"彩翰"。此體唐代已行用。見該文。

書畫筆類

文章貨

"毛筆"的戲稱。此稱始見於唐人著述,歷世沿用。唐馮贄《雲仙雜記》卷三引《龍鬚志》:"羅隱喜筆工葰鳳,語之曰:'筆,文章貨也。吾以一物助子取高價。'即贈雁頭箋百幅。"清梁同書《筆史·筆之匠》:"夏岐山、沈茂才、潘岳南、王諤廷、陸錫三、姚天翼、沈秀章、王天章、陸世名,以上九人予常用其筆,岐山、岳南製尤佳。予悼之云'曾聞筆是文章貨,健銳圓齊製必良。可惜夏潘亡已久,一番抽管一悲凉。'"

仙筆

善書者所用毛筆之喻稱。此稱見於唐宋人詞句,沿用至明清。唐釋貫休《古意》詩:"常思李太白,仙筆驅造化。"宋趙汝洄《念奴嬌·壽蕭守》詞:"龍蛇飛動,醉墨揮仙筆。"元釋圓至《贈玉龍曾道士畫龍頭》詩:"縮入畫仙筆,雷公不能搜。"明鄭真《竹圖二軸·彭城一派》詩:"傳神今有真仙筆,分得彭城一半秋。"清汪由敦《題南華簜簜谷小景次韻》之二:"南華仙筆超凡俗,妙畫清詩日相續。"

畫筆

繪畫所用之筆。畫筆以杭州、揚州所製爲佳,書筆則以湖筆爲上。宋司馬光《題太原通判楊郎中希元新買水北園》詩:"易生畫筆世所珍,麏猿滿壁皆逼真。"元倪瓚《商學士畫次張外史韻》:"商侯畫筆張仙句,可比豐城寶劍光。"明高濂《遵生八箋·論筆》:"畫筆向以杭之張文貴首稱……揚州之中管鼠心畫筆,用以落墨、白描佳絕,水筆也妙。"清吳趼人《二十年目睹之怪現狀》第四〇回:"我便賃馬進城,順路買了畫碟、畫筆、顏料等件。"

【描筆】

即畫筆,此稱行用於宋元時期。宋楊萬里《初秋戲作山居雜興俳體十二韻》之三:"素馨解點粉描筆,卷鳳愛垂雞下脣。"元王實甫《西廂記》第三本第二折:"將描筆兒過來,我寫將去回他,看他下次休是這般。"明陶宗儀《輟耕錄·寫山水訣》:"皮袋中置描筆在内,或於好景處,見樹有怪異,便當模寫記之,分外有發生之意。"

界筆

用於劃直綫的畫筆。唐張彥遠《歷代名畫記·論顧陸張吳用筆》:"衆皆謹於象似,我則脱落其凡俗,彎弧挺刃,植柱構梁,不假界筆直尺。"宋王十朋有《界筆銘》。

土筆

古畫筆之一種。以淘澄的白土裹作筆頭。因其色淺,多用以起草。宋鄧椿《畫繼·巖穴上士》:"畫家於人物,必九朽一罷。謂先以土筆撲取形似,數次修改,故曰九朽;繼以淡墨一描而成,故曰一罷。罷者,畢事也。"宋范鎮《東齋記事》卷四:"又有李懷袞者,成都人,亦善山水,又能爲水石翎毛。其常所居及寢處皆置土筆,雖夜中酒醒睡覺得意時,忽起畫於地或被上,遲明模寫之,則優於平居所爲也。"

柳條

柳木炭筆。以去皮之柳條細枝燒成炭即成。用於工筆劃起草稿,畫畢,炭迹可輕輕吹去或拂去。清曹雪芹《紅樓夢》第四二回:"寶釵說

道：'頭號排筆四支……小著色二十支，開面十
支，柳條二十支。'"

開面

畫筆之一種。以硬毫製成，筆毫尖細，可
用於描繪人物的細微特徵等。因輪廓勾成後，
用以開畫面部，故名。清曹雪芹《紅樓夢》第
四二回："(寶玉早已預備下筆硯了) 寶釵説道：
'頭號排筆四支……開面十支，柳條二十支。'"

鬚眉

畫筆之一種。因其特小而尖細，多用於畫
胡鬚、眉毛等處，故稱。此稱主要流行於清代。
其筆效果挺拔有力。清鄒一桂《小山畫譜・畫
筆》："翎毛、蜂蝶用鬚眉。"清曹雪芹《紅樓
夢》第四二回："小蟹爪十支，鬚眉十支。"

蟹爪

畫筆之一種。主要用於畫山石皺褶。因
其形似蟹爪，故名。清鄒一桂《小山畫譜・畫
筆》："山石用蟹爪。"因南北制式、大小不一，
故又有"南北蟹爪""大小蟹爪"之分。清曹雪
芹《紅樓夢》第四二回："大南蟹爪十支，小蟹
爪十支。"

排筆

用多枝羊毛筆連成一排做成的筆。可用於
繪畫大塊面或染色，有大小之分。始見於清代，
沿用至今。清鄒一桂《小山畫譜・畫筆》："天水
烟雲、地坡石岸用排筆、判筆。"清曹雪芹《紅
樓夢》第四二回："頭號排筆四支，二號排筆四
支，三號排筆四支。"韓北屏《非洲夜會・奴隸
和奴隸海岸》："這一幅色彩鮮明的圖畫，突然
給飽蘸着青灰色顏料的排筆一刷，變得黯淡而
且陰慘。"

判筆

一種中間留有空隙之畫筆。判，分剖。用
以區別大塊面或色界。多與排筆相配使用。宋
何薳《春渚紀聞・寫畫白團扇》："公取白團夾
絹二十扇，就判筆作行書草聖及枯木竹石。"金
元好問《薛明府去思口號七首》之二："只從明
府到，判筆不傳神。"清鄒一桂《小山畫譜・畫
筆》："天水烟雲、地坡石岸用排筆、判筆。"

着色

亦作"著色"。畫筆之一類。分大小兩種。
主要用於給作品上色。宋蘇軾《王晋卿所藏著
色山》詩："縹緲營丘水墨仙，浮空出没有無
間。爾來一變風流盡，誰見將軍著色山。"元劉
祁《歸潛志》卷三："又《濟南泛舟》云：'人
行著色屏風裏，舟在回文錦字中。'"清鄒一桂
《小山畫譜・畫筆》："葉用小着色。"清曹雪芹
《紅樓夢》第四二回："就是顏色，只有赭石、
廣花、藤黃、胭脂這四樣。再有不過是兩支著
色的筆就是了……大著色二十支，小著色二十
支。"

【著色】

同"着色"。此體宋代已行用。見該文。

大染

繪畫用筆。因其爲染色時用，故稱。一般
以羊毫製成，分大、中、小三種。在畫山水人
物時，可視所染面積大小而選用不同的染筆。
清曹雪芹《紅樓夢》第四二回："大染四支，中
染四支，小染四支。"

中染

畫筆之一種。此稱明清時期已行用。詳
"大染"文。

小染

畫筆之一種。此稱明清時期已行用。詳"大染"文。

決重筆類

朱筆

亦作"硃筆"。蘸有朱色之筆。古人多用之批校文稿，今亦沿之。宋趙彥衛《雲麓漫鈔》卷四："宋景文公修《唐書》，稿用表紙朱界，貼界以墨筆書舊文，傍以朱筆改之。"清江藩《漢學師承記·閻若璩》："今悉准之《説文》，於漢隸字原中取一正體，以朱筆標出之。"清黃六鴻《福惠全書·蒞任部·堂規式》："本縣每日所用薪米蔬菜等物，逐日登記買辦簿，硃筆點過。"夏丏尊、葉聖陶《文心》十四："每行文字之旁，用朱筆加着許多式樣的符號。"亦指書寫囚犯名册所用的紅色毛筆。詳下文"丹筆"。

【硃筆】

同"朱筆"。此體清代已行用。見該文。

【丹筆】

即朱筆。古時判決囚犯名籍所用之紅色毛筆。《初學記》卷二二引《後漢書》："盛吉爲廷尉，每至冬節，罪囚當斷，妻夜執燭，吉持丹筆，夫妻相對，垂泣決罪。"亦指古人點校用的朱筆。唐劉知幾《史通·點繁》："昔陶隱居《本草》，藥有冷熱味者，朱墨點其名。阮孝緒《七録》，書有文德殿者，丹筆寫其字。"宋陳師道《寄晁以道》詩："須子五千卷，丹筆校黃本。"

【丹毫】

即丹筆。亦爲"毛筆"之代稱。此稱行用於唐五代，流行至清。五代譚用之《送丁道士歸南中》詩："服藥幾年期碧落，驗符何處咒丹毫。"清龔自珍《己亥雜詩》之五十二："屋瓦自驚天自笑，丹毫圓折露華瀼。"清松琴《女學生入學歌》："脂奩粉盒次第抛，伏案抽丹毫。"

其他諸筆

佩筆

古人隨身携帶之筆，以備取用便捷。此稱多見於唐代。《舊唐書·李彦芳傳》："其佩筆尚堪書，金裝玉匣，製作精巧。"《新唐書·李彦芳傳》："其舊物有佩筆，以木爲管毼，刻金其上，別爲環以限其間。筆尚可用也。"

定名筆

本稱"健毫圓鋒筆"。唐時科場士子應試所用之筆。取榜上有名之意。宋陶穀《清異録·文用》："唐世舉子將入場，嗜利者爭賣健毫圓鋒筆，其價拾倍，號定名筆。筆工每賣一枝，則録姓名。俟其榮捷，則詣門求阿堵，俗呼謝筆。"清江湜《寓齋雜詩》："晴窗摹法帖，筆工來相挑。投我定名筆，曰兔之紫毫。"

【健毫圓鋒筆】

即定名筆。此稱行唐代已行用。見該文。

朱黄

　　亦稱"丹黄"。朱筆與雌黄筆。古時點校書籍，用朱筆書寫。如遇誤字則用雌黄塗抹，故謂之"朱黄"。始見於唐代，宋元後歷代均盛行，至清代漸廢。唐陸龜蒙《甫里先生傳》："值本既校，不以再三爲限，朱黄二毫未嘗一日去手。"《新唐書·隱逸傳·陸龜蒙》："得書誦熟乃録，雛比勤勤，朱黄不去手，所藏雖少，其精皆可傳。"清吴敬梓《儒林外史》第一一回："每日丹黄爛然，蠅頭細批。"

【丹黄】

　　即朱黄。此稱清代已行用。見該文。

第四章　墨　説

第一節　墨源考

　　墨源於何時，古無定說。宋李之彦《硯譜》稱："黄帝得玉一紐，治爲墨海。其上篆文曰：'帝鴻氏之硯。'" 明方瑞生《墨海·古墨束上》據此而斷曰："帝鴻氏硯，治爲墨海。墨之肇自軒轅，信有徵矣。作墨者，一云田真，一云邢夷。並著之，俟博雅者考焉。"明董斯張《廣博物志》亦云：墨始造於黄帝之時，一云田真造墨。另明羅頎《物原》又稱：邢夷作墨，史籀始墨書於帛。以上三書即爲有關墨源的最早記載。其後，清代陳元龍之《格致鏡原》、汪汲之《事物原會》諸書亦多徵引。綜上所述可知，墨之肇始有三說：一、始於黄帝；二、始於邢夷；三、始於田真。據考古發現與今世可確見的古文獻記載，中國之墨當源於原始社會後期，距今約五六千年。早在新石器時代，先民已學會利用色彩。從國内先後發現的大小數百處這一時期的文化遺址可知，這一時期不僅有製作光滑的石杵、石磨，還出現了大量陶器，并且有黑紅等多種紋飾。可以斷定，這一時期先民已能使用天然墨料或色料了。石杵、石磨既可製作，"帝鴻氏硯"更當容易。既有硯，則必有墨。或曰既有墨，則必有硯。硯墨總是相伴而生，故可互證。故漢代李尤《墨硯銘》云："書契既造，墨硯乃陳。"

殷墟發掘的遺存中，有墨書甲骨。通常墨書於背面，字體略大。甲骨正面富膠質油質，不易着墨，少有墨書。武丁時期，則多見塗以朱墨之刻辭。殷商是每事必卜的朝代，據此可證，其時已廣泛、熟練地掌握了墨書，爲使刻辭醒目，更配之以朱色。

我國有關墨的記載，最早見於《書》與《儀禮》。前書叙夏、商、周三代事，記載有墨刑；後書主叙周之禮儀，記載了墨繩，可見此時墨的使用尤爲普遍。前述之邢夷爲西周宣王時人，顯非墨之首倡者。《墨海》諸書稱引，或因其在用墨方法上有所改進而已。史籀亦爲宣王時人，《物原》稱其"始墨書於帛"，亦爲推斷之辭。宣王時墨的使用，既如此之廣，史籀"始墨書於帛"，當不爲過。

秦漢之前的墨，皆爲天然墨，或爲石墨，或爲硃砂墨。所謂黃帝、邢夷諸人首創，祇是發現或加工而已。自漢代始有松烟之類所製之人工墨，田真恰爲漢代人，《廣博物志》諸書稱"田真造墨"，或指其首造人工墨，而唯有人造墨的誕生，才標志着墨的真正發明、首創，而不是發現、加工。因而田真應是製墨之祖。

墨

書寫繪畫用的墨色顏料。可分爲天然墨與人造墨兩種。據考在舊石器時代，人類之始祖已發現并使用天然墨。在衆多原始遺存中保留有大量灰堆、炭木，這不僅是始祖學會用火、得以熟食的明證，烟灰、炭粉之類亦必具有塗抹標記之功用。宋晁説之《墨經·松》曰："古用松烟、石墨二種，石墨自晋魏以後無聞，松烟之製尚矣。"此處所謂"松烟之製尚

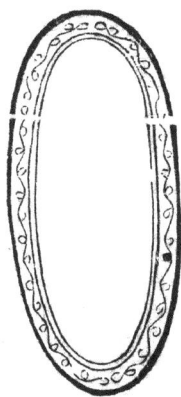

墨
（明王圻等《三才圖會》）

矣"，是指松烟乃是人造墨最初的重要原材料。今已發現大約五六千年前墨的實物。1980年，陝西臨潼姜寨仰韶文化初期墓葬中，發掘出一方帶蓋石硯。硯面凹處有一石質磨棒，旁有黑色顏料數塊及灰色水杯一隻，共五件，構成了一套完整的書寫繪畫工具組合。故《格致鏡原·文具》引明董斯張《廣博物志》曰："墨始造於黃帝之時。"明謝肇淛《五雜俎·物部四》："三代之墨，其法似不可知，然《周書》有涅墨之刑，晋襄有墨縗之制；又古人灼龜，先以墨畫龜，則謂古人皆以漆書者，亦不然也。"按，宋趙希鵠《洞天清録》諸書稱"上古以竹挺點漆而書，中古有墨石可磨汁以書，至魏晋間始有墨丸"。不過考古界多認爲，仰韶墨仍屬天然墨。墨，作爲定形的文字，先秦典籍中已出現。

如《莊子·田子方》:"宋元君將畫圖,衆史皆至,受揖而立,舐筆和墨,在外者半。"今出土之古陶文及戰國帛書中亦見其字。

黃帝墨

相傳中國最早造墨之人。爲遠古時黃帝所造,故稱。宋高承《事物紀原·什物器用》:"墨硯,後漢李尤《墨硯銘》曰:'書契既造,墨硯乃陳。'則是玆二物者,與文字同興於黃帝之代也。"明方瑞生《墨海·古墨束上》:"帝鴻氏硯,治爲墨海。墨之肇自軒轅,信有徵矣。"按,帝鴻氏、軒轅皆指黃帝。前文舉證中的仰韶墨,距今五六千年歷史,與黃帝的生活時期大抵相近,但此墨通常認爲乃天然墨,并非人造墨,故而黃帝僅是墨的最早發現者而已。一經發現,即廣泛使用推廣開來,仰韶之成套墨具即爲明證。《墨海》之作者方瑞生亦非斷定墨爲黃帝所作,衹是認爲"信有徵矣",故於其文後又補苴之曰:"一云田真,一云邢夷,並著之,俟博雅者考焉。"

邢夷墨

相傳西周宣王時邢夷爲中國古代最早造墨之人,故稱。在我國著名產墨區安徽歙縣、休寧一帶一直還流傳有關於製墨起源的傳說。相傳有一天邢夷在溪邊洗手,見水面漂浮着一塊松炭,即隨手撿起,發現手被染黑,於是受到啓發,將松炭帶回家中,搗碎後用水調和,加拌粥飯等物,製成墨塊。傳說雖不足信,但在古籍中亦多有關於邢夷造墨的記載。明朱常淓《述古書法纂》:"邢夷始製墨,字從黑、土,煤、烟所成,土之類也。"明羅頎《物原》:"邢夷作松烟墨,奚廷珪作油烟墨。"又"邢夷作墨,史籍始墨書於帛"。這些是我國古代有關人造墨的最早記載。邢夷作松烟墨之說,亦爲推測之語,不足爲據,但從天然墨到人工製墨有一個實踐探索的過程,却毋庸置疑。

田真墨

當爲中國古代最早的人造墨。田真爲漢代人。明董斯張《廣博物志》稱:田真造墨。明方瑞生《墨海》亦存此說。其後清代陳元龍《格致鏡原》、汪汲《事物原會》皆徵引。按,史前之原始社會中後期已有墨,新石器時代陶器上的墨紋,即爲明證。但此時之墨皆爲天然墨,屬於石墨之類(詳本卷《墨說·墨類考》)。至漢代始有人工墨,此人工墨多爲松烟墨。所製之墨甚精良,已成爲宮廷、官府辦公必備之物品。其時頗貴扶風隃麋(今陝西千陽東)終南山之松,所製之墨稱之爲"隃麋墨"。故漢蔡質《漢官典儀》有以下記載:"尚書令、僕射、郎月賜隃麋大墨一枚、小墨一枚。"田真墨當即爲最早的松烟墨。參見本卷《墨說·墨類考》。

第二節 异名考

墨之各種稱謂,自漢代以來,隨着人工墨的製作而開始出現。如"隃麋",漢代隃麋(今陝西千陽東)是全國產墨中心,茂密繁盛的古松林爲製造松烟墨提供了豐富的自然資源。所製墨質地精良，成爲官府辦公必備物品。漢蔡質《漢官典儀》：“尚書令、僕射、郎月賜隃麋大墨一枚，小墨一枚。”後世遂稱“隃墨”。唐劉禹錫《牛相公見示新什謹依本韻次用以抒下情》：“符彩添隃墨，波瀾起剡藤。”或遂以“隃麋”作爲“墨”之代稱。宋沈遘《七言和吴冲卿省舍觀蘇才翁題壁》：“空堂老壁隃麋昏，蘇子之迹世所珍。”唐代以來，墨的异名别稱更爲繁多，各種稱謂反映了古代文人雅士對墨的喜愛及以墨爲友的雅趣。

墨之异名大致可分爲三類：代稱之類，擬人之類，美稱、戲稱之類。

一、代稱之類。以墨之原料、配料爲指代。如“香墨”，本指摻以香料所製之墨，後代稱墨。唐韋應物《對韓少尹所贈硯有懷》：“故人謫遐遠，留硯寵斯文。白水浮香墨，清池滿夏雲。”又如“麝煤”，本指含有麝香的墨，後藉以泛稱墨。唐韓偓《橫塘》詩：“蜀紙麝煤添筆媚，越甌犀液發茶香。”清厲荃《事物异名録·文具部》：“麝煤，謂墨也。又曰寶煤、香煤、松煤、霜煤。”故墨又有“寶煤”“香煤”“松煤”“霜煤”諸稱。松煤，本指製墨原料松烟，後借指墨。宋歐陽修《石篆》詩：“山中老僧憂石泐，印之以紙磨松煤。”又如“劑”，本指製墨時用烟膠等摻調的劑型，後因以稱墨。唐馮贄《雲仙雜記》卷一：“玄宗御案墨曰龍香劑。”又有“冷劑”（見金元好問《賦南山楊生玉泉墨》詩）、“法劑”（見明李昌祺《剪燈餘話·武平靈怪録》）、“香劑”（見清厲荃《事物异名録·文具部·墨》）、“龍劑”（見《故事成語考·器用》）之稱。以墨之形狀爲指代，如“丸墨”“墨丸”“烏丸”“松丸”。早期墨呈丸狀，且多以松烟製作，故有此諸稱。唐段成式《酉陽雜俎·語資》：“〔王勃〕少夢人遺以丸墨盈袖。”宋陸游《掩户》詩：“香縷映窗凝不散，墨丸入硯細無聲。”宋陳師道《古墨行》：“秦郎百好俱第一，烏丸如漆姿如石。”宋劉弇《試院次韻奉和趙達夫記室惜别之什》：“松丸暖動蟾蜍滴，消殺風光盍付詩。”此外，墨尚有“玄雲”（見宋蘇軾《和范子功月石硯屏》詩）、“玄霜”（見宋晁冲之《贈僧法一墨》詩）、“竈煤”（見宋蘇軾《孫莘老寄墨四首》詩之三）、“瘦龍”（見宋黄庭堅《謝景文惠浩然所作廷珪墨》詩）諸稱。

二、擬人之類。墨之擬人稱謂源於唐代。如“陳玄”，唐代文豪韓愈以筆擬人，作《毛穎傳》：“穎與絳人陳玄、弘農陶泓及會稽楮先生友善，相推致，其出處必偕。上召穎，三人者不待詔輒俱往，上未嘗怪焉。”此稱歷代沿用，元代亦作“陳元”。元倪瓚《謝筆》詩：“陶泓思渴待陳元，對楮先生意未宣。”其後，唐人文嵩仿韓愈文，作《松滋侯易玄光傳》，故墨又得“易玄光”“松滋侯”之名。因“其參玄得道能神仙者，則自易水之上，後代故用爲姓云"。墨取"易"姓，即源於此，係因河北易水流域製墨歷史悠久，所製"易墨"，魏晉南北朝時已名聞天下，直至隋唐不衰。此外，唐代馮贄《雲仙雜記》卷一載："玄宗御案墨曰龍香劑，一日見墨上有小道士，如蠅而行，上叱之，即呼'萬歲'，曰：'臣即墨之精，黑松使者也。'"又卷二記載："稷（薛稷）又爲墨封九錫，拜松烟都護、玄香太守，兼亳州諸郡平章事。"故墨又有"小道士墨""黑松使者""松烟都護""玄香太守"諸稱。宋代文人蘇軾以硯擬人，作《萬石君羅文傳》，文中戲稱墨爲"墨卿"。宋人林洪擬稱十八種文具爲十八學士，其中墨又有"燕正言""體玄逸客"（見宋林洪《文房職方圖贊》）之稱。

三、美稱、戲稱之類。如"天竈墨"，戲言其用天竈之烟製成。唐釋貫休《觀懷素草書歌》："月兔筆，天竈墨，斜鑿黃金側銼玉。"又如"烏玉玦"，唐李廷珪《藏墨玦》詩："贈爾烏玉玦，泉清硯須潔。"此稱沿用至明清。五代韓熙載延請歙州名墨工朱逢於化松堂造墨，所製墨稱"玄中子""麝香月"（見宋陶穀《清異錄·文用》）。又如"玄圭"，言其色黑且形如圭。宋楊萬里《春興》詩："急磨玄圭染霜紙，撼落花鬚浮硯水。"又如"玄玉"，形容墨如黑色的玉。元臺哈布哈《桐花烟爲吳國良賦》："真珠龍腦吹香霧，夜夜山房搗玄玉。墨成誰共進蓬萊，天顏一笑金門開。"此外，尚有"書媒"（亦作"書煤"，見宋陶穀《清異錄·文用》）、"天峰煤"（見元陸友《墨史·雜記》）、"烏金"（見明李時珍《本草綱目·土部·墨》）諸稱。

代稱之類

隃糜[1]

本指隃糜（今陝西千陽東）所産之墨。後爲"墨"之代稱。歷代製墨名家亦喜將所製之墨以"古隃糜"命名，以示其墨歷史悠久，質地精良。宋沈遘《七言和吳冲卿省舍觀蘇才翁題壁》："空堂老壁隃糜昏，蘇子之迹世所珍。"宋蘇軾《孫莘老寄墨四首》詩之二："隃糜給尚方，老手擅編劃。"元劉詵《贈李福元賣書作墨二首》詩之一："經筵午茗坐白虎，詞館夜燭分隃糜。"明于慎行《程君房寄墨道中爲稅使所榷志感》詩有"隃糜原不化黃金"之句。明文震亨《長物志·器具》："古人製器尚用，不惜所費，故製作極備，非若後人苟且……下至隃糜、側理，皆以精良爲樂。"清周亮工《祭墨》詩："小閣年年拜，隃糜夙所親。"清劉獻廷《廣陽雜記》卷四："隃糜易盡，終磨海島之頭；側理若窮，願寫彭城之背。"清代亦作"隃麋"。清姚士陛《斷硯歌爲姜西溟先輩賦硯爲家梁汾舍人擊碎》：“隃糜發采宣毫爽，酒半傳觀各誇賞。”清洪亮吉《鉬月閣記》：“蠻紙萬幅，有沈約手鈔之書；隃糜兩螺，爲李尤自製之墨。”

【隃糜】

同“隃麋”。此體清代已行用。見該文。

香墨[1]

本指佐以香料製成的墨，後爲“墨”之代稱。此稱唐五代時已行用。唐韋應物《對韓少尹所贈硯有懷》詩：“故人謫遐遠，留硯寵斯文。白水浮香墨，清池滿夏雲。”五代馮延己《更漏子》詞：“金剪刀，青絲髮，香墨蠻箋親札。”金元好問《眉二首》詩之一：“香墨燒殘水麝塵，內家新樣入輕勻。”明張羽《贈製筆人》詩：“纖毫發香墨，玉管淡含滋。”清曾樸《孽海花》第四回：“磨香墨，潤寶管，行行寫定。”

麝煤

亦作“麝媒”。本指含有麝香的墨，後爲“墨”之代稱。墨色黑如煤，故名。此稱唐代時已行用，流行至清。宋黃庭堅《謝景文惠浩然所作廷珪墨》詩：“廷珪贗墨出蘇家，麝煤添澤紋烏韡。”又《戲贈米元章》詩之一：“萬里風帆水著天，麝煤鼠尾過年年。”宋楊萬里《送羅永年西歸》詩：“南溪鷗鷺如相間，爲報春吟費麝煤。”宋洪芻父《試朱瑾墨》詩：“贈我麝煤如黑玉，爲君龍尾濯清秋。”明陶安《墨梅》詩：“更無明月色，惟覺麝煤香。”清蔣世銓《一片石・宴閣》：“取麟毫、麝煤、龍尾、鳳箋來。”清金農《短睡十韻》：“不然夭桃百媚楚女顋，翠娥一一畫麝煤。”清厲荃《事物異名錄・文具部》：“韓偓詩：蜀紙麝煤添筆煤。按：麝煤，謂墨也。”

【麝媒】

同“麝煤”。此體宋代已行用。見該文。

松煤[1]

“墨”之代稱。古墨多以松烟製成，其色青黑如煤，故名。唐宋時已行用，流行至明清。宋歐陽修《石篆》詩：“山中老僧憂石泐，印之以紙磨松煤。”宋黃庭堅《次韻黃斌老所畫橫竹》詩：“晴窗影落石泓處，松煤淺染飽霜兔。”明徐渭《勾勒竹》詩：“自緣勾勒減松煤，非關白雪壓枝低。”清姚鼐《題劉雲房少宰滌硯圖》詩：“松煤竹管行拋棄，蕉白紅絲塵自封。”

寶煤

“墨”之代稱。多用於珍貴之墨。此稱宋金時已行用。金劉仲尹《謝孔遵席後堂山水圖》詩：“玉腕雪迴犀管細，寶煤香散鳳綃空。”清厲荃《事物異名錄・文具部》：“韓偓詩：蜀紙麝煤添筆煤。按：麝煤，謂墨也。又曰寶煤、香煤、松煤、霜煤。”

香煤

“墨”之代稱。此稱宋代已行用，流傳至明清。宋郭祥正《奉和運判吳翼道留題石室》詩：“歐陽古錄遺此碑，我漬香煤傳以紙。”金元好問《眉二首》詩之二：“石綠香煤淺淡間，多情長帶楚梅酸。”明陶安《送人赴浙東》詩：“香煤浮硯沼，短燭照書簾。”

霜煤

“墨”之代稱。此稱宋代已行用，沿用至清。宋程俱《試端溪古硯偶書二首》之二：“破硯猶堪磨老境，醉拈椽筆掃霜煤。”清厲荃《事物異名錄・文具部》：“韓偓詩：蜀紙麝煤添筆煤。按，麝煤，謂墨也。又曰寶煤、香煤、松煤、霜煤。”

劑

指製墨時用烟膠等摻調的劑型。後因以稱墨。此稱唐宋時已行用。唐馮贄《雲仙雜記》卷一：“玄宗御案墨曰龍香劑。”宋何薳《春渚紀聞·潘谷墨仙揣囊知墨》：“潘生一日過，余取所藏墨示之。谷隔錦囊揣之，曰‘此李承宴軟劑，今不易得。’”宋晁説之《墨經·丸》：“凡丸劑不可不熟，又病於熱，熱不堪用。”元王惲《贈墨卿秦得真》詩之一：“壯心零落羽林槍，老劑玄圭入退藏。”

冷劑

“墨”之別稱。此稱行用於宋金時期。宋劉從益《戲答侯威卿覓墨》詩：“冷劑香螺甖一足，破慳分與畫眉人。”金元好問《賦南中楊生玉泉墨》詩：“御團更覺香爲累，冷劑休誇漆點成。”元耶律鑄《玉泉新墨》詩：“柏液煤揉冷劑香，枯膠點漆自仙方。”

法劑

“墨”之代稱。元明時已行用。明李昌祺《剪燈餘話·武平靈怪錄》：“華箋法劑長爲侶，圓鏡方琴巧製形。”

香劑

“墨”之別稱。元張仲壽《疇齋墨譜》載有“潘衡宣和龍香劑”，又載：“林杲東卿者，亦汶陽香劑。人云一點如漆，百年如石。”元陸友《墨史》卷中：“潘墨之香劑中必入龍麝等也。”清姚鼐《論墨絶句九首》之一：“宣和香劑用油烟，奚李前撫竟邈然。”

龍劑

“墨”之別稱。此稱宋代已行用，沿用至清。宋姚勉《贈墨客吕雲叔》詩：“殿頭漬筆和金盂，方得回翁龍劑力。”明烏斯道《惠墨歌》：

“劉侯贈我龍劑墨，廣踰一寸修減尺。”清汪由敦《寄内弟查溥公》詩之三：“龍劑珍家製，鸞書愛手摹。”《故事成語考·器用》：“墨曰陳玄，又曰龍劑。”

丸墨

“墨”之代稱。古時墨製成丸形，以丸記數，故稱。唐宋時已行用。唐馮贄《雲仙雜記》卷六：“丸墨日用之，一歲磨減半寸者，萬金不換，然至難得。”宋蘇易簡《文房四譜·墨譜》：“陶侃獻晉帝箋紙三十枚，墨二十丸，皆極精妙。”南北朝時期墨的計量又有螺、丸、量、枚等。此稱唐代時已行用。唐段成式《酉陽雜俎·語資》：“〔王勃〕少夢人遺以丸墨盈袖。”宋蘇易簡《文房四譜·墨譜》：“趙壹《非草書》云：十日一筆，月數丸墨。”

墨丸[1]

“墨”之代稱。此稱宋代已行用，沿用至清。宋陸游《掩户》詩：“香縷映窗凝不散，墨丸入硯細無聲。”宋劉跂《寄晁以道》詩：“墨丸不減官陰廥，著書寂寞來孔時。”元黃玠《贈筆工沈生》詩：“君不聞朔土貴人執笏思，對事倉卒墨丸磨。”清孫延《燭影搖紅》詞：“静碾湘縑，墨丸寫出幽蘭。”

烏丸

“墨”之代稱。此稱唐宋時已行用。墨呈黑色，有形如丸，故稱。宋陳師道《古墨行》：“秦郎百好俱第一，烏丸如漆姿如石。”宋楊萬里《謝王恭父贈梁杲墨》詩：“君不見，蜀人烏丸天下妙，前有蒲韶後梁杲。”清厲鶚《汪青渠送研光牋》詩：“一笑磨烏丸，欲試復惆悵。”

松丸

“墨”之代稱。因松烟可製墨，故稱。此稱

宋代已行用。宋劉弇《試院次韻奉和趙達夫記室惜別之什》：“松丸暖動蟾蜍滴，消殺風光盍付詩。”清厲荃《事物異名錄·文具部》：“劉弇詩：落紙松丸香。”

玄雲

“墨”之代稱。此稱見於宋金時期。宋蘇軾《和范子功月石硯屏》詩：“紫潭出玄雲，翳我潭中星。”王十朋集注引趙次公曰：“紫潭言硯，玄雲言墨。”宋陸游《龜堂晨起》詩：“培火螭爐起寶熏，滴泉鼇硯聚玄雲。”金元好問《賦澤人郭唐臣所藏山谷洮石研》詩：“元雲膚寸天下遍，壁水直上文星高。”金馮延登《洮石硯》詩：“芸窗盡目無人到，坐看玄雲吐翠微。”

玄霜

“墨”之代稱。此稱行用於宋元時期，流行至明清。宋晁沖之《贈僧法一墨》詩：“玄霜霏霏玉杵下，捕麋煮角當嚴冬。”元虞集《三用韻答巢翁就以奎章賜墨贈之》詩：“臨池三月玄霜盡，對月千篇白雪如。”元倪瓚《贈陶得和製墨》詩：“麋膠萬杵搗玄霜，螺製初成龍井莊。”明文彭《徽州吳君得妙法製墨賦詩贈之》：“收烟調搗三萬杵，練作玄霜烏玉玦。”

竈煤

“墨”之代稱。竈上烟煤可製墨，故稱。此稱宋代已行用。宋蘇軾《孫莘老寄墨四首》詩之三：“瓦池研竈煤，葦管書柿葉。”元黃溍《贈夏德頌》：“戲拈葦管和竈煤，爲君聊賦山中樂。”亦稱“竈墨”。宋周必大《過餘于吳師中秀才以小詩惠歙硯次韻謝之》：“三載瓦池研竈墨，因君聊復夢義皇。”

【竈墨】

即竈煤。此稱宋代已行用。見該文。

瘦龍

墨上所刻的龍形花紋，因以爲“墨”之代稱。宋代已行用。宋梅堯臣《答祖擇之遺新羅墨》詩：“海上老松苑，霹靂燒瘦龍。胡人犀皮膠，團煤烟膏濃。”宋黃庭堅《謝景文惠浩然所作廷珪墨》詩：“柳枝瘦龍印香字，十襲一日三摩挲。”金元好問《陳德元竹石》詩：“瘦龍不見金書字，試就宣和石譜看。”元陸友《墨史·唐》：“友平生凡五見廷珪墨。其一見之於京師楊好謙家，面作柳枝瘦龍，上印一小‘香’字，幕曰‘歙州李廷珪墨’。黃羅囊襲之，表以牙籤，曰‘仁宗皇帝寶字墨’。”

擬人之類

陳玄

亦作“陳元”。“墨”之擬人稱謂。此稱始見於唐代，歷代沿用至清。唐代大文豪韓愈以筆擬人，作《毛穎傳》曰：“穎與絳人陳玄、弘農陶泓及會稽楮先生友善，相推致，其出處必偕。”宋米芾《紙》詩：“陶泓毛穎陳玄輩，同日聲名四海飛。”宋莊季裕《雞肋編》卷下：

“余嘗和吳觀墨詩云：‘賴召陳玄典籍傳，肯教邊腹擅便便。’”宋孫奕《履齋示兒編·雜記·人物異名》：“墨曰陳玄，黑松使者。”元倪瓚《謝筆》詩：“陶泓思渴待陳玄，對楮先生意未宣。”清厲荃《事物異名錄·文具部》：“韓愈《毛穎傳》：毛穎與絳人陳玄、弘農陶泓、會稽楮先生友善。按，陳元，謂墨也。”《故事成語考·器用》：“墨曰陳玄，又曰龍劑。”

【陳元】

同“陳玄”。此體元代已行用。見該文。

松滋侯

“墨”之擬人稱謂。此稱始見於唐代。宋蘇易簡《文房四譜·墨譜》引唐文嵩《松滋侯易玄光傳》：“易玄光，字處晦，燕人也。其先號青松子，頗有材干。雅淡清貞，深隱山谷不仕，以吟嘯烟月自娛……嘗與南越石虚中爲研究雲水之交，與宣城毛元鋭、華陰楮知白爲文章濡染之友。明天子重儒，玄慕其有道，世爲文史之官。特詔常侍御案之右，拜中書監儒林待制，封松滋侯。”明郭勛《雍熙樂府·一枝花·爲鳳陽諸公子》：“相知是楮先生陶泓氏之徒，相知是松滋侯管城子之屬。”明吳寬《飲於喬家以端硯聯句畢復拾餘韻》：“氣陵松滋侯，姻締雪濤姐。”

易玄光

“墨”之擬人稱謂。易，易州（今河北易縣），唐時以產名墨著稱，有祖、奚、李、張、柴、陳諸家，世稱其製墨法爲“易水法”。此稱始見於唐代。宋蘇易簡《文房四譜·墨譜》：“文嵩《松滋侯易玄光傳》：易玄光，字處晦，燕人也。其先號青松子，頗有材干……以成道易水之上，遂爲易氏焉……史臣曰：松滋侯易氏，蓋前山林得道人也。青松子富有春秋，不顯氏名，其族或隱天下名山，皆避爲棟梁之用也。有居太山者，秦始皇巡狩至東嶽，因經其隱所，拜其兄弟五人爲大夫焉。其參玄得道能神仙者，則自易水之上，後代故用爲姓云。”清代亦作“易元光”。清厲荃《事物異名録·文具部·墨》：“《文房四譜》：燕人易元光，字處晦，燕人也，

封爲松滋侯。按，謂墨也。”

【易元光】

同“易玄光”。此體清代已行用。見該文。

黑松使者

“墨”之擬人稱謂。自漢魏以來，墨多以松烟製成，唐人附會成典，故名。唐馮贄《雲仙雜記》卷一：“玄宗御案墨曰龍香劑。一日見墨上有小道士，如蠅而行，上叱之，即呼‘萬歲’，曰：‘臣即墨之精，黑松使者也。’”後因以稱墨。宋孫奕《履齋示兒編·雜記·人物異名》：“墨曰陳玄，黑松使者。”

小道士墨

“墨”之謔稱。此典始於唐代。明代著名歙派墨工羅小華製造的仿古墨“小道士墨”，即是據此典而來的，開創了歙派仿古墨之先河。清卞永譽《式古堂書畫匯考》卷三七：“湖上一回首，青山卷白雲。孔昭姚潛己巳二月試小道士墨。”參見上文“黑松使者”。

玄香太守

“墨”之擬人稱謂。玄，言其黑。因佳墨色濃如漆，沁人心脾，故稱。此稱唐代時已行用。唐馮贄《雲仙雜記》卷一：“《纂異記》：稷（薛稷）又爲墨封九錫，拜松烟都護、玄香太守，兼亳州諸郡平章事。”元張天英《贈臨江潘雲谷》詩：“天家一顧人共知，玄香太守潘雲谷。”清代亦作“元香太守”。清厲荃《事物異名録·文具部》：“《纂異記》：唐薛稷封墨爲公，加九錫，拜元香太守。”

【元香太守】

同“玄香太守”。此體清代已行用。見該文。

墨卿

“墨”之擬人稱謂。此稱始見於宋代，沿用

至明清。宋蘇軾《萬石君羅文傳》："是時墨卿、楮先生皆以能文得幸。而四人同心，相得歡甚，時人以爲文苑四貴。"按，其四人爲毛純、羅文、墨卿、楮先生，各代指筆、硯、墨、紙，即文房四寶。宋王十朋《松筆》詩："輩行惟彤管，宗盟是墨卿。"宋葛勝仲《試墨》詩："爲適閒中趣，晴窗試墨卿。"元王惲《宣和寶墨歌》："墨卿入奏少許可，追逐五季參三張。"明顧清《題杭文錫扇》詩："圍實畦芛雜水英，墨卿收拾太多情。"

燕正言

"墨"之擬人稱謂。此稱始見於宋代。宋人林洪作《文房職方圖贊》，將十八種文具喻爲十八學士，稱墨爲"燕正言，名玉，字祖圭，號體玄逸客"。

燕正言
（宋林洪《文房職方圖贊》）

美稱、戲稱之類

天竈墨

"墨"之美稱。謂以天竈之烟製成，形容其精美非凡。此稱行用於唐代。唐釋貫休《觀懷素草書歌》："月兔筆，天竈墨，斜鑿黄金側鍖玉。"

烏玉玦

"墨"之美稱。此稱始見於唐代，行用至明清。唐李廷珪《藏墨玦》詩："贈爾烏玉玦，泉清硯須潔。"宋蘇軾《孫莘老寄墨四首》詩之三："近者唐夫子，遠致烏玉玦。"元傅若金《王顏復丹墨》詩："妙墨早傳烏玉玦，洪鑪更伏紫金丹。"明孫承恩《南齋十詠》："分得仙家烏玉玦，紫霧玄雲電光掣。"明文彭《徽州吳君得妙法製墨賦詩贈之》："收烟調搗三萬杵，練作玄霜烏玉玦。"明李時珍《本草綱目·土部·墨》引《釋名》："烏金、陳玄、玄香、烏玉玦。"

玄中子

亦作"元中子"。亦稱"麝香月"。"墨"之戲稱。此稱行用於唐宋時期。宋陶穀《清

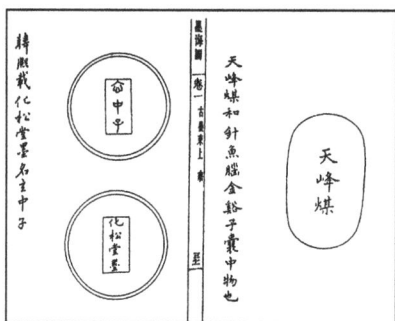

玄中子　天峰煤
（明方端生《墨海》）

異録·文用》："韓熙載留心翰墨，四方膠煤多不合意，延歙匠朱逢於書館傍燒墨供用。命其所曰化松堂，墨文曰玄中子，又自名麝香月。"清厲荃《事物異名録·文具部》："《清異録》：韓熙載燒墨，命曰'元中子'，又曰'麝香月'。"

【元中子】

同"玄中子"。此體清代已行用。見該文。

【麝香月】

即玄中子。此稱宋代已行用。見該文。

玄圭

亦稱"玄玉"。"墨"之美稱。因其色黑且

形似圭，故稱。此稱宋元時已行用。宋楊萬里《春興》詩：“急磨玄圭染霜紙，撼落花鬚浮硯水。”元王惲《贈墨卿秦得真》詩之一：“壯心零落羽林槍，老劑玄圭入退藏。”元乃賢《江東魏元德所製齊峰墨於上都慈仁殿賜文錦馬渲以寵之既南歸作詩以贈》：“錦襲玄圭瑩，龍香秘閣浮。漬毫春黛濕，拂楮翠雲流。”元臺哈布哈《桐花烟爲吳國良賦》詩：“真珠龍腦吹香霧，夜夜山房搗玄玉。墨成誰共進蓬萊，天顏一笑金門開。”元倪瓚《贈墨生沈學翁》詩：“桐烟墨法後松烟，妙賞坡翁已久傳。麋角膠清瑩玄玉，龍文刀利淬寒泉。”明高啓《贈賣墨陶叟》詩：“玄玉初成敢輕用，萬里豹囊曾入貢。”

玄 玉
（明方于魯《方氏墨譜》）

【玄玉】

即玄圭。此稱元代已行用。見該文。

書媒

亦作“書煤”。“墨”之謔稱。此稱唐代已行用。唐薛濤《四友贊》：“磨潤色先生之腹，濡藏鋒都尉之頭，引書媒而黯黯，入文畝以休休。”清厲荃《事物異名錄·文具部》：“《清異錄》：引書煤而黯黯。按，書煤，謂墨也。”

【書煤】

同“書媒”。此體清代已行用。見該文。

天峰煤

“墨”之別稱。此稱始見於唐代。唐馮贄《雲仙雜記》卷二：“盧杞與馮盛相遇於道，各攜一囊，杞發盛囊有墨一枚，杞大笑。盛正色曰：‘天峰煤和針魚腦，入金溪子手中，錄《離騷》古本，比公日提綾紋刺三百爲名利奴，顧當孰勝？’已而搜杞囊，果是三百刺。”清厲荃《事物異名錄·文具部》：“《大唐龍髓記》：馮盛有墨一枚，號天峰煤。”

烏金

“墨”之美稱。此稱行用於明清。清厲荃《事物異名錄·文具部》：“《本草綱目》：墨曰烏金，又曰元香。”清厲鶚《群仙祝壽》第四折：“準備着秋兔毫、盤龍硯、烏金墨、群玉箋，灑灑洋洋，千首既成。”

第三節 墨類考

自古至今，隨着製墨業的發展，墨的原料日豐，顏色日多，形狀日繁，用途日廣，於是形成以下四大系列。

以墨的加工而言，則有“天然墨”和“人造墨”之分。天然墨係指未經過人類加工處理的墨。據文獻記載，最早使用的墨，取之於天然礦物、植物。如天然黑色礦物——石墨，即其一種。早在新石器時代，人類已懂得用墨色進行美術裝飾，這從大量出土的陶器中可以得到印證。“上古無墨，竹挺點漆而書”（見明陶宗儀《輟耕錄·墨》）。在上古漢語中，

"漆"與"墨"兩字相通,"漆書即是墨書"(見尹潤生《中國墨創始年代的商榷》),這種墨色即出自石墨。較之石墨稍晚的另一種礦物墨爲硃砂墨。在殷墟出土的甲骨中,有墨書和朱書的字迹,經後來的化學分析證明,墨色是碳素單質,紅色均爲硃砂,説明在殷商時代,天然礦物墨的使用已較爲廣泛。天然植物墨在古代文獻中亦有記載,如"墨菊,其色如墨,古用其汁以書寫"(見宋周密《澄懷録》),還有取自動物顏料以作墨,如用烏賊腹中的墨汁書寫,被稱作"墨馬之寶"。人造墨係指經過加工處理製成的墨。隨着人類文明的發展,天然墨的性能已遠遠不能滿足需要,人類在實踐中開始對天然墨進行加工改造,出現了人造墨。早期人造墨祇是對天然墨進行簡單再加工,如"木炭墨",即用燃燒過的植物作墨,性能較差。從實物看,目前所能見到最早的人造墨,是1975年湖北雲夢睡虎地秦墓出土的秦墨。此墨係一圓柱形墨塊,墨色純黑,細密有光澤,反映當時的製墨技術已達到一定的水準。

以原料而論,主要分松烟墨和油烟墨兩大類。松烟墨屬於植物墨,即燃燒松木,取其烟質,作爲製墨的主要原料,加入膠質及配料,如麝香、冰片、金箔、珍珠等,經過一定工序加工而成,具有質細色潤、不油膩、易附色的特點。在我國製墨史上,宋代以前所造的墨,都是以松烟爲原料,説明松烟墨在製墨業中一直占據主流地位。油烟墨是指以油脂爲原料,經燃燒取烟製成的墨,具有墨色純黑有光澤、墨迹歷久不變的特點,宜於作畫。最初創製於宋代著名墨工張遇。其製作方法是先燒油取烟質,再配以龍腦、麝香、金箔等名貴藥料,和膠冲搗而成。所製之墨,世稱"龍香劑",專供宮廷使用。油烟墨的原料包括桐油烟、麻油烟、石油烟、脂油烟等,其中以桐油烟居多。宋時潭州(今湖南長沙)人胡景純專取桐油烟製墨,取名桐花墨。取石油烟所製之墨,稱"石液",亦稱"延川石液",係宋代科學家沈括發現并製造(見宋沈括《夢溪筆談·雜志一》)。可惜自沈括之後,并未流行起來。脂油烟墨是指取動物脂肪燒烟製成的墨,這種墨很少見。漆烟墨的原料之一爲生漆熏燒後產生的烟灰,由宋代名墨工沈珪創製(見宋何薳《墨記·漆烟對膠》)。除上述松烟墨和油烟墨外,還有以多種原料混合製成的墨,即"混合墨",如魏晉時的墨丸,乃是以漆烟松煤夾和製成(見明陶宗儀《輟耕録·墨》)。宋代四川人蒲大韶針對油烟墨和松烟墨各自不同的特點,將油烟、松烟混合起來,製成油松墨,墨色深重,堅實耐用。宋代時又稱"義墨"(見宋蘇軾《青雪堂義墨》)。

以顏色而論,除最常見的"黑墨"外,又有"朱墨",係以硃砂爲主要原料製成的墨。

宋蘇易簡《文房四譜·墨譜》中詳細記載了朱墨的製作方法。再有"白墨"，色白如銀，研後即變黑，宋代時黟歙（今屬安徽）一帶製造，其製作法在當時已不傳（見宋蘇易簡《文房四譜·墨譜》）。此外尚有"彩墨"，即包含有多種顏色的墨。清代乾隆年間的"五香墨"，由石青、石綠、硃砂、石黃、白色五種顏色組成。嘉慶年間的套墨"名花十支"，則有硃砂、石黃、石青、石綠、車渠白、紫、黃丹、雄黃、赭石、朱標十種顏色。

以形狀而論，則有"墨丸"，即圓形墨，爲東漢至魏晋時的主要墨式。稍後又有"螺子墨"，呈螺形，係墨丸遺制（見明陶宗儀《輟耕録·墨》）。東晋後，墨開始具有固定形制，多爲直長形，便於手握研磨，成爲歷代墨的主要形制，沿用至今。唐代出現并使用墨模，墨模是製墨的工藝模具，它的使用，使墨的形制走向流程化、藝術化，主要有長形、方形、圓形、圭形、璧形以及各種果實、動物等形。清末出現的不用研磨的墨汁，實際上也應屬於墨的一種形制，它使墨的使用更爲方便。

以用途而論，則有"藥墨"，指具有藥用價值的墨。以藥入墨，最早源於漢末製墨家韋誕，後歷代流行。明代醫學家李時珍《本草綱目》中對此記載頗詳。至清代，除常見的麝香、冰片、珍珠、金箔外，又加入牛黃、熊膽等貴重藥物，製成皇家專用藥墨，具有止血、消炎等多種功能。再有"精鑒墨"，又稱"集錦墨"，這類墨的質地、形狀、紋飾、雕刻、裝潢均極考究，是名副其實的墨製工藝品，主要用於鑒藏賞玩。

此外，僅依用途而論，尚可分爲以下幾類：

一、貢墨：古代封疆大臣令名家製造，進獻帝王，或按舊制徵貢之墨。其墨皆署進獻者名款，或署墨匠姓氏。

二、御墨：專供皇帝使用之墨。唐前多爲貢墨，唐代始設墨務官，專製御墨。

三、自製墨：按使用者意願自己製造之墨。文人書家好此。

四、珍玩墨：專供珍藏玩賞之墨，不重實用。形體大多小巧玲瓏，香氣襲人。

五、禮品墨：用以饋贈親友之墨。其中又分"婚禮墨""壽禮墨""入學墨"幾種。

六、普通墨：指一般書寫用墨。多簡樸實用，不重雕飾，少有香料。

以上六途法，始自明清之後。本書所重者在歷代有影響之墨類，明清之後，文人雅士、達官貴人所自賞自遣、互贈爲禮之類墨品，幾無收列。舉此六途，以廣見聞，故以録存。

種　類

石墨

可用於書寫的黑色顏料。石墨屬於天然黑色礦物，據考證，古人所稱石墨，係指可用作燃料的煤，使用時需研磨成汁。早在新石器時代已開始使用，這在出土的文物中可得到印證。一說石墨即宋代科學家沈括《夢溪筆談》中所提到的石油，在中古時已有使用。至漢代，雖然人工造墨已有了一定的發展，但遠不能滿足社會需要，石墨仍被廣泛使用。漢獻帝建安十五年（210），曹操修築了銅雀臺、冰井臺、金虎臺三臺，其中冰井臺中藏有大量石墨。西晉文學家陸雲《與兄平原書》："一日上三臺，得曹公藏石墨數十萬斤，云燒此消復可用。然烟中人不知兄頗見之否？今送二螺。"宋蘇易簡《文房四譜·墨譜》："酈元注《水經》云：鄴

石墨（三臺石墨）
（明方于魯《方氏墨譜》）

都銅雀臺北曰冰井臺，高八丈，有屋一百四十間。上有冰室數井，井深十五丈，藏冰及石墨焉。石墨可書。"另在《廣州記》《西征記》《括地志》《新安郡記》等許多文獻中都有關於石墨的記載。魏、晉以來，隨着人造松烟墨的興起，石墨被取而代之。宋晁説之《墨經·松》："古用松烟、石墨二種，石墨自晋、魏以後無聞，松烟之制尚矣。"後僅出現在文人詩句中。唐皮日休《以紫石硯寄魯望兼酬見贈》詩："石墨一研爲鳳尾，寒泉半勺是龍睛。"

松烟墨

省稱"松墨"。"墨"之一種。燃燒松木，取其烟質，作爲製墨的主要原料，再加入膠質和一定的配料，如冰片、麝香、金箔等，經過各種工藝製作而成。其墨色濃黑沉着，質地細膩，易磨易化，適宜於工筆劃等。松烟製墨歷史悠久，其確切年代今尚不能確定，三國魏曹植《樂府》詩中有"墨出青松烟，筆出狡兔翰"之句。宋晁説之《墨經·松》："漢貴扶風隃糜終南山之松。"説明至遲在漢代已使用松烟製墨，

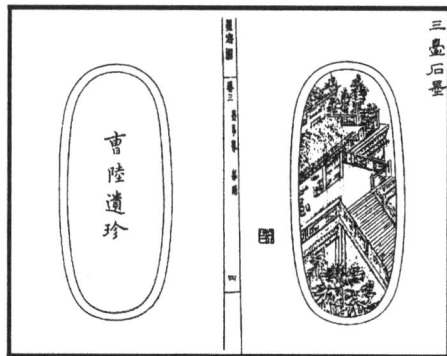

石　墨
（明方端生《墨海》）

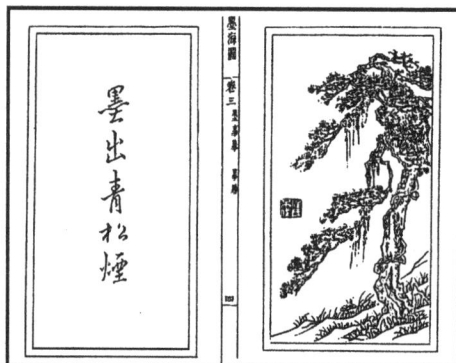

松烟墨
（明方端生《墨海》）

并成爲這一時期造墨的主要原料。漢代的主要產墨區之一爲隃麋（今陝西千陽東），當時該地區生長有大片松林，枝繁葉茂，當地人燒松取烟，製成佳墨，著稱於世。至魏晋南北朝時期，製墨業發展迅速，松烟仍爲人造墨的主要原料。宋晁說之《墨經·松》：“古用松烟、石墨二種，石墨自晋、魏以後無聞，松烟之制尚矣。”製作上，在承襲漢代傳統製墨的基礎上，又對製作工藝和配料上進行全面改進，墨的品質有了很大提高。魏初著名書法家韋誕親自參加製墨實踐，創造了一套先進的製墨方法，爲松烟墨的改良作出巨大貢獻。至東晋，廬山（今屬江西）、易州（今河北易縣）等地，因當地得天獨厚的自然資源優勢而成爲製作松烟墨的中心。宋晁說之《墨經·松》：“晋貴九江廬山之松，衛夫人《筆陣圖》曰：‘墨取廬山松烟。’”南齊書法家王僧虔所著《筆意贊》中提到的“剡紙易墨”，即指易州所產松烟墨。唐代製墨，仍以松烟墨爲主，唐初時以北方產區的隃麋、易州、潞州（今山西長治）等地區爲主要產墨區。所製墨質優量大，深受歡迎。文人墨客留下許多名詩佳句。唐白居易《送蕭鍊師步虛詞十首卷後以二絕繼之》：“花紙瑤緘松墨字，把將天上共誰開。”唐李嶠《墨》詩：“長安分石炭，上黨結松心。”上黨，潞州；松心，松烟墨。唐代時，朝鮮亦產松烟墨，并進貢朝廷。明陶宗儀《輟耕錄·墨》：“唐高麗歲貢松烟墨，用多年老松烟和麋鹿膠造成也。”唐末北方戰亂頻仍，迫使中原人口南移，易州製墨名家奚超父子，舉家南遷至歙州（今安徽歙縣），仍以製墨爲生。宋晁說之《墨經·松》：“後唐則宣州黄山、歙州黟山、松羅山之松，李氏以宣、歙之松類易水

之松。”安徽歙州、宣州一帶成爲新的製墨業中心。這一時期製墨名家除李氏（即奚氏）家族外，還有歙州耿氏家族、宣州盛氏家族等。宋代以來至明清，傳統的燒松取烟製墨法，由於多年來松林的大量砍伐，造成製墨原料供不應求，油烟墨的出現而使之受到一定的衝擊，但松烟墨仍是製墨業的主流。其製墨中心則由歙州擴展至整個徽州地區，所製之墨世稱“徽墨”。清張仁熙《雪堂墨品》：“唐宋以來多松烟墨，少油烟墨，故蘇子瞻得油烟墨而寶之。”元張昱《書藥舟爲湖州沈玉泉架閣賦》：“彩鸞韻寫松烟墨，不與青蛇道士賒。”元代著名墨工朱萬初造松烟墨，采用樹齡達二三百年的古松木，燃燒取烟和鹿膠製作而成，色澤深重，書寫流利，朱氏因此受到皇帝表彰。明麻仁衡《墨志·權質第八》：“《墨箋》曰：朱萬初之墨，沉着而無留迹，輕清而有餘潤，其品在郭玘父子間。”明屠隆《考槃餘事·朱萬初墨》：“余嘗謂松烟墨深重而不姿媚，油烟墨姿媚而不深重。若以松脂爲炬取烟，二者兼之矣。”今徽墨生產的各種墨品中，松烟墨仍爲主要產品之一。隨着對傳統制墨方法和工藝的不斷改進，其墨的品質不斷提高，產品深受書畫家們的喜愛和歡迎。總之，在我國製墨史上，松烟墨始終處於主導地位，至今不衰。

【松墨】

“松烟墨”之省稱。此稱唐代已行用。見該文。

【松烟】[1]

“松烟墨”之省稱。此稱唐代時已行用，流行至清。後亦泛指墨。唐安鴻漸《題楊少卿書後》詩：“端溪石硯宣城管，王屋松烟紫兔毫。”

宋黃庭堅《答王道濟寺丞觀許道寧山水圖》詩："往逢醉許在長安，蠻溪大硯磨松烟。"金董解元《西廂記諸宮調》卷四："文房四寶都拈住，謾把松烟試；墨池點得兔毫濃，拂試錦箋一紙。"清孫道乾《小螺庵病榻憶語》："兒好墨成癖，知之者多所持贈，師曹文孺大令，並賜以詩云：報與松烟三十笏，蘸毫憑學衛夫人。"

【碧松烟】

本指製墨用的松木烟灰，爲製松烟墨的主要原料。此特指潞州（今山西長治）所製之松烟墨。唐宋時已行用。唐李白《酬張司馬贈墨》詩："上薰碧松烟，夷陵丹砂末。蘭麝凝珍墨，精光乃堪掇。"字句中透出對上薰松烟墨的喜愛之情。

油烟墨

墨之一種。取油質燃燒之烟爲原料製作。油烟包括桐油烟、麻油烟、石油烟、脂油烟等。這種墨色純黑有光澤，墨迹經久不變，宜於作畫。宋代以前，我國傳統造墨法是燒松取烟，至宋時因多年砍伐取用，松林資源日漸減少。宋代著名科學家沈括在所著《夢溪筆談》中說："今齊、魯間松林盡矣，漸至太行、京西、江南，松山大半皆童矣。"隨着製墨業的發展，古松資源已無法滿足製墨需求，出現了新的製墨原料——油烟。宋代名墨工張遇首創采用油烟製墨的方法，爲中國製墨史增添了新的一頁。張遇油烟墨的製作方法，係燒油取烟，再配以龍腦、麝香、金箔等名貴藥料，和膠冲搗而成，世稱"龍香劑"，供宮廷御用，名揚一時。宋代時，造墨成爲一種時尚，北宋徽宗趙佶燒蘇合油取烟製墨，配料昂貴，製法獨特，難以仿製，人稱"墨妖"。至金代章宗時，一

兩墨竟價值黃金 500 克。大文豪蘇軾、書法家黃庭堅等人也都有過製油烟墨的經歷。油烟墨製作中，以桐油烟製墨最多。宋代潭州（今湖南長沙）人胡景純取桐油燒烟製墨，名曰"桐花烟"。取石油烟製墨在《夢溪筆談》一書中有詳細記載。宋時所刻的經書，亦有用油烟墨拓製。宋周密《癸辛雜識後集·賈廖刊書》："九經本最佳，凡以數十種比較，百餘人校正而後成，以撫州草抄紙、油烟墨印造。"南宋時，製墨家葉茂實燒製油烟墨，其燒烟、對膠、配製等工藝都與眾不同，所製墨久藏後仍堅挺如玉，光澤如漆，品質極精。元陸友《墨史》卷下："葉茂實，太末人，善製墨……其法用暖閣冪之以紙帳，約高八九尺，其下用碗貯油炷，燈烟直至頂。其膠法甚奇，內紫礦、秦皮、木賊草、當歸、腦子之類，皆治膠之藥。蓋膠不治則滯而不清，故其墨雖經久或色差淡，而無膠滯之患。"四川人蒲大韶針對松烟墨和油烟墨各自的特點，使用油烟、松烟混合製成油松墨，墨色深重，堅實耐用，很受歡迎。宋何薳《墨記·油松烟相半則經久》："近世所用蒲大韶墨，蓋油烟墨也。後見續仲永言，紹興初同中貴鄭幾仁撫諭少師吳玠於仙人關回舟自涪陵來。大韶儒服手刺就船來謁，因問：'油烟墨何得如是之堅久也？'大韶云：'亦半以松烟和之，不爾則不得經久也。'"元代時，油烟墨生產量有較大發展，已開始成爲主流。其製作高手有陶得和、吳善、沈學翁等人。明清時期，油烟墨製作方法被廣泛運用，以桐油、清油、猪油等爲原料生產的油烟墨，質地細膩，堅實耐磨，且防蛀、防腐，書寫墨迹烏黑發亮，經久不變，屬上等墨品。製墨名家羅小華、程君房、胡開

文等，都曾製作過油烟墨。明末科學家宋應星《天工開物·丹青》中亦有關於油烟墨製作的記述。今上海墨廠生產的高級油烟墨，用料極爲講究，是以桐油、麻油、猪油等動、植物油料燃煉成墨灰，配以各種名貴中藥材、香料製成，色澤黑潤，香味醇濃，舐筆不膠，入紙不暈，深受書畫愛好者的歡迎，産品暢銷日本及東南亞各國。

桐烟墨

亦稱"桐華烟"。油烟墨之一種。取桐油所燃之烟塵爲原料製成。宋代時潭州（今湖南長沙）盛産桐油，當地人胡景純就地取材，始創桐油燒烟製墨法，所製之墨人稱桐烟墨。其墨色光亮如漆，深得書畫家喜愛。宋何薳《墨記·桐華烟如點漆》："潭州胡景純專取桐油燒烟，名桐花烟。其製甚堅薄，不爲外飾以眩俗眼。大者不過數寸，小者圓如錢大。每磨研間，其光可鑒。畫工寶之，以點目瞳子，如點漆云。"宋楊萬里《試蜀中梁杲桐烟墨書玉板紙》詩："子規鄉裏桐花烟，浣花溪頭瓊葉紙。"元陸友《墨史》卷下："李彦穎云：'長沙多墨工，唯胡氏墨千金獺髓者最著。'"元代時徽州名墨工陶得和以製作桐油烟墨而聞名，其高超的製墨技術，深受文人墨客賞識。元代著名書畫家倪瓚曾寫七絕贊之："桐花烟出潘衡（宋代名墨工）後，依舊昇龍柳枝瘦。請看陶法妙非常，一點濃雲瓊楮透。"又《贈沈生賣墨》詩："桐烟墨法後松烟，妙賞坡翁已久傳。"元臺哈布哈《桐花烟爲吳國良賦》："吳郎骨相非食肉，朝食桐花洞庭曲……真珠龍腦吹香霧，夜夜山房搗玄玉。墨成誰共進蓬萊，天顔一笑金門開。"明清時期，桐烟製墨方法被廣泛使用，因桐油主

要産於湖南、湖北等地，原料運輸困難，取之不易，一些製墨工匠則派人到桐油産地，購買後就地燃燒提取烟質，帶回製墨。歙派製墨代表人物羅小華用桐油烟爲原料，和以金珠玉屑等配料製成的桐油烟墨，品質精良，有"堅如石，紋如犀，黑如漆，一螺值萬錢"之盛譽，宮廷内外紛紛出鉅資收購。歙派另一名家程君房製墨，用桐油 250 公斤燒烟，衹取用清烟 5 公斤，可見其選料之嚴格。製作上計量精確，一絲不苟，所製墨質地細膩，墨色黑亮，被作爲貢品進貢内府，供皇家使用。今安徽徽州墨廠所産的徽墨，桐油烟仍是其主要原料之一。

【桐華烟】

亦作"桐花烟"。"桐烟墨"之別稱。此稱宋代已行用。見該文。

【桐花烟】

同"桐華烟"。此體宋代已行用。見該文。

石液

油烟墨之一種。以石油燃燒取其烟灰加工製成。北宋時著名科學家沈括發現并製造，在其所著《夢溪筆談·雜志一》中有詳細記載："鄜延（今陝西延安）境内有石油……燃之如麻，但烟甚濃，所霑帷幕皆黑。予疑其烟可用，試掃其煤以爲墨，黑光如漆，松墨不及也。遂大爲之，其識文爲'延川石液'者是也。此物後必大行於世，自予始爲之。蓋石油至多，生於地中無窮，不若松木時而竭。"這種以石油烟爲製墨原料的開發，爲中國製墨史增添了新的一頁。宋范成大《溫泉》詩："砂床毓靈源，石液漱和氣。"明楊慎《石燭》："石燭，一名水肥，一名石脂，一名石液，今之延安石油也。可熏烟爲墨。唐人延州詩有'石烟多於洛陽塵'

之句。”

漆烟墨

省稱“漆烟”。墨之一種。原料之一爲油漆熏燒後産生的烟灰，故名。宋代名墨工沈珪創製。係取油、松煤及生漆渣燃燒取烟，和藥搗製而成。此墨有光澤，宜作畫，經久不褪。宋何薳《墨記·漆烟對膠》：“沈珪，嘉和人。初因販繒往來黃山，有教之爲墨者，以意用膠，一出便有聲稱。後又出意取古松煤，雜用脂漆滓燒之，得烟極精黑，名爲漆烟……其墨銘云：沈珪對膠，十年如石，一點如漆。”宋樓鑰《次李季章監簿韻》：“長編固已翻青簡，老墨猶能寶漆烟。”宋周紫芝《孫耘老惠龍尾硯漆烟墨報以二詩》之二：“詩翁無復思如泉，墨客能回漆作烟。”明劉炳《歌風臺賦》：“坑灰未冷，漆烟尚凝。”

【漆烟】

“漆烟墨”之省稱。此稱宋代已行用。見該文。

麝墨

含有麝香的墨。製墨時加入麝香，首創於漢末製墨名家韋誕。用此墨寫字作畫，墨香宜人，歷久不散。後歷代製墨皆沿襲，至今不衰。亦泛指名貴的香墨。唐王勃《秋日餞別序》：“研精麝墨，運思龍章。”唐陸龜蒙《采藥賦》：“烟分而麝墨猶濕，綺斷而龍刀合知。”蔣清翊注引《初學記》：“韋仲將《墨方》曰：合墨法，以真珠一兩，麝香半兩，皆搗細，後都合下鐵臼中，搗三萬杵，杵多愈益，不得過二月、九月。”元張弘範《墨竹》詩：“麝墨芸香小玉叢，澹烟橫月翠玲瓏。”元馬祖常《禮部合化堂前後栽小松》詩之二：“微風吹几帷，硯池麝墨香。”

香墨 [2]

墨之一種。因佐以香料製成，故名。製作時加入丁香、麝香等，色如點漆，墨香沁人。晋張敞《東宫舊事》：“皇太子初拜，給香墨四丸。”唐韋應物《對韓少尹所贈硯有懷》：“故人謫遐遠，留硯寵斯文。白水浮香墨，清池滿夏雲。”宋姜特立《講官沈大監獻東宫米字回賜筆墨因作小詩以求墨》：“聞道寶書天上去，却携香墨袖中歸。”元陸友《墨史》卷上：“超墨有二品，其面或爲特龍者，或曰‘新安香墨’者，其幕（背面）曰‘歙州李超造’，一上曰‘李超’。其號雖異，亦互有精粗。”明麻三衡《墨志·稽式》：“李廷珪墨有劍脊圓餅，而多作龍紋。嘉祐中仁宗以其墨賜近臣，曰新安香墨。其後，翰林承旨賜者，皆雙脊龍樣，尤爲佳品。”明劉崧《題江飛霞湘蘭沅芷》詩：“誰將幽意和香墨，寫出瀟湘一片秋。”

藥墨

可作爲藥物用於治病的墨品。墨除寫字繪畫外，還具有藥用價值，但僅指松烟墨。以松烟爲原料製作的藥墨，具有止血、消炎、瀉火、止痛等功用。宋晁説之《墨經·藥》：“凡墨，藥尚矣。魏韋仲將用真珠、麝香二物。後魏賈思勰用梣木、雞白、真珠、麝香四物。唐王君德用醋石榴皮、水犀角屑、膽礬三物，王又法用梣木皮、皂角、膽礬、馬鞭四物。李廷珪用藤黃、犀角、真珠、巴豆等十二物。”明代製造的徽墨普遍具有藥用價值，上等精品更是加入麝香、冰片、珍珠、金箔、公丁香、黃連等多種藥物。明程敏政《雙清圖壽汪君克敬序》：“汪氏世居休寧城北者……世居藥而尤以製墨聞邑中。四方人之來者，非汪氏藥墨不售。”明代醫學家李時珍在其醫學巨著《本草綱目》中，對松烟墨入藥，醫治内科、兒科、婦科、皮膚科及五官科等疾病都有記載，以墨爲原料配量的藥方也有十多種。清代時皇家專用藥墨，除上述藥物外，又加入牛黄、熊膽等貴重藥物，稱"萬寶止血藥墨"。可治中風中暑、小兒驚風、蛇蟲咬傷、吐血等疾病，止血效用更佳。

畫眉墨

專用於畫眉的墨。宋初名墨工張遇所造"麝香小御團墨"，在金章宗宮中被用於畫眉。張遇，易水人，善製墨，所製之墨與唐代名墨工李廷珪齊名。元陸友《墨史》卷上："遇墨有題光啓年者，妙不减廷珪。宮中取其墨燒去烟，用以畫眉，謂之畫眉墨。蔡君謨謂世以歙州李廷珪爲第一，易水張遇爲第二。"金元好問《賦南中楊生玉泉墨》詩："浣袖秦郎無藉在，畫眉張遇可憐生。"明楊慎《玉泉墨畫眉墨》："金章宗宮中，以張遇麝香小御團爲畫眉墨。"

彩色墨

墨之一種。以優質礦物顏料精製而成。研磨後，色彩純净艷麗，質細且不易褪色。有紅、黄、青、绿、棕、藍、白等各色，爲繪畫用的高級顏料。早期彩色墨雖未見實物，但從流傳至今的唐宋繪畫中，仍可看出當時所用顏料的精美與華麗。如唐人所繪《金碧山水圖》，畫面以青、绿色爲主，間施以金，描繪出秀麗蒼翠的山川，巍峨宏偉的殿閣，展現了輝煌壯麗的自然圖景。宋徽宗趙佶的《聽琴圖》，色彩柔和，人物傳神，顯示了唐宋時彩色墨製作的精良。至清代乾隆年間，彩色墨製作達到高潮。其時所製"五香墨"，由石青、石绿、硃砂、石黄、白色五種顏色組成。又嘉慶間所製"名花

十支"，爲硃砂、石黄、石青、石绿、車渠白、紫、黄丹、雄黄、赭石、朱標十色。製作精緻，色彩艷麗，堪稱墨中珍品。

朱墨

紅色墨。以硃砂爲原料製作。用於書籍的批點或編撰，以便省覽。《三國志·魏書·王肅傳》"董遇等亦歷注經傳，頗傳於世"晋裴松之注引三國魏魚豢《魏略》："初，遇善治《老子》，爲老子作訓注。又善《左氏傳》，更爲作朱墨別異。"宋代蘇易簡《文房四譜·墨譜》中詳細記載了朱墨的製作方法："造朱墨法：上好硃砂細研飛過，好朱紅亦可。以梣皮水煮膠清，浸一七日，傾去膠清。於日色中漸漸曬之，乾濕得所，和如墨挺。於朱硯中研之，以書碑文。亦須二月、九月造之。"朱墨在當時主要爲書丹上石之用，在科舉考試中亦用朱墨閱卷，後世沿用。明代科舉制度規定，考生考卷草稿，須用黑色的墨書寫，謂之"墨卷"，上交的正式試卷，則由謄録人以朱墨謄寫，名爲"朱卷"，以防考官徇私舞弊。元明以來還用於書畫、套板印刷等。宋歐陽修《答謝景山遺古瓦硯歌》："嗟予奪得何所用，簿領朱墨徒紛淆。"宋蘇軾《和陶貧士》詩之二："末路益可羞，朱墨手自研。"明代高濂《遵生八箋》一書中對其製作亦記載頗詳。魯迅《贈畫師》詩："風生白下千林暗，霧塞蒼天百卉殫。願乞畫家新意匠，只研朱墨作春山。"

白墨

墨之一種。色白如銀，研後即變黑。宋代時今安徽黟縣、歙縣一帶所創製。其製法在當時已不傳。宋蘇易簡《文房四譜·墨譜》："近黟、歙間有人造白墨，色如銀。迨研迄，即與

常墨無異。却未知所製之法。"宋楊萬里《贈墨工張公明》詩："人言天下無白墨，那知真有玄尚白。"

義墨

指用多種原料混合製成的墨。合衆物爲一，稱義。始見於宋代。宋蘇軾《青雪堂義墨》："駙馬都尉王晋卿致墨二十六丸，凡十餘品，雜研之，作數十字，以觀其色之深淺。若果佳，當擣合爲一品，亦當爲佳墨。予昔在黄州，鄰近四五郡皆送酒，予合置一器中，謂之雪堂義樽，今又當爲雪堂義墨耶？"宋洪邁《容齋隨筆·人物以義爲名》："合衆物爲之，則有義漿、義墨、義酒。"清邱學敏《百十二家墨録》："叔大（明末名墨工）名天琛，休寧人，製墨多仿古……其所仿雪堂義墨皆以'天琛'行。"

漆邊墨

墨之一種。多爲兩式：一是將墨上下左右全邊都施之以漆，而正背兩面爲本色，不加塗飾。明代各墨家多用此式。一是兩側上下左右都不漆，衹在正背兩面邊上加漆。清代墨家以此式居多。

漆皮墨

墨之一種。對所製墨錠加以刮摩、打光，最後加漆製成。所製墨，墨色黑而有光澤。此製墨法盛行於明萬曆年間。明方于魯《墨譜》："磋以銼，摩以木賊，繼以蠟帚，潤以漆，襲以香藥。其潤欲滴，其光可鑒。"清代乾隆時所製最佳。漆皮外表呈現蛇皮斷紋，與古琴絶相似。又像古瓷開片，有紋不裂，隱藏於漆皮之間，頗爲精美。

漱金墨

墨之一種。將製成的墨以金塗飾。按塗飾方法的不同，又有漱金、雪金、漆金等多種。漱金指墨的通身塗飾以金，其中有兩面凸邊用漆，盛行於明末天啓、崇禎年間。如葉玄卿所製"太乙玄靈"墨、朱一涵所製"青麟髓"墨，均爲漱金帶漆邊。雪金是在墨的通體撒飾大小金片，其形似雪，故名。漆金又稱泥金，係將墨的通體塗金後，再施以漆。所製墨，外形美觀，富麗堂皇，已成爲一種純粹供鑒藏賞玩的藝術品。清宋犖《西陂類稿》卷二七："吳鴻漸漱金墨一，腰子樣，一面雲螭，一面篆書'青麟髓'三字。"

形　態

墨丸 [2]

墨形制之一種。魏晋時，硯的形制爲凹心狀，出現了可用手拿着研磨、呈丸狀的圓形墨，故名。時墨亦以丸計。明陶宗儀《輟耕録·墨》："上古無墨，竹挺點漆而書……至魏晋時，始有墨丸，乃漆烟、松煤夾和爲之。所以晋人多用凹心硯者，欲磨墨貯瀋耳。自後有螺子墨，亦墨丸之遺制。"

螺子墨

指圓形的墨。東晋時，墨已有圓、方等固定形制，螺子墨則爲當時墨之主要形制之一。1974年江西省博物館在清理南昌市區兩座東晋墓時，曾發現兩枚墨塊，其中一枚呈圓柱形，長9厘米，直徑2.5厘米。明陶宗儀《輟耕録·墨》：“上古無墨，竹挺點漆而書。中古方以石磨汁，或云是延安石液。至魏晋時，始有墨丸，乃漆烟、松煤夾和爲之。所以晋人多用凹心硯者，欲磨墨貯瀋耳。自後有螺子墨，亦墨丸之遺制。”清陳維崧《題宋牧仲楓香詞次曹實庵韻》：“五色蠻箋螺子墨，渲染轂微。”省稱“螺墨”。元張雨《李遵道寫湖石》詩：“能消龍尾一螺墨，與染峨眉半朵雲。”清陳維崧《風流子·泊舟譙郡贈新安汪公言》詞：“贈到葳蕤，休教鎖恨；貽來螺墨，莫便磨人。”

【螺墨】

“螺子墨”之省稱。此稱元代已行用。見該文。

螭墨

雕有螭形之墨。螭，古代傳說中的無角之龍。古時常雕刻其形，作爲器物之裝飾。宋蘇轍《後省初成直宿呈子瞻》詩之二：“螭墨屢乾朝已久，囊封希上出猶遲。”明吳寬《輓鍾同御史》詩：“豸冠不倩旁人正，螭墨能將大計陳。”

螺

墨的計量單位。後亦代稱墨。晋陸雲《與兄平原書》：“一日上三臺，得曹公藏石墨數十萬片，云燒此消復可用。然不知兄頗見之否？今送二螺。”唐段公路《北户録·米鏯》：“前朝短書雜説，即有呼……墨爲螺、爲量、爲丸、爲枚。”元陸友《墨史》卷上：“葉少蘊云：兩漢間稱墨多言丸，魏、晋後始稱螺，取其上鋭必肖，如今之挺形。”清金農《汾州于郎中灝遠貺隃糜戲報》詩之一：“古香清不醷，一挺復一螺。”清洪亮吉《鉏月閣記》：“蠻紙萬幅，有沈約手鈔之書；隃糜兩螺，爲李尤自製之墨。”

墨汁

亦稱“墨瀋”。用墨磨成用以書寫的黑色汁液。古人書寫，先磨墨汁貯存於硯池中，以備隨時使用。晋王嘉《拾遺記·周靈王》：“壺中有墨汁如淳漆，灑地及石，皆成篆隸科斗之字。”宋趙希鵠《洞天清録·水滴辨》：“古人無水滴，晨起則磨墨汁盈硯池，以供一日用。墨盡復磨，故有水盂。”宋黃庭堅《跋與張載熙書卷尾》：“案上有墨瀋而佳筆莫在，因以三錢雞毛筆書此卷。”宋陸游《老學庵筆記》卷八：“晁以道藏硯必取玉斗樣，喜其受墨瀋多矣。”又《雜興》詩之五：“净洗硯池潴墨瀋，乘涼要答故人書。”宋吳子良《林下偶談·飲墨》：“唐王勃屬文，初不精思，先磨墨汁數升，酣飲，引被覆而卧。及寤，援筆成篇，不改一字。”金元好問《下黃榆嶺》詩：“畫工胸次墨汁滿，那得冰壺貯秋月。”元柳貫《題陳子仁屏間新作長松叠嶂》詩：“陳子胸中有奇句，墨瀋如雲時一吐。”清王式丹《蕭尺木凌歕臺圖》詩：“鍾山有客癖模仿，坐揮墨瀋升斗傾。”至清末，江南人謝松岱創製出不用研磨的墨汁。他精心研究古人製墨配方和製墨工藝，用油烟、松烟加上膠、蘆鹽等配料，經過反復試驗，終於發明了生産墨汁的新工藝，爲我國製墨史增添了新的一頁。這種墨汁的發明，爲書寫繪畫提供了極大方便，謝氏爲此寫下“一藝足供天下用，得法多自古人書”的對聯。其生産墨汁的作坊也因此取名“一得閣”，并親書區額。今此作坊已發展爲北京一得閣墨汁廠，年産墨汁達一千多萬瓶。著名書法家啓功寫詩贊曰：“硯邊旋轉萬千磨，腕力終朝費幾多。墨汁製從一得閣，書林誰不頌先河。”

【墨瀋】

即墨汁。此稱宋代已行用。見該文。

【墨水】

即墨汁。此稱隋唐時已行用，流行至現代。今此稱已不再指墨汁，而是專指用於自來水筆的各種顏色的水，如藍墨水、紅墨水等。《隋書·禮儀志四》："正會日，侍中黃門宣詔勞諸郡上計，勞訖，付紙，遣陳土宜。字有脫誤者，呼起席後立；書迹濫劣者，飲墨水一升。"宋蘇軾《監試呈諸試官》詩："麻衣如再著，墨水真可飲。"葉聖陶《游了三個湖》："南望馬迹山，衹像山水畫上用不太淡的墨水塗上的一抹。"

【松腴】

即墨汁。因墨多以松烟爲原料製作，故名。此稱唐宋時已行用。宋蘇軾《六觀堂老人草書》詩："蒼鼠奮髯飲松腴，剗藤玉版開雪膚。"王十期注："松腴，墨也。"宋程俱《秀州沈珪漆烟最善持葉翰林詩來求余詩爲作一首》："華亭老工入吳市，戲以淳漆滋松腴。"元周權《吳秋山寫江淮秋意》詩："閒拈枯筆灑松腴，半幅生綃千里意。"

【寒煤】

謂清凉的墨汁。此稱唐宋時已行用。宋蘇轍《子瞻見許驪山澄泥硯》詩："寒煤舒卷開雲葉，清露霑流發涕湑。"明朱誠泳《秋曉》詩："唱徹金雞曙色開，銀燈猶自落寒煤。"

【松液】

即墨汁。古時墨多以松烟製成，故名。此稱宋元時已行用。元宋無《端石硯》詩："要與陶泓作佳傳，老磨松液寫《黃庭》。"

【麟髓】

即墨汁。此稱宋元時已行用。元陳孚《吳宮子夜歌》："綠樽灔灔麟髓泣，露重花寒秋不濕。"明阮大鋮《燕子箋·寫箋》："麟髓調，霜毫展，方纔點筆題箋。"

其　他

松烟[2]

松樹枝燃燒後所凝之黑灰，係製作松烟墨的原料。漢代時已使用松烟製墨，歷代延續至今。三國魏曹植《樂府》詩："墨出青松烟，筆出狡兔翰。"晉衛夫人《筆陣圖》："其墨取廬山之松烟，代郡之鹿膠，十年以上强如石者爲之。"宋趙希鵠《洞天清録·古今石刻辨》："北墨多用松烟，故色青墨，更經蒸潤，則愈青矣。南墨用油烟，故墨純黑，且有油蠟可辨。"明陶宗儀《輟耕録·墨》："至唐末……廷珪父子之墨始集大成，然亦尚用松烟。"宛敏灝《黃山紀游》："製墨要配合牛皮膠和冰片等香料，但最主要的成分是松烟製成的墨灰。"

【松煤】[2]

即製墨原料松烟。宋何薳《墨記·漆烟對膠》："沈珪（宋代墨工）……取古松煤，雜用脂漆滓燒之，得烟極精黑，名爲漆烟。"明陶宗儀《輟耕録·墨》："至魏晉時始有墨丸，乃漆烟、松煤夾和爲之。"

油烟

指油類未完全燃燒所產生的黑色物質，是製作油烟墨的主要原料。油烟包括桐油烟、麻油烟、石油烟、脂油烟等。宋趙彦衛《雲麓漫鈔》卷一〇：“邇來墨工以水槽盛水，中列篿椀，燃以桐油，上復覆以一椀，專人掃煤，和以牛膠，揉成之。其法最快便，謂之油烟。或訝其太堅，少以松節或漆油同取煤，甚佳。”明陶宗儀《輟耕録·墨》：“宋熙豐間，張遇供御墨，用油烟入腦麝、金箔，謂之龍香劑。”

宿墨

積留在硯中的陳墨。宋王君玉《國老談苑》卷一：“太宗一日寫書，筆滯，思欲滌硯中宿墨，顧左右咸不在，因自俯銅池滌之。既畢，左右方至。”宋何薳《趙水曹書畫八硯》：“〔趙竦〕云性懶滌硯，又不奈宿墨滯筆。日用一硯，

八日而周，始一濯之，則常用新硯矣，故名八面受敵云。”清曹寅《和芷園消夏·滌硯》詩：“宿墨能除硯始靈，多生於此獨忘形。”清施閏章《硯林拾遺·滌硯》：“用硯但數洗濯，不留宿墨爲佳。”古人有諺云：“寧可三日不洗面，不可一日不洗硯。”

玄笏

墨錠。宋人以笏記墨，故稱。宋蘇軾《贈潘谷》詩：“何似墨潘穿破褐，琅琅翠餅敲玄笏。”宋蘇洞《川墨送兩馮君》詩之二：“琅玕翠餅敲玄笏，老我殘磚直愧渠。”元王惲《李廷珪墨》詩：“老奚縮天機，萬蠆出玄笏。”

第四節　名墨考

所謂名墨，係指在中華文化史上有一定影響、一定地位之墨。名墨必產於名地，或出於名家之手（名家包括名匠與名人，一些名人直接參與製作，一些名人雖不製作，却因其珍用而揚名）。有時名地與名家又常兼而爲一，難以分割。爲叙述方便，本考仍盡力將其劃開，分予歸類。另則因墨之特殊寓意、特殊形狀或特殊配料而見重於世，本考將其歸之爲特型類。兹依次分述如下：

一、名地。墨的生產，地域性十分鮮明，因製墨所需原料，與當地自然環境、自然資源是不可分的。如“隃麋”，指漢代時隃麋（今陝西千陽東）所產的墨。《詩·斯干》：“秩秩斯干，幽幽南山，如竹苞矣，如松茂矣。”終南山又稱南山，古人常指秦嶺山脉，可見該地區自古以來就生長有繁密茂盛的松林。且因松齡古老，松枝含油脂高，是製造松烟墨的最佳原料。宋晁説之《墨經·松》：“漢貴扶風隃麋終南山之松。”當地人燒取松烟以製墨，所造佳墨著稱於世，漢代時此地已成爲著名產墨區。據史書記載，當時隃麋地區所製墨作爲官府的必備物品，按月分發給各級官吏使用。漢蔡質《漢官典儀》：“尚書令、僕射、郎月賜隃麋大墨一枚，小墨一枚。”宋蘇易簡《文房四譜·墨譜》亦載其事。後“隃麋”亦

成爲墨的代稱。製墨人將所製墨以"隃麋"命名，以示其墨質地精良。晋時，廬山一帶松林繁盛，製墨原料多以此地爲貴。宋晁説之《墨經·松》："晋貴九江廬山之松。衛夫人《筆陣圖》曰：'墨取廬山松烟。'"又如"易墨"，因産於易州而得名。易州，今河北易縣。南北朝時期，我國北方製墨業發展很快。據文獻記載，易水流域歷史上多松，當地人多從事製墨業，以其獨特的"易水法"取烟製墨，量大質佳，爲北方著名産墨區。易墨成爲北方墨的代表，并作爲貢品進獻朝廷。南齊書法家王僧虔《筆意贊》中稱："剡紙易墨，心圓管直，漿深色濃。"將易墨與晋代名紙——産於浙江剡溪的藤紙并譽。至唐代，易州已發展成爲全國製墨中心，玄宗時一度改名爲上谷郡，故易墨又被稱作"上谷墨"。據《新唐書·地理志》記載，當時宮廷中抄寫書籍，由太府每季供給上谷墨336丸，可見其製墨數量之大。易州著名墨工祖敏，製墨必以鹿角膠煎爲膏而和之，名聞天下。唐末，北方戰亂頻繁，中原人口大量南移，易州製墨亦隨之衰落，代之而起的是"徽墨"。"徽墨"一詞，源於宋代，指今安徽徽州地區所産之墨。五代南唐時，今安徽宣州、歙州一帶形成新的製墨業中心。原易水名墨工奚氏家族舉家南遷至歙州，利用當地松多水好的天然條件，重操製墨舊業，并不斷改進製墨技藝，製出"豐肌膩理，光澤如漆"（見宋李孝美《墨譜》）、"堅如玉，紋如犀"（見元陸友《墨史》）的上好佳墨，名滿天下。南唐後主李煜因賞識其墨，賜予國姓，奚姓從此改爲李姓，并封其家族世代爲墨務官。所製"李墨"，在相當長的時期內無人企及。至宋宣和三年（1121），歙州改爲徽州，這一地區所産之墨，統稱"徽墨"。可以説，李氏家族是徽墨的創始人，徽墨是在李墨的基礎上發展提高的，由此奠定了在中國製墨業中的地位，歷經明清，至今不衰。"黃山松烟"，係取安徽黃山之松所製之宋代名墨。宋紹興間，復古殿造御墨，新安墨工戴彥衡衹取黃山松作原料。宋陸游《老學庵筆記》卷五："紹興間，復古殿供御墨，蓋新安墨工戴彥衡所造……中官欲於苑中作墨竈，取西湖九里松作煤。彥衡力持不可，曰：'松當用黃山所産，此平地松豈可用？'人重其有守。"

二、名家。名墨的製造者自古以來，代不乏人。如"韋誕墨"，因係東漢韋誕所製，故名。韋誕，字仲將，故所製墨又被稱爲"仲將墨"。韋氏爲三國時著名書法家，亦爲當時製墨名家。他親自參加製墨實踐，改進當時的製墨工藝和配料，首開入藥於墨的先例，被後人尊爲製墨的祖師。所製之墨，被人譽爲"一點如漆"。許多文人、書法家都喜用韋誕墨作書。其製墨法在北魏賈思勰《齊民要術》、宋蘇易簡《文房四譜·墨譜》中均有詳細記載，對後世製墨業影響頗大。又如"張永墨"，指南朝宋文帝時張永所製之墨。同代書法家虞和在《論書表》中稱贊其墨"又合秘墨，美殊前後，色如點漆，一點竟紙"。"王君德墨"，指唐代著名墨工王君德所製之墨。宋代書家蔡襄對其墨頗爲賞識。元陸友《墨史》卷上："蔡君謨云：'世有王君德墨，人間少得之，皆出上方。或有得者，是爲家寶也。'"又如"李廷珪墨"，五代南唐製墨名家李廷珪所製之墨。李廷珪，父李超，本姓奚，爲易州名墨工。唐末因中原戰亂，舉家南遷至歙州，以墨名家。所製之墨，被譽爲"天下第一品"，深受南唐後主李煜喜愛，賜予國姓，封爲世襲墨務官。廷珪之姪承宴所製墨，人稱"承宴墨"，文人將其墨與父輩廷珪墨相并提。宋晁冲之《復以承宴墨贈之》詩："江南墨官有諸奚，老超尚不如廷珪。後來承宴復秀出，喧然父子名相齊。"自唐末至宋，李氏家族所製"李墨"，在我國製墨史上獨領風騷兩百餘年，爲"徽墨"在製墨業中一統天下奠定了堅實基礎（詳本卷《墨説·名墨考》"李廷珪墨""徽墨"文）。又如"張遇墨"，指宋代著名墨工張遇所製之墨。張遇在製墨史上最大貢獻是創製了油烟墨。宋顧文薦《負暄雜錄·墨》："本朝熙豐間，張卿遇供御墨，漸用油烟入腦麝、金箔，謂之龍香劑。東坡先生頗稱賞焉。"後人將其墨與李廷珪墨并稱，争相收藏，視爲珍品。"潘谷墨"，指宋代徽州著名墨工潘谷所製之墨。潘氏製墨技藝高超，所製墨香徹肌骨，磨研至盡而香氣不衰。著名品類有"松丸""狻猊""九子墨"等，被譽爲墨中神品。除製墨外，潘氏還精於墨的鑒别，隔囊揣墨，即能準確説出墨名，絲毫不差。同代文人名流多與之交往，文學家蘇軾對其墨及爲人甚爲賞識，在詩中稱其爲"墨仙"，可謂推崇備至。"羅小華墨"，指明代徽州製墨名家羅小華所製之墨，爲徽墨主要代表之一。所製墨堅硬如玉，烏黑如漆，紋理如犀，一螺值萬錢。當時著名書畫家董其昌將其列爲衆墨之首，至萬曆年間，羅墨價已超玉石。知名品類有"小道士墨""太清玉""通天香""碧玉圭"等。"程君房墨"，指明代中期歙州製墨名家程君房所製之墨。其墨"堅而有光，黝而能潤，舐筆不膠，入紙不暈"。董其昌對其所製"玄元靈氣"墨頗爲推崇，在爲其《墨苑》一書作序中稱："百年之後，無君房而有君房之墨；千年之後，無君房之墨而有君房之名。"又如"曹素功墨"，係清代製墨名家曹素功所製之墨。其精品有"紫玉光""天琛""千秋光"等。曹氏製墨立意創新，對後世影響很大。

　　三、特型。如"九子墨"，指古時祝賀婚禮所用之墨，借寓多子之意。《初學記》卷二一引漢鄭衆《婚禮謁文贊》："九子之墨，藏於松烟。本性長生，子孫無邊。"又如"鎮庫墨"，唐高宗時收藏於宫中的巨形墨，質地堅硬，重達一公斤，題銘曰"永徽二年鎮庫墨"。"龍紋墨",因墨上刻有龍紋而得名,"雙脊墨",呈雙脊龍樣,均爲李廷珪墨之代表作。明高濂《遵生八箋·燕閒清賞箋·論墨》:"李廷珪龍紋墨、雙脊墨,千古稱絶。"後世多有仿製者。"龍香劑",因在墨中加入龍腦、麝香、金箔等配料,墨香襲人,故名(見宋顧文薦《負暄雜録·墨》)。"集錦墨",指成套叢墨。創於明,盛於清。這種墨的形狀、紋飾、雕刻均十分考究,已成爲一種墨製工藝品。明代製墨高手汪中山所製"太玄十種",華麗精緻,爲明代集錦墨的代表作。至清代,集錦墨製作取材廣泛,雕刻細膩,裝潢精美,達到又一峰巓。製墨大家吳天章、曹素功、汪近聖、胡開文等都是製作集錦墨的高手。如曹素功"紫玉光"墨36件,繪製了黄山36峰。汪近聖"耕織圖"墨23件,刻劃了耕織的全部過程,這些墨集書法、繪畫、雕刻於一體,堪稱墨中珍品。

名　地

隃糜[2]

指隃糜(今陝西千陽東)所産的墨。隃糜地區自漢以來即爲我國主要産墨區,此地生長有茂密的松林,爲製松烟墨提供了最佳原料。宋晁説之《墨經·松》:"古用松烟、石墨二種,石墨自晋、魏以後無聞,松烟之製尚矣。漢貴扶風隃糜終南山之松。"當地人盛行燒烟製墨,所製之墨質地精良,漢代時已聞名於世,爲官府辦公必備之物品。漢蔡質《漢官典儀》:"尚書令、僕射、郎月賜隃糜大墨一枚、小墨一

枚。"可知當時官府所用之墨,都取之於此。元伊世珍《嫏嬛記》:"漢人有墨,名曰隃糜。"元袁桷《次韻渭川春玉圖二首》之一:"隃糜之墨清且奇,脱落玄黄乃真目。"

【隃墨】

隃糜所産之墨。後借指墨或名墨。唐劉禹錫《牛相公見示新什謹依韻次用以抒下情》:"符彩添隃墨,波瀾起剡藤。"亦稱"隃糜丸"。因古墨多爲丸形,故稱。清趙翼《偶得》詩:"右軍《蘭亭書》,古今奉軌則;當時隃糜丸,豈自奚超得。"

【隃糜丸】

即隃墨。此稱清代已行用。見該文。

易墨

易州(今河北易縣)一帶所産的墨。易水流域生長有大片古松林,製墨歷史悠久,墨工們利用當地得天獨厚的自然資源和獨特的製作技藝,生産出質地上乘之墨。魏晋南北朝時期,這一地區已爲當時的製墨中心,直至隋唐不衰,

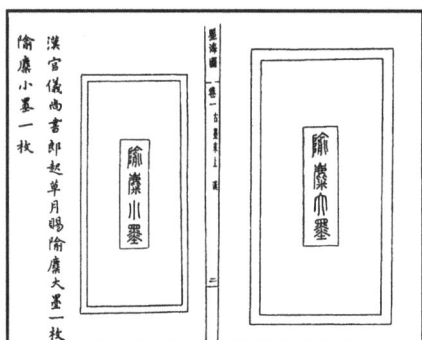

隃　糜
(明方端生《墨海》)

易墨也成爲北方墨的代表。南齊書法家王僧虔所著《筆意贊》中曾提到"劇紙易墨"，贊其"漿深色濃"，便是指易州一帶所產的松烟墨。當地著名墨工有祖敏、王君德、製墨世家奚氏家族的奚鼐兄弟及其子姪奚超（鼐之子）等，所製之墨被作爲貢品進獻朝廷。《新唐書·地理志三》："易州上谷郡……土貢：紬、綿、墨。"唐玄宗時易州改名爲上谷郡，故易州所產的墨又有"上谷墨"之稱。當時朝廷組織編纂抄寫圖書，由太府按季分發給書寫者上谷墨 336 丸，可見此地製墨數量之大。《新唐書·藝文志序》："皆創集賢書院，學士通籍出入。既而太府月給蜀郡麻紙五千番，季給上谷墨三百三十六丸，歲給河間、景城、清河、博平四郡兔千五百皮爲筆材。"至唐代後期，北方一帶戰亂頻繁，迫使大量中原人口南移，製墨世家奚氏家族也舉家南遷，易州製墨業從此衰落不振。

【上谷墨】

即易墨。唐玄宗時，易州改稱上谷郡，所產墨故有此稱。見該文。

徽墨

徽州（今安徽黃山）所產的墨。其墨以松烟爲主要原料，色澤黑潤，香味濃鬱，沾水不湮，書寫自如，自古享有"落紙如漆，萬載存真"之美譽。與宣紙、湖筆、端硯相齊名，成爲中國文房四寶的代表作品。古人製墨，多用松烟。漢代墨材取自扶風隃糜終南山之松，晉代又貴九江廬山之松，唐代則重潞州、易州之松。至唐末，易州著名墨工奚氏父子遷到具有豐富製墨資源的歙州（安徽歙縣），以製墨爲生，爲江南製墨業的發展做出巨大貢獻。南唐後主喜用奚墨，愛墨及人，賜予國姓，奚姓改爲李姓，所製李墨，名聞天下。宋代宣和三年（1121），歙州改稱徽州，轄領歙、休寧、祁門、婺源、績溪、黟六縣，這些地區所產的墨統稱徽墨。徽墨一名，由此而出，流傳至今。可以說，李氏父子是徽墨的奠基人。宋代徽墨生產繼承了李墨的製墨工藝，是李墨在宋代的延續，但其規模、產量、成就則較李墨又有了較大發展。自此，徽州成爲全國的製墨中心，徽墨代表人物除李姓後人承浩、承宴、文用、仲宣、惟益、惟慶等，較著名的還有宣州盛氏、歙州耿氏、張遇、潘谷、吳滋等人。至明清時期，徽墨生產達到高峰，所產墨不僅質地上乘，墨式亦花樣繁多，雕刻裝飾亦十分精美，被作爲工藝品欣賞收藏。明楊慎《古製墨法》："徽墨今名第一者，上比潘谷蔡瑶，中間猶容十許人，況李廷珪乎？"這一時期徽州製墨名家甚多，形成歙縣、休寧、婺源三大流派。歙縣派以歙縣羅小華爲代表，其重要人物有明代程君房、方于魯、清代曹素功、汪近聖、汪節庵等，所製墨具有大方典雅、裝潢精美的特色。休寧派以明代休寧縣汪中山、邵格之及清代胡開文等爲代表，以製作風格獨特、富麗堂皇的成套集錦墨而著稱。婺源派主要有以詹雲鵬等爲代表的詹氏家族，所製墨多自產自銷，成本、工價較低，極受平民百姓的歡迎。徐珂《清稗類鈔·物品·徽墨》："徽墨，安徽徽州府年產。古人製墨，率用松烟，漢取諸扶風，晉取諸廬州，唐則易州、上黨。自李超徙歙，張谷徙黟，皆世其業，於是始有徽墨，以至於今。"1915 年，胡開文造的"地界地圖墨"在巴拿馬博覽會上展出，榮獲金質獎章，爲我國傳統工藝品爭得了榮譽。今安徽徽州、績溪、旌德、蕪湖等地，均有以胡開文命名的墨廠。它們在開發生産傳統徽墨的基礎上，還不斷推出新的産品，如具有紅、藍、綠、白、黃五種不同色彩的"五彩墨"，含有多種名貴中藥材精製而成的"五膽八寶藥墨"，以及仿古套墨、巨型墨等，産品深受國内外書畫家及收藏家的歡迎。

黄山松烟

宋代名墨。安徽黄山松多且質優，以其爲原料造墨，始於唐五代。墨工燒取其烟以製墨，南宋時已爲墨中珍品。宋葉夢得《避暑錄話》卷上："三十年來，歙人以黄山松漬漆燒烟取墨。"宋陸游《老學庵筆記》卷五："紹興間，復古殿供御墨，蓋新安墨工戴彦衡所造⋯⋯中官欲於苑中作墨竈，取西湖九里松作煤，彦衡力持不可，曰：'松當用黄山所産，此平地松豈可用？'人重其有守。"

名　　家

仲將墨

古代名墨之一。東漢時韋誕所製。韋誕，字仲將，京兆（今陝西西安）人。有文才，擅書法，三國魏明帝時以能書補侍中，官至光禄大夫。他在總結前人製墨經驗的基礎上，親自參加製墨實踐，創造出一套先進的製墨方法。在製墨時使用珍珠、麝香等貴重藥物，首開用藥入墨之先例，被後人尊爲製墨先祖。其製墨法，在宋人蘇易簡《文房四譜·墨譜》中記載頗爲詳細："韋仲將《墨法》曰：今之墨法，以好醇松烟乾擣，以細絹篩於缸中，篩去草芥。此物至輕，不宜露篩，慮飛散也。烟一斤已上，好膠五兩，浸梣皮汁中。梣皮即江南石檀木皮也，其皮入水綠色，又解膠，並益墨色。可下去黄雞子白五枚，亦以真珠一兩，麝香一兩，皆別製細篩。都合調下鐵臼中，寧剛不宜澤。擣三萬杵，多益善。不得過二月、九月，温時臭敗，寒則難乾。每挺重不過二兩。故蕭子良《答王僧虔書》云：'仲將之墨，一點如漆。'"所製之墨，人稱"仲將墨"或"韋誕墨"。其所發明的這種擣烟和膠，添加貴重藥物的製墨法，使烟墨容易凝固成形，使原本無形制的散墨，製成有形制的整墨。且墨質細膩，色澤亮麗，墨香宜人，防腐防蛀，深受文人、書法家的喜愛。據東漢趙岐《三輔決録》記載，書法家蔡邕作書，即喜"用張芝筆、左伯紙、韋誕墨"。其製墨法歷代流傳，對後世影響很大。明方瑞生《墨海·墨海圖·古墨束上》："韋仲將善書，自造墨。嘗奏記云：工欲善其事，必先利其器。用張芝筆、左伯紙及臣墨，皆古法。此三具，又得臣手，然後可以盡徑文之勢，方寸千言。故蕭子良云：'仲將之墨，一點如漆，窮神盡思，妙不可追。其墨方，有珠有麝，議者疑爲後人僞託。至若擣三萬杵，杵多愈益，不得過二月九月。'則非深於此道者，不能作箇中語。"該書附圖爲長方形。

【韋誕墨】

即仲將墨。此稱漢代已行用。見該文。

張永墨

南朝宋才士張永所製之墨。其墨更勝御墨，

稱絕一時。《宋書·張永傳》："永涉獵書史，能爲文章，善隸書，曉音律，騎射雜藝，觸類兼善。又有巧思，益爲太祖所知，紙及墨皆自營造。上每得永表啓，輒執玩諮嗟，自嘆供御者了不及也。"明方瑞生《墨海·墨海圖·古墨束上》引此文，并附圖。評之曰："六朝墨無過張永。"圖示張永墨爲稍長之橢圓形，漫有"張永造"三字。元陸友《墨史》卷上："又詔永更製御紙，緊潔光麗，耀日奪目。又合秘墨，美殊前後。色如點漆，一點竟紙。"

祖敏墨

唐代製墨名家祖敏所製之墨。祖敏，易水（今河北易縣）人，唐代墨官。以鹿角膠煎爲膏狀凝烟製墨，名傳一時，因年代久遠，其墨罕有存者。宋晁說之《墨經·工》："凡古人用墨，多自製造，故匠氏不顯。唐之匠氏惟聞祖敏。"元陸友《墨史》卷上："祖敏……唐時之墨官也。今墨之上必假其姓而號之，大約易水者爲上，其妙者，必以鹿角膠煎爲膏而和之，故祖氏之名聞於天下。"

王君德墨

唐代製墨名匠王君德所製之墨。王君德，易水（今河北易縣）人，唐代墨官。凡製墨必搗三千杵，又用醋石榴皮、水犀角屑、膽礬、皂角、馬鞭等物摻入墨中，可作藥用。元陸友《墨史》卷上："蔡君謨云：'世有王君德墨，人間少得之，皆出上方。或有得者，是爲家寶也。'"

五李三張

"名墨"之代稱。北宋書法家蔡襄謂世以唐代歙州李氏墨（以李廷珪爲代表）爲第一，宋代易水張氏墨（以張遇爲代表）爲第二。後人以唐宋時期李氏五代、張家三世著名墨工作爲名墨的代稱。李氏五代：李愷、李超、李廷珪、李承晏、李文用。元王惲《李廷珪墨》詩："墨龍奮晚唐，五李相繼出。"張氏三世：張遇、張谷、張處厚。此稱已見於元人著述。元馬致遠《岳陽樓》第一折："這墨光照文房，取烟在太華頂上仙人掌，更壓着五李三張，入硯松風響。"

李超墨

唐代製墨名家李超所製之墨。李超，易水（今河北易縣）人，本姓奚，唐末避戰亂，舉家遷歙州（今安徽歙縣）。因所製墨深受南唐後主李煜贊賞，賜予國姓，改爲李姓。所造墨，堅如玉，紋如犀，耐磨耐用。名墨有"特龍"和"新安香墨"二種，百年後研磨尚有"龍腦氣"，宋時被譽爲"天下第一品"。此等墨專供朝廷使用，民間少見。元陸友《墨史》卷上："常侍徐公鉉爲太簡言，幼年嘗得李超墨一挺，長不過尺，細裁如箸。與其弟鍇共用之，日書不下五千字，凡十年乃盡。磨處邊際有刃，可以裁紙。自後用李氏墨無及此者。"按，元陸友《墨史》卷上云：宋人李孝美《墨譜》、晁貫之《墨經》有"易水奚氏，歙州李氏""奚墨不及李"

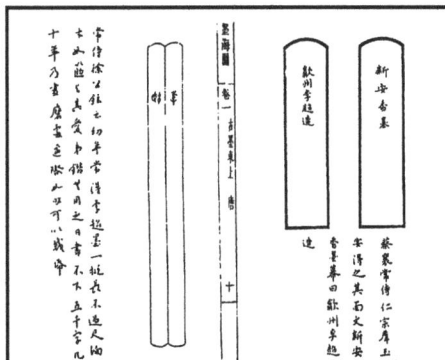

李超墨
（明方端生《墨海》）

諸語，奚氏李氏當爲兩地兩族，互不相涉，但因奚廷珪、李廷珪兩名偶同，自蔡君謨以來，誤以爲二廷珪爲一人，附會爲遷居賜姓事。陸氏之説或是。

李廷珪墨

省稱"廷珪墨""廷珪"。古代名墨之一。五代南唐著名墨工李廷珪所製。廷珪，本姓奚，其父奚超，易水（今河北易縣）人。唐末避戰亂，隨父流離渡江，遷居歙州（今安徽歙縣）。此地多美松，故留居，遂以墨名家。李廷珪製墨對技術精益求精，創造了"對膠法"，即在烟中加入等量的膠，且添加了生漆。和膠時首創分次和入的技術，有時多到四次，稱爲"四和墨"。在墨的配方中，加入巴豆、麝香、犀角、珍珠、冰片、樟腦、藤黃等十二種藥物。所製之墨豐肌膩理，光澤如漆，防腐防蛀，經久不變。研磨時芳香沁人，書寫時流暢不滯，墨迹光彩照人。相傳有人將一錠李廷珪墨不小心掉入水中，過了一個多月後打撈上來，仍"光色不變，表裏如新"，後被傳爲李墨"置之水中，三年不壞"。據明代製墨名家方于魯分析，是因在墨中加入生漆，起到了防水的作用。廷珪造墨，在造型上亦頗爲講究，時已開始使用墨模。

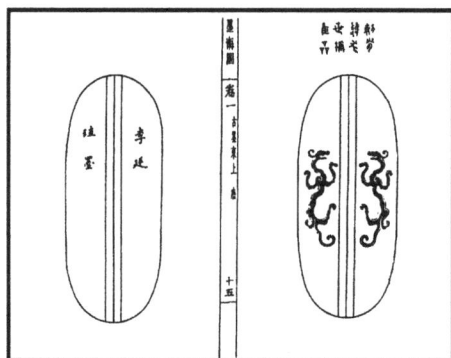

李廷珪墨
（明方端生《墨海》）

明郎瑛《七修類稿·事物四》："李廷珪之墨，形制不一，有圓餅龍蟠而劍脊者，有四渾長劍脊而兩頭尖者，又有如彈丸而龍蟠者，皆用金泥。"明高濂《遵生八箋·燕閒清賞箋·論墨》："李廷珪龍紋墨、雙脊墨，千古稱絶。"南唐後主李煜對其墨極爲賞識，奚氏一家亦得賜國姓李氏，并封其世代爲墨務官，恩寵有加。時澄心堂紙、龍尾硯、李廷珪墨，并稱爲南唐文房三寶，專供朝廷使用。宋初李廷珪墨仍被視爲國寶，盛名不衰。據説宋太祖凡寫詔書，必用廷珪墨，并常作爲禮物賞賜近臣。宋太宗淳化三年（992）彙集摹刻的《淳化閣帖》十卷，用李廷珪墨拓製，稱作"李墨本"，墨色濃黑，被視爲珍品。宋趙希鵠《洞天清録·古今石刻辨》："太宗朝，搜訪古人墨迹，令王著銓次，用棗木板摹刻十卷於秘閣，故時有銀錠紋前有界行目録者也。當時用李廷珪墨拓，打揩之不污手，乃親王宰執使相除拜賜一本，人間罕得，當時每本價已八百貫文。至慶曆間，禁中火災，其板不存。"至宣和年間，已極爲罕見，到了"黃金可得，李墨難求"的地步。其製墨方法對宋代製墨業影響很大，文人墨客無不對之偏愛有加。宋蘇易簡《文房四譜·墨譜》："江南黟、歙之地，有李廷珪墨尤佳……其堅如玉，其紋如犀，寫逾數十幅，不耗一二分也。"宋黃庭堅《謝景文惠浩然所做廷珪墨》詩："廷珪膺墨出蘇家，麝煤添澤紋烏韡。柳枝瘦龍印香字，十襲一日三摩挲。"宋莊綽《雞肋編》卷下："吳開正仲家蓄唐以來墨，諸李所製皆有之。云無出廷珪之右者。其堅得可以削木。渠書《華嚴經》一部，半用廷珪，才研一寸，其下四秩用承晏墨，遂至二寸，則膠法可知矣。"至宋後期，廷珪墨已極少見。元陸友《墨史》卷上："廷珪，超之子，世爲南唐墨官。蔡君謨云：'廷珪墨爲天下第一品。'祥符治昭應，用爲染飾，今人間所有，皆其時餘物也。其墨能削木，誤墜溝中數月不壞。"今北京故宫博物院珍藏有李墨一錠，上有清乾隆皇帝題咏，可謂人間罕物。

【廷珪墨】

"李廷珪墨"之省稱。此稱宋代已行用。見該文。

【廷珪】

"李廷珪墨"之省稱。此稱宋代已行用。見該文。

【李墨】

"李廷珪墨"之省稱。此稱宋代已行用。見該文。

李承晏墨

省稱"承晏墨"。古代名墨之一。五代南唐著名墨工李承晏所造，故名。李承晏，唐代著名墨工李廷寬之子。李氏一族以製墨聞名，世代爲南唐墨務官，子孫中尤以李承晏造墨最爲出色。所製墨上多留有款識，以表明出於何人之手，如"歙州供進李承晏造墨""歙州供進李承晏男文用造墨"等，文人將其墨與父輩李廷珪墨相并提。宋晁冲之《復以承晏墨贈之》詩："江南墨官有諸奚，老超尚不如廷珪。後來承晏復秀出，喧然父子名相齊。"宋代文學家蘇軾在得到友人所贈承晏墨後，欣然作詩答謝曰："老松燒盡結輕花，妙法來從北李家。翠色冷光何所似？墻東鬒髮墮寒鴉。"可見文人均十分看重承晏墨。元陸友《墨史》卷上："熙寧九年，蘇魏公頌同修國史，開局日，賜承晏笏挺雙脊龍墨、張遇丸墨、澄心堂紙。及對，神宗曰：'禁中自此少矣，宜寶之。'蘇子瞻云：黃魯直學吾書，輒以書名。於時好事者争以精紙妙墨求字。嘗攜古錦囊，滿其中皆是物者。一日見過，探之得承晏墨半挺，遂奪之。"

【承晏墨】

"李承晏墨"之省稱。此稱宋代已行用。見該文。

張遇墨

古代名墨之一。宋初著名墨工張遇所製。張遇，易水（今河北易縣）人，宋代墨官。張遇製墨的最大貢獻是創製了油烟墨。他采用油烟原料製墨，其製作方法是以燒油取其烟質，再配以龍腦、麝香、冰片、梅片、金箔等名貴藥料，加膠冲搗製成。所製之墨，具有色澤黑潤，歷久不褪，書寫後入水不暈的特點。此種墨被稱爲"龍香劑"，專爲宫廷御用，十分珍貴。宋顧文薦《負暄雜録·墨》："本朝熙豐間，張卿遇供御墨，漸用油烟入腦麝金箔，謂之龍香劑。東坡先生頗稱賞焉。"元陸友《墨史》卷上："遇墨有題光啓年者，妙不減廷珪。宫中取其墨燒去烟，用以畫眉，謂之畫眉墨。蔡君謨謂世以歙州李廷珪爲第一，易水張遇爲第二。

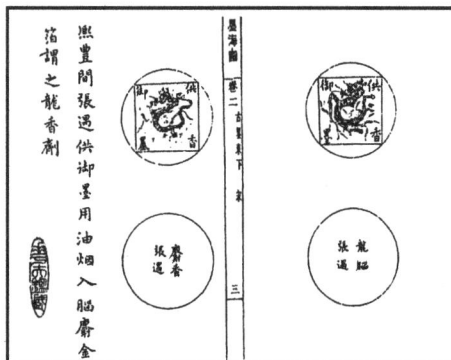

張遇墨
（明方端生《墨海》）

遇亦有二品，易水貢墨爲上，供堂墨次之。蘇子瞻云："麝香、張遇墨兩枚，或自内庭得之，以見遺，藏之久矣。製作精至，非常墨所能仿佛，陳無己見秦少游有張遇墨一團，面爲盤龍，鱗鬣具悉，其妙如畫。其背有'張遇麝香'四字。"張遇墨在當時深受歡迎，文人墨客爭相收藏，視爲珍品。其子張谷、孫張處厚亦爲當時著名的墨工。

潘谷墨

宋代歙縣著名墨工潘谷所製之墨。潘谷一生精於製墨，技藝高超，有"墨仙"之稱。所製墨質地堅挺，遇濕不散。所製"松丸""狻猊""九子墨""樞廷東閣"等墨，香徹肌骨，磨研至盡而香氣不衰，被譽爲墨中神品，宮廷内府及文人墨客極爲推崇。宋代《淳化閣帖》刻成後，即用潘谷墨拓製成册，人稱"潘墨本"。宋曹士冕《法帖譜系・二王府帖》："借板墨百本，分遺官僚，但用潘谷墨，光輝有餘而不甚黟黑。"潘谷爲人豪爽慷慨，所製墨售價不高，若有人討取，亦隨手散發，從不計較。且精於墨之鑒別，古籍中多有"揣囊知墨"的記載。文人名流多與之交往頗深。宋代大文豪蘇軾對其墨及爲人十分贊賞，在《孫莘老寄墨四

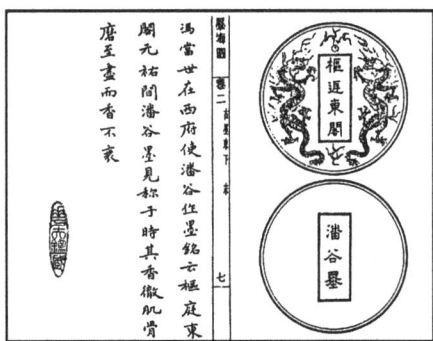

潘谷墨
（明方端生《墨海》）

首》詩之一中寫道："徂徠無老松，易水無良工。珍材取樂浪，妙手惟潘翁。魚胞熟萬杵，犀角盤雙龍。墨成不敢用，進入蓬萊宫。蓬萊春畫永，玉殿明房櫳。金箋灑飛白，瑞霧縈長虹。遥憐醉常侍，一笑開天容。"自注："潘谷製墨，雜用高麗煤。"詩中盡贊其製墨選材之精良，工藝之精湛，形制之奇特。以朝鮮樂浪（今朝鮮平壤西南）所産墨爲原料經其獨特工藝重新加工而製成的墨，人稱"再和墨"，屬上等墨品。他死後蘇軾曾作詩悼念"一朝入海尋李白，空看人間畫墨仙"，將其稱爲"墨仙"，與唐代詩仙李白相并稱，可見評價極高。元代亦省稱"潘墨"。元陸友《墨史》卷中："潘谷墨香徹肌骨，磨研至盡而香不衰……潘墨之香劑中必入龍麝等也。"明陶宗儀《輟耕録・淳化閣帖》："蓋元祐中親賢宅從禁中借板墨百，但用潘谷墨，光輝有餘而不甚黟黑。"

【潘墨】

"潘谷墨"的省稱。此稱元代已行用。見該文。

吴滋墨

宋代製墨名工吴滋所製之墨。其墨以松烟爲原料，製作時講究對膠和用杵搗膠的力度，以保證成墨細、匀，滓不留硯。所製墨被認爲有李墨遺風，時人頗爲推崇。宋孝宗以其所造墨甚佳，例外犒賞緡錢二萬。元陸友《墨史》卷上："李司農若虛云：'新安出墨舊矣，唯李超父子擅名。近日墨工尤多，士大夫獨稱吴滋。使精意爲之，不求厚利，駸駸及前人矣。'"

葉茂實墨

宋代製墨名匠葉茂實所製之墨。其墨以墨質精純而著稱。葉氏善製油烟墨，其取烟法及

用膠法甚爲獨特，"其法用暖閣冪之以紙帳，約高八九尺，其下用碗貯油炷，燈烟直至頂。其膠法甚奇，内紫礦、秦皮、木賊草、當歸、腦子之類，皆治膠之藥"（元陸友《墨史》），故所製墨雖久藏而"清黑不凝滯"。宋王邁《試墨·柯山葉茂實》詩："柯山葉茂實，膠法頗精堅。潘李今何處，斯人得正傳。"20世紀70年代末，江蘇武進南宋墓中，出土半錠墨，高5.5厘米，寬2.3厘米，厚0.6厘米，正面有"實製"二字，背面殘存一"玉"字，光澤似漆，堅實如玉，經考爲葉茂實墨，是宋墨極爲珍貴的實物資料。

蒲大韶墨

宋代製墨名家蒲大韶所製之墨。據傳其製墨法得於黃庭堅，所用原料乃油烟、松烟各半，堅實耐用，經久不變，東南士大夫喜用之。宋何薳《墨記·油松烟相半則經久》："近世所用蒲大韶墨，蓋油烟墨也。後見續仲永，言紹興初同中貴鄭幾仁撫諭少師吳玠於仙人關回舟自涪陵來，大韶儒服手刺，就船來謁。因問：'油烟墨何得如是之堅久也？'大韶云：'亦半以松烟和之，不爾則不得經久也。'"宋楊萬里《謝王恭父贈梁杲墨》詩："君不見，蜀

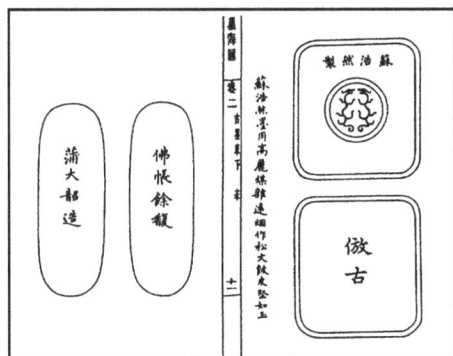

蒲大韶造　佛帳餘馥
（明方端生《墨海》）

人烏丸天下妙，前有蒲韶後梁杲。"蒲韶即指蒲大韶墨。

蘇浩然墨

宋代製墨名家蘇澥（字浩然，自號支離居士）所製之墨。其墨"皆作松紋皴皮，而堅緻如玉石"，時人得寸許殘墨，視如"斷金碎玉"，爭相誇玩。宋何薳《墨記·蘇浩然斷金碎玉》："高麗人入貢，奏乞浩然墨，詔取其家，浩然止以十笏進呈之，自珍秘如此。"蘇氏墨常自標"書窗輕煤"字樣。

金章宗墨

金朝皇帝章宗御用之墨。章宗復姓完顔，名景，生於世宗完顔雍執政之盛世。執政後鋭意求治，推行漢化政策，重文事，喜風雅，嗜收藏。御用筆墨，常自監製。明方瑞生《墨海·墨海圖·古墨束下》："墨之用，達諸荒裔修壤莫傳貝多者無論矣……至若金元閩氣，漸染華風，回氏爲妖，別可革陋，未始無佳者。"文末附金章宗墨與元朱萬初墨圖形，以證"金元閩氣，漸染華風"。章宗墨側有説明文字曰："蘇合油烟爲之，直與黃金埒。"明沈德符《野獲編·玩具》："宋徽宗以蘇合油溲烟爲墨，後金章宗購之，黃金一斤，纔得一兩。"後世以爲金章宗之蘇合油烟墨非宋徽宗遺物，乃其親自監製，當是。清萬壽祺《墨表》卷四："蘇浩然澥自製墨，皆作松紋皴皮，堅緻如玉石……至金章宗，乃以蘇合油溲烟爲之，遂與黃金同價，蓋墨妖耳。"又"金章宗宮内，以張遇麝香小御團爲畫眉筆"。

朱萬初墨

元代製墨名匠朱萬初所製之墨。朱萬初，豫章（今江西南昌）人，善製松烟墨。明麻三

衡《墨志·烟品》："楊升庵曰：'元朱萬初善製墨，純用松烟，蓋取三百年摧朽之餘，精英之不可泯者用之，真非常松也。'"因選料精良，故所製墨"沉着而不留迹，輕清而有餘潤"。作爲貢品進獻朝廷，深得元帝賞識而賜任職於藝文館。元虞集《贈朱萬初四首》詩之一："霜雪摧殘澗壑非，深根千歲斧斤違。寸心不逐飛烟化，還作玄雲繞紫微。"明方瑞生《墨海·墨海圖·古墨束下》："大曆乙巳開奎章閣……以萬初所製墨進，大稱旨。得食藝文館。"

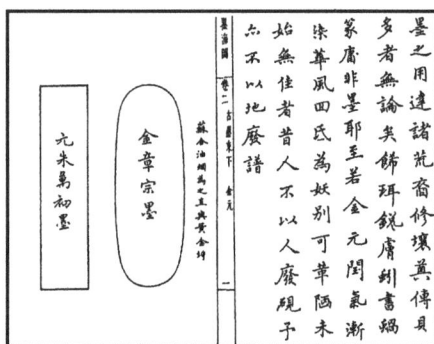

朱萬初墨　金章宗墨
（明方端生《墨海》）

玉泉墨

省稱"玉泉"。墨之一種。係以燈煤爲原料製作。金代時墨工楊文秀首創。元陸友《墨史·金國》："楊文秀，字伯達，本江左人。在金之季，以善墨聞。其法不用松炬而用燈煤。子彬得其遺法，以授耶律楚材。楚材授其子鑄，使造一萬丸，銘曰'玉泉萬笏'。"金元好問《賦南中楊生玉泉墨》詩："萬竈玄珠一唾輕，客卿新以玉泉名。"明楊慎《藝林伐山·玉泉墨》："南中楊生，製墨不用松烟，只以燈煤爲之，名玉泉墨。"

【玉泉】

"玉泉墨"之省稱。此稱金代已行用。見該文。

羅小華墨

省稱"羅墨"。明代中期徽州製墨名家羅小華所製之墨。羅小華，名龍文，字含章，號小華，以號行，爲歙派製墨代表人物。善製油烟墨，他用桐油烟配以"金珠玉屑"等材料製成的墨，堅硬如玉，烏黑如漆，紋理如犀，深受世人喜愛。至萬曆年間，已價比圭璧。明沈德符《野獲編·玩具》："近代惟新安羅龍文所作，價踰拱璧，即一兩博馬蹄（銀）一斤，亦未必得真者，蓋墨之能事畢矣。"明高濂《遵生八箋·燕閑清賞箋·論墨》："汪中山翰史初時製墨，質之佳美，不亞羅墨。"明麻三衡《墨志·稽式》："謝在杭云：'羅小華墨每挺皆二兩餘，規者亦重五兩。'"當時著名書畫家董其昌在其所著《筠軒清閟錄》中將羅墨列爲衆墨之首，言："我朝墨定當以羅小華鹿角膠爲第一。"羅氏所製墨品種繁多，有"小道士墨""玄霜""華道人墨""神品""太清玉"等。明方瑞生《墨海·墨海圖·古墨束下》："羅小華墨不一品，加諸料製亦精。"羅氏因精於製墨而深得明嘉靖皇帝的賞識，官至中書舍人，後因受大奸臣嚴嵩案牽連而被誅殺。今北京故宮博物院收藏有其所製圓式墨，直徑8厘米，雖歷經四百餘年，仍堅緻如初，完好無缺，足見其墨品之佳，名不虛傳。

【羅墨】

"羅小華墨"之省稱。此稱明代已行用。見該文。

汪中山墨

明代徽州製墨名家汪中山所製之墨。汪氏出身墨工，製墨經驗豐富，技藝超群，是徽墨休寧派主要代表。明高濂《遵生八箋·燕閒清賞箋·論墨》:"汪中山翰史初時製墨,質之佳美,不亞羅〔小華〕墨,其精品以豆瓣楠爲匣。"所製墨注重墨式變化,并將形狀多樣的零墨彙集成套,開創明代"集錦墨"之先河。所製"太玄十種",即太極、二猊、三猿、四象、五雀、六馬、七鵰、八仙、九鷥、十鹿,堪稱集錦墨的代表作,對後世製墨業影響很大。

邵格之墨

明代製墨名家邵格之所製之墨。邵氏爲明代徽墨休寧派創始人之一,所製墨在當時與程(程君房)墨、方(方于魯)墨、羅(羅小華)墨齊名。收入明麻三衡《墨志》中的名墨有"元黃天符""墨精""清郡玉""功臣券""古鳳柱""神品""梅花妙品""紫金霜""葵花墨"等。其墨上多有銘文款識,如"神品邵格之製萬曆三年""嘉靖庚子卧蠶文休邑邵格之精製"等。現存世的邵墨有"文玩""世寶""蟠螭"等款。

程君房墨

明嘉靖年間製墨名家程君房所製之墨。程君房,名大約,字幼博,歙縣人,是著名的歙派製墨代表人物。自幼研習製墨,在技藝上既取前人之長,又有獨創見解,開創漆烟製墨妙法。其製作選料嚴格,以生漆和桐油燃燒取烟,每次用250公斤桐油燒烟,僅取最輕的清烟5公斤,可見選料之精。獨創的對膠工藝,計量準確,一絲不苟。在雕刻上色方面也十分精通。所製之墨,"堅而有光,黝而能潤,舐筆不膠,入紙不暈",備受名家贊賞。程氏也自稱"我墨百年,可化黃金"。程墨品類繁多,知名的有"玄元靈氣""妙品""百壽圖""金不換""龍膏烟瑞""重光""百子圖""蓬萊宫"等。清張仁熙《雪堂墨品》:"君房玄元靈氣阿膠墨,萬曆庚戌。薄甚,重不滿錢餘,其製一面厚者,余往往見之。包以綾文,畫牡丹其上,始入匣中,匣亦異今時也。"其所著《程氏墨苑》一書,收入自製墨圖五百式,是一部珍貴的版畫藝術佳品。明代著名書法家董其昌對程墨極力推崇,在爲其書所作序中説:"今程氏之墨滿天下……百年之後,無君房而有君房之墨;千年之後,無君房之墨而有君房之名。"程墨傳世較多,今北京故宫博物院、上海博物館、安徽省博物館等都收藏有程墨實物。

方于魯墨

明代製墨名家方于魯所製之墨。其製墨法係以桐油取烟,和以廣膠,用靈芝草解膠。所製墨造型多樣,名墨有"文犀照水""天符國瑞""國寶""寥天一"等,均爲墨中珍品,以"九元三極"墨最負盛名,獲前無古人之譽,其墨在當時文人作品中頗受推崇。明沈德符《野獲編·玩具》:"新安人例工製墨,方于魯名最著。汪太函司馬與之聯姻,獎飾稍過,名振宇內。所刻《墨譜》窮極工巧。"明王世貞《于魯墨贊》稱其墨:"黝而澤,致而黑……光可晰,堅於璧,置之水,久弗蝕。"明汪道會《方于魯墨賦》贊曰:"非烟而烟,無色而色。清有餘潤,研無留迹。"明俞策《方于魯墨歌》對之更是稱贊備至:"堅如黑山石森削,燦如赤水珠晶炎。斑如重圭錫夏后,規如瑞璧來虞廷。"方氏爲宣傳其所製之墨,編有《方氏墨譜》,分爲國寶、國華、博古、博物、法寶、鴻寶六卷,收錄墨式三百八十五式,對製墨業影響較大。

方瑞生墨

明代製墨名家方瑞生所製之墨。方氏平生

喜愛製墨，所製墨品妙絕，造型工巧雅致。著《墨海》一書，收有古墨圖譜和自製墨式、歷代製墨法及墨家故事等，頗具價值。今人穆孝天《安徽文房四寶》一書中稱其爲："一部堪與程君房《墨苑》及方于魯《墨譜》媲美的佳作。"

曹素功墨

清代製墨四大名家之首曹素功所製之墨。曹氏名聖臣，字昌言，號素功，以號行，歙縣人。初借明末休寧製墨家吳叔大"玄粟齋"墨名、墨模製墨，後爲避康熙皇帝（玄燁）諱，改爲"藝粟齋"。所製墨立意創新，不拘俗套，享有"天下之墨推歙州，歙州之墨推曹氏"之美譽。其墨精品有"紫玉光""千秋光""天琛""耕織圖""天瑞""豹囊叢賞"等，其中又以"紫玉光"最有名氣。相傳康熙南巡，曹素功以墨進，得御賜"紫玉光"三字。曹氏《墨品贊》中，將此墨列爲第一："應運而生，玉浮紫光。名曰隃糜，天下無雙。超奚邁沈，獨擅衆長。圖以黃嶽，焕呼文章。芬芳馥鬱，密致堅剛。允爲世珍，金玉其相。"今傳世"紫玉光"墨，共36錠，分別繪有黃山36峰。形態逼真，細膩傳神，堪稱墨中珍品。曹氏墨因質地優良，曾爲衆多名流權貴定版製墨，名聲遠傳。如爲曹寅定製的"蘭亭精英"墨，爲劉墉定製的"柳汀仙舫"墨等。所輯《曹氏墨林》一書，流傳甚廣。曹氏去世後，子孫世傳祖業，歷經13代，綿延300多年，發展爲今日的上海墨廠。

汪近聖墨

清代製墨四大名家之一汪近聖所製之墨。汪氏原爲製墨名匠曹素功家墨工，後自立門戶，開設"鑑古齋"墨肆。所製墨品有"耕織圖""羅漢贊""御用彩朱""黃山圖""新安山水""千秋光""西湖圖詩"等。其墨構圖新穎巧妙，雕刻精美細膩，堪稱清代"精鑒墨"的代表作，有"今之近聖，即昔之廷珪"之美譽。其後人輯有《鑑古齋墨藪》四卷。

汪節庵墨

清代製墨四大名家之一汪節庵所製之墨。其主要活動於乾隆末至道光年間，所開設的"函璞齋"墨肆，與曹素功"藝粟齋"、汪近聖"鑑古齋"相齊名。所製名品有"仙露明珠墨""此君墨""新安大好山水""青麟髓"等。其墨多被作爲貢品進獻朝廷，深得賞識。爲私家造墨亦堪稱爲最，如爲阮元定製"圓明園圖"墨，爲梁同書定製"萬杵膏"墨，爲鄧廷楨定製"精選拜疏著書之墨"等，時著名詩人袁枚及汪心農所用之墨也多出自他手。阮元曾贊譽其墨，曰："宣歙墨派，與易水代興，在今名第一者，爲節庵汪氏。"

胡開文墨

清代製墨四大名家之一胡開文所製之墨。其創始人胡天柱取南京貢院内懸掛的"天開文運"匾額中之"開文"二字爲店號，開設"起首胡開文老店"，所製墨在選料配方及製作工藝上，都有獨到之處。著名的"老胡開文墨"，色澤黑潤，香味濃郁，舐筆不沾，入紙不涅，被譽爲"中國的墨柱"。其特製的"蒼佩室"墨，因質地優異，在長達百年的時期中，一直爲進獻朝廷的貢品。胡氏製墨子弟衆多，且經營有方，故發展迅速。至光緒間，已在上海、杭州、廣州、蘇州等城市開設墨店，製墨多達60多個品種。所製"地球墨"，在1915年巴拿馬世界博覽會上展出，榮獲金質獎章，此墨今珍藏在安徽徽州胡開文墨廠。

特 型

九子墨

古代名墨之一。古時祝賀婚禮所用之墨,繪九小兒作嬉戲狀,寓多子之意。《初學記》卷二一引漢鄭衆《婚禮謁文贊》:"九子之墨,藏於松烟。本性長生,子孫無邊。"宋蘇易簡《文房四譜·墨譜》:"古有九子之墨,祝婚者多子,善禱之像也。"宋代製墨名家潘谷也曾製過此種墨品。

九子墨
(明方于魯《方氏墨譜》)

鎮庫墨

唐代名墨之一。唐高宗時收藏於宮中的一塊巨型墨,質地堅硬如玉石,重達 1 公斤,號稱鎮庫墨。宋何薳《墨記·唐高宗鎮庫墨》:"近於內省任道源家見數種古墨,皆生平未見,多

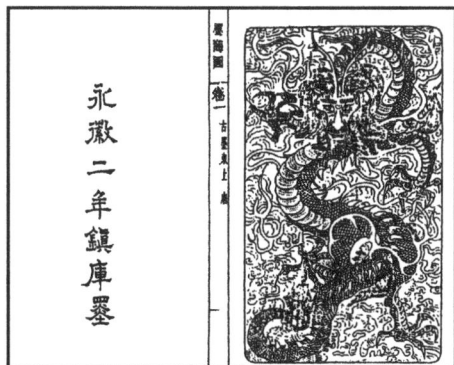

鎮庫墨
(明方瑞生《墨海》)

出御府所賜其家。高者有唐高宗時鎮庫墨一笏,重二斤許,質堅如玉石,銘曰:'永徽二年鎮庫墨',而不著墨工名氏。"何氏另書《春渚紀聞》亦載其事。

御墨

專供皇帝使用的墨。造墨以供御用,漢代已有之,唐代以後設立墨務官,專製御墨,歷代延續至清。南北朝時張永製墨,技藝高超,名振當時,宋文帝乃詔令其爲之造御紙御墨。宋陸游《老學庵筆記》卷五:"紹興間,復古殿供御墨,蓋新安墨工戴彥衡所造……中官欲於苑中作墨竈,取西湖九里松作煤,彥衡力持不可,曰:'松當用黄山所產,此平地松豈可用?'人重其有守。"元陸友《墨史》卷上:"宋元符間,襄陽米芾游京師,於相國寺羅漢院僧壽許見陽冰供御墨一巨鋌。其制若碑,高逾尺,而厚二寸。面蹙犀文,堅澤如玉。有篆款曰'文華閣'。中穴一竅,下畫泰卦於麒麟之上。幕篆六字,曰'翠霞',曰'臣李陽冰'。"明陶宗儀《輟耕録·墨》:"宋熙豐間,張遇供御墨,用油烟入腦麝、金箔,謂之龍香劑。"明代徽州製墨名家輩出,羅小華的"世寶墨"、潘嘉客的"荷瓣墨"、朱一涵的"青麟髓墨"、汪鴻漸的"鳳池墨"等,均爲皇帝御用之墨。明于慎行《丁丑三月上親灑宸翰大書責難陳善四字以賜》詩:"琅函想見仙毫動,蓬室驚聞御墨香。"清朝御製墨在康、乾兩代十分興盛,製作格外精良。如嘉慶元年(1796)"御製銘園圖墨",由清代內務府造辦處主持製造,耗資巨大,全套 64 景,均選自大內(故宮)、西苑

（中南海、北海）和圓明園。其造型、紋飾、題款、雕刻及裝潢，無不精到，可謂集古墨之大成，爲清代御製墨的代表作。自道光後，皇家製墨一落千丈，從此不振。清代御墨除内務府所製，還有相當部分是由徽州墨家承製，作爲貢品進貢朝廷。

龍香劑

唐代名墨。製墨時加入龍腦、麝香等配料，香氣襲人，故名。其時專供御用。唐馮贄《雲仙雜記》卷一：“玄宗御案墨曰龍香劑。”一説製墨時加入芙蓉花汁，爲唐玄宗御製。《成都記》：“唐玄宗以芙蓉花汁調香粉作御墨，曰龍香劑。”後代有製作，但配料已有變易。宋代製墨名家張遇所製油烟墨，加入龍腦、麝香、金箔等配料，亦號稱龍香劑，專供宫廷使用。宋顧文薦《負暄雜録·墨》：“本朝熙豐間，張卿遇供御墨，漸用油烟入腦麝、金箔，謂之龍香劑，東坡先生頗稱賞焉。”元倪瓚《題墨贈李文遠》詩：“安得龍香劑，霜枝寫月明。”元張可久《水仙子·湖上曲》：“醉墨灑龍香劑，新弦調鳳尾槽。”明高濂《遵生八箋·燕閒清賞箋·論墨》：“古之尚墨，若徐鉉墨，名月團，價值三萬。唐玄宗墨，名龍香劑，致墨精幻形。李廷珪龍紋墨、雙脊墨，千古稱絶。”清宋犖《漫堂墨品》：“龍香劑，一面十笏齋篆書，兩旁萬曆甲辰年，歙吳康虞造，行楷，重四錢五分。”亦稱“龍香墨”。明王鏊《夏忠靖公傳》：“悦甚，指公等曰：‘此朕擎天柱也。’賜紫瑛硯、象牙翠花筆、龍香墨、水精鎮尺、玉筆格。”明蘭陵笑笑生《金瓶梅詞話》第五七回：“那長老宣揚已畢，就教行者拿去文房四寶，磨起龍香墨。”

【龍香墨】

即龍香劑。此稱明代已行用。見該文。

月團

古代名墨。形如圓月，爲宋人徐鍇兄弟所製，宋陶穀《清異録·文用》：“徐鉉兄弟工翰染，崇飾書具，嘗出一月團墨曰：‘此價值三萬。’”明高濂《遵生八箋·燕閒清賞箋·論墨》：“古之尚墨，若徐鉉墨，名月團，價值三萬。”

龍紋墨

古代名墨之一。上刻有龍紋圖樣，故名。其時爲專供御用之墨，由南唐製墨名家李廷珪創製。李氏製墨在當時堪稱國寶，不僅質地上乘，造型、裝飾也極爲講究。明高濂《遵生八箋·燕閒清賞箋·論墨》：“古之尚墨，若徐鉉墨，名月團，價值三萬。唐玄宗墨，名龍香劑，致墨精幻形。李廷珪龍紋墨、雙脊墨，千古稱絶。”明麻三衡《墨志·稽式》：“李廷珪墨有劍脊圓餅，而多爲龍紋。嘉祐中仁宗以其墨賜近臣，曰新安香墨。其後翰林承旨受賜者，皆雙脊龍樣，尤爲佳品。”

雙脊墨

省稱“雙脊”。古代名墨之一。其時專供御用，南唐製墨名家李廷珪創製。雙脊，指墨之雙棱。明高濂《遵生八箋·燕閒清賞箋·論墨》：“古之尚墨，若徐鉉墨，名月團，價值三萬。唐玄宗墨，名龍香劑，致墨精幻形。李廷珪龍紋墨、雙脊墨，千古稱絶。”明麻三衡《墨志·稽式》：“李廷珪墨有劍脊圓餅，而多爲龍紋。嘉祐中仁宗以其墨賜近臣，曰新安香墨。其後翰林承旨受賜者，皆雙脊龍樣，尤爲佳品。”明代墨工多有仿製。清張仁熙《雪堂墨品》：“黄賓王龍文、雙脊墨，萬曆辛亥，有銘，自書放言居士，東林所稱黃正賓者是也。亦與先君子游，猶見其扇上詩字云龍文、雙脊，廷珪舊墨名也，放言仿之。"

【雙脊】

"雙脊墨"之省稱。此稱明代已行用。見該文。

龍鳳墨

古代名墨之一。因墨上雕刻有龍鳳花紋，故名。其時專供御用。《宋史·吳越錢氏世家》："因賜玉硯金匣一、紅綠象牙管筆、龍鳳墨、蜀箋、盈丈紙，皆百數。"

供堂墨

古代名墨之一。供官府專用。宋初名墨工張遇所造。宋王闢之《澠水燕談錄》卷九："又有……張遇、陳贇，著名當時。其制有劍脊圓餅拙墨、進貢墨、供堂墨，其面多作龍紋。"元陸友《墨史》卷上："蔡君謨謂世以歙州李廷珪爲第一，易水張遇爲第二。遇亦有二品，易水貢墨爲上，供堂墨次之。"

宣德墨

明代宣德年間製造的墨。這一時期製墨業發展迅速，所製墨質地、形狀、紋飾、雕刻均十分考究，多作爲藝術鑒賞品把玩收藏。明文

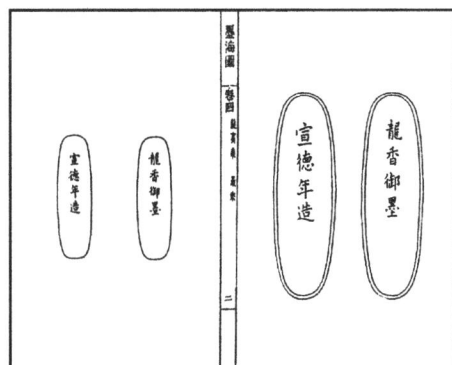

宣德墨
（明方端生《墨海》）

震亨《長物志·器具》："宣德墨最精，幾與宣和內府所製同，當蓄以供玩，或以臨摹古書畫，蓋膠色已退盡，惟存墨光耳。"按，宋人李孝美《墨譜》卷中繪有宣道、宣德墨圖，其正面皆標"供御香墨"，其漫分標宣道、宣德二款。圖左加按曰：右宣道、宣德，不知何許人，其形制俱類廷珪，疑歙州人也。明方瑞生《墨海·墨海圖·龍賓乘》繪有圓形宣德墨、宣道墨。

牛舌墨

明代名墨。因其墨形似牛舌，故名。明朝新安（今安徽歙縣）著名墨工方正所製之墨。清張仁熙《雪堂墨品》："方正牛舌墨，有'極品清烟'四字。論墨家多推方氏，幾與小華道人等。殆世廟（明世宗朱厚熜）前人也，宋牧仲（清人宋犖）使君，一日謂余曰：'吾藏墨有方正者。'余急呼曰：'得非牛舌墨乎？'發視果然，蓋諸家推方氏，以牛舌爲最耳。"清汪紹焻《紀墨小言》："牛舌墨：一面國寶，兩旁盤龍；一面大明永樂年造，四旁雲紋。無造者姓名，疑是方正製。重八兩。"

仿古墨

仿歷代名家墨品所製成的上品墨。分單錠、配套兩種，形狀有偏、平、圓、方等多種。一般爲名家製作，裝飾圖案雕刻細緻，初以宮廷勝地、名閣學館爲主，後擴展到山水風景、人情風俗、歷史典故和著名書畫家的繪畫題詩。其圖均描金點翠，外用綾羅、絹綢等絲織品包裝，陳設於文人書案之上，其觀賞、收藏價值已遠遠超過實用價值，亦爲饋贈佳品。仿古製墨，始於明，盛於清，達於今。明代歙派著名製墨大家羅小華所製仿古墨"小道士墨"，係據唐代傳說製造，開創了歙派仿古墨之先河。明

末著名墨工吳叔大在休寧設立"玄粟齋"墨店，造墨皆仿古制，因其名天琛，所製之墨皆以"天琛"稱，均係仿漢魏及唐宋名家墨之代表作而製成，有龍香古墨之美譽。明末清初製墨名家曹素功接受吳叔大"玄粟齋"，更名爲"藝粟齋"（爲避清康熙皇帝玄燁之諱），所製仿古墨在繼承吳叔大風格基礎上又有創新，製作了由漢以來系列仿古墨，以實物展現了我國製墨業的發展歷史。所仿製"天瑞墨"一套10種，有草聖、酒仙、真儒、隱者、羽士、俠客、高僧、美人、詞伯、畫師，各類人物精心刻畫，栩栩如生。至清代，仿古墨的製作更爲興盛，裝飾、圖案、雕刻、包裝更爲考究，爲文人、親友饋贈的上等禮品。時文人墨客收藏墨錠已成風氣。今安徽胡開文墨廠所製十羅漢墨、金陵十二釵墨等仿古套墨，造型精美，栩栩如生。該廠還利用現存的古代墨模製作仿古墨，有西湖圖、黃山圖、驪龍珠、萬壽圖等300多種。

集錦墨

帶有裝潢性質的成套叢墨。明代創製。明代是製墨業的發展高峰，墨的質地、形狀、紋飾、雕刻等都十分講究，墨已成爲文人墨客鑒藏賞玩的藝術品，集錦墨正是在這種情況下應運而生，顯示了我國當時刻製墨模的技術已達成熟。集錦墨的創始人汪中山爲徽墨休寧派創始人之一，明代著名製墨高手。他將自製的各種不同品名的墨聚集成套，并配以雕刻精美的墨匣，體現了休寧派製墨華麗精緻的特色。所製"太玄十種"，即太極、二猊、三猿、四象、五雀、六馬、七鵰、八仙、九鸞、十鹿，爲明代集錦墨的代表作，是名符其實的墨製工藝美術品。後世墨工爭相模仿，形成一時盛況。集錦墨的製作在清代達到高峰，取材日益廣泛，宮廷勝地、山川風景、人情風俗及著名書畫家的字畫詩詞等都成爲製墨圖案。精雕細作，裝潢華麗，并多用綾羅、絹綢等絲織品包裝，可謂盡善盡美。故在清代又被稱作"精鑒墨"，成爲書家名人鑒賞收藏之物及饋贈友人的上好禮品。這一時期還出現了彙集各種顏色的彩墨，如乾隆年間的"五彩"墨，由石青、石綠、硃砂、石黃、白色五種顏色製成。嘉慶年間的"名花十支"，有硃砂、石黃、石青、石綠、車渠白、紫、黃丹、雄黃、赭石、朱標十種顏色，十分精美。清代製墨名家吳天章、曹素功、汪近聖、汪節庵、胡開文等都是製作集錦墨的高手。曹素功的"紫玉光"墨，以36件組合而成，畫面表現了黃山36峰，一墨一峰，形態各異，造型逼真，堪稱墨中珍品。汪近聖在康熙年間造的"耕織圖"墨，共有23件，裝入一長方形漆盒中，墨塊上詳細刻劃了耕織的全部過程。畫面由陽刻綫條構成，并附有陰文楷書說明，集書法、繪畫、雕刻於一體。汪節庵的"西湖十景詩圖"彩朱墨，一套10件，色彩繽紛，精美高雅，可說是清代集錦墨的代表作品，現收藏於上海博物館。今集錦墨生產更爲繁榮，安徽績溪胡開文墨廠製造的"金陵十二釵""十羅漢""八仙圖"等墨品，造型精美逼真，深受喜愛。

【精鑒墨】

即集錦墨。此稱清代已行用。見該文。

第五章　紙　說

第一節　紙源考

有了人類，就有了文化。上古時代，先民爲便於交流思想感情，傳播知識信息，遺訓子孫，必然要書寫與記事。其時書寫與記事的載體，多就地取材。今可見者有摩崖刻石，所刻或爲圖形，或爲符號，十分拙簡。古文獻記載則有結繩或刻木記事之舉。《周易·繫辭下》："上古結繩而治，後世聖人易之以書契。"孔穎達疏："結繩者，鄭康成注云：事大大結其繩；事小小結其繩，義或然也。"結繩較之刻石要便捷許多，但實難準確表意，故而亦難記憶。因之"後世聖人易之以書契"，這"聖人"是誰？《書·序》曰："古者伏羲氏之王天下也，始畫八卦，造書契，以代結繩之政，由是文籍生焉。"何謂"書契"？陸德明《釋文》曰："書者，文字；契者，刻木而書其側。"《新五代史·四夷附錄一》："漢人教之以隸書之半增損之，作文字數千，以代刻木之約。"可以斷言，在書契發明之前，中華民族皆行"刻木之約"。刻石、結繩、刻木既"十分拙簡"，難以達意且又費力，其後便於表意的文字漸漸萌生，較適用的文字載體也相應而出。至商代開始用龜甲獸骨作書寫材料，殷墟之甲骨文即其實證。甲骨較難得，又不便製作，至周秦時又用竹片木片，即所謂

"簡牘"。其間又伴有絲織品，即所謂"縑帛"。"縑帛""簡牘"雖勝"甲骨"，但"簡牘"笨重，"縑帛"昂貴，於是先民們便有了新的追求，最終發明了紙。先秦時先民以絲綿禦寒。絲綿之製作，是將煮好的繭置於席上，再以水浸泡，以木棒反復捶擊，便可得到一張張絲綿薄片。至秦漢時先民即試探以植物纖維造紙。在田野考古中，已多次發現西漢時期的古紙，如陝西西安出土的灞橋紙，陝西扶風出土的中顏紙，甘肅居延地區出土的金關紙，甘肅懸泉置出土的敦煌古紙（參閱本書《珍奇卷》第八章第二節西漢紙帛書），甘肅天水放馬灘出土的繪有地圖的古紙等等。以上諸紙，後世稱之爲"絲絮紙"或"絲綿紙"。漢代稱作"赫蹏"。《漢書·外戚傳下·孝成趙皇后》："武（籍武）發篋中，有裹藥二枚，赫蹏書。"顏師古注："鄧展曰：'赫音兄弟鬩墙之鬩。'應劭曰：'赫蹏，薄小紙也。'"孟康注曰："蹏猶地也，染紙素令赤而書之。"依孟說，"赫蹏"當爲赤色小紙，爲文獻記載中最早的紙。其時似用以裹藥，而非用以書寫。西漢之後始有"紙"字。《說文·糸部》："紙，絮一苫也。"段玉裁注："'苫'下曰：'潎絮簀也。''潎'下曰：'於水中擊絮也。'"可見西漢時期的紙當以絲絮爲主要材料，故"紙"字從"糸"。後世雖終以草木爲原料，而取代了絲絮，其字則仍從"糸"，沿而不改。至東漢，蔡倫在總結前人造紙經驗的基礎上，改進造紙技術，以樹皮、麻頭、破布、魚網爲原料，經浸泡、切碎、蒸煮、舂搗、打漿等多道工序，造出質地輕薄均勻、細密有韌性的植物纖維紙。《後漢書·宦者傳·蔡倫》載："〔蔡倫〕永元九年監作秘劍及諸器械，莫不精工堅密，爲後世法。自古書契多編以竹簡，其用縑帛者，謂之爲紙。縑貴而簡重，并不便於人。倫乃造意，用樹膚、麻頭及敝布、魚網以爲紙。元興元年奏上之，帝善其能。自是莫不從用焉，故天下咸稱'蔡侯紙'。"東漢紙少見傳世，有些古紙雖已面世，却又流失國外。19世紀初，英國人斯坦因從敦煌盜走的文物中，即有數封寫在麻紙上的殘斷書信。據鑒定，這些麻紙是蔡倫獻紙幾十年後的産品。此類麻紙在甘肅武威旱灘坡東漢墓中亦有出土，紙面有隸書墨迹，惜已模糊不清。此一旱灘坡紙爲加工紙，可以看出當時的工藝技術，除了洗、漚、舂、抄等工序上頗精細外，尚採用了壓榨、平面乾燥等步驟，否則此紙不可能如此平滑緊密。從其纖維較長、分散均匀的程度分析，或已使用了類似後世的懸浮劑，足見所謂"蔡侯紙"已達到相當程度的技術水準。此後，造紙技術被廣泛采用，紙作爲主要書寫材料，逐漸取代簡牘與縑帛。至漢獻帝時，東萊人左伯又進一步改進造紙技術，紙的品質更得提高。左氏所造之紙潔白、細膩、柔軟、匀密，色澤光亮，尤便書寫，世稱"左伯紙"，名重一時。唐張懷瓘《書斷》贊其紙曰："子邑之紙，妍妙輝光。"子邑爲左伯之字。其中以五色花箋紙、高級書信紙爲上，對後世影響最深，流傳最廣。

紙，漢魏時亦作"帋"。其字始於搗布造紙之後，以區別於縑帛之紙。《太平御覽》卷六〇六引晋王隱《晋書》："魏太和六年，博士河間張揖上《古今字詁》。其《巾部》'帋'，今紙也。其字從巾。"今輯本作："紙，今帋也。以故布擣剉作紙，故字從巾。"按，魏前字作"紙"，魏時作"帋"，晋時又多作"紙"，後世"紙""帋"一度并用。唐白居易《北窗三友》詩："興酣不疊帋，走筆操狂詞。"《新唐書·柳公權傳》："書帋三番，作真、行、草三體。"唐宋之後，"帋"漸廢止，復用"紙"。"赫蹏"—"紙"—"帋"—"紙"，以上稱謂與字形的變化，體現了紙的發明與漢字演進各自獨具的規律。從"赫蹏書"至《説文》引稱的"紙"，體現了技術上的進步，用料無變化；從《説文》引稱的"紙"至"蔡侯紙"，體現了技術上的革新，而用料則以植物纖維替代了絲綿，標志一種嶄新的産品問世；從"蔡侯紙"至《古今字詁》引稱的"帋"，衹是用字不同、字形變化而已。兩者相較，後者爲勝，因"帋"這一字形的變化順應了用料的變化，"紙""帋"并行，最終是"紙"取代了"帋"，這反映了漢字生衍弃佚中，國人重古輕今、寧繁不簡的文化傳承心態與習慣力量。故絲綿之"紙"已廢止兩千載，却仍以其字代指蔡侯之"紙"。

紙

用於書寫、繪畫、印刷和其他雜用的薄片狀纖維製品。其本義爲表面光滑。《釋名·釋書契》："紙者，砥也。謂平滑如砥石也。"後指在水中打擊棉絮時薦存在竹席上的片狀絲渣。《説文·糸部》："紙，絮一笘也。从糸，氏聲。"段玉裁注："笘……澈絮簀也。"又"澈……於水中擊絮也。"由此又轉而指可以書寫繪畫的縑帛。《後漢書·宦者傳·蔡倫》："自古書契多編以竹簡，其用縑帛者，謂之爲紙。縑貴而簡重，並不便於人。倫乃造意，用樹膚、麻頭及敝布、魚網以爲紙。"植物纖維紙發明以後，又別造"帋"字，"紙"與"帋"二字并行至宋，後"紙"代"帋"成爲植物纖維紙的通稱。宋蘇易簡《文房四譜·紙譜》："《國史補》曰：紙之妙者，則越之剡藤、苔箋，蜀之麻面、屑骨、金花、長麻、魚子、十色箋，雲陽州六合箋，蒲州白薄、重抄，臨川滑薄。"

【帋】

同"紙"。此字始於發明搗布造紙之後，以區別於縑帛之紙。三國魏張揖《古今字詁》："紙，今帋也。以故布擣剉作紙，故字從巾。"《玉篇·巾部》："帋，之爾切，亦作紙。"至宋代《集韻》猶收此字，後遂廢止。《太平御覽》卷六〇六引晋王隱《晋書》:"魏太和六年,博士河間張揖上《古今字詁》。其《巾部》'帋',今紙也。其字從巾。"唐白居易《北窗三友》詩:"興酣不疊帋,走筆操狂詞。"《新唐書·柳公權傳》:"書帋三番,作真、行、草三體。"

赫蹏

亦作"闐蹏""赫蹄"。紙的原始名稱。流行於造紙術發明初期的西漢,流傳至清代。其紙質薄而幅小,不宜書寫,可作爲日常雜用。《漢書·外戚傳下·孝成趙皇后》:"武(籍武)發篋中,有裹藥二枚,赫蹏書。"顔師古注:"鄧展曰:'赫音兄弟閱牆之閱。'應劭曰:'赫蹏,薄小紙也。'晋灼曰:'今謂薄小物爲闐蹏。'"據説這種稱作"赫蹏"的紙,爲絲絮所製。宋趙彦衛《雲麓漫鈔》卷七:"《趙后傳》所謂'赫蹏'者,注云'薄小紙',然其實亦縑帛。"宋蘇易簡《文房四譜·紙譜》:"漢初已有幡書代簡。成帝時有赫蹏書詔。應詔曰:'赫蹏,薄小紙也'"。元王禎《農書》卷二二:"前漢皇后紀已有赫蹏紙,至後漢蔡倫以木膚、麻頭、敝布、魚網造紙,稱爲'蔡倫紙'。"元周伯琦《是年五月扈從上京學宫紀事絶句十首》詩:"吾伊日課繙青簡,揮染還看寫赫蹏。"明謝肇淛《五雜俎·事部二》:"三代之人必習爲詞命,童子入小學則教以應對,蓋赫蹏未興,赤牘未削,一切利害事宜皆面陳而口宣之。"清盧文弨《李元賓文集跋》:"今天下之操不律、伸赫蹏、日役其五指者,亦幾於流矣。"清尤侗《紀賑》詩:"赫蹏重封裹,筐篋與山齊。"清鈕琇《觚賸·睞娘》:"發緘而觀,則薄赫蹏也,得五十六字。"章炳麟《訄書·序種姓上》:"夫上世無竹帛赫蹏,獨取陶瓦任文籍之用。"

【闐蹏】

同"赫蹏"。此體魏晋時期已行用。見該文。

第二節 异名考

紙作爲重要的書寫工具,爲我國古代傳統文化的延續、繁榮和發展提供了重要的有形載體。它與指南針、火藥、印刷術一起構成了我國古代科學技術的四大發明,促進了古代文明的發展。

早期的紙稱作"赫蹏",有關記載最早出現在漢代。《漢書·外戚傳下·孝成趙皇后》中有"武(籍武)發篋中,有裹藥二枚,赫蹏書"一語。唐代訓詁學家顔師古注引東漢學者應劭訓釋曰:"赫蹏,薄小紙也。"據説這種被稱作"赫蹏"的紙係用絲絮所製。東漢許慎《説文·糸部》曰:"紙,絮一箈也。從糸,氏聲。"清代訓詁學家段玉裁注:"'箈'下曰:'漱絮簀也。''漱'下曰:'於水中擊絮也。'"《後漢書》曰:蔡倫造意,用樹膚、麻頭及敝布、魚網以爲紙。元興元年奏上之,自是莫不從用焉。天下咸稱蔡侯紙。按,造紙昉於漂絮，其初絲絮爲之，以箔薦而成之。”這種紙後世稱作“絲綿紙”或“絲絮紙”。此稱一直沿用至清代。自三國發明搗布而成之紙後，又別造一“帋”字，以區別於縑帛之紙。自此，“紙”與“帋”二字并用至宋，後“紙”字爲書寫用紙的通稱，沿用至今。從兩晉至唐宋是造紙術發展的高潮，各種紙的材料、種類、質地都遠超前代，名紙衆多。文人墨客用之書寫繪畫，并作爲相互饋贈的禮品，同時紙的各種稱謂亦隨之出現在文章詩詞中。紙的異名大致可分爲代稱、擬人、美稱三類。

一、代稱之類。漢代時，紙係絲絮所製，故有“方絮”之稱（見宋蘇易簡《文房四譜·紙譜》引東漢服虔《通俗文》）。又如“文畝”，據宋陶穀《清異録·文用》載：唐代詩人元稹與才女薛濤作詩，元氏賦文：“磨潤色先生之腹，濡藏鋒都尉之頭，引書媒而黯黯，入文畝以休休。”清厲荃《事物異名録·文具部》：“文畝，謂紙也。”再如“楮”，因楮樹皮可製紙，故有此稱，并歷代流行使用。唐劉知幾《史通·暗惑》：“猖狂生態，正復躍見楮墨間。”魯迅《書信集·致蔣抑卮》：“臨楮草草，不盡所言，容後續上。”此外，又有“剡藤”（見宋蘇易簡《文房四譜·紙譜》）、“溪藤”（見宋蘇軾《孫莘老求墨妙亭》詩）、“剡溪藤”（見清趙翼《甌北詩話·詩人佳句》）之稱。此稱本專指用浙江嵊州剡溪生長的野生藤條藤皮爲原料所製的藤紙，後作爲各種紙的代稱流行。

二、擬人之類。紙的擬人稱謂最早見於南北朝時期。如“此奴”，清厲荃《事物異名録·文具部》：“《南齊書·王敬則傳》：世祖御座賦詩，敬則執紙曰：‘臣幾落此奴度内。’世祖問：‘此何言？’敬則曰：‘臣若知書，不過作尚書郎令史耳，那得今日？’”又有“尺二冤家”一稱（見宋陶穀《清異録·文用》）。唐宋時，因以楮樹皮作爲造紙的主要原料製出上好紙品，其擬人之稱多與之有關。如“楮先生”，唐韓愈以筆擬人，作《毛穎傳》，文中稱紙爲“楮先生”，後人習之。宋釋文珦《野老》詩：“交游木上座，疏闊楮先生。”唐人文嵩仿韓愈《毛穎傳》，作《好時侯楮知白傳》。唐馮贄《雲仙雜記》卷六：“稷（薛稷）又爲紙封九錫，拜楮國公，白州刺史，統領萬字軍，界道中郎將。”故又有“好時侯”“楮知白”“楮國公”“白州刺史”“界道中郎將”之稱。又如“楮待制”“剡溪遺老”，宋林洪《文房職方圖贊》將紙列爲十八學士之一，稱：“楮待制，名田，字爲良，號剡溪遺老。”宋元時又流行“楮生”“楮君”等稱。宋王炎《題童壽卿博雅堂》詩：“剡溪來楮生，歙穴會石友。”元趙孟頫《論書》詩：“書法不傳今已久，楮君毛穎向誰陳。”

三、美稱之類。如“玉箋”，宋趙汝茪《梅花引》詞：“題破玉箋雙喜鵲，香爐冷，繞雲屏，渾是山。”又如“雲肪”，宋米芾《寄薛郎中紹彭》詩：“象管鈿軸映瑞錦，玉麟棐几鋪雲肪。”與楮紙有關的又有“玉楮”（見元陳端《以剡箋寄贈陳待詔》詩）、“雪楮”（見明黃質《貴池塢渡湖北垞古松歌爲汪鞠友題》）、“楮英”（見清厲荃《事物異名錄·文具部·紙》）之稱。

<h2 style="text-align:center">代稱之類</h2>

方絮

“紙”的代稱。此稱始見於漢代。《初學記》卷二一引漢服虔《通俗文》：“方絮曰紙，字從糸氏。無氏下從巾者。”宋蘇易簡《文房四譜·紙譜》引唐段成式《與溫庭筠雲藍紙絕句並序》：“碧聯棋上，重翻懊惱之辭；紅方絮中，更擬相思之曲。”宋吳淑《紙賦》：“方絮之體，平滑如砥。”宋范浚《次韻弟茂通立春四首》之三：“春生稚戲我難同，聊復題詩方絮紅。”

文畞

“紙”的別稱。此稱唐代時已行用。唐薛濤《四友贊》：“磨潤色先生之腹，濡藏鋒都尉之頭，引書媒而黯黯，入文畞以休休。”清厲荃《事物異名錄·文具部》：“《清異錄》：薛濤《四友贊》：‘入文畞以休休。’按，文畞，謂紙也。”

楮

“紙”的代稱。楮樹皮可製紙，故稱。唐劉知幾《史通·暗惑》：“猖狂生態，正復躍見楮墨間。”《新唐書·儒學傳中·王元感》：“〔王元感〕年雖老，讀書不廢夜。所撰《書糾謬》《春秋振滯》《禮繩愆》等凡數十百篇，長安時上之，丐官筆楮寫藏秘書。”宋蘇軾《書鄢陵王主簿所畫折枝》詩之二：“若人富天巧，春色入毫楮。”元乃賢《江東魏元德所製齊峰墨於上都慈仁殿賜文錦馬溼以寵之既南歸作詩以贈》：“漬毫春黛濕，拂楮翠雲流。”清周亮工《何省齋太史詩序》：“方尺之楮，若限鴻溝，惟恐一字之稍逾，出乎此而入乎彼者。”清張燾《題趙文敏公木石》詩：“吳興筆法妙天下，人藏片楮無遺者。”魯迅《書信集·致蔣抑卮》：“臨楮草草，不盡所言，容後續上。”

<h2 style="text-align:center">擬人之類</h2>

此奴

“紙”的擬人稱謂。此稱南北朝時已行用。後歷代未見流行。《南齊書·王敬則傳》：“世祖御座賦詩，敬則執紙曰：‘臣幾落此奴度內。’世祖問：‘此何言？’敬則曰：‘臣若知書，不過作尚書郎令史耳，那得今日？’”

尺二冤家

“紙”的擬人稱謂。此稱流行於唐宋時期，後已不傳。宋陶穀《清異錄·文用》：“少師楊凝式書畫獨步，一時求畫者紙軸堆疊如垣壁。

少師見則浩嘆曰：'無奈許多債主，真尺二冤家也。'"

楮先生

"紙"的擬人稱謂。流行於唐宋時代。唐韓愈《毛穎傳》："穎與絳人陳玄、弘農陶泓及會稽楮先生友善。"以物擬人，稱筆爲"毛穎"，紙爲"楮先生"，後人習之。宋釋文珦《野老》詩："交游木上座，疏闊楮先生。"宋楊萬里《海鰌賦》："賊衆指而笑曰：'此南人之喜幻，不木不竹，其誑我以楮先生之儔乎？'"宋陸游《村居日飲酒對梅花醉則擁紙衾熟睡甚自適也》詩："孤寂惟尋曲道士，一寒仍賴楮先生。"元倪瓚《謝筆》詩："陶泓思渴待陳元，對楮先生意未宣。"

楮知白

亦稱"好畤侯"。"紙"的擬人稱謂。因楮樹皮可造紙，紙又白色，故有此稱。宋蘇易簡《文房四譜·紙譜》："文嵩《好畤侯楮知白傳》：楮知白，字守元，華陰人也……中常侍蔡倫搜訪得之於耒陽，貢於天子。天子以其明白方正，舒卷平直，《詩》所謂'周道如砥，其直如矢'者也。用蒞史官，以代簡策。尋拜治書侍御史。奉職勤恪，功業昭著，上用嘉之，封好畤侯……與宣城毛元銳、燕人易玄光、南越石虛中爲相須之友。每所歷用，未嘗不同。"清汪灝《廣群芳譜·木譜八·楮》引明閔文振《楮待制傳》："楮待制，初名藤，及長爲世用，更名知白，會稽剡溪人。"

【好畤侯】

即楮知白。此稱宋代已行用。見該文。

楮國公

"紙"的擬人稱謂。始行用於唐代。唐馮

贄《雲仙雜記》卷六："稷（薛稷）又爲紙封九錫，拜楮國公，白州刺史，統領萬字軍，界道中郎將。"

【白州刺史】

即楮國公。此稱唐代已行用。見該文。

【界道中郎將】

即楮國公。此稱唐代已行用。見該文。

楮待制

"紙"的擬人稱謂。宋林洪《文房職方圖贊》將紙列爲十八學士之一，稱："楮待制，名田，字爲良，號剡溪遺老。"清汪灝《廣群芳譜·木譜八·楮》引明閔文振《楮待制傳》："楮待制，初名藤，及長爲世用，更名知白，會稽剡溪人。"按，剡溪產藤，會稽人以之造紙，故云。

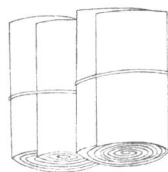

楮待制
（宋林洪《文房圖贊》）

【剡溪遺老】

即楮待制。此稱宋代已行用。見該文。

楮生

"紙"的擬人稱謂。此稱宋代已行用，流行至元。宋王炎《題童壽卿博雅堂》詩："剡溪來楮生，歙穴會石友。"宋莊季裕《雞肋編》卷下："三友不居毛穎後，五軍仍在楮生前。"元許有壬《李惟中學士自西臺侍御召入以未央宮瓦硯爲貺》詩："楮生毛穎賀得友，坐衆几案增光輝。"清彭孫遹《端溪石硯歌》："毛生楮生試與俱，一笑相將成吾癖。"

楮君

"紙"的擬人稱謂。楮皮可製紙，故名。流

行於宋元時代。宋岳珂《桯史·周夢與釋語》：
"士擲其報章於門而去，閽者白之，曰：'正自
乏楮君，就席以爲室間書庋。'"元趙孟頫《論
書》詩："書法不傳今已久，楮君毛穎向誰陳。"

楮居士

"紙"的擬人稱謂。宋人著述中已行用。宋
史彌寧《嬾不作詩覺文房四友俱有愠色謾賦》：
"一毛不拔管城子，冷眼相看石丈人。急性陳玄
楮居士，未分皂白也生嗔。"

美稱之類

玉箋

"箋紙"的美稱。此稱唐宋時已行用，沿用
至清。宋趙汝茪《梅花引》詞："題破玉牋雙喜
鵲，香爐冷，繞雲屏，渾是山。"清劉獻廷《贈
下河孫幕府代》詩："綺繡敷青史，芳華潤玉
箋。"

雲肪

"紙"的美稱。此稱唐宋時已行用。宋米芾
《寄薛郎中紹彭》詩："象牙鈿軸映瑞錦，玉麟
棐几鋪雲肪。"清厲荃《事物異名録·文具部》：
"雲肪，謂紙也。"

玉楮

"紙"的美稱。楮樹皮可製紙，潔白如玉，
故名。此稱宋元時已行用。元陳端《以剡箋寄

贈陳待詔》詩："雲母光籠玉楮溫，得來原自剡
溪濆。"清厲鶚《鐵四太尉並序》："唯有避俗
翁，皎皎載玉楮。"

雪楮

"紙"的美稱。此稱行用於元明時期。明黃
質《貴池塢渡湖北坨古松歌爲汪鞠友題》："霜
縑雪楮任揮灑，時喜晴暉落窗牖。"

楮英

"紙"的美稱。宋胡仔《漁隱叢話前集·東
坡九》："東坡云：余家有歙研，底有款識云：
吳順義元年處士汪少微銘之，松操凝烟，楮英
鋪雪，毫穎如飛。"清厲荃《事物異名録·文具
部》："汪少微《硯銘》：'楮英鋪雪。'按，謂紙
也。"

第三節　紙類考

造紙術發明後，經過歷代造紙工藝的不斷革新，紙的種類不斷增加，質地提高。自西
漢初期的"絲絮紙""麻紙"、東漢的"皮紙"、魏晋南北朝的"繭紙""藤紙"、隋唐五代
的"竹紙""宣紙"，直至明清的"宣德貢箋""仿側理紙"，代有發展。兹擇其要者，分述
如次。

我國最早的紙，是西漢初期的"絲絮紙"。東漢許慎在《說文·糸部》中解釋爲："絮一苫也。"說明最早的紙與絲絮有關。嚴格地說，這不是真正的紙，是先民在繅取絲綿的生產過程中，利用漂絲後的餘物加工製成的薄薄的絲製品。其製作是將煮好的繭放在篾席上，浸入水中，經反復捶打，使之蓬鬆散開，而後提取完整的絲綿即成帛、絹。篾席上殘留了一層薄絲絮，待其乾後剝落下來，稍作加工，即成"絲絮紙"，此即許慎所說的紙。這種紙同古埃及的"莎草紙"、古墨西哥的"阿瑪特紙"，一起被譽爲世界三大古紙。"絲絮紙"的製作方法雖然原始、簡單，但爲後來植物纖維紙的製造提供了經驗。

麻紙是指用麻類纖維加工製造的紙。早在兩漢時期已有其物。我國歷經考古發掘，多次發現漢代麻紙實物。如1933年新疆羅布淖爾發現的"羅布淖爾紙"，是我國考古工作者第一次發現的西漢麻紙；1957年陝西西安出土的"灞橋紙"，是世界上現存最早的植物纖維紙；1973年甘肅居延地區出土的"金關紙"，1986年甘肅天水放馬灘出土的畫有地圖的古紙。這些考古發現都表明，西漢時期已有用植物纖維造紙的實踐。其後，歷代皆在不斷改進、創新。東晉時，爲延長紙的壽命，對麻紙進行再加工。其時將麻紙用黃蘗浸過，可防蟲蛀，以便長期保存。浸過的紙色黃，被稱作"黃麻紙"。麻紙的製作歷代延續，直至明清。

皮紙是指用樹皮的韌皮纖維爲原料製造的紙。東漢蔡倫造紙時已有使用。宋蘇易簡《文房四譜·紙譜》："至後漢和帝元興中，常侍蔡倫銼故布及魚網樹皮而作之彌工。"《東觀漢記·蔡倫傳》中記載："蔡倫典尚方，用木皮爲紙，名穀紙。"晉代北方人以桑皮造紙，色澤潔白，質地優良，爲當時文人所喜用。宋蘇易簡《文房四譜·紙譜》記載："雷孔璋曾孫穆之，猶有張華與其祖書，所書乃桑根紙也。"這種桑根紙就是指桑皮紙。此紙拉力强，紙紋扯斷如棉絲，故又稱作"棉紙"。到了唐代，皮紙的製造發展很快，其造紙原料有瑞香皮、棧香皮、楮皮、桑皮、藤皮、木芙蓉皮、青檀皮等多種。紙質更加柔韌細薄，在紙類家族中形成一大品類。其中尤以青檀樹皮爲原料製造的宣紙爲紙中極品，歷代備受推崇，延續至今。宣紙中最名貴者，莫過於"澄心堂紙"。該紙爲南唐時徽州地區所產。南唐後主李煜尤珍愛，特用自家批閱處——澄心堂以貯藏，供宮中長期使用，故稱"澄心堂紙"。

魏晉南北朝是紙張廣泛流傳、普遍使用的時期。造紙原料多樣，技術高超，蠶繭紙的製作應用在晉代已頗有名氣。此紙係用蠶繭殼爲原料製作，紙質潔白如綾，略泛銀光，且有韌性。其紙上如蠶絲纖維縱橫交織，故稱作"繭紙"或"蠶繭紙"。用以書寫，發墨可愛。宋陳槱《負暄野錄·論紙品》記載，東晉著名大書法家王羲之的《蘭亭序》，即采用"蠶繭紙"書寫而成。對蠶繭紙所用之原料，亦有持不同的看法。如前引陳書認爲："繭紙，蓋實絹帛也。"日本學者大村西崖《中國美術史》中認爲："《蘭亭序》則書於蠶繭紙也。蠶繭紙諒係麻紙有滑澤者。"唐代朝鮮進貢的高麗紙中，也有此類蠶繭紙。

晋時，在會稽（今浙江紹興）剡溪出產一種"剡藤紙"。該地區當時生長有一種野生藤條，當地人以藤皮作爲造紙原料，又利用剡溪清澈的溪水漂洗，故所製之紙勻細光滑，潔白如玉，爲當時名紙。宋蘇易簡《文房四譜·紙譜》："《國史補》曰：紙之妙者，則越之剡藤、苔箋，蜀之麻面、屑骨、金花、長麻、魚子、十色箋。"《浙江通志·物產》有記載說："剡藤紙名擅天下。"文人更有"剡紙光如月""剡藤瑩華如玻璃"之美譽。宋蘇易簡《文房四譜·紙譜》中說："古有藤角紙。范寧教云：'土紙不可作文書。'皆令用藤角紙。"這種藤角紙即是指藤紙。然而隨着其聲譽日隆，需求增加及生產量的不斷擴大，剡溪一帶的野生藤條逐漸用完，至宋代已無法再生產，最終銷聲絕迹。

竹紙製作始於唐代，是以嫩竹爲原料，取其竹纖維製造而成。其記載最早見於唐代李肇《唐國史補·叙諸州精紙》中"韶之竹箋"。"韶"指今廣東韶關一帶。這種紙的特點是色微黃，紙質疏鬆，韌性較差，易破裂。到了宋代，竹紙製造有了較大進步，紙質光滑細白，易着墨，且原料價格低廉，量大易得，被大量用於書寫及刻印書籍，上好竹紙還被用於名帖摹寫。如北宋書畫家米芾的《珊瑚帖》，即是用純竹料的竹紙書寫，流傳至今，現珍藏於北京故宮博物院。元明時期，今浙江等地所產的竹紙以其紙面光滑、韌性强、吸墨易乾、色澤不變而聞名全國。明末則以江西產的"毛邊紙""毛太紙"最爲風行，藏書家毛晋以此紙刻印書籍，流傳天下，沿用至今。

魏晉時期中原造紙術傳入兩廣地區。當地人以海苔爲原料製造出苔紙。這種紙紋理縱橫斜側，故也稱作"側理紙"。其後傳入中原。宋顧文薦《負暄雜錄·紙》："苔紙以海苔爲之，名側理紙。"晋代時作爲貢品進貢朝廷。除以上麻紙、皮紙、蠶繭紙、藤紙、竹紙、苔紙外，紙的品類，還有用碎布頭製造的"布頭紙"，用稻草、麥秆纖維製造的"草紙"以及在本色紙的基礎上進行加工製作的各種箋紙和裝飾用紙。總之，紙的發明和發展歷程反映了我國勞動人民的聰明才智，推動了我國古代文化事業的進步和發展。

麻　紙

麻紙

紙的一種。用麻纖維爲原料製成。麻紙的製作，最早可上溯到漢代。1933 年，我國新疆羅布淖爾的漢代烽燧遺址中，發現一片白色麻紙殘片，紙長約 10 厘米，寬 4 厘米，紙質粗糙，纖維不勻。原紙已於 30 年代毀於兵火，現僅存原紙照片。據測定，此紙爲西漢宣帝年間遺物。在近幾十年的考古發掘中，也已多次發現西漢古紙。1973 年甘肅居延地區出土的“金關紙”，1978 年陝西扶風出土的“中顔紙”及 1986 年甘肅天水放馬灘出土的繪有地圖的古紙，都説明在西漢時期麻紙製作已有一定的技術。但由於製作原料單一，紙質粗糙，厚薄不一，并没有成爲當時的書寫材料，但爲後來書寫用紙的産生，打下一定的基礎。東漢時，麻紙製作品質明顯提高。蔡倫造紙，原料之一即爲麻頭。《後漢書·宦者傳·蔡倫》：“縑貴而簡重，並不便於人，倫乃造意，用樹膚、麻頭及敝布、魚網以爲紙。”在内蒙古、甘肅武威等地都有出土的東漢麻紙，紙上有書寫墨迹。清末英國人斯坦因在西北大漠中曾發現九封用粟特文寫的殘信，所用均爲麻紙，爲東漢末年遺物。經鑒定，東漢麻紙已屬“加工紙”，製作過程經過一系列的加工處理，紙質已較爲平滑堅密。魏晋時，麻紙製作使用十分廣泛，當時的書家也多以麻紙書寫。我國現存最早的名人書法真迹《平復帖》，就是西晋文學家、書法大家陸機書寫在麻紙上流傳至今的。東晋著名書法家王羲之、王獻之父子亦多喜用麻紙作書，王獻之的《洛神賦》也是在麻紙上書寫而賴以流傳。宋周密《癸辛雜識·筆墨》：“王右軍少年時多用柴紙，中年用麻紙。”范文瀾《中國通史》第二編第五章第二節：“南朝書家寫字多用麻紙。麻紙別稱布紙，就是用破舊麻布製造的紙。麻紙可供二王寫字，精美可以想見。”當時麻紙也成爲文人墨客贈送友人的禮品。據記載，王羲之一次就贈送給其好友謝安麻紙九萬張。東晋時，爲延長麻紙的使用壽命，又出現對麻紙進行再加工的新技藝，用黄檗搗爛熬取其汁液，以此浸染紙張，可防蟲蛀。因這種染過的紙呈土黄色，被稱作“黄麻紙”。據傳爲晋代葛洪所創。自東漢至唐代近千年間，麻紙一直是我國主要書寫繪畫用紙。唐時，益州（今四川成都）所産的麻紙爲當時的著名紙品，均爲貢品，多被用來書寫詔書。由宰相主管專門搜集整理典籍的集賢殿書院，也專用麻紙書寫。《新唐書·藝文志序》：“大明宫光順門外，東都明福門外，皆創集賢書院。學士通籍出入，既而太府月給蜀郡麻紙五千番，季給上谷墨三百六十丸。”麻紙又分黄、白二種，内事用白麻紙，外事用黄麻紙。唐李肇《翰林志》：“元和初置書詔印，學士院主之。凡赦書、德音、立后、建儲、大誅討、免三公宰相、命將曰制，並用白麻紙……凡慰軍旅用黄麻紙。”唐代書家亦多使用麻紙書寫。大詩人杜牧的《張好好詩》、李白的《上陽臺帖》都是用麻紙書寫而成，現均收藏於北京故宫博物院。當時江蘇六合所造的麻紙也頗具盛名，有“明透歲久，水濡不入”之美譽。現藏於日本書道博物館的敦煌經卷中的《譬喻經》，即用六合麻紙所寫。自宋至清，傳統製作的麻紙久盛不衰，爲拓本、書畫所必需的紙張材料。宋至元末明初印本書籍用麻紙印製的也較多。

【麻箋】

亦稱"牋麻"。即麻紙。唐李白《草書歌行》："牋麻素絹排數廂，宣州石硯墨色光。"王琦注："牋、麻，皆紙也。"元楊維楨《花游曲》："老仙更試蜀麻牋，寫盡春愁子夜篇。"清龔自珍《重摹宋刻〈洛神賦〉九行跋尾》："王子敬《洛神賦》九行百七十六字，用麻牋寫。宋徽宗刻石秘府，拓賜近臣者也。"

【牋麻】

即麻牋。此稱唐代已行用。見該文。

白麻紙

麻紙之一種。紙的正面潔白光滑，背面略顯粗糙，質地堅韌。古時詔書均用白紙書寫，唐高宗時以白紙易蠹，改用麻紙。唐制，由翰林學士起草的各種詔書均用白麻紙書寫。唐李肇《翰林志》："元和初置書詔印，學士院主之。凡赦書、德音、立后、建儲、大誅討、免三公宰相、命將曰制，並用白麻紙。"唐白居易《杜陵叟》詩："白麻紙上書德音，京畿盡放今年稅。"宋葉夢得《石林燕語》卷三："學士制不自中書出，故獨用白麻紙而已。"瞿蛻園《歷代職官簡釋·翰林學士》："惟翰林學士所撰以上各種詔書則用白麻紙。"亦省稱"白麻"。唐元稹《酬樂天東南行詩一百韻》："白麻雲色膩，墨詔電光粗。"《新唐書·百官志一》："凡拜免將相，號令征伐，皆用白麻。"宋張孝祥《浣溪沙·劉恭父席上》："萬旅雲屯看整暇，十眉環坐却娉婷，白麻早晚下天庭。"清錢謙益《六月廿七日舟發潞河書事感懷寄中朝諸君子》詩："紫閣虛傳聞禁漏，白麻遽欲下延英。"宋代時拓本多用白麻紙。宋徽宗年間更定《淳化閣帖》，重新拓印的《大觀帖》所用即爲此紙。明代陝西鳳翔所造稱爲鳳翔白麻紙，因其紙質強度大，易受墨，爲當時書畫所必需的材料。

【白麻】

"白麻紙"之省稱。此稱唐代已行用。見該文。

黃麻紙

省稱"黃麻"。麻紙之一種。東晋時，爲防蟲蛀，對所產麻紙進行再加工，其方法是將黃蘗搗爛取汁，浸染紙張。染過的紙呈天然黃色，故稱"黃麻紙"。傳說爲晋代葛洪所創。這種浸染過的紙質地較厚，具有防蟲防蛀的功能，有利於長期保存，當時多用於抄寫經書和官府文書。唐代時，作爲詔書用紙，內事用白麻紙，外事用黃麻紙。唐李肇《翰林志》："凡慰軍旅用黃麻紙。"又："唐中書用黃、白二麻爲綸命，其後翰林專掌白麻，中書獨得用黃麻。"唐杜甫《贈翰林張四學士》詩："紫誥仍兼綰，黃麻似《六經》。"唐白居易《見于給事暇日上直寄南省諸郎官詩因以戲贈》詩："黃麻敕勝長生籙，白紵詞嫌內景篇。"楊倫箋注引《唐會要》："開元三年，始用黃麻紙寫詔。"宋葉適《直院中書莫公殂往哀痛不能成文輒留小詩靈几并致鱸魚金柑爲奠》詩："閣老今無地上身，黃麻紫誥兩沉淪。"清趙翼《送劉石庵相公還朝》詩："敭歷遍中外，入相宜黃麻。"

【黃麻】

"黃麻紙"的省稱。此稱唐代已行用。見該文。

六合紙

紙之一種。産於今江蘇南京市六合區一帶。以麻、樹皮及破布等爲原料製成。始於魏晋。宋米芾《評紙帖》:"六合紙自晋已用,乃蔡侯遺制也。"又《十紙説》:"唐人漿錘六合幔麻紙書經,明透歲久,入水不濡。"今藏於日本書道博物館的敦煌寫經卷中的寫本《譬喻經》即用此紙書寫。亦稱作"六合箋"。宋蘇易簡《文房四譜·紙譜》:"《國史補》曰:紙之妙者,則越之剡藤、苔箋,蜀之麻面、屑骨……雲陽州六合箋,蒲州白薄、重抄,臨川滑薄。"

【六合箋】

即六合紙。此稱宋代已行用。見該文。

蜀麻

蜀紙之一種。指蜀地所出産的麻紙。唐杜甫《夔州歌十絶句》:"蜀麻吴鹽自古通,萬斛之舟行若風。"宋梅堯臣《和石昌言以蜀箋南箋答松管之什》:"楊子校經聊以贈,蜀麻江楮報何嫌。"

表光

蜀箋之一種。以麻纖維爲原料製作。元費著《箋紙譜》:"今天下皆以木膚爲紙,而蜀中乃盡用蔡倫法。箋紙有玉版,有貢餘,有經屑,有表光。玉版、貢餘雜以舊布、破履、亂麻爲之,惟經屑、表光,非亂麻不用。"明謝肇淛《五雜俎·物部四》:"澄心堂紙之外,蜀有玉版,

有貢餘,有經屑,有表光。"明陳繼儒《妮古録》:"蔡倫有經屑、表光。"

經屑

蜀紙之一種。係采用蔡倫造紙法,以麻纖維爲原料製成。質地光滑細密,堅固耐用。元費著《箋紙譜》:"今天下皆以木膚爲紙,而蜀中乃盡用蔡倫法。箋紙有玉版,有貢餘,有經屑,有表光。玉版、貢餘雜以舊布、破履、亂麻爲之,惟經屑、表光,非亂麻不用。"明謝肇淛《五雜俎·物部四》:"澄心堂紙之外,蜀有玉版,有貢餘,有經屑,有表光。"明陳繼儒《妮古録》:"蔡倫有經屑、表光。"

玉屑

麻紙之一種。南唐後主李煜請蜀箋工所造。宋蘇易簡《文房四譜·紙譜》:"蜀中多以麻爲紙,有玉屑、屑骨之號。"

網紙

紙之一種。因以舊魚網爲原料搗製而成,故名。始創於東漢蔡倫。《東觀漢記·蔡倫傳》載:"蔡倫典尚方,用木皮爲紙,名穀紙;故魚網爲紙,名網紙。"三國魏董巴《輿服志》:"東京(今河南洛陽)有'蔡倫紙',用故麻名麻紙,木皮曰穀紙,故魚網名網紙。"宋黄庭堅《戲和文潛謝穆父松扇》詩:"猩毛束筆魚網紙,松柎織扇清相似。"

皮　紙

皮紙

用各種樹皮的韌皮纖維爲原料製成的紙。可用來作爲製紙原料的樹皮有瑞香皮、棧香皮、

楮皮、桑皮、藤皮、木芙蓉皮、青檀皮等。所製之紙因原料不同而名稱各异。以樹皮爲原料造紙始於東漢。《後漢書·宦者傳·蔡倫》:"縑

貴而簡重，並不便於人。倫乃造意，用樹膚、麻頭及敝布、魚網以爲紙。"樹膚即樹皮。兩晋時以楮桑（亦稱穀桑）造穀皮紙。唐代時用多種樹皮造紙，紙質輕薄柔韌，纖維交錯均勻，形成了紙張生產中的皮紙品類。四川成都遍植木芙蓉，時人以木芙蓉韌皮纖維造紙。明宋應星《天工開物・紙料》："凡紙質用楮樹皮（一名穀樹）與桑穰、芙蓉膜等諸物者爲皮紙。"唐代製作著名的宣紙，即是用青檀樹皮爲原料製作。1924 年 9 月在杭州雷峰塔中發現的五代吳越王錢俶所刻《陀羅尼經》，爲皮紙印製。宋徽宗草書《千字文》及元大德年間雕版的《夢溪筆談》，均是用精製皮紙印刷的，可見這一時期皮紙已作爲上好紙張而供朝廷及士大夫使用。明清時皮紙生產規模不斷擴大，品質亦不斷提高。清阮葵生《茶餘客話》卷一七："明時大内白箋、磁青紙、高麗繭紙、皮紙……皆可珍也。"清全祖望《章黬》："至正《四明志》云：鄞之章黬出皮紙，是也。"

【棉紙】

亦作"綿紙"。即皮紙。分黑、白兩種，白棉紙顏色潔白，質地細薄，柔軟而韌性強。黑棉紙色呈黑黃，韌性較差。棉紙的製作約始於唐代。唐李商隱《河陽詩》："楚絲微覺竹枝高，半曲新詞寫綿紙。"元佚名《盆兒鬼》第四折："取官綿紙一張，著司房責下口詞，等他夫妻兩個畫了准狀，當堂判個'斬'字。"明方以智《物理小識》："今則棉〔紙〕推興國、涇縣。"明代前期印書多用棉紙，明後期及清代用棉紙印書則較罕見。清黃六鴻《福惠全書・錢穀・催徵》："每本前後用棉紙護頁，以防擦損。"魯迅《書信集・致鄭振鐸》："明朝那樣的棉紙，我沒

有見過新製的。"

【綿紙】

同"棉紙"。此體唐代已行用。見該文。

香皮紙

皮紙之一種。因以棧香樹皮爲原料製作，故名。棧香樹是一種常綠喬木，其樹皮纖維可製紙。始造於晋代。《文房四譜》："劉恂《嶺表錄異》云：廣管羅州多棧香樹，身似柜柳，其花白而繁，其葉如橘皮，堪作紙，名爲香皮紙。皮白色，有文如魚子箋。雷、羅州、義寧、新會縣率多用之。其紙慢而弱，霑水即爛，遠不及楮皮者。"

蜜香紙

皮紙之一種。以蜜香樹莖皮纖維及樹葉爲原料製成。始造於晋代。晋嵇含《南方草木狀》卷中："蜜香紙，以蜜香樹皮葉作之。微褐色，有紋如魚子，極香而堅韌，水漬之，不潰爛。泰康五年大秦獻三萬幅。"

穀皮紙

省稱"穀紙"。皮紙之一種。以楮樹纖維爲原料製成。楮樹又稱構松，是一種多年生落葉喬木。兩晋時稱楮桑爲穀桑，故所製之紙時稱"穀皮紙"。紙質堅韌潔白，爲上好的書畫用紙。產於南方一帶。三國吳陸璣《毛詩草木鳥獸蟲魚疏・其下維穀》："穀，幽州人謂之穀桑，或曰楮桑，荆、楊、交（即交州，轄境相當於今越南的北部）、廣謂之穀，中州人謂之楮桑……今江南人績其皮以爲布，又擣以爲紙，謂之穀皮紙。潔白光輝，其裏甚好。"唐代時蜀郡廣都盛產此紙，故又稱作"廣都紙"。時蜀中之人多以此紙抄寫印製各種書籍、契券等，用途十分廣泛，對後世影響也很大。《新唐書・蕭仿傳》：

"初從父南海，地多穀紙，仿敕子弟繕寫缺落文史。"五代南唐著名的"澄心堂紙"亦有用穀樹纖維爲原料製作。歷代文人對此紙情有獨鍾，譽稱其爲"楮先生""楮生""楮君"等雅號。亦稱"楮紙"。明李時珍《本草綱目·木三·楮》引陶弘景曰："南人呼穀紙亦爲楮紙。"

【穀紙】

"穀皮紙"的省稱。此稱唐代已行用。見該文。

【楮紙】

即穀皮紙。此稱南北朝時期已行用。見該文。

【廣都紙】[1]

即穀皮紙。唐代時蜀郡廣都出產，因產地而得名。此稱唐代已行用。見該文。

【楮練】

即穀皮紙。其色潔白如帛練，故稱。明袁宏道《歲時記異》："吳中最重節物……正月上元作燈市，采松葉結棚於通衢，下綴華燈。燈有楮練、羅帛、琉璃、魚魷、麥絲、竹縷諸品，皆彩繪人物故事，或爲花果蟲魚之像。"

桑皮紙

省稱"桑皮"。皮紙之一種。以桑樹枝莖皮纖維爲原料製作而成。晋代時已有製作，歷代沿續至今。唐宋時期的"蠲紙"，也屬桑皮紙。紙質堅韌優良，潔白細膩如棉，故亦稱作"棉紙"。現存唐代著名畫家韓滉《五牛圖》，即以此紙畫成。宋蘇易簡《文房四譜·紙譜》："蜀中多以麻爲紙，有玉屑、屑骨之號。江浙間多以嫩竹爲紙。北土以桑皮爲紙。剡溪以藤爲紙。海人以苔爲紙。"宋顧文薦《負暄雜錄·紙》："又扶桑國出芨皮紙，今中國惟有桑皮紙。"元

代時桑皮紙的製作更爲精致，在防蟲、防黴等方面的技術都有所改進提高。當時元代紙幣的印製，均是使用桑皮紙，可見此紙的質地亦非常紙所比。明代洪武八年（1375）印造的"一貫鈔"，高 33.02 厘米，寬 22.86 厘米，面值"一貫"，是世界紙幣發行史上最大的紙幣。這種紙幣也是用桑皮紙印製。明初至中期，書籍的印製也多用此紙。明清兩代，遷安（今屬河北）爲桑皮紙的主要產地。此紙頗受文人青睞，有"丈八桑皮寫秋色"的詩句。明王世貞《弇州四部稿》："二《漢書》尤爲諸本之冠，桑皮紙勻潔如玉。"清康熙《永平府志》有"桑皮紙，出遷安"的記載。清乾隆年間所仿製的"明仁殿紙"，以桑皮爲原料製作。清吳敬梓《儒林外史》第五回："兩個人才扳過來，棗子底下，一封一封，桑皮紙包着。打開看時，共五百兩銀子。"清劉鶚《老殘游記》第七回："起來喊店家稱了五斤木炭，生了一個大火盆，又叫買了幾張桑皮紙，把那破窗户糊了。"碧野《鹽湖之夜》："桌上放着一册語文課本和幾張用鉛筆細心地抄漏課文的桑皮紙。"今河北遷安以本地所產桑皮爲主要原料，生產出色白光滑、純净綿韌、吸水性強的優質書畫紙，享有"北遷南宣"之美譽。

【桑皮】

"桑皮紙"之省稱。此稱唐宋時期已行用。見該文。

【桑根紙】

即桑皮紙。用桑樹根皮爲原料製成，質地堅韌耐用。宋蘇易簡《文房四譜·紙譜》："雷孔璋曾孫穆之，猶有張華與其祖書，所書乃桑根紙也。"趙汝珍《古玩指南》第一三章："〔唐

代〕常用之紙則有短白簾、粉蠟紙……黃麻紙、白麻紙、桑皮紙、桑根紙、雞林紙。"

匹紙

優質皮紙。以韌皮纖維爲原料製作。紙質柔韌而薄，纖維交錯均勻。紙幅較長，宜書宜畫。宋代時産於黟州、歙州一帶。宋陸游《跋爲子通書詩卷後》："子通持匹紙求録詩，期年矣，以乃翁衰疾，不忍迫蹙。予更以此念之，爲寫終此卷。"清阮葵生《茶餘客話》卷一七："明時大内白箋、磁青紙、高麗繭紙、皮紙、新安玉箋、譚箋、觀音簾、匹紙，皆可珍者也。"

清吳敬梓《儒林外史》第一五回："馬二先生舉眼一看，樓中間掛着一張匹紙，上寫冰盤大的二十八個大字。"其大而長者又稱"鄱陽白"。宋陶穀《清異録·文用》："先君子蓄紙百幅，長如一匹絹，光緊厚白，謂之鄱陽白。"明屠隆《考盤餘事·紙箋·宋紙》："有匹紙長三丈至五丈，陶穀家藏數幅，長如匹練，名鄱陽白。"

【鄱陽白】

即匹紙。指匹紙中之大而長者。此稱宋代已行用。見該文。

繭　紙

蠶繭紙

紙之一種。用蠶繭殼爲原料製成。紙質潔白有光澤，且有韌性，紙之纖維看上去如蠶絲交錯。晋代已有使用。唐張彦遠《法書要録》引何延之《蘭亭記》："〔王羲之〕揮毫製序，興樂而書，用蠶繭紙，鼠鬚筆，遒媚勁健，絶代更無。"中國造紙術傳入朝鮮後，所産之紙稱爲高麗紙，多以繭爲原料，但因其原料成本高，紙價甚是昂貴，在當時屬名貴紙品。清郝懿行《證俗文》卷七："若乃古之名紙有側理紙，蠶繭紙。《世説》紙似繭而澤也。王右軍書《蘭亭序》用之。案，今高麗紙似綿繭造者。"亦省稱"繭紙"。亦作"蠒紙"。唐韓偓《紅芭蕉

賦》："謝家之麗句難窮，多烘繭紙；洛浦之下裳頻换，剩染鮫綃。"宋蘇軾《孫莘老求墨妙亭詩》："蘭亭蠒紙入昭陵，世間遺迹猶龍騰。"宋黃庭堅《次韻錢穆父贈松扇》："銀鈎玉唾明繭紙，松箑輕凉并送似。"元方行《觀吳孟周司訓真草書譜》詩："莫同繭紙舊蘭亭，閟入昭陵永難得。"

【繭紙】

"蠶繭紙"之省稱。此稱唐代已行用。見該文。

【蠒紙】

同"繭紙"。此體宋代已行用。見該文。

藤　紙

藤紙

紙之一種。以藤皮爲造紙原料製作。晋時

剡溪（今浙江嵊州一帶）、餘杭等地生長有一種匍匐於地面或攀附於他物的野生藤條，當地人

取藤皮造紙。所製之紙，勻細光滑，潔白如玉，質地堅韌，爲優質名紙。因製作方法與原料有所不同，其質地、顏色、名稱亦各有不同，可分爲"硾箋""玉版箋""澄心堂紙""粉雲羅箋""敲冰紙"五種，又有白藤紙、青藤紙之分。始造於晉代。唐李吉甫《元和郡縣志·杭州》："〔餘杭縣〕由拳村，出好紙。"宋蘇易簡《文房四譜·紙譜》："古有藤角紙。范寧教云'土紙不可作文書'，皆令用藤角紙。"藤角紙即藤紙。南齊書家王僧虔《筆意論》中極贊剡藤紙宜墨。盛於唐宋。唐代也用於書寫詔書、詞文等。宋蘇易簡《文房四譜·紙譜》："唐初將相官告，亦用銷金箋及金鳳紙書之，餘皆魚箋、花箋而已。"厥後李肇《翰林志》云：凡賜與、徵召、宣索、處分曰詔，用白藤紙。慰撫軍旅曰書，用黃麻紙。太清宮内道觀薦告文辭，用青藤紙朱書，謂之青辭。諸陵薦告上表、内道觀文，并用白麻紙。凡赦書、德音、建后、立儲、大誅討、拜免三公、命相、命將，并用白藤紙，不用印。"宋代以後，因產量擴大，人爲隨意砍伐，而野藤生長緩慢，造成原料不足，無法繼續生產，幾於絶迹，漸被後來興起的竹紙所代替。明清衹可從文獻記載中略窺一斑。宋歐陽修《病中代書奉寄聖俞二十五兄》詩："君聞可能爲我作，莫辭自書藤紙滑。"宋梅堯臣《送杜君懿屯田通判宣州》詩："日書藤紙爭持去，長鈎細畫如珊瑚。"元柳貫《題高尚書藤紙畫雲林烟嶂圖》詩："吾聞妙畫能通仙，此紙度可支千年。"

【藤角紙】

即藤紙。此稱晉代已行用。見該文。

【剡藤】

即藤紙。因以剡溪旁生長的野生藤條所製，故名。後亦爲紙之代稱。唐劉禹錫《牛相公見示新什謹依本韻次用以抒下情》："符彩添隃墨，波瀾起剡藤。"宋蘇易簡《文房四譜·紙譜》："《國史補》曰：紙之妙者，則越之剡藤、苔箋，蜀之麻面、屑骨、金花、長麻、魚子、十色箋，雲陽州六合箋，蒲州白薄、重抄，臨川滑薄。"宋歐陽修《再和聖俞見答》詩："石上紫毫家故有，剡藤瑩滑如玻璃。"宋蘇軾《六觀堂老人草書》詩："蒼鼠奮髯飲松腴，剡藤玉版開雪膚。"明凌濛初《初刻拍案驚奇》卷九："即席賦成，拂拭剡藤，揮灑晉字。"清厲鶚《汪青渠送研光箋》詩："剡藤遭天閼，此語定非妄。"

【溪藤】

即藤紙。浙江剡溪之水及其地所產之藤宜於造紙，故有此稱。宋蘇軾《孫莘老求墨妙亭詩》："書來乞詩要自寫，爲把栗尾書溪藤。"蘇轍注："溪藤，剡溪紙也。"宋陳與義《次韻何文縝題顔持約畫水墨梅花二首》之一："窗間光景晚來新，半幅溪藤萬里春。"宋陸游《小園花盛開》詩："更嗟著句多塵思，慚愧溪藤似截肪。"明李東陽《奎文閣賦》："韋編兮竹簡，石墨兮溪藤。"清代亦稱"剡溪藤"。清趙翼《甌北詩話·詩人佳句》引明僧詩："寄將一幅剡溪藤，江面青山畫幾層。"清金人瑞《題邵僧彌畫》詩："我有剡溪藤一幅，無人重寫妙蓮花。"

【剡溪藤】

即藤紙。此稱清代已行用。見該文。

【剡紙】

即藤紙。因產於浙江剡溪，故有此稱。唐代時已負盛名。唐顧况有《剡紙歌》。唐舒元興《悲剡溪古藤文》："泊東洛西雍，歷見書文者，皆以剡紙相誇。"唐皮日休《二游詩·徐詩》："宣毫利若風，剡紙光如月。"宋代亦稱"剡楮"。宋梅堯臣《永叔寄澄心堂紙二幅》詩："蜀箋蠹脆不禁久，剡楮薄慢還可呤。"宋朱長文《墨池編》卷二："書訣：剡紙易墨，心圓管

直。漿深色濃，萬毫齊力。"清厲鶚《次韻張嘯齋同舟渡江之作》："烏絲剡紙鼉頭字，白紵吳歌鴨嘴舟。"

【剡楮】

即剡紙。此稱宋代已行用。見該文。

竹　紙

竹紙

紙之一種。以竹纖維爲原料製成。以竹造紙，相傳始於東晋王羲之父子。宋趙希鵠《洞天清録·古翰墨真迹辨》："若二王真迹，多是會稽豎紋竹紙，蓋東晋南渡後，難得北紙，又右軍父子多在會稽故也。其紙止高一尺許，而長尺有半，蓋晋人所用，大率如此。"然唐前文獻均不見記載，最早的記載始見於唐代李肇《唐國史補·叙諸州精紙》："韶之竹箋。""韶"指韶州，即今廣東韶關一帶。初期的竹紙，質地疏鬆輕薄，紙色微黄，韌性差，易碎裂。到了宋代，南方的竹紙製作發展很快，江浙一帶都有製作。宋蘇易簡《文房四譜·紙譜》："今江浙間有以嫩竹爲紙，如作密書，無人敢拆發之，蓋隨手便裂，不復粘也。"後隨加工工藝的不斷提高，竹紙質地大有提高，紙質光滑細白，易於書寫、拓印，爲書畫家所喜用。北宋大書法家米芾在竹紙上書寫的《珊瑚帖》及宋人用竹紙摹寫的東晋書法家王羲之的《雨後帖》、王獻之的《中和帖》均流傳珍藏至今。清人張叔未曾説："宋時越竹紙拓帖，墨光可鑒。"南宋時竹紙生產規模更加擴大，價格低廉，量大易得，爲一時之盛。宋周密《癸辛雜識前集·簡槧》：

"淳熙末始用竹紙，高數寸，闊尺餘者，簡版幾廢。"當時竹紙的上等紙品有浙江的春膏、姚黄、學士、邵公等。春膏紙的製作方法，宋陳槱《負暄野録·論紙品》中有詳細記載："吳人取越竹，以梅天水淋，刷令稍乾，反復砑之，使浮茸去盡，筋骨瑩澈，是謂春膏。其色如蠟，若以佳墨作字，其光可鑒，故吳箋近出而遂與蜀產抗衡。"《嘉泰會稽志》卷一七："今獨竹紙名天下，他方效之，莫能仿佛，遂掩藤紙矣。竹紙上品有三：曰姚黄、曰學士、曰邵公。"元代南方以嫩竹製作的連四紙，紙質較之前代更爲精緻，潔白勻細，經久不變。元費著《箋紙譜》："四方例貴川箋，蓋以其遠號難致。然徽紙、池紙、竹紙在蜀，蜀人愛其輕細，客販至成都，每番視川箋價幾三倍。"可見竹紙影響之大。明清時浙江所產竹紙以紙面光潔、富有韌性、易吸墨等特點聞名各地。而福建製作的竹紙則顯粗糙。明末著名藏書家毛晋印製書籍，所用則是江西產的竹紙，質厚者稱"毛邊"，質薄者稱"毛太"，名揚一時。明宋應星在《天工開物·殺青》篇中對竹紙的製作工藝有詳細介紹，并附有操作圖樣，對當時竹紙生產起到了指導作用。清代竹紙生產已較普遍，元代所產

的連四紙，在清代時稱作"連史紙"，是書寫、拓印的常用紙張。清中期竹紙産地已擴展到陝西、貴州一帶，坊間刻印書籍多用此紙。今江西、福建、四川、貴州等地仍有製作使用。

【邵公】

竹紙中之上等紙品。宋代時已有製作使用。見該文。

【學士】

竹紙中之上等紙品。宋代時已有製作使用。見該文。

【姚黄】

竹紙中之上等紙品。宋代時已有製作使用。見該文。

【春膏紙】

竹紙中之上等紙品。宋代時已有製作使用。見該文。

連四紙

省稱"連四"。竹紙之一種，宋元時産於今江西、福建等地，後歷代沿製至今。此紙製作以嫩竹爲原料，用石灰處理嫩竹漿，經漂白、打漿後用手工抄造而成。今機製則用潔白化學漿以竹簾抄造而成，上帶有竹簾印紋。紙質潔白細緻，色質經久不變，是印刷書籍及毛筆書寫的常用紙張。其紙背因尺寸的不同，又有連二、連三、連四之分。元費著《箋紙譜》："凡紙，皆有連二、連三、連四（二、三、四尺）。連四，一名船箋。"明宋應星《天工開物·造皮紙》："其次曰連四紙，連四中最白者曰紅上紙。"明徐弘祖《徐霞客游記·粵西游日記二》："蓋此中無紙，前因司道檄縣屬僧道携紙來巖拓《元祐黨籍》，余轉市其連四陸張。"明文震亨《長物志·器具》："近吴中灑金紙，松江譚箋，

俱不耐久，涇縣連四最佳。"清無名氏《醒世姻緣傳》第七回："衙門上傳梆，遞進一角兵備道的文書來。拆開看時，裏面却是半張雪白的連四紙，翠藍的花邊，煥黑的楷書字。"

【連四】

"連四紙"之省稱。此稱元代已行用。見該文。

【船箋】

即連四紙。此稱元代已行用。見該文。

【連史紙】

即連四紙。後訛傳爲"連史紙"。葉聖陶《鄉里善人》："魯太玄的《文集續編》在錢康侯六十三歲那一年刻成，由各大書莊發兑，連史紙，每部四册，實洋十元。"亦省稱"連史"。魯迅《書信集·致鄭振鐸》："所謂羅甸紙者，乃類乎連史之物。"胡祥翰《上海小志》："印造各書均用上等連史，繩頭端楷，精雅絶倫。"

【連史】

"連史紙"的省稱。此稱近代已行用。見該文。

連七紙

省稱"連七"。竹紙之一種。明初江西專門設置官局造紙，此紙即爲當時所造。明屠隆《考盤餘事·紙箋·國朝紙》："永樂中，江西西山置官局造紙，最厚大而好者曰'連七'，曰'觀音紙'。"明劉若愚《酌中志·内臣職掌紀略》："凡禁地有異言異服及喧嚷犯禁者，得詰而責之。事大則開具連七紙手本，名曰事件，禀司禮監奏處。"明文震亨《長物志·器具》："國朝連七、觀音、奏本、榜紙，俱不佳。"清蒲松齡《日用俗字·紙扎章》："箋印蠟花爲繡

緞，鉑粘連七作金銀。”

【連七】

“連七紙”之省稱。此稱明代已行用。見該文。

毛邊紙

省稱“毛邊”。竹紙之一種。因此紙四邊有纖維如毛，故名。產於江西。一說因明末著名藏書家、刻書家毛晋所用而得名。明末時江西所產竹紙，紙色淺黃，質地細嫩光滑，吸水性好，極適宜毛筆書寫及印刷書籍，且成本較低。毛氏性喜藏書，廣搜古籍，傳刻天下。因其刻印講究，所需紙量又大，則專門到江西定製印刷用紙。所用之紙有厚薄之分，厚者稱“毛邊紙”，薄者稱“毛太紙”。後沿續此稱，至今兩種紙名仍在沿用。明劉若愚《酌中志·內板經書紀略》：“黃毛邊紙五百七十張，藍毛邊紙四千九百十二張。”清葉德輝《書林清話》卷七：“〔毛晋〕延名士校勘，開雕《十三經》《十七史》、古今百家及從未梓之書。所用紙，歲從江西特造之，厚者曰‘毛邊’，薄者曰‘毛太’，至今猶言其名不絕。”魯迅《書信集·致鄭振鐸》：“我已將毛邊、白宣各一種，寄給東京印局。”張抗抗《國殤》：“〔老人〕連忙坐起來，鋪開一刀毛邊紙，磨好墨汁，擺出了一副平時吟詩作賦的架勢。”

【毛邊】

“毛邊紙”之省稱。此稱清代已行用。見該文。

毛太紙

省稱“毛太”。竹紙之一種。產於江西。紙質較薄，色微暗。明末藏書家、刻書家毛晋大量刻印書籍，專門從江西定製紙張。所訂之紙，薄者曰“毛太紙”，厚者曰“毛邊紙”。清代後期印刷書籍多用此紙，沿用至今。清葉德輝《書林清話》卷七：“〔毛晋〕延名士校勘，開雕《十三經》《十七史》、古今百家及從未梓之書。所用紙，歲從江西特造之，厚者曰‘毛邊’，薄者曰‘毛太’，至今猶言其名不絕。”

【毛太】

“毛太紙”之省稱。此稱清代已行用。見該文。

苔　紙

側理紙[1]

省稱“側理”。亦作“側厘”。紙之一種。以水藻類植物纖維爲原料製作而成。因其紙面上紋路縱橫交接，斜側錯落，故名。水苔（海苔）別名爲陟厘，故亦稱“陟厘”。亦作“陟釐”。晋代時南方兩廣地區人即有製作，并作爲貢品獻於朝廷。晋王嘉《拾遺記·晋時事》：“〔張華〕造《博物志》四百卷，奏於武帝……賜側理紙萬番。……南人以海苔爲紙，其理縱橫邪側，因以爲名。”宋顧文薦《負暄雜錄·紙》：“苔紙以海苔爲之，名側理紙。”宋蘇易簡《文房四譜·紙譜》：“晋武賜張華側理紙，已具《叙事》中。《本草》云：‘陟厘味甘，大溫無毒，止心腹大寒。溫中消穀，強胃氣，止泄痢，生江南池澤。’陶隱居云：‘此即南人用作紙者。’唐本注云：‘此物乃水中苔，今取爲紙，名爲苔紙，青黃色，味澀。’《小品方》曰：‘水中粗苔也。音陟厘。陟厘與側黎相近，側黎又與側理相近也。’”宋王洋《和陳長卿賦芭蕉》詩：“書生几上側理紙，巫女廟中巴峽神。”宋黃庭堅《李君貺借示其祖西臺學士草聖並書帖一編二軸以詩還之》：“側厘數幅冰不及，字體攲傾墨猶濕。”清郝懿行《證俗文》卷七：“若乃古之名紙有側理紙、蠶繭紙。”清陳康祺《燕下鄉脞録》卷九：“趙穀林徵君昱家藏側理紙，蓋南越人以海苔爲之。質堅而膩，世不輕有。”

【側理】

“側理紙”之省稱。此稱晋代已行用。見該文。

【側厘】

同“側理”。此體宋代已行用。見該文。

【陟厘】

即側理紙。此稱宋代已行用。見該文。

【陟釐】

同“陟厘”。此體晋代時已行用。見該文。

【海苔紙】

省稱“海苔”“苔紙”。即側理紙。因以海苔製成，故有此名。晋王嘉《拾遺記·晋時事》：“南人以海苔爲紙，其理縱橫邪側，因以爲名。”唐楊巨源《酬崔駙馬惠箋百張兼貽四韻》：“捧持價重凌雲葉，封裹香深笑海苔。”宋陸游《破陣子》：“苔紙閒題溪上句，菱唱遥聞烟外聲。”又《予所居南并鏡湖北則陂澤重復抵海小舟縱所之或數日乃歸》詩：“歸來寫苔紙，老憊無傑句。”

【苔紙】

“海苔紙”之省稱。此稱隋代已行用。見該文。

【海苔】

“海苔紙”之省稱。此稱唐代已行用。見該文。

其 他

側理紙[2]

指橫紋紙。宋趙希鵠《洞天清録·古翰墨辨真》：“北紙用橫簾造紙，紋必橫。又其質松而厚，謂之側理紙。桓温問王右軍求側理紙是也。南紙用竪簾，紋必竪。若二王真迹，多是會稽竪紋竹紙，蓋東晋南渡後，難得北紙，又右軍父子多在會稽故也。”又有以竹爲製作此種紙的原料，所製之紙，亦稱“側理”。清周亮工《與張宗緒》：“竹，而孫，而龍鍾，而斧，而漚，而粉澤，凡經三十五手而成側理，始可供印氏。”

官紙

紙之一種。南朝時官局所製。色質潔白細膩。《南史·隱逸傳下·阮孝緒》：“其年十餘歲，隨父爲湘州行事，不書官紙，以成親之清白。”宋陳師道《從寇生求茶庫紙》詩：“南朝官紙女兒膚，玉版雲英比不如。乞與此翁元不稱，他年留待大蘇書。”亦作“官帋”。元柳貫《題高尚書藤紙畫雲林烟嶂圖》詩：“醉拈官紙寫秋光，割截五州雲一幅。”

【官帋】

同“官紙”。此體元代已行用。見該文。

草紙

紙之一種。以稻草、麥秆等爲原料製成。南方因氣候溫和，雨水較多，多種植水稻和小麥。晋代時，當地人因地取材，以稻草和麥秆纖維製紙。這種紙呈土黃色，質地較爲粗糙，不宜用作書寫，多用作包裝用紙或衛生用紙。元佚名《東南紀聞》卷二："試賦一首，既就，其半如厠，於厠側取懷間草紙寫，所以成者。"亦被稱作"土紙"。宋蘇易簡《文房四譜・紙譜》："古有藤角紙，范寧教云：土紙不可作文書，皆令用藤角紙。"此類紙因取材豐富，易於製作，故歷代都有大量生產，今所用包裝紙多爲此紙。

【土紙】

即草紙。此稱宋代已行用。見該文。

黃紙

經入潢處理的紙。魏晋以來，人們開始用黃蘖染紙，謂之入潢。經染製的紙，色黃，可防蟲蛀。相傳此法爲晋代葛洪所創。當時此紙用於銓選、考績官吏、登記姓名，唐宋時則用於書寫頒發詔書等。《魏書・蕭寶夤傳》："見居官者，每歲終，本曹皆明辨在官日月，具覈才行能否……經奏之後，考功曹別書於黃紙油帛。"《隋書・百官志上》："若敕可，則付選，更色別，量貴賤，内外分之，隨才補用。以黃紙錄名，入座通署，奏可，即出付典名。"唐釋皎然《五言從軍行》詩："黃紙君王詔，青泥校尉書。"宋歐陽修《歸田錄》卷二："〔錢思公〕自云：'平生不足者，不得於黃紙書名，每以爲恨也。'"宋范成大《後催租行》："自從鄉官新上來，黃紙放盡白紙催。"宋蘇易簡《文房四譜・紙譜》："貞觀中，始用黃紙寫敕制。高宗上

元二年詔曰：詔敕施行，既爲永式，比用白紙，多有蟲蠹。宜令今後尚書省頒下諸司諸州縣，宜並用黃紙。"宋陸游《投梁參政》詩："平生實易足，名幸污黃紙。"

蠟紙

在本色紙上加蠟再經過加工的紙。其方法是將蠟塗於原紙兩面，再經過硏光工序製成。所製之紙光亮潤滑，纖維均匀細緻，紙質較厚，可防潮防水。有黃、白二色。白色稱"白蠟紙"或"硬白紙"，黃色稱"黃蠟箋"。唐代始製。當時所製的"硬黃紙"工序亦與之略同。唐代還製作一種添加礦物質粉和蠟而成的粉蠟紙，多用於摹拓名人墨迹。宋代蠟紙廣爲使用。今北京故宮博物院收藏的吳彩鸞書唐代《刊誤謬補切韻卷》即用此紙寫成，爲現存硬白紙實物。塗蠟之紙因紙質厚實，防水性好，宋代還用於糊製燈籠。宋蘇軾《夜過舒堯文戲作》詩："推門入室書縱橫，蠟紙燈籠晃雲母。"宋陸游《秋興》詩："成都城中秋夜長，燈籠蠟紙明空堂。"元代紹興產的黃白蠟紙的製作及使用量均很大。亦稱作"蠟箋"。明文震亨《長物志・器具》："元有彩色粉箋、蠟箋、黃箋、花箋、羅紋箋，皆出紹興。"清代康熙至乾隆年間創新製出"五色粉蠟箋"，即在五色紙上施以粉彩，加蠟硏光，有的施以泥金泥銀，製成各種色彩的蠟紙，也稱作"灑金銀五色蠟箋"。這種紙表面光潔，防水防潮，還具有防蟲防蛀的功能，用於書寫繪畫，墨色光亮如漆。因其製作成本較高，故多用於宮廷之中，民間流傳較少。清魏秀仁《花月痕》第一六回："秋痕正在梳頭，癡珠就在妝臺邊坐下。瞧了一會，見有一張宣紙、一幅蠟箋擱在架上，便說道：'你這屋裏却沒有

橫額，我和你寫罷。'"清沈初《西清筆記·紀典故》："內庫藏明代香箋甚多，今制尚沿其舊，亦宋人蠟箋遺意，而堅緻過之。"郁達夫《青烟》："他看見正廳中間桌上有一盞洋燈點在那裏，明亮的洋燈光射在上首壁上，照出一張鍾馗圖和幾副蠟箋的字對來。"今之所稱蠟紙，係指用蠟浸過的紙，用於打字或刻寫鋼版。

【蠟箋】

即蠟紙。此稱明代已行用。見該文。

生紙

未經加工裝飾之紙。紙有生、熟之分始於唐代。生紙係直接從紙槽裏抄造後烘乾而成的。這種紙的特點是吸水吸墨性強，最適宜於寫意畫和行草書體，紙墨相應，突出書畫作品的渲染氣氛。也用於裱糊字畫。唐韓愈《與陳給事書》："《送孟郊序》一首，生紙寫，不加裝飾。"宋邵博《聞見後錄》卷二八："唐人有熟紙，有生紙。熟紙，所謂妍妙輝光者，其法不一……生紙非有喪故不用。退之與陳京書云《送孟郊序》用生紙寫，言急於自解，不暇擇耳。"宋蘇易簡《文房四譜·紙譜》："《歷代書畫記》云：背書畫勿令用熟紙，背必皺起。宜用白滑漫薄大幅生紙。"明陶宗儀《輟耕錄·寫山水訣》："作畫用墨最難。但先用淡墨，積至可觀處，然後用焦墨濃墨，分出畦徑遠近，故在生紙上有許多滋潤處。"沈叔羊《談中國畫》第六章："烘暈法用在絹或熟紙上是不難的，但用在生紙上則比較難一點。"

熟紙

加工紙。在生紙基礎上經過加工處理。其處理工序包括上礬、砑光、塗色、印花、加蠟、施膠等。這種紙書寫繪畫時不易走墨暈染，最宜於繪製工整細緻的工筆畫及楷隸書體，畫面清爽整潔，顯得十分精緻，是書畫藝術不可缺少的高級用紙。始見於唐代。其品種多樣，較薄者有煮硾箋、蟬翼箋，厚者有叠宣、玉版宣，染以黃色斑點的虎皮箋，灑以金銀粉或金銀片的冷金箋、灰金箋，以及檳榔、珊瑚、素宣、雨雪等。其工藝歷代不斷改進，沿用至今。《新唐書·百官志二》："校書郎二人……熟紙裝潢匠八人。"宋邵博《聞見後錄》卷二八："唐人有熟紙，有生紙。熟紙，所謂妍妙輝光者，其法不一。"宋蘇易簡《文房四譜·紙譜》："《歷代書畫記》云：背書畫勿令用熟紙，背必皺起。宜用白滑漫薄大幅生紙。"沈叔羊《談中國畫》第六章："烘暈法用在絹或熟紙上是不難的，但用在生紙上則比較難一點。"

金紙

用碎金片或金粉塗飾的一種加工紙。極華貴精美，供書信題詞之用。始於唐，達於清。唐釋道世《法苑珠林·神異》："震旦國之一人書《大毗尼藏》及《修多羅藏》及《修多羅經》，銀紙金書，《毗尼律》，金紙銀書。"亦稱"金箋"。清陳康祺《郎潛紀聞》卷一〇："內大臣明珠之稱壽也，崑山徐司寇以金箋立幅請於先生，欲得一詩侑觴。"唐王涯《宮詞》之八："傳索金牋題寵號，鐙前御筆與親書。"宋蘇軾《孫莘老寄墨四首》詩之一："金箋灑飛白，瑞霧縈長虹。"元張昱《輦下曲》之十二："星河騎士知唯馬，慣識金箋玉兔毫。"

【金箋】

即金紙。此稱清代已行用。見該文。

銀紙

亦稱"銀箋"。用銀屑或銀粉塗飾的一種

加工紙。精緻華美。唐釋道世《法苑珠林・神異》："震旦國之一人書《大毗尼藏》及《修多羅藏》及《修多羅經》，銀紙金書，《毗尼律》，金紙銀書。"元白仁甫《陽春曲・題情》："輕拈斑管書心事，細折銀箋寫恨詞。"明陶安《嵩溪詩會》："嵩泉香透銀箋滑，溪月清分雪椀寒。"

【銀箋】

即銀紙。此稱元代已行用。見該文。

砑綾

一種碾光有花紋的絲織品。可供書寫用。唐宋時已有使用。宋周邦彦《虞美人》詞："砑綾小字夜來封，斜倚曲闌，凝睇數歸鴻。"宋方千里《醉桃源》："良宵相對一燈青，相思寫砑綾。"

羅紙

以綾、絹等絲織品裝裱過的紙。宋代宮廷製作并使用。《宋史・禮志十四》："后妃皆寫冊命告身，以金花龍鳳羅紙，金塗褾袋。有司進入，學士院草制，宣於正殿。"又《職官志三》："凡宮掖至外命婦羅紙七種，分十等。"

布頭箋

亦稱"布頭紙"。紙之一種。以碎布頭爲原料加工製成，故稱。因質地細膩，名揚天下。產於蜀地，爲宋代優質名紙。宋蘇軾《東坡志林》卷一一："川紙取布頭機餘經不受緯者治作之，故名布頭箋。此紙冠天下。"宋陳槱《負暄野錄》中載："布縷爲紙，今蜀箋猶多用之。"

【布頭紙】

即布頭箋。此稱宋代已行用。見該文。

匶紙

紙之一種。紙質較厚，打以金銀箔，多用於摹拓碑石。宋曹士冕《法帖譜系・淳化法帖・紹興國子監本》："當時御府拓者，多用匶紙，蓋打金銀箔者也。故字畫精神，極有可觀。"清查慎行《得樹樓雜鈔》卷一〇："南唐《昇元帖》，以匶紙摹搨，李廷珪墨拂之，爲絕品。匶紙者，打金箔紙也。"

峽紙

紙之一種。因產於湖北峽州（今湖北宜昌），故名。質地堅韌，以其製帳冊簿籍，久藏不損。宋歐陽修《筆說・峽州河中紙說》："余爲縣令時，有孫文德者，本三司人吏也，嘗勸余多藏峽紙，云其在省中，見天下帳籍，惟峽州不朽損。"

化化箋

粗劣不潔的紙。質地粗糙，僅可供日常雜用，不可用以書寫。宋陶穀《清異錄・文用》："記未冠時，游龍門山寺，欲留詩，求紙，僧以皺紙進。余題大字曰'化化箋'，還之。僧慚懼，躬揖請其故。答曰：'紙之麄惡，則供溷材，一化也；丐徒取諸圊廁，積之家，匠買別抄黴黬，店肆收苞果藥，遂成此紙，二化也。故曰化化箋。備雜用，可也；載書畫，不可也。舉以與人，不可之甚。'"

白鹿紙

亦作"白籙"。紙之一種。本稱"白籙紙"，相傳原爲龍虎山（今江西貴溪西南）張天師書寫符籙用紙，後以白籙不雅，改稱"白鹿紙"。實則爲元代江西所產。紙質略厚，富有韌性，有碧、黃、白三品。白者潔白晶瑩爲上品，元代大書法家趙孟頫喜用此紙書寫，并有墨寶傳世。碧、黃二品質地較粗厚，多用於裝裱等用。其紙幅闊大者又稱"大白籙"。元張雨《二君詠贈南康黃虞尚德》詩："手把白鹿紙，濯足臨斜川。”清錢大昕《恒言録·文翰》引《至正直記》：“世傳白鹿紙乃龍虎山寫籙之紙也。有碧、黃、白三品，其白者瑩潔，光净可愛，且堅韌，勝江西之紙。趙魏公（孟頫）用以寫字、作畫，闊幅而長者稱大白籙。後以籙不匹，更名白鹿。”明文震亨《長物志·器具》：“元有彩色粉箋、蠟箋、黃箋、花箋、羅紋箋，皆出紹興；有白籙、觀音、清江等紙，皆出江西。”

【白籙】

即白鹿紙。此體元代已行用。見該文。

觀音簾

紙之一種。明代宮廷用紙。清阮葵生《茶餘客話》卷一七：“明時大内白箋、磁青紙、高麗繭紙、皮紙、新安玉箋、譚箋、觀音簾、匹紙，皆可珍也。”

觀音紙

省稱“觀音”。紙之一種。明代江西製造。明屠隆《考槃餘事·紙箋·國朝紙》：“永樂中，江西西山置官局造紙，最厚大而好者曰‘連七’，曰‘觀音紙’。”明文震亨《長物志·器具》：“元有彩色粉箋、蠟箋、黃箋、花箋、羅紋箋，皆出紹興；有白籙、觀音、清江等紙，皆出江西……國朝連七、觀音、奏本、榜紙，俱不佳。”

【觀音】

“觀音紙”之省稱。此稱明代已行用。見該文。

奏本紙

紙之一種。明代時江西設立造紙官局，此爲其所製紙之一種。質地不佳。明項元汴《蕉窗九録》：“有奏本紙出江西鉛山。”亦省稱“奏本”。明文震亨《長物志·器具》：“國朝連七、觀音、奏本、榜紙，俱不佳。”

【奏本】

“奏本紙”之省稱。此稱明代已行用。見該文。

宛紅紙

紙之一種。紅色，質地較好。製造於明代。據明沈榜《宛署雜記》卷一四載：明萬曆年間宛紅紙每張值銀三分，貴於紅、黃榜紙。明蘭陵笑笑生《金瓶梅詞話》第三九回：“差小童經袱内包着宛紅紙經疏，將三朝做過法事，一一開載節次，請西門慶過了目，方才裝入盒擔内。”

龍瞥

紙名。質類魚鰾，寫字後或塗以泥，或燻以烟，或塗以丹，或裱以紙，字皆不滅。水洗去垢，字即顯出。清初，明末遺民多用此紙與海外聯繫。清梁同書《日貫齋塗説》：“《魏叔子文集》有《龍瞥記》二篇，文義不可解，問之余戚友許宗彥，宗彥解之似有理。蓋一種海外紙，似魚鰾類者，作字不滅，而垢污可洗。國初遺民多有通問海上，事敗被戮者，叔子之意，謂以龍瞥作書，則不致敗事。”

九宮格

臨摹碑帖所用的界格紙。在一方格中畫“井”字形等分爲九小格，便於初學書法者對照法帖範字臨摹。其形位如古代皇帝的明堂九宮，故名。相傳此法創自唐代書法家歐陽詢。清人蔣驥續創九宮新式，一方格内均分三十六格。今學生習練書法所用之田字格、米字格即源於此。林海音《城南舊事·蘭姨娘》：“蘭姨娘最初還催着我寫九宮格，後來她衹顧得看《傀儡家庭》了，就懶得理我的功課。”

仿紙

兒童習書毛筆字所用紙。一般印有方格、九宮格或米字格、田字格，故又稱"仿格紙""仿格"。九宮格據說源於唐代書法家歐陽詢，今兒童練習書法多用米字格和田字格。近人奭良《野棠軒雜記》："工失其師，務爲縮減，塾童慣用之金糕紙、仿紙皆較縮削。"許地山《女兒心》："你大概因爲寫的是'王子去求仙，丹成上九天'的仿格，想着古人有這回事，所以也要仿效仿效。"

【仿格】

即仿紙。此稱近代已行用。見該文。

第四節　箋紙考

箋紙是指用作書信題寫詩詞的精美紙張。西漢乃至蔡倫時期，所造的紙較爲粗糙，一般以實用爲主。東漢末造紙名家左伯改進造紙技術，提高紙張品質，所造之紙潔白細膩，色澤光亮，世稱"左伯紙"。他的家鄉東萊（今山東萊州）成爲製造優質紙的重要產地。南北朝時期當地生產的五色花箋曾得到皇帝的青睞。後梁宣帝（蕭詧）有《詠紙詩》贊曰："皎白如霜雪，方正若布棋。宣情且記事，寧同魚網時。"南朝陳徐陵《〈玉臺新詠〉序》："五色花箋，河北膠東之紙。"這種花箋紙是一種飾有花紋、製作精美的小幅紙張，文人用以書信往來，詩文酬答。

唐宋以來，隨着造紙技術的發展和提高，箋紙製作更爲流行，除紙的質地優良外，在染色、印花等再加工方面也有許多創新。特別是砑花技術的使用，更使箋紙呈現千姿百態的局面，一些具有視覺美感的紙張陸續生產出來。如用茜草、槐花等植物的天然染料染成的五色紙，在染料中施粉加蠟製成的五色粉蠟箋，用金銀粉屑和膠，在紙表面繪各種精美圖案，成爲華美的金銀花箋。各類箋紙又因紋飾不同而各异其名。印有花紋的稱"花箋"（見唐白居易《霓裳羽衣歌》），色彩艷麗的稱"彩箋"（見唐周林《謝友人惠箋紙並筆》詩）"紅箋"（見唐薛濤《牡丹》詩），印有麟鷥龍鳳之紋的稱"鷥箋"（見宋張鎡《池上木芙蓉欲開述興》詩之二）"鳳箋"（見宋陸游《風流子》詞）"龍箋"（見元袁桷《翰林故事莫盛於唐宋聊述舊聞擬宮詞》之二），印有雲紋的稱"雲箋"（見宋周邦彥《蕙蘭芳引》詞），白色箋紙稱"素箋"（見唐白居易《同微之贈別郭虛舟鏈師五十韻》），在彩紙上塗以金銀粉或飾以金銀片的稱作"冷金箋"（見宋米芾《書史》）"銷金箋"（見宋蘇易簡《文房四譜・紙譜》）。因產地不同又有"吳（江浙一帶）箋""蜀（四川）箋"等之分。吳箋製作主要以竹子爲原料，其中以"春膏紙"最爲名貴。而最值得一提的則是蜀箋，又稱"川箋""巴箋"，主要指四川成都所製的一種木刻彩印、圖文兼備的詩箋，在唐代與馳譽全國的蜀紙齊名。成都製作箋紙的中心，歷代皆設在浣花溪上，當地居民多造彩箋。蜀箋品種繁多，主要有"薛濤箋""松花箋""魚子箋""十色箋"等，其中尤以薛濤箋爲最著名。明代何宇度《益部談資》："蜀箋古已有名，至唐而後盛，至薛濤而後精。"薛濤箋與後來北宋的謝公箋都是紙以人而得名。薛濤箋爲深紅小彩箋。謝公箋爲十色箋，均爲當時著名紙品，對後世箋紙製作影響很大。元代費著《箋紙譜》一書，對此有較詳盡的叙述。明清時期是箋紙發展的高峰時期，紙不僅大量用於書寫繪畫及日常生活，也成爲供收藏欣賞的藝術品。這一時期箋紙加工製作之風十分盛行。起源於唐代的金銀花箋，此時品種益繁，有金銀片密集於紙上的"屑金""屑銀"，有金銀大片如雪的"片金""片銀"，有金銀粉分布於紙上的"泥金""泥銀"。所用紙地多爲彩色粉箋、彩色蠟箋或彩色粉蠟箋，分朱紅、深青、明黃、沉檀、深綠等色，富麗堂皇，光彩奪目，極爲精美。這種箋紙多由蘇州官家作坊或大內如意館的紙工製造，其用途多爲宮廷詩詞書帖或作壁飾、室內屏風與書畫手卷的引首。今北京故宮博物院仍有收藏。明代宣德年間生產的宣德貢箋，有細密灑金五花粉箋、白箋、印金五色筆箋，以及由磁青紙再加工製成的羊腦箋等，都是精美至極專供宮廷使用的高級箋紙。而集明代畫箋之大全的傑出作品，則是明末安徽胡正言選輯印製的《十竹齋箋譜》和《十竹齋畫譜》。《十竹齋箋譜》有博物、衆人、花石等，《十竹齋畫譜》分竹、梅、石、蘭、果、翎毛等，皆木版彩色浮水印。胡氏在製作過程中，與良工朝夕研討，精益求精，十年如一日，在運用"餖板""拱花"等技術方面，取得顯著進步，使作品達到繪、刻、印三絕。不論博物衆人，還是花卉羽蟲，無不神韵生動，色彩逼真，姿形畢現。其朋友楊龍友贊譽説："曰從（胡正言的字）巧心妙手，超越前代，真千古一人哉。"該作品一經問世，立刻受到世人關注，初學畫者奉之臨摹範本，對繪畫教育產生了重大影響。《畫譜》原版因印刷次數太多，歲久模糊，清代嘉慶芥子園、光緒校經山房都有翻刻本，但神韵色澤均不如原本。民國時魯迅和鄭振鐸將此作品編入《中國版畫史圖錄》。後北京榮寶齋摹刻有《十竹齋箋譜》，紙、墨、印都十分精緻，可與原本相媲美。清代康乾年間，除創製梅花玉板箋、描金雲龍五色蠟箋及彩色砑花蠟印故事箋等高級藝術加工紙外，還盛行仿製歷代名紙，有仿製唐代薛濤箋、五代澄心堂紙、宋代金粟山藏經紙、元代明仁殿紙等。這些仿製紙的製造，不惜工本，加工水準極高。清代除宮廷御用的昂貴紙張外，民間造紙技術也十分高超，能夠加工生産各種箋紙及木刻浮水印的詩箋信箋。至光緒年間僅北京一地，加工製作箋紙的作坊就達數十家，由此可見箋紙製作之興盛。民國時期采用木版浮水印製作的著名的《北平箋譜》，具有很高的藝術價值，在國內外皆有深遠影響。

　　總之，箋紙製作從原料到工藝都十分講究，在形式裝飾上體現出極高的藝術性，使紙張從單純的實用品發展到具有欣賞和收藏價值的藝術品。這充分反映了我國古代勞動人民的辛勤勞動與智慧，對書畫藝術和歷史文明的發展起到了一定的推動作用。

箋紙

　　精緻華美的紙張。紙幅較小，多印有圖案花飾，專用於書信、題詩等。宋高承《事物紀原·什物器用部·箋紙》引《桓玄僞事》："玄令平淮作青赤縹桃花紙，又石季龍寫詔用五色紙，蓋箋紙之制也，此疑其起耳。"宋蘇易簡《文房四譜·紙譜》："陶侃獻晉帝箋紙三千枚，極妙，並墨。"唐李商隱《送崔珏往西川》詩："浣花牋紙桃花色，好好題詩詠玉鈎。"宋沈括《夢溪筆談·謬誤》："予出使淮南時，見有重載入汴者，求得其籍，言兩浙牋紙三暖船，他物稱是。"清楊焯《玉泉箋》詩："玉泉箋紙壓西湖，宣祖風流絕代無。"清吳趼人《二十年目睹之怪現狀》第三三回："上海有這許多的詩人墨客，爲什麼總没有人提倡，同他們弄些好箋紙？"魯迅《南腔北調集·〈宋常全集〉題記》："這樣的商人，我在南邊没有看見過，北京却有的，是舊書店或箋紙店的掌櫃。"亦稱"箋幅"。清王士禎《池北偶談·談異七》："縣多竹園，有詩竹，莖短而葉大，堅厚，士人以代箋幅。"

【牋紙】

　　同"箋紙"。此體南北朝時期已行用。見該文。

【箋幅】

　　即箋紙。此稱清代已行用。見該文。

【箋】

　　"箋紙"之省稱。南朝陳徐陵《〈玉臺新詠〉序》："五色花箋，河北膠東之紙。"宋黃機《清平樂》："博山灰冷香殘，微風吹滿銀箋。"元王逢《宮中行樂詞》："宴分王母樂，詔授薛濤箋。"清梁章鉅《歸田瑣記·天下太平四字》："〔阮雲台〕用松江花絹方牋篆書'天下太平'，字如秦漢瓦當體，分貽知好。"

【牋】

　　同"箋"。此體清代已行用。見該文。

花箋

　　亦作"花牋"。印有各種花紋的小幅箋紙。極精美，多被文人用以題咏或作信札。其形制繁多，名稱各异。如印有鳳紋的"鳳箋"、印有雲紋的"雲箋"、印有麟鸞的"鸞箋"等。南北朝即有製作，盛行於唐宋，歷代沿續至今。南朝陳徐陵《〈玉臺新詠〉序》："三臺妙迹，龍神蠖屈之書；五色花箋，河北膠東之紙。"唐白居易《霓裳羽衣歌》："四幅花牋碧間紅，霓裳實錄在其中。"宋孫光憲《河傳》："褻花箋，艷思牽成篇。"宋蘇易簡《文房四譜·紙譜》："唐時將相官告，亦用銷金箋及金鳳紙書之，餘皆魚箋、花箋而已。"元王實甫《西廂記》第三本第一折："我只道拂花牋打稿兒，原來他染霜毫不構思。"元姚燧《陽春曲》："墨磨北海烏龍角，筆蘸南山紫兔毫，花箋鋪展硯臺高。"明文震亨《長物志·器具》："元有彩色粉箋、蠟箋、黄箋、花箋、羅紋箋，皆出紹興。"明李昌祺《剪燈餘話·賈雲華還魂記》："小花瓶插海棠一枝，花箋數番，玉鎮紙一枚。"徐遲《財神和觀音》："他接過了稿紙來，那是他自己的造紙廠爲他特製的花箋，上面的花紋是他自己的印製處給製版的。"

【花牋】

同"花箋"。此體唐代已行用。見該文。

彩箋

亦作"彩牋"。精緻華美的小幅彩色箋紙。始製於南北朝時期，盛行於唐宋。唐代有著名的"薛濤箋"，今北京榮寶齋仍經營此類產品。《南史·陳後主傳》："後主宴江總、孔範等十人名狎客宴，先令八婦人襞彩箋，製五言詩，十客一時繼和。"唐周朴《謝友人惠箋紙并筆》詩："范陽從事獨相憐，見惠霜毫與彩箋。三副緊纏秋月兔，五般方剪蜀江烟。"後蜀歐陽炯《三字令》詞："彩牋書，紅粉淚，兩心和。"宋蘇易簡《文房四譜·紙譜》："唐韋陟書名如五朵雲，每以彩箋爲緘題，時人議其奢縱。"清富察敦崇《燕京歲時記·紅票兒》："每届歲除，凡富貴之家以銀易錢者，皆用彩箋書寫，謂之紅票兒。"亦作"綵牋"。唐賈島《原居即事言懷贈孫員外》詩："避路來華省，抄詩上綵牋。"唐王績《三月三日賦》："九班麟角之仙筆，五色魚羅之綵牋。"唐溫庭筠《感舊陳情五十韻獻淮

南李僕射》："雷電隨神筆，魚龍落綵牋。"唐谷神子《博異志·沈亞之》："鳳即起，從東廊下几上取綵牋，傳《陽春之曲》。"宋米芾《入境寄集賢林舍人》詩："便捉蟾蜍共研墨，綵牋書盡蒯江波。"

【彩牋】

同"彩箋"。此體五代十國時期已行用。見該文。

【綵牋】

同"彩箋"。此體唐代已行用。見該文。

錦箋

亦作"錦牋"。精緻華美的紙箋。多供書信題詩之用。箋紙製作始於南北朝，後沿續至今。金董解元《西廂記諸宫調》卷四："文房四寶都拈住，謾把松烟試。墨池點得兔毫濃，拂拭錦牋一紙。"元郭鈺《和寄龍長史》詩："錦牋傳草春詞好，銀燭燒花夜枕安。"明胡文焕《群音類選·點絳唇·相思》："挑銀燈，拂錦牋，摘玉管，磨穿硯，寫了俏姻緣。"清蒲松齡《聊齋志異·宦娘》："女吟詠數四，心悦好之，懷歸，出錦牋，莊書一通，置案間。"清佚名《麟兒報》第一〇回："毛羽大喜，遂使人送過筆硯，一幅錦牋。"

【錦牋】

同"錦箋"。此體元代已行用。見該文。

紅箋

亦作"紅牋"。一種精美的小幅紅紙。多用作名片、請柬或題寫詩詞。始於南北朝，流行於唐宋。唐白居易《江樓夜吟元九律詩成三十韻》："斜行題粉壁，短卷寫紅箋。"唐薛濤《牡丹》詩："去春零落暮春時，淚濕紅箋怨別離。"五代王仁裕《開元天寶遺事·風流藪澤》："長安

有平康坊，妓女所居之地。京都俠少萃集於此，兼每年新進士以紅牋名紙，游謁其中，時人謂此坊爲風流藪澤。"宋晏殊《清平樂》："紅牋小字，說盡平生意。"清黃景仁《感舊雜詩》之四："非關惜別爲憐才，幾度紅牋手自裁。"

【紅牋】

同"紅牋"。此體五代時期已行用。見該文。

華牋

精緻華美的牋紙。前蜀韋莊《立春》詩："殷勤爲作宜春曲，題向華牋帖繡楣。"明李昌祺《剪燈餘話・武平靈怪錄》："華牋法帖長爲侶，圓鏡方琴巧製形。"明吳寬《題浦氏兄弟中秋賞月圖》詩："玉季丹青兼有引，盡將秋興落華牋。"

桃花紙

紙之一種。紙質細薄而堅韌，始製於東晋十六國時期，沿用至近代。《初學記》卷二一引《桓玄僞事》："詔命平准（淮），作青赤縹綠桃花紙，使極精，令速作之。"宋蘇易簡《文房四譜・紙譜》："桓玄詔平准，作桃花牋紙，縹綠青赤者，蓋今蜀牋之制也。"唐代時有用此紙作糊窗紙。唐馮贄《雲仙雜記》卷二："楊炎在中書後閣，糊窗用桃花紙，塗以冰油，取其明甚。"《太平天國資料・清朝檔案與一般記載・虜在目中》："賊遣人在江南報信，皆以桃花紙寫文書，藏在鞋底内或髮内。"宋代亦稱"桃花牋"。宋晁冲之《復以承晏墨贈之》詩："銀鈎灑落桃花牋，牙床磨試紅絲研。"

【桃花牋】

即桃花紙。此稱宋代已行用。見該文。

凝光紙

亦稱"銀光"。紙之一種，以其色若凝脂，光潔可愛，故名。南齊時産於歙地（今安徽歙縣）。宋蘇易簡《文房四譜・紙譜》："《丹陽記》：江寧縣有紙官署，齊高帝造紙之所也。常造凝光紙，賜王僧虔。一曰銀光。"宋陳造《謝高機宜惠紙》詩："銀光魚卵人皆重，薛濤小牋才近用。"元楊維楨《學生徐固次韻》："新詩隨手寫銀光，遠寄江南鐵史楊。"亦稱"凝霜"。宋蘇易簡《文房四譜・紙譜》："黟歙間多良紙，有凝霜、澄心之號。"清馮應榴引《清一統志》："徽州府歙縣龍鬚山紙，有麥光、白滑、冰翼、凝霜之名。"

【銀光】

即凝光紙。此稱南北朝時期已行用。見該文。

【凝霜】

即凝光紙。此稱宋代已行用。見該文。

冷金牋

亦作"冷金牋"。亦稱"冷金紙"。在彩紙上塗以金銀粉或飾以金銀片加工而成的精緻牋紙。紙面富麗堂皇，色彩耀目。因其造價昂貴，多爲宮廷中書寫詩詞聯語及室内美化裝潢之用，民間難以用到。始製於唐初。我國現存冷金牋最早的實物，是1973年於新疆吐魯番市阿斯塔那村唐墓地出土的高昌時期（500—640）所産的冷金牋。清代這種加工紙的製作達到高潮，多是由宮中紙工或江南一帶官家作坊製造，精美考究。宋米芾《書史》："王羲之《玉潤帖》，是唐人冷金紙上雙鈎摹。"宋陸游《秋晴》詩："韞玉硯凹宜墨色，冷金牋滑助詩情。"元陸友《墨史》卷下："世言蜀中冷金牋最難爲筆，非也。惟此紙難爲墨。蘇子瞻嘗以此紙試墨，惟李廷珪乃黑。"清金農《盧郡掾官齋銷夏即事

有贈》詩之三：“冷金牋上五言多，才子偏教鬢
已皤。”清余懷《板橋雜記·雅游》：“此記須用
冷金箋，畫烏絲欄，寫《洛神賦》小楷。”

【冷金牋】

同“冷金箋”。此體宋代已行用。見該文。

【冷金紙】

即冷金箋。此稱宋代已行用。見該文。

素箋

亦作“素牋”。白色箋紙。唐白居易《同微
之贈別郭虛舟鍊師五十韻》：“素牋一百句，題
附元家詩。”元戴表元《剡箋送任叔實》詩：
“剡人伐藤就溪洗，匠出素箋黃土紋。”《警世
通言·王安石三難蘇學士》：“〔蘇東坡〕方欲掩
蓋，忽見硯匣下露出些紙角兒，東坡扶起硯匣，
乃是一方素箋，疊做兩摺。”柯巖《奇異的書
簡》：“我要大聲贊美發明書信的人，是他，第
一個把生命和感情濃縮到小小的素箋上。”亦
稱“素札”。亦作“素劄”。唐韋應物《答崔都
水》詩：“亭亭心中人，迢迢居秦關。常緘素
札去，適枉華章還。”札，一作“劄”。清洪昇
《長生殿·製譜》：“你看筆床初拂，光分素劄；
硯池新注，香浮墨華，綠陰深處多幽雅。”徐
朔方校注：“素劄，白紙。”亦稱“素紙”。清趙
翼《贈寫照沈錦》：“我來請作壽母圖，意思安
閒拂素紙。”

【素牋】

同“素箋”。此體唐代已行用。見該文。

【素札】

即素箋。此稱唐代已行用。見該文。

【素劄】

同“素札”。此體唐代已行用。見該文。

【素紙】

即素箋。此稱清代已行用。見該文。

金鳳箋

亦作“金鳳牋”。印製有金鳳花紋的精緻
箋紙。唐皇甫枚《三水小牘·步飛烟》：“乃復
酬篇，寫於金鳳箋……又以剡溪玉葉紙賦詩以
謝。”元喬吉《水仙子·簾香林南園即事》：“書
齋打簌得繁華，玉龍筆架，銅雀硯瓦，金鳳箋
花。”唐宋時亦稱“金鳳紙”。唐王建《宮詞》
之六：“每日請來金鳳紙，殿頭無事不教書。”
宋蘇易簡《文房四譜·紙譜》：“唐初將相官告，
亦用銷金箋及金鳳紙書之，餘皆魚箋、花箋而
已。”

【金鳳牋】

同“金鳳箋”。此體唐代已行用。見該文。

【金鳳紙】

即金鳳箋。此稱唐代已行用。見該文。

金花箋

亦作“金花牋”。印製有金花的箋紙。唐
代時已行用。宋樂史《楊太真外傳》卷上：“上
（唐玄宗）曰：‘賞名花，對妃子，焉用舊樂詞
焉？’遽命龜年（李龜年）持金花牋，宣賜翰
林學士李白，立進《清平樂》詞三篇。”宋蘇易
簡《文房四譜·紙譜》：“《杜陽雜編》：德宗朝有
朱來鳥，常唊玉屑，聲甚清暢。及爲鷙鳥所搏，
宮人皆以金花箋寫《心經》，薦其冥福。”亦省
稱“金花”。元顧瑛《謝靜遠惠紙》詩：“蜀郡
金花新著樣，剡谿玉板舊齊名。”清袁枚《隨園
詩話》卷一：“張南華宮詹云：‘遙識催妝日，金
花艷擘箋。’”

【金花牋】

同“金花箋”。此體唐代已行用。見該文。

【金花】

"金花箋"之省稱。此稱元代已行用。見該文。

鸞箋

亦作"鸞牋"。因紙面印製有隱現突起的花木麟鸞之紋，故名。唐代即有製作。宋蘇易簡《文房四譜・紙譜》："蜀人造十色箋，凡十幅爲一榻……然逐幅於方版之上砑之，則隱起花木麟鸞，千狀萬態。"宋張鎡《池上木芙蓉欲開述興二首》："岸巾三酌便酣眠，墮地鸞箋寫未全。"明陳汝元《金蓮記・慈訓》："歌《鳴鹿》，賦落鴻，寫鸞箋鷩蛇走龍。"清洪昇《長生殿・製譜》："荷氣滿窗紗，鸞牋漫伸，犀管輕拿。"清龔自珍《醜奴兒令》詞："鸞箋偷寫伊名字，琴語依稀，箏語依稀，花影無媒忽進幃。"亦稱"鸞鳳紙"。清陳維崧《調笑令・詠古》："一幅青書鸞鳳紙，爲授真妃靈紀。"

【鸞牋】

同"鸞箋"。此體清代已行用。見該文。

【鸞鳳紙】

即鸞箋。此稱清代已行用。見該文。

鳳紙

亦稱"鳳箋"。紙地有鳳紋的精美紙張。唐代時用於文武官誥、道家青詞及文人題詩書札。劉學鍇等注引《天中記》："唐時將相官誥用金鳳紙書之，而道家青詞亦用之也。"唐李商隱《碧城三首》："檢與神方教駐景，收將鳳紙寫相思。"《舊唐書・崔胤傳》："覩綸音於鳳紙，若面丹墀；認御札於龍衣，如親翠蓋。"宋周邦彥《華胥引・秋思》："點檢從前恩愛，但鳳箋盈篋。"宋陸游《風流子》："簷滴夜寒，水浮微凍，鳳箋春麗，花砑輕紅。"清吳省蘭《十國宮詞・後蜀》："鳳紙祇看裁詔罷，又摘宸翰飭《官箋》。"清蔣士銓《一片石・宴閣》："取麟毫、麝煤、龍尾、鳳箋來。"

【鳳箋】

即鳳紙。此稱宋代已行用。見該文。

鳳尾箋

亦作"鳳尾牋"。織有細紋的絲織物，可用於書寫。唐陸龜蒙《說鳳尾諾》："鳳尾牋當番薄縷輕，其製作想精妙靡麗，而非牢固者也。"明陸采《明珠記・送愁》："糊塗鳳尾箋，冷淡鮫綃帕。魚雁無人寄，平地怎生入馬也。"

【鳳尾牋】

同"鳳尾箋"。此體唐代已行用。見該文。

雁頭箋

箋紙之一種。因有雁頭狀暗紋，故名。係唐代優質名紙，文人士大夫喜用之。唐馮贄《雲仙雜記》卷三引《龍鬚志》："羅隱喜筆工葠鳳，語之曰：'筆，文章貨也，吾以一物助子取高價。'即贈雁頭箋百幅。士大夫聞之，懷金同價，或以綵羅大組換之。"

銷金箋

亦稱"銷金紙"。一種敷灑金粉的華麗箋紙。後蜀花蕊夫人《宮詞》："擘開五色銷金紙，碧鎖窗前學草書。"宋蘇易簡《文房四譜・紙譜》："唐初將相官告，亦用銷金箋及金鳳紙書之，餘皆魚箋、花箋而已。"

【銷金紙】

即銷金箋。此稱唐代已行用。見該文。

玉葉紙

省稱"玉葉"。唐宋時出產的優質箋紙。唐元稹《贈嚴童子》詩："解拈玉葉排新句，認得金環識舊身。"唐皇甫枚《三水小牘・步飛烟》：

"乃復酹篇,寫於金鳳箋……又以剡溪玉葉紙賦詩以謝。"宋楊萬里《題曾無已所藏高麗匹紙蔡君謨歐公筆迹》詩:"三韓玉葉展明蠲,諸老銀鈎卷碧鮮。"

【玉葉】

"玉葉紙"之省稱。此稱唐代已行用。見該文。

雲箋

亦作"雲牋"。印製有雲狀花紋的精美箋紙。宋周邦彦《蕙蘭芳引》:"更花管雲牋,猶寫寄情舊曲。"明張景《飛丸記·邂逅參商》:"掩映芙蓉面,想起心事寄雲箋。相思一綫懸,懷人何日重相見。"清巢震林《如夢令·春閨》詞:"艷曲背人偷和,小疊雲箋粉涴。"蘇曼殊《燕子龕隨筆》:"又女致母詩:'挑燈含淚叠雲箋,萬里緘封寄可憐。爲問生身親阿母,賣兒還剩幾多錢?'"亦稱"雲紙"。宋歐陽修《答李秀才啓》:"溢雲紙以摛思,挾春華而發藻。"元馬祖常《送華山隱之宗陽宮》詩:"洞簫吹道曲,雲紙寫漁歌。"

【雲牋】

同"雲箋"。此體宋代已行用。見該文。

【雲紙】

即雲箋。此稱宋代已行用。見該文。

麥光紙

亦稱"麥光箋"。省稱"麥光"。名紙之一種。宋代時在今安徽歙縣、績溪交界的龍鬚山一帶出產的麥光紙品,頗爲書畫家所喜用,詩人也常爲此紙揮毫贊頌。宋蘇軾《和人求筆迹》詩:"麥光鋪几净無瑕,入夜青燈照眼花。"趙次公注:"麥光,紙名。蓋南中竹紙之流,今成都以麻屑競爲之矣。"宋張鎡《春日》詩:"麥光小楷臨唐帖,更有人間第一清。"元姚燧《謝馬希聲處氄香鼎》詩:"適有江西麥光紙,一掃新詩三百字。"元王逢《贈別浙省黑黑左丞國寶自常州移鎮徽州三十韻時歲癸巳》詩:"憂君尚有疏,儻寄麥光箋。"清馮應榴引《清一統志》:"徽州府歙縣龍鬚山紙,有麥光、白滑、冰翼、凝霜之名。"清朱彝尊《送曹郡丞貞吉之官徽州》詩:"麥光題素紙,龍尾滌金坑。"清田雯《送劉沛原南歸十首》:"爲予作畫圖,麥光二十幅。"

【麥光箋】

即麥光紙。此稱元代已行用。見該文。

【麥光】

"麥光紙"之省稱。此稱宋代已行用。見該文。

吳箋

箋紙之一種。產於吳地(今江浙一帶)。約始製於宋代。其原料主要是竹子。其製作方法,據宋陳槱《負暄雜錄》載:"吳人取越竹,以梅天水淋,眼令稍乾,反復硾之,使浮茸去盡,筋骨瑩澈,是謂春膏。其色如蠟,若以佳墨作字,其光可鑑。故吳箋近出而遂與蜀產抗衡。"宋陸游《新灘舟中作》詩:"衰遲未覺詩情减,又襞吳箋賦楚城。"又《草書歌》:"吳箋蜀素不快人,付與高堂三丈壁。"元陳基《次韻虞隱君堪潘閬掾轂雨中見寄》詩:"吳箋新製玉鷺紋,衝雨殷勤寄蓽門。"明吳寬《送吳箋與屠公》詩:"入手新詩已百篇,奉償日費有吳箋。"

百韵箋

可供書寫長詩的大幅箋紙。紙幅闊長,易於縱情放筆,可寫詩詞百韵,故有此稱,頗受文人雅士喜好。宋元時產於四川。元費著《箋紙譜》：“近年有百韻箋，則合以兩色材爲之。其横，視常紙長三之二，可以寫詩百韻，故云。人便其縱闊，可以放筆快書。”

龍箋

亦作“龍牋”。印有龍紋的箋紙。多供帝王所用。元袁桷《翰林故事莫盛於唐宋聊述舊聞擬宮詞》之二：“御筆圓封草相麻，龍牋香透擁金花。”明于慎行《丁丑三月上親灑宸翰大書責難陳善四字以賜》詩：“龍箋一幅日星光，天藻昭垂自尚方。”清黃遵憲《題黃佐廷贈尉遺像》：“一語冲君冠上髮，有人降表寫龍箋。”

【龍牋】

同“龍箋”。此體宋代已行用。見該文。

羅紋箋

亦稱“羅紋紙”。箋紙之一種。上有細密羅紋，故名。元代時浙江紹興製作，沿用至今。明文震亨《長物志・器具》：“元有彩色粉箋、蠟箋、黃箋、花箋、羅紋箋，皆出紹興。”明唐桂芳《黃君季倫下顧槐塘山中……輒陳鄙句謹候閨人以獻》詩：“五十餘幅羅紋箋，毫端衮衮秋濤懸。”魯迅《書信集・致鄭振鐸》：“《博古頁子》能全用黃羅紋紙，好極，因毛邊脆弱，總令人耿耿於心也。”

【羅紋紙】

即羅紋箋。此稱近代已行用。見該文。

白箋

白色箋紙。色白質厚，明代内府所製。明屠隆《考槃餘事・紙箋》：“今之大内用細密灑金五色箋紙、五色大簾紙、灑金紙，有白箋，堅厚如版，兩面砑光，如玉潔白。”清阮葵生《茶餘客話》卷一七：“明時大内白箋……匹紙，皆可珍也。”

灑金紙

紙之一種，以金屑塗飾而成。類似唐代已有製作的冷金紙。明代宮廷中又有“灑金五色粉箋”，堅厚如版，紙面砑光，白潔如玉，爲明代名貴紙品。民間亦有製作，質地略差。明文震亨《長物志・器具》：“近吳中灑金紙，松江譚箋，俱不耐久。”亦稱“灑金箋”。係明宣德年間内府製作。清查慎行《人海記》：“宣德紙有貢箋，有綿料，邊有‘宣德五年造素馨紙’印。又有白箋、灑金箋、五色粉箋、金花五色箋、五色大簾紙、磁青紙，以陳清款爲第一。”

【灑金箋】

即灑金紙。此稱明代已行用。見該文。

砑箋

砑製有圖畫花紋的信箋。流行於明清。清納蘭性德《菩薩蠻・回文詞》：“砑箋銀粉殘煤畫，畫煤殘粉銀箋砑。”清黃景仁《玉燭新》詞：“多時客館相偎，把錦被濃薰，砑箋親擘。”

雪浪紙

亦稱“雪浪箋”。箋紙之一種。因其色白且隱有波紋，故名。其紙纖維細長，組織細密，具有匀薄、潔白、堅韌、吸墨等優點，其製作亦精美考究。清曹雪芹《紅樓夢》第三八回：“又有頓飯工夫，十二題已全，各自謄出來，都交與迎春，另拿了一張雪浪箋過來，一併謄録出來。”又第四二回：“那雪浪紙寫字畫寫意畫兒，或是會山水的畫南宋山水，托墨，禁得皴搜。”

【雪浪箋】

即雪浪紙。此稱清代已行用。見該文。

硃砂箋

紅色的箋紙。多用於書寫過年（春節）時

張貼在門上的春聯，以圖吉慶。《江南通志·無錫縣》："硃砂箋，邑俞氏所製，書春聯最利。"亦稱"硃箋紙"。清吳敬梓《儒林外史》第二八回："中間懸着一幅百子圖的畫，兩邊貼着硃箋紙的對聯。"省稱"硃箋"。清富察敦崇《燕京歲時記·春聯》："春聯者，即桃符也。自入臘以後，即有文人墨客，在市肆簷下，書寫春聯，以圖潤筆……或用硃箋，或用紅紙，惟內廷及宗室五公等例用白紙，緣以紅邊黃邊，非宗室者不得擅用。"

【硃箋】

　　"硃砂箋"之省稱。此稱清代已行用。見該文。

【硃箋紙】

　　即硃砂箋。此稱清代已行用。見該文。

第五節　名紙考

　　我國是世界上最早發明造紙技術的國家。紙的發明使人類文化跨越了時空，對人類文化的流布交融，產生了巨大的影響。自漢代造紙術發明以來，經過歷代實踐總結，紙張製作技藝不斷提高，歷代皆有名紙問世。今各種質地的名紙已不可勝數，在此祇擇取在中華文化史中有重要影響者，略述如次。

　　宣紙是我國特產的一種書寫繪畫高級用紙。出產於安徽省宣城、涇縣、寧國、太平、旌德等地，且多集中在宣城銷售。這一地區唐代時歸宣州所轄，故有"宣紙"之名，亦被稱作"涇縣紙"。關於宣紙產生的具體時代至今尚無可靠的考證，但在涇縣民間曾流傳着這樣一個傳說。東漢造紙家蔡倫之弟子孔丹，在今安徽南部地區以造紙爲生。爲表達對師傅的懷念之情，總想造出一種上好的白紙，爲師傅畫像以傳後世。一次他在山中偶然發現有青檀樹倒在水溪旁，因年長日久，被水浸泡得腐爛發白，這使他受到很大啓發，遂想利用這種樹皮製造白紙。經過多年的反復實踐，終於造出質地上好的白紙。這雖係傳說，但製造宣紙的主要原料是青檀樹皮却是確鑿無疑。青檀樹僅在涇縣及附近的宣城、太平等十數個縣生長，説明祇有在這一地區纔能造出宣紙。青檀樹是一種落葉喬木，木質堅硬，與楮樹、桑樹很相似，故有人誤認爲宣紙是以楮樹爲原料的。宣紙生產除以青檀樹皮爲原料外，還得利於當地終年長流、清冽純净的山泉之佐助。宣紙的製作工藝十分複雜，一張宣紙要經過十八道工序，一百多項操作過程而成，其加工時間前後需要大約一年之久。所造之紙，質地綿韌，潔白細密，宜於書寫繪畫，有獨特的滲透、潤墨和吸附功能。還具有耐老化、防蟲蛀、抗熱耐光、長久不變色等特點，故享有"紙壽千年""紙中之王"的美名。今北京故宮博物院珍藏的唐代著名畫家韓滉的《五牛圖》《文苑圖》等，皆畫在唐代所造宣紙上。宣紙在唐代已負盛名，《新唐書·地理志》記載，當時已被定爲宣州每年向朝廷進獻的貢品，後歷代相沿。唐代以前書畫家多以絹帛作爲寫畫材料，唐代以後則多用宣紙。宋時宣紙的產地和原料都有擴大，品種也不斷豐富。明代至清前期是宣紙生產的鼎盛時期，宣紙已成爲文人墨客書寫繪畫的專用紙張。因需求量的增加，又促進了製紙業生產的進一步發展。今宣紙生產十分興盛，隨着造紙工藝的不斷改進，質量數量皆得以迅速提高，達到歷史最高水準。

澄心堂紙爲南唐時產於今安徽歙縣的一種宣紙。由於歙地多出良紙，故南唐時將其作爲宮廷用紙的主要產地。此紙質地細薄光潤，潔白如玉，長者可五十尺爲一幅，自首至尾勻薄如一，爲宣紙中的極品，名冠一時。南唐後主李煜特別喜愛這種紙品，親自監造，放置於自己的藏書之所——澄心堂中，故稱"澄心堂紙"。南唐時衹供御用，常人很難一見。北宋時也是難得的珍品。文人墨客偶得之，則多賦詩贊美，并作爲上等禮品饋贈友人。宋代文學家歐陽修曾用此紙書寫《新唐書》和《新五代史》。著名詩人梅堯臣在得到歐陽修贈送的澄心堂紙後，又轉送給其好友製墨高手潘谷一部分，潘谷依樣精心製出"仿澄心堂紙"，品質雖高，但較之原品略遜一籌。此紙明清時雖仍有所見，但已是鳳毛麟角，不可多得。20世紀80年代，澄心堂紙在造紙名城歙縣恢復生產，其紙品遠銷日本、東南亞各國，備受贊譽。

薛濤箋爲唐代名紙，是一種加工染色紙。因係薛濤所創製，故名。薛濤家居四川成都浣花溪旁，取用溪水造紙，故此紙又稱"浣花箋"。薛濤從小喜愛詩詞，善寫短小佳語詩篇。爲書寫方便，自製深紅小彩箋，并用此錄詩與當時的著名詩人白居易、元稹、杜牧、劉禹錫等相唱和，名噪一時。薛濤箋紙幅較小，使用方便，其顏色、花紋甚爲精巧鮮麗，在我國製箋發展史上占有重要地位。後歷代均有仿製。

謝公箋爲北宋名紙，也是一種加工染色紙。因係北宋謝景初創製，故名。謝公受唐代薛濤造箋紙的啓發，在益州（今四川成都）設計製造出十種色彩的書信專用紙。其紙色彩鮮艷，雅致有趣，是加工染色紙中的上品，在歷史上與"薛濤箋"齊名。有深紅、粉紅、杏紅、明黃、深青、淺青、深綠、淺綠、銅綠、淺雲十種顏色。元代鮮于樞《箋紙譜》及元代費著《箋紙譜》對此紙都有較詳盡的論述。

　　硬黄紙爲唐代名紙，主要用於寫經和臨摹古碑帖。其製作方法是將紙張先用黄檗汁浸染爲黄色，再在紙上均匀塗蠟，經過砑光，使紙質堅韌，瑩澈透明，便於法帖墨迹之響拓雙鈎。又因具有防蛀、防黴、防潮等特性，用於抄寫經卷，可長期保存。唐宋時最爲流行，敦煌藏經洞存有的初唐《法華經》，即用此紙書寫。

　　砑花紙又稱作"水紋紙""花簾紙"，是始製作於唐代的名貴紙品。這種紙透光性强，能顯出除紙簾紋以外的綫紋或圖案，十分精美。當時四川産的砑花魚子箋，備受文人墨客的喜愛。其製法是將紙張放在刻有各種圖案或紋理的模子上反復摩壓，使紙面隱約突起各種紋飾。現在各國使用的貨幣紙就是根據這一方法製成的。早期的砑花紙多用作信箋詩箋，顯示了文人的雅趣。

　　宣德紙係由明代宣德年間内府製作，與"宣德爐""宣德瓷"齊稱三寶。明代司禮監設編製紙匠，專門生産宮廷用紙。其紙品類有宣德紙、大玉版紙、大白版紙、大開化紙、毛邊紙等，其中尤以宣德紙最爲著名。其名目有本色紙、五色粉箋、金花五色箋、五色大簾紙和磁青紙等。磁青紙係用靛藍染料染成，其色與當時流行的宣德青花瓷相像，因此得名。羊腦箋是用羊腦和頂烟墨窖藏，經一定時間後取出塗於磁青紙上，砑光而成。黑如漆，明如鏡，用泥金寫經，歷久不壞，蟲不能蝕。金花五色箋是在五色皮紙上再以泥金描繪各種紋飾圖案而成。宣德紙製作精美，富麗堂皇，名揚一時。據明代沈德符《飛鳧語略》記載，宣德紙是僅供内府使用的御用紙，後傳入民間，極爲珍貴。明代大書法家董其昌的許多墨迹皆以宣德紙寫成傳世。清初人們已將宣德紙與澄心堂紙相提并論。

　　梅花玉版箋爲清代名紙，是一種高級的藝術加工紙，創製於康熙年間。此紙爲斗方式，以皮紙爲原料，紙表加以粉蠟，再用泥金或泥銀繪出冰紋和梅花，華貴而不失典雅。紙的下角印有"梅花玉版箋"朱文小印。至乾隆年間，多見仿製。

蔡侯紙

　　我國早期製造的品質較高的植物纖維紙。因係東漢蔡倫所製，故名。蔡倫（約61—121），字敬仲，東漢時桂陽郡（今湖南郴州）人，十幾歲時入宮做了宦官。和帝時任中常侍，有才學，盡心敦慎，後又任主管製造宮中御用器物的尚方令，安帝元初元年（114）封龍亭侯。他總結西漢以來用麻質纖維造紙的經驗，改進造紙術，采用樹皮、麻頭、破布、舊魚網爲原料造紙，於元興元年（105）上奏朝廷，時有"蔡侯紙"之稱。其造紙工藝是將樹皮、破布等原料用清水浸泡，除其雜質，經切碎、蒸煮、舂搗成漿狀物，然後配以漿液，上篩過濾，漏去水分，壓平晾乾，製作成紙。其紙質細密堅韌，厚薄均勻，易於書寫。隨着品質提高，成本降低，加之原料易得，價格低廉，故紙的產量大大增加，逐步代替簡、帛，成爲當時主要書寫材料。《後漢書·宦者傳·蔡倫》："自古書契多編以竹簡，其用縑帛者，謂之爲紙。縑貴而簡重，並不便於人。倫乃造意，用樹膚、麻頭及敝布、魚網以爲紙。元興元年奏上之，帝善其能。自是莫不從用焉，故天下咸稱'蔡侯紙'。"蔡倫還根據造紙原料的不同，製出多種品類的紙張。據《東觀漢紀·蔡倫傳》記載："蔡倫，字敬仲，桂陽人。爲中常侍，有才學，盡忠重慎……造意用樹皮及敝布、魚網作紙。元興元年奏上之，帝善其能。自是莫不用，天下咸稱'蔡侯紙'。"蔡倫所改進的造紙技術後來歷代相傳，對後世造紙業的發展起到了推動作用。宋蘇軾《宥老楮》詩："膚爲蔡侯紙，子入桐君錄。"清王士禎《裂帛湖雜詠六首》："分明一幅蔡侯紙，寫出湖南千萬山。"清厲鶚《題敬身所藏崔子忠〈伏生授經圖〉》詩："此時未有蔡侯紙，非是簡策應縑緗。"亦稱"蔡倫紙"。元費著《箋紙譜》："至以木膚、麻頭、敝布、魚網爲紙，自東漢蔡倫始。簡太重，縑稍貴，人遂以紙爲便……人至今傳'蔡倫紙'。今天下皆以木膚爲紙，而蜀中乃盡用蔡倫法。"元王楨《農書》卷二二："前漢皇后紀已有赫蹏書，至後漢蔡倫以木膚、麻頭、敝布、魚網造紙，稱爲'蔡倫紙'。"

【蔡倫紙】

即蔡侯紙。此稱元代已行用。見該文。

左伯紙

古代名紙。漢末左伯所造。左伯，字子邑，東萊（今山東萊州）人。善書且能造紙，他對以往的造紙方法加以改進，提高了造紙技術和紙的品質。所製之紙，色澤光亮潔白，質地細膩勻密，世稱"左伯紙"，名揚一時，對後世造紙業的發展有較大影響。漢趙岐《三輔決錄》卷二："〔韋誕〕因奏曰：夫工欲善其事，必先利其器。用張芝筆、左伯紙及臣墨，皆古法。兼此三具，又得臣手，然後可盡徑丈之勢，方寸之言。"唐張懷瓘《書斷二·左伯》："左伯，字子邑，東萊人，特工八分，與毛弘等列，小異於邯鄲淳，亦擅名漢末。尤甚能作紙。漢興，用紙代簡，至和帝時，蔡倫工爲之，而子邑尤得其妙。"宋蘇易簡《文房四譜·紙譜》："左伯，字子邑，漢末益能爲之。故蕭子良《答王僧虔書》云：'子邑之紙，研妙輝光；仲將之墨，一點如漆。'"

魚卵

紙名。產於古郡東陽（今浙江東陽）。紙質柔軟，光滑潔淨，爲晉代時生產的優質名紙，深受當時書畫家所喜愛，後歷代沿用。晉衛鑠《筆陣圖》："紙取東陽魚卵，虛柔滑淨者。"宋陳造《謝高機宜惠紙》詩："銀光魚卵人皆重，薛濤小箋纔近用。"明王志堅《表異錄》卷五："魚卵，紙也。"

硬黃紙

省稱"硬黃"。唐代名紙。此紙係在晉代葛洪創製用黃蘗汁浸染紙張，使其呈黃色的基礎上，再進行加蠟砑光，使紙質堅硬細密，具有防蟲蛀、防黴變、防潮濕的特性。又光澤瑩滑，透明性強，久存不朽。唐代多用於寫經或摹拓古碑帖。宋趙希鵠《洞天清録·古翰墨真迹辨》："硬黄紙，唐人用以書經。染以黄檗，取其辟蠹。以其紙加漿，澤瑩而滑，故善書者多取以作字。"明李日華《紫桃軒又綴》："硬黄者，嫌紙性暗澀，置於熱熨斗上，以黄蠟塗匀，紙雖稍硬，而瑩徹透明，如世所爲魚枕明角之類。以蒙物，無不纖毫畢現者。"清朱彝尊《書拓本玉帶生銘後》："歲甲申觀於商丘宋節使座上，因請以硬黄紙摹之。"1900年5月甘肅敦煌藏經洞中發現的初唐《法嚴經》，即用此紙書寫。今上海博物館收藏唐摹晉王羲之《上虞帖》，亦是用這種紙摹拓。此帖雖歷經千載，仍完好無損，可見唐代紙的製作所取得的高度成就，後歷代都有文人賦詩贊譽此紙。宋蘇軾《次韻秦觀秀才見贈》："新詩説盡萬物情，硬黄小字臨《黄庭》。"元袁桷《寄蔣遠静》詩："虚白夜窗刊墨譜，硬黄冰硯補瓊篇。"明瞿佑《歸田詩話·鍾馗圖》："手掣硬黄書一紙，若曰上帝錫爾祉。"清朱彝尊《送吴漊入太原三首》："暇日經過煩問訊，硬黄曾拓石經無。"

【硬黄】

"硬黄紙"之省稱。此稱宋代已行用。見該文。

宣紙

書寫繪畫高級用紙。産於安徽宣城、涇縣、太平等地，唐代這些地方均歸宣州府所管轄，故名。此紙以青檀樹皮爲主要原料。青檀樹屬於一種榆科落葉喬木，與楮樹和桑樹很相似，故亦有人認爲宣紙以楮樹皮爲原料製作。青檀樹僅在安徽涇縣、太平等十數個縣的部分地區纔有生長，故祇有這一地區纔能造出宣紙。此木質地堅硬，紋理極細，樹皮纖維長且厚，爲

造紙的上好原料。一般是取其開花兩年的青檀樹嫩枝條做原料。宣紙的製作極爲複雜，除對原料、水質有嚴格要求外，還需要一套精湛的製作技藝。製作時采用發酵製漿法製造紙漿，經過浸泡、灰掩、蒸煮、洗净、漂白、打漿、水撈、加膠、貼烘等十八道工序，一百多項操作要求。從原料加工到成品製作，大約需要一年左右的時間纔能完成。宣紙就其功能可分爲生宣、熟宣兩大類。生宣係指未經加工處理的紙張。這種紙吸水性强，易於筆墨相發，能起到渲染效果，適宜於寫意畫和行草書。熟宣是在生宣的基礎上經過上色、施粉、灑金、印花、加蠟等再加工而製成。這種紙作書繪畫不易走墨暈染，最宜於筆法細膩的工筆畫和楷隸書。總之，宣紙的製作選料精良，工藝精細。所製之紙，質地柔韌，潔白細密，具有獨特的滲透潤墨和一次性吸附功能，極宜書寫繪畫。又因其具有耐老化、耐光、耐熱、防蟲蛀、抗搓折、經久不變色的特點，易於長期保存，故享有"紙壽千年""紙中之王"的美譽，有"千年紙五百年絹"之説。今北京故宫博物院珍藏的唐代著名書畫家韓滉的《五牛圖》《文苑圖》等都是畫在宣紙上而得以保存至今。宣紙在唐代已負盛名。據《新唐書·地理志》記載，當時已被定爲宣州每年向朝廷進獻的貢品，與湖筆、端硯、徽墨齊名，爲文房四寶中之佼佼者。唐張彦遠《歷代名畫記》卷二："江東地潤無塵，人多精藝。好事者常宜置宣紙百幅，用法蠟之，以備模寫。古人好拓畫，十得七八，不失神彩筆迹。"唐代以前書畫家多用絹作書畫，唐代以後則多用宣紙。五代時，南唐後主李煜特設專門機構監造宣紙，并貯藏於宫中的澄心堂中，

故又稱作"澄心堂紙"。據民國《歙縣志》記載，這些宣紙"膚如卵膜，堅潔如玉，細薄光滑"，爲天下紙之冠。此紙藏於深宮之中，一般人很難得到。南唐國滅後方纔傳於世間。宋代宣紙製造發展很快，有宣州涇縣的金榜、畫心、潞王、白鹿、卷簾等，歙州的碧雲春樹箋、印金團花紙及各種金花箋等，池州的池紙，無爲的細白佳紙，休寧的玉版、觀音、京簾、堂札等，這些都反映了宋代優質宣紙品種之多，且造紙技術的高超。《續資治通鑑長編·宋神宗熙寧七年》卷二五四："詔降宣紙式下，杭州歲造五萬番。自今公移常用紙，長短廣狹，毋得用宣紙相亂。"明代至清前期，是宣紙生產的鼎盛時期，在宣紙產地，有相當多的民戶完全以製造宣紙爲職業，製紙手工業得到很大發展。當時的文人墨客亦對宣紙推崇備至，爭相購買。清代的宣紙分爲棉料、皮料、净料三大類，每一大類又按尺碼不同，分爲四尺、五尺、六尺及八尺、丈匹、丈二、丈六的特大幅。還有單宣、單夾宣、雙夾宣、夾貢宣等二十多個品種。熟宣的加工更爲複雜，有泥金宣、玉版宣、虎皮宣、蟬翼宣、羅紋、珊瑚等名目。其中涇縣人汪六吉所製宣紙享譽最高，被視爲珍品，世稱"汪六吉紙"。宣紙已成爲書畫藝術中不可缺少的高級用紙。清查慎行《人海記·唐六如〈水村圖〉》："唐伯虎《相城水村圖》，宣紙小幅，闊才半尺，長六尺餘。"清韓泰華《無事爲福齋隨筆》卷下："《雲溪外史畫册》，宣紙本，共十頁，水墨青綠相間。"清末至民國，由於受帝國主義的殖民侵略，受機器紙的衝擊排擠，傳統造紙手工業日益衰落，產量不斷減少。新中國成立後宣紙生產復蘇，傳統品種得到恢復，製作工藝仍多采用手工操作。隨着產量的提高，使用也極爲廣泛。所製之紙，遠銷國內外，深得書畫藝術家的厚愛和好評。施文心、田冰《大匠之門》："畫室內，鋪着深綠色氈子的畫案上，放着待畫的宣紙、墨海和墨。"徐遲《祁連山下》："他丟開了油畫布，用宣紙、徽墨、湖筆，畫了水墨畫。"

蜀紙

蜀地（今四川）所產紙的總稱。蜀地造紙，素負盛名。魏晋時多采用蔡倫造紙法，以破布、亂麻等爲原料製作。唐代時蜀地成爲全國造紙業中心之一，生產有玉版、貢餘、經屑、表光等著名品種。玉版、貢餘係用破布、亂麻作原料，經屑、表光則用純麻，故又稱麻紙。質地光滑細密，堅固耐用。唐李賀《湖中曲》："蜀紙封巾報雲鬢，晚漏壺中水淋盡。"據《舊唐書·經籍志下》載："〔唐玄宗開元時〕凡四部庫書，兩京（西京長安和東京洛陽）各一本，共一十二萬五千九百六十卷，皆以益州麻紙寫。"五代孟蜀後主時，成都城遍植木芙蓉，時人便以木芙蓉韌皮纖維造紙，製作考究，備受世人關注。宋代時，蜀地仍爲產紙中心，至南宋隨着徽紙大量流入蜀地，促進了蜀地造紙技術的改革。所製之紙，既具宣紙特點，又不失蜀紙原有風格。以機餘布頭加工製作的"布頭紙"，因質地細膩而名揚天下。自宋至清，蜀地歷代造紙久盛不衰，沿續至今。宋吴自牧《夢粱錄》卷九："造會紙局在赤山湖濱，先造於徽城，次成都，以蜀紙起解。"宋周邦彥《塞翁吟》："有蜀紙，堪憑寄恨，等今夜，灑血書詞，翦燭親封。"元費著《箋紙譜》："范公在鎮二年，止用蜀紙……范公用蜀紙，重所輕也。"

清吳偉業《畫蘭曲》："蜀紙當窗寫畹蘭，口脂香動入毫端。"

廣都紙[2]

亦稱"小灰紙"。蜀紙之一種。產於四川廣都縣，故名。隋避楊廣（隋煬帝）諱，改廣都縣爲雙流縣，故又稱"雙流紙"。紙幅約尺許，多供印刷經籍之用。元費著《箋紙譜》："廣都紙有四色：一曰假山南，二曰假榮，三曰冉村，四曰竹絲，皆以楮皮爲之……廣幅無粉者，謂之假山南；狹幅有粉者，謂之假榮；造於冉村，曰清水；造於龍溪鄉，曰竹絲。蜀中經史子籍，皆以此紙傳印。而竹絲之輕細似池紙，視上三色價稍貴……雙流紙，出於廣都，每幅方尺許，品最下，用最廣，而價亦最賤。雙流實無有也，而以爲名，蓋隋煬帝始改廣都曰雙流，疑紙名自隋始也。亦名小灰紙。"

【雙流紙】

即廣都紙。此稱隋代已行用。見該文。

【小灰紙】

即廣都紙。此稱元代已行用。見該文。

蜀箋

亦作"蜀牋"。蜀地（主要指今四川成都）所生產的一種木刻彩印、圖文兼備的箋紙。魏晉時已有影響，在唐代與馳名全國的蜀紙齊名。隋唐時成都爲造紙製箋中心，歷代皆建在浣花溪上。所製箋紙十分精美，當時文人學士寫詩傳信都喜用蜀箋。其品種有薛濤箋、十色箋、松花箋、魚子箋等，以薛濤箋最爲著名。明何宇度《益部談資》載："蜀箋古已有名，至唐而後盛，至薛濤而後精。"古代四川是全國的造紙中心，蜀箋的發明和創造，推動了後來書畫藝術的發展。唐司空圖《力疾山下吳村看杏花》詩之十八："更恨新詩無紙寫，蜀箋堆積是誰家？"唐僧鸞《贈李粲秀才》詩："十軸示余三百篇，金碧爛光燒蜀牋。"宋梅堯臣《表臣惠蜀箋偕玉硯池》詩："蜀箋瑨硯池，爲贈知雅故。"明陳子龍《艷歌行》："春燕剪越素，秋鴻征蜀箋。"明李昌祺《剪燈餘話·賈雲華還魂記》："生聞之，手舞足蹈，不任還情。因以蜀牋寫所賦《夏日閨情》十首爲小引於前。"清唐孫華《長椿寺拜慈聖李太后御容》詩："妙畫臨吳絹，清詞灑蜀牋。"

【蜀牋】

同"蜀箋"。此體唐代已行用。見該文。

【川箋】

即蜀箋。此稱宋代已行用。元費著《箋紙譜》："蜀箋體重，一夫之力，僅能荷五百番。四方例貴川箋，蓋以其遠，號難致。"清倪濤《蔡莆陽雜體詩卷》："問更有別紙可見否？乃從壁間書夾中取二三十紙，大半是裹書簡，亦有李西臺川箋所寫詩數紙。"

【巴箋】

即蜀箋。因產於唐時巴蜀之地，故名。唐杜甫《寄彭州高三十五使君適虢州岑二十七長史參三十韻》："彭門劍閣外，號略鼎湖旁。荊玉簪頭冷，巴箋染翰光。"又《寄高使君岑長史》詩："荊玉簪頭冷，巴牋染翰光。"仇兆鼇注：《紙譜》：蜀牋紙，盡用蔡倫法，有玉版、貢餘、經屑、表光之名。"唐李商隱《宮中曲》："巴牋兩三幅，滿寫承恩字。"

【巴牋】

同"巴箋"。此體唐代已行用。見該文。

【蠻箋】[1]

亦作"蠻牋"。即蜀箋。始於魏晉，歷代沿

用不衰。唐羅隱《清溪江令公宅》詩:"蠻牋象管夜深時,曾賦陳宮第一詩。"唐陸龜蒙《酬襲美夏首病瘉見招次韻》:"雨多青合是垣衣,一幅蠻牋夜款扉。"五代馮延己《更漏子》:"金剪刀,青絲髮,香墨蠻牋親劄。"五代劉兼《春宴河亭》詩:"蠻牋象管休凝思,且放春心入醉鄉。"宋李彭老《踏莎行・題草窗十擬後》詞:"蠻牋象管寫新聲,幾番曾試瓊壺觖。"宋辛弃疾《賀新郎》:"十樣蠻牋紋錯綺,粲珠璣。"清趙翼《軍機夜直》詩:"蠻牋書剪三更燭,神索風傳萬里兵。"清徐芳《柳夫人小傳》:"每宗伯(錢謙益)句就,遣鬟矜示柳,擊鉢之頃,蠻牋已至,風追電躡,未嘗旨地步讓。"姚錫均《和了公和》:"分付幾園老居士,蠻牋同擘酒家樓。"

【蠻牋】

同"蠻箋[1]"。此體唐代已行用。見該文。

魚箋

亦作"魚牋"。亦稱"魚子箋""魚子""羅箋"。一種砑花水紋紙。產於四川。爲唐代名紙。宋蘇易簡《文房四譜・紙譜》記載其製作方法:"然逐幅於方版之上砑之,則隱起花木麟鸞,千狀萬態。又以細布,先以面漿膠令勁挺隱出其文者,謂之魚子箋,又謂之羅箋。"此紙拿在陽光下或燈光下照看,可顯示出暗紋和各種圖案,十分精美。始製於唐代,備受文人墨客推崇,歷代爲之賦詩作詞。唐王勃《七夕賦》:"握犀管,展魚箋。"唐王維《送李員外賢郎》詩:"魚牋請詩賦,檀布作衣裳。"唐吳融《倒次韓致光侍郎無題元韻》:"魚子封箋短,蠅頭學字真。"唐羊士諤《寄江陵韓少尹》詩:"蜀國魚箋數行字,憶君秋夢過南塘。"五代

和凝《何滿子》:"寫得魚牋無限,其如花鎖春暉。"宋蘇易簡《文房四譜・紙譜》:"《國史補》曰:紙之妙者,則越之剡藤、苔箋,蜀之麻面、屑骨、金花、長麻、魚子、十色箋,雲陽州六合箋,蒲州白薄、重抄,臨川滑薄。"宋晏幾道《燕歸梁》:"衷腸事,魚牋字,情緒年年相似。"宋范成大《浣溪沙・元夕後三日王文明席上》:"魚子箋中詞婉轉,龍香撥上語玲瓏,明朝車馬莫西東。"明李昌祺《剪燈餘話・連理樹記》:"鴛枕且酬交頸願,魚箋莫賦斷腸詞。"從歷代詩詞可見魚箋對文人影響之大。

【魚牋】

同"魚箋"。此體唐代已行用。見該文。

【魚子箋】

即魚箋。此稱宋代已行用。見該文。

【魚子】

"魚子箋"之省稱。此稱宋代已行用。見該文。

【羅箋】

即魚箋。此稱宋代已行用。見該文。

霞光箋

亦作"霞光牋"。深紅色的箋紙。唐時產於四川。宋尤袤《全唐詩話・張蠙》:"王衍與徐后游大慈寺,見壁門題云:'墻頭細雨垂纖草,水面迴風聚落花。'問寺僧,僧以蠙對,乃賜霞光牋,令寫詩以對。"元費著《箋紙譜》:"僞蜀王衍賜金堂縣令張蠙霞光箋五百幅。霞光箋疑即今之彤霞箋,亦深紅色也。蓋以胭脂染色,最爲靡麗。范公成大亦愛之。"

【霞光牋】

同"霞光箋"。此體唐代已行用。見該文。

薛濤箋

亦作"薛陶牋"。蜀箋紙名。唐代名妓薛
濤，字洪度，長安（今陝西西安）人。幼隨父
宦居四川，後因家境所迫，淪落風塵。自小喜
愛詩詞歌賦，善寫短小詩篇，時稱之女校書。
爲書寫方便，她親自實踐製出深紅小彩箋，紙
因人而得名。紙幅短小，色彩艷麗，精緻華美，
宜題寫短詩，深爲當時的風流才子所欣賞。時
文人如元稹、白居易、牛僧儒、杜牧、劉禹錫
等，都與其唱和酬詩，薛濤箋因此名傳千古，
對後世影響很大。歷代仿製不衰，舊時八行紅
箋仍沿此稱。唐李匡乂《資暇集》卷下："元和
初，薛陶尚斯色，而好製小詩，惜其幅大，不
欲長，乃命匠人狹小之。蜀中才子既以爲便，
後減諸牋亦如是，特名曰'薛陶牋'。"宋張元
幹《小重山》："薛濤牋上楚妃吟，空凝睇，歸
去夢中尋。"宋陳造《謝高機宜惠紙》詩："銀
光魚卵人皆重，薛濤小牋才近用。"元費著《箋
紙譜》："紙以人得名者，有謝公、有薛濤……
濤僑止百花潭，躬撰深紅小彩箋，裁書供吟，
獻酬賢傑，時謂之薛濤箋……濤所製箋，特深
紅一色耳。"元王逢《宮中行樂詞》："宴分王母
樂，詔授薛濤箋。"明唐寅《黃鶯兒》曲："綠
窗前，揮毫未寫，淚灑薛濤箋。"明宋應星《天
工開物·殺青》載："薛濤箋其美在色。"清曹雪
芹《紅樓夢》第三八回："另拿了一張薛濤箋過
來，某人作的底下寫有某人的號。"清代有一種
仿薛濤箋的長方形粉紅小箋，上印有"薛濤箋"
長方形小印，多用於寫信。

【薛陶牋】

同"薛濤箋"。此體唐代已行用。見該文。

【浣花箋】

亦作"浣花牋"。即薛濤箋。因薛濤寓居
成都浣花溪，以溪水造深紅小彩箋，故名。唐
李商隱《送崔珏往西川》詩："浣花牋紙桃花
色，好好題詩詠玉鈎。"唐釋齊己《謝人惠十
色花牋並棋子》詩："陵陽棋子浣花箋，深愧
攜來自錦川。"唐鄭谷《郊野》詩："題詩滿紅
葉，何必浣花牋。"宋王闢之《澠水燕談錄·高
逸》："翌日，宋以浣花牋、李廷珪墨、諸葛氏
筆遺之。"元費著《箋紙譜》："其視浣花箋紙，
最清潔，凡公私簿書、契券、圖籍、文牒，皆
取給於是。"清查慎行《次韻同年李眉三南昌署
中見懷之作兼寄令弟少峰明府》："閒却種花裁
錦手，好題濯錦浣花箋。"亦省稱"浣花"。宋
陸游《閒居無客所與度日筆硯紙墨而已戲作長
句》："韞玉面凹觀墨聚，浣花理膩覺豪飛。"

【浣花牋】

同"浣花箋"。此體唐代已行用。見該文。

【浣花】

"浣花箋"之省稱。此稱宋代已行用。見
該文。

松花箋

亦稱"松花紙"。蜀箋之一種。以其色淡
黃似松花，故名。始製於唐代。唐李匡乂《資
暇集》卷下："松花牋代以爲薛陶牋，誤也。松
花牋其來舊矣。元和初，薛陶尚斯色，而好製
小詩，惜其幅大，不欲長，乃命匠人狹小之。
蜀中才子既以爲便，後減諸牋亦如是，特名曰
'薛陶牋'。今蜀紙有十樣者，皆是也，非獨松
花一色。"五代李石《續博物志》卷一〇："元
和中，元稹使蜀，營妓薛濤造十色彩箋以寄，
元稹於松花紙上寄詩贈濤。"參閱明屠隆《考槃

餘事·造松花箋法》。

【松花紙】

　　即松花箋。此稱五代時期已行用。見該文。

十樣蠻箋

　　亦作“十樣蠻牋”。亦稱“十色花牋”“十色箋”。唐代時蜀地出産的十種顔色箋紙的總稱。相傳爲唐代成都名妓薛濤首創。薛濤與文人才子唱詩酬和，製作深紅小彩箋，對後世彩色箋紙的製作影響很大。五代李石《續博物志》卷一〇：“元和初，元積使蜀，營妓薛濤造十色彩箋以寄，元積於松花紙上寄詩贈濤。”宋蘇易簡《文房四譜·紙譜》：“《國史補》曰：紙之妙者，則越之剡藤、苔箋，蜀之麻面、屑骨、金花、長麻、魚子、十色箋，雲陽州六合箋，蒲州白薄、重抄，臨川滑薄。”并詳細記載十色箋的製作方法：“蜀人造十色箋，凡十幅爲一楊。每幅之尾，必以竹夾夾之，和十色水逐楊以染。當染之際，棄置捶理，堆盈左右，不勝其委頓。逮乾，則光彩相宣，不可名也。然逐幅於方版之上矼之，則隱起花木麟鸞，千狀萬態。”元費著《箋紙譜》：“楊文公億《談苑》載韓浦寄弟詩云：‘十樣蠻牋出益州，寄來新自浣花頭。’”元袁桷《薛濤箋》詩：“十樣蠻箋起薛濤，黃荃禽鳥趙昌桃。”明楊慎《墐户録·十樣蠻箋》：“韓浦詩曰：‘十樣蠻牋出益州。’《成都古今記》載其目，曰深紅、曰粉紅、曰杏紅、曰明黄、曰深青、曰淺青、曰深綠、曰淺綠、曰銅綠、曰淺雲，凡十樣。又有松花、金沙、流沙、彩霞、金粉、桃花、冷金之别，即其異名。”

【十樣蠻牋】

　　同“十樣蠻箋”。此體元代已行用。見該文。

【十色花牋】

　　即十樣蠻箋。此稱唐代已行用。見該文。

【十色箋】

　　即十樣蠻箋。此稱宋代已行用。見該文。

謝公箋

　　蜀箋紙名。北宋謝景初受唐代薛濤造彩色紙的啓發，在益州（今四川成都）創製出十色箋，即十種顔色的彩色箋紙，并因人而得名。又稱作“十色牋”。其紙色彩艷麗，製作精美，爲染色加工紙中之上品。後人常將此紙與“薛濤箋”相提并論，對後世箋紙製作影響較大。元費著《箋紙譜》：“紙以人得名者，有謝公、有薛濤。所謂謝公者，謝司封景初師厚。師厚創箋樣，以便書尺，俗因以爲名……謝公有十色牋：深紅、粉紅、杏紅、明黄、深青、淺青、深綠、淺綠、銅綠、淺雲十也。楊文公億《談苑》載韓浦《寄弟》詩云：‘十樣蠻牋出益州，寄來新自浣花頭。’謝公箋出於此乎？”

【十色牋】

　　即謝公箋。此稱元代已行用。見該文。

玉版紙

　　名貴紙品。産於今安徽、四川、江浙一帶。因産地不同，所用原料亦不同。安徽産以青檀樹皮或楮樹皮爲原料，蜀、吴等地則以破布、亂麻爲原料。此紙質光潔堅緻，色瑩潤如玉，是唐宋時期的一種精良紙品。宋黄庭堅《次韻王炳之惠玉版紙》：“古田小箋惠我百，信知溪翁能解玉。”《紹興府志·物産志二》：“玉版紙，瑩潔如玉。”元代亦稱“玉版箋”。元湯式《一枝花·贈草聖》套曲：“括造化攢成赤兔毫，挽滄溟磨徹烏龍尾，燦日月光摇玉版箋，吐烟雲香散紫英石，四寶清奇。”元高明《琵琶記·孝婦題真》："積金花玉版之箋，列錦紋銅綠之格。"元喬吉《新水令·閨麗》套曲："空揣著題詩玉版箋，織錦香羅帕。"省稱"玉版"。宋蘇軾《孫莘老寄墨四首》："溪石琢馬肝，剡藤開玉版。"宋陳師道《從寇生求茶庫紙》詩："南朝官紙女兒膚，玉版雲英比不如。乞與此翁元不稱，他年留待大蘇書。"元費著《箋紙譜》："今天下皆以木膚為紙，而蜀中乃盡用蔡倫法。箋紙有玉版，有貢餘，有經屑，有表光。玉版、貢餘雜以舊布、破履、亂麻為之，惟經屑、表光非亂麻不用。"元朱庭玉《行香子·寄情》曲："會語應難，修書問候，鋪玉版寫銀鉤，寄與嬌羞。"清李伯元《文明小史》第六○回："原來一個唐六如的'地獄變相圖'的手卷……上面貼着舊宣州玉版的襯紙。"

【玉版箋】

即玉版紙。此稱元代已行用。見該文。

【玉版】

"玉版紙"之省稱。此稱宋代已行用。見該文。

蠲紙

名貴紙品。蠲，猶潔，此紙潔白，類高麗紙，故名。一說貢此紙者可蠲其賦役，故名。此紙屬桑皮紙，產於今浙江溫州、杭州一帶。始製於唐代。紙質潔白光滑，製作精緻，幾與當時的澄心堂紙并駕齊驅。五代時即列為朝廷貢品，向民間大量攤派，豪族權貴也大量搜羅，致使供不應求。《新五代史·雜傳十八·何澤》："戶部歲給蠲符，不可勝數，而課州縣出紙，號為'蠲紙'。澤上書言其敝，明宗下詔悉廢戶部蠲紙。"1967年浙江瑞安慧光塔出土的宋明道二年（1033）刻本《大悲心陀羅尼經》，即用

此紙印製。宋趙與時《賓退錄》卷二："臨安有鬻紙者，澤以漿粉之屬，使之瑩滑，謂之蠲紙。蠲，猶潔也。"元程棨《三柳軒雜識·蠲紙》："溫州作蠲紙潔白堅滑，大略類高麗紙，東南出紙處最多，此當為第一焉……吳越錢氏時，供此紙者蠲其賦役，故號蠲云。"《正字通》："蠲，唐人以漿獲紙使瑩滑，名曰蠲紙。"

雲藍紙

麻紙之一種。唐代段成式所造。段成式（803—863），字柯古，臨淄（今山東淄博）人。所製雲藍紙，係一種染色麻紙，色淡青。段以此作為禮品，贈送友人。其所撰《與溫庭筠雲藍紙絕句并序》中稱："予在九江，出意造雲藍紙，既乏左伯之法，今無張永之功。輒分五十枚，并絕句一首。"宋蘇易簡《文房四譜·紙譜》："段成式在九江出意造紙，名雲藍紙，以贈溫飛卿。"亦省稱"雲藍"。宋姜夔《次韻千巖雜謠》："道士有神傳火棗，故人無字入雲藍。"清袁枚《隨園詩話》卷六："胸中多少英雄淚，灑上雲藍紙不知。"清厲鶚《汪青渠送研光牋》詩："故人造雲藍，輒遣五十枚。瑩然女兒膚，心目為之開。"至今此紙在日本猶有存者。日人大村西崖著、陳彬和譯《中國美術史》載："正倉院之色麻紙中淡青者，即謂之雲藍紙。"

【雲藍】

"雲藍紙"之省稱。此稱宋代已行用。見該文。

研花紙

亦稱"研花箋""研光牋""水紋紙"。壓製有各種紋樣、製作考究的紙箋。始製於唐代。研，指在物體上碾壓摩擦，使之堅實發亮。其

作法是將紙逐幅放在刻有字畫的紋版上進行摩壓，使紙面上隱隆起各種花紋圖案，在陽光或燈光下照看，可顯現出水紋和千姿百態的圖案，十分典雅精細。產於四川的砑花紙稱爲"魚子箋"。宋陶穀《清異錄·文用》："姚顗子侄善造五色牋，光緊精華。砑紙版乃沉香刻山水、林木、折枝、花果、獅鳳、蟲魚、壽星、八仙、鐘鼎文，幅幅不同。文鏤奇細，號砑光小本。"現藏北京故宮博物院的宋代李建中《同年帖》、大書法家米芾《韓馬帖》等墨迹，用的就是這種水紋紙。明清時，砑花紙的紙料多爲上等較堅韌的皮紙，有厚薄之分。圖案除山水、花鳥魚蟲、龍鳳、雲紋等，還多用於反映人物故事和文字之類，透光處亦更顯清晰。北京故宮博物院收藏的乾隆年間"砑花蠟印故事箋"，用的是細簾紋皮紙，上砑有"赤壁賦"故事及"盧仝烹茶"等人物圖案，繪製風格受宮廷繪畫影響，十分精美。這種紙因製作成本較高，民間使用不多，也有文人用之唱酬和詩，書寫信件。水紋紙的製作使用，對後世影響極大，後來貨幣紙即是這種紙的遺制和延續。

【砑花箋】

即砑花紙。此稱唐宋時已行用。見該文。

【砑光牋】

即砑花紙。此稱清代已行用。見該文。

【水紋紙】

即砑花紙。此稱宋代已行用。見該文。

澄心堂紙

省稱"澄心""澄心紙"。南唐時產於歙地（今安徽歙縣）的佳紙。澄心堂，南唐君主的藏書之所，後主李煜十分喜愛這種紙品，親自監造，藏之於澄心堂中，故名。此紙係以歙紙爲基料精細加工而成。宋顧文薦《負暄雜錄·蠻紙》："南唐以徽紙作澄心堂紙得名。"宋趙不悔《新安志》卷一〇："歙州績溪紙乃澄心堂遺物，其新也鮮明過之。"歙紙，又稱徽紙，南唐時歙地造紙業十分發達，製作高品質的紙張。宋蘇易簡《文房四譜·紙譜》："黟、歙間多良紙，有凝霜、澄心之號。復有長者，可五十尺一幅。蓋歙民數日理其楮，然後於長船中以浸之，數十夫舉抄以抄之，傍一夫以鼓而節之。由是自首至尾，勻薄如一。"由於歙地出良紙，南唐時則以其地作爲製造宮廷用紙的產地，按宮廷樣式製作各種紙張。元費著《箋紙譜》："澄心堂紙，取李氏澄心堂樣製也，蓋表光之所輕脆而精絕者。"此紙細薄光潤，潔白如玉，名冠一時。南唐時僅供御用，重價不售，民間極難尋覓，宋滅南唐後方展現於世。文人墨客得之如獲至寶，被視爲友人之間相互饋贈的上等禮品，其愛惜之情從宋代流傳的詩文中可見一斑。宋梅堯臣《答宋學士次道寄澄心堂紙百幅》詩："寒溪浸楮春夜月，敲冰舉簾勻割脂。焙乾堅滑若鋪玉，一幅百錢曾不疑。江南老人有在者，爲予嘗說江南時。李主用以藏秘府，外人取次不得窺。"又《永叔寄澄心堂紙二幅》詩："江南李氏有國日，百金不許市一枚。澄心堂中唯此物，静几鋪寫無塵埃。"宋歐陽修《六一詩話》載："余家嘗得南唐後主澄心堂紙，曼卿爲余以此紙書《籌筆驛》詩。"又《和劉原父澄心紙》詩："君家雖有澄心紙，有敢下筆知誰哉？"宋郭祥正《謝蔣穎叔惠澄心紙》詩："流傳既久乃珍絶，一軸不換千明珠。樂安御史輒寄我，二十五幅無纖污。"宋蘇軾《次韻宋肇惠澄心紙二首》詩："古紙無多更分我。"又"百番曾作百金收"。宋王闢之《澠水燕談錄》卷八："南唐後主留意筆札，所用澄心堂紙、李廷珪墨、龍尾石硯，三物爲天下之冠。"宋程大昌《演繁露·澄心堂紙》："江南李後主造澄心堂紙，前輩甚貴重之，江南平後六十年，其紙猶有存者。"宋徽宗趙佶的《柳鴉圖》及宋代文學家、書畫家蘇軾所題《烟江叠嶂圖歌卷》所用均爲澄心堂紙。可見在文人心目中，澄心堂紙是至高無上的極品。宋滅南唐後，澄心堂紙的製作方法也隨之失傳，當時世人即多有仿製。據傳宋代著名製墨家潘谷在歙州仿製此紙，世稱宋仿澄心堂紙。宋梅堯臣《九月六日登舟再和潘歙州紙硯》詩："文房四寶出二郡，邇來賞愛君與予。予傳澄心古紙樣，君使製之精意餘。自兹重詠南堂紙，將今世人知首尾。"但仿製的澄心堂紙較之原紙品單薄，遠不如其精良厚密。梅堯臣對此作過比較，留下了"而今製作已輕薄，比於古紙誠堪嗤。古紙精光肉理厚，邇歲好事亦難推"的詩句，以示其遺憾心情。宋陳槱《負暄野錄》卷下："江南舊稱澄心堂紙，劉貢父詩所謂百金售一幅，其貴如此。今亦有造者……不盛行於時。"至清代，世間還偶有澄心堂紙的點滴踪影。清金埴《巾箱說》載："予家有世傳李後主澄心堂紙一番（內有經緯）。乃曾王父太常君所珍，世父子峩炯公藏之數十年，從不以示人，予未一見也。弟墨香堂携之至長安，諸名公卿索觀者日日屨滿。陳太守奕禧香泉，不惜百日之功，手書冊子十幀，與予弟易之去……後香泉以進於內，御鑒甚褒，遂以染濡宸翰焉。"清周亮工《書影》卷四："徐熙畫花果，多在澄心紙上。"清陳維崧《還京樂·萬紅友養痾僧舍暇日戲取南北曲牌名爲香奩詩三十首用填此闋寄跋卷尾》："恰翠承朱亞，澄心紙鎮銅臺瓦。"清代乾隆年間仿製的澄心堂紙，多爲斗方式，紙質較厚，可分開多層，製爲彩色粉箋，上繪以泥金山水及花鳥圖案。紙上印有"乾隆年仿澄心堂紙"長方形隸書小朱印。20世紀80年代中期，歷代造紙名城歙縣成立了文房四寶公司，研製并恢復澄心堂紙的製作，其紙品遠銷國內外，備受贊賞。

【澄心】

"澄心堂紙"之省稱。此稱宋代已行用。見該文。

【澄心紙】

"澄心堂紙"之省稱。此稱宋代已行用。見該文。

金粟山藏經紙

浙江海鹽金粟山金粟寺刻印經書所用之紙。產於今安徽黃山。北宋時，全國各地寺院刻印佛經風靡一時，刊印部頭龐大、內容豐富的經書，需大量的優質紙。當時在蘇州、歙州都設有造紙作坊，專門生產這種刊印經書的藏經紙。此紙多以桑皮或麻爲原料，紙性堅韌，內外皆加蠟研光，以紅絲欄界之。每幅紙背有小紅印，文曰"金粟山藏經紙"，光瑩可愛，爲宋代名紙，世人貴之。明董穀《續澉水志》："大悲閣內貯《大藏經》兩函，萬餘卷也。其字卷卷相同，殆類一手所書。其紙幅有小紅印曰'金粟山藏經紙'，間有元豐年號，五百年前物也。其紙內外皆蠟，無紋理，與倭紙相類。造法今已不傳。"清張燕昌《金粟箋說》："潘澤民《金粟寺記》：'寺先有宋藏數千軸，皆硬黃複繭，後人剝取爲裝贉用，零落不存，世所傳金粟山藏經紙是也。'"現存部分《大藏經》實物即爲此紙所印。因此紙內外皆塗蠟，又稱"蠟黃藏經箋"。明高濂《遵生八箋・燕閒清賞箋・論紙》："宋有澄心堂紙、蠟黃藏經箋、白經箋……"後歷代均有仿製，稱爲"金粟紙"。

【蠟黃藏經箋】

即金粟山藏經紙。此稱宋代已行用。見該文。

【金粟箋】

即金粟山藏經紙。清張燕昌《金粟箋説》："金粟箋之名，定自天府詞館。"又："吳槎客贈余藏經套合紙，四層爲之，紅色與金粟箋同，面題'《大方廣佛華嚴經》卷十八'，凡十字，是墨印……又有'金粟山藏經紙印'。"

金粟紙

仿金粟山藏經紙所製成的一種紙。清乾隆間內府即有仿製。乾隆皇帝喜用此紙書寫，并用此紙印刷《波羅蜜多心經》，內府名畫亦多用此紙做引首，今北京故宫博物院均有收藏。清乾隆皇帝《漢柏行》詩："柏下平鋪金粟紙，寫形要欲寫其理。"清金人瑞《關門》詩："關門對雨静焚香，到地垂簾孟夏長。小婦横舒金粟紙，先生篆寫《遠游》章。"

鴉青紙

亦作"鴉青紙"，省稱"鴉青"。一種經過染製的加工紙。紙色藍黑如鴉羽，故名。紙質較硬，多用於製作扇面。流行於宋代。宋黃庭堅《求范子默染鴉青紙》詩："極知鵠白非新得，謾染鴉青襲舊書。"宋郭若虚《圖畫聞見志・高麗國》："〔高麗國〕使人每至中國，或用折叠扇爲私覿物，其扇用鴉青紙爲之。"

【鴉青紙】

同"鴉青紙"。此體宋代已行用。見該文。

【鴉青】

"鴉青紙"之省稱。此稱宋代已行用。見該文。

衍波箋

亦作"衍波牋"。一種箋紙。紙上有紋似波，故名。宋阮閲《詩話總龜》卷三四引宋王直方《直方詩話》："蕭貫少時，嘗夢至宮廷中……見群婦人如神仙，視貫，驚問何所從來？貫愕然，亦不知對。貫自陳進士，能爲詩。中有一人授貫紙，曰：'此所謂衍波箋，煩賦《宮中曉寒歌》。'貫授筆立成。"清厲鶚《續游仙百詠》："霧閣雲窗人不見，衍波箋寫曉寒詩。"林學衡《與菊吟夜話》詩："還將無限思，寫與衍波箋。"一説衍波箋即爲蠲紙。明張自烈《正字通》："《文房譜》有衍波牋，文似波，即蠲紙。"

【衍波牋】

同"衍波箋"。此體明代已行用。見該文。

宣德紙

明代宣德年間內府生產的紙張。明代時由於紙的需求量增大，皇宮內府也專門設有造紙機構，生產宮廷用紙，其中以宣德紙最爲著名。此紙富麗堂皇，精美之至，有本色紙、金花五色箋、五色大簾紙、五色粉箋、磁青紙等品種。特別是磁青紙經加工而製成的羊腦箋，黑如漆，明如鏡，防蟲蛀，取以寫經，歷久不壞。其技藝之高超，令人驚嘆。清查慎行《人海記》："宣德紙有貢箋，有綿料，邊有'宣德五年造素馨紙'印。又有白箋、灑金箋、五色粉箋、金花五色箋、五色大簾紙、磁青紙，以陳青款爲第一。"

五色大簾紙

宣德紙之一種。明代内府製作。明屠隆《考盤餘事·紙箋》："今之大内用細密灑金五色粉箋、五色大簾紙、灑金紙。"清查慎行《人海記》："宣德紙有……金花五色箋、五色大簾紙、磁青紙，以陳青款爲第一。"

金花五色箋

宣德紙之一種。其製作是在五色粉箋上，以泥金描印出各種紋飾圖案，色澤艷麗，流行一時。原本祇供宮廷使用，後傳入民間作爲裝潢用紙，爲明清以來名貴紙品。明文震亨《長物志·器具》："惟大内用細密灑金五色粉箋，堅厚如版，面硏光如白玉，有印金花五色箋。"清查慎行《愷功侍讀惠宣德紙走筆謝之二首》詩："小印分明宣德年，南唐西蜀價争傳。儂家自愛陳清款，不取金花五色箋。"

磁青紙

宣德紙之一種。用靛藍染料染製，其色如當時流行的青花瓷（磁），故名。紙質堅韌如緞素，多用於書籍封面，古雅可愛。初祇爲宮廷專用，後流入民間做裝飾用紙，爲明清以來名貴紙品。亦省稱"青紙"。明文震亨《長物志·器具》："惟大内用細密灑金五色粉箋，堅厚如版，面硏光如白玉……有青紙如緞素，俱可寶。"清阮葵生《茶餘客話》卷一七："明時大内白箋、磁青紙，高麗繭紙、皮紙、新安玉版、譚箋、觀音簾、匹紙，皆可珍也。"清查慎行《人海記》："宣德紙有貢箋，有綿料，邊有'宣德五年造素馨紙'印。又有白箋、灑金箋、五色粉箋、金花五色箋、五色大簾紙、磁青紙，以陳青款爲第一。"

【青紙】

"磁青紙"之省稱。此稱明代已行用。見該文。

羊腦箋

宣德紙之一種。因以羊腦塗其上，故名。明宣德年間始造。其製法是：以羊腦和頂烟墨窖藏，經一定時間取出塗於磁青紙上，硏光而成。其紙黑如漆，明如鏡，用泥金寫經，富麗堂皇，歷久不壞，蟲不能蝕，甚寶貴，多用以抄寫經卷。現明代遺存的寫經本，即有用此紙泥金書寫的。此法造紙，今已不傳。

談箋

亦作"譚箋"。紙之一種。爲松江府（今屬上海）談仲和所造，故名。始製於明代，達於清，爲一時之名紙。其紙密實光澤，潤滑耐用，上暗浮各色花鳥，狀類宋人五色箋硏花版，其中以玉版、玉蘭、鏡面等品類爲最佳。明屠隆《考槃餘事·紙箋·國朝紙》："松江譚箋，不用粉造，以荆川連紙褙厚，硏光用蠟，打各色花鳥，堅滑可類宋紙。"明文震亨《長物志·器具》："近吴中灑金紙，松江譚箋，俱不耐久，涇縣連四最佳。"《嘉慶重修一統志·松江府·服用之屬》："吾鄉談仲和箋，擣染有秘法，蓋其祖侍郎彝庵公倫得之内府，其孫梧亭授之仲和者也。"

【譚箋】

同"談箋"。此體明代已行用。見該文。

敲冰紙

藤紙之一種。産於剡溪（今浙江嵊州）。剡溪水清潔，山多藤楮，可用以造紙，尤以冬天敲冰取水所製爲最佳，故名。宋王十朋《剡紙贈嘉叟以詩爲謝次韻》："剡溪百幅敲冰紙，換得臨池小草書。"明楊慎《敲冰紙》:"敲冰紙,剡所出也。張伯玉《蓬萊閣》詩:'敲冰呈好手,織素兢交鸞。'注'越俗兢誇敲冰紙。'剡水清潔,山又多藤楮,以敲冰時製之佳,蓋冬水也。"清嵇曾筠《浙江通志・紹興府・剡紙》:"剡藤紙名擅天下,式凡五:用木椎椎治,堅滑光白者曰硾箋;潤如玉者曰玉版箋;用南唐澄心堂紙樣者曰澄心堂紙;用蜀人魚子箋法曰粉雲羅箋;造用冬水佳,敲冰爲之曰敲冰紙。"

高麗紙

古代朝鮮製造的紙。朝鮮,古稱高麗,故所產之紙稱"高麗紙""高句麗紙"。東晋時我國造紙術傳入朝鮮,得到廣泛的發展和應用。高麗紙多以繭、麻爲原料製作,還創造了用木棉爲造紙原料的新途徑。所製之紙,堅韌如帛,色白如綾。唐代時高麗歲貢此紙於中國,故又稱"高麗貢紙"。宋陳槱《負暄野錄・論紙品》載:"外國如高麗……皆出紙,高麗紙類蜀中冷金,縝密而瑩。"宋高似孫《緯略・三韓紙》:"東坡云:潘谷作墨精妙,雜用高麗紙。"宋代時稱朝鮮爲雞林,所製之紙又稱"雞林紙"。清葉德輝《書林清話》載:宋書法家黃伯思曾得雞林紙一卷。明代高麗紙大量進入中國。此紙紙紋間距寬大,有韌性,書寫、印刷書籍使用頗多,有"奇品"之稱。明屠隆《紙墨筆硯箋・紙箋》:"高麗紙以綿繭造成,色白如綾,堅韌如帛,用以書寫,發墨可愛。此中國所無,亦奇品也。"今收藏保存在波蘭克拉科夫國家博物館的明萬曆二十三年(1595)製作的中國地圖,即是用木板雕刻後用高麗紙印刷的。清代有仿高麗紙問世。清郝懿行《證俗文》卷七:"若乃古之名紙有側理紙、鼉繭紙。《世說》紙似繭而澤也,王右軍《蘭亭記》用之。案,今高麗紙以綿繭造者也。"《負曝閒談》第一〇回:"又有一回去買了一雙靴,有天穿了出去,碰着大雨,靴桶子是高麗紙做的,一碰着潮都化了,衹好打着赤脚回來。"胡樸安《中華風俗志》卷一:"窗自外糊,用高麗紙。"

【蠻箋】[2]

唐時"高麗紙"的別稱。宋顧文薦《負暄雜錄・紙》:"唐中國紙未備,多取於外夷,故唐人詩多用蠻箋字,亦有爲也。高麗歲貢蠻紙,書卷多用爲襯。"

鏡面箋

高麗紙之一種。明代時作爲貢紙進貢朝廷。質地細緻,光亮似鏡面,故稱。明沈德符《野獲編・玩具・高麗貢紙》:"〔高麗〕貢箋,又名鏡面箋,毫穎所至,鋒不留行,真可貴尚。獨稍不宜於畫。"

梅花玉版箋

清代名紙。爲康熙年間造的一種高級箋紙。紙爲斗方形,以皮紙爲原料,紙表上施粉、加蠟、砑光,再以泥金或泥銀繪製冰梅紋樣,紙的右下角印有"梅花玉版箋"長方形朱記。製作精美,富麗堂皇,爲宮廷專用紙。至乾隆年間仍有仿製。

仿明仁殿紙

清代名紙。係仿元代名紙"明仁殿紙"製作,故名。此紙以桑皮爲原料,兩面皆用黃粉加蠟,再以泥金或泥銀繪以圖案,紙背灑以金片。紙的正面右下角鈐以"乾隆年仿明仁殿紙"隸書小印。質地厚實,平滑勻細,製作精美,爲宮廷專用紙。今北京故宮博物院收藏有此紙。

第六章　硯　說

第一節　硯源考

硯爲我國特有的研墨和調色工具。文房四寶中，筆、墨、紙均易消耗、老化，難以久存，唯硯堅固耐用，千載不朽。硯又常常集繪畫、書法、雕刻、造型諸藝術於一體，不僅是一種具有實用價值的工具，亦是一種具有欣賞和收藏價值的工藝美術品，故被列爲文房四寶之首。

硯起於何時，迄無定説。宋蘇易簡《文房四譜·硯譜》：“昔黄帝得玉一紐，治爲墨海。其上篆文曰‘帝鴻氏之研’。又《太公金匱硯書》曰：‘石墨相著而黑，邪心讒言得無污白。’是知硯其來尚矣。”宋李之彦《硯譜·孔子硯》：“伍緝之《從征記》云：‘魯國孔子廟中石硯一枚，甚古樸，孔子平生時物也。’”明羅頎《物原》：“仲由作硯。”以上三書確指製硯者共四人，一曰黄帝，二曰姜子牙，三曰孔丘，四曰仲由。按，姜子牙即傳説中《太公金匱硯書》作者，後世尊稱“太公”，仲由爲孔子弟子，字子路。此四人皆爲古代學人據其生平行迹之推斷。1980 年，陝西臨潼姜寨仰韶文化初期墓葬中，發掘出一方帶蓋石硯，呈方形，一角已殘，硯面硯底平整光滑。硯面凹處有一石質磨棒，旁有黑色顔料數塊及灰色陶質水杯一隻，共五件，構成了一套完整的書寫繪畫工具。其硯距今至遲已有五六千年歷史，正相當於傳說中的黃帝時期。但"帝鴻氏之硯"乃以玉製成，這一時期雖已有玉製品出土，但却未見玉硯出現。1976年河南安陽殷墟婦好墓出土了一方玉質調色盤，呈長方形，上部雕有一對鸚鵡，下部爲一鏟形硯池，造型生動，雕琢精緻，堪稱絶代佳作。春秋戰國時期，亦有硯的實物發現。1975年湖北雲夢睡虎地秦墓中，出土帶有研石的石硯一件，係用鵝卵石加工而成，硯體較規整，硯面及研石均帶有研磨痕迹，是最早專用於書寫的石硯。以上爲原始期至初期之硯，由略事加工，趨向於精雕細刻，數量不多。

至西漢，由於出現了以松烟爲主的人工墨，同時發明了初級之紙，使得製硯水準大幅度提高，專供書寫之硯已普遍出現。硯材除石質、玉質外，又有陶硯、瓦頭硯、金屬硯、漆硯等。西漢前期，硯仍以實用爲主，多爲圓形、長方形。此時尚未出現有形制的墨錠，使用時仍需以研石壓磨墨丸，故西漢以前的石硯多帶有研石。至西漢中期，由於席地而坐禮俗的加强，時時依憑矮几書寫，於是出現了較高便用的三足硯。由於文化生活與審美情趣的提高，硯體造型漸豐，裝飾性花紋也開始出現。1956年安徽太和漢墓出土的雙獸纏蓋三足硯，1989年甘肅省博物館於本省發現的螭蓋三足硯等皆爲實證。至東漢，隨同製墨技術的提高，出現了長條形的可以手持研磨的墨錠，研石隨之被廢弃。自此，硯的發展完成了從有研石到無研石的過渡，開始向現代硯發展，出現了無附件的獨立硯。至魏晋南北朝時，硯形硯材沿襲漢制漢風，雖有瓷硯出現，但仍無長足進步，造型仍多以圓形、長方形爲主，選料仍多帶隨意性。至唐宋時，隨着社會的巨大發展，習俗的急劇改變，宮室趨向高大，出現了帶高脚的桌椅。人們伏案寫字作畫，硯自矮几移至高桌上，有足之高硯已不適於需要，於是出現了無足的平臺硯，至此成爲後世新硯的定式，且出現了前闊後窄、硯底凹入、頗便以手插托的"箕形硯"（亦稱"風字硯"）。硯材方面，除却啓用質優、耐用、名噪一時的秦磚漢瓦外，已開始專注於石材的采掘，出現了中國經濟史、工藝史上著名的四大名硯，即魯硯、端硯、歙硯、洮河硯。其後歷代珍重，視爲國寶，至今不衰。

有關"硯"字及硯的定義，最早的古文獻爲東漢劉熙的《釋名・釋書契》曰："硯，研也。研墨使和濡也。"據《釋名》之釋文可知，"硯"字的出現遲於"研"字。有關"硯"字的實用文字，最早見於晋陸雲《與平原書》。其書云"筆亦如吳筆，硯亦爾"。"研"字的用例較多，如《後漢書・班超傳》："大丈夫無他志略，猶當效傅介子、張騫立功異域，以取封侯，安能久事筆研間乎？"又《文選・郭璞〈江賦〉》："紫菜熒曄以叢被，緑苔鬖髣乎研上。"李善注："研，與硯同。""研"與"硯"於南北朝之前常并用，"研"尤多見；隋唐之後多用"硯"，"研"漸稀見，故李善注曰"研，與硯同"。今"研"字除保留有"研磨"之"研"的本義外，仍用於"硯"義，但多風行於學術界中，學人尤習而不改。"研""硯"，今爲書面語，口語少用。口語多稱"硯臺"。"硯臺"一詞起源於唐代，前已述及，帶高脚之桌椅出現之後，硯自矮几移至高桌上，有足之硯漸隨習俗而變爲無足之平硯。無足之平硯出現之後，亦即産生了新詞——"硯臺"。"硯臺"之"臺"爲象形，謂其狀若桌上之"臺"。如唐皮日休、張賁等《藥名聯句》："鼮鼠啼書户，蝸牛上硯臺。""硯"，一本作"研"。又唐司空圖《偶詩》之一："夕陽照個新紅葉，似要題詩落硯臺。"此稱至今沿用。如曹禺《北京人》第一幕："你老人家是想當陪嫁丫頭一塊嫁過去，好成天給人家端硯臺拿紙啊，還是給人家鋪床疊被，到了晚上當姨老爺啊！"因硯專用於書寫，故唐代始亦稱"書硯"。唐韓愈《記宜城驛》："多甄可爲書硯。"後世亦沿用。宋蘇易簡《文房四譜·墨譜》引唐韋續《墨藪》云："凡書硯，取煎涸新石，潤濕相兼，又浮津輝墨者。"宋朱熹《訓學齋規》："前輩云：壞筆污墨，瘝子弟職；書几書硯，自黥其面。"唐代之後，隨着硯式的改變、硯材的開采，硯漸成爲兼備繪畫、書法、雕刻、造型的鑒藏品，至今不衰，尤爲文人雅士鍾愛，故其昵稱、雅名繁如春華，紛至遝來。此不贅述，可詳本卷《硯説·异名考》。

硯

　　亦作"研"。文房用具之一。爲磨墨的器物。通稱硯臺。其物遠古已見使用。1980年，陝西臨潼姜寨一座仰韶文化初期的墓葬中，發掘出一方帶蓋石硯。呈方形，一角殘缺，硯面硯底皆平整光滑。硯面凹處有一石質磨棒，旁有灰色陶製水杯及黑色顔料數塊，共五件，構成了一套完整的書寫繪畫工具。這是硯墨之濫觴，距今至遲已有五六千年歷史。後世之硯，出土尤多。1975年湖北雲夢睡虎地秦墓出土有帶有研石的石硯，以鵝卵石打磨而成；同年湖北江陵鳳凰山漢墓中發掘的石硯，則以細沙岩製作；1978年山東臨沂金雀山西漢墓葬中，出土有帶漆盒的石硯。可見戰國至兩漢，硯的取材、加工日漸進步，并已注重裝潢。有關硯的文字，遲至東漢文獻始見著録。《釋名·釋書契》："硯，研也。研墨使和濡也。"《後漢書·班

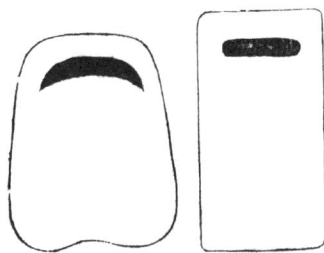

硯
（明王圻等《三才圖會》）

超傳》:"大丈夫無他志略,猶當效傅介子、張騫立功異域,以取封侯,安能久事筆研間乎?"晉陸雲《與平原書》:"筆亦如吳筆,硯亦爾。"南朝梁劉勰《文心雕龍·養氣》:"至如仲任置硯以綜述,叔通懷筆以專業,既暄之以歲序,又煎之以日時。"《文選·郭璞〈江賦〉》:"紫菜熒曄以叢被,綠苔鬘鬖乎研上。"李善注:"研,與硯同。"按,"研"與"硯"於南北朝之前常并用,"研"尤多見,隋唐之後多用"硯","研"漸稀見,而學人仍習用"研"。

【研】

同"硯"。此體漢魏時已行用。見該文。

硯臺

"硯"的通稱。起源於唐代。唐時,隨着高腳桌椅的出現,人們伏案寫字作畫,硯的擺放位置自矮几移到桌上,其形制也發生變化,從有足硯向無足平臺硯發展,此稱隨之流行,後成爲硯的通稱,沿用至今。唐皮日休、張賁等《藥名聯句》:"鸜鼠啼書户,蝸牛上硯臺。"唐司空圖《偶詩》之一:"夕陽照個新紅葉,似要題詩落硯臺。"元姚燧《陽春曲》:"墨磨北海烏龍角,筆醮南山紫兔毫,花箋鋪展硯臺高。"清沈復《浮生六記·坎坷記愁》:"〔余〕因是於行囊之外,轉得吾父所遺圖書、硯臺、筆筒數件。"曹禺《北京人》第一幕:"你老人家是想當陪房丫頭一塊嫁過去,好成天給人家端硯臺拿紙啊,還是給人家鋪床叠被,到了晚上當姨老爺啊!"

書硯

"硯"之別稱。硯研磨以用於書寫,故稱。唐韓愈《記宜城驛》:"多甎可爲書硯。"宋蘇軾《眉子石硯歌》:"邇來喪亂愁天公,謫向君家書硯中。"宋蘇易簡《文房四譜·硯譜》引唐韋續《墨藪》云:"凡書硯,取煎涸新石,潤濕相兼,又浮津輝墨者。"宋朱熹《訓學齋規》:"前輩云:壞筆污墨,瘝子弟職;書几書硯,自黥其面。"

黄帝硯

亦稱"帝鴻氏硯"。因由黄帝所製,故稱。玉質。玉質器物在紅山文化、良渚文化、大汶口文化等新石器時代中皆有發現,迄今約有五六千年歷史,同傳說中的黄帝時期相近。另,仰韶文化初期之墓葬中已發現一方帶蓋的石硯,距今亦有五六千年歷史。宋高承《事物紀原·什物器用》:"墨硯,後漢李尤《硯銘》曰:'書契既造,墨硯乃陳。'則是茲二物者,與文字同興於黄帝之代也。"宋蘇易簡《文房四譜·硯譜》:"昔黄帝得玉一紐,治爲墨海。其上篆文曰'帝鴻氏之研'。"參見本卷《硯説·硯源考》文。

【帝鴻氏硯】

即黄帝硯。此稱宋代已行用。見該文。

姜子牙硯

亦稱"太公硯"。因由西周姜子牙所製,故稱。石質。詳本卷《硯説·硯源考》文。

【太公硯】

即姜子牙硯。此稱宋代已行用。見該文。

孔子硯

因由東周中後期孔子所製,故稱。石質。宋李之彦《硯譜·孔子硯》:"伍緝之《從征記》云:'魯國孔子廟中石硯一枚,甚古樸,孔子平生物也。'"詳本卷《硯説·硯源考》文。

仲由硯

因由孔子弟子仲由(字子路)所製,故稱。石質。詳本卷《硯説·硯源考》文。

第二節 异名考

异名，即硯的另種稱謂，包括代稱、擬人、美稱等。在文房四寶中，硯傳世的歷史最爲悠久，不像筆、墨、紙那樣容易損耗。硯以其堅固耐用，易於保存，品種豐富，製作精湛，而受到文人雅士特別鍾愛。硯本身又集書法、繪畫、雕刻諸藝術於一體，不僅是具有實用價值的文房用具，也是具有收藏和鑒賞價值的工藝品。文人對硯的鍾愛，可從歷代稱謂中窺見一斑。各種稱謂不僅體現了硯的特殊功能，更反映出文人與硯之間的濡沫相親的關係。

硯的稱謂，有一個歷史發展的演變過程。見於典籍者最早可推東漢劉熙《釋名》一書，其曰："硯，研也。研墨使和濡也。"早期硯、研二字相通，均爲研墨工具的代名詞，後歷代通用，至今沿襲。而硯的各種新奇別致的稱謂，則多是出自唐宋以來文人雅士之筆。唐代是我國製硯工藝發展的高峰時期，各種優質硯材被相繼發現開採，其製作形制也從實用向工藝品方向發展。各種稱謂層出不窮，多見於文人的詩詞文章之中。其异名大致可分爲代稱、擬人、美稱三類。

一、代稱之類。以硯的形狀爲指代。如"硯臺"，唐時，隨着高脚桌椅的出現，硯的形制也從有足向無足平臺發展，"硯臺"之稱隨之流行，今仍襲之。唐司空圖《偶詩》之一："夕陽照個新紅葉，似要題詩落硯臺。"以硯之功能爲指代。如"書硯"，硯研磨以用於書寫，故稱。唐韓愈《記宜城驛》："多甎可爲書硯。"又如"寒泓"，因硯多爲石製，冰凉寒冷；泓，本爲水深之意，硯久磨則凹，故稱。唐莊南傑《寄鄭碏叠石硯歌》："半掬春泉澄淺清，洞天徹底寒泓泓。"又有"寒硯"（見唐鄭谷《寄繕部李郎中昌符》詩）"冰硯"（見宋范成大《朋元見寄二絶次其韻》之二）"冷硯"（見宋蘇軾《次韻答舒教授觀余所藏墨》詩）"石泓"（見宋黃庭堅《次韻王斌老所畫橫竹》詩）之稱。以硯之寓意爲指代。如"硯田"，古代文人墨客恃文墨爲生，猶農人之恃農田，以田喻硯，以筆代耕，故名。宋唐庚《次泊頭》詩："硯田無惡歲，酒國有長春。"清戴名世《硯莊記》："世之人以授徒賣文稱之曰筆耕，曰硯田。以筆代耕，以硯代田，於義無傷，而藉是以供俯仰，此貧窮之士不得已之所爲也。"清代亦作"研田"。清方文《寄懷邢孟貞》詩之二："但培書種大，勿恤研田荒。"此外，硯尚有"翰池"（見唐駱賓王《上兗州刺史啓》）"墨池"（見宋范正敏《遯齋閒覽·墨地皮棚》）"墨海"（見宋蘇易簡《文房四譜·硯譜》）"瓦池"（見宋蘇軾《孫莘老寄墨四首》詩）"研池"（見元鮮于樞《題高房山墨竹》詩）"硯海"（見《警世通言·玉堂春落難逢夫》）"石田"（見清鈕琇《觚賸·石言》）"石炭"（見清徐以升《炙硯》詩）諸稱。

二、擬人之類。硯之擬人稱謂始見於唐代。如"陶泓"，唐代韓愈以筆擬人，作《毛穎傳》，內有"穎（毛穎）與絳人陳玄、弘農陶泓及會稽楮先生友善"之戲稱，其中毛穎、陳玄、陶泓、楮先生即分別指筆、墨、硯、紙，後歷代流行。宋代大才子蘇軾即有"陶泓不稱管城沐，醉石可助平泉醒"的詩句。文人視硯爲友，又有"即墨侯""石虛中"（見唐文嵩《即墨侯石虛中傳》）"潤色先生"之稱。宋陶穀《清異錄·文用》載一軼聞：唐代詩人元積與才女薛濤作詩，元氏賦文："磨潤色先生之腹，濡藏鋒都尉之頭，引書媒而黯黯，入文畝以休休。"薛詫異："潤色先生何謂？"元氏笑指案頭之硯，一時傳爲文壇趣聞。又如"羅文"，婺源（今屬江西）羅紋山所產硯石，上有各種羅紋圖案，所製之硯稱羅紋硯。宋代文學家蘇軾以此硯擬人，作《萬石君羅文傳》，後以此稱硯。宋周必大《過餘于吳師中秀才以小詩惠歙硯次韻謝之》："舊曾起草向明光，獨與羅文近赭黃。"宋人林洪作《文房職方圖贊》，列十八種文具爲十八學士，分列名、字、號及官職，稱硯爲："石端明，名甲，字元樸，號巖屋上人。"此外，自宋至清，又有"石友"（見宋范成大《復以蟾硯歸龔養正》詩）"石鄉侯"（見宋孫奕《履齋示兒編·雜記·人物異名》）"石君"（見清李光庭《鄉言解頤·物部上》）"石丈人"（《見清袁枚《隨園詩話》卷一四）諸稱。

三、美稱之類。如"寶泓"，宋黃庭堅《再和公擇舅氏雜言》："撫摩寶泓置道山，鬱鬱秀氣似舅眉宇間。"又如"寶硯"，宋戴復古《寄復齋陳寺丞》詩："坐擁紅妝磨寶硯，醉歌赤壁寫銀鈎。"從此類稱謂中，可看出文人對其所藏硯品的喜愛之情。

代稱之類

紫石潭

"硯"的別稱。始於唐代，流傳至清。唐李玫《異聞實錄》："徐玄之夜讀書，見人物如粟米粒數百，皆具甲冑，擁一紫衣者行案上，傳呼曰：'蚍蜉王欲觀魚於紫石潭。'取漁具，入硯中獲小魚，玄之大駭，以冊覆之，照看皆無。"明瞿佑《硯池》詩："螢火不愁乾欲死，橐魚今喜放長生。遙思紫石潭中事，靈怪紛紛鬧幾更。"清厲荃《事物異名錄·文具部》："紫石潭，硯也。"亦省稱"紫潭"。宋蘇軾《和范子功月石硯屏》詩："紫潭出玄雲，翳我潭中星。"王十朋集注引趙次公曰："紫潭言硯，玄雲言墨也。"

【紫潭】

"紫石潭"之省稱。此稱宋代已行用。見該文。

翰池

"硯"之代稱。翰,借指筆。池,借指硯。池以潤筆,故稱。唐駱賓王《上兗州刺史啓》:"每蟋蟀淒吟,映素雪於書帳;莎雞振羽,截碧蒲於翰池。"

寒泓

"硯"之代稱。行用於唐宋時期。唐莊南傑《寄鄭碏叠石硯歌》:"半掬春泉澄淺清,洞天徹底寒泓泓。"宋文同《謝楊侍讀惠端溪紫石硯》詩:"貴價市珍煤,風前試寒泓。"元袁桷《子昂蘭竹墨戲》詩:"寒泓散晴煤,桃李争色動。"

寒硯

亦稱"冷硯""冰硯"。"硯"之代稱。硯多以石製,冰涼寒冷,故有此稱。行用於唐宋時期。唐鄭谷《寄膳部李郎中昌符》詩:"静燈微落燼,寒硯旋生凘。"宋柳永《黄鐘羽·傾杯》:"蛩響幽窗,鼠窺寒硯,一點銀釭閒照。"宋曾鞏《遣興》詩:"青燈鬥鼠窺寒硯,落月啼烏送迴笳。"宋蘇軾《次韻答舒教授觀余所藏墨》詩:"聞君此詩當大笑,寒窗冷硯冰生水。"宋范成大《朋元不赴湖上觀雪之集明日余召試玉堂見寄二絶次其韻》:"不惜狂言根忌諱,秃毫冰硯竟無奇。"元袁桷《寄蔣遠静》詩:"虚白夜窗刊墨譜,硬黄冰硯補瓊篇。"

【冷硯】

即寒硯。此稱宋代已行用。見該文。

【冰硯】

即寒硯。此稱宋代已行用。見該文。

石泓

"硯"之代稱。泓,本爲水深之意。因硯池需蓄水其中以研磨,日久則凹,故名。此稱宋代已行用。宋黄庭堅《次韻黄斌老所畫横竹》詩:"晴窗影落石泓處,松煤淺染飽霜兔。"清厲荃《事物異名録·文具部》:"黄庭堅詩:'晴窗影落石泓處',又'撫摩寶泓置道山'。按,石泓、寶泓皆謂硯也。"

硯田

"硯"之别稱。古代文人恃文墨爲生,猶農人之恃農田。以田喻硯,以筆代耕,故有此稱。流行於宋代,沿用至今。宋蘇軾《次韻孔毅父久旱已而甚雨》詩:"我生無田食破硯,爾來硯枯磨不出。"宋唐庚《次泊頭》詩:"硯田無惡歲,酒國有長春。"清戴名世《硯莊記》:"世之人以授徒賣文稱之曰筆耕,曰硯田。以筆代耕,以硯代田,於義無傷,而藉是以供俯仰,此貧窮之士不得已之所爲也。"清趙翼《武林黄翠篛自閩中寄書索題滌硯圖爲書二絶句》:"親拭陶泓濡墨硯,爲君同是硯田人。"清蔣超伯《南漘楛語三·硯》:"近得一硯,上有〔伊秉綬〕先生銘云:'惟硯作田,咸歌樂歲。墨稼有秋,筆耕無税。'"清段玉裁《説文叙注》:"每誦先王父詩句云:'不種硯田無樂事,不撐鐵骨莫支貧。'"清許秋垞《聞見異辭》:"廣東産墨猴,長約三寸……以舌舐墨,硯田可終日不洗。"王力《〈同源字典〉寫成》詩:"望入衰翁老蠹魚,硯田辛苦事耕鋤。"趙樸初《盤硯歌》:"歌盤之士歌盤泉,惟獨不及磐石可以作硯田。温潤如玉浮紫氣,發墨不亞歙與端。"亦作"研田"。清方文《寄懷邢孟貞》詩之二:"但培書種大,勿恤研田荒。"清俞蛟《潮嘉風月記·軼事》:"朱門俯仰成春夢,白袷飄零老研田。"

【研田】

同"硯田"。此體清代已行用。見該文。

墨池[1]

硯端低窪儲墨處。此稱唐代已行用。唐李白《草書歌行》:"墨池飛出北溟魚,筆鋒殺盡中山兔。"宋陸游《初寒老身頗健戲書》詩:"山爐巉絶香生岫,螯硯坡陀墨滿池。"宋李之彦《硯譜》:"端石有眼者最貴,謂之鸜鵒眼,石紋精美,如木有節……土人以眼多少爲價重輕。其生於墨池之外者謂之高眼,生於内者曰低眼。高眼猶可尚,以不爲墨漬,常可睹也。"宋佚名《硯譜》:"李後主有青石硯,墨池中有黄石如彈丸,水常滿,終日用之不耗。"元宋無《端石硯》詩:"雲漢帶星來玉匣,墨池蒸雨出滄溟。"後亦作"硯"之别稱。始於宋代,沿用至今。宋范正敏《遯齋閒覽·墨地皮棚》:"王僧彦父名師古,常自呼硯爲墨池。"金董解元《西廂記諸宮調》卷四:"文房四寶都拈住,讓把松烟試。墨池點得兔毫濃,拂試錦箋一紙。"郁達夫《采石磯》七:"他拿起筆來,往墨池裏掃了幾掃,就模模糊糊地寫了下去。"

墨海

指大硯。謂盛墨之多。此稱源於宋代,沿用至今。宋蘇易簡《文房四譜·硯譜》:"昔黄帝得玉一紐,治爲墨海焉。其上篆文曰'帝鴻氏之研'。"宋程俱《謝人惠硯》詩:"帝鴻墨海世不見,近愛端溪青紫硯。"明張岱《夜航船·文具》:"黄帝得玉始治爲墨海,文曰'帝鴻氏研'。孔子爲石研,仲由爲瓦研,漢漆研,晋鐵研,魏銀研。"清彭孫貽《和周大福柱謝友人贈端石孔翠作》:"帝鴻氏之研,墨海不須携。"

清翟灝《通俗編·器用·墨海》:"今書大字用墨多,則以瓦盆磨之,謂其盆曰'墨海'。"施文心、田冰《大匠之門》:"畫室内,鋪着深緑色氊子的畫案上,放着待畫的宣紙、墨海和墨。"俗稱"墨蕩子"。清吳敬梓《儒林外史》第五五回:"〔季遐年〕不由分説走到自己房裏,拿出一個大墨蕩子來。"

【墨蕩子】

即墨海。此稱清代已行用。見該文。

瓦池

"硯"之代稱。此稱宋代已行用。宋蘇軾《孫莘老寄墨四首》:"瓦池研竈煤,葦管書柿葉。"宋周必大《過餘于吳師中秀才以小詩惠歙硯次韻謝之》:"三載瓦池研竈墨,因君聊復夢羲皇。"宋張孝祥《賦沈商卿硯》:"一收朝迹歸故園,瓦池葦管塗突烟。"

研池

指硯。亦指硯心。元趙孟頫《即事三絶》:"古墨輕磨滿几香,研池新浴照人光。"元鮮于樞《題高房山墨竹》詩:"添陰生研池,葉葉秋可數。"明葉盛《水東日記·卓筆峰兩詩》:"笠澤研池小,穿窿架石峨。"清劉獻廷《廣陽雜記》卷三:"其子於研池下得一紙,乃細書其死之時日並諸未完事。"

硯海

本指用以儲墨的硯之低窪部分,後泛指硯。此稱始於明代,沿用至今。明馮夢龍《警世通言·玉堂春落難逢夫》:"却説公子進了書院,清清獨坐,祇見滿架詩書,筆山硯海。"清文康《兒女英雄傳》:"公子進得屋子,祇見把他常用的一個大硯海,一個大筆筒,都搬出來,研得墨濃,洗得筆净,放在當地一張桌兒上。"

石田

"硯"之別稱。唐代已行用。宋蘇易簡《文房四譜·墨譜》引唐段成式《送溫飛卿往復書

石田(舊端石石田硯)
(清于敏中等《西清硯譜》)

十五首》之九："藍染未青，玄嘲轉白；責羝羊以求乳，耨石田而望苗。"清鈕琇《觚賸·石言》："石戶之封可守，石田之獲不虛；傳子孫而無累，貽朋友而欣愉。"清趙翼《題敦思族兄洗硯圖》："笑君門外畦如罫，長物惟餘此石田。"清方文《病中寄鄧柬之》詩："藥裹但隨庭草積，學徒應共石田荒。"

石炭

"硯"之代稱。硯以石製，色如炭黑，故稱。此稱明清已行用。清徐以升《炙硯》詩："炙餘資石炭，化處受玄霜。"

擬人之類

陶泓

"硯"之擬人稱謂。始指磚瓦一類的硯。此稱源於唐代。唐代大文學家韓愈以筆擬人，作游戲文學篇《毛穎傳》中稱："穎與絳人陳玄、弘農陶泓及會稽楮先生友善，相推致，其出處必偕。"朱熹注："唐絳州貢墨，虢州貢瓦硯，會稽貢紙，故借名之。"按，毛穎、陳玄、陶泓、楮先生分別指筆、墨、硯、紙，韓愈視之爲友。後因用以稱硯，沿用至清代。唐楊炯《登秘書省閣》詩序："陶泓寡務，油素多閒。"金龐鑄《冬夜直宿省中》詩："陶泓面冷真堪唾，毛穎頭尖漫費呵。"元倪瓚《謝筆》詩："陶泓思渴待陳元，對楮先生意未宣。何似中書君並至，明窗脫帽一欣然。"元宋無《端石硯》詩："要與陶泓作佳傳，老磨松液寫《黃庭》。"清趙翼《武林黃翠筤自閩中寄書索題滌硯圖爲書二絕句》："親拭陶泓濡墨寫，爲君同是硯田人。"又《題金玠堂客窗偶筆》詩："毛穎陶泓

原有例，古文手筆作傳奇。"

即墨侯

亦稱"石虛中"。"硯"之擬人稱謂。始稱於唐代。唐人文嵩以硯擬人，作《即墨侯石虛中傳》曰："石虛中，字居默，南越高要人也。性好山水，隱遁不仕……上利其器用，嘉其謹默，詔命常侍御案之右，以備濡染。因累勳績，封之即墨侯。虛中自歷位常，與宣城毛元銳、燕人易玄光、華陰楮知白，常侍上左右，皆同出處，時人號爲相須之友。"後因用以稱硯。宋王邁《除夜洗硯》詩："多謝吾家即墨侯，朝濡暮染富春秋。"省稱"即墨"。宋岳珂《試廬陵賀發竹絲筆》詩："何人心匠出天巧，縷析毫分勻且輕。居然束縛復其始，即墨紆朱封管城。"

【石虛中】

即即墨侯。此稱唐代已行用。見該文。

【即墨】

"即墨侯"的省稱。此稱宋代已行用。見

該文。

潤色先生

"硯"之擬人稱謂。唐代詩人元稹所題，後世不傳。宋陶穀《清異録·文用》載：唐人元稹與才女薛濤作詩唱和，元氏賦文："磨潤色先生之腹，濡藏鋒都尉之頭，引書媒而黯黯，入文畝以休休。"薛詫异："潤色先生何謂？"元氏笑指案頭之硯，一時傳爲文壇趣聞。

羅文 [1]

亦稱"萬石君"。"硯"之擬人稱謂。婺源（今屬江西）羅紋山所産硯石上有各種羅紋圖案，所製之硯稱羅紋硯，極爲珍貴。宋代蘇軾以此硯擬人，作《萬石君羅文傳》："中書舍人羅文，久典書籍，助成文治，厥功茂焉。其以歙之祁門三百户封文，號萬石君，世世勿絶。"後因以此稱硯。宋周必大《過餘于吳師中秀才以小詩惠歙硯次韻謝之》："舊曾起草向明光，獨與羅文近赭黄。"清趙翼《題錢撫棠少宰滁硯圖》詩："帝鴻硯畔需庚和，預洗羅文待染毫。"

【萬石君】

即羅文 [1]。此稱宋代已行用。見該文。

石端明

"硯"之擬人稱謂。此稱宋代已行用。宋林洪《文房職方圖贊》中，將硯列爲文房十八學士之一，"石端明，名甲，（宋林洪《文房職方圖贊》）字元樸，號巖屋上人"。

石端明

石友

亦稱"石君"。"硯"之擬人稱謂。古代文人以筆耕爲生，終日不離墨硯，視之如友，稱之君子。又因硯多爲石製，故有此雅號。流行於宋代，沿用至清。宋范成大《復以蟾硯歸龔養正》詩："夢裏何人歌式微，覺來石友在書幃。"宋王炎《題童壽卿博雅堂》詩："剡溪來楮生，歙穴會石友。"元蕭𣝗《題白君悼硯》詩："君家石友研磨久，快筆如風不可當。"清曹寅《竹村惠硯》詩："邸舍餘閒困墨逋，平生石友慰操觚。"清李光庭《鄉言解頤·物部上》："當得意疾書之時而水丞腹堅，石君面皺，能無興阻。"清厲荃《事物異名録·文具部》："王炎詩'歙穴會石友'。按，謂硯也。"

【石君】

即石友。此稱清代已行用。見該文。

石鄉侯

"硯"之擬人稱謂。此稱宋代已行用。宋孫奕《履齋示兒編·雜記·人物異名》："硯曰石鄉侯。"宋劉克莊有《代石鄉侯石虛中徐翰林學士誥》。元周權《次韻陳可道》詩："一味可人麯居士，半生取友石鄉侯。"明解縉《墨》詩："結隣好個石鄉侯，親我更親二君子。"

石丈人

"硯"之擬人稱謂。此稱始用於宋代。宋史彌寧《嬾不作詩覺文房四友俱有愠色謾賦》詩："一毛不拔管城子，冷眼相看石丈人。急性陳玄楮居士，未分皂白也生嗔。"清袁枚《隨園詩話》卷一四："周月東游海潮庵，得謝文節公小方硯……臨死，乃贈查恂叔，一時題者如雲。錢辛楣云：'眼中只有石丈人，江南更無廝養卒。'"

美稱之類

寶泓

“硯”之美稱。行用於宋代。宋黃庭堅《再和公擇舅氏雜言》：“撫摩寶泓置道山，鬱鬱秀氣似舅眉宇間。”史容注：“寶泓，謂陶泓也。”按，黃庭堅《奉和公擇舅氏送吕道人研長韻》：“携提寒泉泓”史容注：“退之《毛穎傳》謂硯爲陶泓。”清厲荃《事物異名録·文具部》：“黄庭堅詩‘晴窗影落石泓處’，又‘撫摩寶泓置道山’。按，石泓、寶泓皆謂硯也。”

寶硯

“硯”之美稱。指上好石硯。此稱行用於宋代，流傳至清。宋戴復古《寄復齋陳寺丞》詩：“坐擁紅妝磨寶硯，醉歌赤壁寫銀鈎。”宋周密《雲烟過眼録》卷下：“〔御府〕又有聚寶硯、玉板太乙船，無眼而温潤，皆寶硯也。”清曹雪芹《紅樓夢》第四四回：“案上堆着各種名人法帖，並數十方寶硯，各色筆筒。”

第三節　硯類考

硯是我國傳統書畫藝術必備之工具。硯的品質好壞，對書畫作品的創作有着重要影響。故古人製硯，對硯材的選擇十分重視。古代選作硯材的種類多種多樣，相傳最早使用的硯，係取天然蚌殼爲之。其後主要有石硯、玉硯、陶硯、瓷硯、銅硯、鐵硯、漆硯、木硯等，但一般常見的主要爲石質和陶質兩大類。

石質硯起源較早，從上古至先秦，主要用石製成。1980 年在陝西臨潼姜寨一座仰韶文化初期的墓葬中，發掘出土了一方帶蓋石硯。呈方形，一角已殘，硯面硯底平整光滑，硯面凹處有一石質磨棒，旁有黑色顏料數塊以及灰色陶質水杯，共五件，構成了一套完整的彩繪書寫工具。該石硯的形制已超出自然簡陋的研磨器，現出人工硯的雛形，這是目前我國發現年代最早的一方石硯。隨着後來考古發掘的不斷進行，戰國秦漢時期的石硯多有出土。早期的石硯，硯質粗糙，製作重點在於使用，多是以硯石的天然形狀略作加工而成，發墨性能較差，其品質和數量都很難適應社會文化發展的需要。因此，唐代以前，石硯衹是衆多硯類中之一族，并未成爲硯的主流。到了唐代，石質硯材有了突出地位，各種名貴專用石硯材相繼發現，石硯質地大大提高，如山東的紅絲硯、廣東的端硯、安徽的歙硯、甘肅的洮硯等。這些石硯材都以其温潤發墨、紋理絢麗而備受世人喜愛，被譽爲“四大名硯”。唐代以來，優質石料成爲製硯的主要原料，除四大名硯外，較有名的還有魯硯中的紫金石硯、金星石硯、徐公硯、淄石硯、鼉磯硯、尼山硯、燕子石硯等，河北的易水硯、山西的臺硯、東北的松花石硯、浙江的西硯、江西的廬山金星硯、玉山羅紋硯、福建的龍池硯、河南的天壇硯、湖南的菊花石硯、四川的嘉陵峽硯、雲南的苴卻硯、貴州的思硯、織金硯、寧夏的賀蘭石硯、甘肅的嘉峪石硯、北京的潭柘紫石硯等，石硯成爲硯家族中的主流。

　　以玉製硯，歷史悠久，可上溯至商代。1976 年殷墟婦好墓出土的雙鸚鵡玉硯，造型極爲別致。《西京雜記》、《硯史》都有關於玉硯的記載，可見以玉製硯，歷代皆有。但因其價格昂貴而難得，多爲宮廷或權貴所用，一般人使用很少，傳世實物也不多。除玉硯外，美石硯中還有瑪瑙硯、水晶硯等，亦多爲宮中之物。

　　陶硯是用陶土爲原料燒製而成。我國製陶歷史悠久，早在新石器時代，先民就發明并廣泛使用陶器。到了漢代，製陶工藝已達相當高的水準，陶硯即出現於這一時期。由於陶硯取材生産較爲容易，并具發墨快的特點，自出現後，很快傳開，製作使用較爲普遍。這一時期出土的陶硯實物繁多，其造型多種多樣，主要有龜形、山形、圓形三足等。現藏於北京故宮博物院的著名“十二峰陶硯”，即是漢代陶硯的代表作品。到了唐代，陶硯仍比較流行，開始製作出著名的澄泥硯。這是用一種特殊泥土燒製成的硯臺，主要産地在虢州（今河南靈寶），自宋後轉至山西絳縣等地。其製作頗費功夫，質地堅硬細密，發墨不傷筆毫，爲陶硯中之名貴品種。宋代缸硯也屬陶硯的一種，用破釀酒缸加工而成。自宋以後，隨着優質石硯材的不斷發現開采，陶硯生産逐漸衰落。

　　魏晉南北朝時，出現了瓷硯這一新品種。青瓷硯以瓷土爲胎，挂以青釉，爲了便於磨墨，硯面上不施釉。其造型多爲圓形三足或多足。魏晉時製作的青瓷硯後來在江蘇、浙江、湖南、湖北、四川等省皆有出土，表明這一時期瓷硯生産已相當普遍。唐代燒製瓷硯較爲著名的瓷窑有今浙江紹興的越窑、河北内丘的邢窑、湖南岳陽的岳州窑、四川邛崍的邛窑、江西豐城的洪州窑等。瓷硯品種除青瓷硯外，又有青白瓷硯、淡黄瓷硯及著名的唐三彩瓷硯等，可以説唐代是我國瓷硯生産最爲發達的時期。宋代瓷硯製作雖不如唐代繁榮，但製作技藝大有提高，并有名牌産品盛行一時。著名的有北宋所製白中泛青的影青瓷硯，還有胎質厚實、釉色光潤、經久耐磨的龍泉瓷硯、黑瓷暖硯和綠瓷硯等。明清以來，瓷硯使用已極少，多製作具有欣賞價值的工藝硯品。

　　瓦硯和磚硯也是我國古代常用的硯品。製瓦和製磚技術都是源於製陶技術。以磚瓦製硯，始於魏晋時，但質地較爲粗糙，不利磨墨，使用也不普遍。唐朝硯工們多取古宮殿之磚瓦，如秦阿房宮瓦、蘭池宮瓦、漢未央宮瓦、甘泉宮瓦、魏銅雀臺瓦等以爲硯材。因古宮殿之磚瓦均係特製，燒煉精良，用以製硯，質地細潤，堅硬如石，發墨快，貯水數日不乾，深受文人墨客喜愛。如用帶有年代的磚瓦製硯，更是價值連城。古宮殿之瓦，亦係珍品，存世甚稀，宋代以後逐漸衰竭。

　　漢代時還出現有金屬硯，主要有銀硯、銅硯、鐵硯等。宋高似孫《硯箋》載：洪崖先生歸河内，舍人劉守璋贈揚雄鐵硯。明徐燉《徐氏筆精》亦載：“古人用鐵硯者，桑維翰也。洪崖先生欲歸河内，舍人劉守璋贈以揚雄鐵硯。以鐵爲硯，始自揚雄，維翰效之耳。”此記載如屬實，説明我國在漢代已有鐵硯。魏曹操《上雜物疏》載：“御物有純銀參帶臺研一枚，純銀參帶圓研大小各一枚。”説明漢代皇帝已有用銀硯之制。漢代也有銅硯行用。從出土實物看，其硯的磨墨部分仍是由石板所製。以金製硯出現較晚，大約在宋代，被作爲貢品進於朝廷，民間流傳極少。錫硯約起於清代，製作使用亦罕。由於漆器工藝在漢代時受到重視，這時也有漆硯出現。1965 年安徽壽縣東漢墓中，出土過一枚長方形夾紵胎漆硯。1984 年江蘇邗江縣（今揚州市邗江區）西漢墓中，出土了一枚木胎漆硯。據記載，晋代皇帝曾賜漆硯給太子。宋代時内府又有漆沙硯，係以生漆與金剛砂按一定比例調和而成，質地類似澄泥硯，細膩而絶輕。清代揚州人盧葵生所製漆沙硯盛行一時。漢代已有木硯製作，1984 年江蘇邗江縣西漢墓中，出土有一枚西漢晚期的木硯，其製作已比較精細。20 世紀 70 年代，湖南衡陽北宋墓中亦出土有一枚木硯。此外，還有以竹爲原料製作的竹硯及取材於化石的化石硯等。

石　硯

石硯

　　亦作“石研”。石製之硯。以石爲硯，自古有之。1980 年陝西臨潼姜寨遺址出土的帶蓋石硯一枚，其形制已帶有人工加工的痕迹。宋李之彥《硯譜》：“伍緝之《從征記》云：魯國孔子廟中石硯一枚，甚古樸。孔子平生時物也。”隨着大量的考古發現，秦漢石硯時有出土，但直到唐代以前，石硯僅是衆多硯種類中之一族，其製作主要以使用爲主，一般多是利用石塊或石板的自然形狀簡單加工而成，比較粗糙。漢代石硯，如 1955 年河北滄州出土的“雙盤龍蓋三足石硯”，1956 年安徽太和出土的“雙獸纏蓋三足石硯”等，其製作雖已顯精巧，但硯石質地并不高。《南齊書·王慈傳》：“〔慈〕年八歲，外祖宋太宰江夏王義恭迎之內齋，施寶物，恣聽所取。慈取素琴、石研，義恭善之。"南朝梁江淹《建平王謝賜石硯等啓》："奉敕賜石硯及法書五卷，天旨又以臣書小進，更使勤習。"到了唐代，端、歙、魯、洮等著名專

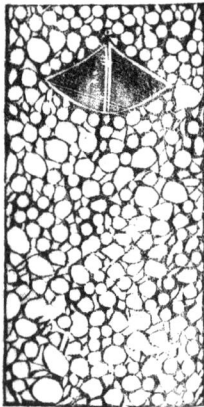

石硯（豆班石硯）
（明王圻等《三才圖會》）

用石硯材被相繼發現，石硯質地大大提高，世人日重。這一時期可說是石硯發展的重要歷史階段。自此，石硯成爲硯家族中之主流，大批品硯專著及文人墨客贊譽之詩詞歌賦亦隨之出現，歷代相沿，至今不衰。唐杜甫《石研詩》："奉使三峽中，長嘯得石研。"唐李白《草書歌行》："箋麻素絹排數厢，宣州石硯墨色光。"唐劉禹錫《唐秀才贈端州紫石硯以詩答之》："端州石硯人間重，贈我因知正草玄。"宋蘇軾《書軒》詩："雨昏石硯寒雲色，風動牙籤亂葉聲。"宋程俱《謝人惠硯》詩："芊芊溪草裹石硯，文字之祥直送喜。"

【石研】

同"石硯"。此體南北朝時已行用。見該文。

石黛硯

硯之一種。以長方形的板岩或頁岩製成。約始於漢代。屬於早期的石板硯，在考古發掘中時有發現。1956年廣州麻鷹崗出土一枚石黛硯，爲漢代遺物。此硯用黑色頁岩製成，呈長方形，長14厘米，寬72厘米，硯面磨光，平滑如鏡。現藏廣東省博物館。

稠桑硯

石硯之一種。唐代開始製作使用。宋蘇易簡《文房四譜·硯譜》："唐李匡乂撰《資暇集》云：稠桑硯，始因元和初，其叔祖宰虢之朱陽邑。諸阮溫清之隙，必訪山水以游。一旦，於澗側見一紫石，憩息於上，佳其色，且欲紀其憩山之游。既常携鐫具隨至，自勒姓氏年月，遂刻成文，復無刓缺。乃曰：'不利不缺，可琢爲硯矣。'既就琢一硯而過，但惜其重大，無由出之。更行百步許，至有小如拳者，不可勝紀。遂令從者挈數拳而出，就縣第製琢。有胥性巧，請琢之，遂請解胥籍。於是采琢開席於大路，厥利驟肥。後諸阮每經稠桑，必相率致硯，以報其本焉。稠桑石硯自此始也。"

緑石硯

石硯之一種。因石色青緑而得名。所製之硯統稱緑石硯。又因產地不同而各有其名。產於甘肅洮河稱洮硯，產於吉林長白山稱松花石硯等。另廣東恩平、河北易縣、湖北秭歸、湖南長沙等地亦產緑石硯。宋米芾《硯史·歸州緑石硯》："理有風濤之象，紋頭緊慢不等，治難平，得墨快，滲墨無光彩。色緑可愛。如賁色，澹水如蒼玉。"宋王安石《元珍以詩送緑石硯所謂玉堂新樣者》詩："玉堂新樣世爭傳，況以蠻溪緑石鐫。"清查慎行《人海記》："甲申十二月，加賜御書經史，大福字一幅，對聯一幅，緑石硯一方。"清趙汝珍《古玩指南》第九章："洮石硯，出自湖南長沙，色緑，故又名緑石硯。雖細潤，但不受墨。"又："緑石硯，出陝西臨洮之洮河，石緑色如藍，其潤如玉，發墨不減端溪下岩。惟產於大河之深水中，不易得也。"亦省稱"緑硯"。元貢奎《贈楊生》詩：

"南唐緑硯膚起鱗，手摩潤澤疑新浴。"

【緑硯】

"緑石硯"之省稱。此稱元代已行用。見該文。

穀山硯

石硯之一種，産於湖南潭州（今湖南長沙）穀山，故名。石色淡青，有紋理，易下墨。約開采製作於宋代，後極少見。宋米芾《硯史·潭州穀山硯》："潭州穀山硯，色淡青，有紋如亂絲，理慢，扣之無聲，得墨快，發墨有光。"趙汝珍《古玩指南》第九章："至以前曾經使用而現在不常見者，則有通遠軍漗石硯，西都會聖宫硯，青州青石硯，成州栗亭硯，潭州穀山硯，成州栗玉硯。"

黑端

石硯之一種。産於湖南沅州一帶。顔色深黑，質地粗糙，不易下墨。上有石暈，常被古之作僞者用來冒充帶石眼的端硯，故有此稱。宋趙希鵠《洞天清録·古硯辨》："一種辰沅州黑石，色深黑，質粗燥，或微有小眼，黯然不分明。今人不知，往往稱爲黑端，相去天淵矣。今端溪民負販者，多市辰沅硯璞而歸，刻作端溪樣，以眩士大夫，被獲重價。"明文震亨《長物志·器具》："黑端出湖廣辰、沅二州，亦有小眼，但石質粗燥，非端石也。"趙汝珍《古玩指南》第九章："湖南省辰州屬沅州，産石，色深黑，質粗糙或有小眼，二州人自製之，多作犀牛、龜、魚、八角等式樣。端溪市儈販歸，刻作端石式樣，稱爲黑端，以售於過往士商官宦。"

鳳咮硯

省稱"鳳咮"。石硯之一種。宋代製作使用。宋蘇軾《龍尾硯歌叙》："余舊作《鳳咮硯銘》，其略云：'蘇子一硯名鳳咮，坐令龍尾羞牛後。'"韓駒注："其銘序云：'北苑龍焙山，如翔鳳飲下之狀，當其咮（嘴）有石，蒼黑，致如玉。熙寧中，太原王頤以爲硯，余名之曰鳳咮。'"元張天英《贈臨江潘雲谷》詩："鳳咮池頭風雨腥，金霧青烟眩人目。"明高明《琵琶記·孝婦題真》："鳳咮馬肝，和那鸜鵒眼，無非奇巧；兔毫麝尾，和那犀象管，分外精神。"亦稱"鳳咮石"。宋李之彦《硯譜·鳳咮石》："蘇子瞻云：'僕好鳳咮石，少得真者。'"

【鳳咮】

"鳳咮硯"之省稱。此稱宋代已行用。見該文。

【鳳咮石】

即鳳咮硯。此稱宋代已行用。見該文。

朱硯

亦作"硃硯"。紅色的石硯。宋米芾《硯史·蔡州石硯》："理滑，可爲器，爲朱硯，花蕊石亦作小朱硯。"朱，一作"硃"。宋蘇易簡《文房四譜·墨譜》："造朱墨法，上好硃砂細研飛過，好朱紅亦可，以楮皮水煮膠，清浸一七日，傾去膠清，於日色中漸漸曬之，乾濕得所，和如墨挺，於朱硯中研之，以書碑石。"

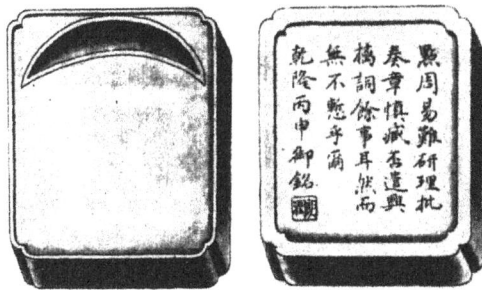

硃硯（澄泥硃硯）
（清于敏中等《西清硯譜》）

【硃硯】

同"朱硯"。此體宋代已行用。見該文。

白硯

石硯之一種。色白,磨後變黑。産自河南蔡州(今河南汝南)。宋米芾《硯史》:"蔡州白硯,理滑,可爲器。"

美石硯

玉硯

美石硯之一種。以玉爲材料製成。按顔色分,有黄玉硯、碧玉硯、墨玉硯、栗玉硯等。宋蘇易簡《文房四譜·硯譜》:"昔黄帝得玉一紐,治爲墨海焉。其上篆文曰'帝鴻氏之硯'。"這是至今以玉爲硯的最早記載。似爲傳説,不足爲憑。但以玉雕製硯具在商代確已有之。1976年在河南安陽出土的殷墟婦好墓中,發現一玉質調色盤。呈長方形,上部爲一對鸚鵡,下部爲一近似長方形的鏟形硯池。造型生動,雕琢精緻,堪稱絶代佳作。《西京雜記》卷一:"以酒爲書滴,取其不冰;以玉爲硯,亦取其不冰。"自唐宋以來,歷代皆有製作。唐温庭筠《謝所知寶集賢墨啓》:"晋陵雖壞,正握銅兵;王韶徒深,唯磨玉硯。"前蜀釋貫休《送鄭使君》詩:"視事蠻奴磨玉硯,邀賓海月射金

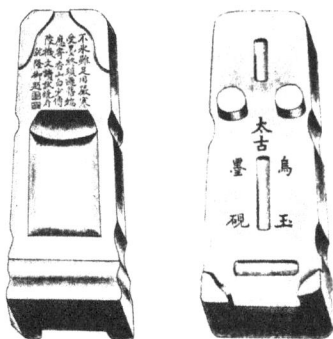

玉硯(舊烏玉硯)
(清于敏中等《西清硯譜》)

杯。"《宋史·吴越錢氏世家》:"俶即以舊所書絹圖上之,詔書褒美,因賜玉硯金匣。"宋米芾《硯史》:"玉出光爲硯,著墨不滲,甚發墨,有光,余自製成蒼玉硯。"宋高似孫《硯箋》卷三:"周世宗征淮南,先鋒劉重進得吴楊溥玉硯以獻。"宋章淵《聞居錄》:"玉硯用墨處不琢令滑。"《三才圖會·器用》繪有碧玉硯一方,其文曰:"此碧玉圭形,長七寸許,厚一寸四……乃波菜綠色,爲絶品碧玉,上有水池,四面光瑩,此誠秦漢物也。"

水精硯

美石硯之一種。以水晶製成或飾以水晶的硯。約始於唐代,至清代不絶。宋錢愐《錢氏私志》:"岐公在翰苑時……上悦甚,令左右宫嬪各取領巾、裙帶或團扇手帕求詩。内侍奉牙床,以金箱水晶硯、珊瑚筆格、玉管筆,皆上所用者於公前。來者應之,略不停輟……人人得其歡心。"宋李之彦《硯譜》:"丁恕有水精硯,大纔四寸許,爲風字樣,用墨即不出光,發墨如歙石。"宋高似孫《硯箋》卷三:"水精硯用墨處不出光,發墨如歙。"亦作"水晶硯"。《遼史·太宗紀下》:"秋七月……壬申,晋遣使進水晶硯。"

【水晶硯】

同"水精硯"。此體宋代已行用。見該文。

瑪瑙硯

美石硯之一種。以瑪瑙雕琢而成。多作爲有裝飾作用的工藝品欣賞收藏。宋代即有製作，至清不絕。宋錢愐《錢氏私志》："徽皇聞米元章有字學，一日於瑶柱殿繃絹圖方廣二丈許，設瑪瑙硯、李廷珪墨、牙管筆、金硯匣、玉鎮紙，召米書之。上垂簾觀看，大喜，盡以硯石匣、鎮紙之屬賜之。"亦作"馬腦硯"。清汪懋麟《跋米元章墨迹後》："上大喜，以馬腦硯、李廷珪墨、牙管筆、金硯匣、玉鎮紙、水滴賜之。"

【馬腦硯】

同"瑪瑙硯"。此體清代已行用。見該文。

陶 硯

陶硯

硯之一種。係用極細的陶土爲原料燒製而成。最早始於漢代，這一時期的陶硯在古籍記載和實物發現中都比較多，這是因爲陶硯的生產較之石硯容易，在當時十分流行，是使用比較普遍的一種硯品。早期的陶硯發墨快，但不貯水，乾得快，研出的墨顆粒較粗糙，易損筆毫。其製作造型却是豐富多彩，有龜形、山形、圓形等。現藏於北京故宮博物院的"十二峰陶硯"，即爲當時陶硯的代表作品。此硯高 17 厘米，硯面直徑爲 20 厘米，硯面塑有大小十二座山峰，峰下有出水口。内側左右兩個山峰下各有一負山力士，形象逼真。硯底有三足塑成叠石狀，構思奇妙，造型獨特，被視爲古硯珍品。晋代陶硯的生產遠不如漢代，常常被作爲殉葬之物品。南北朝時期形制多爲上狹下寬，前俯後仰的風字形硯。到了唐代，陶硯的生產規模和品質都有很大提高，出現了質地細膩堅挺，形狀精美適用的澄泥硯、三彩硯等，也出現了許多贊美陶硯的詩文。著名文學家韓愈的《瘞硯文》中説"土乎成質，陶乎成器"，"硯乎研乎，與瓦礫異"。這種用土製成、與瓦不同的硯，即指的是澄泥硯。20 世紀 60 年代初在廣東韶關發掘的唐朝宰相張九齡墓中，即出土一方灰色的箕形陶硯，爲張九齡的兒子張拯使用過的。宋代的陶硯產地很多。其中以邢州（今河北邢臺）所產最爲有名，并出現了有關的研究著作。宋米芾《硯史·陶硯》："相州（今河南安陽）土人自製陶硯，在銅雀上以熟絹二重陶泥澄之，取極細者燔爲硯，有色綠如春波者，或以黑白填爲水紋。其理細滑，着墨不費筆，但微滲。"明代雲南昆明人康浩所製陶硯也頗有名。據清鄂爾泰等纂《雲南通志》載，其製作方法係用玉屑和泥在袖中團弄而成，人稱"康硯"。總的來看，自宋以來隨着優質石硯材的不斷發現和開采，陶硯生產已逐漸衰落。後各代雖仍有製作，但規模已大不如前。今陶硯製作除澄泥硯外，還出現了一種黑陶硯。浙江嘉興一退休老中醫許明農經過十餘年的潛心研究，摸索出黑陶的燒製工藝，所製黑陶硯，黑亮如漆，晶瑩如玉，形狀多異。仿歙石"黑陶金星硯""黑陶銀星硯"和仿端石"黑陶魚腦凍硯"等得到書畫家們的高度評價，稱其爲"呵成露，研無聲，發墨好，不損毫。硯陰鐫刻古代書畫，典雅大方，堪與四大名硯相媲美"。他的許多作品現已收藏於浙江省博物館。

缸硯

陶硯之一種。以破釀酒缸片製成，故名。宋蘇轍《缸硯賦》序："先蜀之老，有姓滕者，能以藥煮瓦石使軟，可割如土，嘗以破釀酒缸爲硯，極美。蜀人往往得之，以爲異物。余兄子瞻嘗游益州，有以其一遺之，子瞻以授余，因爲之賦。"宋高似孫《硯箋》卷四："蜀老以藥煮破缸爲硯。"

瓷硯

硯之一種。最早出現於漢代。製瓷是由製陶技術發展而來的。魏晉時青瓷興起，用青瓷製作的硯亦隨之出現。其製作係以瓷土爲胎，挂以青釉，爲利於磨墨，硯面則不施釉。其形制多爲圓形三足或圓形多足，足多呈獸足狀。20世紀50年代以來，在江浙、兩湖、江西、四川等地都曾出土過魏晉南北朝時期製作的青瓷硯，説明當時製作已較爲普遍，是瓷硯發展的鼎盛時期。唐代時，除青瓷硯外，又出現有青白瓷硯、淡黄瓷硯以及著名的唐三彩瓷硯。其造型也呈多樣化，除圓形外，又有三角形、龜形、履形、箕形等。宋代以來，瓷硯生產漸衰，但仍有影青瓷硯、龍泉瓷硯、黑瓷暖硯及綠瓷硯出現。至明清時僅作爲工藝品欣賞，使用已極少。

瓦硯

亦作"瓦研"。硯之一種。以古代宮殿之瓦製成。古宮殿之瓦一般是指秦周豐宮瓦、阿房宮瓦、蘭池宮瓦、漢未央宮瓦、萬歲宮瓦、甘泉宮瓦、石渠閣瓦、魏銅雀臺瓦等。其瓦均係特製，具有燒製精細、聲音清越的特點。所製之硯，質地細潤，堅硬如石，不損筆毫且易下墨。其中以帶有年代款記的瓦製成的硯，更是價值連城，極爲珍貴，故後世仿製者屢見不鮮。以名瓦製硯約始於漢代，盛行於唐宋。《新唐書・地理志二》："虢國弘農郡……土貢：絁、瓦硯、麝、地骨皮、梨。"宋歐陽修《硯譜》："青州、濰州石末硯，皆瓦硯也。"宋蘇易簡《文房四譜・硯譜》："魏銅雀臺遺址，人多發其古瓦，琢之爲硯，甚工，而貯水數日不滲。世傳云，昔日製此臺，其瓦俾陶人澄泥以絺綌濾過，碎胡桃油方埏植之，故與衆瓦有異焉。"宋高似孫《硯箋》卷三："先公在燕得瓦硯，長尺半，闊八寸，隸建安十五年。"宋梅堯臣《送建州通判沈太博》詩："更留瓦硯贈我看，鄴宮鴛鴦誰刻剜。"明馬愈《馬氏日抄・李廷珪墨》："予一日至英國府中，見勳衛留馮揖之作字，出建安瓦研，御府長毫雉花筆。"清朱棟《硯小史・古磚古瓦》："瓦硯與澄泥、石末類也，而甚不同。石末諸品起後

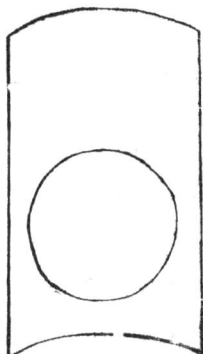

瓦硯（石渠閣瓦硯）
（明王圻等《三才圖會》）

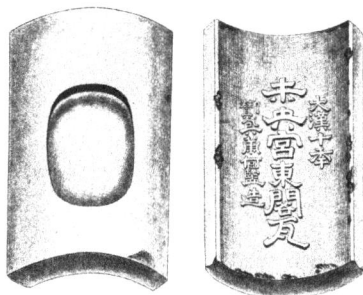

瓦硯（漢未央宮東閣瓦）
（清于敏中等《西清硯譜》）

世，瓦則自魏而漢而周。”今廣東漁民黃榮裕家珍藏一塊用漢代未央宮東閣瓦製成的大硯，造型美觀古樸，堪稱珍品。亦指陶製之硯。清梁紹壬《兩般秋雨盦隨筆》卷八：“《演繁露》：唐以前無石硯，多用瓦硯。”俗稱“瓦頭硯”。明王子充《漢未央宮瓦硯記》：“漢未央宮諸殿瓦，其身如半筒，而覆簷際者，則其頭有面外向，其面徑五寸，圍一尺六寸强，有四篆字，字凡六等……面至背厚一寸弱，其背下可研墨。唐宋以來人得之，即去其身以爲硯，故俗稱瓦頭硯也。”

【瓦研】

同“瓦硯”。此體明代已行用。見該文。

【瓦頭硯】

“瓦硯”之俗稱。此稱明代已行用。見該文。

【硯瓦】[1]

亦作“研瓦”。即瓦硯。唐宋時常取漢魏舊宮殿之瓦爲硯，故名。此稱始見於唐代，後雖通用石硯，猶沿此稱。唐釋貫休《硯瓦》詩：“應念研磨苦，無爲瓦礫看。”宋程大昌《演繁露續集》卷五：“唐以前多用瓦研，今天下通用石研，而猶概言研瓦也。”元喬吉《水仙子·簾香林南園即事》曲：“玉龍筆架，銅雀硯瓦，金鳳箋花。”一説晋唐製硯，中形如瓦，因此得名。宋邵伯温《聞見後録》卷二八：“曰研瓦者，唐人語也，非謂以瓦爲研，蓋研之中心隆起如瓦狀，以不留墨爲貴。”宋米芾《畫史》：“晋唐皆鳳池研，中心如瓦凹，故曰研瓦。筆因凹勢鋒圓，故其書畫皆圓。”清梁紹壬《兩般秋雨盦隨筆》卷八：“《演繁露》：唐以前無石硯，多用瓦硯。今天下通用石而猶概言‘硯瓦’也。

一説唐用鳳池硯，中凹如瓦，故曰‘硯瓦’。”後亦爲硯之通稱。唐李咸用有《謝友生遺端溪硯瓦》詩。明蘭陵笑笑生《金瓶梅詞話》第四四回：“又瞧了瞧桌上，放着個烘硯瓦的銅絲大爐。”

【研瓦】[1]

同“硯瓦”。此體宋代已行用。見該文。

銅雀硯

瓦硯之一種。因以曹操所建銅雀臺遺址之瓦所製，故名。質地細潤，堅硬如石，貯水數日不乾，唐宋時人掘取用以製硯。宋米芾《硯史》：“銅雀硯甚發墨可使。”宋蘇易簡《文房四譜·硯譜》：“銅雀硯瓦出銅雀臺。多妙淅，閒得以爲硯。”宋高似孫《硯箋》卷三：“銅雀硯以古見貴，色頗青，肉厚平瑩，多工姓氏隸古。”宋王十朋《李資深贈古瓦硯及詩》：“世貴銅雀硯，常患僞亂真。千金買渴雀，虛名何足珍。”明趙撝謙《學範》：“銅雀硯，銅雀臺瓦也。以其入水之久，故滋潤發墨。”後亦爲硯的美稱。宋梅堯臣有《銅雀硯》詩。元喬吉《水仙子·簾香林南園即事》曲：“書齋打簇得繁榮，玉龍筆架，銅雀硯瓦，金鳳箋花。”清袁于令《西樓記·檢課》：“悄書齋樹蔭滿窗，銅雀硯墨花輕漾。”清代亦稱“雀臺硯”。清趙翼有《雀臺硯》詩。

【雀臺硯】

即銅雀硯。此稱清代已行用。見該文。

【銅雀瓦】

即銅雀硯。唐宋時人取銅雀臺瓦製爲硯，後亦爲硯的代稱。宋何薳《春渚紀聞·銅雀臺瓦》：“相州，魏武故都，所築銅雀臺，其瓦初用鉛丹雜胡桃油擣治火之，取其不滲，雨過即乾耳。後人於其故基掘地得之，才以爲研。雖易得墨而終乏溫潤，好事者但取其高古也。”宋蘇易簡《文房四譜·硯譜》：“魏銅雀臺遺址，人多發其古瓦，琢之爲硯，甚工，而貯水數日不滲。”宋高似孫《硯箋》卷三：“徐鉉得銅雀瓦，注水試墨即滲。鉉笑曰：‘豈銅雀之渴乎？’”又：“黃魯直《古銅雀硯銘》：‘王文叔守洛，得銅雀瓦於深水，其子爲硯，歸魯直，銘：惟曹氏西陵之陶瓦，其屋歌舞以除風雨，初不自期爲翰墨主。’”元劉永之《寄淦川友人》詩：“古硯自磨銅雀瓦，坐氈還叠闕賓瀚。”明謝肇淛《五雜俎·物部四》：“銅雀瓦雖奇品，然終燥烈

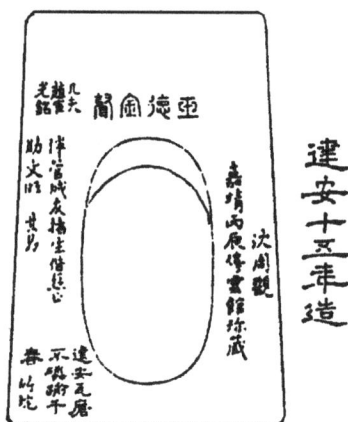

銅雀硯
（清朱棟《硯小史》）

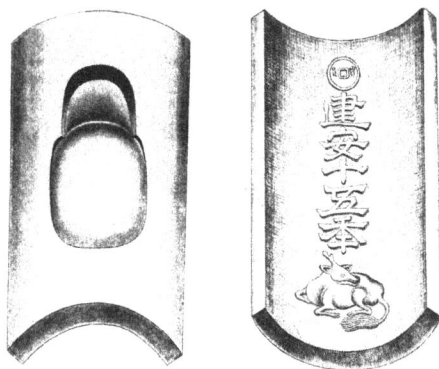

銅雀瓦（漢銅雀瓦硯）
（清于敏中等《西清硯譜》）

易乾，乃其發墨，倍於端矣。”亦稱“銅臺瓦”。宋辛棄疾《卜算子·漫興》：“掃禿兔毫錐，磨透銅臺瓦。”清陳維崧《還京樂·萬紅友養疴僧舍暇日戲取南北曲牌名爲香奩詩三十首用填此闋寄跋卷尾》：“恰翠承朱亞，澄心紙鎮銅臺瓦。”省稱“雀瓦”。清鈕琇《觚賸·石言》：“澄泥斂色，雀瓦銷英。”

【雀瓦】

　　“銅雀瓦”之省稱。此稱清代已行用。見該文。

【銅臺瓦】

　　即銅雀瓦。此稱宋代已行用。見該文。

【鄴瓦】

　　即銅雀硯。因以三國魏鄴都銅雀臺瓦所製，故名。宋梅堯臣《王幾道罷磁州遺澄泥古瓦二硯》詩：“澄泥叢臺泥，斷瓦鄴宮瓦。”宋蘇軾《次韻和子由欲得驪山澄泥硯》：“舉世爭稱鄴瓦堅，一枚不換百金頒。”宋張洎《賈氏談錄》：“鄴郡三臺舊瓦琢硯，勝澄泥。”清余懷《硯林》：“相州古鄴都，魏武銅雀臺在其處，瓦絕大……予爲銘建安者曰‘鄴瓦’。”亦稱“鄴臺瓦”。宋沈作喆《寓簡》卷九：“鄴臺瓦皆雜金錫丹砂之屬陶成……琢治之爲方研，愈薄而益堅，縝膩而廉密，入墨而宜筆。”元虞集《代石答五首》詩之二：“研穿鄴臺瓦，賦就草堂圖。”

【鄴臺瓦】

　　即鄴瓦。此稱宋代已行用。見該文。

石末硯

　　亦作“石末研”。省稱“石末”。硯之一種。產於今山東青州一帶。始於唐代。大書法家柳公權對此硯極爲欣賞，列於群硯之首。宋蘇易簡《文房四譜·硯譜》：“柳公權嘗寶惜筆硯並圖

書，自肩鑷之。嘗云：'青州石末爲第一矣，今磨訖墨易冷，絳州之硯次之。'"宋李之彦《硯譜》："青、濰州石末硯，皆瓦硯也，柳公權以爲第一。當時未見歙石，以爲上品耳。"宋蔡襄《文房四説》："青州石末研受墨而費筆，龍尾石得墨遲而久不燥。"宋歐陽修《硯譜》："唐人稱濰州石末硯發墨，粗損筆，今青州擅名。"清朱棟《硯小史·古磚古瓦》："瓦硯與澄泥、石末類也，而甚不同，石末諸品起後世，瓦則自魏而漢而周，歷年甚久。"清沈心《怪石錄》："石末，出濰縣，以濰水中石碾極細末，復漂净，陶爲硯，故名石末，自唐時已重之。"趙汝珍《古玩指南》第九章："熟鐵硯、石末硯出青州。"

【石末研】

同"石末硯"。此體宋代已行用。見該文。

【石末】

"石末硯"之省稱。此稱唐代已行用。見該文。

磚硯

硯之一種。以古建築所用之磚改製而成，故名。古建築之磚，指秦之周豐宫磚，漢之竟寧磚、建平磚、永寧磚，魏之銅雀宫磚，吴之寶鼎磚，晋之太康磚等數十種。唐宋時人取以製硯，質地細潤堅密，聲音清越動聽。所製之硯，不費筆且發墨，爲世人所珍，後世多有仿造者。宋高似孫《硯箋》卷三："楚王廟磚可爲硯。"《三才圖會·器用》："此魏時磚硯，質細聲堅，扣之如金石。長九寸，厚二寸許，闊四寸。色黄淡如沉香，背一方内篆'魏興和年造'。又方有異獸奮翼者，止半其形。"郭沫若《洪波曲》第一四章："但在其中的一家裏面有幾片磚硯，有的竟有年號。"

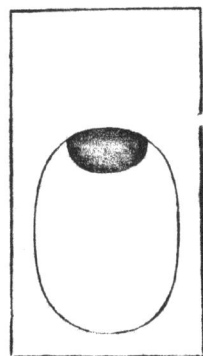

磚硯（魏時磚硯）
（明王圻等《三才圖會》）

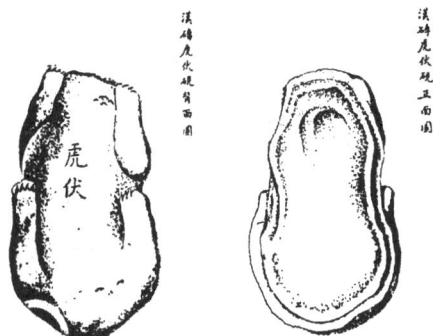

漢磚硯
（清于敏中等《西清硯譜》）

金屬硯

銅硯

亦作"銅研"。金屬硯之一種。一般硯外形以銅鑄成，通體刻有飾紋，硯面多以硯石片鑲嵌。自漢以來，歷代皆有製作，但傳世數量極少。1957年安徽肥東出土一枚南朝銅硯。呈蟾蜍形，遍體碧緑鎏金，鑲嵌有各種寶石，製作獨具匠心,極顯豪華,爲當時之絶品。《北史·齊紀中》:"四月,夜,禾生於魏帝銅研,且長數寸,有穗。"宋高似孫《硯箋》卷三:"劉聰謂晉懷帝曰:'頃贈朕栢木銅硯。袁彖贈庾翼蚌硯。'"又:"米元章鑄生銅硯,甚佳。"元倪瓚《走筆次陶蓬韻送葉參謀歸金華》詩:"手調白羽箭,陋彼磨銅硯。"清趙翼有《銅硯》詩。

【銅研】

同"銅硯"。此體南北朝時已行用。見該文。

鐵硯

金屬硯之一種。一般是以鐵製成硯的外形,含硯石於其中。又有生鐵硯、熟鐵硯之分。始於漢代。明徐燉《徐氏筆精》:"古人用鐵硯者,桑維翰也。洪崖先生欲歸河内,舍人劉守璋贈以揚雄鐵硯。以鐵爲硯,始自揚雄,維翰效之耳。"五代時,青州(今屬山東)桑維翰所製鐵硯名盛一時。《新五代史·桑維翰傳》:"初舉進士,主司惡其姓,以'桑''喪'同音。人有勸其不必舉進士,可以從佗求仕者,維翰慨然,乃著《日出扶桑賦》以見志。以鑄鐵硯以示人曰:'硯弊則改而佗仕。'卒以進士及第。"宋李之彦《硯譜》:"青州熟鐵硯,甚發墨,有柄可執。晉桑維翰鑄生鐵硯。"宋代至清均有鐵硯製作。今上海博物館藏有一枚宋末元初箕形"畏庵鐵硯"。宋歐陽修《硯譜》:"又有鐵硯,製作頗精,然患其不發墨,往往函端石於其中,人亦罕用。"宋陸游《寒夜讀書》詩:"韋編屢絶鐵硯穿,口誦手鈔那計年?"元王實甫《西厢記》第一本第一折:"將棘圍守暖,把鐵硯磨穿。"清趙翼《題錢撫棠少宰滌硯圖》詩:"引他舐筆摛華客,劬學争將鐵硯磨。"胡懷琛《寶劍篇》:"曷去化鐵硯,静默而寧康。"亦作"鐵研"。唐陸龜蒙《石筆架子賦》:"莫比巾箱之貴,堪齊鐵研之高。"宋范成大《次韻楊同年秘監見寄二首》:"塵土簿書憎鐵研,水雲蓑笠傲金章。"清杜濬《歸不得行》詩:"青氈鐵研今何在,買薪賣到書與墨。"趙汝珍《古玩指南》第九章:"熟鐵硯、石末硯出青州。"

【鐵研】

同"鐵硯"。此體宋代已行用。見該文。

青鐵硯

金屬硯之一種。據傳是以于闐出産的鐵鑄成。始自晉代。晉王嘉《拾遺記·晉時事》:"張華進《博物志》四百卷,奏於武帝……即於御前賜以青鐵硯。此鐵是于闐國所出,獻而鑄爲硯也。"亦省稱"青鐵"。唐陸龜蒙《襲美以紫石硯見贈以詩迎之》:"澄沙脆弱聞應伏,青鐵沉埋見亦羞。"

【青鐵】

"青鐵硯"之省稱。此稱唐代已行用。見該文。

錫硯

金屬硯之一種。以錫爲材料製成,清代有製作。清阮葵生《茶餘客話·教習學士供給》:"教習學士到館,舊例行工部給公座桌椅、錫硯、筆架、銅炙硯……等項。"

金硯

金屬硯之一種。指以黃金製成或飾有黃金的硯臺。約始於宋代。多作爲進貢、賞賜之物,具有收藏價值,但實用價值不大,流傳較少。《宋史·外國傳七·日本》:"端拱元年……納金硯一,鹿毛筆、松烟墨。"宋王應麟《玉海》:"紹興十六年三月十九日,講《孟子》終篇。翌日賜講官鞍馬、象笏、金硯、水瓶、筆墨等。"

後亦以此爲硯的美稱。宋鄭域《桃源憶故人》："新愁不受詩排遣，塵滿玉毫金硯。"元成廷珪《送陳子山狀元赴太廟署令》詩："寶刀刻頌登彝鼎，金硯揮毫撰樂章。"明何景明《立秋日呂景二内翰呂田二黄門見訪》詩："玉珂停腰裊，金硯落蟾蜍。俱是文章伯，相看我不如。"

銀硯

金屬硯之一種。以銀製成或飾以白銀的硯臺。約始於漢代。一般作爲御用及賞賜之物，有收藏價值，雖代有製作，但傳世極少。宋蘇易簡《文房四譜·硯譜》："魏武《上雜物疏》云：御物有純銀參帶臺硯一枚，純銀參帶圓硯大小各四枚。"又"劉聰謂晋懷帝曰：'頃昔贈朕柘弓銀硯，卿頗憶否？'帝曰：'焉敢忘之，但恨不能早識龍顔。'"

其 他

漆硯

硯之一種。其做法是在一個固定的硯形外面用麻布或絲織物裹好，以漆粘住，塗上漆灰晾乾打磨，再層層髹漆，故有此名。又因多以硯石爲胎，故又稱"漆石硯"。具有輕便、堅固、耐用的特點。始於東漢。1965 年安徽壽縣一東漢墓中，出土長方形漆硯一方，爲夾紵胎，内髹黑漆，外施朱漆。宋蘇易簡《文房四譜·硯譜》："《東宫故事》云：晋皇太子初拜。有漆硯一枚，牙子百副。"宋李之彦《硯譜·漆硯》："《晋儀注》：'太子納妃有漆硯。'"元劉因《先天漆硯詩並序》："予近得漆硯二，劉丈茂之所惠者。象璧水而先天八卦周焉，予遂名以别之。"

漆沙硯

硯之一種。以生漆與石砂按一定比例配製而成，故名。其質地類澄泥，細膩而絕輕，入水不沉，不滑不澀，易於發墨。其製作過程複雜，需多道工序。始於宋代，時内府有製作。清代乾隆至道光年間盛行一時，以江蘇揚州人盧葵生所製爲最精，聞名於世。今北京故宫博物院藏"紫漆天地蓋漆沙硯"，上海博物館藏圓形漆沙硯均爲其所製。清葉名澧《橋西雜記·漆沙硯》："漆沙硯以揚州盧葵生家所製爲最精，顧澗蘋廣圻爲作記。其祖映之嘗於南城外市中得一硯，上有'宋宣和内府製'六字。形質類澄泥而絕輕，入水不沉，甚異之。後知其爲漆沙所成。授工仿造，克適於用。葵生世其傳，一時業此者遂衆。凡文房諸事無不以漆沙爲之。"其孫盧棟爲道光年間著名的雕漆能手，所製仿宋宣和漆沙硯更勝一籌，爲時人所稱頌。20 世紀 80 年代初，揚州漆器廠試製漆沙硯成功，現已批量生產。重新問世的揚州漆沙硯，堅而不頑，細而不滑，色澤温潤，入水不沉，墜地不損，實爲精巧雅緻的案頭清玩。

木硯

硯之一種。以木質爲材料製成。漢代時已有製作，宋時不絕。宋李之彦《硯譜》："傅玄《硯賦》云：'木貴其能軟，石美其潤堅。'劉道友以浮查爲硯，知古亦有木硯。"20 世紀以來，漢代木硯多有出土，在朝鮮的樂浪漢墓中，也曾出土過一枚三熊足圓形木臺硯，説明漢代時我國已製有木硯。以已出土的漢代木硯實物看，其製作工藝已較爲精湛。20 世紀 80 年代，在江蘇揚州市邗江區姚莊西漢墓中出土有一枚西漢晚期的木硯。此硯式呈 "8" 字形，分硯池、硯盒兩部分。硯池爲桃形，硯面粗糙，木紋清晰可見。硯盒作圓形博山狀，雕刻有以羽人爲主體的圖案，四周環以珍禽异獸。其構思精巧，工藝精湛，堪稱藝術珍品。20 世紀 70 年代，在湖南衡陽一北宋墓中，挖掘出土木硯一枚。此硯以圓木整鑿而成，硯式爲長方形，一端留有斲痕，表面較爲粗糙，殘長 7.2 厘米，寬 3.8 厘米，厚 2 厘米。

竹硯

硯之一種。以竹爲材製成，故名。宋李之彦《硯譜》：《異物志》云：廣南以竹爲硯。"

蚌硯

亦作 "蚌研"。用蚌殼裝飾的硯臺。《南史・庾易傳》："安西長史袁彖欽其風，贈以鹿角書格、蚌盤、蚌研、白象牙筆。" 宋高似孫《硯箋》卷三："劉聰謂晋懷帝曰：'頃贈朕柘木銅硯，袁彖贈庾翼蚌硯。'"

【蚌研】

同 "蚌硯"。此體南北朝時期已行用。見該文。

第四節　硯材考

所謂 "硯材"，指可以製硯的材料。前節 "硯類考" 中已述及，硯類即依據硯材而劃分。故有多少硯材，則有多少硯類，反之亦同。前述的石、玉、瑪瑙、水晶、陶、瓦、銅、鐵、金、銀、木、竹之中，以石的使用最早，亦最廣，古人稱之爲硯石，至爲重視。故宋人李之彦《硯譜》云："硯當用石，鏡當用銅，此真材本性也。以瓦爲硯，如以鐵爲鏡耳。" 故縱觀中國硯之演進，大抵可稱之爲 "石頭記" "石硯史"。故本考之硯材專指硯石，不涉其他，重點又在其產地、特性及開采情况。古往今來，被辟爲硯材的硯石，有上百種之多。自新石器時代中晚期，直至唐前，獲取硯材，頗爲散漫，多有隨意性，真正優質硯石之開采，始於唐代。此後，著名的魯石、紅絲石、紫金石、淄石、金雀石、端石、歙石、眉子石、洮河綠石、金星石等，被相繼發現，各成系列。所製之硯，歷代共珍，至今不衰。就產地及特性而言，可劃爲五大系列。今擇要分述如次。

一、魯石。產於山東青州、臨朐、臨沂、淄博等地。山東古稱齊魯，故以魯代稱。其硯材的共同特點是石質細密，沉透嫩澤，堅而不頑，膩而不滑，發墨不損筆毫。又因產地不同，其石質、色澤、形狀、紋彩亦有不同，各具千秋。自唐代已采爲硯，統稱 "魯硯"。

1.紅絲石：魯硯材之一種。產於山東青州與臨朐老崖崗兩地。其石紅黃相參，有絲如刷，墨膏浮泛，蒸濡如露。東漢已采爲硯，屬上品。

2.紫金石：魯硯材之一種。產於山東青州、臨朐、臨沂等地。其色金紫，易於發墨。唐代已采爲硯，屬上品。

3.金雀石：魯硯材之一種。產於山東青州西部之金雀山，故名。石色紺青，堅實潤密。宋代已采爲硯，爲上品。

4.淄石：魯硯材之一種。產於山東淄博一帶。石色紺青，堅潤而光，小金星滿體者尤佳。宋代已采爲硯，惟中坑此石，稱爲上品。

二、端石。產於廣東肇慶東南爛柯山西麓的端溪一帶。肇慶，古稱端州，故名。其石色青紫，質地細膩，有魚腦凍、蕉葉白、青花、翡翠、綠端等名品，皆爲上等硯材。自唐代即采爲硯，統稱“端硯”。

三、歙石。主要產於江西婺源，其地古屬歙州，故名。另安徽歙縣、休寧、祁門等地也有出產。其石堅潤，發墨如油，爲上等硯材。自唐即采爲硯，統稱“歙硯”。

1.龍尾石：歙硯材之一種。因產於江西婺源縣龍尾山西麓武溪而得名。其石多產於溪水中，石色分蒼黑、青碧兩種。質地濕潤堅密，扣之聲如振玉，磨墨無聲，發墨如油，不傷筆毫。因其有澀、細、潤、堅等特點，堪稱歙硯之最，爲歷代共珍。

2.眉子石：歙硯材之一種。產於安徽歙縣眉子坑。因石上有紋理如人眉，故稱。其石色有青、紫兩種，紋理有長、短、闊、簇之分，尤以金紋對眉子、雁攢湖眉子爲佳。宋代已甚重開采。所製之硯，皆爲上品。

四、洮河綠石。產於甘肅南部臨潭縣之洮河。石色碧綠，溫潤如玉。因產地與石色而得名。唐代已采爲硯，屬上品。稱“洮硯”。

五、金星石。產於江西婺源龍尾溪、新疆于闐、廣東萬州（今海南萬寧）、山東臨沂等地。石色綻青，內有金屬結晶物之光點，大小不一，光閃如星，故名。其石細潤，頗易發墨。宋代已采爲硯，多屬上品。統稱“金星硯”。

兩漢之前，墨多呈丸狀，用時置入硯內，用一條狀之石壓碎，再研以成汁，方可使用。這一條狀之石，今稱“研石”。兩漢之前，凡出土石硯，皆帶有研石，而研石用材與硯之用材又無差異，故附研石於硯材之中。

硯材

可用以製硯的材料。自古至今，硯材種類繁多，有石、陶、瑪瑙、水晶、瓦、玉、金、鐵、銅、木、竹、化石等。但最早的硯以及使用最多的則是石製之硯。宋李之彥《硯譜》："硯當用石，鏡當用銅，此真材本性也。以瓦爲硯，如以鐵爲鏡耳。"古往今來，被辟爲硯材的硯石，有上百種之多，而真正優質硯石的開採，卻是始於唐代。這一時期，著名的端石、歙石、紅絲石、洮河綠石、金星石、紫金石等被相繼發現，所製之硯爲歷代所珍重，至今不衰。宋葉樾《端溪硯譜》："凡巖石皆有黃臕，如玉之瓜簣也。胞絡黃臕鑿去，方見硯材，世所謂子石也。"宋高似孫《硯箋》卷二："麻石中隱硯材數寸，猶玉在璞。在溪澗中，冬涸可取。"清乾隆皇帝《盛京土產雜詠十二首》序："混同江產松花玉，可作硯材。"清高鳳翰《硯史》："北方硯材，青州紅絲、登州鼂磯而已。"清沈心《怪石錄》："魏坤《鼂磯研歌》……古來硯材世難全，香姜銅雀空流連。"《游靈巖記》："其下多硯材。"亦作"研材"。宋杜綰《雲林石譜·婺源石》："徽州婺源石產水中者，皆爲研材，品色頗多。"清王士禎《分甘餘話》卷三："從來太湖石以供園林假山之用，靈璧石、英德石可作研山、懸磬，端溪石作研材。"

【研材】

同"硯材"。此體宋代已行用。見該文。

硯石

可用以製硯的石頭。自古至今，歷代皆有。唐韓愈《高君仙硯銘》："儒生高常，與予下天壇，中路獲硯石，似馬蹄狀，外棱孤聳，內發墨色，幽奇天然。"後借指硯。宋高似孫《硯箋》卷一："石晋時，關右李處士能補硯石碎者，略無瑕。"魯迅《且介亭雜文二集·內山完造〈活中國的姿態〉序》："一個旅行者走進了下野的有錢的大官的書齋，看見有許多精美的硯石，便說中國是'文雅的國度'。"

魯石

產於山東青州、臨朐、臨沂、淄博等地的硯石。山東古稱齊魯，故以魯代稱。其硯材的共同特點是石質細密，沉透嫩澤，堅而不頑，膩而不滑，發墨不損筆毫。又因產地不同，其石質、色澤、形狀、紋彩亦有不同，各具千秋。衆石間見譽於世者有紅絲石、紫金石、金雀石、淄石等，其中尤以紅絲石最爲著名。該石因產於古青州轄地，故硯史稱之爲"青州石"。東漢已見采爲硯，至唐代被推爲硯石魁首。著名書法家柳公權平生喜用，嗜之如命，在其《論硯》文中贊曰："蓄硯以青州爲第一，絳州次之，後始重端、歙、臨洮。"南唐李後主對此奇石尤爲鍾愛，亦有詩文頌揚。宋唐詢所著《硯錄》中仍推爲硯石之首："紅絲石之至靈者，非他石可與較，故列於首云。"自唐代始，魯石廣予開採，皆列爲上等硯材。

紅絲石 [1]

魯硯材之一種。產於山東青州與臨朐老崖崮兩地。有紅黃絲紋，以紅絲著稱。其石墨膏浮泛，蒸濡如露。開採於東漢，至唐代名揚天下。所製之硯稱爲"紅絲硯"，爲唐代至宋初四大名硯之一。宋高似孫《硯箋》引同代唐詢《硯錄》："紅絲石產於益都西四十里之黑山。"又："紅絲石，紅黃相參不甚深，理黃者絲紅，理紅者絲黃，其紋勻徹。石工蘇懷玉言，州西四十里，山盤折而上五百餘步，有洞，狹容一人，洞前大石敧懸，石生於洞之兩壁，上下青赤石數重，中有紅黃石如絲。洞口絶壁有鑴字，唐中和年采石所記。蘇工得石四五寸，旋加磨治，文華緻，聲清越。墨膏浮泛，蒸濡如露，異於他石。一日洞門石摧，遂絶。"宋杜綰《雲林石譜・紅絲石》："青州益都縣紅絲石産土中，其質赤黃，紅紋如刷絲縈繞石面，而稍軟，扣之無聲。琢爲研，頗發墨，但石質燥渴，須先飲以水，久乃可用。唐林甫彦猷頃作《墨譜》，以此石爲上品。"宋晁載之《續談助》卷三："青州黑山紅絲石爲硯，人罕有識者。此石至靈，非它石可與較議。"清沈心《怪石錄》："王闢之《澠水燕談錄》：'唐彦猷嘉祐中守青社，得紅絲石於黑山。琢爲硯，紅黃相參，文如林木，或如月暈，或如山峰，或如雲霧花卉。自有膏潤泛墨色，覆之以匣，數日不乾。彦猷作《硯錄》，品爲第一。'"《青州府志》中有"紅絲石産於臨朐縣南之老崖崮"的記載。

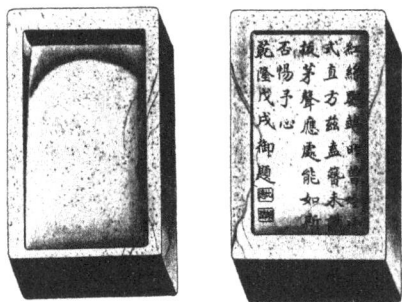

紅絲石（紅絲石四直硯）
（清于敏中等《西清硯譜》）

紫金石[1]

省稱"紫金"。魯硯材之一種。産於山東青州臨朐、臨沂等地。色紫潤澤，易於發墨，爲上等硯材。唐時即取之爲硯，宋代石源漸乏，故極不易得，實物傳世很少。宋高似孫《硯箋》卷三："紫金出臨朐，色紫潤澤，發墨如端、歙……晚唐競取紫金石，芒潤清響，國初已乏。"宋唐詢《硯錄》："嘗聞青州紫金石。余知青州，至即訪紫金石所出，於州南二十里曰臨朐界，掘土丈餘乃得之。石有數重，人所取者不過第一、二重，若至第四重，潤澤尤甚，而色又正紫，雖發墨與端、歙同，而資質微下。"宋李之彦《硯譜・諸州硯》："青州紫金石，狀類端州西坑石，發墨過之。"清沈心《怪石錄》："紫金石，産臨朐縣沂山下土中，色紫如端溪東洞石，質堅，作硯頗佳。"

【紫金】

"紫金石[1]"之省稱。此稱宋代已行用。見該文。

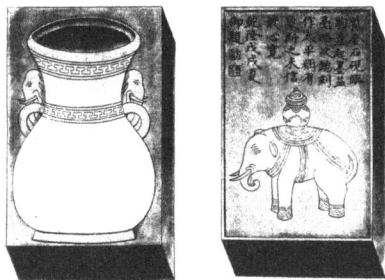

紫金石（紫金石太平有象硯）
（清于敏中等《西清硯譜》）

淄石

魯硯材之一種。産於山東淄博一帶。石色紺青，帶小金星者最佳，堅潤而光，頗易發墨。約始於宋代，後歷代開采，今已不可得。宋米芾《硯史・淄州硯》："淄石理滑易乏，在建石次之。"宋唐詢《硯錄》："淄石可與端、歙相上下，色紺青者歙石之右。"民國《續修博山縣志》卷七："淄石……惟中坑者堅潤而光，映日視之，金星滿體，暗室不見者爲最精，大星者爲下。可琢爲硯。米元章曰：'淄石理滑易乏，在建石次之。'蘇子瞻曰：'淄石號韞玉，發墨而損筆。'不知淄石顧有發墨而不損筆者。但所產有限,經歷代斲取,今已不可得矣。"

金雀石

亦稱"金雀山石"。魯硯材之一種。產於山東青州西金雀山,故名。石色紺青,堅實潤密,宜作硯,爲上等硯材。所製之硯稱"金雀石硯"。開采於宋代,後漸衰。宋李之彥《硯譜・諸州硯》:"淄州金雀石,色紺青,聲如金玉。"宋高似孫《硯箋》引同代唐詢《硯錄》:"金雀山石紺青潤密,叩如金玉,用墨不逮歘。"清沈心《怪石錄》:"金雀石,產益都縣金雀山,色紺青,質堅,宜作硯。"

【金雀山石】

即金雀石。此稱宋代已行用。見該文。

端石

端硯材。產於廣東肇慶東南爛柯山西麓的端溪一帶。肇慶古稱端州,故名。其石色青紫,質地細膩嫩爽,有魚腦凍、蕉葉白、青花、翡翠、綠端等名品,均爲上等硯材。自唐代即取爲硯,稱之端硯,爲歷代所珍重。宋歐陽修《硯譜》:"端石出端溪,色理瑩潤,本以子石爲上。"又:"又有鐵硯,製作頗精,然患其不發墨,往往函端石於其中,人亦罕用。"宋

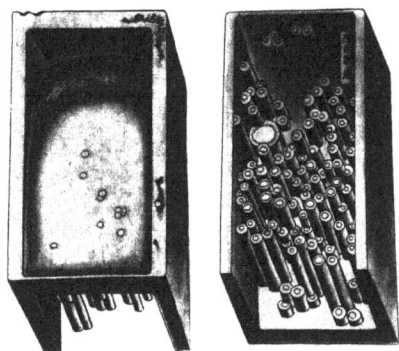

端石
(清于敏中等《西清硯譜》)

李之彥《硯譜》:"端石有眼者最貴,謂之鸜鵒眼。石紋精美,如木有節。"又:"永叔以端溪後出,不然,李賀有《端州青花石硯》詩云:'暗灑萇弘冷血痕。'則謂鸜鵒眼,知端石爲硯久矣。"宋張耒《病暑賦》:"賴有客之哀余兮,贈端石與蘄竹。"亦稱"端溪石"。宋何薳《春渚紀聞・趙安定提研製》:"《硯譜》稱唐人最重端溪石,每得一佳石,必梳而爲數板,用精鐵以周郭。"清王士禎《分甘餘話》卷三:"從來太湖石以供園林假山之用,靈璧石、英德石可作研山、懸磬,端溪石作研材。"因端石有產於端溪水中,故亦稱"溪石"。宋蘇軾《孫莘老寄墨四首》:"溪石琢馬肝,剡藤開玉版。"趙次公注:"端州深溪之石,其色紫如馬肝爲上。"金元好問《學東坡移居》詩:"溪石含餘潤,奚墨凝幽香。"

【端溪石】

即端石。此稱宋代已行用。見該文。

【溪石】

即端石。此稱宋代已行用。見該文。

子石

端硯材中之上品。產於廣東肇慶東南端溪水一帶。細潤如玉,爲上等製硯材料。宋唐詢《硯錄》:"山有自然圓石,剖其璞得焉,謂之子石。"宋歐陽修《硯譜》:"端石出端溪,色理瑩潤,本以子石爲上。子石者,在大石中生,蓋精石也。而流俗傳訛,遂以紫石爲上。又以貯水不耗爲佳,有眼爲貴。"宋葉樾《端溪硯譜》:"凡巖石皆有黃臕,如玉之瓜蔞也。胞絡黃臕鑿去,方見硯材,世所謂子石也。"宋蘇易簡《文房四譜・硯譜》:"端州石硯匠識山之脈理,鑿之五七里得一窟,自然有圓石青紫色,琢之爲硯,

可值千金，故謂之子石硯窟。”清盛百二《淄硯録》：“形如卵，俗名鳳凰子者爲最，猶端溪之子石也。”亦稱“卵石”。宋趙希鵠《洞天清録·古硯辨》：“端溪下巖舊坑，卵石黑如漆，細潤如玉，扣之無聲，磨墨亦無聲……又一種卵石，去膔方得材，色青黑，細如玉，有花點如箸頭大。其色別是碧玉清瑩，與硯質不同。唐吳淑《硯賦》所謂‘點滴青花’是也，故名青花子石。”亦稱“石子”。明文震亨《長物志·器具》：“研以端溪爲上……又有天生石子，温潤如玉，磨之無聲，發墨而不壞筆，真稀世之珍。”

【卵石】

即子石。此稱宋代已行用。見該文。

【石子】

即子石。此稱明代已行用。見該文。

馬肝

端硯材之一種。因其色紫如馬肝，故名。其石質優良，製硯有光澤。宋代開采於端溪宋坑。宋蘇軾《孫莘老寄墨四首》：“溪石琢馬肝，剡藤開玉版。”趙次公注：“端州深溪之石，其色紫如馬肝者爲上。”宋劉克莊《獲硯》詩：“馬肝紫潤尤宜浴，鴝眼青圓宛似生。”明高明《琵琶記·孝婦題真》：“鳳潜馬肝，和那鸜鴿眼，無非奇巧；兔毫麇尾，和那犀象管，分外精神。”明吳寬《飲於喬家以端硯聯句畢復拾餘韻》：“津津剖馬肝，溅溅摸羊䲢。”今北京故宫博物院藏有鼉磯硯一方，上刻清乾隆詩：“駝基石刻玉蟠螭，受墨何須誇馬肝。”

歙石

亦稱“婺源石”。歙硯材。主要産於江西婺源，古屬歙州，故名。另歙縣、休寧、祁門等地也有出産。石質堅潤，發墨如油，爲上等硯

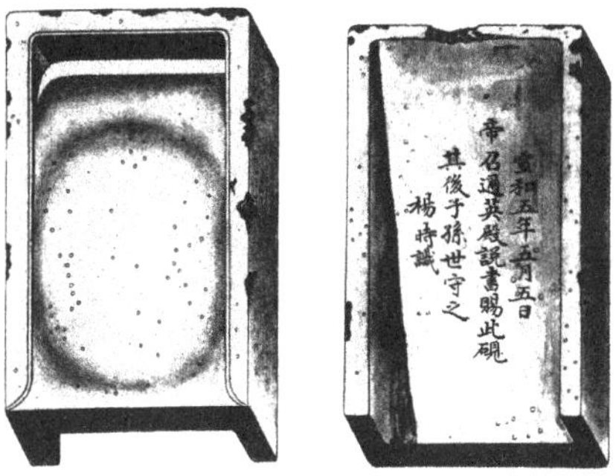

歙石（宋楊時金星歙石硯）
（清于敏中等《西清硯譜》）

石，所製之硯即是聞名於世的“歙硯”。始於唐代，盛於南唐兩宋。宋歐陽修《硯譜》：“歙石出於龍尾溪，其石堅勁，大抵多發墨，故前世多用之。以金星爲貴。”宋高似孫《硯箋》：“歙石細者，肌理如絲縠，如涵星泓，如眉有棱。四壁垣垣削成，類粹玉蒼璧。”宋李之彦《硯譜》：“歙石多鋩，惟膩者佳。”宋唐詢《硯録》：“石之材，尺者殊少，獨歙石有一二尺材。最可愛者，每用墨，滌之泮然不復留漬，是過端石。”宋杜綰《雲林石譜·婺源石》：“徽州婺源石産水中者，皆爲研材，品色頗多。一種石理有星點，謂之龍尾，蓋出於龍尾溪。其質堅勁，大抵多發墨。前世多用之，以金星爲貴……又有祁門縣文溪所産，色青紫，石理温潤，發墨頗與後歷石差堅。近時出處價倍於常，土人各以石材厚大者爲貴，理微粗。又徽州歙縣地名小清，出石亦清潤，可作研。但石理頗堅，不堪剉墨。其紋亦有刷絲者，土人不知貴也。”

【婺源石】

即歙石。此稱係因産地而得名，宋代已行用。見該文。

龍尾石

歙硯材之一種。産於江西婺源龍尾山。石

龍尾石（舊龍尾石日月疊璧硯）
（清于敏中等《西清硯譜》）

色蒼黑，性溫潤，爲上等硯材，所製之硯稱"龍尾硯"，爲世人所珍愛。始采於唐代，盛於南唐，宋以後漸衰。宋蘇易簡《文房四譜·硯譜》："今歙州之山有石，俗謂之龍尾石。匠鑄之硯，其色黑，亞於端。若得其石心，見巧匠就而琢之，貯水之處圓轉如渦旋，可愛矣。"宋洪適《歙硯說》："龍尾石多產於水中，故極溫潤。性本堅密，扣之其聲清越，婉若玉振，與他石不同。色多蒼黑，亦有青碧者。采人日增，石亦漸少。"宋胡仔《苕溪漁隱叢話後集·東坡四》："新安龍尾石，性皆潤澤，色俱蒼黑，縝密可以敵玉，滑膩而能起墨。以之爲硯，故世所珍也。"亦省稱"龍尾"。宋杜綰《雲林石譜·婺源石》："徽州婺源石產水中者，皆爲研材，品色頗多。一種石理有星點，謂之龍尾，蓋出於龍尾溪。"

【龍尾】[1]

"龍尾石"之省稱。此稱宋代已行用。見該文。

眉子石

歙硯材之一種。產於安徽歙縣眉子坑。因石上有紋理如人的眉毛，故稱。石色有青有紫，其紋理有長、短、闊、簇之分，尤以金紋對眉子、雁攢湖眉子爲佳，性縝密似玉。宋代已甚重開采。宋張邦基《墨莊漫錄》卷五："徽州硯石有紋如眉者，謂之眉子石。東坡嘗作眉子石硯歌。"宋唐積《歙州硯譜·品目》："眉子石，其紋七種：金星地眉子、對眉子、短眉子、長眉子、簇眉子、闊眉子、金眉子。"亦省稱"眉子"。宋洪適《歙硯說》："眉子色青或紫，短者、簇者若臥蠶，而犀紋立理；長者、闊者如虎紋，而松紋從理。其曰'雁湖攢'與'對眉子'，最爲精絕。"宋胡仔《苕溪漁隱叢話後集·東坡四》："新安龍尾石，性皆潤澤，色俱蒼黑，縝密可以敵玉，滑膩而能起墨。以之爲硯，故世所珍也。石雖多種，惟羅紋者、眉子者、刷絲者最佳。"宋范成大《次韻陳季陵寺丞求歙石眉子硯》："金星熒熒眉子綠，婺源琢石如琢玉。"明文震亨《長物志·器具》："更有一種出婺源歙山龍尾溪……石有金銀星及羅紋、刷絲、眉子，青黑者尤貴。"

【眉子】[1]

"眉子石"之省稱。此稱宋代已行用。見該文。

刷絲[1]

歙硯材之一種。產於江西婺源。因其石內有紋細密如刷絲，故名。俗亦稱"刷石"，爲上等硯材。石色蒼黑，石質縝密，性潤澤，宜發墨。開采於唐宋年間。宋胡仔《苕溪漁隱叢話後集·東坡四》："新安龍尾石，性皆潤澤，色俱蒼黑，縝密可以敵玉，滑膩而能起墨。以之爲硯，故世所珍也。石雖多種，惟羅紋者、眉子者、刷絲者最佳。"明陸深《春雨堂隨筆》："舊坑絲石爲上……絲之品不一，曰刷絲、曰內裏絲、曰叢絲、曰馬尾絲，獨吐絲爲奇。正視之，疏疏見黑點如灑墨；側視之，刷絲粲然。工人謂之硯寶，蓋石之精云。"明文震亨《長物志·器具》："更有一種出婺源歙山龍尾溪，亦有新舊二坑，南唐時開……石有金銀星及羅紋、刷絲、眉子，青黑者尤貴。"

洮河綠石

洮硯材。產於甘肅南部臨潭之洮河。石色碧綠，溫潤如玉，爲優質硯材。所製之硯世稱"洮硯"。始於唐代。因產於深水之中，極不易得。宋趙希鵠《洞天清錄·古硯辨》："除端、歙二石外，惟洮河綠石，北方最貴重。綠如藍，潤如玉，發墨不減端溪下巖。然石在臨洮大河深水之底，非人力所致，得之爲無價之寶。"宋李之彥《硯譜·諸州硯》："洮河出綠石，性軟不起墨，不耐久磨。"明謝肇淛《五雜俎·物部四》："洮河綠石，貞潤堅致，其價在端上，以不易得也。"清馮桂芬《舊硯山房圖序》："將欲送洮河之綠石，擷青州之紅絲。"亦稱"洮河石"。宋晁補之《和山谷》詩："洮河石貴雙趙璧，漢水鴨頭如此色。"清黄宗羲《史濱若惠洮石硯》詩："吾家詩祖黄魯直，好奇亟稱洮河石。"

【洮河石】

即洮河綠石。此稱宋代已行用。見該文。

金星石

省稱"金星"。硯石之一種。產地不一，遍布江西婺源龍尾溪、新疆于闐、廣東萬州、山東臨沂等地。石色綻青，內有金屬結晶物的光點，大小不一，融結分布於硯石之中，光閃如星，故名。性細潤如玉，易發墨。宋代已有開采。宋杜綰《雲林石譜·于闐石》："于闐國石出堅土中，色深如藍黛，一品斑爛白脈，點點光粲，謂之金星石。"宋歐陽修《牡丹譜記·硯譜》："歙石出於龍尾溪，其石堅勁，大抵多發墨，故前世多用之，以金星爲貴。"元張憲《玉帶生歌》："金星鴝眼不敢現，案上墨花皆倒飛。"明曹昭《格古要論·古硯論》："萬州懸崖金星石，資質亞於端溪下巖。石色漆黑，細潤如玉，水濕之，則金星自現，乾則否。"趙汝珍《古玩指南》第九章："歙硯……石品有金星、銀星、羅紋、刷絲、眉子等名目。金星者，石上充滿金黃色小碎細點也，此爲最貴。"

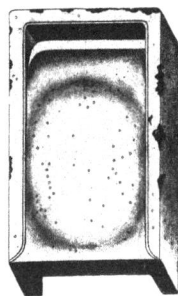

金星（宋楊時金星歙石硯）
（清于敏中等《西清硯譜》）

【金星】[1]

"金星石"之省稱。此稱宋代已行用。見該文。

研石

指磨墨用具。早期的石硯都帶有研石，當時的墨多呈丸狀，用時放入硯內用研石壓碎，研磨成汁，方能使用，故也稱研磨器。今出土的秦漢時期的石硯，均帶有研石。到了東漢，隨着製墨技術的提高，出現了成形的、可以手持的墨錠，研石的作用被取代，無研石成了東漢硯的一個明顯特徵，後歷代沿襲至今。

第五節　硯式考

硯式指的是硯的形制。硯既是用來磨墨，故而其形制與墨的形制變化緊密相聯。硯既是貯墨以供書寫，故而又受坐具與使用者的習慣及審美觀制約，於是硯的形制難有定式，自新石器時代中後期，直至今日，硯式大抵處在漸變中，尤以漢唐兩代之變最爲顯著。據考古挖掘實物看早期的硯，都附有研石，硯面多爲平面形。這是因爲早期的墨係用天然礦物顏料，放在硯面上研細，再用水調和而成，這種墨被稱爲“天然墨”，以別於此後人工製造的墨。天然墨質地較爲粗糙堅硬，多爲不規則的小丸形，必用研石方可研細使用。所以早期硯中的研石，即爲研磨“天然墨”而設置，是硯不可分割的組成部分。從出土的戰國以前古硯看，其形制多是帶有研石的平面硯，製作和式樣甚爲簡單，主要以使用爲主，多是利用硯石的自然形狀粗略加工而成。戰國至秦漢時期，製墨技術有了進步，出現人造墨。在湖北雲夢秦墓、河南陝縣東漢墓，及山東、陝西等地秦漢墓，都有人造墨出土。其造型除丸形外，又有圓柱形、瓜子形、螺形等，形體漸趨於大。西漢以丸形爲主，東漢以螺形較爲普遍，至魏晋時丸形與螺形互補并行。西晋大文學家陸雲在《與兄平原書》中有“今送二螺”之句。爲與趨大之墨相適應，硯的形狀當時以凹形爲多。明陶宗儀《輟耕錄・墨》載：“至魏晋時始有墨丸，乃漆烟、松煤夾和爲之。所以晋人多用凹心硯者，欲磨墨貯瀋耳。”天然墨和早期的人造墨，無論其形如何，總體皆較小，無法手持直磨，需借助研石始可。所以自有硯以來至東漢末年的四五千年間，帶有研石的硯爲硯的基本形制。至東漢時，硯的發展完成了從有研石到無研石的過渡。魏晋時隨着松烟墨的出現，墨被製成長方形或圓柱形的墨錠，可以手持着研磨。至此，研石漸被淘汰，硯的形制也漸擺脫了墨的形制約束。因此可以説，早期的硯形完全是順應墨形而成型。我國唐代之前，沒有高腿桌椅，人們習慣於席地而坐，在矮几上書寫作畫，硯一般則放在矮几旁邊的地上。爲便於移動，有足硯隨之出現，常見的有二足、三足、多足等，以三足硯最爲流行。漢代陶硯使用較多，造型有長形、圓形、山形、龜形等。至魏晋則多是上狹下寬、前俯後仰的箕形硯，硯堂與硯池相連，便於蓄墨。當時的名硯如右軍硯、智永硯都爲此形。因硯面酷似“風”字，故又稱風字硯。瓷硯從出土實物看，則多爲圓形多足。唐代是我國製硯業發展的高峰時期，硯的種類多樣，名硯輩出，其形制也發生了較大的變化。一是隨着高脚桌椅的出現，人們由席地而坐變爲坐在椅子上伏案書寫作畫，硯的位置也由地面移至桌面上。有足硯因硯面太高不便磨墨或蘸墨而逐漸被淘汰，開始出現無足硯。二是硯的製作風格從純粹文房用品，逐步轉向實用與欣賞相結合的工藝美術品。特別是中唐以後，在硯石上開始出現綫條明快的雕刻圖案，有圖文、山水、花鳥等，其造型仍以箕形爲主。到了宋代，硯的製作呈多樣化趨勢，無足平臺硯已成爲硯的主要形制。特別是端硯的造型，據宋人葉樾《端溪硯譜》記載，有平底風字、有脚風字、垂裙風字、古樣風字、鳳池、吉祥四直、雙棉四直、箕樣、斧樣、瓜樣、蓮、荷葉、仙桃、磚樣、玉臺、月樣、蟾樣、龜樣、人面、八棱秉硯等幾十種以及"不加斧鑿以爲硯"的天然硯，千姿百態。另有一種抄手硯在宋代特別流行，據傳爲當時大文學家蘇軾所設計，即在硯的底部從前端向後端挖空，硯底的前端和兩側留邊，可平整着地，硯底内形成一個後高前低的空間，手可插入端起，故又有插手硯之稱。這種硯實際是由有足硯向無足硯過渡的一種款式，具有造型古樸大方、着地平穩、重量輕、便於移動等特點，在宋代時頗受文人喜愛，有宋硯典範之稱。明清時期，硯的製作更重雕刻，硯式豐富多彩，如蛋形、瓜果形等。造型以花草樹木、飛禽走獸爲主，在硯上題詩銘跋亦十分盛行。宋代蘇軾宣導的不加雕鑿的天然硯，在明代有了很大發展，同時還出現了没有使用價值、僅供收藏家和愛好者鑒賞的平板硯。這一時期的硯已從實用型向欣賞型過渡，逐步演變成爲單純的工藝美術品。清代道光以後，因國力衰敗，硯的製作亦趨蕭條。20世紀50年代以來，我國傳統的製硯業得到恢復和發展，并日益興盛，許多失傳名硯相繼獲得新生，製硯技術不斷提高，花色品種繁多。至此之後，硯已成爲民族工藝品，爲國人所珍藏，少見實用。許多精美硯品被選作饋贈外國貴賓的珍貴禮物，成爲中外文化交流的使者，由此馳名國内外。

辟雍硯

亦稱"分題硯"。硯式之一種。辟雍爲漢代太學的一種建築形式。據漢代蔡邕《明堂月令論》，辟雍之名，乃"取其四面周水，圓如璧"。此硯制形似辟雍，故謂之辟雍硯。圓形，硯下有多足底座，硯面中心稍隆起，周邊環以水池。多以青瓷或白瓷製成，硯面不施釉，以便於研磨。亦有陶製。此形制漢代已有，流行於魏晉

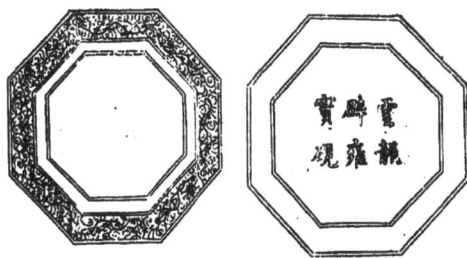

辟雍硯(古玉八角雲龍辟雍硯)
(宋龍大淵《古玉圖譜》)

至唐宋時期。今北京故宮博物院藏有魏晋時的
"圓形多足辟雍硯"。宋楊師道《硯詩》中"圓
池類璧水，輕翰染烟華"，指的即是這種硯。宋
蘇易簡《文房四譜·硯譜》引漢繁欽《硯贊》：
"圓如盤而中隆起，水環之者，謂之辟雍硯，亦
謂之分題硯。"宋米芾《硯史》："侍讀學士唐彥
猷作紅絲辟雍硯，心高凸至，作馬蹄樣，亦心
凸。"亦省稱"辟雍"。宋梅堯臣《表臣惠蜀箋
偕玉硯池》詩："環水象辟雍，紋花如織素。"
清趙翼《平定回部鐃歌》："蕩洗兵戈四塞寧，
辟雍紀績又碑亭。"

【辟雍】

"辟雍硯"之省稱。此稱宋代已行用。見
該文。

【分題硯】

即辟雍硯。此稱漢代已行用。見該文。

凹心硯

硯式之一種。因硯心下陷，凹於周邊。易
於蓄墨，故名。魏晋時期由於多使用漆烟、松
煤製作的較大墨丸，硯的形制亦隨之變化。凹
心硯因頗便適用，而成爲這一時期硯的主要形
制，也是當時由無池硯向有池硯過渡的一種特
殊形制。明陶宗儀《輟耕錄·墨》："至魏晋時始
有墨丸，乃漆烟、松煤夾和爲之。所以晋人多
用凹心硯者，欲磨墨貯瀋耳。"

【硯池】[1]

指凹心硯。爲魏晋時期流行的一種硯式。
《藝文類聚》卷五八引晋傅玄《硯賦》："節方圓
以定形，鍛金鐵爲池。"唐杜荀鶴《題弟侄書
堂》詩："窗竹影搖書案上，野泉聲入硯池中。"
後多用指硯端低窪儲水儲墨處。宋趙希鵠《洞
天清録·水滴辨》："古人無水滴，晨起則磨墨

汁盈硯池，以供一日用。"金史肅《復齋》詩：
"雨添窗下硯池滿，風揭床頭書卷開。"元張翥
《水晶筆架》詩："三峰近列硯池頭，光照文房
爛不收。"明屠隆《考槃餘事》："凡硯池水不可
令乾，每日易以清水，以養石潤。磨墨處不可
貯水，用過則乾之，久浸則不發墨。"明田汝成
《西湖游覽志餘·藝文鑑賞》："成化間，有百户
吳東升者，亦善楷書。劉士亨寄詩云：'墨花香
滿硯池頭，盡説能書老户侯。'"明馮夢龍《警
世通言·王安石三難蘇學士》："東坡開硯匣，看
了硯池，是一方綠色端硯，甚有神采。"清王端
履《絶句》："風雪連朝睡起遲，硯池冰滿罷吟
詩。"丁玲《母親》三："從屉子裏拿出那本大
帖來，硯池裏裝得有昨夜磨好的墨汁，於是她
聚精會神的臨着。"

箕形硯

硯式之一種。流行於魏晋時期。其形前低
後高，前窄後寬，頗似生活中所用的畚箕，故
稱。硯心内陷，硯底前無足後有二足，使硯面
呈前低後翹之式。前低便於貯墨蓄水，後翹露
出硯面以利研墨和舐筆。形制古樸而秀美，且
較實用。宋代米芾《硯史》中提到的右軍硯、
智永硯皆爲此式。始於晋，盛行於唐，爲唐代
硯的主要形制之一，宋代以後漸少。今北京故
宮博物院、陝西省博物館、廣州市博物館均收
藏有唐代箕形硯。

【風字硯】

風字形硯臺。即箕形硯。因硯面頗似"風"
字，故名。始於魏晋南北朝時期。這一時期是
我國古硯定型的重要時期，風字形硯是當時
硯的基本模式之一。此形制在唐宋兩代亦較爲
盛行，有平底風字、有脚風字、垂裙風字、古

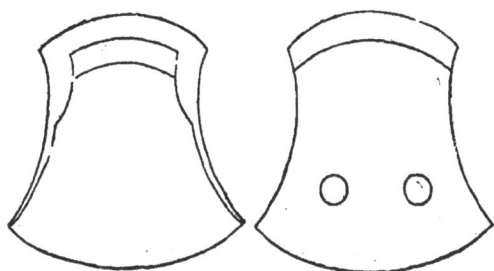

風字硯(古玉風字硯)
(宋龍大淵《古玉圖譜》)

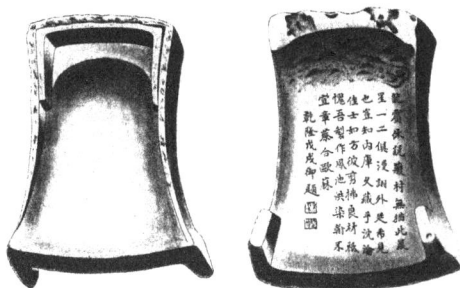

鳳池硯(宋蔽村石鳳池硯)
(清于敏中等《西清硯譜》)

樣風字、琴足風字等多種。宋蘇易簡《文房四譜·硯譜》："會稽有老叟，云右軍之後，持一風字硯，大尺餘，色正赤，用之不減端石，云右軍所用者。石楊休以錢二萬得之。"宋晁説之有《晁伯以銘所藏古端溪風字硯以易張平叔大圓歙硯》詩。元王惲《覓風字歙硯詩贈侍其府尹》："嘗聞右軍硯，風字琢手奢。是名爲水箕，朵頤骹哈呀。"亦省稱"風硯"。宋高似孫《硯箋》卷二："段君璵風硯，刻祥符已酉得於鉛山觀音院，名僧令休手琢。"按，清朱棟《硯小史·賦文詩詞銘》中作"鳳字硯"。

【風硯】

"風字硯"之省稱。此稱宋代已行用。見該文。

鳳池硯

亦作"鳳池研"。硯式之一種。硯心如瓦凹，適用於墨丸。始於晉，達於唐宋。宋米芾《畫史·唐畫》："古書畫皆圓，蓋有助於器。晉唐皆鳳池研，中心如瓦凹，故曰研瓦。一援筆因凹勢已圓，書畫安得不圓。"明高濂《遵生八箋·高似孫硯箋諸式》："蓮葉硯、馬蹄硯、鳳池硯、圓池硯、玉環硯、舍人硯。"清梁紹壬《兩般秋雨盦隨筆》卷八："一説唐用鳳池硯，中凹如瓦，故曰'硯瓦'。米元章云：唐鳳池硯，中

凹受墨，故用筆一援，墨飽而筆鋒已圓。"亦省稱"鳳池"。宋范纂《端溪硯譜》："硯之形制……曰鳳池。"又："宣和初，御府降樣造形，若風字，如鳳池樣，但平底耳。"

【鳳池研】

同"鳳池硯"。此體宋代已行用。見該文。

【鳳池】

"鳳池硯"之省稱。此稱宋代已行用。見該文。

【硯瓦】[2]

即鳳池硯。此稱唐代已行用。見該文。

【研瓦】[2]

同"硯瓦"。此體宋代已行用。見該文。

蟾蜍硯

刻製成蟾蜍形的硯臺。1957年安徽肥東出土一方南朝銅蟾蜍硯，遍體碧綠鎏金，鑲嵌有紅、黃、藍等各色寶石，硯面爲石片鑲嵌製成。做工精細，獨具匠心，爲南北朝時期硯之傑作。唐代大詩人李商隱藏有此形制的硯。宋高似孫《硯箋》卷一："杜季陽端石蟾蜍硯，篆'玉溪生山房'，李商隱硯也。又子瞻題銘：'蟾蜍爬沙到月窟，隱蔽光明入巖穴。'"宋晁冲之《復和少藴内翰甥兼謝伯藴通判兄再贈》詩："酒沾鸚鵡杯行盡，詩傍蟾蜍研立成。"省稱"蟾蜍"。

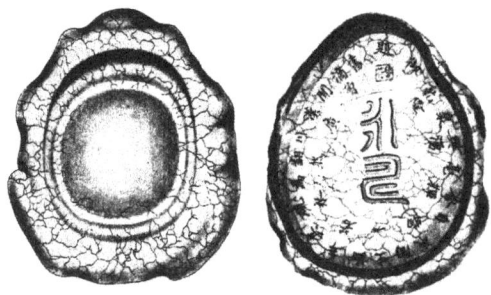

蟾蜍硯（宋哥窯蟾蜍硯）
（清于敏中等《西清硯譜》）

宋陸游《硯湖并引》詩："帖成龍蛇走，詩出雷雨壯。從今几硯旁，一掃蟾蜍樣。"明何景明《立秋日吕景二内翰吕田二黄門見訪》詩："玉珂停腰嫋，金硯落蟾蜍。俱是文章伯，相看我不如。"亦省稱"蟾硯"。宋范成大《復以蟾硯歸龔養正》詩："渴水雙蟾窺海闊，出雲孤月照星稀。"

【蟾蜍】[1]

"蟾蜍硯"之省稱。此稱宋代已行用。見該文。

【蟾硯】

"蟾蜍硯"之省稱。此稱宋代已行用。見該文。

【玉蟾蜍】

"蟾蜍硯"之美稱。唐常袞《晚秋集賢院即事寄徐薛二侍郎》詩："綴簾金翡翠，賜硯玉蟾蜍。"

石雕方硯

石硯珍品。1970年出土於山西大同南郊的北魏建築遺址。此硯用淺灰色細砂岩石雕成，高9.1厘米，長寬均爲21.6厘米。正中突出一個12厘米的方形硯盤，環繞飾以聯珠紋和蓮花紋。硯心兩側各有一耳杯形水池和方形筆舔，兩端有鳥獸作飲水狀。硯面對角有蓮花座筆插

和聯珠紋圓形筆舔，周邊雕有騎獸、角抵、舞蹈、沐猴四組人物圖案，四側則雕有力士、雲龍、朱雀、水禽銜魚圖案，硯底刻有蓮花九朵。其造型之美妙，工藝之精湛，手法之細膩，堪稱石硯中之精品。此硯現珍藏於山西博物院。

黑白月

圓形硯。硯池隔分爲盛水與運墨兩池，其形如月，水白墨黑，故有此稱。見於唐宋時期，今猶用。宋蘇軾《龍尾石月硯銘》："婁婁兮霧穀石，宛宛兮黑白月。其受水也哉生明，而運墨者旁死魄……照千古其如在，耿此月之不没。"

鷺研

古瓦硯。因其外形琢製如鷺，故名。爲宋代書法大家米芾遺物。《三才圖會·器用》："此古片瓦之半，就形琢爲鷺研，其製甚佳……長七寸，闊四寸。尾上有'元章'二字，加米氏印章。"明高濂《遵生八箋·燕閒清賞箋》文中亦有記載。

古瓦鷺研
（明高濂《遵生八箋》）

硯山

硯式之一種。多是利用硯石之天然形狀，鑿製爲硯，硯附於山，故名。以安徽靈璧石、英石所製爲佳。唐宋時即有製作。相傳南唐後主李煜曾秘藏一硯山，宋滅後輾轉爲當時大書法家米芾所得。宋賈似道《悦生隨抄》："江南

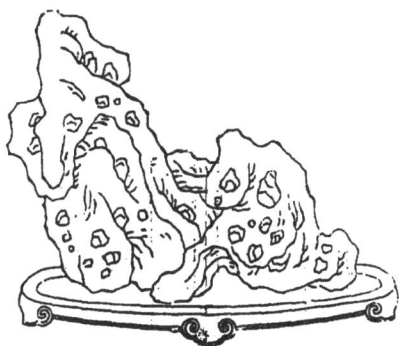

硯山（古玉天然硯山四）
（宋龍大淵《古玉圖譜》）

李後主嘗買一硯山。徑長才逾尺，前聳三十六峰，皆大猶手指，左右則引兩阜坡陀，而中鑿爲硯。及江南國破，硯山因流轉數十人，爲米老元章得。”元揭斯有《硯山》詩。元趙孟頫《賦張秋泉真人所藏研山》詩：“人間奇物不易得，一見大叫争摩挲。”元倪瓚《賦翠濤硯》詩：“米芾硯山徒自惜，此硯顛應未曾見。”元袁桷《翰林故事莫盛於唐宋聊述舊擬宫詞》之三：“已分筆格金蟾滴，更賜端溪紫硯山。”清沈心《怪石録·鳳石》：“産萊陽縣鳳皇山。因似玉，俗呼爲鳳玉。質稍粗，色淡黄如薔薇花，白者如珂雪，殆與萊石皆砆砵之屬。工人琢之硯山、鎮紙等物，或作印章，頗可愛玩。”清查慎行《霤石》序：“南中英石硯山，多出工匠補綴而成。惟産自沙土中，天然無刻畫痕者，斯爲上品。”

【研山】

同“硯山”。此體宋代已行用。宋蔡絛《鐵圍山叢談》卷六：“江南李氏後主，寶一研山。徑長尺逾咫，前聳三十六峰，皆大如手指。左右則兩阜坡陀，而中鑿爲研。”宋米芾《寶晋齋研山圖》：“右此石是南唐寶石，久爲吾齋研山，今被道祖易去。”宋杜綰《雲林石譜·蘇氏排衙

石》：“又有一石笋，高九尺有奇，渾然天成，目之爲‘棟隆’，悉歸内府矣。崇寧間，米元章取小石爲研山，甚奇特。”元張雨《和丹邱生悼吾子行書遺墨後》詩：“惟有研山磨不朽，時時淚滴玉蟾蜍。”明胡應麟《米南宫誤恩帖歌》：“張顛老死米顛出，好手中原鬥狂逸。南唐寶石作研山，三十六峰舞寒碧。”清汪琬《料理廳華因置几硯於齋中》：“盆竹數竿微蓊蔚，硯山三寸小陂陀。”

靈璧硯山

亦作“靈璧研山”。硯式之一種。以安徽靈璧所産靈璧石製作。形同山峰，故名。此石原在古泗水中，受千百年來水冲浪擊，形成自然的峰巒紋理，玲瓏剔透，千形百狀。宋杜綰《雲林石譜·靈璧石》稱其：“或成物象，或成峰巒，巉巖透空，其狀妙有宛轉之勢。”用以製硯，發墨快，不損毫。硯工多以其石之自然形狀，順勢而爲。所製硯山宋代已進貢朝廷，深得宋代皇帝喜愛。明屠隆《文具雅編·研山》：“嘗見宋人靈璧研山，峰頭片段，如黄子久皴法。中有水池，錢大，深半寸許。其下山脚生水一帶，色白而起礛砢，若波浪。然初非人力僞爲，此真可寶。”明王圻等《三才圖會·器用》：“山色淡青，峰巒四起，遞有二層，中一水池，大若小錢，深可半寸，爲天然成。傍一

靈璧硯山
（明王圻等《三才圖會》）

水池，高二寸八分，長六寸，厚二寸許，下有
'元章'二字。"爲宋代大書法家米芾遺物。

【靈璧研山】

同"靈璧硯山"。此體宋代已行用。見該文。

將樂硯山

硯式之一種。利用硯石之天然形狀雕飾而
成。色白如米，形如礫砢，兩面皆然。長八寸，
高二寸許。峰巒高低五起，下簇小乳二三。形
狀奇特，妙不可言，乃稀世之珍品。參閱明王
圻等《三才圖會·器用》。

將樂硯山
（明王圻等《三才圖會》）

抄手硯

硯式之一種。所謂抄手，一般取長方形硯
材，正面開硯堂，硯堂上部有一小墨池，硯底
部挖空，形如一個倒扣的簸箕，手可插入端起，
故有此稱。又稱"插手硯"。具有重量輕、造型
穩、便於挪移、提拿等特點。其形制有大小抄
手之分。大抄手古樸莊重，小抄手精細秀巧。
是由有足硯向平臺硯過渡的一種硯式。此形制
硯在江蘇五代墓中曾有出土，説明宋代以前已
有，但廣爲流行則在宋代，是當時硯式的主
流。從硯的外觀造型到硯背抄手的掏挖，製作
考究，綫條處理流暢，體現了這一時期硯製作

的工藝水準及藝術風格，有宋硯典範之稱。現
北京故宮博物院珍藏有宋代"端石六十三柱海
水紋長方抄手硯"。明代端硯製作中仍有此式，
但已極少。

【插手硯】

即抄手硯。此稱五代已行用。見該文。

鏊硯

亦作"鏊研"。硯式之一種。中心略凸起似
鏊形，故名。宋代唐詢所創。大書法家米芾對
其形稍加改製。宋高似孫《硯箋》卷一引《米
氏書史》："彥猷作鏊心凸硯，援筆即三角，作
字安得圓哉？余復其樣，稍革鏊背。"宋陸游
《初寒老身頗健戲書》詩："山爐巉絶香生岫，
鏊硯坡陀墨滿池。"又《龜堂晨起》詩："培火
螭爐起寶熏，滴泉鏊硯聚玄雲。"一本作"鏊
研"。

【鏊研】

同"鏊硯"。此體宋代已行用。見該文。

海天旭日硯

硯式之一種。行用於明清。據《考古》雜
志記載，明代有一海天旭日硯，端石所製。長
38.5厘米，寬31.5厘米，高5厘米。硯面爲圓
形，硯心隆起，如旭日升騰，四周環以海水波
濤，氣勢雄偉，造型壯觀，爲明代端硯形制之
精品。清代福建閩侯人謝士驥刻有一方蕉葉白
海天旭日硯，形制同上，左上角有一碧綠的石
眼，別具情趣。此硯現藏天津博物館。今製歙
硯中仍保留此式。

第六節 名硯考

硯是我國特有的文房用具之一。自新石器時代中後期始，由最初的圖畫而至文字誕生，六七千年中經久不衰。魏晋之後，名硯層出不窮，特別是唐代以來，硯的發展達到高峰。作爲硯的主要品種的石硯和陶硯，在質地和製作工藝方面都達到了很高的水準，石硯中名品尤多。以紅絲石、端石、歙石及洮石所製之硯，在唐代和宋初被稱爲四大名硯，深受文人學士的喜愛和推崇。

名硯首推魯硯，魯硯產於山東多地，以古齊魯之邦的魯代稱。紅絲硯爲其中最著名的一種，產於山東青州黑山與臨朐老崖崮兩地。因其產地古爲青州所轄，故又稱作"青州硯"。此硯質地優良，品類豐富，品種有紫紅地黃絲紋、紫紅地灰黃絲紋、紫紅地紅絲紋、橘柑黃地紅絲紋等十幾種，其中尤以紫紅地灰黃絲紋和紫紅地黃絲紋爲最佳。用紅絲石製成的硯，質嫩理潤，色澤美麗，具有貯水不耗、易發墨、不損筆毫、積墨數日不乾等特點。自唐代開采以來即負盛名，曾有"諸硯之首"和"中國第一硯"之美稱，并被朝廷列爲貢品。唐代大書法家柳公權在《論研》一書中説："蓄硯以青州爲第一，絳州次之。"這裏所説的青州，即是指青州紅絲硯。宋李之彦《硯譜·活眼死眼》："蘇易簡作《文房四譜》，譜言四寶硯爲首。筆墨兼紙皆可隨時收索，可與終身俱者，唯硯而已。譜中載四十餘品，以青州紅絲石爲第一，斧柯山第二，龍尾石第三，餘皆在中下。"紅絲硯不僅古人推崇，現代書法家亦稱贊備至。著名書法家趙樸初、啓功等都曾作詩贊譽。紅絲硯在宋代因石脉采盡而停產，明清時雖仍有生產，但傳世實物極少。20世紀60年代，紅絲硯新石脉被發現，其石質、色彩、紋理與史籍所載無異。隨着製作規模擴大，產量增加，其產品作爲魯硯主要臺柱之一，暢銷國內外，爲中外文化交流作出了重要貢獻。

端硯產於廣東肇慶地區，此地古稱端州，故名。端硯石堅實縝密，純净幼嫩，細膩滋潤。用以製硯，易發墨而不損筆毫，所磨之墨，墨色如漆，油嫩生輝，盛夏不乾，嚴冬不冰，用以書寫，經年墨色不退，光澤如新，蟲蟻不蛀。端石石品繁多，有青花、蕉葉白、魚腦凍、猪肝凍、金銀錢、金星點、天青、冰紋、火捺、玫瑰紫等。其中又以猪肝凍、蕉葉白、青花、魚腦凍最爲名貴。端硯還有一個別於其他石硯的重要特徵是有令人稱奇的石眼。石眼是一種由彩泥形成的"結核"，看上去猶如鳥獸的眼睛，它形成了端硯獨特的自然美和裝飾美，被稱爲端石之一絶。有石眼的端硯質地高潔，晶瑩有光，極爲珍貴。現有存世的一方"端石百一硯"，是北宋時雕造的。此硯的奇特之處在於硯底部鏤雕有 101 個長短參差不齊的小石柱，每個柱端都有一個淡黄色的石眼，錯落有致。清代乾隆皇帝對此硯十分珍愛，曾題詩刻於硯右側，置放於圓明園中。後流落民間，被蘇東坡三十一世侄孫蘇宗仁收藏，於 20 世紀 80 年代獻給國家。端硯的雕刻製作初以實用爲主，造型多爲長方形和圓形。中唐後形制發生變化，從純實用品向工藝品方向發展。造型、款式力求保持其硯石的自然形態，并巧妙地利用石眼的特點來點綴美化，形成雕刻精細、古雅樸實、形態自然的歷史特色，極具收藏價值。端硯開采始於唐代武德年間，自面世以來因其形質俱佳而受到文人雅士的賞識，推爲"四大名硯"之首，有"群硯之冠"的美稱，贊譽之詩詞歌賦歷代不絕。中唐時已有專門的采石隊和製硯作坊，晚唐時被列爲貢品，尤以水岩所製之硯，專供皇胄朝臣使用，人又稱作"皇巖"。從采石到製硯的整個過程，皆在太監和地方官的嚴格監督下進行。宋代以來，端硯石新坑不斷被發現，開采製作十分繁盛。許多研究專著也開始問世。端硯發展到清代康熙至乾隆年間爲全盛時期，道光後逐漸走向衰落。20 世紀 50 年代，端硯生產得以恢復，舊坑被重新開采，并不斷發現新的礦源，佳作不斷面世，在國內外享有極高的聲譽。

歙硯產於安徽歙縣、祁門、休寧及江西婺源等地，這些地方古爲歙州所轄，故名。其石質堅韌，温潤如玉，紋理縝密清晰，色彩以蒼黑、青碧爲主，叩之有清越的金屬聲，是製硯的上好石材。所製之硯經久耐磨，發墨快而細，歷寒不冰，貯水不耗，具有澀、細、潤、堅四大特點，故有"孩兒面""美人膚"的美稱。歙硯石品多達幾十種，有羅紋、金星、金暈、眉子、銀紋、水波、龍麟、玉帶、豆斑等。其中眉子、羅紋、金星都是名貴品種。而在歙硯中最負盛名的還是江西婺源龍尾山所產的龍尾硯，故歙硯又稱作"龍尾石硯"。歙硯製作款式花色品種豐富，硯面雕琢以淺浮雕爲主，造型多爲方形大硯，綫條流暢簡潔，古樸大方，硯側常刻有螭紋、雲雷紋、流雲紋、幾何紋等。特別是對金星、金暈一類歙硯中特有的品種，硯工們更是因材施藝，巧作裝飾，用以提高硯的價值。歙硯開采於唐代開元年間，當時即負盛名，受到文人墨客的喜愛。發展到中晚唐時，已是僅次於端硯的第二大名硯。五代時南唐在歙州設置硯務官，專門爲皇室搜求美石製硯，歙硯成爲當時朝廷達官貴人的寵愛之物。南唐後主李煜對此硯極爲欣賞，時與澄心堂紙、李廷珪墨并稱爲"天下三寶"。到了宋代，歙硯製作有了更大的發展，除官府外，民間采石製硯成風，有關研究歙硯的著作亦相繼面世。元明時，因長期開采而不采取保護措施，致使著名硯坑相繼崩塌，從此歙硯停止開采長達 500 年之久。直到清代乾隆年間才重新開工取石，但規模已大不如前，故傳世歙硯亦較端硯數量少。20 世紀 50 年代以來，歙硯生產得以恢復，并先後發現過去史籍中從未記載過的歙青、歙紅兩種優質硯石，爲歙硯家族增加了新的品種。

洮硯產於甘肅甘南藏族自治州卓尼縣境內洮河沿岸，此地古爲洮州所轄，故名。洮河石浸於深水之下，石質細膩滋潤，色彩雅麗，叩之無聲。用以製硯，發墨快而生光，貯墨久而不腐。其品種主要有綠洮、紅洮兩種。色彩以碧綠爲主，有"鴨頭綠""鸚哥綠"等石品，其中又以綠色紋理中夾有黃色斑點的"黃標綠猗石"最爲名貴，可稱得上是洮硯中的極品，古代曾有"洮石貴如油，黃標帶綠波"的民謠贊美它。洮硯製作工藝十分精細講究，一般要經過下料、製坯、構圖、雕刻、打磨和配製硯盒等多道工序。其造型款式亦豐富多樣，除一些較規格的長方形、多角形、圓形、菱形外，多是隨石料形狀而雕製的各種隨形硯。圖案既有山水草木、花鳥蟲魚，亦有人物、龍鳳、怪獸等，可謂异彩紛呈。由於洮河石產於深水之中，開采極爲不易，在唐代時雖已具備一定的開采製作規模，但仍極爲罕見和昂貴。自宋至清，雖代有開采，但傳世品很少。故凡得之者，無不視若珍寶。元明兩代亦有不少文人撰文對洮硯進行評論和研究。20 世紀 60 年代洮硯生產逐步恢復，開采了許多新坑，爲洮硯生產提供了豐富的石料。

除以上四大名硯外，硯家族中較著名的還有澄泥硯。澄泥硯是從陶硯發展而來的，它是用江河湖泊的沉泥經過澄濾和特殊的燒製工藝製成的。其質地似瓦，堅硬細膩，經久耐磨，有"中國陶硯之冠"的美稱。澄泥硯據説在漢代已有，但目前尚無實物發現。不過澄泥工藝在漢末魏初確已有之，東漢末建造銅雀臺所用磚瓦，製法即采用澄泥工藝，其質地十分緊密，堅實無比，是製硯的上好材料。唐初時硯工用此製硯，澄泥硯即是在此基礎上經過不斷總結經驗製造出來的。唐代是澄泥硯的大發展時期，製作技術已達到較高水準，在有些史籍中還以其與端硯、歙硯、洮硯并稱唐代四大名硯，中唐時被列爲貢品。澄泥硯產地當時主要集中在相州（今河南安陽及河北臨漳一帶）、虢州（今河南靈寶）、絳州（今山西新絳）等地。宋代後產地又有擴大，山東柘溝鎮以及河北滹沱河沿岸地區都成爲澄泥硯的製作中心。與石硯相比，澄泥硯具有取材容易，圖案、造型、色彩可塑性強的特點，故其花色品種可謂數不勝數。今澄泥硯發展極爲迅速，硯工們精雕細琢，不斷有佳作問世，產品暢銷國內外。

除上述諸硯外，各地仍有不少佳硯，如產於黑龍江的松花石硯，江西的金星硯，湖南的菊花石硯，山東的鼉磯石硯、徐公石硯，四川的嘉陵峽硯，河南的天壇硯，江蘇的靈岩石硯，浙江的開化石硯以及巧奪天工的漆沙硯等等，都是中國名硯，不可勝數。

古　硯

十二峰陶硯

西漢古硯。係用細泥灰陶燒製而成。通高17厘米，硯面直徑爲30厘米。硯前部塑有大小12座山峰，其中一柱擎天高聳，餘峰奇相競拔，形成一半圓環繞硯面。內左右兩山峰下，各有一負山人像，頭戴高冠，闊額深目，坦胸露腹，雙手扶膝，其狀似正低首發力，馱起山峰之勢。峰腳有小孔，似爲出水口，硯底三足塑爲疊石狀。其構思之奇特巧妙，造型之古樸粗獷，實爲硯中之絕品。

周寬信漆盒石板硯

西漢古硯。出土於山東臨沂金雀山西漢周寬信墓。漆盒長 21.5 厘米，寬 7.4 厘米，高 1.8 厘米。盒蓋面與外底用朱紅、土黃、深灰、黑四色漆繪製圖紋，有流雲、虎、熊、鹿、羊等，畫面生動傳神，漆色明快諧和。盒內盛石板硯一方，長 16 厘米，寬 6 厘米，厚 0.2 厘米。另有研墨石片一塊，黏合在一塊壇形木板上，長、寬各 2.5 厘米，厚 1.1 厘米。出土時，盒內還殘留有黑墨顆粒。因漆盒極易腐爛，故以往考古發現祇見石板硯而不見漆盒。該漆盒出土時保存之完整，實屬罕見。現收藏於山東臨沂市博物館。

魯　硯

魯硯

以山東各地所產硯石製成的硯。山東古稱“齊”“魯”，以魯代稱。其硯的共同特點是石質細密，沉透嫩澤，堅而不頑，膩而不滑，發墨而不損筆毫。又因產地不同，其石質、色澤、形狀、紋彩亦有不同，各具千秋。其製作注意發揮硯材的天然特點，因材施藝，寓精巧於簡樸之中，形成了魯硯“巧用天工，簡樸大方”的藝術風格。魯硯製作歷史淵遠流長，相傳創始於西晉，唐時已名震天下，居群硯之首。

其中又以青州紅絲硯爲魯硯中之上品。因產地古爲青州所轄，故又稱“青州硯”。深得唐代大書法家柳公權的贊譽，在其《論硯》一書中寫道：“蓄硯以青州爲第一，絳州次之，後始重端、歙、臨洮。”宋李之彥《硯譜・活眼死眼》：“蘇易簡作《文房四譜》，譜言四寶硯爲首。筆墨兼紙皆可隨時收索，可與終身俱者，唯硯而已。譜中載四十餘品，以青州紅絲石爲第一，斧柯山第二，龍尾石第三，餘皆在中下。”唐宋以來，魯硯品類主要有紅絲硯、紫金石硯、金星石硯、徐公硯、淄石硯、鼉磯硯等。明清時又有燕子石硯、田横石硯、浮萊山石硯、温石硯、薛南山石硯、黿石硯、尼山硯等新品類面世，各地方志中多有記載。明高濂《遵生八箋·硯箋》中載明時名硯："如墨角硯、紅絲硯、黃玉硯、褐色硯、紫金硯、鵲金墨玉石硯，皆出山東。"新中國成立後，魯硯生產蓬勃發展，許多已埋名或瀕臨湮没的品類重新開采出來，製作名匠輩出，名品暢銷國内外。著名詩人、書法大師趙樸初《片石集·魯硯》詩中贊道："撫之細滑如脂凝，呵之油然雨雲騰。磨之隨墨出烏漆，濯之出水見金星。刻製簡樸出新意，异彼雕龍俗可憎……昔者東坡評淄硯，謂其發墨而損筆。豈知魯硯有絶倫，惜彼不見他山石。"1978年魯硯進京展覽時，以其優質硯材及古樸渾厚的製硯風格，好評如潮，名震京都。趙樸初曾作《臨江仙》贊頌："彩筆昔曾歌魯硯，良材异彩多姿，眼明今更遇紅絲。護毫欣玉潤，發墨喜油滋，道是天成天避席，還推巧手精思。天人合應妙難知，刀裁雲破處，神往月圓時。"書法家啓功也作詩贊曰："唐人早重青州石，田海推遷世罕知。今日會臺觀魯硯，百花叢裏見紅絲。"原中國書法家協會副主席陳叔亮評價説："魯硯石質有特點，豐富多彩；設計有特點，充分利用自然形態，構思巧；雕刻裝飾有特點，没有模仿通行的精雕細刻，而是因材施藝，略加點綴，能給人發揮更多的想像。"

紅絲硯

亦作"紅絲研"。亦稱"紅絲石"。魯硯之一種。因其石色赤黃，内有紅紋如刷絲，故名。產於山東青州與臨朐老崖崮兩地。其產地古爲青州所轄，故又有"青州硯"之稱。品類有柑黃地紅絲紋、紫紅地紅絲紋、紫紅地黃絲紋、紫紅地灰黃絲紋、猪肝色地赤黃絲紋等十餘種。其中以紫紅地灰黃絲紋和紫紅地黃絲紋爲最佳。石質堅實細潤，叩之聲如金玉，積墨數日不乾，易發墨而不損筆毫。始於東漢，盛於唐五代，被推居衆硯魁首，曾有"諸硯之首"和"中國第一硯"之美稱，被朝廷列爲貢品。書法家柳公權平生喜用紅絲硯，在《論硯》文中贊曰："蓄硯以青州爲第一，絳州次之，後始重端、歙、臨洮。"南唐李後主對此硯尤爲厚愛。宋代時仍被列爲上品，世人將其與端硯、歙硯、洮硯合稱爲當時的四大名硯。凡論硯著作均對其稱贊備至。宋唐詢《硯録》："紅絲石之至靈者，非它石可與較，故列於首云。"并總結該石异於他石的三個特點："漬水有液出，手拭如膏，一也；常有膏潤浮泛，墨色相凝如漆，二也；匣中如雨露，三也。自得此石，端、歙諸硯皆置於衍中不復視矣。"宋李之彦《硯譜·活眼死眼》："蘇易簡作《文房四譜》……譜中載四十餘品，以青州紅絲石爲第一，斧柯山第二，龍尾石第三，餘皆在中下。"宋姚令威《西溪叢話》："王建宮詞中之紅絲即紅絲硯，柳公權亦喜用青州紅絲硯，江南李氏時尤重之。歐陽公《硯譜》以青州紅絲石爲第一。"宋晁冲之《復以承晏墨贈之》詩："銀鈎灑落桃花箋，牙床磨試紅絲研。"南宋時紅絲石源逐漸竭盡，產量逐漸下降，得之極爲不易，故世間流傳甚少。四大名硯的地位，也由澄泥硯所取代。至明清時衹有少量絶品問世，可從論硯著作及文人詩文中窺其踪迹。明高濂《遵生八箋·硯箋》中載明時名硯："如墨角硯、紅絲硯、黃玉硯、褐色硯、紫金硯、鵲金墨玉石硯，皆出山東。"清孔尚任《桃花扇·題畫》："那香君呵！手捧着紅絲硯，花燭下索詩篇。"清趙翼《題湯蓉溪洗硯圖》詩："等是人間一硯田，羨翁多稼獨逢年。烏絲紙傍紅絲石，笑我還資潤筆錢。"清龔自珍《惜分釵》："明窗掩，重簾軟，爐香自炙紅絲硯。"清朝纂修的《青州府志》《臨朐縣志》中對此都有記載。自20世紀60年代開始，一些專家學者根據歷代資料記載，於山東臨朐老崖崮山區發現儲量豐富、石質上乘的紅絲石新礦源，使這一名貴的傳統工藝品得以重放异彩。如今紅絲硯產品不僅在國內深受歡迎，還遠銷日本及東南亞各國，爲中外文化交流作出了貢獻。

【紅絲研】

同"紅絲硯"。此體宋代已行用。見該文。

【紅絲石】[2]

即紅絲硯。此稱宋代已行用。見該文。

【青州硯】

即紅絲硯。此稱唐宋已行用。見該文。

【紅絲】

"紅絲硯"之省稱。此稱宋代已行用，流行至今。宋蘇軾《與君謨帖》："紅絲發墨，謂勝端則過。"宋陸游《秋雨初霽試筆》詩："墨入紅絲點漆濃，閒將倦筆寫秋谷。"清姚鼐《題劉雲房少宰滌硯圖》詩："松煤竹管行拋棄，蕉白紅絲塵自封。"清沈心《怪石錄》："魏坤《鼉磯硯歌》：青州紅絲已罕得，淄川中坑亦虛擲。"清馮桂芬《舊硯山房圖序》："將欲選洮河之綠石，擷青州之紅絲。"趙樸初《臨江仙》："彩筆昔曾歌魯硯，良材異彩多姿，眼明今更遇紅絲。護毫欣玉潤，發墨喜油滋，道是天成天避席，

還推巧手精思。天人合應妙難知，刀裁雲破處，神往月圓時。"書法家啓功作詩贊曰："唐人早重青州石，田海推遷世罕知。今日會臺觀魯硯，百花叢裏見紅絲。"

紫金硯

亦作"紫金研"。亦稱"紫金石"。魯硯之一種。以產於山東臨朐的紫金硯石製成。石色紫黑，濕潤光澤，易於發墨。始於唐代。宋高似孫《硯箋》："紫金石出臨朐，色紫潤澤，發墨如端、歙，姿殊下。晚唐競取紫金石，芒潤清響。"宋代極爲盛行，宋人李之彦《硯譜》中將其列爲宋代名硯之首。時著名書法家米芾極力推崇，在所著《硯史》中稱："紫金石與右軍硯無異，唐端出其下。"今北京故宮博物院藏有兩幅米芾論紫金石硯的書法，可看出其對紫金硯是十分賞識的。宋蔡襄《文房雜評》："新得黃玉硯，正始丞栗，續又有紫金研，其餘紅斑黑斑不堪作硯。"惟時硯材已乏，故實物傳世極少。1973年元大都遺址出土一方紫金石硯，色正紫，呈鳳形，有隱約青花及豆綠色小點，映日遍體泛銀星，不同凡品。硯背刻有米芾銘文："此琅琊紫金石製，在諸石之上，皆以爲端，非也。"知爲宋代米芾遺物。明清以後更是少見，在文人的著作中時有記載，仍被列爲名硯佳品。明高濂《遵生八箋·硯箋》中列載當時名硯："如墨角硯、紅絲硯、黃玉硯、褐色硯、紫金硯、鵲金墨玉石硯，皆出山東。"

【紫金研】

同"紫金硯"。此體宋代已行用。見該文。

【紫金石】[2]

即紫金硯。此稱宋代已行用。見該文。

徐公硯

魯硯之一種。産於山東沂南縣南徐公店村。始見於唐代。相傳當時有一徐姓公子赴京趕考，途經沂南，發現溝中有形狀奇特的石片，因愛其形色，即磨製成硯，携帶進京。考試時正值嚴冬，天氣寒冷，其他考生硯中之墨結冰難書，惟徐公子硯中之墨未結冰，書寫流利自如，墨色黑亮，深得主考官賞識，徐公子亦金榜題名。晚年休官後，即在拾硯之地定居，後此地稱爲徐公店村，産於此地的硯亦因此稱作"徐公硯"，譽滿天下。徐公硯石材多爲自然形扁平石餅狀，大者逾尺，小者二三寸，周邊有細碎石乳狀石紋，石色有茶葉末、蟹蓋青、鱔魚黃、沉綠、生褐、紺青、橘紅等色。其石質軟硬適宜，溫潤如玉，撫之有濕氣油然而生。所製之硯，多巧用其色彩形狀，不存雕鑿之氣，具有獨特風格。并具有易於發墨、不損筆毫、所研之墨汁冬天不易結冰等特點，爲硯中之上品。據《臨沂縣志》載：徐公店，縣城西北七十五里，産石可爲硯，其形方圓不等，邊生細碎石乳，不假人工，天趣盎然，純樸雅觀。後經歷代開采，瀕臨湮没。20世紀80年代被重新開發出來，硯工們根據石之色彩、紋理、形狀，因材成器，風格粗獷樸拙，渾厚大方。今所製朝霞映輝、雲霧彌漫、玉女静思等硯，均爲徐公硯之代表作。

金星石硯

魯硯之一種。産於山東臨沂與費縣交界的箕山澗。此地古屬琅琊郡，爲晋代書聖王羲之的故鄉，故又稱"羲之硯"。金星石係經輕微硅化優質泥灰岩，石面以黑色爲底色，含有硫化鐵細晶，形成遍布的金星，大者如豆，小者如粟，形狀有圓、方、三角、多角、碎星等多樣。該石産於澗谷溪底，分爲上中下三層，以中層最佳。石色墨黑如漆，石質堅實細密。所製硯，具有滴水不涸、溫潤發墨、叩之有聲、磨之無聲、研墨如油、久存不乾的特點。其形制多以硯石的自然形態取勝。金星石硯在東晋已有製作，北宋時列爲名硯，受到書畫家和文人雅士的推崇。其時文學家蘇軾曾贊曰："石墨如漆，溫潤如玉，金星遍布，叩之有聲，製硯上品也。"宋晁補之有《金星石硯銘》。

龜石硯

魯硯之一種。産於山東臨朐東南辛寨石澗溝壑中。多爲扁平橢圓形子石，其表面有風化層，磕之層層脱落，如龜脱殼，故名。中留石核，大者七八寸，小者如鵝卵。石色外深内淺，有黃褐、赭紅、茄紫等。石質細膩溫潤，發墨而不滯筆，蓄墨數日不乾。據民間傳說，此硯唐代時已有開采製作，歷經宋、元、明，至清初已成爲具有獨特風格的名硯。清後期失傳，今已恢復生産。

淄石硯

省稱"淄硯"。魯硯之一種。産於山東淄川、博山一帶。當地多山，石可製硯者頗多，以水坑子石爲上品。質地晶瑩堅細，溫潤如玉，易於發墨，其斑斕的色彩更令人賞心悦目。其品類有金星、青金、墨玉等。以淄石製硯，宋代已極盛行，歷代評硯亦多有記述。宋晁說之《論神廟配享劄子》："熙寧中初尚淄石硯，乃躬擇其尤者賜光（司馬光）。"宋高似孫《硯箋》卷三："淄石韞玉硯，發墨頂筆。青金石青黑相混，少潤而發墨，與端、歙上下。"趙樸初《片石集·魯硯》詩："昔者東坡評淄硯，謂其發墨而損筆。豈知魯硯有絕倫，惜彼不見他山石。"

【淄硯】

"淄石硯"之省稱。此稱宋代已行用，流傳至今。見該文。

【韞玉硯】

省稱"韞玉"。即淄石硯。宋蘇軾《評淄端硯》："淄石號韞玉硯，發墨而損筆。"宋陸游《秋晴》詩："韞玉硯凹宜墨色，冷金箋滑助詩情。"又《閒居無客所與度日筆硯紙墨而已戲作長句》："韞玉面凹觀墨聚，浣花理膩覺豪飛。"自注："韞玉，淄硯名。"

【韞玉】

"韞玉硯"之省稱。此稱宋代已行用。見該文。

鼉磯硯

魯硯之一種。產於山東蓬萊鼉磯島，故名。鼉磯島亦作駝基島。石色青黑，內含有石英成份，閃耀發光，此即所謂金星。有明度不同的雪浪紋，小如秋水微波，大如雪浪滾滾，映日泛銀光，故又稱"金星雪浪"。質細發墨，可與歙硯媲美。宋代始有開採。宋佚名《硯品》："宋時即以鼉磯石琢以爲硯，色青黑，質堅細，下墨甚利。其有金星雪浪紋者最佳，極不易得。"宋唐詢《硯錄》："登州駝基島石，色黑，羅紋金星，發墨類歙。"盛行於明清，清代被列爲宮廷貢品。今北京故宮博物院藏有駝基石五螭硯一方，爲清乾隆年間所製。色青間碧，中凝白，發墨極佳，上鑴刻有乾隆皇帝手書七言絕句："駝基石刻玉蟠螭，受墨何須誇馬肝。"端硯色紫，又稱"馬肝"，以此硯比端硯，足見其喜好。亦省稱"鼉磯"。清朱彝尊《鼉磯石硯銘》："靈鼉磯，左海圍，沐日浴月衆所歸。我

懷斯石置棐几，金星繁，倍龍尾。"清鈕琇《觚賸·石言》引清潘耒《稼堂賦》："〔端溪綠石〕其宜筆也，濡濡不留，運轉無滯，墨飽固恬，墨竭亦利……彼洮河與鼉磯，迥莫敢與抗衡者也。"

【鼉磯】

"鼉磯硯"之省稱。此稱清代已行用。見該文。

燕子石硯

魯硯之一種。燕子石又稱蝙蝠石，學名三葉蟲化石，石中有諸多斑紋，形如飛翔的燕子、蝙蝠，故名。主要產於山東泰安大汶口汶水河床中，另山東沂源、萊蕪、費縣、平邑、梁山及湖南永順、石門，陝西半坡等地亦有出產。此石質地堅密，細膩溫潤。所製硯，硯面潔净，泛泛有光，撫之如脂凝。且保潮耐涸，易於發墨，不傷筆毫。又有栩栩如生的燕子紋或蝙蝠紋，既實用又可欣賞歷史悠久，即傳爲奇物。以燕子石製硯，歷史悠久，盛於明清。據清初王士禎《池北偶談》記載：崇禎間張尚書游泰山，行至汶水濱，在水中得石，製爲多蝠硯。清盛百二《淄硯錄》："此石萊蕪往往有之。其背有如蝙蝠者，如蜂、蝶、蜻蜓者，文皆凸出，製硯名鴻福硯，爲讀《易》研朱妙品。"《西清硯譜》中亦收入蝙蝠硯多方。清後期失傳。20世紀60年代得以恢復生產，其珍品被收藏於北京故宮博物院和中國美術館。

田橫石硯

魯硯之一種。產於山東即墨城東田橫島，故名。此島爲西漢初田橫五百壯士殉身處。該石蘊藏於田橫島西南隅近海處，退潮時方可開採。硯石色純黑，質地細密，溫潤不燥。所製

硯，下墨頗利，發墨生光。造型多爲長方形，硯額多刻有梅、蓮浮雕。據明嘉靖《即墨縣志》記載："田橫石可製硯。"可見在明代中期已被作爲硯石雕琢製硯，至清末民初尚有製作。

浮萊山石硯

魯硯之一種。產於山東莒縣城西浮萊山南麓硯疃村一帶。此石多呈自然形扁平餅狀，周邊有縱橫交錯的天然風化石紋，磨去風化層，即爲天成硯材。石質溫潤，紋理細膩，發墨有光。品種有紺青、褐黃、沉綠等。明萬曆時期，硯疃村家家采石，戶戶製硯，所製硯被選爲朝廷貢品，後失傳。20 世紀 60 年代恢復生產，目前已具一定規模。

尼山硯

魯硯之一種。產於山東曲阜東南的尼山，故名。尼山孔廟北舊有硯石溝，所產硯石色呈橘黃，石質堅細溫潤，不滲水，不漬墨，發墨有光，久用不乏。其開采製作約在清初，至乾隆時石源已竭，故當時用者極少。清乾隆《曲阜縣志》載："尼山之石，文理精膩，質堅色黃，可以爲硯。得之不易，近無用者。"其硯之製作向以簡樸大方取勝。清人徐堅在所藏尼山硯上題銘贊曰："不方不圓，因其自然，固差勝於雕鐫。"20 世紀 80 年代，曲阜工藝美術廠發掘硯石品種，在尼山五老峰下找到新坑，石色

橘黃，石質精膩，撫之生潤。其製作結合自然，因材施藝，所製之硯深受人們的喜愛。

薛南山石硯

魯硯之一種。產於山東臨沂城西薛南山，故名。今屬蘭陵縣境。據清代《臨沂縣志》記載：薛南山產石，皆爲天然硯材，形狀若馬蹄，若龜殼，四周爲竹節狀，以小者爲佳。石色沉綠，有若隱若現的紋彩。石質細膩溫潤，剛柔適中，磨墨無聲，發墨而不滯筆，爲製硯良材。當地民間製硯歷史悠久，爲臨沂及附近地區用硯的主要產地。清後期衰敗。20 世紀 60 年代恢復生產，規模不斷擴大，其硯品在國內外享有一定的聲譽。

温石硯

魯硯之一種。產於山東省即墨馬山洪陽河底溫泉下。因此硯極耐嚴寒，冬日磨墨不冰，故名。石色深紫，有青花、胭脂暈、朱斑、朱綫、翠斑等紋彩，并有豆綠色石眼，類似端石之鴝鵒眼。石質晶瑩溫潤，發墨不滯筆，爲硯材上品。以溫石製硯已有數百年歷史，但規模不大，多自製自用。今產量和品質都有提高，製硯工藝也逐步形成自己獨特的藝術風格。但因硯石藏於深水之中，不易開采，使其發展受到一定的限制。

端 硯

端硯

石硯之一種。我國四大名硯之一。產於廣東肇慶東南端溪一帶。肇慶古稱端州，故名。石質堅實，細潤如玉，花色獨特，紋彩典

雅，具有發墨不損毫、呵氣可研墨、書寫流利自如、久用鋒芒不退等特點。清吳蘭修《端溪硯史》稱之"體重而輕，質剛而柔，摩摩寂寂無纖響，按之如小兒肌膚，溫軟嫩而不滑"，故

有"群硯之首"美譽。端硯石以紫、綠、白三種基調爲主色，尤以紫色爲佳。其名貴石品有魚腦凍、蕉葉白、青花、猪肝凍、火捺、天青、翡翠、冰紋、金銀綫、金星點、玫瑰紫等。端硯的獨特之處還在於有令人稱奇的石眼，這是一種由彩泥形成的"結核"，看上去如鳥獸的眼睛。石眼越多，石質越嫩，質嫩則發墨快，故硯工對帶有石眼的端硯極爲珍視。端硯開采歷史悠久，初唐時，即出現了靠采硯石、製硯爲生的硯工，説明民間使用已很廣泛。唐李肇《國史補》："端溪紫石硯，天下無貴賤通用之。"可知其在唐代以前應有一定的歷史，但史籍記載及現存實物最早爲唐代。清計楠《石隱硯談》載："東坡云：端溪石，始出於唐武德之世。"武德爲唐高祖年號，距今已有1300多年歷史。《四庫全書・端溪硯譜提要》："考端硯，始見李賀詩。"唐李賀《楊生青花紫石硯歌》："端州石工巧如神，踏天磨刀割紫雲。"唐劉禹錫《唐秀才贈端州紫石硯以詩答之》："端州石硯人間重，贈我因知正草玄。"唐代時端硯即作爲貢硯，進貢朝廷。據傳唐太宗十分喜愛王羲之書法，曾將當時書法家褚遂良臨寫的《蘭亭序》銘刻在端硯上，賞賜給魏徵。唐武則天聖曆三年（700），將刻有"日月合璧，五星聯珠"圖紋的端硯賜給狄仁傑。端硯作爲貢硯，歷代

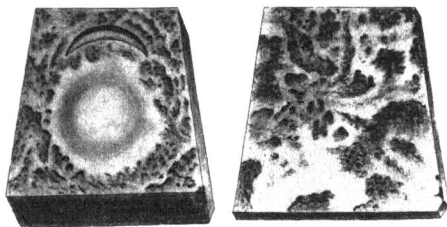

端硯（宋合璧端硯）
（清于敏中等《西清硯譜》）

沿續至清。初唐時端硯製作樸實無華，形制較簡單，一般無紋飾。中唐後，其製硯風格和形制都發生了變化，硯式不斷增加，從簡單實用的純文房用品逐漸演變爲實用與欣賞相結合的工藝美術品。唐釋齊己《謝人墨》詩："正色浮端硯，精光動蜀牋。"宋代端硯開采盛行，形制五花八門，名目繁多。據宋葉樾《端溪硯譜》記載，已達四五十種之多，形成了構圖簡潔大方、古樸雅致的製作風格。文人墨客得之如獲至寶，倍受推崇。宋何薳《春渚紀聞・詩詞事略》：宋徽宗召米芾"令書一大屏，指御案間端硯使用之。芾書成，即持硯跪請曰：'此硯經臣濡染，不勘復以進御，取進止。'上大笑，因以賜之。芾舞蹈以謝，即抱硯趨出，餘墨露漬袍袖而喜見顔色"。宋代時研究端硯的著作開始面世，有蘇易簡《文房四譜》、米芾《硯史》、歐陽修《硯譜》、唐詢《硯録》、高似孫《硯箋》、葉樾《端溪硯譜》、李之彦《硯譜》及佚名《硯譜》等，都爲端硯研究提供了資料。至於贊美端硯的詩文則更是舉不勝舉。明代至清代前期，是端硯發展的一個新的高峰。這一時期因需求倍增，開采了不少新的硯坑，著名的有宣德年間開采的宣德岩和萬曆年間開采的大西洞、小西洞、正洞和東洞的水岩及清康熙年間開采的朝天岩，乾隆年間開采的麻子坑等。其中尤以大西洞石質爲最佳。明代端硯製作造型豐富，多姿多彩，并盛行在硯底、硯側鑴刻詩銘。清初製作則側重雕工，精雕細琢，是文人相互饋贈的上等禮品。清錢謙益《贈硯》詩："紫純端硯鎮書樓，牛後真令龍尾羞。"這一時期研究端硯的著作有高鳳翰《硯史》、吳蘭修《端溪硯史》、高兆《端溪硯石考》、朱棟《硯小史》、余

懷《硯林》、朱竹坨《説硯》等，都是研究端硯
的珍貴資料。道光以後，因國力衰敗，端硯石
開采亦日益减少。這時硯工製硯則以"精"取
勝，端硯越來越失去實用價值而成爲單純的文
房擺設品。至民國時，大部分端硯坑已荒廢，
端硯生產幾乎跌入絶境。20 世紀 50 年代後期，
端硯生產開始恢復生機，發展日盛，不少佳石
被重新開采，佳作不斷面世。70 年代末在中國
歷史博物館舉辦了中國端硯展覽，展品達 350
多件，轟動京城。同時端硯在國際上亦享有極
高的聲譽，每年都有大批產品出口。

【端溪硯】

即端硯。因產於廣東肇慶東南端溪一帶，
故名。宋魏泰《東軒筆錄》卷一五："端溪硯有
三種，曰巖石，曰西坑，曰後歷。"宋祝穆《方
輿勝覽·土產端硯》："端溪硯，舊坑有龍巖、
汲鯉、黃圖三石。"明郭勛《雍熙樂府·瑞鶴
仙·楊妃藏鈎會》："拈下紫霜毫，磨下端溪硯。"
明蘭陵笑笑生《金瓶梅詞話》第二七回："又有
厢成水晶桌上，擺列着端溪硯。"

【端溪】

溪水名。位於廣東肇慶東南，溪中產硯石，
所製之硯稱"端硯"或"端溪硯"，後即以此爲
"端硯"之別稱。宋歐陽修《硯譜》："端溪以
北巖爲上，龍尾以深溪爲上。較其優劣，龍尾
遠出端溪上。"宋趙希鵠《洞天清錄·古硯辨》：
"世之論端溪者，惟貴紫色。"元無名氏《貨郎
擔》第四折："未落筆，花箋上淚珠垂；長吁
氣，呵軟了毛錐；恓惶淚，滴滿了端溪。"明
唐順之《答茅鹿門知縣》："此後便得燒却毛穎，
碎却端溪，兀然作一不識字人矣。"明文震亨
《長物志·器具》："研以端溪爲上，出廣東肇慶

府，有新舊坑、上下巖之辨。"清沈心《怪石
辨·怪石錄》："魏坤《鼉磯研歌》：'匣中端溪潤
如玉，理滑翻愁磨未足。'"宋釋惠洪《李師尹
以端硯見遺作此謝之》詩："歙珍先數刷絲紋，
那料端谿更逸群。"

【端紫】

"端硯"之別稱。因端硯以紫石爲上，故有
此稱。宋王十朋《李資深贈古瓦硯及詩》："羅
文及端紫，貴幸無比倫。"又《章季子贈端硯》
詩："有客贈端紫，剛方如正人。"亦稱"端州
紫"。宋黃庭堅《硯山行》詩："日輝燦燦飛金
星，碧雲色奪端州紫。"

【端州紫】

即端紫。此稱宋代已行用。見該文。

【端】

"端硯"之簡稱。唐代時已行用，沿襲至
今。唐柳公權《論硯》："蓄硯以青州爲第一，
絳州次之，後始重端、歙、臨洮。"宋高似孫
《硯箋》卷三："紫金石出臨朐，色紫潤澤，發
墨如端、歙。唐時競取爲硯，芒潤清響，國初
已乏。"宋趙希鵠《洞天清錄·古硯辨》："余慮
世人貴耳鑒而無心賞，故述《古硯辨》。惟說
端、歙而不他及，蓋他石皆不及端、歙。"明
謝肇淛《五雜俎·物部四》："洮河綠石，貞潤
堅緻，其價在端上，以不易得也。"又："銅雀
瓦雖奇品，然終燥烈易乾，乃其發墨，倍於端
矣。"趙樸初《盤硯歌》："歌盤之土歌盤泉，惟
獨不及磐石可以作硯田。溫潤如玉浮紫氣，發
墨不亞歙與端。"著名書法家啓功《澄泥硯贊》：
"製自澄泥，發墨淋漓。非端非歙，適用爲宜。"

魚腦凍

省稱"魚腦"。端硯名貴石品之一。因其

形如受凍的魚腦，故名。其色潔白而如天上的
白雲，爲端硯石中最細膩、最幼嫩之處。清梁
紹壬《兩般秋雨盦隨筆》卷八：“一魚腦白如晴
雲，吹之欲散，松如團絮，觸之欲起者是無上
品，亦名‘魚腦凍’。”又：“青花者石之榮，魚
腦蕉白者石之髓。”清何傳瑤《寶硯堂硯辨》：
“一種生氣，團團圍圍，如澄潭月漾者曰魚腦
凍，錯落疏散者曰碎凍。”產於端溪水岩、麻子
坑等硯坑。石質細膩，發墨如油，溫潤如玉，
歷來被視爲端硯中之精品，極爲名貴。相傳在
廣西大苗山融水一老畫家家中，發現一宋代魚
腦凍端硯，長23.5厘米，寬14厘米，高7.5厘
米，重3.75公斤。此硯乾燥時呈現出赤褐色魚
腦凍彩紋，浸入水中則顯現出壯觀的溶洞景致。
據考證爲宋代宮廷用硯，距今已有近千年歷史。

【魚腦】

“魚腦凍”之省稱。此稱宋代已行用。見該
文。

紫石硯

端硯名貴石品之一。因其石色青紫，故
名。自唐代端硯開采以來，端溪各名坑硯石雖
色有不同，主基調均爲紫色，歷代亦皆認爲紫
色最好，最爲名貴，故有“端石尚紫，淄石尚
黑”之說。唐李肇《國史補》：“端州紫石硯，
天下無貴賤通用之。”宋葉樾《端溪硯譜》：“大
抵石性貴潤，色貴青紫。乾則灰蒼色，潤則青
紫色。”宋趙希鵠《洞天清錄・古硯辨》中論及
端硯石色時云：“世之論端溪者，惟貴紫色。”
明代周天球在其端溪硯銘上刻“色以紫爲貴，
而汝色則蒼”。歷代文人因喜愛而美稱爲“紫
雲”“紫玉英”“紫花”“紫石英”“紫玉”“紫青”“紫
泥”等。唐李賀《楊生青花紫石硯歌》：“端州

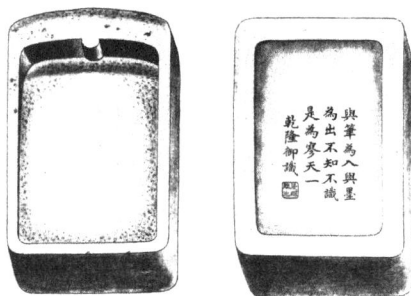

紫雲（宋紫雲硯）
（清于敏中等《西清硯譜》）

石工巧如神，踏天磨刀割紫雲。”宋劉克莊《代
石虛中謝表》：“割紫雲之石，聊以自娛。”宋
文同《謝楊侍讀惠端溪紫石硯》詩：“語次座上
物，硯有紫石英。云在嶺使得，渠常美其評。”
宋程俱《謝人惠硯》詩：“斧柯千古留仙局，雲
暗半山含紫玉。”元宋無《端石硯》詩：“千年
巖璞斬新硎，一片琳腴截紫青。”元謝宗可《鐵
硯》詩：“不用端溪割紫雲，鑄來壯士鐵心存。”
清吳偉業《破硯》詩：“記曾疏闕失，望斷紫雲
愁。”清代著名藏硯家查莘田爲謝製硯名手顧二
娘所製之硯，贈詩銘曰：“一寸幹將切紫泥，專
諸門巷日初西。如何軋軋鳴機手，割遍端州十
里溪。”

【紫雲】

“紫石硯”之愛稱。此稱唐代已行用。流傳
至清。見該文。

【紫玉英】

“紫石硯”之愛稱。此稱唐代已行用。見
該文。

【紫花】

“紫石硯”之愛稱。此稱唐代已行用。見
該文。

【紫石英】

“紫石硯”之愛稱。此稱宋代已行用。見

該文。

【紫玉】

"紫石硯"之愛稱。此稱宋代已行用。見該文。

【紫青】

"紫石硯"之愛稱。此稱元代已行用。見該文。

【紫泥】

"紫石硯"之愛稱。此稱清代已行用。見該文。

緑端

端硯名貴石品之一。色澤青緑，微帶黄色，佳者爲翠緑色。石質純净細膩，幼嫩潤滑，晶瑩無瑕，在端硯中別具一格，極爲名貴。北宋時已有開采，最早在北嶺山附近，後移至端溪水一帶朝天岩附近。《高要縣志》云："緑端石出北嶺及小湘峽，湖山皆旱坑。"宋魏泰《東軒筆録》："緑端松磬硯，長七八寸，蓋硯板也。其上刻松枝石磬，而以中磬爲硯池，細潤發墨，趙子昂銘其陰。"宋代歐陽修有《端溪緑端枕》詩。宋代名硯"南宋蘭亭硯"即爲緑端所製，質極潤。明屠隆《硯箋·研》："〔端石〕有無眼而佳者，第白端、緑端，非眼不易辨也。"清代紀曉嵐曾藏有一方緑端硯，稱其爲"緑瓊"，并刻有硯銘："端溪緑石，硯譜不以爲上品，此宋代之論耳。若此硯者豈非坑紫石所及耶？"從硯銘中可看出對其評價極高。清代陳恭尹有《爲嚴藕漁官允題緑端硯》詩。清孔尚任《享金簿》："慈仁寺廊下購得緑端硯，色甚古雅，持尤細潤，旁鐫'緑玉館家珍'，又刻'孟端氏'，蓋九龍山人王紱物也。宋時有'玉堂新製世争傳，稱是蠻溪緑石鐫'，或即此耳。"清阮元《端州北巖緑硯石歌》："緑石巖在高要七星巖北，在羚羊峽西北數十里。粤人以緑石爲不鋉墨，然余所鑿之研，殊膩而發墨。王安石詩云：'鳳池新樣世争傳，況以蠻溪緑石鐫。'是北宋已有緑端石矣。"

火捺

亦稱"火黯"。端硯名貴石品之一。以其色紫似用火烙過，故名。産於端溪的老坑、麻坑、坑仔岩等處。形狀多呈圓形或橢圓形，有老嫩之分。老者，紫中帶微黑；嫩者，紫中帶微紅。細分之，又有胭脂暈火捺、馬尾紋火捺、豬肝凍、金錢火捺、鐵捺、火焰青等品類。其中又以豬肝凍和金錢火捺爲最名貴，易發墨，便於書寫。宋葉樾《端溪硯譜》："石之病者……曰火黯（一名熨火焦），惟巖石有之，斜班處如火燒狀。曰黄龍，灰黄色，如龍蛇横斜布石上。惟火黯端人不以爲病。蓋巖石必有之，他山石皆無。"清屈大均《廣東新語·石語·端石》："〔端石〕凡十餘種，其火捺以紫氣奔而迴礡，又如血暈散開，有若雲霧之氣，或小而圓輪若金錢者。"趙汝珍《古玩指南》第九章："火捺者，石之堅處，血之所凝，故其色紅紫或黑。"又："凡魚腦、蕉白必有火捺圍之，尤難者馬尾紋耳。石有胭脂火捺者必壯，故石工尤重之。"亦稱"火捺紋"。清鈕琇《觚賸·石言》："峽石礦凡十一，北岸坑曰阿婆，曰白婆墳，其石質黯黝不鮮，佳者亦有火捺紋、蕉葉白。"

【火黯】

即火捺。此稱宋代已行用。見該文。

【火捺紋】

即火捺。此稱清代已行用。見該文。

【熨斗焦】

"火捺"之別稱。因石紋如熨斗烙過之焦物狀,故名。此稱宋代已行用。宋王明清《揮塵餘話》卷二:"陳公密縝未達時,嘗知端州,聞部内有富民蓄一研奇甚,至破其家得之。研面世所謂熨斗焦者,成一黑龍奮迅之狀,可畏。二鸜鵒眼以爲目。每遇陰晦則雲霧輒興。"後縝死,硯歸内府,宋徽宗置於宣和殿,爲出符之用。

青花

端硯名貴石品之一。青花係指自然生長在紫色硯石中的青藍色的微小斑點或細小的花紋,如髮絲蠅翅,視之無形,須浸入水中方可顯現。其名稱因花紋與斑點的不同而各異,有微塵青花、鵝氄青花、蟻脚青花、點滴青花、魚仔隊青花、子母青花、玫瑰紫青花、青花結、鵝氄青花結等。青花在端硯中比較少見,僅產於端溪水岩、坑仔岩、麻子坑等處。開采於唐代。唐人吳淑《硯賦》中所稱"點滴青花"如"碧玉晶瑩"即指此品。其質地細膩滋潤,品相名貴,歷來被品硯家公認爲端硯之精華,故有"得水巖則諸山之石可廢,得青花兼鴝鵒眼者,而諸品又可廢"之説。宋代慶曆年間石源已竭,傳世之物極少。宋趙希鵠《洞天清録·石硯辨》:"世之論端溪者,惟貴紫色,而不知下巖舊坑,惟有漆黑、青花二種……下巖舊坑又一種卵石,去膊方得材,色青黑,細如玉,有花點如箸頭大。其點别是碧玉清瑩,與硯質不同。唐吳淑《硯賦》所謂'點滴青花'是也,故名青花子石。今訛爲青花紫石。李長吉詩已誤作紫字,其實未嘗紫也。青花之中,或有白點如粟排,星斗異象,水濕方見。扣之無聲,磨墨

亦無聲。此品南唐時已難得。慶曆間,坑竭。"清何傳瑶《寶硯堂硯辨》:"鑒别端石,以青花爲最佳。青花,石之細紋也。"清吳蘭修《端溪硯史》:"青花以微塵爲上,鵝氄次之,次則鵝氄結,次則玫瑰紫,次則蠅頭,以大小相雜爲佳。成片成行枯而燥者皆不足重。"清梁紹壬《兩般秋雨盫隨筆》卷八:"青花者石之榮,魚腦、蕉白者石之髓。"古人亦將帶有青花紋的端硯稱爲青花硯。宋人米芾《硯史》載《贊青花硯》詩:"李賀青花紫石硯,端溪巧匠昔如神。今看古錦留遺樣,點點輕漚見古書。"

蕉葉白

省稱"蕉白"。端硯名貴石品之一。因硯石紋理間有大片純白,狀如芭蕉葉,故名。產於端溪的水岩、麻子坑、坑仔岩、北岸坑等硯石中。石質堅實細潤,色澤白中略帶青黄,四周多有紫紅色的火捺,極易發墨,爲端硯之名貴佳品。始開采於唐代。唐詩人陸龜蒙曾藏有一方蕉葉白端硯。宋米芾《硯史》:"蕉葉白如蕉白初展,含露欲滴者上也;素而結者次之;黄而焦藍而灰者爲下。"清鈕琇《觚賸·石言》:"峽石礦凡十一,北岸坑曰阿婆,曰白婆墳。其石質黯黝不鮮,佳者亦有火捺紋、蕉葉白。"清姚鼐《題劉雲房少宰滌硯圖》詩:"松煤竹管行

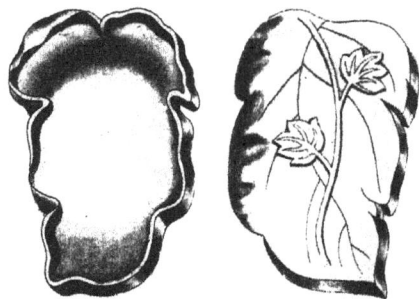

蕉白(舊蕉白瓠葉硯)
(清于敏中等《西清硯譜》)

抛棄，蕉白紅絲塵自封。"參閱清納蘭性德《渌
水亭雜識》卷三、吳震方《嶺南雜記》卷上。

【蕉白】

"蕉葉白"之省稱。此稱宋代已行用。見該
文。

後歷硯

省稱"後歷"。端硯之一種。産於廣東端
州之後歷山，故名。開采於唐代，達於今。其
硯色深紫帶黃赤，性潤澤，頗爲下墨。宋葉
樾《端溪硯譜》："後歷山在州北十里，石性軟
燥，色深紫帶黃赤，間亦有眼，極類蚌坑，堅
潤不及，發墨勝之。"宋魏泰《東軒筆錄》卷
一五："端溪硯有三種：曰巖石，曰西坑，曰後
歷……西坑硯三當巖石之一，後歷硯三當西坑
之一，則其品價相懸可知矣。"宋葉廷珪《海錄
碎事·文學硯》："端溪所出有四：巖石爲甲，石
室次之，西坑又次之，後歷爲劣。"

【後歷】

"後歷硯"之省稱。此稱宋代已行用。見
該文。

子石硯

端硯之一種。以端溪子石所製，故名。爲
端硯中之上品。産於下巖西坑。宋唐詢《硯
錄》："端州石工識山石之文（紋）理，鑿之
五七里，有穴出自然圓石，青紫色，琢之爲硯，

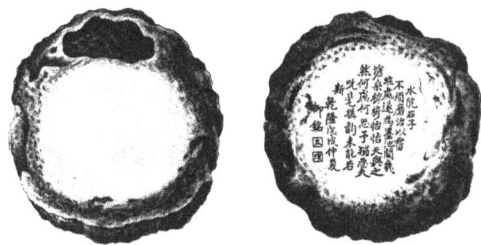

子石硯(宋端溪天然子石硯)
(清于敏中等《西清硯譜》)

謂之子石硯。"宋代文天祥"玉帶生硯"即爲此
石所製。

西坑硯

省稱"西坑"。端硯之一種。宋魏泰《東軒
筆錄》卷一五："端溪硯有三種：曰巖石，曰西
坑，曰後歷……西坑硯三當巖石之一，後歷硯
三當西坑之一，則其品價相懸可知矣。"宋葉廷
珪《海錄碎事·文學硯》："端溪所出有四：巖石
爲甲，石室次之，西坑又次之，後歷爲劣。"

【西坑】

"西坑硯"之省稱。此稱宋代已行用。見
該文。

白端

端硯之一種。因其色白，故名。産於廣東
肇慶七星岩。雖可研墨，但却不易發墨，多用
來研磨繪畫用的硃砂、石綠、白鉛粉等，也用
來製作文房用具。明文震亨《長物志·器具》：
"硯有無眼而佳者，若白端、青綠端，非眼不
辨。"清屈大均《廣東新語·錦石》："其純白者
産七星巖，名白端。爲柱爲礎及几案盤盂，皓
然如雪，皆可愛。"

石眼

指生長在硯石上猶如眼睛一樣的石核，是
端硯石獨有的特色。長有石眼的硯石質地高潔，
細潤有神，晶瑩有光，具有較高的藝術價值和
欣賞價值，爲歷代文人所珍重，并以此作爲鑒
別端硯石品高低的一個標準。其品類因石眼
的形狀、神態、位置的不同而各異其名。依形
狀分，有鴝鵒眼、鸚哥眼、貓眼、鷄翁眼、雀
眼、綠豆眼等；依神態分，有活眼、死眼、泪
眼、瞎眼等；依位置分，有高眼、低眼、底眼
等。宋李之彥《硯譜》："端石有眼者最貴……

土人以眼多少爲價
輕重。"又："巖石又
分上下，又有活眼、
死眼之別。圓暈相
重，黄黑相間，纍
精在内，晶瑩可愛，
謂之活眼。四旁浸
漬不甚鮮明，謂之
淚眼。形體略具，
内外皆白，殊無光

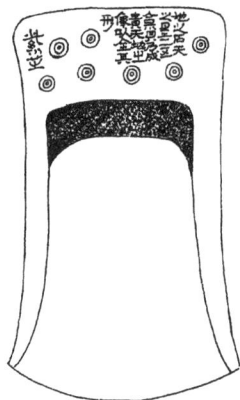

天成七星研
（明高濂《遵生八箋》）

彩，謂之死眼。活眼勝淚眼，淚眼勝死眼，死
眼勝無眼。"宋葉樾《端溪硯譜》："端人謂石嫩
則眼多，老則眼少，嫩石細潤發墨，所以重有
眼也。"宋高似孫《硯箋》卷一：《唐録》：上
巖石眼美者青緑黄三重，多者八九重，色鮮重
多圓者爲上。大者尤稀，大如彈丸精上。以眼
大小多少爲重輕，得石扣之，知其眼多少。"明
高濂《遵生八箋·燕閒清賞箋》載有一"天成
七星研"，爲黑青端石所製，上有七眼，列如七
星，爲天然所成，硯工巧爲琢製，頗爲精美。
清潘次耕《端石硯賦》："人惟至靈，乃生雙瞳；
石亦有眼，巧出天工。"

底眼

亦作"低眼"。端硯石眼之一種。生於墨池
中或硯的下端。宋李之彦《硯譜》："端石有眼
者最貴……土人以眼多少爲價輕重。其生於墨
池之外者，謂之高眼；生於内者，謂之底眼。"
趙汝珍《古玩指南》第九章："高眼低眼之論甚
精，硯心必不宜有眼也。"

【低眼】

同"底眼"。此體宋代已行用。見該文。

高眼

端硯石眼之一種。石眼指一種由彩泥形成
的結核，長在硯石上猶如鳥獸的眼睛。因其在
硯面的形狀神態及位置不同而名稱各异。位於
墨池之外者稱"高眼"。因其位於墨池頂端，研
磨時不易被污濁，利於藝術加工，故尤爲珍貴。
宋李之彦《硯譜》："端石有眼者最貴……土人
以眼多少爲價輕重。其生於墨池之外者，謂之
高眼；生於内者，謂之底眼。高眼尤可尚，以
不爲墨漬，常可睹也。"宋唐詢《硯録》："惟高
眼尤爲人所愛，尚以其不爲墨所漬掩，常可睹
於前也。"趙汝珍《古玩指南》第九章："高眼
低眼之論甚精，硯心必不宜有眼也。"

緑豆眼

省稱"緑豆"。端硯之一種。因硯面有眼，
形如緑豆，故名。宋葉樾《端溪硯譜》："半邊山
巖近南者眼大，暈差少緑。近北者眼少，暈愈
少，所謂緑豆眼。"又："凡有眼之石，在本巖
中尤縝密温潤。端人謂石嫩則眼多，老則眼少。
嫩石細潤發墨，所以重有眼也……夫眼之别者，
曰鴝鵒，曰鸚哥，曰了哥，曰雀眼，曰雞眼，
曰貓眼，曰緑豆，各以形似名之。翠緑爲上。
李賀有《端溪青花石硯歌》，蓋自唐以來便以青
眼爲上，黄赤爲下。"宋張世南《游宦紀聞》卷
五："眼之品類——曰鸚哥眼，曰鴝鵒眼，曰了
哥眼，曰雀眼，曰雞翁眼，曰貓眼，曰緑豆眼，
各以形似名之。緑翠爲上，黄赤爲下。"

【緑豆】

"緑豆眼"之省稱。此稱宋代已行用。見
該文。

鴝鵒眼

亦作"鸜鵒眼"。端硯石眼之一種。石色

翠緑，上有圓形斑點，大如五銖錢，小如芥子，外有黄、碧、緑各色石暈數重至十數重，眼内瞳子清晰，形似鴝鵒鳥之眼，故名。一般出自端溪的麻子坑、老坑及坑仔巖中，比較名貴，古人有"得水巖則諸山之石可廢，得青花兼鴝鵒眼者，而諸品又可廢"的説法。宋蘇易簡《文房四譜·硯譜》："其貯水處有白赤、黄色點者，世謂之鴝鵒眼。"又："唐彦猷云：端石有眼者最貴，謂之鴝鵒眼，石文精美，如木有節。"宋歐陽修《硯譜》："端石出端溪，有鸜鵒眼者爲貴。"宋陸游《無客》詩："硯涵鴝鵒眼，香斮鷓鴣斑。"清趙翼《汪水雲硯歌》："入市得一古硯，豬肝色，有鸜鵒眼二，厚寸許，長四寸有奇，廣半之。背刻'天錫永寶'四字。"亦省稱"鵒眼""鴝鵒""鴝眼"。宋劉克莊《獲硯》詩："馬肝紫潤尤宜浴，鵒眼青圓宛似生。"宋葉樾《端溪硯譜》："凡有眼之石，在本巖中尤縝密温潤……夫眼之別者，曰鸜鵒，曰鸚哥，曰了哥，曰雀眼，曰雞眼，曰貓眼，曰緑豆，

各以形似名之。翠緑爲上。"元張憲《玉帶生歌》："金星鴝鵒不敢現，案上墨花皆倒飛。"清曹寅《和芷園消夏十首·滁硯》："何由一致中冷水，鴝鵒長教潑眼青。"清趙翼《題王牧良洗硯圖》詩："斑涵翡翠鮮，眼浸鴝鵒活。"清陳恭尹《爲嚴藕漁宫允題緑端硯》詩："端溪鴝鵒最精熒，龍尾金光帶列星。"

【鸜鵒眼】

同"鴝鵒眼"。此體宋代已行用。見該文。

【鵒眼】

"鴝鵒眼"之省稱。此稱宋代已行用。見該文。

【鴝鵒】

"鴝鵒眼"之省稱。此稱宋代已行用。見該文。

【鴝眼】

"鴝鵒眼"之省稱。此稱宋元時期已行用，流傳至清。見該文。

歙　硯

歙硯

亦稱"歙溪硯"。石硯之一種。主要產於江西婺源龍尾山，另安徽歙縣、祁門、休寧等縣也有出產。這些地方自唐至北宋宣和年間均屬歙州所轄，故所產之硯統稱歙硯。石質堅韌細潤，紋理自然縝密。宋趙希鵠《洞天清録·古硯辨》贊之："細潤如玉，發墨如泛油，並無聲，久用不退鋒……東坡最貴重此品，今得之，亦貴重不減端溪下巖。"其品類有龍尾、金星、金花、眉子、羅紋、刷絲、水波等，以龍尾、

金星最負盛名。始於唐代。相傳唐開元年間，一葉姓獵人打獵進入婺源龍尾山，見山上石頭光潔晶瑩，十分可愛，便撿回家中，琢製成硯，用後發現質地不亞於端硯，遂名天下。傳說雖未必可靠，但流傳文獻中却有記載可證明開元間已有歙硯流傳。《歙硯說》："唐開元中葉氏得其地嘗取石爲硯。"宋陶穀《清異録·文用》："唐開元二年，賜宰相張文蔚、楊涉等人龍麟月硯各一……歙產也。"南唐時歙州太守進獻優質歙硯，深得元宗喜愛，遂於歙州專門設置硯

務，以硯工高手李少微爲硯務官，派專門人員搜集、開采、製作，所製之硯被稱作南唐四絕之一。宋代歙硯的製作較之前代更爲盛行，相傳婺源龍尾山下硯山村，家家製硯，盛於一時，名品相繼問世。其製作形成了雕刻精良、古樸端莊的風格。文人學者對其評價極高，有"一硯價值千金璧"之說。歐陽修推其在端硯之上，足可見在硯族中的位置。今北京故宫博物院藏"歙石竹節硯""歙石魚子竹節硯"均爲歙硯珍品。宋周必大《玉堂雜記》卷中："御前設小案，用牙尺壓蠲紙一幅，傍有漆匣小歙硯，實筆墨於玉格。"這一時期研究歙硯的著作相繼面世，有唐積《歙州硯譜》、洪适《歙硯説》等，另米芾《硯史》、歐陽修《硯譜》、高似孫《硯箋》、唐詢《硯録》等對其亦多有論述。宋末，因歙石開采發生了幾次大塌方，造成人員傷亡，故直至清代乾隆中期約四百年間，未進行過正式開采。如今流傳下來的多爲唐宋遺物，偶有得之，視若珍寶。元宋褧《雪寒書事廿六韻》："凌堅萊蕪釜，漸瑩歙溪硯。"明游泰亨《游硯山》："歙硯聞天下，初尤寶舊坑。"明高濂《遵生八箋·燕閒清賞箋》中載有一"豆斑石硯"，石上有斑紋如豆，故名，爲歙硯珍品。清陳康祺《郎潛紀聞》卷一一："潘文恭公初入翰林，以歙硯求銘於紀文達公。"新中國成立後，歙硯的開采生產逐步

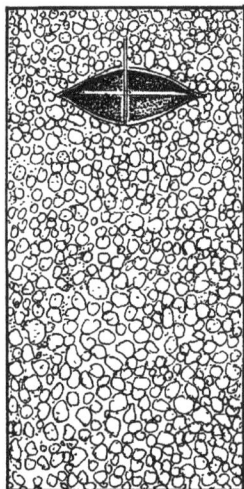

豆斑石硯
（明高濂《遵生八箋》）

恢復，其形制亦不斷創新。近年來在歙北山區又發現了歙紅、歙青兩種新硯品，均爲上乘硯材，爲歙硯家族更添光彩。

【歙溪硯】

即歙硯。此稱元代已行用。見該文。

【歙】

"歙硯"之省稱。此稱始見於唐代，沿用至今。唐柳公權《論硯》："蓄硯以青州爲第一，絳州次之，後始重端、歙、臨洮。"宋唐詢《硯録》："登州駝基島石，色黑，羅紋金星，發墨類歙。"宋高似孫《硯箋》卷三："紫金石出臨朐，色紫潤澤，發墨如端、歙。"宋趙希鵠《洞天清録·古硯辨》："余慮世人貴耳鑒而無心賞，故述《古硯辨》。惟説端、歙而不他及，蓋他石皆不及端、歙。"趙樸初《盤硯歌》："歌盤之土歌盤泉，惟獨不及盤石可以作硯田。温潤如玉浮紫氣，發墨不亞歙與端。"著名書法家啓功書《澄泥硯贊》："製自澄泥，發墨淋漓。非端非歙，適用爲宜。"

龍尾硯

亦稱"龍尾石硯"，歙硯名貴石品之一。因產於江西婺源龍尾山西麓武溪而得名。硯石多產於溪水中，石色分蒼黑、青碧兩種，質地濕潤堅密，扣之聲如振玉，磨墨無聲，發墨如油，不傷筆毫，具有澀、細、潤、堅等特點，堪稱歙硯之最，爲歷代所珍重。始開采於唐代，盛行於南唐，時後主李煜極爲喜愛。《歙硯説》："唐侍讀《硯譜》云：二十年前頗見人用龍尾石硯，求之江南故老，云昔李後主留意翰墨，用澄心堂紙、李廷珪墨、龍尾硯，三者爲天下冠。當時貴之。"宋代被列爲進獻貢品。亦稱作"龍尾巖"。清葉廷琯《吹網録·明道二年貢硯

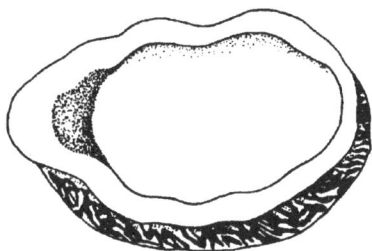

龍尾石硯
（明王圻等《三才圖會》）

銘》：“蓋宋人本重龍尾硯，故歲取以充貢篚。”
又：“明道二年，歲辦龍尾巖羅紋硯壹樣拾卓。”
時文人得之，莫不寫詩作賦，稱讚備至。宋
梅堯臣《送劉放秘校赴婺源》詩：“案頭龍尾
硯，切莫苦求精。”宋蔡襄《徐虞部以龍尾石
硯邀予第品仍授來使持還書府》：“玉質純蒼理
致精，鋒茫都盡墨無聲。相如間道還持去，肯
要秦人十五城。”宋蘇軾《龍尾硯銘》：“澀不留
筆，滑不拒墨。瓜膚而縠理，金聲而玉德。厚
而堅，足以閱人於古今。樸而重，不能隨人以
南北。”元明清雖代有製作，然極盛時期已不再
現。明曹昭《格古要論·古硯論》：“龍尾硯、金
星硯……俱出歙縣。”新中國成立後，江西婺源
恢復了龍尾硯的開采製作，其形制在繼承傳統
工藝的基礎上不斷創新，形成了古樸淡雅、簡
潔明快的風格，深受書畫家的贊譽。

【龍尾石硯】

即龍尾硯。此稱宋代已行用。見該文。

【龍尾巖】

即龍尾硯。此稱宋代已行用。見該文。

【龍尾】[2]

“龍尾硯”的省稱。此稱宋代已行用。宋蘇
軾《龍尾硯歌》：“君看龍尾豈石材，玉德金聲
寓於石。”宋張文潛《試墨》詩：“金案冰窗净
絶塵，硯寒龍尾縠生紋。”宋洪龜父《試朱瑾

墨》詩：“贈我麝煤如黑玉，爲君龍尾濯清秋。”
清錢謙益《贈硯》詩：“紫純端硯鎮書樓，牛後
真令龍尾羞。”清鈕琇《觚賸·石言》：“故當妾
視龍尾，媵蓄金星。”清沈心《怪石録》：“朱彝
尊《鼉磯石硯銘》：靈鼉磯，左海圍，沐日浴月
衆所歸。我懷斯石置棐几，金星繁，倍龍尾。”
亦泛指硯。清蔣世銓《一片石·宴閣》：“取麟
毫、麝煤、龍尾、鳳箋來。”

金星硯

　　省稱“金星”。歙硯名貴石品之一。產於江
西婺源羅紋山西北。因硯石中融有金黄色的結
晶物，散布如星狀，故名。其色澤亮麗，堅潤
耐磨，久磨不退，且越磨越亮。品類主要有龍
尾金星、金錢金星、雨點金星、葵花金星、雲
霧金星、大金星、小金星等。其中以斑點鮮明
的泥金者及龍尾金星最爲名貴。自唐代開采以
來，即以其色彩燦爛而備受推崇，并充作貢品。
宋代時名氣更增，宋黄庭堅《硯山行》詩中有
“日輝燦爛飛金星，碧雲色奪端州紫”之咏，將
其與端州紫石硯并駕齊驅。宋代書法家米芾對
此硯亦稱讚備至：“金星宋硯，其質堅麗，呵
氣生雲，貯水不涸。墨水於紙，鮮艷奪目，數
十年後，光澤如初。”宋高似孫《硯箋》卷二：
“羅紋、金星、娥眉堅密温潤，天將雨水脉自
生，斯可寶者。”宋范成大《次韻陳季陵寺丞求
歙石眉子硯》：“金星熒熒眉子緑，婺源琢石如
琢玉。”明曹昭《格古要論·古硯論》：“龍尾硯、
金星硯……以上俱出歙縣。”趙汝珍《古玩指
南》第九章：“歙硯……石品有金星、銀星、羅
紋、刷絲、眉子等名目。金星者，石上充滿金
黄色小碎細點也，此爲最貴。”其實，金星硯石
中的“星”與端溪硯石中的“眼”一樣，不易

於發墨養筆，但其艷麗的色彩及由此而產生的裝飾作用，却使其身價居高不下，成爲文人墨客觀賞、收藏的藝術品。宋代以後因開采困難而幾於絶迹。20 世紀 60 年代，在婺源硯山村的硯山老坑及歙縣溪頭坑等地均開采出金星硯石，經工藝加工，深受歡迎。

【金星】²

"金星硯"之省稱。此稱宋代已行用。見該文。

銀星硯

省稱"銀星"。歙硯之一種。銀星者，面上多白點如銀，大如粟米。金銀星石多淡青黑色，粗糙，有星處不堪磨墨。巧匠多側取之，置其星於外，以爲點綴，謂之金銀星牆壁。南唐時即開采，至北宋已盡竭。元王逢有《銀星硯銘》。明曹昭《格古要論·古硯論》："歙溪羅紋、刷絲、金銀間刷絲、眉子俱舊坑石：四品舊坑皆青黑色，紋細而潤如玉……刷絲如髮密，金銀間刷絲亦細密。"又"銀星舊坑新坑石淡青黑色並粗燥，有星處不堪磨墨，多側取爲硯。久用則退乏，其小如鏡面，大者盈尺"。趙汝珍《古玩指南》第九章："歙硯……石品有金星、銀星、羅紋、刷絲、眉子等名目。"

【銀星】

"銀星硯"之省稱。此稱明代已行用。見該文。

眉子硯

省稱"眉子"。歙硯之一種。眉子者，面上紋如甲痕，或如臥蠶，有長至二三寸者，皆因其紋理之相似而命名。眉子硯之貴重不亞於龍尾。南唐時即開采，至北宋已盡竭。宋唐積《歙州硯譜·品目》："眉子石其紋七種：金星地眉子、對眉子、短眉子、長眉子、簇眉子、闊眉子、金眉子。"明曹昭《格古要論·古硯論》："歙溪羅紋、刷絲、金銀間刷絲、眉子俱舊坑石……金銀間刷絲亦細密，眉子如甲痕，或如蠶大……亦南唐時開，至北宋時無矣，得之貴重，不減龍尾……眉子或長二三寸。"

【眉子】²

"眉子硯"之省稱。此稱宋代已行用。見該文。

刷絲硯

歙硯之一種。因其石紋精細纏密如刷絲，故名。《辨歙石説》："歙縣出刷絲硯甚好，但紋理太分明，無羅紋，間有白路白點者是。"宋汪彦章有《刷絲硯》詩。亦省稱"刷絲"。《歙硯説》："墨在硯中隨筆旋轉，滌之泮然盡去，此乃石性堅潤，能發起不滯於硯耳。若刷絲、松紋、角浪，皆以其理疏易於磨墨。"宋釋惠洪《李師尹以端硯見遺作此謝之》詩："歙珍先數刷絲紋，那料端谿更逸群。"趙汝珍《古玩指南》第九章："歙硯出安徽婺源之歙溪……石品有金星、銀星、羅紋、刷絲、眉子等名目……刷絲者其紋細密如髮，每條絲理相去一二分不等。若黃白相間者，則謂之金銀間刷絲，亦細密精雅。"

【刷絲】²

"刷絲硯"之省稱。此稱宋代已行用。見該文。

羅紋硯

歙硯之一種。産於江西婺源羅紋山。因硯石有羅紋圖案而得名。色澤青瑩，以其羅紋的粗細、形狀、色彩的不同而各有名稱。有細羅紋、粗羅紋、刷絲羅紋、暗細羅紋、魚子羅紋、金絲羅紋、角浪羅紋、金星羅紋、古犀羅紋、松紋羅紋、倒地羅紋、算子羅紋、卵石羅紋、泥漿羅紋等約二十餘種。其中尤以紋理細密的古犀羅紋、魚子羅紋、暗細羅紋爲最佳。在歙硯大家族中，羅紋硯以最易發墨、最宜筆鋒而著稱。南唐時始開采，盛行於宋代，列爲貢硯。宋代文豪蘇軾曾得一羅紋歙硯，欣然作詩曰："羅細無紋角浪平，半丸犀璧浦雲泓。"宋米芾《硯史·歙硯婺源石》："嘗一士人家，見一金絲羅紋硯，其紋半金半黑，光彩與常異。"清葉廷琯

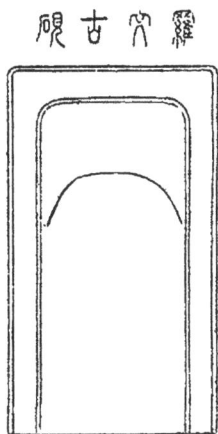
羅紋硯
（清朱棟《硯小史》）

《吹網録·明道二年貢硯銘》："明道二年，歲辦龍尾巖羅紋硯壹樣拾卓。"亦省稱"羅紋"。宋陳了翁《歙硯詩》："輕絲膩色恍莫分，熟視微見青羅紋。"宋高似孫《硯箋》："羅紋、金星、娥眉堅密溫潤，天將雨水脉自生，斯可寶者。"亦作"羅文"。宋王十朋《李資深贈古瓦硯及詩》："羅文及端紫，貴幸無比倫。"元朱德潤《贈箋紙吕生》詩之二："羅文緝緝染湘流，中瑩晴空一段秋。"後來雖代有製作，但數量品質已不能與宋代相比。20世紀60年代曾在婺源硯山村的硯山老坑開采出羅紋硯石，由歙縣工藝廠加工製作。

【羅紋】

"羅紋硯"之省稱。此稱宋代已行用。見該文。

【羅文】 [2]

同"羅紋"。此體宋代已行用。見該文。

洮 硯

洮硯

我國四大名硯之一。産於甘肅甘南藏族自治州卓尼縣的洮河東岸喇嘛崖鸚哥山嘴，古時爲洮州所轄，故名。其質地細膩晶瑩，溫潤如玉，具有發墨細快、不損筆毫、蓄墨久而不乾等特點。品類分緑洮、紅洮兩種，緑洮爲洮硯的主色，色澤青藍，舊有"鴨頭緑""鸚哥緑"之稱。肌理細潤，美觀雅致，有天然黑色石紋者尤佳。紅洮又稱"赤紫石"，色土紅，純净甘潤，古雅優美，極爲罕見。洮硯的開采製作始於唐代，在當時已具有相當規模，與山東魯硯、廣東端硯、江西和安徽歙硯并稱四大名硯。一說洮石原爲磨刀劍的礪石，後纔用以製硯。自

宋至明清，雖代有製作，但因石材産於洮河下游深水之處，開采十分困難，故産量極低，傳世品亦極少。宋趙希鵠《洞天清録·古硯辨》："除端、歙二石外，惟洮河緑石，北方最貴重。緑如藍，潤如玉，發墨不減端溪下巖。然石在臨洮大河深水之底，非人力所致，得之爲無價之寶。耆舊相傳，雖知有洮硯，然目所未睹。今或有緑石硯，名爲洮者，多是潊石之表，或長沙谷山石。"由此可見洮硯之難得。今北京故宫博物院珍藏有宋"蓬萊山洮硯"，鐫刻精緻，氣勢壯觀。天津藝術博物館珍藏有宋"抄手式洮硯"，端莊厚重，均爲洮硯精品。故歷代文人墨客凡得之者莫不視爲珍寶，題銘作詩，稱贊

備至。宋蘇軾在黃庭堅饋贈的洮硯上題銘曰：
"洗之礪，發金鐵。琢而泓，堅密澤。郡洮岷，
至中國。棄於劍，參筆墨。歲丙寅，斗南北。
歸予者，黃魯直。"宋晁無咎《和山谷》詩：
"洮河石貴雙趙璧，漢水鴨頭如此色。"宋黃庭
堅《以團茶洮州綠石研贈無咎文潛》詩："贈君
洮州綠石含風漪，能淬筆鋒利如錐。"又《劉晦
叔許洮河綠石研》詩："久聞岷石鴨頭綠，可磨
桂溪龍紋刀。"金代馮延登、元好問、元代陸友
仁也都爲洮硯題過詩。明高濂《遵生八箋》、屠
隆《考槃餘事》中對洮硯亦有論述，但傳世實
物極少。20世紀60年代，洮硯被重新發掘開
采，恢復生產製作，創製出雲龍硯、孔雀硯、
松鶴硯、梅花硯、竹節硯、扇形硯等衆多硯式，
深受海内外書畫家歡迎，產品暢銷日本及東南
亞各國。

【洮河】

位於甘肅西南部，黃河上游支流。著名的
洮河綠石即出於此，後因以借指洮硯。清鈕
琇《觚賸・石言》引清潘耒《稼堂賦》："〔端溪
綠石〕其宜筆也。霑濡不留，運轉無滯，墨飽
固恬，墨竭亦利……彼洮河與鼉磯，迥莫敢與
抗衡者也。"亦稱"洮溪研"。明文震亨《長物
志・器具》："又洮溪研出陝西臨洮府河中，石
綠色，潤如玉。"亦稱"臨洮"。唐柳公權《論
硯》："蓄硯以青州爲第一，絳州次之後，始重
端、歙、臨洮。"

【洮溪研】

即洮硯。此稱明代已行用。見該文。

【臨洮】

即洮硯。此稱唐代已行用。見該文。

其　他

臺硯

山西名硯。以山西定襄河邊鎮文山所產的
紋石製作。此地古屬五臺縣，故名。文山，又
稱段畝山，故又名"段硯"。石質堅實細膩，有
天然紋理，純潔光净，華美秀麗。石色有紅、
綠、黑、紫四種，以綠、黑、紫者最佳。綠石
晶瑩似玉，有水波浮雲花紋隱現石上，頗爲美
觀；黑石瓷實紋細，敦厚古樸；紫石黑裏透紅，
質地純净，古色盎然。所製硯，發墨快，有光
澤，潤筆生輝，不易乾涸。以紋石製硯，始於
隋唐時期，至金代，已成爲"家家善采石，户
户會琢硯"的著名硯鄉。明清時，其製作向工
藝品方向發展，講究造型、裝飾和刻工，創作

了衆多的藝術珍品。今臺硯產品已行銷海内外，
享有"名硯傳天下，墨香飄四海"之美譽。

【段硯】

即臺硯。此稱約始於隋唐時期。見該文。

越硯

浙江名硯。產於浙江紹興城南會稽山麓。
紹興，隋唐時稱越州，故所產硯石稱越石，所
製之硯稱越硯。石色晶瑩光潔，以暗紫爲主，
有黑塗塗、紫瑩瑩、青光光等品種。石品絢麗
多彩，有青花、魚腦、虎皮、金綫、銀絲、蕉
葉、玉帶、紫袍、美人紅等自然花紋；石質溫
潤，剛柔適中，宜於研墨。所製硯，具有質細
不滑、發墨細連、不損筆毫、磨之無聲、呵氣

成雲等特點。以越石製硯，確切年代尚無史料可考，民間傳說爲畫壇著名的揚州八怪之一金農首先發現。據《冬心集》記載，金農游會稽山時，拾到一塊石色美麗、石質滋潤的越石，呵氣即出水珠，認定其爲製硯良材，携帶回家，親自琢製成硯，果爲上等硯品。自此，越硯開始大規模生產。其產地紹興，交通方便，經濟繁榮，文化發達，促進了當地製硯業的迅速發展，歷經200餘年，至今不衰。

易水硯

亦稱"易水古硯"。省稱"易硯"。北方名硯。產於易州（今河北易縣）。硯石取自易水河畔一種色彩柔和的紫灰色水成岩，天然點綴有碧色、黃色斑紋。石面光澤，石質細膩，柔堅適中。所製硯，易於發墨，書寫流利，不傷筆毫，素有"南端北易"之美譽。其製作始於唐代興盛時期，因易州地處古代經濟、文化發達的燕趙地區，靠近北方重鎮幽州，地理環境優越，文人雲集，用硯量大，爲易水硯的發展提供了有利條件。至宋金時，已發展成爲北方著名石硯，歷經數代，至今不衰。

【易水古硯】

即易水硯。此稱唐代已行用。見該文。

【易硯】

"易水硯"之省稱。此稱唐代已行用。見該文。

天壇硯

傳統名硯。產於河南濟源王屋山下的盤谷泉畔。天壇，指王屋山主峰之壇，相傳爲軒轅黃帝祈天之所，故名。唐代開元年間，當地人即取石製硯。其時大文豪韓愈與儒生高常伴游天壇，中途獲硯，遂寫下《天壇硯銘》，"天壇

硯"一名就此沿用下來。清代乾隆皇帝作《盤谷考證》，故又有"盤谷硯"之名，省稱"盤硯"。天壇硯石長期滋養於盤谷甘泉之下，石質溫潤堅細，色彩絢麗，紋理清秀，品類繁多。所製之硯，發墨酣淋，潤澤保濕，運筆流暢，不損筆毫。其製作因材定形，以形定名，如馬蹄硯、鐘硯、琴硯、竹節硯等，歷代文人對其評價很高。清紀昀《閱微草堂筆記·硯譜》中贊曰："石出盤渦，閱歲孔多，剛不露骨，柔足任磨。此爲内介而外和。"當代著名書法家趙樸初先生贊曰："潤筆增彩，發墨生輝，盤旋盤硯，噴薄風雷。"

【盤谷硯】

即天壇硯。此稱清代已行用。見該文。

【盤硯】

"盤谷硯"之省稱。此稱清代已行用。見該文。

西硯

浙江名硯。產於浙江江山大陳鄉。江山，唐稱須江縣，屬衢州西安府管轄，故名。此地硯石資源豐富，其中以大陳鄉硯山所產紫金石最爲著名。據宋高似孫《硯箋》載：石質爲水中石青，山半石紫潤。猪肝色佳，堅潤如歙。最名貴中有白一條，名曰紫袍金帶，又有"紫金石硯"之稱。此石因常年爲山泉所浸，石質堅實滋潤，天然紋理細膩縝密，色澤俏麗。石品有金星、玉帶、青花等數十種。所製硯，有貯水不乾、易於發墨、不傷筆鋒的特點。西硯製作興起於唐代咸通年間，至五代，已成爲吳越一帶優質硯臺的主要產地。明清時，西硯發展進入繁榮時期，當地從事采石製硯的工匠達數千人之多，製硯工藝從選料、造型、紋飾、

雕技均十分講究，其珍品成爲進獻朝廷的貢物。清後期逐漸衰落失傳。20世紀70年代末，西硯生產得以恢復，發展迅速，品種豐富，精雕細琢。所製硯被評爲浙江省優質產品，行銷海內外。

【紫金石硯】

即西硯。此稱約始於唐五代。見該文。

蒲硯

四川名硯。以蒲江鹽井溝、響水洞等處所產蒲石琢製而成，故名。石質堅細，色彩青潤，研墨均匀，抗熱耐寒。其雕琢亦頗爲精巧。相傳南宋寧宗時，蒲江人魏了翁赴京趕考，適時天寒地凍，應考者所用墨皆凍爲冰，惟魏氏所用蒲硯不凍，順利應考。自此，蒲硯美名遠揚，歷代不衰，流傳至今。

嘉陵峽硯

重慶名硯。產於重慶合川嘉陵江小三峽的牛鼻峽，故又名"合川峽硯""小三峽硯"。石色黑，質地堅實細膩。所製硯，具有發墨快、不損筆鋒、書寫流利、蓄墨不涸、工藝精絶等特點。此硯開采始於宋代，興於明代。明英宗時，吏部尚書合川人李實，曾在所得嘉陵峽硯上題詩稱贊曰："峽畔茅屋僻，巧工鑿石盤。啓墨雲龍舞，運筆虎榜懸。石膩堪入玉，工藝聖手傳。貴似翰家客，四寶居一員。"清代至民國，隨着用硯需求量的加大，此地製硯業已相當發達，峽江兩岸作坊林立，製硯技藝亦有較大提高。今產地主要在合川、北碚，品種已達一百多個。所製魚龍戲珠硯、羅漢硯、南海觀音硯、壽星硯等，均爲稱譽海內外的名硯精品。其產品不僅暢銷國內，在日本及東南亞各國也深受歡迎。2007年，該硯被列爲重慶市第一批非物質文化遺產名録。

【合川峽硯】

即嘉陵峽硯。因產地在合川而得名。見該文。

【小三峽硯】

即嘉陵峽硯。因產於合川嘉陵江小三峽而得名。見該文。

松花硯

東北名硯。產於吉林長白山下混同江砥石山松花江發源地，故此得名。石質細膩溫潤，堅硬緻密，易於發墨。石色多爲深緑、淺緑兩種，間有絳紫及黄色，有絲紋如刷絲。硯石內含有磷的成分，對書畫防蟲蛀有一定的作用。清馬丕緒《硯林脞録》："〔松花硯〕溫潤如玉，紺緑無瑕，質堅而細，色嫩而純，滑不拒墨，澀不滯筆，硯之神妙盡備。"此硯明代已有開采製作，但規模甚小。至清代，因其產地係清宗室發祥地而被列爲御用專硯，深得康熙、雍正、乾隆的喜愛。其開采製作被清皇室所壟斷，專設皇家硯工，精心雕琢，以供御用。因其石色緑如玉，又稱"松花玉"。清乾隆《盛京土產雜詠十二首》序："混同江產松花玉，可作硯材。"清乾隆年間編纂的歷史上最大的一部官修硯書《西清硯譜》中列舉此硯頗多，今北京故宫博物院亦收藏有皇帝題款的多枚松花硯珍品。清代中期後，其產地被查封禁閉，停止開采，故自清末以來長期失傳。20世紀80年代，經考察在長白山下找到產地，恢復開采生產。所製之硯，其色澤、發墨、石聲等均與傳統松花硯無異，暢銷國內外。

【松花玉】

即松花硯。此稱清代已行用。見該文。

菊花石硯

　　湖南名硯。因石上有菊花花紋而得名。產
於湖南瀏陽。石色有深灰、蟹青、蟹黄等。石
質堅滑，不易發墨。本不屬上乘硯材，但因花
紋別致，千姿百態，製硯工匠因材施藝，稍加
雕琢，便可製成巧奪天工的自然隨形硯。以菊
花石製硯，起於清代乾隆年間，至清末，已作
爲朝廷貢品。梁啓超、譚嗣同等都愛收藏此硯。
今湖南長沙、瀏陽、湖北巴東都生産菊花石硯，
在國内外有一定的影響。

澄泥硯

　　省稱“澄泥”。唐代四大名硯之一。屬陶硯
類。以水澄結細泥燒製而成，故有此稱。其製
作工藝源於古代的陶瓦製品，具有質地細膩、
堅硬耐磨、易於發墨、不損筆毫、貯水不涸等
特點。始於唐代，以虢州（今河南靈寶）所産
最佳。宋李之彦《硯譜·諸州硯》：“虢州澄泥，
唐人品硯以爲第一，今人罕用。潭州道人呂翁
作澄泥硯，堅硬如石，手觸輒生暈，上著‘呂’
字。”宋高似孫《硯箋·虢硯》：“虢澄泥，唐人
以爲第一。”今河南洛陽、甘肅等地均有唐代澄
泥硯出土實物，從質地、製作及造型均堪稱上
品。在唐代四大名硯中，由於魯硯過早衰落，
澄泥硯便替而代之，躋身於唐代四大名硯之中。

澄泥硯（宋張杖寫經澄泥硯）
（清于敏中等《西清硯譜》）

　　宋代澄泥硯的製作發展迅速，經過長期實踐和
總結，逐步形成了一套完整的製作工藝。宋蘇
易簡《文房四譜·硯譜》中頗爲詳細地記載了
其製作過程：“作澄泥硯法：以埴泥令入於水
中，按之，貯於甕器内。然後别以一甕貯清水，
以夾布囊盛其泥而擺之，俟其至細，去清水，
令其乾，入黄丹團和溲如面，作一模如造茶者，
以物擊之，令至堅。以竹刀刻作硯之狀，大小
隨意，微陰乾，然後以刺刀子刻削如法，曝過，
閒空埃於地，厚以稻糠並黄牛糞攪之，而燒一
伏時。然後入墨蠟貯米醋而蒸之五七度，含津
益墨，亦足亞於石者。”其品種按色彩分，有鱔
魚黄、蟹角青、緑豆砂、玫瑰紫、豆瓣砂等，
均以質細潔净者爲上品。清朱棟《硯小史》：
“澄泥之最上者爲鱔魚黄。”趙汝珍《古玩指南》
第九章：“考澄泥硯之顔色，以鱔魚黄爲最上，
緑頭青次之，玫瑰紫色者又次之。其黄上見斑
點者謂之砂，斑點大者名豆瓣砂，小者名緑豆

澄泥硯（八棱澄泥硯）
（明王圻等《三才圖會》）

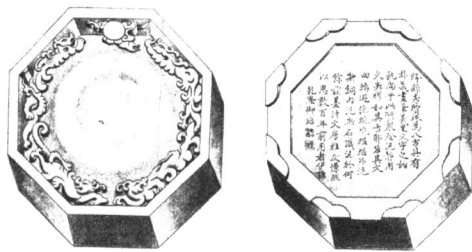

澄泥硯（宋四螭澄泥硯）
（清于敏中等《西清硯譜》）

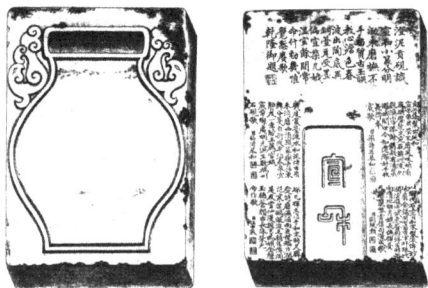

澄泥硯（宋宣和澄泥硯）
（清于敏中等《西清硯譜》）

砂，若有二砂者，尤善落墨。"宋代的製作區域逐漸擴展，除唐代的虢州、相州（今河南安陽）外，山西絳縣、山東柘溝鎮、江蘇吳中及河北滹沱河沿岸地區，也都成爲澄泥硯的製作中心。由於可人工燒製，造型隨意，故產量很高，使用較爲廣泛。其中山西絳縣地靠汾河，泥質細潤，製作最負盛名，其工藝亦不同於別處。宋張洎《賈氏談錄》："絳縣人善製澄泥。縫絹袋至汾水中，逾年而取之，陶之爲硯，水不涸。"宋蘇軾有《得澄泥硯》詩。宋梅堯臣《王幾道罷磁州遺澄泥古瓦二硯》詩："澄泥叢臺泥，斷瓦鄴宮瓦。"今北京故宮博物院藏有宋代"東坡澄泥鵝式硯"。明代澄泥硯製作趨於精細，硯泥色彩五光十色，雕琢極爲講究，常刻有名家題記。所產仍以山西絳縣爲最。今天津藝術博物館藏有一方明代"荷魚朱砂澄泥硯"，今人蔡鴻茹《澄泥硯》稱其"雕刻綫條流暢，造型生動活潑"，相傳出自蘇州製硯名手顧二娘之手，爲明代澄泥硯之上品。明謝肇淛《五雜俎・物部四》："江南李氏有澄泥硯，堅膩如石，其實陶也。"清代在陝州（今河南三門峽、陝縣和靈寶一帶）設工藝局製作澄泥硯。今天津藝術博物館收藏的一方金蟾澄泥硯即爲當時的產品，爲當時的製硯名工王玉瑞所製。但總的看，清代

澄泥硯的產地及製作規模均不如前代。清趙翼《銅硯》詩："斫石姿能潤，澄泥質亦良。"清孫星衍《歸硯圖爲袁綬階廷檮題》詩："一片澄泥硯，攜來問字亭。"新中國成立後，澄泥硯有了新的發展，今山西五臺縣臺麓澄泥硯廠所製之硯，品質上乘。著名書法家啓功使用後，書《澄泥硯贊》字一幅："製自澄泥，發墨淋漓。非端非歙，適用爲宜。"

【澄泥】

"澄泥硯"之省稱。此稱宋代已行用。見該文。

柘硯

澄泥硯之一種。產於具有5000多年製陶歷史的山東泗水柘溝鎮，故名。又稱作"魯柘硯""魯柘澄泥硯""柘溝陶硯""東魯柘硯"。此硯係以當地所產的赤色黏土爲原料。經過多次澄濾，壓製成型，精雕細琢。具有質地堅硬、細密潤滑、磨墨經久不乾、墨色純正等特點。所製之硯，別具風韻，傳名一時。其製作始於唐代，盛於北宋時期。今天津藝術博物館藏有宋代柘硯一方，硯背刻有"柘溝劉家石泥硯"七字。後由于種種原因，柘溝鎮製硯工藝失傳多年，清代雖有記載，已極少見。《大清一統志・兗州府三・土產》："〔柘硯〕出泗水縣柘溝。其地產赤埴瓶盎，亦可爲硯。滑潤如石，謂之柘硯。"20世紀60年代，泗水縣成立了魯柘硯工藝研究所，經過精心研製，恢復傳統製作工藝，至80年代初已生產十多個花色，三百多個品種，其形制主要仿唐宋名硯。所製之硯，具有沉靜堅韌、溫潤如玉、含津益墨、聲若金石、手觸生暈、發墨如油、不漬水、不損毫、古樸大方等特點，受到專家學者的好評。

第七章　璽印組綬説

第一節　璽印考

　　璽印，相當於今之印章。古代鐫刻文字於金屬、玉石等材料之上，鈐印出來，作爲表明身份、地位、權力的標識，或用作履行某種手續的信物。璽印是人類學會使用文字之後的產物，其發軔於何時，衆説不一。漢代讖緯學者在《春秋運斗樞》中稱"舜爲天子，黄龍負璽"，認爲傳説的三皇五帝時期，即新石器時代晚期已有了璽印。晋史家司馬彪所撰《後漢書·祭祀志》云："至於三王，俗化雕文，詐僞漸興，始有印璽，以檢奸萌。"三王指夏、商、周。因爲至遲到商代已經有了較完善的文字及甲骨鐫刻技術，故璽印萌生於商代之説是可信的。20 世紀 30 年代中期，河南安陽殷墟發現了三枚銅璽，已被斷爲商璽。其印文爲圖形文字，分别爲"瞿""亘""禽"，印體皆爲方形平版，并有一模一樣的鼻紐。大抵具備了印璽的基本特徵。詳可參閲于省吾《雙劍誃古器物圖録》、李學勤《中國璽印的起源》。

　　通常意義上的璽印大約產生於西周時期。1996 年 12 月在湖北長陽商周遺址中出土了兩枚西周陶璽，印面呈橢圓形，印文不同於甲骨文和金文，據考定係目前中國考古發現最早的古璽。經過西周時期的發展，至春秋戰國時璽印已盛行世間，時人習稱"璽節"。《周禮・地官・司市》："凡通貨賄，以璽節出入之。"漢鄭玄注："璽節者，今之印章也。"1956年湖南長沙沙湖橋戰國墓出土銅印一方，上端有孔，下有凸榫兩個，據考此爲璽節的一半，還需另一半方能合符。據《釋名・釋書契》稱："璽，徙也。封物使可轉徙而不可發也。"上述《周禮》所稱"凡通貨賄，以璽節出入之"，正是"封物使可轉徙而不可發也"，可見西周時之璽節衹是經濟領域的一種信物，官民通用，可個人佩帶，亦可鈐押。印押即指封泥，即《釋名》所謂"封物"。春秋後期漸用於政治、軍事等機要領域。後世發現了大量戰國璽，印體活潑多樣，印文奇麗如畫，已形成了官璽、私璽、吉語璽等不同用途及另一類型印陶（刻陶片爲印，非後世之陶範爲印），爲秦漢璽印發展奠定堅實的基礎。自秦代始，璽成爲帝王所用印章的專用稱呼，太子、諸王、皇后、太后之印亦多稱璽。此制通行於封建時代，統治者目爲"神器"，作爲皇權神授的象徵，其規制別於民間通用之一般印章。秦始皇以玉不通臣下，規定民間禁用玉，以玉製乘輿六璽，又得藍田玉，製成傳國璽。漢承秦制，有六璽及傳國璽，六璽即皇帝行璽、皇帝之璽、皇帝信璽、天子行璽、天子之璽、天子信璽。皆玉螭虎紐，白玉製成。魏晉以後皆因漢制。南北朝以後又有"八璽"之目，即六璽之外加"神璽""受命璽"。諸璽之名皆由其印文而來。至唐武則天惡璽音近"死"，改命諸璽皆爲"寶"，遂有"八寶"之名。至宋代仍沿稱"八寶"，惟其中之"神寶"改稱"鎮國神寶"。宋徽宗時，命依前制新琢"八寶"，又得于闐玉，用製"定命寶"一座，合上述八寶，遂有"九寶"之目，以"定命寶"爲首。其行用排設時，以定命寶、受命寶及天子三寶居左，以鎮國神寶及皇帝三寶居右。此外宋代又有"大宋受命之寶""大宋受命中興之寶""皇帝欽崇國祀之寶""天下合同之寶""書詔之寶"等。皇太子、皇后、皇太后皆有御賜金寶。逮及明代御寶已達二十四枚，其中舊傳者十七，新製者七。清代御寶，據《御定交泰殿寶譜》載，乾隆十一年（1746）時已達三十五枚。明清兩代除繼續沿用傳統"八寶"外，新增名目繁多，各具不同用途。清代更有滿文御寶。

　　諸璽寶之制多歷代相沿，壞則重製，亡則補之。歷代各設專職加以管理，如宋代之符寶郎、清代之尚寶司等。其質地，御用璽寶除南北朝及清代間或用黃金，餘多用玉石，太子、皇后、太后之璽寶則多用黃金。其形制多爲正方體，方一寸半至數寸不等，上有鼻紐以繫綬帶。其紐形除清代爲交龍紐或蹲龍紐外，他皆爲螭虎紐。

　　諸璽寶之用途，歷代相沿者大同小异，各代新製者則各有不同。就歷代相沿之"八璽"而言，"天子之璽"多用於賜答外夷書信，清代用於奉祀百神；"天子行璽"，漢代用於發兵、召大臣，唐代用於報四夷書，宋代以後多用於册封外國；"天子信璽"，漢代用作奉事天地鬼神，南北朝後多用作向四夷召兵調兵，或號令外裔；"皇帝行璽"，漢代用於封國，唐代用於報王公書，宋代用於降御札；"皇帝之璽"，唐代用於慰勞王公，宋代用於答鄰國書；"皇帝信璽"，漢代用於賜諸侯王書，唐代用於召王公，宋代用於賜鄰國書及物品。他如"傳國璽"自秦漢以至南北朝歷代相沿，被視爲皇權傳授之神物。隋唐之"神璽"被視爲鎮國之寶，藏而不用。唐以後之"受命寶"多用於封禪禮神。

　　皇族所用璽寶之外，又有形形色色的官印，上自三公九卿，下至地方官府，皆有印章關防，用於行使職權，象徵身份地位，沿用至今。漢代已有印、印章之名，凡禄比二百石以上者皆有印，依地位分金印、銀印、銅印三等，印綬分緑、紫、青、黑、黄數等。行用時以印章加蓋於封泥之上。漢以後公文書札漸用紙帛，遂以朱色直鈐紙帛之上。南北朝時官印有金章、金印、銀章、銀印諸目。至唐代又有"印信""朱記"等名，宋元以來，有"花押""元戳"，明清又有"條記""條印""官防""關防"等。民國以來，各機關公務部門皆有用於行使職權的印章。

　　中國之印材，自殷商以來，常見的有銅、銀、金、玉、牙、角等，元代以後又盛行石章，間有木質者。據明郎瑛《七修類稿》載，元末王冕始以花乳石刻之，是爲石章之始。至清代始，壽山石、青田石、昌化石已名滿天下。壽山石産於福建閩侯北六七里壽山之五花坑，青田石産於浙江青田東南山口、方山等地，昌化石産於浙江昌化深山之中。另據明陳繼儒《妮古録》載，其時江浙一帶曾風行陶印。其法先以印式、印文鑄成火範，入窰後頃刻可得，色如定窰白瓷，其紐有瓦、橋、象、辟邪、連環諸種，尤見生動傳神。今人更重壽山、青田兩石，但已難見精品，多以普通木、石或塑膠爲用。

總　稱

印章

　　單稱"印""章"。亦稱"圖章"。刻有反向文字或圖形的金石之類載體。初用以封發簡牘時加蓋於封泥之上，作信驗以防私啓。後亦蓋於文書、圖籍、書畫等載體之上，用作驗證憑信，間亦用於典禮、賞玩、吉祥用物。殷商時已見行用，前《璽印考》文中已述及，20世紀30年代中期安陽殷墟已發現三枚銅璽，此即今世可知的中國最早的印章。戰國時始有"印"之稱，漢始有"章""印章"之名。就使用者身份而言，分官印、私印；就材質言，有玉印、金印、銀印、銅印、石印、象牙印、犀角印、木質印等；就印文言，有白文（陰文）印、朱文（陽文）印。印文先秦爲大篆，秦更爲小篆，魏晉以來始行楷書，然仍以篆書最常見，印紐多作龍、螭、辟邪、獅、虎、駝、魚、兔、鵠諸形。作爲官印，秦以後帝印獨稱璽，唐代改稱御璽爲“寶”，諸侯百官至於庶民皆稱印，漢自三公以下，分金銀銅三等，唐代諸司多用銅印，宋中書、樞密、三司使印塗金，惟尚書省不塗，明一二品官用銀印，三品以下用銅印，方厚有差，清文武百官多用銀印銅印，惟御璽有金製者。宋元以來，有“花押”“元戳”，明清又有“條記”“關防”諸稱。作爲私印，有名章、書簡印、鑒賞印、吉語印、花押印等。《墨子‧號令》：“守還授其印，尊寵官之。”《史記‧孝武本紀》：“官名更印章以五字。”裴駰集解引張晏曰：“漢據土德，土數五，故用五爲印文也。若丞相，曰‘丞相之印章’。”《漢書‧朱買臣傳》：“守邸怪之，前引其綬，視其印，會稽太守章也。”《文選‧陸機〈漢高祖功臣頌〉》“祚爾輝章”唐李善注：“章，印章也。”宋高承《事物紀原‧衣裘帶服部》：“按商靸書《定分篇》曰：‘法令之長印以封右券。’以法令之長有印以封券，則有司之賜印，自秦孝公之變法始爾。”明徐官《古今印史‧用印法》：“凡寫詩文，名印當在上，字印當在下，道號又次之……試看宋元諸儒真迹中，用印皆然。”明甘暘《印章集說》：“印，古人用以昭信。從爪，從卪，用手持節以示信也。三代始之，秦漢盛之，六朝二其文（謂文之朱白），唐宋雜其體（謂易其制度）。”清袁枚《隨園隨筆‧印》：“璽即印也。

戰國時已用印，蘇秦佩六國相印，項羽刓印而不以與人，漢高帝弄御史大夫印而顧趙堯，其來久矣。”清文康《兒女英雄傳》第一五回：“〔他〕又漸次學到作畫游戲……甚至鐫印章。”又第三二回：“這三方圖章也衹好等後年春闈之後再講罷。”《清史稿‧輿服志三》：“及功成奏凱，還上元戎佩印。”

【印】

即印章。古人用作憑信的圖章印鑒。先秦已行用，戰國時始稱印。漢代曾規定，丞相、大將軍及二千石以上稱章，其餘官民皆稱印。

【章】[1]

即印章。此稱漢代已行用。見該文。

【圖章】

即印章。此稱清代已行用。見該文。

【印篆】

即印章。因印文多篆書，故稱。宋宋敏求《春明退朝錄》卷下：“近朝皇后、太后皆有印篆，文曰：‘皇太后之印’‘皇后之印’。”清彭養鷗《黑籍冤魂》第七回：“〔吳瑞庵〕領着幕賓跟隨，來接了寧紹臺道的印篆。”

印信

古代印章之總稱。用木或金石象牙雕刻文字，鈐蓋以資信守，故稱。唐元稹《酬樂天東南行詩一百韻》：“斂縮偷印信，傳箭作符繻。”《元典章‧刑部十四‧詐》：“中書省捉獲王容詐雕行省並中書省印信。”明施耐庵《水滸傳》第二三回：“武松讀了印信榜文，方知端的有虎。”清黃景仁《題可堂印譜》詩：“伊惟印信作，旨哉得書意。”

印記

泛指各種公私圖章鈐記。唐張彥遠《歷代

名畫記》中有《叙古今公私印記》文。唐陸贄《優恤畿内百姓並除十縣令詔》："其田宅傢俱樹木麥苗等，縣司並明立簿書印記，令所由及近鄰同檢校，勿容輒有毀損。"宋趙彥衛《雲麓漫鈔》卷四："今之印記多不如制，軍校印尚有存者，蓋可考也。"《宋史・輿服志六》："南渡之後，有司印記多亡失，彼遺此得，各自收用。"又："乾道二年，禮部請郡縣假借印記者，悉毀而更鑄。"

鑄印 [1]

本指製作金屬印章的方法，此特指以此法所製之印章。一般先雕蠟模，外面用泥作範，熔金屬注入泥範而成。故亦稱鑄印爲"撥蠟"。另爲翻沙，以木爲印，覆於沙中，如鑄錢之法，分成兩半印模，注入熔銅而成。鑄印方法，有先鑄印坯、後鑿印文的，亦有印坯和印文連同鑄造的。明張應文《清秘藏・論晋漢印章》："近日關中洛下利徒，翻沙假鑄印，自無刀鋒，亦不難辨。"清朱彝尊《衍齋印譜跋》："漢官私印俱用撥蠟鑄。"

【撥蠟】

"鑄印"之一種。此稱清代已行用。見該文。

【翻沙】

"鑄印"之一種。此稱明代已行用。見該文。

鑄印 [2]

指刻印的一種藝術風格。流行於漢代，方法是印坯和印文一起澆鑄。此類印文精巧工整，別具一格，爲後世篆刻家所取法。

鑿印

亦稱"急就章"。治印方法之一。此處特指鑿成之印章。此類印章印文錯落自然，多數是將軍印和頒發給兄弟民族的官印，流行於漢、魏、晋、南北朝之間。相傳因軍中官職往往匆忙任命，印信倉促鑿成，故別稱"急就章"。此法爲後人所仿效，相沿成習，形成一種刻法。清倪濤《六藝之一録》卷二四引明吳立峰《稽古齋鑑藏圖書序》："獲古銅印章三千有奇……其篆文有鳥迹，有蟲魚，有鐘鼎，有大小篆，有急就章。"

【急就章】 [1]

特指鑿印。此稱明代已行用。見該文。

刻印

治印方法之一。指以刀爲工具雕刻印文，古代軍中應急授爵，多用此法。刻者更顯刀法，古人甚喜用，今人尤多用之。此處指以此法所製的印章。明甘暘《印章集説》："刻印，以刀成文。軍中即時授爵，多刻印。刻者更有刀法，今法之。"又："刻玉印，古刻玉以昆吾刀。《周書》云，昆吾氏獻昆吾刀，切玉如脂。今無此刀，時以藥治刀刻之。云以藥塗玉刻者，謬耳。"

碾印

治印方法之一。古以水晶、瑪瑙等印堅硬不易刻，故多用鋼輪碾磨。此處指以此種方法所製之印章。明甘暘《印章集説》："碾印，玉、瑪瑙、水晶，硬不易刻，故碾之。且玉人雖巧，不知篆文，落墨至精，不能令有筆意。且轉折結構，俱不流暢，不如刻者有神。"清朱象賢《印典・評論》："《梅庵雜志》：碾者不過用鋼輪之力，以爲橫直之文，非如用刀，可運用己意，所以字畫絶無意趣。非全係工人之不善其道如是耳。"

陶印

燒製而成的陶質印章。陶印最早源於新石

器時代的陶拍，戰國秦漢時期，出土的陶印多有發現。唐宋以後，又出現紫砂陶印。明人周丹泉善燒陶印，其法先以印式、印文鑄成火範，其印式有辟邪、龜象、連環、瓦紐諸款，色如定窯白瓷。明陳繼儒《妮古録》："吳門周丹泉能燒陶印文，或辟邪、龜象、連環、瓦紐，皆以火範而成，色如白定，而文亦古。"

印文

印章上的文字。或鑄或鐫，三代唯用大篆，秦李斯改爲小篆，漢魏亦用繆篆，魏晉以降，或用楷書，然仍以篆書爲常。北宋筆畫或加曲折，明清又多作九疊篆文。《漢書·王莽傳》："〔使者〕授單于印，改漢印文，去'璽'

殷墟三璽印文
左：旦　中：亞　右：瞿

曰'章'。"《宋史·輿服志六》："〔仁宗景祐元年〕後又命知制誥邵必、殿中丞蘇唐卿詳定天下印文，必、唐卿皆通篆籀，然亦無釐改焉。"元吾丘衍《學古編·洗印法》："不損印文而清麗若新。"參見本考"印"。參閱趙汝珍《古玩指南·古代璽印》。

白文

指鑄刻爲凹狀的印文。此類印章蓋出的印文爲紅地白字，故亦稱"陰文"。明代已行用此稱。隋唐以前的印章即以白文爲主，因行封泥制，蓋出的印文則爲實文。明汪砢玉《珊瑚網》卷二二："賢志堂印，白文，螭鈕。"

【陰文】

即白文。此稱明代已行用。見該文。

朱文

指鐫刻爲凸狀的印文。此類印章蓋出的印文爲白地紅字，故亦稱"陽文"。隋唐以後，因封泥制廢止，朱文遂取代白文在印章中的地位。

【陽文】

即朱文。此稱明代已行用。見該文。

印面

印章刻有印文的一面。《明會典·學校·印信》："十四年議准，在外大小衙門印記，年久印面平乏，篆文模糊者，方許申知上司，驗實具奏，鑄換新印。"

印識

鈐於文簿書畫上之印記。宋周密《齊東野語·紹興御府書畫式》："其裝褾裁製，各有尺度；印識標題，具有成式。"明王世貞《題宋拓褚模褉帖》："内有范文正仲淹、王文忠堯臣手書，杜祁公、蘇才翁印識。"清人馮承輝有《歷朝印識》一書。

朱記[1]

印文的名稱。專指隋唐以後，以紅色顏料蓋在紙帛上的一種印文。宋孔傳《東家雜記》卷上："政和五年，朝廷頒降……朱記一顆，以'至聖文宣王廟朱記'爲章。"

官　印

官印

官府所用之印章，任命官吏時授之以作爲行使權力之憑證。先秦通稱爲"璽"，秦始分"璽"與"印"，帝王所用的專稱"璽"，多以玉爲之，故後世稱爲"玉璽"，官、私均用的改稱"印"。官印爲權力象徵，歷代均有制度，其官職高低不同，印材印制亦有差別。一般大於私印，四方形爲主，鼻紐形狀各異，印文格局自然舒展，整印嚴謹穩重。戰國秦代官印皆鑿款白文，約二三厘米見方。字數多少不一，以田、日爲界格，疏密恰當，生動自然。漢承秦制，帝王所用稱"璽"，帝王以下始有"章"與"印"之分，皇帝、后、諸侯王稱"璽"，諸國貴人、相國、列侯、將軍、丞相及中二千石、二千石稱"章"，千石至百石以下皆稱印。二百石以上用正方形之"通官印"，百石以下低級官員用方印之半，謂"半通印"，漢印除將軍印和賜少數民族官印外，多出於鑄製，皆用繆篆，多爲白文，樸實大方。此外，對於印質、印綬、

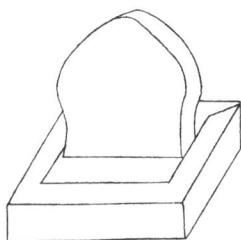

官印(明宏仁允州阡照長官印)
（清王傑等《西清續鑑》）

漢王國官印封泥
左：齊鐵官印　右：齊鐵官丞
（吴熊《封泥彙編》）

印紐、印文字數，自皇帝至低級官員，皆有嚴格規定。自武帝太初元年（前104）始，形成了一套完整的授印制度，歷經東漢、新莽，遞相沿襲，無原則性增損。及至晋代中後期，紙張大規模取代簡牘之後，封泥制度漸趨消亡，與之并行的授印制度亦隨之發生變化。如魏晋官印雖綫條瘦挺，但仍有漢代遺風。至六朝，印制巨變，不僅形狀偏大，刻劃也很隨意，漢魏挺拔風格不再。隋唐崇尚大印之風更盛，改白文爲朱文。武則天改"璽"爲"寶"，後世皆沿用此稱。"寶"印大逾四寸，印紐爲直柄，從長約一寸至長約一握，居印當中，後世稱"印把子"，以示權力。北宋官印則有年款，印篆布滿，筆畫加曲折，稱九疊篆文，元明清沿用。元以蒙文入印，明又有條記、關防長方形官印。清篆文、滿文合用，隸書入官印較爲少見。現有"右策寧州留後朱記"一方，宋代開創了後世八分入印之先河。官印最富考史證史價值，其中亦不乏藝術精品。《漢書·惠帝紀》："佩二千石官印者，家唯給軍賦。"宋周密《雲烟過眼錄》卷上："易元吉手卷，紙上畫子母二十餘枚，秦氏物，前有尚書儀衛使官印。"清桂馥《續三十五舉》："古者官印，不過寸許，私印更小，六朝以降始漸大。"今人惠藍君製有［漢］《官印》一表（載《篆刻》一書中），甚簡要，惜有明顯失誤。今據《漢舊儀》《漢書·百官表上》《後漢書·輿服志下》《五燈精舍印話·印紐印體》諸典籍，再予補正如下表。

【印佩】

官印。以其常佩於腰，故稱。漢徐幹《中

論·亡國》："是則以綸組爲繩索，以印佩爲鉗鐵也。"唐羅隱《秋日有酬》詩："腰間印綬黃樞貴，卷裏文章白雪高。"

【腰章】

古代官印之別稱，以其常繫於腰間，故稱。唐王維《送縉雲苗太守》詩："手疏謝明主，腰章爲長史。"唐崔湜《襄陽作》詩："廟堂初解印，郡邸忽腰章。"清黃周星《楚州酒人歌》："手板腰章束縛苦，半醒半醉聊枝梧。"

兩漢授印制度概覽

印名印件＼受印君臣	稱謂	印質	印綬	印鈕	字數	印體
皇帝、后	璽	白玉、金	黃赤綬	螭虎鈕	五字	正方形印體稱爲「通官印」
諸侯王	璽	玉、金	赤綬	覆斗鈕	五字	
西北蠻夷王		金	赤綬	橐駝鈕	不定	
西南蠻夷王		金	赤綬	虵蛇鈕		
南國蠻夷王		金	赤綬	螺鈕		
諸國貴人、相國、丞相	章	金	綠綬	龜鈕	五字	
列侯、太尉、將軍	章	金	紫綬	龜鈕	五字	
中二千石，二千石	章	銀	青綬	龜鈕	五字	
千石至六百石	印	銅	黑綬	鼻鈕	四字	
四百石至二百石	印	銅	黃綬	鼻鈕	四字	
百石以下	印	銅		鼻鈕	三字	長方形稱"半通印"

璽

亦作"鉩""鈢"，唐以後亦稱"寶"。古代印章。是國家、官吏與個人在社會生活中用作憑證的印記，因使用者身份、用途不同而質料、形制各異，然以金、青銅、玉爲多。發端於商代，黃濬《鄴中片羽》著錄了三方安陽殷墟出土的銅印，爲商代已出現銅質印璽的佐證。春秋戰國已較常見，普遍行用於秦漢以後。先秦泛指印章，不分尊卑，百官私人均可使用，爲古璽。自秦統一六國始，爲帝王所專用（漢代亦有諸侯王、皇太后用璽者），成爲皇權的象徵和帝王行使權力的憑證，多以玉爲料。《周禮·地官·掌節》："門關用符節，貨賄用璽節，道路用旌節。"鄭玄注："璽節者，今之印章也。"《說文》："璽者，印也。古者尊卑共之。"《韓非子·外儲說左下》："豹對曰：'往年臣爲君治鄴，而君奪臣璽；今臣爲左右治鄴，而君拜臣，臣不能治矣。'遂納璽而去。"宋高承《事物紀原·衣裘帶服部》："《後漢書·祭祀志》曰：'三王雕文，詐僞漸興，始有璽符，以檢奸萌。'是印璽之起，肇於三代也。應劭曰：'璽，信也，古者尊卑共之。'衛宏曰：'秦以前，民亦以金、玉爲印，龍虎鈕；秦始天子稱璽，又以玉，群臣莫敢用也。'"明甘暘《印章集說》引《逸周書》："湯取天子之璽，置之於天子之坐。"又曰："璽即印也，上古諸侯大夫通稱。秦始皇作傳國璽，故天子稱璽。漢晉而下自傳國璽外各篆有璽，其文不一，制度各殊，一名曰寶。"《清史稿·輿服志三》："國朝受天命，采古制爲璽……其質有玉、有金、有栝檀木。玉之品有白、有青、有碧。紐有交龍、有盤龍、有蹲龍。"古璽字常作"鉩""鈢"。唐武后延載元年（694）改稱爲"寶"，後遂"璽""寶"并稱。就其形制演變而言，先秦印體及其鼻紐較小，印文多爲大篆，字體疏朗，秦以後璽專用玉石，個別亦有用金者（如出土的西漢南越國王所用"文帝行璽"）。印體漸加厚重，印鈕以龜獸紐較常見，印文多

戰國璽
（黃濬《尊古齋古璽集林集》）

爲陽文小篆，有邊框，唐以後印文布局更加均衡細密，至清代出現九疊篆，除漢文外，尚有蒙文、滿文及滿漢合文。

【鈢】

同“璽”。此體先秦已行用。見該文。

【鉨】

同“璽”。此體先秦已行用。見該文。

【寶】[1]

即璽。古代帝王專用之印章。秦始皇始稱帝印爲“璽”，唐武則天惡其音近“死”，命改稱爲“寶”。中宗即位復稱“璽”，玄宗開元六年（718）又稱“寶”，後遂歷代沿襲。行文中亦常“璽”“寶”并用，且名目代有所增。唐有“六寶”“八寶”之稱，宋有“九寶”之名，明寶璽二十有四，清乾隆十一年（1746）考定寶譜，藏於交泰殿與盛京者共三十有五。《新唐書·車服志》：“至武后改諸璽皆爲寶。中宗即位，復爲璽。開元六年，復爲寶。”宋宋敏求《春明退朝錄》卷下：“近朝皇太后、皇后皆有印篆，文曰‘皇太后之印’‘皇后之印’……至尊之位，亦不合言印，當云某宮之寶。”《明會要·輿服下》引《職官志》：“寶璽共二十有四。舊寶十七……爲唐宋傳璽。”《清會典·禮部九·鑄印局》：“凡印之別有五：一曰寶，二曰印，三曰關防，四曰圖記，五曰條記。”參見該文。《清史稿·輿服志三》：“清初設御寶於交泰殿，立尚寶司。”

寶[2]

古代天子諸侯以圭璧爲符信，泛稱寶。多見於先秦。《詩·大雅·崧高》：“錫爾介圭，以作爾寶。”

印璽

古印通稱，先秦有官璽和私璽之分，秦以後多指帝璽和官印。《管子·君臣上》：“是故主畫之，相守之；相畫之，官守之；官畫之，民役之。則又有符節、印璽、典法、筴籍以相揆也，此明公道而滅奸僞之術也。”《漢書·食貨志上》：“宣帝始賜單于印璽，與天子同。”《後漢書·祭祀志》：“自五帝始有書契，至於三王，俗化雕文，詐僞漸興，始有印璽，以檢奸萌。”《西漢會要·輿服下》：“宣帝始賜單于印璽，與天子同。”《東漢會要·輿服上》：“諸侯王、列侯、始封貴人薨，皆令贈印璽。”

符璽

亦稱“璽符”。“璽”“符”的合稱，泛指古代帝王印信。秦以後亦專指帝王之御印。《莊子·胠篋》：“爲之符璽以信之，則並與符璽而竊之。”《史記·秦始皇本紀》：“奉其符璽，以歸帝者。”《漢書·文帝紀》：“願大王幸聽臣等，臣謹奉天子璽符，再拜上。”又《霍光傳》：“光專權自恣，疑有非常。臣旦願歸符璽，入宿衛，察奸臣變。”《三國志·吳書·孫休傳》：“戶曹尚書前即階下贊奏，丞相奉璽符。”

【璽符】

即符璽。此稱漢代已行用。見該文。

玉印

亦稱“珪璽”。玉質之印章。其中皇帝所用之玉印稱“玉璽”，普通玉印官印較少，私印居多，亦用於宗教場合。《漢書·郊祀志》：“天子又刻玉印，曰‘天道將軍’。”《三國志·魏書·武帝紀》：“〔袁〕紹又嘗得一玉印。”《異聞錄》：“永嘉三年，劉淵徙平陽，於分水得白玉印，方四寸，高二寸二分，龍紐，其文曰‘有新寶之

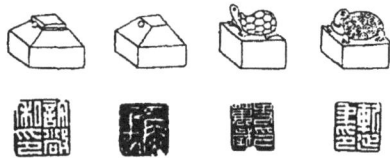

玉　印
（清吳大澄《古玉圖考》）

印’，王莽所造也。”隋王通《文中子·周公》：
“邳公好古物，鐘鼎什物，珪璽錢貝必具。”清
鄭燮《骨董》詩：“缺角古玉印，銅章盤龜螭。”

【珪璽】

即玉印。此稱隋代已行用。見該文。

玉璽

亦稱“玉寶”。皇帝的玉印。古代印、璽無
別，自秦後，皇帝之印獨稱“璽”，專以玉爲
之，有六璽及傳國璽，用於封賞典禮征伐等國
事。漢承秦制，魏晉、南北朝、隋皆因漢制，
晉以後又有神璽，合六璽及傳國璽，遂有八璽
之名。唐太宗刻受命之璽，以白玉爲螭首。宋
又製受命寶，是後諸帝嗣位，皆自爲一寶，以
“皇帝恭膺天命之寶”
爲文。凡上尊號，有
司製玉寶則以所上之
尊號爲文。又別製鎮
國神寶、大宋受命中
興之寶等玉璽。遼、
金除得征服國部分玉
璽外，又別製之。明
初御寶已達十七，嘉
靖十八年（1539）新
製七寶，共計二十四
枚。清玉璽品類繁
多，僅據《御定交泰

玉璽（宋定命寶玉璽）
（宋龍大淵《古玉圖譜》）

殿寶譜》記載，達三十五枚之多。漢蔡邕《獨
斷》：“天子璽以玉螭虎紐。古者尊卑共之……
秦以來，天子獨以印稱璽，又獨以玉，群臣莫
敢用也。”《晉書·載記·慕容廆》：“獲皇帝玉璽
三紐，遣長史裴嶷送於建鄴。”唐李商隱《隋
宮》詩：“玉璽不緣歸日角，錦帆應是到天涯。”
《清史稿·世祖紀一》：“甲子，上太祖武皇帝、
孝慈武皇后、文宗文皇帝玉冊玉寶於太廟。”

【玉寶】

“玉璽”之別稱。此稱明清時已行用。見該文。

【御璽】

亦稱“御寶”。古代帝王璽印之通稱。《史
記·秦始皇本紀》：“矯王御璽。”《元史·耶律楚
材傳》：“以御寶空紙付奧都剌合蠻，使自書填
行之。”《清史稿·輿服志二》：“乾隆十三年九月，
改鐫御寶，始用清篆文。”

【御寶】

即御璽。此稱元代已行用。見該文。

【神器】

亦稱“皇器”。指帝王之印璽。古謂君權神
授，故名。亦喻帝位。《漢書·敘傳上》：“世俗
見高祖興於布衣，不達其故……不知神器有命，
不可以智力求也。”顏師古注：“劉德曰：‘神器，
璽也。’李奇曰：‘帝王賞罰之柄也。’”王先謙
補注：“劉奉世曰：‘神器者，聖人之大寶曰位
是也。’”《後漢書·劉盆子傳》：“盆子探符，雖
盜皇器，乃食均輸。”李賢注：“皇器，猶神器，
謂天位也。”晉范寧《穀梁傳·序》：“以廢君爲
行權，是神器可得而闚也。”《清史稿·樂志六》：
“帝授神器，統一寰瀛。”

【皇器】

即神器。此稱漢代已行用。見該文。

璽綬

亦作“璽韍”，亦稱“璽綬”。璽與綬之合稱。綬，古代繫璽印之絲帶。亦代指印璽。《漢書·外戚傳·元后》：“謹以令月吉日，親率群公、諸侯、卿士，奉上皇太后璽綬。”又《百官公卿表上》：“漢諸侯王厥角稽首，奉上璽韍。”顏師古注：“韍，音弗，璽之組也。”按，韍，通“綬”。又《王莽傳》：“太皇太后即日駕之未央宮，收取璽綬，遣使者馳召莽。”《東漢會要·輿服上》：“及莽敗時，仍帶璽綬。”《魏書·孝莊紀》：“己亥，百僚相率，有司奉璽綬，備法駕，奉迎於河梁。”《隋書·禮儀志四》：“使者就位，持節及璽綬稱詔。”《資治通鑑》卷一三五：“侍中謝朏在直，當解璽綬，陽爲不知。”

【璽韍】[1]

同“璽綬”。此體漢代已行用。見該文。

【璽綬】[1]

即璽綬。此稱漢代已行用。見該文。

六璽

亦稱“乘輿六璽”“天子六璽”“六寶”。古代皇帝專用六種玉印之統稱。即皇帝行璽、皇

六璽（漢玉六璽一）
（宋龍大淵《古玉圖譜》）

六璽（漢玉六璽二）
（宋龍大淵《古玉圖譜》）

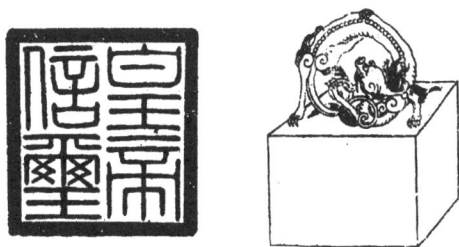

六璽（漢玉六璽三）
（宋龍大淵《古玉圖譜》）

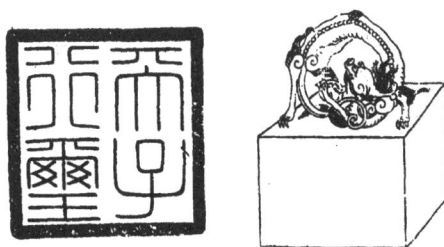

六璽（漢玉六璽三）
（宋龍大淵《古玉圖譜》）

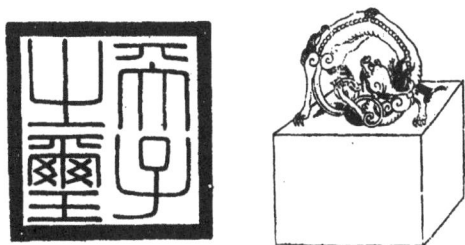

六璽（漢玉六璽五）
（宋龍大淵《古玉圖譜》）

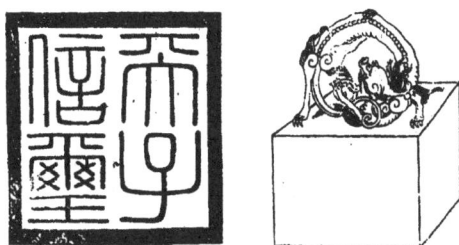

六璽（漢玉六璽六）
（宋龍大淵《古玉圖譜》）

帝之璽、皇帝信璽、天子行璽、天子之璽、天子信璽。始見於秦，漢唐因之。《後漢書·輿服志下》李賢注引《漢舊儀》曰："璽皆白玉螭虎紐，文曰'皇帝行璽''皇帝之璽''皇帝信璽''天子行璽''天子之璽''天子信璽'，凡六璽……璽皆以武都紫泥封，青囊白素裏，兩端無縫，尺一板中約署。"又引《吳書》曰："漢室之亂，天子北詣河上，六璽不自隨，掌璽者投井中。"《三國志·吳書·孫堅傳》："脩諸陵，平塞卓所發掘。"裴松之注引《虞喜志林》："天子六璽者……此六璽所封事異，故文字不同。"《晋書·輿服志》："乘輿六璽，秦制也。曰'皇帝行璽''皇帝之璽''皇帝信璽''天子行璽''天子之璽''天子信璽'，漢遵秦不改。"《新唐書·儀衛志上》："符寶郎奉六寶，與殿中後部從，在黃鉞內。"《宋史·輿服志六》："鎮國、受命二寶，合天子六璽，是爲八寶。"

【乘輿六璽】

即六璽。此稱晋代已行用。見該文。

【天子六璽】

即六璽。此稱晋代已行用。見該文。

【六寶】

即六璽。此稱唐代已行用。見該文。

八璽

亦稱"八寶"。古代帝王八種印璽之總稱。秦漢時，皇帝有六璽及傳國璽，晋以後又有神璽，遂有"八璽"之稱。因傳國璽後失，唐朝製受命璽代之，沿稱"八寶"。《北史·裴矩傳》："乃令矩與征、公淹領旦及八璽，舉山東之地歸降。"《隋書·禮儀志六》："皇帝八璽，有神璽，有傳國璽，皆寶而不用。"《新唐書·車服志》："天子有傳國璽及八璽，皆玉爲之。"宋蘇轍《八璽》詩："秦人一璽十五城，百二十城當八璽。"《宋史·輿服志六》："鎮國、受命二寶，合天子、皇帝六璽，是爲八寶。"《元史·輿服志》："典瑞使二人，本品服，騎而左右，引八寶。"參見本考"六璽"。

【八寶】

即八璽。此稱宋代已行用，見該文。

九寶

古代帝王專用之九種玉印。宋徽宗政和七年（1117）製定命寶，合前之八寶，共稱"九寶"。具體所指，除六璽與定命寶外，餘略有不同：一說爲傳國璽、神璽，一說爲神璽、受命璽，一說爲鎮國璽、受命璽。《宋史·輿服志六》："政和七年，從于闐得大玉踰二尺，色如截肪。徽宗又製一寶……號曰'定命寶'。合前八寶爲九，詔以九寶爲稱，以定命寶爲首。"參見本卷《璽印組綬説·璽印考》"六璽"文。

神璽

亦稱"神寶"。隋唐以後列爲皇帝八璽之一。始見於南北朝，玉製，號稱受之於天，爲鎮國之璽。多作皇權之象徵，藏而不用。《北史·魏紀五·文帝》："大統三年春二月，槐里獲神璽，大赦。"《隋書·禮儀志》："皇帝八璽，有神璽，有傳國璽，皆寶而不用。神璽明受之於天，傳國璽明受之於運。皇帝負扆，則置神璽於筵前之右，置傳國璽於筵前之左。"《新唐書·車服志》："神璽以鎮中國，藏而不用。"《五

宋鎮國神璽（計九字）
（宋龍大淵《古玉圖譜》）

代會要·符寶郎》引《唐六典》：“天子八寶，其一曰神寶……方六寸，高四寸六分，厚一寸七分，蟠龍紐文，與傳國寶同。”《舊五代史·周書·太祖紀》：“〔廣順三年二月〕，内製國寶兩座，詔中書令馮道書寶文，其一以‘皇帝承天受命之寶’爲文，其一以‘皇帝神寶’爲文。”參見本卷《璽印組綬説·璽印考》“八璽”“九寶”文。

受命璽

唐以後又稱“受命寶”。天子印璽之一。取“受命於天”之義，故名。始見於隋，隋開皇二年（582），傳國璽改稱受命璽，多用於封禪等重大典禮。《隋書·禮儀志七》：“受命璽，封禪則用之。”《新唐書·車服志》：“受命璽以封禪禮神。”《舊五代史·晋高祖紀三》：“辛酉，製皇帝受命寶，以‘受天明命，惟德允昌’爲文。”參見本卷《璽印組綬説·璽印考》“玉璽”文。

大宋中興受命之寶
（宋龍大淵《古玉圖譜》）

【受命寶】

即受命璽。此稱五代時已行用。見該文。

傳國璽 [1]

亦稱“秦璽”“漢傳國璽”。古代帝王玉印之一。相傳秦始皇初定天下，得藍田玉雕琢而成，一説爲和氏璧雕刻而成。方四寸，正面刻李斯所書篆文“受命於天，既壽永昌”八字，四面刻龍形圖案，上有交龍紐。秦亡歸漢，號稱“漢傳國璽”。王莽篡漢，使莽弟王舜求璽，元后怒投於地，損一角。莽敗，璽歸東漢皇室。

漢末諸侯紛争，傳國璽先後爲孫權、袁術所得，後歸曹魏。魏傳晋，西晋末五胡十六國紛争，傳國璽多次易手，遂告失踪。一説此璽歸東晋穆帝，歷經南朝、隋唐，至唐末戰亂亡失。歷朝多有仿製。《漢書·元后傳》：“秦王子嬰降於軹道，奉上始皇璽。及高祖誅項籍，即天子位，因御服其璽，世世傳受，號曰漢傳國璽……舜既得傳國璽，奏之，莽大説。”《三國志·吳書·孫堅傳》裴松之注引《吳書》：“堅令人入井，探得漢傳國璽，文曰‘受命於天，既壽永昌’，方圓四寸，上紐交五龍，上一角缺。”《宋史·輿服志六》：“秦制，天子有六璽，又有傳國璽，歷代因之。”《金史·禮志四》：“文曰‘受命於天，既壽永昌’，相傳爲秦璽。”《清史稿·輿服志三》：“夫秦璽煨燼，古人論之詳矣。即使尚存，政、斯之物，何得與本朝傳寶同貯。”

傳國璽〔秦玉傳國璽三（銘八字）受天之命皇帝壽昌〕
（宋龍大淵《古玉圖譜》）

【秦璽】

即傳國璽。此稱金代已行用。見該文。

【漢傳國璽】

即傳國璽。此稱三國時期已行用。見該文。

傳國璽 [2]

亦稱“傳國寶”“承天大寶”“傳國之寶”。秦之傳國璽亡失後，歷代所倣製之玉印。《隋書·禮儀志六》：“又有傳國璽，白玉爲之，方四寸，螭獸鈕，上交五蟠螭，隱起鳥篆書。文曰‘受天之命，皇帝壽昌’，凡八字。”《新唐書・車服志》："至武后，改諸璽皆爲寶……〔天寶〕十載，改'傳國寶'爲'承天大寶'。"《舊五代史・周書・太祖紀》："傳國寶始自秦始皇，令李斯篆之，歷代傳授，事具前史。至唐末帝自焚之際，以寶隨身，遂俱焚焉。"《金史・斡魯傳》："宗望奄至遼主營，盡俘其妻、子、宗族，得其傳國璽。"《明會要・輿服下》引《大政記》："洪武元年正月庚辰，得美玉，製傳國之寶。"明甘暘《印章集說》："唐武德七年，陝州獲石璽一鈕，文與傳國璽同，不知作者爲誰。"

【傳國寶】

即傳國璽[2]。此稱唐代已行用。見該文。

【承天大寶】

"傳國寶"之別稱。此稱行用於唐代。見該文。

【傳國之寶】

即傳國璽[2]。此稱明代已行用。見該文。

天子之璽

亦稱"天子之寶"。古帝王之印，爲六璽之一。多玉質，螭虎紐。隋代以金爲之，清代爲交龍紐。印文爲"天子之璽"，故稱。其用途歷代略有差异，漢代用於發兵，隋代、宋代用於賜答外藩國君書，唐代用於勞四夷，清代用於祭祀百神。《漢書・霍光傳》"受皇帝信璽、行璽大行前"顏師古注引三國魏孟康云："漢初有三璽，天子之璽自佩，行璽、信璽在符節臺。"《隋書・禮儀志六》："'天子之璽'，賜諸外國書則用之……並黃金爲

宋國璽（天子之寶）
（宋龍大淵《古玉圖譜》）

之，方一寸二分，螭獸紐。"《宋史・輿服志六》："天子之寶，答外國書則用之。"《清史稿・輿服志三》："天子之寶，以祀百神，白玉方二寸四分，厚八分。交龍紐，高一寸三分。"

【天子之寶】

即天子之璽。此稱唐代已行用。見該文。

天子行璽

亦稱"天子行寶"。古帝王之印，六璽之一。多玉質，螭虎紐。印文爲"天子行璽"，故稱。隋以金爲之。清爲蹲龍紐。其用途歷代略有差异，漢代用以册封外國，事天地鬼神，隋

天子行璽
（宋龍大淵《古玉圖譜》）

代以及宋代以後用於册封外藩，唐代用於報四夷書。《後漢書・輿服志下》"乘輿黃赤綬"南朝梁劉昭注引《漢舊儀》："天子行璽，策拜外國，事天地鬼神。"《隋書・禮儀志六》："'天子行璽'，封拜外國則用之……並黃金爲之，方一寸二分，螭獸紐。"《宋史・輿服志六》："天子行寶，封册則用之。"《清史稿・輿服志三》："曰'天子行寶'，以册外蠻。碧玉，方四寸八分，厚一寸九分。蹲龍紐，高二寸二分。"

宋天子行寶玉璽
（宋龍大淵《古玉圖譜》）

【天子行寶】

即天子行璽。此稱唐代已行用。見該文。

天子信璽

亦稱"天子信寶"。古帝王之印，六璽之一。多玉質，螭虎紐。印文爲"天子信璽"，故稱。隋以金爲之。清爲交龍紐。其用途歷代略有差异，秦漢用於封拜王侯，隋唐及宋代多用於對外夷的舉兵和徵召。《史記·高祖本紀》"封皇帝璽符節"唐張守節正義："天子信璽以遣拜封王侯。"《後漢書·輿服志下》"乘輿黃綬帶"南朝梁劉昭注引《漢舊儀》曰："璽皆白玉螭虎紐，文曰'皇帝行璽'……'天子之璽''天子信璽'。"《隋書·禮儀志六》："'天子信璽'，發兵外國，若徵召外國，及有事鬼神，則用之。並黃金爲之，方一寸二分，螭獸紐。"《新唐書·車服志》："天子信璽以召兵四夷，皆泥封。"《宋史·輿服志六》："天子信寶，舉大兵則用之。"《清史稿·輿服志三》："'天子信寶'，以命殊方。青玉，方三寸八分，厚一寸三分。交龍紐，高一寸七分。"

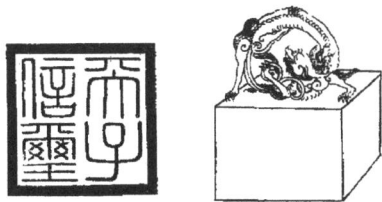

宋國璽（天子信寶）
（宋龍大淵《古玉圖譜》）

天子信璽
（宋龍大淵《古玉圖譜》）

【天子信寶】

即天子信璽。此稱唐代已行用。見該文。

皇帝之璽

古帝王之印，六璽之一。玉質，螭虎紐。

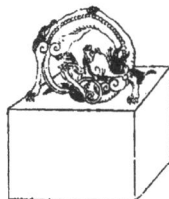

皇帝之璽
（宋龍大淵《古玉圖譜》）

印文爲"皇帝之璽"，故稱。始見於秦，後沿襲，唐後亦稱"皇帝之寶"，清藏數枚，亦有栴檀香木爲之者，皆龍紐。用以答蕃國書或頒布詔赦。《後漢書·輿服志下》"乘輿黃赤綬"南朝梁劉昭注引《漢舊儀》："璽皆白玉螭虎紐，文曰'皇帝行璽''皇帝之璽''皇帝信璽''天子行璽''天子之璽''天子信璽'。"《隋書·禮儀志六》："皇帝之璽，賜諸侯書則用之……白玉爲之，方一寸二分，螭獸紐。"《宋史·輿服志六》："皇帝之寶，答鄰國書則用之。"《清史稿·輿服志三》："交泰殿所藏……曰'皇帝之寶'，以布詔赦。青玉，方三寸九分，厚一寸，交龍紐，高二寸一分。曰'皇帝之寶'，以肅法駕。栴檀香木，方四寸八分，厚一寸八分。盤龍紐，高三寸五分……盛京所藏……曰'皇帝之寶'，青玉，方四寸八分，厚一寸九分。交龍紐，高二寸七分，曰'皇帝之寶'，碧玉，方五寸，厚一寸八分，盤龍紐，高三寸；曰'皇帝之寶'，栴檀香木，方三寸八分，厚六分，素龍紐，高五分。"

【皇帝之寶】

即皇帝之璽。此稱唐代已行用。見該文。

宋皇帝之寶玉璽
（宋龍大淵《古玉圖譜》）

皇帝行璽

古帝王之印，六璽之一。玉質，玉螭虎紐，印文爲"皇帝行璽"，故稱。始見於秦，後繼之。唐後亦稱"皇帝行寶"。清爲蹲龍紐。多用以封賞臣下等。《後漢書·輿服志下》"乘輿黃赤綬"南朝梁劉昭注引《漢舊儀》："皇帝行璽，凡封之璽賜諸侯王書。"《隋書·禮儀志六》："'皇帝行璽'，封常行詔敕則用之……白玉爲之，方一寸二分，螭獸紐。"又《禮儀志七》："'皇帝行璽'，封命諸侯及三師、三公則用之。"《宋史·輿服志六》："皇帝行寶，降御札則用之。"

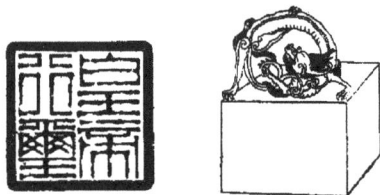
皇帝行璽
（宋龍大淵《古玉圖譜》）

《清史稿·輿服志三》："'皇帝行寶'，以頒賜賚。碧玉，方四寸八分，厚一寸九分。蹲龍紐，高二寸五分。"

【皇帝行寶】

即皇帝行璽。此稱唐代已行用。見該文。

宋皇帝行寶玉璽
（宋龍大淵《古玉圖譜》）

皇帝信璽

古帝王之印，六璽之一。玉質。印文爲"皇帝信璽"，故稱。始見於秦，唐後亦稱"皇帝信寶"。多用於軍國大事，宋代亦用於鄰國交往。《後漢書·輿服志下》"乘輿黃赤綬"南朝梁劉昭注引《漢舊儀》："璽皆白玉螭虎紐……

皇帝信璽
（宋龍大淵《古玉圖譜》）

〔皇帝〕信璽，發兵征大臣。"《隋書·禮儀志六》："'皇帝信璽'，下銅獸符，發諸州征鎮兵，下竹使符，拜代征召諸州刺史，則用之。並白玉爲之，方一寸二分，螭獸鈕。"《新唐書·車服志》："天子有傳國璽及八璽，皆玉爲之……皇帝信璽以召王公……皆泥封。"《宋史·輿服志六》："皇帝信寶，賜鄰國書及物則用之。"《清史稿·輿服志三》："曰'皇帝信寶'，以征戎伍。白玉，方三寸三分，厚六分。交龍紐，高一寸六分。"

【皇帝信寶】

即皇帝信璽。此稱唐代已行用。見該文。

宋皇帝信寶玉璽
（宋龍大淵《古玉圖譜》）

天璽

傳說漢元后進宮前，曾有白氣銜白石如指，墜其績筐中。元后取之，石自剖爲二，上有"母天地"三字。既爲皇后，常將白石置於璽笥中，稱爲"天璽"。參閱《西京雜記》卷四。

金璽

金印之一種，漢代僅爲諸侯王所用。出土的漢代金璽有"廣陵王璽"、西漢南越王的"文帝行璽""漢委奴國王"等。《西漢會要·輿

服下》："諸侯王，金
璽盭綬。相國、丞相，
金印紫綬。"參見本卷
《璽印組綬説·璽印
考》"金印"文。

漢"廣陵王璽"金璽

金印

亦稱"金章""金寶"。金質印章，多爲皇族高官所佩。先秦民間亦以金玉爲印。漢制，諸侯王所用金印稱"金璽"，相國、太師、太保、前後左右將軍等稱金印。後多爲皇親國戚所用。宋代皇后、清代皇太子所用金印亦稱"金寶"。《西漢會要·輿服下》："諸侯王，金璽盭綬。相國、丞相，金印紫綬。"《晋書·輿服志》："貴人、夫人、貴嬪，是爲三夫人，皆金章紫綬。"《宋史·輿服志六》："中興之後，后寶用金，方二寸四分，高下隨宜。鼻紐以龜。"明甘暘《印章集説》："金印，漢王侯用之，私印亦有用者，其文和而光，雖貴重，難入賞鑒。古用金銀爲印，別品級耳。"《清史稿·輿服志三》："康熙十五年，定皇太子金寶，玉筯篆，蹲龍紐，平臺，方四寸，厚一寸二分。"1784年，日本發現一西漢金印。方形蛇鈕，邊長2.4厘米，陰刻篆書"漢委奴國王"五字，當爲西漢賜與委奴國國君之璽印。

宋乾道年製"内府圖書"金印

【金章】

即金印。此稱晋代已行用。見該文。

【金寶】

即金印。此稱清代已行用。見該文。

金龜

黄金鑄成之龜形紐官印。漢代皇太子、諸侯王、列侯、丞相、大將軍、皇后、皇太后等所用。後泛指高層貴族官僚之印信，亦借指達官顯貴。三國魏曹植《王仲宣誄》："金龜紫綬，以彰勳則。"唐李白《對酒憶賀監二首》序："太子賓客賀公於長安紫極宮一見余，呼余爲'謫仙人'，因解金龜換酒爲樂。"出土實物有1954年陝西寧強出土的東漢"朔寧王太后璽"龜紐金印，1979年山東即墨出土的西漢列侯龜紐金印"諸國侯印"，1981年江蘇邗江出土的漢代"廣陵王璽"龜紐金印。

銀印

亦稱"銀章"。古印之一種。銀質，爲歷代品級較高的官吏所佩。因朝代和佩帶者身份不同，其形制有差別。漢兩千石以上用之，明一、二品及京尹、順天、應天府三品以上用之，清公、侯、伯、經略大臣、大將軍、將軍及各部、都察院等使用，但方厚有差。《漢書·百官公卿表上》："凡吏，秩比兩千石以上，皆銀印青綬。"顏師古注："《漢官儀》云：'銀印，背龜紐，其文曰章，謂刻曰某官之章也。'"《隋書·禮儀志六》："三品銀章，青綬。"唐杜甫《春日江村》詩："赤管隨王命，銀章付老翁。"《清史稿·輿服志三》："宗人府、衍聖公銀印，直紐，三臺，方三寸三分，厚一寸。俱清、漢文尚方大篆。"又："通政使司、大理寺、太常寺、順天府、奉天府銀印，直紐，方二寸九分，厚六分五釐，俱清、漢文尚方小篆。"參閱《明史·輿服志四》。

【銀章】

即銀印。此稱隋代已行用。見該文。

銀黃

銀印與金印之合稱。爲高官所佩。《漢書・楊僕傳》：“〔楊僕〕懷銀黃，垂三組，誇鄉里。”顏師古注：“銀，銀印也；黃，金印也。僕爲主爵都尉，又爲樓船將軍，並將梁侯三印，故三組也。”又，亦指銀印與黃色綬帶。《文選・劉峻〈廣絶交論〉》：“近世有樂安任昉，海内髦傑，早縕銀黃，夙昭民譽。”李周翰注：“銀黃，謂銀印黃綬也。”

銀龜

銀質官印，紐作龜形，故稱。漢桓寬《鹽鐵論・除狹》：“今吏道壅而不選，富者以財買官，勇者以死射功……垂青繩，擐銀龜，擅殺生之柄，專萬民之命。”唐李賀《呂將軍歌》：“檣檣銀龜搖白馬，傅粉女郎火旗下。”

銅印

銅質官印。種類繁多，形制各异。漢制，凡秩比二百石以上、二千石以下用之。唐代用銅印，宋因之，然諸王及中書門下、樞密、三司、節度、觀察使等皆塗金。明除京尹及順天、應天二府外，三品以下用之。清光禄寺、太僕寺、武備院、國子監與各道御史及順天、應天外各府、州、縣等皆用銅印。《漢書・百官公卿表上》：“〔凡吏〕秩比六百石以上，皆銅印黑綬……比二百石以上，皆銅印黃綬。”《清史稿・輿服志三》：“詹事府銅印，直紐，方二寸七分，厚九分。”

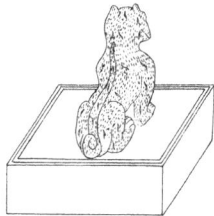

銅印（海努銅印）
（清王傑等《西清續鑑》）

又：“各道監察御史、稽察内務府御史、稽察宗人府御史、巡鹽御史銅印，直紐有孔，方一寸五分，厚三分。”

皇太后璽

唐後亦稱“皇太后金寶”“皇太后玉寶”。皇太后所用之印。或玉質，或金質，名依其文，紐分龍、虎、龜、獬豸等，大小隨其制。《漢書・王莽傳》：“莽帥公侯卿士奉皇太后璽韍，上太皇太后，順符命，去漢號焉。”《隋書・禮儀志六》：“皇太后、皇后璽並以白玉爲之，方一寸二分，螭獸紐，文各如其號。”又《禮儀志七》：“皇太后璽，不行用，若封令書，則用宫官之印。”《新唐書・車服志》：“太皇太后、皇太后、皇后、皇太子及妃，璽皆金爲之，藏而不用。”《宋史・輿服志六》：“〔哲宗二年〕又詔……皇太后金寶，以‘皇太后寶’爲文，皇太妃金寶，以‘皇太妃寶’爲文。中興之後，后寶用金，方二寸四分，高下隨宜，鼻紐以龜。”《清史稿・輿服志三》：“皇太后金寶、玉寶，俱盤龍紐，餘與皇后寶同。”參見本卷《璽印組綬説・璽印考》“皇后璽”文。

【皇太后金寶】

即皇太后璽。此稱唐代已行用。見該文。

【皇太后玉寶】

即皇太后璽。此稱唐代已行用。見該文。

皇后璽

亦稱“皇后之璽”，宋代稱“皇后玉寶”，清代稱“皇后金寶”。其質或玉或金，紐作龍形、虎形、龜形等。漢代已見，1968年陝西咸陽狼家溝出土一西漢玉印，上刻“皇后玉璽”四篆文。高2厘米，寬2.8厘米，紐爲凸雕螭虎形，四側陰刻雲紋。爲新疆和闐白玉所製。

據考當係吕后之印。《隋書·禮儀志六》："皇后
璽，文曰'皇后之璽'。白玉爲之，方寸五分，
高寸，麟鈕。"又："皇太后、皇后璽並以白玉
爲之，方一寸二分，螭獸鈕，文各如其號。璽
不行用，有令，則太后以宫名衛尉印，皇后則
以長秋印。"《新唐書·車服志》："太皇太后、皇
太后、皇后、皇太子及妃，璽皆金爲之，藏而
不用。"《宋史·輿服志六》："天聖中，章獻明
肅皇后用玉寶，方四寸九分，厚一寸二分，龍
鈕。"又："中興之後，后寶用金，方二寸四分，
高下隨宜，鼻紐以龜。"《清史稿·輿服志三》：
"皇后金寶，清漢文，玉筯篆，交龍紐，平臺，
高四寸四分，厚一寸二分。"

【皇后之璽】

即皇后璽。此稱隋代已行用。見該文。

【皇后玉寶】

即皇后璽。此稱行用於宋代。見該文。

【皇后金寶】

即皇后璽，金質。此稱行用於清代。見
該文。

文帝行璽

漢代帝王璽之一。西漢南越國第二代國
王文帝趙眜所用之璽印。1983 年廣州象崗山
南越王墓出土。方形龍鈕金質，每邊長 3.1 厘
米，高 0.6 厘米，蟠龍鈕，通鈕高 0.6 厘米，重
148.5 克。印面呈田字格狀，陰刻"文帝行璽"
四字，小篆體。鈕作一龍蜷曲狀。這枚金印鑄
後又用利刃鑿刻局部，是迄今所見最大的一枚
西漢金印。

滇王之印

西漢賜與滇國國君之印。公元前 109 年，
滇國歸附西漢朝廷，漢武帝册封滇國王爲滇王，

漢"滇王之印"金印

賜"滇王之印"。金制蛇紐，印體呈方形，邊長
2.4 厘米。正面陰刻篆書"滇王之印"四字。一
説此印筆法粗劣，當爲隨葬之仿製品。1956 年
於雲南晋寧石寨山出土。

六合大同印

唐肅宗至德元年（756）所製之徵兵印。時
肅宗始於靈武（今寧夏靈武）即位，爲平"安
史之亂"而徵兵，遂製此印，印文作"六合大
同印"。宋葉廷珪《海録碎事》卷五："肅宗在
靈武鑄印徵兵，文曰：'六合大同印。'"

辟邪璽

古印之一種。辟邪爲古傳説中之神獸，形
似鹿而長尾，生兩角。秦漢以至唐代印璽中常
有仿其形而爲紐者，故名。其色多桃紅。參閲
《博古續考》。

侯印

官印之一種。列侯之印信。漢制，諸侯王
以上印信稱璽，列侯用金印龜紐，稱印。《史
記·張耳陳餘列傳》："君何不齎臣侯印，拜范陽
令，范陽令則以城下君，少年亦不敢殺其令。"
又："武信君從其計，因使蒯通賜范陽令侯印。

鵲印

亦稱"鵲紐"。指公侯之金印，亦指其爵
位。典出晋干寶《搜神記·張顥》："常山張顥
爲梁州牧。天新雨後，有鳥如山鵲，飛翔入市，
忽然墜地。人爭取之，化爲圓石，顥椎破之，
得一金印，文曰'忠孝侯印'。"唐王勃《上絳

州上官司馬書》："鱗軒羽殿，瑤臺降卿相之榮；鵲印蟬簪，金社發公侯之始。"《清史稿·輿服志三》："朕思虎符鵲紐，用之軍旅，所以昭信，無取繁多。"

【鵲紐】

即鵲印。此稱清代已行用。見該文。

章 [2]

官印的一種。以印文作"某官之章"得名。始見於漢，漢代諸國貴人、相國至二千石官可稱"章"，千石以下皆稱印（詳見本考《兩漢授印制度概覽》）。晋文武官、公侯、貴人、夫人、貴嬪皆稱"章"，其餘皆稱"印"。隋三妃、九嬪印亦稱"章"，其餘皆稱"印"。唐後多印、章并稱，成爲印鑒的通稱。《漢書·朱買臣傳》："守邸怪之，前引其綬，視其印，會稽太守章也。"《隋書·禮儀志七》："貴妃、德妃、淑妃，是爲三妃……金章龜紐，文從其職。"明甘暘《印章集說》："章即印也。纍文成章曰章。漢列侯丞相太尉前後左右將軍，黃金印龜紐文，曰章。"參見本卷《璽印組綬說·璽印考》"印"文。

告身印

古代官印。告身爲古代委任官員的文書，加蓋印璽於上，以爲憑信，故稱。始於唐。宋高承《事物紀原·治理政體部》："《通典》曰：唐明皇開元二十三年七月，吏部尚書李暠奏，告身印與曹印文同，請加'告身'兩字。即吏部告身之印始自李暠也。"

朱記 [2]

單稱"記"。唐代以後官印之一。唐代官印多用朱文，因印文中刻有"朱記"二字，故名。至五代宋初以後，多指監司州縣僚屬之印記。

宋周煇《清波別志》卷上："熙寧間詔鑄諸路走馬承受朱記給之。"《文獻通考·王禮考·印》："宋因唐制，諸司皆用銅印……又有朱記，以給京城及外處職司及諸軍校等。其制長一寸七分，廣一寸六分。"

宋方山縣酒稅務朱記

《宋史·輿服志》："監司州縣長官曰印，僚屬曰記。又下無記者，上令本道給以木朱記，文大方寸。"1980年江蘇常州電訊器材廠出土一枚北宋銅官印。其印面略呈長方形，長5.3厘米，寬5厘米，厚1.2厘米。板紐禿角，素面無孔，高2.6厘米，厚1.3厘米，通高3.8厘米。印面陽文篆書"方山縣酒稅務朱記"。印背紐兩側自右至左分刻兩行淺陰文楷書"崇寧三年四月少府監鑄"。此乃北宋末年稅收制度的難得實證之一。現藏常州市博物館。

【記】

即朱記。此稱宋代已行用。見該文。

斗印

大印。官印。金劉中《冷岩公柳溪》詩："斗印輕抛繫肘金，故園風物動歸心。"金王寂《瑞鶴仙·上高節度壽》："歌來斗印，命之方伯。"

半通

亦稱"半印""半章"。古代官印之一種。秦漢時下級官吏所佩用之印章。漢制，丞相、列侯至令丞用正方形大印，多爲白文田字格，低級官吏之印，形制約爲正方官印之半，爲日字格，故名。後世沿用其制。私印亦有長方形者。漢揚雄《法言·孝至》：“不由其德，五兩之綸，半通之銅，亦泰矣。”李軌注：“皆有秩嗇夫之印綬，印綬之微者也。”《後漢書·仲長統傳》：“身無半通青綸之命，而竊三辰龍章之服。”李賢注引《十三州志》：“有秩嗇夫，得假半章印。”參閱清馮雲鵬《金石索·印璽·半印》。

漢“邦侯”半通印
（羅福頤《秦漢南北朝官印徵存》）

【半印】

即半通。此稱清代已行用。見該文。

【半章】

即半通。此稱唐代已行用。見該文。

印照

印信執照。明沈德符《野獲編·西北水利》：“宜諮撫臣，開諭軍民，自備工本，官給印照，俾永爲己業。”《上海小刀會起義史料彙編·咸豐三年十二月丙申發出“上諭”之一》：“城內接應之人，又被搜殺，賊匪得印照，可以影射。”

杓窊印

亦稱“鷹紐印”。遼代所用之印信。杓窊爲古契丹語鷙鳥之總稱。刻其印紐爲鳥形，取其疾速之意，爲調發軍馬、詔賜將帥時使用。《遼史·聖宗紀二》：“遣抹只、謀魯姑、勤德等領偏師以助〔耶律〕休哥，仍賜旗鼓、杓窊印撫諭將校。”《遼史·儀衛志三》：“杓窊印，杓窊，

鷙鳥之總名。以爲印紐，取疾速之義。行軍詔賜將帥用之。道宗賜耶律仁先鷹紐印，即此。”

【鷹紐印】

即杓窊印之意譯。此稱遼代已行用。見該文。

條印

古印之一種。木質。用於緊要文書合縫。因呈長條形，故稱。北齊已見之，唐宋以後盛行。宋高承《事物紀原·衣裘帶服》引《通典》曰：“北齊有‘督攝萬機’之印，一鈕，以木爲之，長尺二寸，廣二寸五分；背上爲鼻鈕，長九寸，厚一寸，廣七分；腹下隱起篆文曰‘督攝萬機’，凡四字，唯以印縫合齪。合縫條印，蓋原於此。”元代紙鈔上所用之黑色騎縫印，稱“墨條印”，見《元典章》。

條記

亦作“鈐記”。明清官印之一種。銅質，長方形，直鈕，由禮部鑄印局鑄發。明洪武十三年（1380）始用，長二寸五分，寬一寸六分，厚二分一厘，九疊篆文。九品以下未入流者用之。清代各縣丞、主簿、吏目、鹽課所、批驗所，各州縣儒學、守備、駐防左右翼長、佐領等吏目亦用之，但方厚有差。長二寸六分、寬一寸九分至長二寸四分、寬一寸三分不等。印文用不同篆書，俱滿漢兩種文字。《明史·輿服志四》：“未入流者，銅條記。”清俞樾《茶香室續鈔·印關防條記》：“明沈德符《野獲編》云：本朝印記，凡爲祖宗廟額設者，俱方印，而未入流者則用條記。其後因事添設，則賜關防治事，即督撫大臣及總鎮大帥亦然。按，此之者與今制同，惟條記之名今作鈐記。”《清史稿·輿服志四》：“守備銅條記，長二寸六分，闊一寸

六分。"清俞正燮《癸巳類稿·俄羅斯事輯》："偽書用印兩顆，鈐蓋不合式，又非邊界頭目鈐記。"參閱《清會典·禮部·鑄印局》。

【鈐記】

即條記。此稱清代已行用。見該文。

禁印

古代宫中禁室之印。《商君書·定分》："〔法令〕一副天子之殿中……一副禁室中，封以禁印。有擅發禁室印，及入禁室視禁法令，及禁剟一字以上，罪皆死不赦。"

急就章[2]

漢代官印之一種。用於任命武官，或因軍情緊急，倉促封賜，草草以銅坯鑿成白文，刀法粗獷凌厲，後人稱爲"急就章"。

堂印

唐宋時期政事堂的專用印信。政事堂爲唐宋時期宰相的辦事機構，唐開元後，政事堂改稱中書門下，堂印亦改爲中書門下印，仍習稱堂印。故堂印實即宰相之官印。亦代指宰相之職位。《舊唐書·宣宗紀》："禮部貢院捉到明經黃績之、趙弘成、全質三人，偽造堂印、堂貼。"唐韓愈《次潼關上都統相公》詩："暫辭堂印執兵權，儘管諸軍破賊年。"唐王建《送裴相公上太原》詩："還携堂印向并州，將相兼權是武侯。"

犀印

古官印之一種。以黑色犀角爲之，質粗軟。漢二千石以下四百石以上官員乘輿時佩之。參閱明彭大翼《山堂肆考》卷三。

關防

古代官印之一種，始於明初，行用於明清。長方形，闊邊朱文。明太祖爲防群臣作弊，改

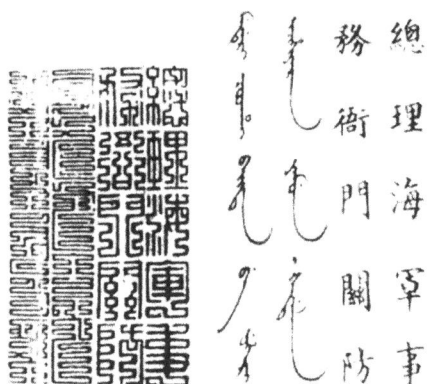

清"總理海軍事務衙門關防"

用半印以便拼合驗對，取關防嚴密之義，故名。明代爲直鈕，多銅質，惟正德時張永征安化王以金鑄，嘉靖中顧鼎臣居守以牙鏤，皆屬特賜。廣一寸九分五，長二寸九分，高三分，九疊篆文。至清代，正規職官用正方形圖章，稱"印"，臨時派遣的職官用長方形圖章。有銀、銅兩種，大小略异，均刻滿、漢兩種文字，以紫紅色水鈐印，有別於朱紅印泥，故亦稱"紫花大印"。明劉辰《國初事迹》："各布政司用使空印紙，於各部查得或錢糧、軍需、段正有差錯，改正却將印紙填寫諸呈補卷。事發，太祖怒曰：如此作弊瞞我，此蓋部官容得，所以布政司敢將空印填寫。尚書與布政司官盡誅之。議用半印勘合行移關防。"《明史·輿服志四》："通政司、鴻臚寺各鑄關防……其後命内府印綬監收貯。嘉靖十八年南巡，禮部領出，以給扈從者。"《清會典·禮部九·鑄印局》："凡印之別有五：一曰寶，二曰印，三曰關防，四曰圖記，五曰條記。"《清史稿·輿服志三》："各府同知、通判銅關防，長二寸八分，闊一寸九分。"

圖記

清官印之一種。銅質方形直鈕。方一寸七分，厚有四分五或四分二種。前者爲八旗佐

領、宗室、覺羅族長所用，後者咸安宮官學、景山官學、養心殿造辦處用之。由禮部鑄印局鑄發。私人用於書籍帳册之印章，亦稱圖記。但不拘形制，不限於銅鑄。《清會典・禮部・鑄印局》："凡印之別有五：一曰寶……四曰圖記。"《清史稿・輿服志三》："八旗佐領，宗室、覺羅族長銅圖記，方一寸七分，厚四分五釐。俱清文懸針篆。"

銀關防

清代印信。關防之一種。銀質，直紐，長方形、長三寸二分，闊二寸。直省總督、巡撫所用者，皆刻滿、漢文，尚方大篆。其中直隸、陝甘、四川三總督，鐫"兼巡撫"字樣；江西、河南巡撫鐫"兼提督"字樣；山西巡撫鐫"兼提都鹽政"字樣。總管雲梯健銳營八旗傳事所用者，俱刻柳葉篆。《清史稿・輿服志三》："直省總督、巡撫銀關防。"參見本考"關防"。

銅關防

明、清官用印信。關防之一種。銅質，長方形，刻書於上。明制爲直紐，廣一寸九分五，長二寸九分，厚三分，九疊篆文。清因使用者身份不同而形制各異，其長二寸六分至三寸二分。寬一寸六分至二寸不等，上刻滿、漢文，但字體不一。《明史・輿服志四》："其它文武人臣有領敕而權重者，或給以銅關防。"《清史稿・輿服志三》："都司衆書銅關防，長三寸，闊一寸九分。"參見本卷《璽印組綬說・璽印考》"關防"文。

騎縫印

印於文件兩紙連結處的印章。有關雙方各留存印有半印之一紙。核查時，紙連印合以爲信，以防僞造。因其印於兩紙結合之縫隙，故稱。始於北魏明帝，歷代沿襲，今稱"騎縫章"。參閱《北史・盧同傳》、清汪汲《事物原會・騎縫印》。

印牌

印信權杖之合稱。古代將帥出征，朝廷多賜之，以爲指揮調度之憑證。清孔尚任《桃花扇・賺將》："若不依時，俺便奪他印牌，另委別將。"有時也偏指"牌"，即傳達命令的符信。明蘭陵笑笑生《金瓶梅詞話》第七一回："良久，只見知印局來，拿了印牌來傳道：'老爺不進衙門了，轎兒只在西華門裏安放。'"清代推行保甲法，亦指用於民戶登記的印信紙牌。《清朝文獻通考・戶口一》："凡保甲之法，州縣城鄉十戶立一牌頭，十牌立一甲頭，十甲立一保長，戶給印牌，書其姓名丁口，出則注其所往，入則稽其所來。"

封寶

古印之一種，帝王封禪時所用，故稱。《宋史・禮志七》："每纏金繩處深四寸，方三寸五分，取容封寶。"

蜜璽

古代爲已故帝王殉葬之璽印，以蜂蠟刻製而成，故名。《宋書・禮志二》："文明王皇后崩，將合葬，開崇陽陵。使太尉司馬望奉祭，進皇帝蜜綬璽於便房神坐。"清郝懿行《晋宋書故・蜜章》："蓋蜜璽放於金璽，而蜜章又放於蜜璽也。謂之蜜者，古人謂蜂蠟爲蜜，刊削蜜蠟以爲印章，納諸竁中，亦猶用明器之意，爲觀美耳。"

蜜印

亦作"密印"，亦稱"蜜章""密章"。用蜂蠟刻製之官印。爲古人死後追贈官職時所用。《晋書·山濤傳》："以太康四年薨，時年七十九……策贈司徒，蜜印紫綬，侍中貂蟬，新沓伯蜜印青朱綬，祭以太牢，諡曰康。"又《陶侃傳》："侃輿車出臨津就船，明日，薨於樊谿……今遣兼鴻臚追贈大司馬，假蜜章，祠以太牢。"唐劉禹錫《爲杜司徒謝賜追贈表》："紫書忽降於九重，密印榮加於後夜。"唐權德輿《哭劉四尚書》詩："命賜龍泉重，追榮密印陳。"宋王安石《贈工部侍郎鄭公挽辭》："密章贈襚連三組，畫翣喪車載一旌。"按，作"密"者爲訛誤，當爲"蜜"。參閱宋周密《齊東野語·蜜章密章》。

【密印】

同"蜜印"。此體唐代已行用。見該文。

【蜜章】

即蜜印。此稱晋代已行用。見該文。

【密章】

即蜜印。此稱宋代已行用。見該文。

諡寶

古代帝王陵墓中刻有皇帝、皇后諡號的璽印。傳世的諡寶有五代前蜀王建墓所出，玉質，紐爲兔頭龍身，置於精美的雙重寶盝內。《宋史·禮志二十五》："宣祖諡册、諡寶舊藏廟室，合遷置陵內。"宋蘇轍《大行太皇太后諡册文》："臣奉敕差撰大行太皇太后諡册文，並書諡册、諡寶者。"

烙馬印

古稱"馬印"。近世稱"烙馬印"。古印章之一種。多青銅等金屬製成，專用於火烙馬匹，以作所屬信記。始於戰國，後代沿之。至唐代馬印制度趨向完善，印多爲單字，烙於馬的不同部位以便辨識。據《唐會要·諸監馬印》載，諸監所轄之馬，馬駒用小官字印、年辰印、監名印；成年馬用飛字印、龍形印、三花印、鳳字印、賜字印（官馬賜人者）、出字印（出爲軍驛者）等。諸蕃所貢進之馬，亦分別印不同字型。其形制巨大，上有方孔，下半中空，方孔可納入木柄。《北史·魏孝文帝紀》："延興二年五月，詔軍警給璽印傳符，次給馬印。"《唐六典》卷一一："凡外牧進良馬，印以三花、飛、風之字而爲志焉。細馬次馬送尚乘局者，於尾側依左右閑印以三花；其餘雜馬送尚乘者，以風字印印左髆。"參閱《唐會要》卷七二"諸監馬印""諸蕃馬印"。出土的馬印有先秦"日庚都萃車馬"印，邊長7兩厘米，印紐有孔，以穿木柄。

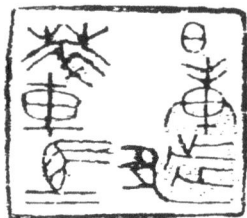

戰國烙馬印
日庚都萃車馬
（黄濬《尊古齋古璽集林》）

【馬印】

即烙馬印。此稱唐代已行用。見該文。

私　印

私印

私人所用之印章。同官印相對而言。其質料形態繁多，使用範圍廣泛，生動活潑，頗多創意。以用料論，由先秦兩漢之以青銅爲主，發展爲天然材料，轉而以名礦名石爲主，其著名者有壽山石、昌化石、青田石、巴林石等。

壽山石中的"田黃凍"，昌化石中的"雞血石"，爲諸石之首。其中之極品，稱之爲"寸石寸金，價值連城"。以用途而論，有總印（總連籍貫、姓名、表字爲一印）、吉語印、書簡印、成語印、鑒賞收藏印等。以印文而論，有肖形印、朱白相間印、回文印、花押印等。以印體而論，有套印、子母印、兩面印、六面印等。以印紐、印綬而論，更爲靈活自由，不受朝廷約束，如印紐，除螭、龜、辟邪、虎、獅之外，亦可有山川、木果、花卉、人物等，私人亦可佩印綬，不必丈二之長，甚短而頗便捷，或淡紅，或淺綠，取官定之美者。私印之審美價值最爲卓著，其中總印之類亦有史料價值。清朱象賢《印典·器用》："古之官印有縮紐佩服，亦有用囊盛置，而無收藏之器。私印非佩，故有印笥，亦爲之奩。"清鞠履厚《印文考略》："今呼官印仍曰印，呼私印曰圖書。"

漢代私印
左：李嘉　中：劉龍印信　右：楊禁私印
（《印藪》）

吉語印

　　私印的一種。即以吉祥詞語作印文的印章。古人做事多尚吉祥，古印當中就出現許多以吉祥語作印文的。先秦已流行。秦有小璽作："癘疾除，永康休，萬壽寧。"漢代吉語印甚爲豐富，其兩面印多是一面爲姓名，一面爲吉語。吉語多爲"日利""大吉""宜子孫""樂未央""宜官內財""日入千萬"等。長吉語則有"大富貴昌，宜爲侯王，千秋萬歲，常樂未央""綏統承

祖，子孫慈仁，永葆二親，福祿未央，萬壽無彊（疆）"等。宋元之際盛行的"成語印"乃吉語印的翻版。及至明清，將此類印章發揚光大，除成語外，又以生動感人的詩文、格言入印，形成篆刻藝術的主流。自此，印章纔從單純的姓名、取信之物，發展成爲今天這種造型藝術形式。可以說吉語印是後世閒章的濫觴。

圖書印

　　亦稱"圖書"。私印之一種。加蓋於圖畫書籍之上的印章，用作鑒賞和收藏。宋張未《楊克一圖書序》："圖書之名，予不知其所起；蓋古所謂璽，用以爲信者。"清鞠履厚《印文考略》："古人於圖畫書籍，皆有印以存識，遂稱圖書印。故今呼官印仍曰印，呼私印曰圖書。"

【圖書】

　　即圖書印。此稱宋代已行用。見該文。

書簡印

　　私印的一種。因專門用於封發書信，故名。始於先秦，秦漢盛行。使用的目的是防書信被人私拆，遂把印章蓋於封泥之上，以作信驗。漢魏之際有作"某某啓事""某某言事"等，多見於六面印及套印中。

總印

　　私印的一種。因將地名、姓名、表字等合而爲一，故後人稱作"總印"。多爲六朝時所用，其制古樸，別具一格。爲後人所效法。清陳克恕《篆刻鍼度·分式》："總印：鄉里名字爲一印者，古亦有之。"

閒章

　　初稱"成語印"。私印的一種。刻有詩詞或人們熟知之詞語的印章。始見於唐代。係自秦漢吉語印演變而來。內容極豐富，名句、俗語、

趣話、自題雅號乃至
牢騷之詞，皆可入
印，藉以表達用印者
的志向、趣味、人生
觀、藝術觀等。有時
徑以治印代詩，配以
畫圖，直抒胸臆。如
《晚清四大家印譜》
卷四載有吳昌碩閒章
一方，即爲悼其亡妻

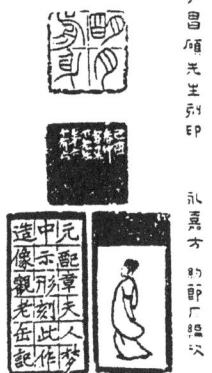

吳昌碩无生別印

永嘉方介堪厂摹次

閒章·明月前身
（《晚清四大家印譜》）

而作。邊款稱：“元配章夫人夢中示形，刻此作
造像觀。老缶（吳氏自號）記。”此即治此印之
起因。正面印文爲“明月前身”。“明月前身”
即對亡妻高潔人品的由衷贊譽。印頂面印文附
記治印時、地、年齡：“己酉春仲，客吳下，老
缶年六十有六。”印文的字數、字體及印面形
狀，各隨所好。常鈐於書畫上下，以作點綴。
一般長方形、圓形者鈐於書畫上角，稱“引
首印”；較大者鈐於下
角，稱“押角印”，或
作“壓角印”。清朱象
賢《印典·評論》：“成
語印：徐元懋云，先君
子晚年刻一印，曰‘空
谷一叟’，此出《漢書》
蕭望之之言，先君抱才
未遇，因以自寓也。嘗
見湛甘泉有印曰‘吏禮
兵三部尚書’，予竊怪
之。及讀《宋史》，東
坡爲吏禮兵三部尚書，
蓋用成語文。衡山庚寅

引首印：無飾

押角印·翰墨緣

生刻印曰‘惟庚寅吾以降’，此出《楚辭》。”又
《評論》：“引首印：《梅庵雜志》，古來印章官爵
而外，止有名印，即表字亦不多見。宋後取閒
雜字作印，印於書幅之首，謂之‘引首印’。”
清陳克恕《篆刻鍼度·分式》：“引首、押角等
印：蘇嘯民（宣）曰，今人於引首、押角、閒
雜等印，每取成句，已非古制。況秉性嚴毅者，
多用道學語，往往失之塵腐；天姿瀟灑者，多
用綺麗語，往往失之妖冶；逆境居多者，多用
牢騷語，不免怨天尤人……即取風雅宜人者，
庶無此病矣。朱修能（簡）曰，堂室印，始自
唐人；地名散號，始自元宋；近又有全用古人
成語者，雖非古法，亦可旁通。”

【成語印】

閒章之一種。此稱清代已行用。見該文。

【引首印】

閒章之一種。此稱清代已行用。見該文。

【押角印】

閒章之一種。此稱清代已行用。見該文。

【壓角印】

同“押角印”。此體近代已行用。見該文。

肖形印

亦稱“象形印”“圖案印”。私印的一種。
指刻有圖形或圖形兼備的印章。先秦已見，傳
世者以漢代兩面印居多。其印有兩類，一爲純
圖畫象形，人物、山川、鳥獸、蟲魚，品類繁
夥，一爲圖畫象形
中配以文字，多在
圖案低窪之處刻以
雄渾古樸的白文。
天津藝術博物館藏
有戰國白玉璽一方，

戰國白玉鼻紐肖形印

長 1.9 厘米，寬 2.1 厘米，高 1.4 厘米，鼻紐。璽面雕刻一獸，貌若驚恐，張嘴翹尾，回首盼顧，蹲伏欲奔。其獸通體白文，僅耳部實以朱文，勾勒出耳穴輪廓。虛實相間，對比分明，構圖活潑，刀法靈巧。此璽爲傳世最早藝術性極佳的肖形印。

【象形印】

即肖形印。此稱明代已行用。見該文。

【圖案印】

即象形印。此稱明代已行用。見該文。

朱白相間印

朱白相間印

私印的一種。指以朱、白兩種印文相互組合而成的印章。以漢代兩面印居多。形式靈活多樣，或一朱一白，或一朱二白、三白，或二朱一白、二白等。一般以左右或上下分別，筆畫少者爲朱文，多者爲白文，并把白文刻滿，使朱白相互間各適其宜，整印融洽協調。

迴文印

漢迴文印·張君憲印
（《印郵》）

私印的一種。指文字迴旋排列的印章。約始於漢代。方式很多，最常見的有古代雙名印。爲使名字相連，避免拆散在左右兩側，從姓開始采用從右到左、從左到右（即逆時針方向）排列，即在姓下加“印”字，作“姓印某某”。迴文則應讀作“姓某某印”。元吾丘衍

《學古編·三十五舉》：“三十三舉曰：二名者可迴文寫，姓下著印字在右，二名在左是也。單名者曰‘姓某之印’，却不可迴文寫。”

花押印

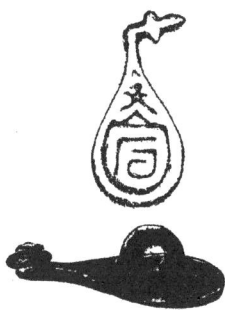

元　押

印信之一。即鐫刻花寫姓名之印章。舊時文書契約的署名爲親筆草書并字體稍花，曰“花押”，用其鐫刻成印章謂之“花押印”。起於宋，盛行於元，故後世又別稱“元押”“元戳”。一般無外框，所簽之押難以模仿，因作取信之標記。元代多用長方形，上刻楷書姓氏，下刻蒙古文或花押。出土實物有元范文虎押印，青玉質，方形，臥虎紐，無邊框。宋周密《癸辛雜識·押字不書名》：“古人押字謂之花押印，是用名字稍花之，如‘韋陟’五朵雲是也。”元陶宗儀《輟耕録·刻名印》：“今蒙古色目人爲之官者，多不能執筆花押，例以象牙或木刻而印之。宰輔及近侍官至一品者，得旨則用玉圖書押字，非特賜，不敢用。”

【元押】

花押印之一種。此稱元代已行用。見該文。

【元戳】

花押印之一種。此稱明清時期已行用。見該文。

套印

漢套印

私印的一種。指由大小幾方印套合而成的印章。每方印分內外若干層，

多至五六層，每層（即被套之印）每面皆可刻印，最末一層爲小方印，六面均可刻文。始於漢代。明清以後，爲方便携帶使用，套印多以銅、石製成。漢"子母印"亦屬套印一種。

套印

子母印

套印之一種。即由大小兩個或三四個印套合而成的印章。私印之一。始於漢代，盛於六朝。一般鑄有獸紐，大印之紐爲母獸，小印之紐爲子獸，小印可套於大印之內，如同母抱子狀，故名。形式有一母一子型，亦有一母二子型，但三套、四套的極爲罕見。多爲澆鑄而成，非常精工。

兩面印

亦稱"穿帶印"。私印的一種。因其上下兩面均刻印文，故名。一般一面刻姓，另一面刻名或字型大小、吉語、圖案等，形式多樣。盛行於漢。又因印體左右有孔，可以穿帶，故亦稱"穿帶印"。

【穿帶印】

即兩面印。此稱宋元時期已行用。見該文。

六面印

私印的一種。指六面均刻有印文的特殊形狀的印章。呈"凸"字形，上方爲印鼻，鑿孔可穿帶，鼻端刻一小印，其餘五面亦刻有印文，

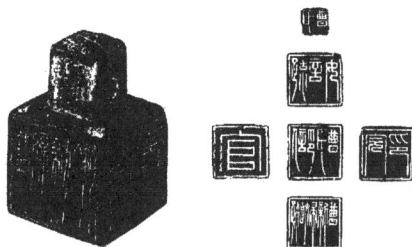
三國魏曹氏六面印

故稱"六面印"。印文有長脚，下垂作懸針狀，有別於漢篆的平正。盛行於魏晋南北朝，明清以後，凡正方或長方形印，六面均刻印文的亦稱"六面印"。天津藝術博物館藏有一枚三國魏曹氏六面印。長2.3厘米、寬2.3厘米、高3.6厘米。銅質，鑿款。係婦女用印。六面印文分別爲"曹氏""曹氏印信""女言疏""官""曹新婦白疏"和"印完"。印文書體爲懸針篆。印面上部體式緊密，下部伸展自如，收筆尖細，形成上密下疏之構架。字體同正始石經相似。

印　紐

印紐

亦作"印鈕"。亦稱"印鼻"，簡稱"紐""鈕"。即印把，爲印章上端之雕飾。上有穿孔，以繫綬帶。有直鈕、環鈕或作螭、龍、辟邪、虎、獅、象、駝、龜、羊、兔、蟾、蛇、壇、覆斗、瓦、鼻、環、橋、亭諸形，以別等

級用途。官印之紐，先秦有鼻紐、臺紐等，漢以後則以螭、龜、駝、馬等不同之紐來分別帝王百官之等級。其中帝王御璽始多爲螭虎紐，宋代以後多用龍紐，駝、龜、兔、蛇、鼻紐亦多見於官印，明清以後普通官印紐式趨於簡化，至清末多爲橛紐或柱形紐。私印用紐無定制，

形制更爲繁複多樣。《初學記》卷二六引漢衛宏《漢舊儀》："諸侯王印，黃金橐駝鈕，文曰璽；列侯，黃金印龜鈕，文曰印。"《宋史·輿服志六》："中心篆正字，上連印鈕。"《遼史·儀衛志三》："傳國寶，秦始皇作，用藍玉，螭紐。"

連環印鈕
（明胡文煥《古器具名》）

又曰："杓窌印：杓窌，鷙鳥之總名，以爲印紐，取疾速之義。"清朱象賢《印典·評論》："秦、漢、魏、晋、六朝印鈕，有螭、龜、辟邪、虎、獅、象、駝、狻猊、豸、羊、兔、獸、鳧、蟾、蛇、魚、壇、覆斗、瓦、鼻、環、亭等式，用以別主守，定尊卑。近以牙、石作靈瓏人物者，雖奇巧可人，不過俗尚，典雅質樸，弗如古也。"

【印鈕】

同"印紐"。此體宋代已行用。見該文。

【紐】

即印紐。此稱漢代已行用。見該文。

【鈕】

即印紐。此稱漢代已行用。見該文。

【印鼻】

即印紐。《説文·金部》："鈕，印鼻也。"宋趙希鵠《洞天清録·集古鐘鼎彝器辨》："古之居官必佩印，以帶穿之，故印鼻上有穴，或以銅環相綰。"

鼻紐

古印紐名。因印章的紐呈鼻形，故稱。其特點是紐和紐上穿孔都較細小。秦漢以後，印紐逐漸加大。銅印紐最原始的即是鼻紐，起於戰國小璽。後經秦、漢、魏、晋以至元明的花押印，均有鼻紐。《太平御覽》卷六八三引《漢舊儀》："千石、六百石、四百石皆銅印鼻紐，文曰印章。"《隋書·禮儀志六》：

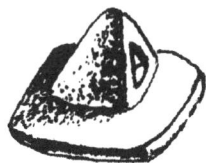

秦銅質鼻紐·左司馬印

"又有督攝萬機印，一鈕，以木爲之，長一尺二寸，廣二寸五分。背上爲鼻鈕，鈕長九寸，厚一寸，廣七分。"《宋史·輿服志六》："中興之後，后寶用金，方二寸四分，高下隨宜，鼻紐以龜。"

壇紐

亦稱"臺紐"。古印紐名。因印章之紐呈壇形，故名。始見於先秦，出土的戰國古璽中以壇紐居多，後世官私印紐亦多有所見。有青銅質、象牙質、犀牛質等質料，漢魏時多爲玉印。

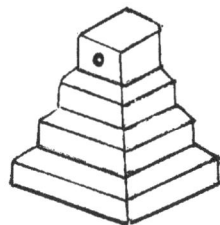

壇　紐

【臺紐】

即壇紐。此稱多行用於明清時。見該文。

覆斗紐

古印紐名。因印章之紐呈倒置之斗形，故名。斗爲古代上闊下縮之方形量器。此紐先秦兩漢時已行用，以私印爲多。

覆斗紐

瓦紐

亦稱"覆瓦紐"。古印紐名。因印章之紐呈覆瓦形，故名。紐孔較大，形狀如橋紐。秦漢至魏晉官印用瓦紐，南北朝以後偶見於公私印章。明陳繼儒《妮古錄》："吳門周丹泉能燒陶印文，或辟邪、龜象、連環、瓦紐，皆由火範而成，色如白定而文亦古。"

瓦　紐

【覆瓦紐】

即瓦紐。此稱明清時期已行用。見該文。

直紐

印紐之一種，形如圓柱。多爲中、下層官吏之銀印、銅印所配。《清史稿・輿服志三》："宗人府、衍聖公，銀印直紐，三臺，方三寸三分，厚一寸，俱清漢文，尚方大篆。"

直　紐

虎紐

亦稱"獸紐"。印紐之一種。鐫刻爲虎形，故稱。有蹲虎、伏虎等多種形式，一般皆雕刻精緻。多金玉質。秦後以帝王、太子等璽印所

虎　紐
（宋龍大淵《古玉圖譜》）

用爲多，明清官印虎紐多見於武官，清代公、侯、伯爵及將軍、都統、總兵等高級武官多見使用。漢蔡邕《獨斷》："皇帝六璽，皆玉螭虎紐。"《隋書・禮儀志六》："天子信璽……黃金爲之，方一寸二分，螭獸紐。"《明史・職官志一》："征西、鎮朔、平羌、平蠻等將軍，銀印，虎紐，方三寸三分，厚九分，柳葉篆文。"《清史稿・輿服志三》："鎮守將軍銀印虎紐，二臺，方三寸三分，厚九分。"

【獸紐】

即虎紐。唐人避高祖之祖李虎諱，改"虎"爲"獸"，故稱。

駝紐

亦稱"橐駝紐"。印紐之一種。雕紐狀如駱駝，故稱。漢代已見，魏晉以後之駝紐官印，多用於周邊少數民族。漢衛宏《漢舊儀補遺》卷上："諸侯王，黃金璽，橐駝紐，文曰璽。"《清史稿・輿服志三》："外國王鍍金銀印，清、漢文，尚方大篆，駝紐；平臺，方三寸五分，厚一寸。"

駝　紐
（宋龍大淵《古玉圖譜》）

【橐駝紐】

即駝紐。橐駝，即駱駝。此稱漢代已行用。見該文。

螭鈕

亦稱"螭龍鈕"。印鈕之一種。螭爲傳說中

之無角龍，鐫印紐
爲螭狀，故稱。多
玉質，秦後多爲帝
王璽印所用。螭形
有蟠螭、穿螭與子
母螭多種形式。漢
蔡邕《獨斷》："天
子璽以玉，螭虎紐。"《宋史·輿服志六》："政和
七年，從于闐得大玉蹒二尺，色如截肪。徽宗
又製一寶，赤螭紐，文曰'範圍天地，幽贊神
明，保合太和，萬壽無疆'。"又："乾道六年，
再加十四字尊號，以寶材元繫螭龍紐，止堪改
作蹲龍。"

【螭龍鈕】

即螭紐。此稱宋代已行用。見該文。

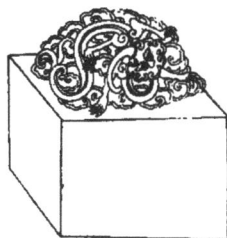
螭　紐
（宋龍大淵《古玉圖譜》）

龜紐

亦作"龜鈕"。古印紐之一種。作龜形，質
有金、銀、銅等，大小及使用範圍歷代有別。
秦代已見行用。漢制，中二千石以上金印、銀
印方用之。魏晋襲承，至隋其用漸濫，自皇太
子金璽至九品官銅印皆用之。明后妃、皇太子、
親王及公主等金寶用之。清妃金印、和碩親王
金寶等用之，範圍又小。《淮南子·説林訓》：
"龜紐之璽，賢者以爲佩；土壤布在田，能者以
爲富。"漢衛宏《漢舊儀》卷上："丞相、列侯、
將軍金印，紫綟綬，
中二千石、二千石
銀印，青綟綬，皆
龜紐。"又《漢舊儀
補遺》卷上："列侯
黄金印，龜紐，文
曰印；丞相大將黄

漢琥珀龜紐·李君之印章

金印，龜紐，文曰章。"晋干寶《搜神記》卷二
○："〔孔愉〕以功封餘不亭侯。鑄印而龜鈕左
顧，三鑄如初。"《清史稿·輿服志三》："妃金印，
清、漢文，玉筯篆，龜紐，平臺，方三寸六分，
厚一分。"

【龜鈕】

同"龜紐"。此體漢代已行用。見該文。

龍紐

印紐之一種，其狀如龍，或蹲、或盤、或
交，其質有玉、有金，亦有木等。先秦貴賤皆
可佩用，秦後多爲帝王、太子等所專用。宋高
承《事物紀原·衣裘帶服部》引衛宏曰："秦以
前，民亦以金玉爲印，龍虎紐。"《清史稿·輿
服志三》："國朝受天命，采古制爲璽……玉之
品有白、有青、有碧；紐有交龍、有盤龍、有
蹲龍。"

蟠龍紐

亦作"盤龍紐"。印紐之一種，多玉質，亦
有木質者。呈蟠龍形，故稱。秦後多爲帝王寶、
璽所配。《五代會要·符寶郎》引《唐六典》：
"天子八寶，其一曰神寶……方六寸，高四寸六
分，厚一寸七分，蟠龍紐，文與傳國寶同。"《金
史·左光慶傳》："初，御史大夫璋請製大金受命
寶，有司以秦璽文進……徑四寸八分，厚一寸
四分，蟠龍紐，高厚各四寸六分有半。"又《禮
志四》："詔作'大金受命萬世之寶'，其制徑四
寸八分，厚寸四分，盤龍紐高厚各四寸六分。"
《清史稿·輿服志三》："皇帝之寶，以肅法駕。
栴檀香木，方四寸八分，厚一寸八分，盤龍紐，
高三寸五分。"

【盤龍紐】

同"蟠龍紐"。此體金代已行用。見該文。

蹲龍紐

印紐之一種。多玉質，呈蹲龍形，故稱。《宋史·輿服志六》："〔乾道六年〕以寶材元係螭龍鈕，止堪改作蹲龍，其鈕高二寸四分五釐，厚一寸一分五釐，竅徑一寸。理宗寶慶三年，加上寧宗皇帝徽號，寶面廣四寸二分，厚一寸二分，蹲龍鈕，通高四寸一分。"《清史稿·輿服志三》："皇帝行寶，以頒賜齎。碧玉，方四寸八分，厚一寸九分。蹲龍紐，高二寸五分。"又："康熙十五年，定皇太子金寶，玉筯篆，蹲龍紐，平臺，方四寸，厚一寸二分。"

交龍紐

印紐之一種，多玉質。呈交龍形，故稱，常見於清代。"大清嗣天子寶""皇帝之寶""天子之寶""皇帝親親之寶"等皆配之。《清史稿·輿服志三》："皇帝之寶，以布詔敕，青玉，方三寸九分，厚一寸，交龍紐，高二寸一分。"

辟邪紐

古印紐名。因印章之紐雕成辟邪形，故名。辟邪爲古傳說中之神獸，形似鹿而長尾，無角（一說生兩角）。見於漢晋隋唐時期。參見本卷《璽印組綬說·璽印考》"辟邪璽"文。

羊紐

古印紐名。因印章之紐雕爲羊形，故名。多見於漢賜蠻夷印。新疆阿克蘇地區新和縣漢代龜兹古城址曾出土"漢歸義羌長"陰文臥羊紐銅印一枚，爲漢代賜予羌人部落首領的官印。

蛇紐

古印紐名。因印章之紐雕爲蛇形，故名。最早見於西漢，多用作朝廷賜周邊藩屬的印章。出土的"漢委奴國王"印、"滇王之印"，1984 年海南省樂東縣發現的西漢"朱廬執刲"銀質官印，均作蛇紐。

環紐

古印紐名。因印章之紐呈環形，故名。環形或作於兩面，或作於頂部，有單環、雙環等多種形式。多見於魏晋南北朝官印。

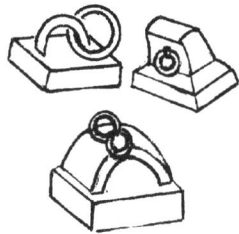

環 紐

《三國志·魏書·武帝紀一》"始置名號侯至五大夫"裴松之注引《魏書》曰："五大夫十五級，銅印環紐，亦墨綬。"明馮夢龍《醒世恒言·金海陵縱欲亡身》："削水晶爲柄，刻紅玉爲環紐。"

碑穿紐

古印紐名。因印章之紐呈碑形，中有穿孔，故名。魏晋時已行用，金元時尤風行，多爲官印。

馬紐

古印紐名。因印章之紐雕爲馬形，故名。見於十六國趙國。

錢紐

亦稱"泉紐"。古印紐名。因印章之紐雕爲錢形，故名。形式多樣，有的爲單錢，有的以多錢構成。見於秦漢私印。

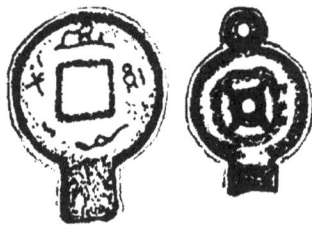

錢 紐

【泉紐】

即錢紐。此稱秦漢後始行用。見該文。

橋紐

古印紐名。因印章之紐呈橋形，故名。橋

橋　紐

紐頗似瓦紐，區別在於橋紐之橋身較窄，橋兩

端緊接印面。漢、晋官印、私人均見使用。參閲清徐同柏《清儀閣古印考釋》。

提梁紐

古印紐名。因印章之紐呈提梁形，故名。魏晋南北朝時偶見使用。唐宋後已稀見。

封泥印泥

封泥

鈐有印章的黏土塊，用於簡牘文書的封緘。古人簡牘函札以繩穿連，封發時於結繩處加檢木，并封以黏土，上鈐印章以防私啓，故稱。始見於西周，盛於秦漢時期。東漢少府屬官有守宫令，掌御用文具及封泥諸物。見《後漢書·百官志三》。魏晋以來，紙帛漸興，遂以朱色直接鈐於封口或文書之上，封泥之制漸廢，偶用封泥，僅限於封檢特定實物。封泥名色不一，其名貴者有武都紫泥，色紫而黏，多貢於朝廷以封璽書。《北堂書鈔》卷一〇四引《春秋緯》："龍圖，赤玉匣，封泥如黄珠相似。"封泥實物自清中葉以來，多有出土，實物年代早自西周，晚至隋唐，而以秦漢爲大宗。20世紀90年代中葉，西安北部相家巷村漢長安城遺址出土秦官印封泥兩千餘枚，完整地再現了秦三公

漢諸侯王璽及官印封泥
上：菑川王璽　下：菑川丞相
（吴熊《封泥彙編》）

九卿到都邑郡縣的職官官印。參閲清吴式芬等《封泥略考》。

金泥

朝廷專用之封泥。以水銀金粉和爲泥，用以封印玉牒玉檢詔書等，多封禪時用之。漢應劭《風俗通·正失·封泰山禪梁父》："金泥銀繩，印之以璽，下禪梁父，禮祠地主，去事之殺，示增廣也。"《漢書·武帝紀》："登封泰山。"顏師古注引孟康曰："刻石紀號，有金策石函、金泥玉檢之封。"參閲《後漢書·祭祀志》。

印泥

鈐蓋圖章用的印料。因初以泥爲之，故名。多爲紅色，又有紫、青、緑、黑、藍等色。至遲宋代已見使用。隋唐前公文信件用函而以泥封。隋唐時始用紙套封之，鈐以浮水印，以圖章蘸浮水印鈐蓋於紙上，色淺紅，無油痕。自宋代曾用自然紫泥爲之，元代已有印油之法。（見本卷《璽印組綬説·璽印考》"印色"文）但直至明永樂年間（1403—1424），除皇家及王公大臣外，一般仍多用浮水印。油印自宋元之後，主要爲紅色，原料有朱砂、銀硃、胭脂等。所用之油有茶油、芝麻油、蓖麻油、菜油等。質料有用艾、木棉、燈心草、竹茹等。因用料不同，配法各異，故所用印油之成色亦不等。至

清代，印油使用已不僅限於公文書信，文人書畫亦均用之。清代乾隆年間（1736—1795）生產的"八寶印泥"，以福建漳州產者爲最佳，後充作貢品。所謂八寶者，一硃粉，二辰州硃砂，三真蠟紅寶石，四赤金粉，五石鐘乳，六珊瑚屑，七車渠粉，八水晶粉，以此八者研細，另用陳年曬油過羅艾絨九度調研，而後始就。色澤美觀，歷經數百年而不變。汪鎬京《紅術軒紫泥法》文中詳細介紹了製作印泥的方法，可分爲染色法、紅艾法、曬油法、合印色法、用印色法等工序。參閱明甘暘《印章集說》。

【印色】

"印泥"的別稱。宋邵博《聞見後錄》卷二六："舊說武都紫泥用封璽，故詔有紫泥之名。今階州，故武都也，山水皆赤，爲泥正紫色，然泥安能作封？當是用爲印色耳。"元吾丘衍《學古編》附錄《印油法》："香油浸皂角於瓷器內，煎過放冷……復用煎下油滴取盛器內，以印色置其上，使自沁入，不可自上澆下。"《元典章・戶部七・擬支年銷錢數》："成造信牌，彩畫圖本，淹藏菜蔬，印色心紅，並諸各項雜支。"《六部成語・戶部》裁減心紅紙張公費賑濟窮竈注解："竈戶窮困，不能剪鹽，則將鹽務衙門之印色、紙張辦公費暫時裁減，以此款賑濟之。"清吳趼人《二十年目睹之怪現狀》第四八回："取過印色，蓋了一個。"清劉鶚《老殘游記》第三回："桌上放了幾本書，一方小硯臺，

幾枝筆，一個印色盒子。"汪鎬京《紅術軒紫泥法》："世之言印色者，必本於宣和，猶言墨者之本於易水也。易水之法，子鄉得之，宣和之祕，未之聞也。"又："印色有五彩，紫者用紫粉，紅者用丹砂，青者用石青，綠者用石綠，黑者用青烟。"參閱明楊慎《藝林伐山・印色》。

印油

作印泥時所加之油。印泥需印油調拌，方可滋潤。元吾丘衍《學古編》附錄《印油法》載印油製作方法："香油浸皂角於瓷器內，煎過放冷，和熟艾成劑，次加銀硃，以紅爲度。"汪鎬京《紅術軒紫泥法》稱可用草麻子取印油，既純且省。今印油指專供印臺用的油質液體，有紅、黃、藍、紫等色。

心紅

用純紅色的朱砂製成的紅色印泥。明沈榜《宛署雜記・各衙門》："兵科：每年取心紅，折價一兩五分。"《六部成語・戶部》裁減心紅紙張公費賑濟窮竈注解："竈戶窮困，不能剪鹽，則將鹽務衙門之印色、紙張辦公費暫時裁減，以此款賑濟之。"又"心紅銀"注："心紅，印肉也。"

印朱

指紅色印泥。唐曹松《贈南陵李主簿》詩："簟席彈棋子，衣裳惹印朱。"《宋史・食貨志下八》："仁宗一日內出蜀羅一端，爲印朱所漬者數重，因詔天下稅務，毋輒污壞商人物帛。"

印匣印池

印囊

古代盛印章的口袋。多圓形，青色。秦漢

至晋代，監察官員劾奏時佩於前，非劾奏日佩於後。晋代以後，監察官佩前，他官佩後。《三

國志·魏書·管輅傳》：“平原太守劉邠取印囊及山雞毛著器中，使筮。輅曰：‘内方外圓，五色成文，含寶守信，出則有章，此印囊也。’”唐皮日休有《魯望戲題書印囊奉和次韻》詩。宋葉廷珪《海録碎事》卷五：“耿緯留別上元主簿，暮鑠印囊，呼小吏朝垂綬帶遠迎客。”清趙翼《題忠節金正希先生遺像爲其族孫素中太守作》詩：“已聯衆志結成城，不藉印囊懸在肘。”

青囊

印囊之一種。因多以青布爲之，故稱。晋崔豹《古今注·輿服》：“青囊，所以盛印也。奏劾者亦以青布囊盛印於前，示奉王法而行也；非劾奏日則以青繒爲囊，盛印於後。謂奏劾尚質直，故用布；非奏劾日尚文明，故用繒也。自晋朝以來，劾奏之官專以印居前，非劾奏之官專以印居後也。”

印衣

亦稱“印服”。保護印體之外罩。形似印之衣服，故稱。其色與綬同，用以示身份，别卑尊。此物漢代已行用。清朱象賢《印典·銘》引胡廣《印衣銘》：“印衣，印服也。《漢官儀》：‘印有金銀銅之殊，而服亦異其色，所以别尊卑，等貴賤也。’”

【印服】

即印衣。此稱漢代已行用。見該文。

印窠

亦稱“印匣”。盛放印章之盒，外可上鎖。唐段成式《酉陽雜俎續集·支諾皋上》：“因探懷中，出一牒，印窠猶濕。”《舊唐書·南詔傳》：“仍賜牟尋印，鑄用黄金，以銀爲窠。”宋黄庭堅《洞仙歌·瀘守王補之生日》：“問持節馮唐幾時來，看再策勳名，印窠如斗。”宋梅堯臣《送

襄邑知縣杜君懿太傅》詩：“赤幘驅亭長，丹砂挈印窠。”宋王明清《揮塵後録》卷三：“承平時，宰相入省必先以秤秤印匣而後開。”

【印匣】

即印窠。此稱宋代已行用。見該文。

印函

盛放印章的小盒子。猶如書之函套。北周庾信《周車騎大將軍賀婁公神道碑》：“龜轉印函，虵盤綬笥。”

【印笥】

即印函。此稱宋代已見行用。宋洪适《賀廣漕鄭郎中啓》：“印笥重開，自是青氈之物，積十年之遺愛，踔列郡之先聲。”清朱象賢《印典·器用》：“《古器續述》嘗考，古之官印有綰紐佩服，亦有用囊盛置，而無收藏之器。私印非佩，故有印笥，亦爲之奩。其式方，銅鑄，亦有木造者。笥中另爲木墊，隨印大小，各爲微限，以護印文。”

金押

亦作“金柙”，簡稱“押”。亦稱“金奩”。置放帝王御璽之印匣，多飾以黄金，製作華美。《太平御覽》卷六九二引三國魏魚豢《魏略·曹丕與鍾繇書》：“鄴騎既到，寶玦初至，捧押跪發，五内震駭。”《宋史·輿服志六》：“天禧元年十二月，召輔臣於滋福殿，觀新刻‘五嶽聖帝玉寶’及‘皇帝昭受乾符之寶’……其寶並金押玉鈕，製作精妙。”一本作“金柙玉鈕”。

塗金奩
（宋趙九成《續考古圖》）

【金柙】

同"金押"。此體宋代已行用。見該文。

【押】

即金押。此稱漢魏時已行用。見該文。

【金奩】

即金押。唐元稹《内狀詩寄楊白二員外》："彤管内人書細膩，金奩御印篆分明。"宋何夢桂《芸窗集畫圖》："楊君畫眼空四海，剩把金奩貯奇詭。"

寶篋

特指盛玉璽的小箱。南朝陳徐陵《爲梁貞陽侯與王太尉僧辯書》："至於夏鍾夷羿，周厄犬戎，漢委珠囊，秦亡寶篋，彰於史籍，可得而聞，未有國家臧危，遂若當今者也。"亦稱"寶籙"。清朱象賢《印典・器用》："趙宋璽寶納於小籙。籙以金飾之，内設金床，承以玻璨、碧鈿石之屬。又籙二重，皆飾以金，覆以紅羅帕。"

【寶籙】

即寶篋。此稱宋代已行用。見該文。

印套

印文之護套。多以銅爲之。其物漢魏時已見行用。清朱象賢《印典・器用》："《考古記略》：軍假司馬銅印，鼻鈕。有一薄銅金套，以護其文。"

印鎖

亦作"印鑠"。印匣上的鎖。此物秦漢或南北朝時當已有之。北周庾信《周車騎大將軍賀婁公神道碑》文中已有"印函"一詞，印函即印匣。其稱謂則見於唐代。唐白居易《贈皇甫庶子》詩："何因散地共徘徊，人道君才我不才。騎少馬蹄生易蹶，用稀印鎖澀難開。"鎖，

一作"鑠"。

【印鑠】

同"印鎖"。此體唐代已行用。見該文。

印矩

鈐蓋印章時定位的工具。木製，約厚半釐米，長寬不過二寸，呈曲尺形，磨光髹漆。以其定位鈐印，印章貼曲尺形内側二邊鈐下，可準確而不斜敧。清陳克恕《篆刻鍼度・雜記》："印矩，用印易偏，須作一矩倚傍。大不過二寸許，以黄楊木爲之，庶柔不損身，堅不剋印，轉折如磬，横竪平穩。用則左右無偏無敧，下指按定，然後取塗合矩，任意無差。"按，"磬"古樂具，狀如曲尺。印矩，今稱"印規"。

【印規】

即印矩。此稱行近代已行用。見該文。

印床[1]

篆刻時用以轄印之具。清代印床狀若印匣，一大一小，一面開口，便於進刀，一腹開口，便於加楔。清陳克恕《篆刻鍼度・雜記》："印床，用以轄印，以便於刻。須堅木爲之，一大一小，一面開口，一腹開口。其木楨不嫌重置，以備損失。"按，"木楨"爲薄木片，用以楔入，挾緊印體。清孔繼浩《篆鏤心得・鐫印床論》："其床用以柙石，不使動摇，便於用力而作中鋒……以銅爲之，取其穩重。次用堅致之木亦可。"

印池

亦稱"印色池""印色盒"。貯放印泥的小盒子。有玉質、瓷質等。造型多爲扁圓，有蓋，蓋面微隆，體積較小。約始於隋唐時，宋代各名窯均有燒製，歷代沿用至今。今亦有用金屬爲之者。明甘暘《印章集説・印池》："印色惟欲

玉器，貯之不壞……青田石印池亦不可用，如用，必欲以白蠟蠟其池內，庶不吃油。"明屠隆《考槃餘事·印色池》："官、哥窯方者，尚有八角、委角者，最難得。定窯方池外有印花文，佳甚，此亦少者。諸玩器，玉當較勝於瓷，惟印色池以瓷爲佳，而玉亦未能勝也。故今官、哥、定窯者貴甚。近日新燒有蓋白定長方印池，并青花白地純白者，此古未有，當多蓄之。且有長六七寸者，佳甚。玉者有陸子岡做，周身連蓋滾螭白玉印池，工緻侔古，近多倣製。有三代玉方池，內外土銹，血侵四裏，不知何用。今以爲印池，似甚合宜。"明文震亨《長物志·器具》："印池以官、哥窯方者爲貴，定窯及八角、委角者次之。青花、白地、有蓋、長樣俱俗。近做周身連蓋滾螭白玉印池，雖工緻絕倫，然不入品。所見有三代玉方池，內外土鏽血侵，不知何用。今以爲印池，甚古，然不宜日用，僅可備文具一種。"清孔繼涑《篆鏤心得·盛印色器皿》："印色盒、印色碟，總以舊窯古磁爲上，其次則玉及瑪瑙、水晶皆可用。惟以玻璃、化石之類禁用之，蓋因其火氣太重，致傷印色兼而洩油也。"

【印色池】

即印池。此稱明代已行用。見該文。

【印色盒】

即印池。此稱清代已行用。見該文。

【印床】[2]

即印池。此稱唐宋時已行用。流行至清。唐朱慶餘《夏日題武功姚主簿》詩："僧來茶竈動，吏去印床閒。"宋王禹偁《成武縣作》詩："雨菌生書案，饑禽啄印床。"明湯顯祖《牡丹亭·延師》："山色好，訟庭稀，朝看飛鳥暮飛

回，印床花落簾垂地。"清趙翼《題錢曙川竹初庵圖》詩："作圖時正擁印床，敢期結願後必償。"又《贈邑侯譚紅山》詩："印床紅映百花開，樂只歡聲頌有萊。"

【印奩】

即印池。此稱宋代已行用。宋曾鞏《冬夜即事》詩："印奩封罷閣鈴閒，喜有秋毫免素餐。"

【印盒】

亦作"印合"。"印池"之別稱。此稱宋元時已行用。元張國賓《合汗衫》第三折："你兩個恰便似一個印盒，印盒裏脫將下來，你兩個都一般容顏，一般模樣，一般個身材。"元蕭德祥《殺狗勸夫》楔子："蟲兒打街上過來，眾人都道孫大郎與孫二似一個印合脫下來的。"許之衡《飲流齋說瓷·說雜具第九》："宋製印合，以粉定爲最精，式樣極扁，內容印泥處甚平淺也。若哥窯、若泥均亦佳，哥窯印合，胎釉視常器較薄；泥均有渾圓者，有六角者，藍暈濃點，亦殊足珍。印合之式，曰饅頭、曰戰鼓、曰磨盤、曰荸薺、曰平面、曰六角、曰正方、曰長方、曰海棠、曰桃形、曰瓜形、曰果形，遞衍遞嬗，制愈變，形愈巧矣。"又："宣德、成化、嘉靖、萬曆，皆有龍鳳青花印合，而以宣德爲最美，成化次之。清初康熙繪花，亦足雄視一代。官窯必繪龍……乾隆官窯印合，以豆青地五彩規矩花爲多，豆彩團花亦恒有之，若作疏蒨之花者，頗爲罕見。"

【印合】

同"印盒"。此體元代已行用。見該文。

【印盒子】

"印池"之俗稱。此稱元代已行用，流行

至今。元喬吉《兩世姻緣》第四折：“恰便是一個印盒子脫將來。”一稱“印盒兒”。清代亦稱“印色盒子”。清劉鶚《老殘游記》第三回：“桌上放了幾本書，一個小硯臺，幾枝筆，一個印色盒子。”

【印盒兒】

即印盒子。此稱元代已行用。見該文。

【印色盒子】

“印池”之俗稱。此稱清代已行用。見該文。

印筯

用以翻整印泥之小筯。多以角或竹製成，配以小篦，以爲筯輔，共置印匣中。清陳克恕《篆刻鍼度·雜記》：“印筯，用以翻塗者也。或以角，或以骨，或以竹，不拘。又製一小撚，以爲筯輔，總置匣中，以待應用。”

印刷

專用於清理印章油膩的小刷子。印章用久，易爲油硃所膩，可用印刷刷洗，亦可蘸水刷之，可使印章清麗若新。清陳克恕《篆刻鍼度·印刷》：“用以滌篆，制較牙刷稍短稍闊，時常用灰洗濯，無令油硃所膩，乃不傷篆。”

第二節　組綬考

“組綬”，簡稱“綬”“載”“綍”，是古代用以拴繫瑞玉和官印的絲帶。綬最初僅爲拴繫瑞玉的普通飾物，後隨着綬帶色彩的增多，不同尺寸及編織密度的變化，而有所區別，成爲封建社會區分官秩等級、辨別官員名分的標志。先秦時期，綬主要用來拴繫瑞玉。按周代禮制，天子、公侯、世子、大夫、士皆得佩玉，名分不同，所佩之玉亦不同，不同等級的佩玉，有不同顏色的綬帶。《禮記·玉藻》云：“天子佩白玉而玄組綬，公侯佩山玄玉而朱組綬，大夫佩水蒼玉而純組綬，世子佩瑜玉而綦組綬，士佩瓀玟而緼組綬。”據載周佩玉之綬長一丈二尺，象十二月，寬三尺，象天地人。秦以綵組連結瑞玉，轉相結綬，故謂之綬。漢鄭玄云：“綬者，所以貫佩玉相承受者也。”自漢以後，綬始用以繫官印。色彩更加複雜，有赤、紫、綠、青、黑、黃、縹朱等顏色，寬一尺六寸，長度不一。其織絲之制，先合單紡爲一絲，四絲爲一扶，五扶爲一首，五首成一文，文采淳爲一圭。首多者其絲細緻，首少者其絲粗闊。乃以顏色不同、首之多少、綬之長短區分不同等級。上自帝后，下及百石以上帶印官吏皆可佩綬。按東漢之制，通常爲太子諸侯王赤綬，公侯將軍紫綬（唐代二品官員同），九卿青綬（唐代三四品官員同），諸侯國貴人、相國綠綬（唐代一品官員所用），千石、六百石黑綬（隋唐五品官員同），四百石、三百石、二百石黃綬。如東漢之諸侯王佩綬規格爲：赤綬，四采，赤黃縹紺，淳赤圭，長二丈一尺，三百首；唐代五品官員佩綬規格爲：黑綬，紺質，青紺爲純，長一丈二尺，廣六寸，一百二十首。下級官吏綬帶較短，號稱“尺組”“五兩之綸”。自漢唐以至明清，組綬制度一直行用，大體沿襲漢制而稍有變革，清亡，此制廢止。

組　綬

組綬

亦稱“組紱”。佩瑞玉或官印的帶子。絲質，色彩各異，以別等級。周天子、公侯、大夫等用以佩玉，漢以後用以繫印。秦漢之後單稱“綬”。《禮記·玉藻》：“天子佩白玉而玄組綬，公侯佩山玄玉而朱組綬，大夫佩水蒼玉而純組綬，世子佩瑜玉而綦組綬，士佩瓀玟而縕組綬。”《史記·秦始皇本紀》：“子嬰即繫頸以組，白馬素車，奉天子璽符，降軹道旁。”裴駰集解引應劭曰：“組者，天子黻也。”《漢書·嚴助傳》：“陛下以方寸之印，丈二之組，填撫方外。”顏師古注：“組者，印之綬。”南朝梁江淹《爲蕭重讓尚書敦勸表》：“自謬籍珪金，空貽組紱。”唐白居易《罷府歸舊居》詩：“腰間拋組綬，纓上拂塵埃。”

【組】

即組綬。此稱漢代已行用。見該文。

【組紱】

即組綬。此稱南北朝已行用。見該文。

【綬】

即組綬。古代一種絲帶。本用以佩玉，秦漢以來又用拴繫官印。色彩各異，以示不同官秩等級。周佩玉之綬長一丈二尺，法十二月；寬三尺，法天地人。其色，天子玄，公侯朱，大夫純，世子綦，士縕。秦以綵組連結瑞玉，轉相結綬，故謂之“綬”。漢承秦制，且以繫印，色有赤、綠、紫、青、黑、黃等數種，以絲爲之，其制：先合單紡爲一繫，四繫爲一扶，五扶爲一首，五首成一文，文采淳爲一圭。

組　綬
（漢鄭玄《纂圖互注禮記》）

首多者繫細，少者繫麤，皆廣尺六寸，但長短與首之多少各不相同。帝后及百石以上官吏皆佩之。後歷代沿襲，但形制及種類均有變更。《禮記·玉藻》：“天子佩白玉而玄組綬，公侯佩山玄玉而朱組綬。”鄭玄注：“綬者，所以貫佩玉相承受者也。”《後漢書·輿服志下》：“太皇太后、皇太后，其綬皆與乘輿同，皇后如之。”南朝齊孔稚珪《北山移文》：“至其紐金章，綰墨綬，跨屬城之雄，冠百里之首。”《明史·輿服志三》：“三品以上佩綬，三品以下不用。”亦稱“繸”“綬帶”。《爾雅·釋器》：“繸，綬也。”郭璞注：“即佩玉之組，所以連繫瑞玉者，因通謂之繸也。”邢昺疏：“所佩之玉名璲，繫玉之組名綬，以其連繫璲玉，因名其綬曰緌。”《新唐書·車服志》：“德宗嘗賜節度使時服，以鵰銜綬帶，謂其行列有序，牧人有威儀也。”

【緌】

即綬。此稱秦漢時已行用。見該文。

【綬帶】

即綬。此稱唐代已行用。見該文。

玄組綬

組綬之一種。古代天子用以繫玉的赤黑色絲帶。《禮記·玉藻》：“天子佩白玉而玄組綬。”宋聶崇義《析城鄭氏家塾重校三禮圖》卷八：“玄組綬者，用玄組條穿連衡橫等，使相承受。”

朱組綬

省稱“朱組”。組綬之一種。古代諸侯用以繫玉之大紅色絲帶。《禮記·玉藻》：“天子佩白玉而玄組綬，公侯佩山玄玉而朱組綬。”三國魏曹植《求通親親表》：“若得辭遠游，戴武弁、解朱組、佩青紱。”南朝梁江淹《雜體詩·效顏延之〈贈別〉》：“中坐溢朱組，步欄簇瓊弁。”宋姜夔《喜遷鶯慢·功父新第落成》詞：“玉珂朱組，又占了、道人林下真趣。”明夏完淳《博浪沙歌》：“秦亡朱組繫子嬰，三户復死韓王成。”

【朱組】

“朱組綬”之省稱。此稱漢代已行用。見該文。

綦組綬

亦作“綥組綬”。組綬之一種。古代世子繫玉所用之雜色絲帶。蒼白色或青黑色。《禮記·玉藻》：“世子佩瑜玉而綦組綬，士佩瓀玟而縕組綬。”鄭玄注：“綬者，所以貫佩玉相承受者也……綦，文雜色。”《孔子家語·終記解》：“珮象環，徑五寸而綥組綬。”

【綥組綬】

同“綦組綬”。此體漢代已行用。見該文。

緇組綬

組綬之一種。古代大夫用以繫玉之黑色絲帶。《禮記·玉藻》：“公侯佩山玄玉而朱組綬，大夫佩水蒼玉而純組綬。”鄭玄注：“綬者，所以貫佩玉而相承受者也。純當爲緇。”

縕組綬

組綬之一種。古代繫玉之淺紅色絲帶，爲士所佩。《禮記·玉藻》：“世子佩瑜玉而綦組綬，士佩瓀玟而縕組綬。”鄭玄注：“綬者，所以貫佩玉相承受者也……縕，赤黃。”又“一命縕韍幽衡”鄭玄注：“縕，赤黃之間色，所謂韎也。”參見本卷《璽印組綬説·組綬考》“組綬”文。

纂組

組綬之一種。赤色綬帶。用以佩玉或繫印。《楚辭·招魂》：“纂組綺縞，結琦璜些。”王逸注：“纂組，綬類也。”《説文·糸訓》：“纂，似組而赤。”《漢書·景帝紀》：“錦繡纂組，害女紅者也。”三國蜀諸葛亮《便宜十六策·治人》：“錦繡纂組，綺羅綾縠，玄黃衣帛，此非庶人之所服也。”唐張説《鄎國長公主神道碑銘》：“絲竹五音之微靡，纂組九華之縟麗，經目所涉，莫不精詣。”

印　綬

印綬

亦稱“印組”。繫官印的絲帶。居官則佩之，官罷則解之，以官職之不同，印綬亦有別。《史記·張耳陳餘列傳》：“〔陳餘〕乃脱解印綬，推予張耳。”《宋書·隱逸傳·陶潛》：“潛嘆曰：‘我不能爲五斗米折腰向鄉里小人！’即日解印綬去職。”北齊顏之推《顏氏家訓·省事》：“拜守宰者，印組光華，車騎輝赫，榮兼九族，取貴一時。”王利器集解引盧文弨曰：“組，即綬也。所以繫佩者。”按，組即綬，印組即印綬。明方孝孺《南齋記》：“世之所尚爲貴者，印組以爲華，禄賜以爲豐。”清吳趼人《二十年目睹之怪現狀》第五四回：“〔兗州府〕連忙翻了本府經歷廳，到嶧縣去摘了印綬，權時代理縣事。”

【印組】

即印綬。此稱南北朝時期已行用。見該文。

【印紱】

亦作“印黻”。即印綬。《漢書·百官公卿表上》：“宣帝地節三年，置大司馬，不冠將軍，亦無印紱官屬。”又《王莽傳中》：“〔王氏〕男以睦，女以隆爲號，皆授印韍。”三國魏曹植《叙愁賦》：“荷印紱之令服，非陋才之所望。”

【印韍】

同“印紱”。此體漢代已行用。見該文。

【紱】

亦作“紼”“黻”“韍”。即印綬。《漢書·匈奴傳》：“遂解故印紱奉上，將率受，著新紱，不解視印。”又《丙吉傳》：“臨當對，吉疾病，上（宣帝）將使人加紼而封之。”顏師古注：

“紼，繫印之組也。”《文選·江淹〈謝光禄郊游〉詩》：“雲裝信解黻，烟駕可辭金。”李善注：“黻與‘紱’通。”唐李逢吉《再赴襄陽辱宣武相公貽詩今用奉酬》：“解韍辭丹禁，揚旌去赤墀。”宋王安石《賈魏公挽詞》之一：“儒服早紆丞相紱，戎冠再插侍中貂。”

【紼】

同“紱”。此體漢代已行用。見該文。

【黻】

同“紱”。此體南北朝時已行用。見該文。

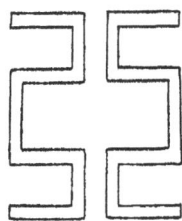

黻
（宋楊甲《六經圖》）

【韍】

同“紱”。此體唐代已行用。見該文。

韍縰

印綬之一種。本用以佩玉，漢代又用以繫印。因使用者身份高低不同而長短有別。《漢書·翟義傳》：“遣使者持黄金印、赤韍縰、朱輪車，即軍中拜授。”顏師古注：“服虔曰：‘縰即今之綬也。’師古曰：‘韍所以繫印也。縰者，繫也，謂逆受之也。’”《後漢書·輿服志下》：“自青綬以上，縰皆長三尺二寸，與綬同采而首半之。縰者，古佩璲也。佩綬相迎受，故曰縰。”宋葉廷珪《海録碎事》卷五：“王莽封孫賢等，授以黄金印，赤韍縰。”

【縰】

“韍縰”之省稱。此稱漢代已行用。見該文。

寶綬

帝王、皇后印綬之美稱。印綬之一種。唐令狐楚《鄭尚書賀册皇太后表》："獻寶綬於内朝，宣玉册於中禁。"《新五代史·吴世家·楊行密》："夏四月，温（徐温）奉玉册、寶綬尊隆演（楊隆演）即吴王位。"

璽韍[2]

亦稱"璽綬"。印綬之一種。繫璽印的絲帶。多爲諸侯、太子、太后所佩。《漢書·百官公卿表上》："漢諸侯王厥角稽首，奉上璽韍。"顏師古注："韍，音弗，璽之組也。"按，韍通"綬"。漢荀悦《前漢紀》甘露三年："上令單于在諸侯王上……賜以璽綬、冠帶、衣裳。"《新唐書·百官志二》："册太子，則授璽綬。"

【璽綬】[2]

即璽韍。此稱漢代已行用。見該文。

赤綬

亦稱"赤韍""赤紱"。印綬之一種。古代用以繫官印之赤色絲帶。多爲太子、諸侯王用之。始於漢，後世沿襲。《漢書·王莽傳》："賜公太夫人號曰功顯君，食邑二千户，黄金印、赤韍。"顏師古注："此韍，印之組也。"《後漢書·輿服志下》："諸侯王赤綬，四采，赤黄縹紺，淳赤圭，長二丈一尺，三百首。"《三國志·魏書·武帝紀》："太子使魏公位在諸王侯上，改授金璽、赤紱、遠游冠。"《明史·輿服志二》："皇太子冠服……綬五采織成，純赤質，三百三十首。"

【赤韍】

即赤綬。此稱漢代已行用。見該文。

【赤紱】

即赤綬。此稱三國時期已行用。見該文。

朱綬

亦稱"茜綬"。印綬之一種。古代官吏用以繫官印之紅色絲帶。因茜草可作紅色染料，故又稱之爲"茜綬"。唐錢起《送丁著作佐臺郡》詩："佐郡紫書下，過門朱綬新。"又《送河南陸少府》詩："雲間陸生美且奇，銀章朱綬映金羈。"唐白居易《待漏入閣書事奉贈元九學士閣老》詩："笑我青袍故，饒君茜綬殷。"宋陸游《草堂拜少陵遺像》詩："至今壁間像，朱綬意蕭散。"

【茜綬】

即朱綬。此稱唐代已行用。見該文。

紫綬

印綬之一種。古代官吏用以繫官印之紫色絲帶，多用於高級官員。始於漢。歷代沿襲。《漢書·百官公卿表上》："相國、丞相，皆秦官，金印紫綬。"《後漢書·輿服志下》："公、侯、將軍紫綬，二采，紫白，淳紫圭，長丈七尺，百八十首。公主封君服紫綬。"《東觀漢記·百官表》："印綬：漢制，公侯紫綬，九卿青綬。"唐李白《門有車馬客行》："空談霸王略，紫綬不掛身。"《新唐書·車服志》："鷩冕者，二品之服也……紫綬、紫質，紫、黄、赤爲純，長一丈六尺，廣八寸，一百八十首。"明何景明《送顧汝成》詩："十年重紫綬，萬里爲蒼生。"《清史稿·樂志五》："列坐處，紫綬青綢。"

青綬

亦稱"青組"。印綬之一種。古代佩玉或繫官印的青色絲帶。漢九卿用之，唐三品以下至四品用之。《後漢書·輿服志下》："九卿，中二千石、二千石青綬。三采，青、白、紅，淳青圭，長丈七尺，百二十首。"晉陸機《謝平原内史表》："雖安國免徒，起紆青組；張敞亡命，坐致朱軒。"《新唐書·車服志》："自三品以下至四品皆青綬，青質，青、白、紅爲純，長一丈四尺，廣七寸，一百四十首。"又："紐約：貴賤皆用青組，博三寸。"《清史稿·樂志五》："彤墀下，緋衣玉帶兼青綬，更父老傴趨在後。"

【青組】

即青綬。此稱晋代已行用。見該文。

【綸】

亦稱"青綸""綸綬"。即青綬。始於漢代。《説文·糸部》："綸，青絲綬也。"漢揚雄《法言·孝至》："由其德，舜禹受天下不爲泰，不由其德，五兩之綸，半通之銅亦泰矣。"李軌注："五兩之綸，半通之銅，皆有秩嗇夫之印綬，印綬之微者也。"《後漢書·仲長統傳》："身無半通青綸之命，而竊三辰龍章之服。"南朝梁江淹《爲蕭太尉上便宜表》："縹衣綸綬，漢置前制；奇服怪物，周設常刑。"宋陳師道《甲亭》詩："早知乘下澤，不再結青綸。"明沈鯨《雙珠記·人珠還合》："載錫新綸，用彰懿行。"

【青綸】

即綸。此稱漢代已行用。見該文。

【綸綬】

即綸。此稱南北朝時期已行用。見該文。

綢綬

亦稱"青綢"，省稱"綢"。印綬之一種。青紫色綬帶。漢秩兩千石佩印所用，後亦代指高官。《説文·糸部》："綢，綬青紫色也。"《史記·滑稽列傳》："及其拜爲兩千石，佩青綢出宮門，行謝主人。"《後漢書·輿服志下》："諸國貴人、相國皆綠綬。"南朝梁劉昭注："徐廣曰：'金印，綠綟綬。'綟，音戾。草名也。以染

似綠。又云似紫，紫綬名綢綬，音瓜。其色青紫。"唐柳宗元《同劉二十八院長禹錫述舊言懷感時書事奉寄澧州張員外使君五十二韻之作其韻增至八十通贈二君子》詩："共思捐珮處，千騎擁青綢。"《清史稿·樂志五》："列坐處，紫綬青綢。"

【青綢】

即綢綬。此稱漢代已行用。見該文。

【綢】

即綢綬。此稱漢代已行用。見該文。

黄綬

亦稱"黄籔"。印綬之一種。古代官員用以繫官印的黄色絲帶。《漢書·百官公卿表上》："比二百石以上，皆銅印黄綬。"《後漢書·輿服志下》："四百石、三百石、二百石黄綬，淳黄圭，長丈五尺，六十首。"唐陳子昂《贈盧陳二子之作》詩："奈何蒼生望，卒爲黄綬欺。"又《唐水衡監丞李府君墓志銘》："黄籔不貴，拱璧爲輕。"唐劉長卿《送從弟貶袁州》："名羞黄綬繫，身是白眉郎。"明陶宗儀《輟耕録·印章制度》："建武元年，詔諸侯王金印綟綬，公侯金印紫綬，中二千石以上銀印青綬，千石至四百石以下銅印黑綬及黄綬。"按，籔通"綬"。見本卷《璽印組綬説·組綬考》"綬"文。

【黄籔】

即黄綬。此稱唐代已行用。見該文。

綠綬

亦稱"艾綬""綠綟綬"。印綬之一種。因以艾草染爲綠色，故稱。始於漢。古代三公以上及九嬪等用之。《後漢書·輿服志下》："諸國貴人、相國皆綠綬，三采，綠、紫、紺，淳綠圭，長二丈一尺，二百四十首。"又《酷吏

傳・董宣》："以宣嘗爲二千石，賜艾綬，葬以大夫禮。"《晉書・衛瓘傳》："及楊駿誅，以瓘録尚書事，加綠綟綬，劍履上殿。"《隋書・禮儀志六》："婕妤、容華、充華、承徽、列榮五職，亞九嬪，銀印珪鈕，艾綬。"

【艾綬】

即綠綬。此稱漢代已行用。見該文。

【綠綟綬】

即綠綬。此稱晉代已行用。見該文。

【綟綬】

亦稱"綟綬"。即綠綬。綟草可作綠色染料，故稱。色近黃而綠。爲漢代諸侯王佩金印所用。《漢書・百官公卿表上》："諸侯王，高祖初置，金璽綟綬。"顏師古注引晉灼曰："綟，草名也，出琅邪平昌縣，似艾，可染綠，因以爲綬名也。"《後漢書・輿服志下》："諸國貴人、相國皆綠綬。"南朝梁劉昭注引徐廣曰："金印，綠綟綬。"又"凡先合單紡爲一繫"劉昭注："建武元年，復設諸侯王金璽綟綬。"《東觀漢記・百官表》："印綬：漢制，公侯紫綬，九卿青綬。建武元年，復設諸侯王金璽綟綬。"《新唐書・車服志》："衮冕者，一品之服也……綠綟綬，綠質，綠、紫、黃、赤爲純，長一丈八尺，廣九寸，二百四十首。"宋葛立方《韻語陽秋》卷一〇："楊妃專寵帝室，金印綟綬，寵徧於銛釗；象服魚軒，榮均於秦虢。"

【綟綬】

即綟綬。此稱漢代已行用。見該文。

墨綬

亦稱"黑綬"。印綬之一種。用以繫官印的黑色絲帶。《漢書・百官公卿表上》："凡吏……秩比六百石以上，皆銅印墨綬。"《後漢書・輿

服志下》："千石、六百石黑綬，三采，青、赤、紺，淳青圭，長丈六尺，八十首。"《隋書・禮儀志七》："正從五品，墨綬，二采。"《新唐書・車服志》："玄冕者，五品之服也……黑綬紺質，青紺爲純，長一丈二尺，廣六寸，一百二十首。"唐岑參《送宇文舍人出宰元城》詩："縣花迎墨綬，關柳拂銅章。"清方文《送姜如農明府擢儀部》詩："昔爲眞州宰，墨綬垂芬芳。"

【黑綬】

即墨綬。此稱漢代已行用。見該文。

纁朱綬

印綬之一種。古用以繫印章之淺紅色絲帶。《後漢書・輿服志下》："諸侯王赤綬。"南朝梁劉昭注："太子及諸王金印、龜紐、纁朱綬。"《隋書・禮儀志七》："王，纁朱綬，四采，赤、黃、縹、紺，純朱質，纁文織，長一丈八尺，二百四十首，廣九寸。"

尺組

印綬之一種。下級官吏所繫。以其短，故稱。唐王維《偶然作》詩之五："讀書三十年，腰下無尺組。"清錢謙益《雲間董得仲投贈三十二韻依次奉答》："籌邊攄尺組，斷國引長編。"

鶻銜綬帶

印綬之一種。唐賜與節度使的有鶻形圖案的綬帶。鶻，隼，猛禽之屬，取其武毅。《唐會要・輿服下》："貞元三年三月，初賜節度觀察使等新制時服，上曰：'頃來賜衣，文彩不常，非制也。朕今思之，節度使文，以鶻銜綬帶，取其武毅，以靖封內。'"

鞶囊

亦稱"旁囊""傍囊""綬囊"。古代官吏盛放印綬之袋。皮製,繫於腰傍。北魏以後,以其不同繡飾表示官階。《晋書·輿服志》:"漢代著鞶囊者,側在腰間,或謂之傍囊,或謂之綬囊。然則以紫囊盛綬也。"《宋書·禮志五》:"鞶,古制也。漢代著鞶者,側在腰間。或謂之傍囊,或謂之綬囊。然則以此囊盛也。"《隋書·禮儀志六》:"鞶囊,二品以上金縷,三品金銀縷,四品銀縷,五品、六品綵縷,七品、八品、九品綵縷,獸爪鞶。官無印綬者,並不合佩鞶囊及爪。"又《禮儀志七》:"班固《與弟書》:'遺仲升獸頭旁囊,金錯鈎也。'古佩印皆貯懸之,故有囊稱。或帶於旁,故班氏謂爲旁囊。"

【旁囊】

同"鞶囊。"此體漢代已行用。見該文。

【傍囊】

同"鞶囊"。此體漢代已行用。見該文。

【綬囊】

即鞶囊。此稱漢代已行用。見該文。

第八章　輔助用具説

第一節　案頭用具考

　　文房用具除了我們常説的文房四寶外，還有許多其他用品，如鎮紙、界尺、筆洗、筆筒、硯滴、筆架、硯匣、墨床、臂擱、刀削、硯屏等，不一而足。宋代林洪著有《文房職方圖贊》，列舉文房用具十八種，并一一取有字號。而明代有人將有關文房用品列出一份清單，大約有40餘種，表明古人對文房所需之物的使用已經達到非常講究的程度。文房用具在使用發展的過程中，品種越來越豐富，質地越來越考究，它不但方便了人們書寫繪畫，推動書畫藝術的發展，而且還成爲書房書案上的裝飾工藝品，起到陶冶情操、怡情養性的作用。

　　當然，文房用具從實用發展到觀賞把玩是有一個漸進過程的。早期用具的作用首先是實用，隨着筆墨紙硯的迅速發展，各種用具也隨之配套發展。漢末到魏晋時，有些用具製作已十分精美。在江蘇徐州東漢墓中，出土過一個獸形鎏金銅硯盒，獸身爲硯蓋，通體鎏金，鑲嵌有各色寶石和紅珊瑚等，製作精美，可稱得上是東漢時期鎏金鑲嵌藝術的代表作品。唐宋時代，筆墨紙硯都進入大發展時期，各種文具也呈現出齊頭并進的局面，而其發展的鼎盛階段還是明清時期。這一時期文具賞玩愛好之風興盛，案頭用具品種豐富，製作精良，衆多文房用具已具有實用和收藏、欣賞雙重價值，其藝術性和精妙之處反映了我國古代文人墨客的雅趣。以下祇將置於案頭的常用文具作簡要考證。

硯盒又稱作“硯匣”，是置放硯臺的盒子，可起到保護硯的作用。質地有漆硯盒、金屬硯盒、木硯盒等，其形多據硯的形狀而定。漢代硯的製作已開始講究，對硯的保護也受到重視，出現了各種硯盒。漢代出土的文物中，都曾有過發現。特別是 1970 年江蘇徐州出土的東漢銅獸形硯盒，造型生動有力，鑄作精緻，風格樸實華麗，爲古代銅硯盒之傑作。南北朝時期有用琉璃製作的硯匣。南朝陳徐陵《〈玉臺新詠〉序》：“琉璃硯匣，終日隨身。”宋代以後對硯匣的用料、製作已有專門論述（見宋趙希鵠《洞天清録·古硯辨》、明屠隆《考槃餘事·文房器具》、明文震亨《長物志·器具》）。至明清時文人中形成一股愛硯、藏硯成癖的風氣，對硯匣的用材、造型、製作更爲考究，珍貴的硯品都配以精緻的硯匣盛放。今書畫家所用硯盒以木製髹漆爲多。

硯滴又稱作“書滴”“水滴”“水注”，是滴水於硯的器具。大約出現在漢代。早期的硯滴多爲銅製，後又有瓷、玉、陶、石等材質，其形方、圓不一，形狀各異。晋時有青瓷硯滴，形如龜狀稱“龜滴”，形如蟾蜍狀稱“蟾滴”“硯蟾”。宋代著名的官窯、哥窯及明代的宣窯都燒製硯滴，多爲瓜果形。如官、哥窯的立瓜注、雙桃注、蓮房注，宣窯的五彩桃注、石榴注等，製作都很精美，而論其品第仍以銅者爲高。

鎮紙亦稱“界方”，是文房案頭不可缺少的用具，文人在書寫繪畫時用以鎮壓紙張，使之不可移動。亦可用來鎮壓書紙，故又有“書鎮”之名。大約始於漢代，清代梁詩正等編《西清古鑑》載有“漢蟠螭書鎮”，但確切年代已無從詳考。其製作材料有玉、石、銅、木、竹、水晶、瑪瑙、琉璃等。種式甚多，使用者據材質、情趣製爲禽獸鱗介肖諸形。以玉製者有玉兔、玉牛、玉羊、玉馬、玉鹿、玉蟾蜍、蹲虎、辟邪、子母螭諸式，最爲古雅。以銅製者有蹲螭、眠犬、鎏金、臥馬、龜、龍等。以水晶、瑪瑙製者各式亦甚多。瓷者則有官窯、哥窯、定窯諸名器。呈尺形者稱作“壓尺”（見宋岳珂《愧郯録·鎖小殿子》）“書尺”（見明朱之蕃《書尺》詩）“鎮尺”（見蕭乾《一本褪色的相册》）。象牙質的稱作“牙尺”（見宋周必大《玉堂雜記》卷中）。鎮紙因是文人案頭必備用具，故歷代沿用到今，但形狀已較古時單一，多爲尺形。

筆架爲架筆之用具。書畫時在構思或暫息借以置筆，以免污損他物，爲古人書案上最不可缺少的文具。它是伴隨着毛筆的產生而產生的，但肇始時代，無法確考。清厲荃《事物異名録・文具部》：“《致虛閣雜俎》：〔王〕羲之有巧石筆架，名扈班。”南北朝時的筆架形如人之床，可卧筆於其上，故稱作“筆床”（見明張岱《夜航船・文具》）。當時文人有翡翠製作的筆床，用材十分講究。因用於擱筆，又有“筆格”之稱。南朝梁吳均著有一篇《筆格賦》，表達了作者讚美賞玩的心態和情趣。古代的筆架使用各種材料製作，有玉、石、竹、木雕刻的，有金、銅鑄造的，有陶、瓷燒製的，五花八門。更有用自然珊瑚枝架做成的筆架，精美至極，唐宋時爲宮廷之物。其造型因材質不同而各异，玉製有山形者、卧仙者；銅製有鏒金雙螭挽格者、十二峰頭爲格者，單螭起伏爲格者；瓷製有哥窑三山五山者，稱作“筆山”；石製有峰巒起伏者、蟠屈如龍者。各種造型中以天然所成不假斧斤者爲上乘。今筆架製作以瓷質山形爲多。

筆筒在文房中是用來盛放毛筆的器具。與文房其他用具相比，筆筒體積大，在書案上的位置也較顯眼，故其製作極其精良，在案頭用具中頗被看重。從文獻記載看，筆筒在晋代已有。清厲荃《事物異名録・文具部》：“《致虛閣雜俎》：〔王〕獻之有斑竹筆筒，名裘鐘。”從筆筒質地種類看，有玉、木、竹、銅、瓷等，也有用象牙、樹根所製。瓷製筆筒宋代以前就有製作，但存世實物非常少，今亦不易見。明代有青花瓷、五彩瓷筆筒，至清康熙間的瓷製大筆筒，上描繪有各種山水、花鳥圖案，配以詩詞歌賦，名人書法，製作精妙，爲瓷製筆筒中之佳品。玉製者以清代乾隆年間所製爲最，選料精嚴，雕刻精細，多爲宮廷所用。竹製者多雕刻精美的花紋，尤以朱氏一門竹製名家所製最爲難得。木製者多用紫檀紅木、花梨烏木、黃楊木等名木爲材質，以紫檀所製最名貴。現存各代各種製作精美的筆筒實物，多收藏於北京故宮博物院。筆筒的造型以筒形爲主流，間有四方、六棱、花瓣等形，明代有一種扁鼓形筆筒，明人文震亨《長物志・器具》中有記載。今筆筒製作以青花瓷質、圓形爲多。

筆洗爲洗涮毛筆的器具。名貴毛筆之尖極嬌嫩，用後需馬上清洗，否則墨的膠性會侵蝕筆尖。故筆洗可稱是文房之要器，置於書案之上，以便隨時清洗。筆洗造型的共同特點是敞口、淺腹、有足。古時用貝殼、玉石等材質製作。宋代時出現了典雅的瓷製筆洗，上繪有各種花紋圖案，當時著名的哥窑、官窑、鈞窑都有燒製。明清之際景德鎮窑、德化窑、宜興窑等亦普遍燒製，并沿續至今。其形狀千變萬化，以瓷製爲例，有官哥窑的葵花洗、馨口洗、四捲荷葉洗、卷口蔗段洗，有龍泉窑的雙魚洗、菊花洗、百折洗，有定窑的三箍洗、梅花洗、方池洗，有宣窑的魚藻洗、葵瓣洗、馨口洗、鼓口洗等。玉製、銅製則多以長、圓、方爲主。

界尺是用以畫直綫的文具，也可作鎮紙之用。一般長數寸至尺許，類今之學生用的尺子，但無刻度。古時多以玉、石、木、金屬等製作。唐代已有使用，被戲稱爲"由准氏"。宋代以來又有"隔筆簡""方正字""黎司直""木訥老人""韓直木"等稱。因其爲案頭常用之物品，歷代沿續，使用至今。衹是今所用的畫綫直尺多爲塑膠所製，上有刻度，輕便實用，但已無鎮紙的作用。

案頭用具除上述各類外還有許多，如用於削刮竹木簡的書刀，用於畫綫時架固毛筆的筆船，用於臨書枕臂的臂擱，用於插筆的筆屏，用於障風塵的硯屏，用於碾壓紙張的貝螺，用於盛放糨糊的糊斗，用於蘸筆的筆覘，用於盛放顔料的乳鉢等，這些文具現多不再使用，故不一一詳述。

硯　匣

硯匣

亦作"研匣"。放置硯臺的盒子。以匣存放硯品，一可養潤，二可防塵，三可防磕碰，起到保護硯臺的作用。俗稱硯盒。製匣材料多爲金屬及木等。其造型有圓形、方形、長方形等，多視硯形而定。一般底部有足，以便移動。爲硯製盒，漢代已有之。1984 年山東臨沂金雀山漢墓出土一方石板硯，即盛放在漆硯盒中。該硯盒爲木胎髹漆，長 21.5 厘米，寬 7.4 厘米，高 1.8 厘米，分盒蓋、盒底兩部分。盒的外側繪有虎熊漆畫，形象逼真，可稱是精美的工藝品。東漢時有銅製硯盒，1970 年江蘇徐州東漢墓出土。長 25 厘米，寬 14.8 厘米。其形如匍匐爬行的蟾蜍，背上有一橋形紐。通體鎏金并鑲嵌有紅珊瑚、綠松石和青金石，金碧輝煌，光彩奪目，造型生動，工藝精湛，是我國迄今

所藏製作最精緻的硯盒。現藏南京博物院。南北朝時有一種琉璃製作的硯匣。南朝陳徐陵《〈玉臺新詠〉序》："琉璃硯匣，終日隨身；翡翠筆床，無時離手。"宋時對硯匣製作已有專門論述。宋趙希鵠《洞天清録·古硯辨》："硯匣不當用五金，蓋石乃金之所自出，金爲石之精華。子母同處，則子盜母氣，反能燥石，而又誨盜。法當用佳漆爲之。硯雖低，匣蓋必令高過寸許，方雅觀。然只用琴光素漆，切忌用鈿花、犀毗之屬。四角須布令極牢，不宜用紗。匣取其容硯，而周圍寬三紙，或作皂絹襯尤妙。今人於匣底作小穴，小竅容指，本以之出硯，而多泄潤氣。但令匣稍寬，不必留竅，或有墨汁流下，多污几案。又或匣底之下作豹脚，取其可入手指，以移重硯，此猶非所宜。"宋王十朋有《硯匣銘》。宋岳珂《愧郯録·鎖小殿子》："御前列

金器，如硯匣、壓尺、筆格、糊板、水滴之屬，幾二百兩。”明清時藏硯成風，收藏家對保護硯品很有研究，珍貴的硯品多以匣盛放。硯匣的用材、製作、裝潢都十分考究，但并不是用料越貴越好。古人認爲用木胎的漆盒最好，對漆料和木料也有講究。明屠隆《考槃餘事·文房器具箋》載：“以紫檀、烏木、豆瓣楠及雕紅退色漆者爲佳。”明文震亨《長物志·器具》：“研匣宜用紫、黑二漆，不可用五金，蓋金能燥石。”明馮夢龍《警世通言·王安石三難蘇學士》：“東坡開硯匣，看了硯池，是一方綠色端硯。”清馬丕緒《硯林脞録》：“貯硯宜退光漆木匣，不宜紙，漆潤紙燥也。”清汪懋麟《跋米元章墨迹後》：“上大喜，以馬腦硯、李廷珪墨、

牙管筆、金硯匣、玉鎮紙、水滴賜之。”清王韜《淞濱瑣話·李延庚》：“亭中棐几湘簾，筆床硯匣，位置楚楚。”今盛放硯品亦以木製髹漆硯匣爲多。

【研匣】

同“硯匣”。此體明代已行用。見該文。

【研室】

亦稱“紫方館”。“硯匣”的別稱。此稱始見於唐代。宋陶穀《清異録·文用》：“歐陽通善書，修飾文具，其家藏遺物尚多，皆就刻名號。研室曰‘紫方館’。”

【紫方館】

“研室”的美稱。此稱唐代已行用。見該文。

硯　滴

硯滴

亦作“研滴”。向硯中滴水之器具。供磨墨用。早期多爲銅製，後有瓷、玉、石等多種。其式多爲動物形且代有不同。漢代多爲龜蛇形，兩晋時江浙一帶燒製蟾龜形青瓷硯滴，故又有蟾滴、龜滴之稱。宋代龍泉窑燒製的魚形硯滴，造型極爲精緻。明清時有各種獸形及瓜果形。許之衡《飲流齋説瓷·説雜部第九》：“水滴象形者，其制甚古。蟾滴、龜滴，由來舊矣，古

瓷硯滴

者以銅，後世以瓷，明時有蹲龍、寶象諸狀。凡作物形而貯水不多者，則名曰滴，不名曰盂。”唐釋皎然《送裴秀才往會稽山讀書》詩：“硯滴穿池小，書衣種楮多。”（清梁詩正等《西清古鑑》）

唐天鷄硯滴

宋蘇軾《夜直玉堂携李之儀端叔詩百餘首讀至夜半書其後》詩：“愁侵硯滴初含凍，喜入燈花欲鬭妍。”宋黄庭堅《子瞻題狄引進雪林石屏要同作》詩：“翠屏臨研滴，明窗玩寸陰。”宋張邦基《墨莊漫録》卷二：“禹餘糧石，形似多怪，硊礧百出，或正類蝦蟆，中空藏白粉，去其粉，可貯水作研滴。”宋杜綰《雲林石譜·鼎

州石》："鼎州祈闔山出石，石中有黃土，目之爲太一餘糧。色紫黑，質礧碿，大小圓匾，外多霑綴碎石，滌盡黃土，即空虛，有小如拳者，可貯水爲硯滴。"元陸友《研北雜志》卷下："研滴須琉璃，鎮紙須金虎，格筆須白玉。"清趙翼《題和韓遺訓圖爲陸秀農作》詩："嗚呼儒家業，只憑硯滴蜍。"

【研滴】

同"硯滴"。此體宋代已行用。見該文。

【書滴】

"硯滴"的別稱。此稱始見於晉代，沿用至清。《西京雜記》卷六："晉靈公冢甚瑰壯……其物器皆朽爛不可別，唯玉蟾蜍一枚，大如拳，腹空，容五合水，光潤如新。王（廣川王）取以爲書滴。"清朱琰《陶說·說今》："文房硯屏、墨床、書滴、畫軸、秘閣、鎮紙、司直，各適其用。"清乾隆《詠宋哥窯蟾蜍硯》："書滴曾聞漢廣川，翻然爲硯永其年。"亦指磨墨時用的水滴。《西京雜記》卷一："以酒爲書滴，取其不冰；以玉爲硯，亦取其不冰。"

【水滴】

"硯滴"的別稱。此稱宋代已行用。宋周必大《玉堂雜記》卷下："御前列金器，如硯匣、壓尺、筆格、糊板、水滴之類。"宋趙希鵠《洞天清錄·水滴辨》："古人無水滴，晨起則磨墨汁盈硯池，以供一日用。墨盡復磨，故有水盂……白玉或璀子玉，其色既白，若水稍有泥澱及塵污，立見而換之。此物正堪作水滴，上加綠漆荷葉蓋蓋之。蓋側作小穴，以小杓柄嵌穴中，永無塵入。若當中作滴子，則塵必入。如無玉器，用古小磁盂貯水最佳。"明陶宗儀《輟耕錄·神人獅子》："家中得古銅罍、勺、壺、

洗、尊、鼎、雜器之物二百餘件。內一水滴，作獅子昂首軒尾走躍狀。"清汪懋麟《跋米元章墨迹後》："上大喜，以馬腦硯、李廷珪墨、牙管筆、金硯匣、玉鎮紙、水滴賜之。"

【水注】

"硯滴"的別稱。古代酒器中有"注子"，"水注"一詞即源於此。其物南北朝時已見行用。明高濂《遵生八箋·燕閒清賞箋·論文房用具》："水注有玉爲圓壺方壺者，其花紋甚工。"明文震亨《長物志·器具》："水注：古銅玉俱有辟邪、蟾蜍、天雞、天鹿、半身鸜鵒杓、鏒金雁壺諸式滴子，一合者爲佳……陶者有官、哥、白定方圓立瓜、臥瓜、雙桃、蓮房、蒂、葉、茄、壺諸式。宣窯有五采桃注、石榴、雙瓜、雙鴛諸式，俱不如銅者爲雅。"明佚名《天水冰山錄·都丞文具》："銅水注一個，銅筆架一個，銅熨紙一個……以上共貯都丞盒一個內。"清姚衡《寒秀草堂筆記·賓退雜識》："與此同購者，商

水中丞
（明王圻等《三才圖會》）

古玉蓮房水注
（宋龍大淵《古玉圖譜》）

古玉臥瓜水注
（宋龍大淵《古玉圖譜》）

爵一，汝窑水注一。"清魏秀仁《花月痕》第九回："〔秋痕〕瞧那桌上的一個白玉水注，兩三個古硯……亂堆在靠窗這邊。"

【金小相】

"硯滴"之謔稱。此稱始見於唐代。宋陶穀《清異錄·文用》："歐陽通（唐人）善書，修飾文具，其家藏遺物尚多，皆就刻名號……硯滴曰金小相，鎮紙曰套子龜。"

蟾蜍滴

硯滴之一種。形呈蟾蜍狀，故名。置水入其中，自可從蟾蜍口中滴水入硯，製作十分精巧。早期的硯滴多爲此式。多以銅、瓷製作。宋劉弇《試院次韻奉和趙達夫記室惜別之什》："松丸暖動蟾蜍滴，消殺風光盍付詩。"宋梅堯臣《送曹測崇班駐泊相州》詩："峩峩銅雀臺，其下遺瓦礫。不化鴛鴦飛，多近蟾蜍滴。"省稱

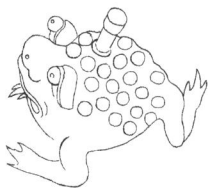
唐蟾蜍硯滴
（清王傑等《西清續鑑》）

"蟾滴""蟾蜍"。宋陸游《風流子》詞："蟾滴夜寒，水浮微凍，鳳箋春麗，花砑輕紅。"宋何薳《春渚紀聞·銅蟾自滴》："古銅蟾蜍，章申公硯滴也。每注水滿中，置蜍研仄，不假人力而蜍口出泡，泡殨則滴水入研。"元袁桷《擬宮詞十首》之三："已分筆格金蟾滴，更賜端溪紫硯山。"清趙翼《汪水雲硯歌》："想當搦管濡毫時，蟾蜍滴淚和墨研淋漓。"許之衡《飲流齋說瓷·說雜具第九》："水滴象形者，其制甚古，蟾滴、龜滴，由來舊矣。古者以銅，後世以瓷。明時有蹲龍、寶象諸狀。凡作物形而貯水不多者，則名曰滴，不名曰盂。"亦稱"硯蟾"。宋

梅堯臣《次韻和永叔新歲書事見寄》："妍童喜舞開羅幕，小吏愁漸入硯蟾。"宋陸游《不睡》詩："水冷硯蟾初薄凍，火殘香鴨尚微烟。"

【蟾滴】

"蟾蜍滴"之省稱。此稱宋代已行用。見該文。

【蟾蜍】[2]

"蟾蜍滴"之省稱。此稱宋代已行用。見該文。

【硯蟾】

即蟾蜍滴。此稱宋代已行用。見該文。

龜滴

硯滴之一種。漢代有龜蛇形，晋代時燒製的青瓷硯滴亦多爲此形。造型一般爲一昂首爬行的烏龜，頸部劃螺旋紋，腹甲刻成蓮花瓣。中空，背上有口，可盛水。許之衡《飲流齋說

漢龜蛇硯滴
（明胡文煥《古器具名》）

瓷·說雜具第九》："水滴象形者，其制甚古，蟾滴、龜滴，由來舊矣。古者以銅，後世以瓷。明時有蹲龍、寶象諸狀。凡作物形而貯水不多者，則名曰滴，不名曰盂。"

石榴注

水注之一種。其形如石榴，故稱。明代宣窑燒製。明屠隆《考槃餘事·文房器具箋》："有宣窑五彩桃注、石榴注、雙瓜注。彩色類生有

雙駕注，工緻精極，俱可入格。"

水盂

　　盛放磨墨用水之貯水器。多爲陶瓷製作，間亦有銅製。其形扁圓，腹大，口小，有足。晉代已有之，今仍沿用。宋趙希鵠《洞天清録·水滴辨》："余嘗見長沙同官，有小銅器，形如桶，可容今一合，號右軍硯水盂。其底内有'永和'字，此必晉人貯水以添硯池者也。古人無水滴，晨起則磨墨汁盈硯池，以供一日用，墨盡復磨，故有水盂。"清朱彝尊有《銅水盂銘》。許之衡《飲流齋說瓷·說雜部第九》："有一種積紅水盂，口處微陷，乃天然缺口，用以置水匙者也，雍窯居多。若口斂腹旛者，則康、乾均有之，而底又必平而巨，類似太白尊而無項者。"民國《續修博山縣志》卷七："東下册東山産石，有黃白青藍綠赭各色。琢磨之，有山水樹木紋理，瑩然可觀。村人以製水盂、硯盤、烟嘴及玩具，俗呼下册玉。"葉聖陶《皮包》："最後他看桌面，筆筒、鉛筆、硯臺、水盂、熱水瓶……一層細細的塵埃，哪兒有什麼簽呈。"

【水中丞】

　　省稱"水丞"。"水盂"的別稱。此稱始見於宋代，沿用至清。宋龍大淵《古玉圖譜·文房部》："水丞，貯硯水的小盂，亦名水中丞。"宋林洪《文房職方圖贊》將其列爲文房十八學士之一，稱："水中丞，名潛，字仲含，號玉蜍老翁。"明高濂《遵生八箋·燕閒清賞箋》："近有陸琢玉水中丞，其碾獸面錦池，與古尊罍同，亦佳器也。"明文震亨《長物志·器具》："水中丞：銅性猛，貯水久則有毒，易脆筆，故必以陶者爲佳……玉者有元口甕，腹大僅如拳，古人不知何用，今以盛水，最佳。古銅者有小尊罍、小甑之屬，俱可用。陶者有官、哥甕肚小口鉢盂諸式。"清無名氏《醒世姻緣傳》第七九回："某年月日因剔水中丞蠅糞，致水中丞墜地跌碎。"清李光庭《鄉言解頤·物部上》："當得意疾書之時，而水丞腹堅，石君面皺，能無興阻。"

古玉螭耳水丞
（宋龍大淵《古玉圖譜》）

古玉如意衡環水丞
（宋龍大淵《古玉圖譜》）

【水丞】

　　"水中丞"之省稱。此稱宋代已行用。見該文。

水晶獸形水丞

　　獸形水晶質水丞。明代製品。長10厘米，高5.3厘米。獸呈臥狀，回首凝目，圓耳豎起，背刻圓槽以盛水。此器晶瑩剔透，逗人喜愛。1971年山東鄒縣（今鄒城市）明魯王朱檀墓出土，現藏於山東省博物館。

鎭　紙

鎭紙

　　鎭壓書頁或紙張的用具。爲文房案頭不可缺少之物。以玉、石、銅、木、竹、水晶、瑪瑙等製作。根據其材質及使用者的情趣，雕製成禽獸鱗介肖諸形。約始於漢代。宋朱勝非《紺珠集》卷六引漢劉向《列仙傳》："石可用爲鎭紙。"因其係文案必備用具，歷代沿用

漢蟠螭書鎭
（清梁詩正等《西清古鑑》）

至今。宋錢愐《錢氏私志》："徽皇聞米元章有字學，一日於瑶林殿張絹圖，方廣二丈許，設瑪瑙硯、李廷珪墨、牙管筆、金硯匣、玉鎭紙，召米書之上，垂簾觀看……大喜，盡以硯石匣、鎭紙之屬賜之。"宋杜綰《雲林石譜·桃花石》："韶州桃花石，出土中，其色粉紅斑斕，稍潤，扣之無聲，可琢器皿，或爲鎭紙。"元陸友《研北雜志》卷下："研滴須琉璃，鎭紙須金虎，格筆須白玉。"又《墨史》卷下："室中左右圖書，集古今雜録。前列烏几，上置天禄辟邪、紫鳳池、金銅鎭紙，皆可愛玩。"明文震亨《長物志·器具》："鎭紙：玉者有古玉兔、玉牛、玉馬、玉鹿、玉羊、玉蟾蜍、蹲虎、辟邪、子母螭諸式，最古雅。銅者有青綠蝦蟆、蹲虎、蹲螭、眠犬、鎏金辟邪、卧馬、龜、龍，亦可用。"明施耐庵《水滸傳》第二回："猛見書案上，一對兒羊脂玉碾成的鎭紙獅子。"清紀昀《閲微草堂筆記·姑妄聽之三》："朱運使子穎嘗以大理石鎭紙贈亡兒汝佶，長約二寸，廣約

一寸，厚五六分。"清朱琰《陶説·説今》："文房硯屏、墨床、書滴、畫軸、秘閣、鎭紙、司直，各適其用。"清沈心《怪石録·鳳石》："産萊陽縣鳳皇山。因似玉，俗呼爲鳳玉。質稍粗，色淡黄如蓍花，白者如珂雪，殆與萊石皆砒砆之屬。工人琢爲硯山、鎭紙等物，或作印章，頗可愛玩。"許之衡《飲流齋説瓷·説雜部第九》："鎭紙明制尚方，清初亦然，至乾隆則盤螭凸起，長方瘦削而花極工細，堆花者亦比比也。漿合一種，亦以乾隆爲精。"茅盾《霜葉紅似二月花》："王伯申濃眉緊皺，坐在那裏衹顧摸弄一個玻璃的鎭紙。"歷代因其形制及文人雅趣不同，其名稱又有不同。宋陶穀《清異録·文用》："歐陽通（唐人）善書，修飾文具，其家藏遺物尚多，皆就刻名號……鎭紙曰套子龜、小連城、千鈞史。"宋張鎡《陸編修送月石硯屏》詩："三山放翁實贈我，鎭紙恰似金犀牛。"自注："新得古銅犀牛。"呈尺形者稱"鎭尺"。蕭乾《一本褪色的相册》："把那叠稿子放下，用一道鎭尺壓着。"

【鎭尺】

　　即鎭紙。此稱近現代已行用。見該文。

【書鎭】

　　"鎭紙"的別稱。因常用於鎭壓書紙，故名。此稱漢代已行用。清梁詩正等編《西清古鑑》中即載有"漢蟠螭書鎭"。《南史·桓榮祖傳》："帝嘗以書案下安鼻

古玉蟠獅書鎭
（宋龍大淵《古玉圖譜》）

漢熊虎書鎮
（清王傑等《西清續鑑》）

爲楯，以鐵爲書鎮如意，甚壯大，以備不虞，欲以代杖。”唐杜光庭《録異記·異石》：“會稽進士李眺，偶拾得小石，青黑平正，温滑可玩，用爲書鎮。”元吳萊《望馬秦桃花諸山間安期生隱處》詩：“挾山作書鎮，分海爲硯池。”

【界方】

“鎮紙”的別稱。此稱始見於宋代。宋周密《武林舊事·車駕幸學》：“内官進書案聽宣，以經授執經官，進於案上……入内官進牙界方。”宋杜綰《雲林石譜·菜葉石》：“漢州郡菜葉玉石出深土，凡鐫取條段，廣尺餘。一種色如藍，一種微青，面多深青，斑剥透明，甚堅潤，扣之有聲。土人澆沙水，以鐵刃解之成片，爲響板或界方壓尺。”宋王十朋有《界方銘》。明施耐庵《水滸傳》第五一回：“鑼聲響處，那白秀英早上戲臺，參拜四方……拍下一聲界方，念了四句七言詩。”清蒲松齡《聊齋志異·織成》：“生起拜辭，王者贈黄金十斤，又水晶界方一

握。”清厲荃《事物異名録·文具部》：“《文房圖贊》：‘邊都護，名鎮，字叔重，號句曲山民。又名妥，字元安，號如石静君。’按，此乃鎮壓紙旁之物，今所謂界方是也。”

【邊都護】

“界方”之擬人稱謂。此稱始見於宋代。清厲荃《事物異名録·文具部》：“《文房圖贊》：‘邊都護，名鎮，字叔重，號句曲山民。又名妥，字元安，號如石静君。’按，此乃鎮壓紙旁之物，今所謂界方是也。”

【壓尺】

“鎮紙”的別稱。因多用重木或玉石、金屬等製作，形如尺，故名。宋岳珂《愧郯録·鎖小殿子》：“御前列金器，如硯匣、壓尺、筆格、糊板、水滴之屬，幾二百兩。”宋杜綰《雲林石譜·菜葉石》：“漢州郡菜葉玉石出深水，凡鐫取條段，廣尺餘。一種色如藍，一種微青，面多深青，斑剥透明，甚堅潤，扣之有聲。土人澆沙水，以鐵刃解之成片，爲響板或界方壓尺，亦磨礱可爲器。”明吳寬《桃竹壓尺銘》序：“桃竹杖見杜集，或製壓尺。”明高濂《遵生八箋·燕閒清賞箋·壓尺》：“有玉作尺，余見長二尺，厚六分，闊一寸五分者，人云尺璧爲寶。”明屠隆《考槃餘事》：“有倭人鏒金銀壓尺，古所未有。尺狀如常，上以金鏒雙桃銀葉爲鈕，面以金銀鏒花，皆綵環細嵌，工緻動色。”清陳瀏《匋雅》卷上：“鎮紙謂之壓尺，銅與瓷玉

古玉獸鈕書尺
（宋龍大淵《古玉圖譜》）

古玉界尺
（宋龍大淵《古玉圖譜》）

皆有光，亦多肖生物者。"趙汝珍《古玩指南》
第二三章："〔壓尺〕形如尺而用以鎮壓書紙者，
多以紫檀烏木爲之。"明代亦稱作"昭文帶"。
明文震亨《長物志・器具》："壓尺，以紫檀烏
木爲之，上用舊玉彘爲紐，俗所稱昭文帶是也。
有倭人鏒金雙桃銀葉爲紐，雖極工緻，亦非雅
物。又有中透一竅，內藏刀錐之屬者，尤爲俗
製。"

【昭文帶】

"壓尺"的俗稱。此稱明代已行用。見該
文。

【書尺】

"鎮紙"的別稱。因其形如尺，用以鎮紙壓
書，故名。明王圻等《三才圖會・器用》："尺以
鎮紙。"宋韓駒《送范叔器》詩："欲憑書尺問
寒溫。"明朱之蕃《書尺》詩："文木裁成體直
方，高齋時伴校書郎。"

古玉珮文書尺
（宋龍大淵《古玉圖譜》）

牙尺

象牙質鎮紙，形如尺，故名。宋王應麟
《困學紀聞》卷一三："后以牙尺打帝頭，云：
'兒何以作爾語？'帝無言。"宋周必大《玉堂
雜記》卷中："御前設小案，用牙尺壓蠲紙一
幅，傍有漆匣小歙硯，實筆墨於玉格。"

玉鎮紙

玉質鎮紙。明李昌祺《剪燈餘話・賈雲華
還魂記》："壁下二犀皮桌相對，一放筆硯文房
具……花箋數番，玉鎮紙一枚。"清汪懋麟《跋
米元章墨迹後》："上大喜，以馬腦硯、李廷珪
墨、牙管筆、金硯匣、玉鎮紙、水滴賜之。"

界　尺

界尺

用以間隔行距、畫直綫或壓書紙的用具。
長數寸至尺許，以玉、石、木或金屬製作。唐
代時已有使用，歷代沿用至今。唐末趙光逢以
文行知名，時人以其方直溫潤，稱爲玉界尺。
宋張方平《謝人贈玉界尺》詩："美玉琢方潤，
界尺裁方直。"宋葉夢得《避暑錄話》卷上：
"晏元憲平居書簡及公家文牒，未嘗棄一紙，皆
積以傳書，雖封皮亦十百爲運……以鐵界尺鎮
案上。"清袁枚《子不語・壇響》："生夜看書，
見白衣人坐檻上，與之拱手。生用界尺打之，
撫掌大笑而退。"宋代時亦稱作"隔筆簡"。明

陶宗儀《說郛》卷九三引宋王君玉《國老談
苑》："〔宋太宗〕又以柏爲界尺，長數寸，謂之
'隔筆簡'。每御製或飛宸翰，則用以鎮所臨之
紙。"清厲荃《事物異名錄・文具部》："《姚氏殘
語》：太祖以柏爲界尺，謂之隔筆簡。按，此似
亦界絲時所用，故曰隔筆簡也。"

【隔筆簡】

"界尺"之謔稱。此稱宋代已行用。見該文。

【由准氏】

"界尺"之謔稱。此稱唐代已行用。宋陶穀
《清異錄・文用》："歐陽通（唐人）善書，修飾
文具，其家藏遺物尚多，皆就刻名號：研室曰

紫方館……界尺曰由准氏。”

【方正字】

“界尺”之擬人稱謂。此稱始見於宋代。宋林洪《文房職方圖贊》將其列爲文房十八學士之一，稱：“方正字，名端，字士直，號惡圓老叟。”清厲荃《事物異名録·文具部》：“《文房圖贊》：方正字，名端，字士直，號惡圓老叟。按，此是界絲時所用之尺。”

方正字
（宋林洪《文房職方圖贊》）

【黎司直】

“界尺”之擬人稱謂。諧音“隸司直”。指其畫直綫之用，故稱。此稱宋代已行用。宋林洪《文房職方圖贊》將其列爲文房十八學士之一，稱：“黎司直，名合，字志齊；又名全，字季方，號抱槧先生。”清厲荃《事物異名録·文具部》：“《事物紺珠》：界尺曰黎司直。”省稱

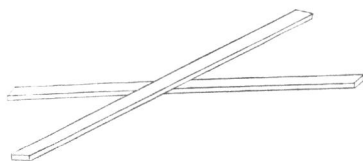

黎司直
（宋林洪《文房職方圖贊》）

“司直”。清朱琰《陶説·説今》：“文房硯屏、墨床、書滴、畫軸、秘閣、鎮紙、司直，各適其用。”

【司直】

“黎司直”之省稱。此稱清代已行用。見該文。

【木訥老人】

“界尺”之擬人稱謂。有謂質樸而不善言辭之義。清厲荃《事物異名録·文具部》：“《事物紺珠》：界尺曰黎司直，又曰木訥老人。”

【韓直木】

“界尺”之謔稱。清厲荃《事物異名録·文具部》：“《諧噱録》：界尺呼韓直木。”

筆　架

筆架

架置毛筆的用具。書畫時在構思或暫息之際，藉以置筆，以免墨污他物，爲古人書案上最不可少之文具。肇始何時，無法確考，但晋代已有之。清厲荃《事物異名録·文具部》：“《致虚閣雜俎》：王羲之有巧石筆架，名扈班。”後歷代使用至今。其質料有玉、石、銅、木、瓷等無不俱備。式樣尤爲繁多。玉、瓷、石製多爲山峰形，銅製則多爲動物形。唐杜甫《題柏大兄弟山居屋壁》詩：“筆架霑窗雨，書簽映隙曛。”五代王仁裕《開元天寶遺事》卷下：“學士蘇頲有一錦文花石，鏤爲筆架。”宋魯應龍《閒話括異志》：“遠峰列如筆架。”宋趙希鵠《洞天清録·怪石辨》：“邵石，寶慶府所出，色黑，多以作博棋子，或刻作筆架，並無自然峰巒。”元劉因有《遠山筆架》詩。明佚名《天水冰山録·都丞文具》：“銅水注一個，銅筆架一個，銅熨紙一個……以上共貯都丞盒一個内。”《畫圖緣》第三回：“一時情興勃勃，隨手在筆架上拈起一枝班管，信手題詩數絶。”許之衡

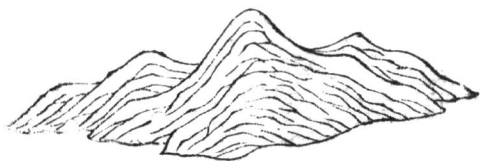

筆　架
（明王圻等《三才圖會》）

《飲流齋說瓷・說雜具第九》："筆架以宜均爲雅，若玲瓏瓷者，殊稚氣耳。"

【筆格】

"筆架"的早期稱謂。此稱始見於南北朝時期，沿用至明清。南朝梁吳均《筆格賦》："幽山之桂樹……翦其片條，爲此筆格。"唐陸龜蒙《和襲美江南道中懷茅山廣文南陽博士三首次韻》詩："自拂烟霞安筆格，獨開封檢試砂床。"宋岳珂《愧郯錄・鎖小殿子》："御前列金器，如硯匣、壓尺、筆格、糊板、水滴之屬，幾二百兩。"宋趙希鵠《洞天清錄・筆格辨》："筆格惟黑、白、琅玕三種玉可用，須鐫刻象山峰聳秀而不俗方可，或碾作蛟螭尤佳……銅筆格須奇古者爲上。然古人少曾用筆格。今所見銅鑄盤螭，形圓而中空者，乃古人鎮紙，非筆格也。"元袁桷《擬宮詞十首》之三："已分筆格金蟾滴，更賜端溪紫硯山。"明屠隆《考槃餘事・文房器具箋》："玉筆格有山形者，有舊仙者，有舊玉子母貓，長六七寸，白玉作母，橫臥爲坐，身負六子，起伏爲格。有純黃、純黑者，有黑白雜者，有黃黑爲玳瑁者。因玉玷污，取爲形體。扳附眠抱，諸態絕佳，真奇物也。銅者，有鏒金雙螭挽格，精甚。有古銅十二峰頭爲格者，有單螭起伏爲格者。窰器有哥窰三山、五山者，制古色潤；有白定臥花哇，瑩白精巧。木者，有老樹根枝，蟠曲萬狀，長止五六七寸，

宛若行龍，鱗角爪牙悉備，摩弄如玉，誠天生筆格。有棋楠沉速不俟人力者，尤爲難得。石者，有峰巒起伏者，有蟠屈如龍者，以不假斧鑿爲妙。"明文震亨《長物志・器具》："筆格雖爲古制，然既有研山，如靈璧、英石，峰巒起伏，不露斧鑿者爲之。此式可廢。"亦稱"格筆"。唐陸龜蒙《初入太湖》詩："微茫識端倪，遠嶠疑格筆。"元陸友《研北雜志》卷下："研滴須琉璃，鎮紙須金虎，格筆須白玉。"

【格筆】

即筆格。此稱唐代已行用。見該文。

【筆山】

"筆架"的別稱。形如山峰，故名。造型一般爲五峰，中峰最高，兩邊側峰漸次之，平底。明代中晚期景德鎮窰製品較多。圖案有青花纏枝花梵文紋筆山，五彩雲龍紋筆山，藍釉露胎獸紋筆山，以青花者居多。清陳恭尹《筆山》詩："似得臥游圖，峰峰落座隅。並將文格古，恰與性靈孤。"

【扈班】

"筆架"之戲稱。義爲扈從之班衛，常隨從筆主，故名。晋代大書法家王羲之所用。清厲荃《事物異名錄・文具部》："《致虛閣雜俎》：王羲之有巧石筆架，名扈班。"

【石架閣】

"筆架"之擬人稱謂。宋林洪《文房職方圖贊》將其列爲文房十八學士之一，稱"石架閣，

石架閣
（宋林洪《文房職方圖贊》）

名卓，字汝格，號小山真隱。"

筆床

放筆之用具。形如人之床，可以卧筆於其上，故稱。始於南北朝時期。明張岱《夜航船・文具》："梁簡文帝始爲筆床，筆四矢爲一床。"南朝陳徐陵《〈玉臺新詠〉序》："琉璃硯匣，終日隨身；翡翠筆床，無時離手。"唐岑參《山房看事》詩之一："數枝門柳低衣桁，一片山花落筆床。"《新唐書・隱逸傳・陸龜蒙》："不乘輿，升舟設蓬席，齎束書、茶竈、筆床、釣具往來。"宋張耒《吴江道中懷陸魯望》詩："筆床茶竈經過地，風月相望亦有神。"明代時已不多見。明屠隆《考槃餘事・文房器具箋》："筆床之制，行世甚少。有古鎏金者，長六七寸，高寸二分，闊二寸餘，如一架然，上可卧筆四矢。以此爲式，用紫檀烏木爲之，亦佳。"明吴寬《秋享齋宿》詩："齋閣相通畫舫同，置身書卷筆床中。"清錢謙益《題李長蘅書劉賓客詩册》："隔船窗相語，顧視舟中，筆床硯屏，位置楚楚。"

珊瑚筆格

亦稱"珊瑚筆架"。用珊瑚製作的筆架。唐宋時爲宮廷之物。唐羅隱《暇日有寄姑蘇曹使君兼呈張郎中郡中幕僚》詩："珊瑚筆架真珠履，曾和陳王幾首詩。"宋錢愐《錢氏私志》："岐公在翰苑時……上悦甚，令左右宮嬪各取領巾、裙帶或團扇、手帕求詩。内侍奉牙床，以金箱水晶硯、珊瑚筆格、玉管筆，皆上所用者於公前。來者應之，略不停輟。"趙汝珍《古玩指南》第二六章："楊文公《談苑》謂宋錢思公有一珊瑚筆格，是可知唐宋之時已有之矣。"省稱"珊瑚格"。清趙翼《題錢撫棠少宰滌硯圖》詩："一硯頻教洗碧泉，名流癖好總堪傳。公家架筆珊瑚格，曾費思公購十千。"

【珊瑚筆架】

即珊瑚筆格。此稱唐代已行用。見該文。

【珊瑚格】

"珊瑚筆格"之省稱。此稱清代已行用。見該文。

銅螭

置放毛筆的螭形筆架。螭，傳説中的無角之龍。宋陸游《愛閑》詩："睡熟《素書》横竹架，吟餘犀管閣銅螭。"一説銅螭爲鎮紙。宋趙希鵠《洞天清録・筆格辨》："銅筆格，須奇古者爲上，然古人曾少用筆格。今所見銅鑄蟠螭形，圓而中空者，乃古人鎮紙，非筆格也。"

象牙筆架

象牙質筆架。明代宮廷製作。高 7.9 厘米，寬 3.8 厘米，長 16 厘米。圓雕，波濤中矗立五峰，二龍於五峰間交相蟠繞，圓目相向，昂首，造型活靈活現，栩栩如生。約爲明代中期製品。現收藏於北京故宮博物院。

筆　洗

筆洗

洗涮毛筆的器具。毛筆尤其是名筆筆尖極爲嬌嫩，加之墨有膠性，能浸蝕筆尖，古今書畫家寫書作畫後，均馬上洗筆，故筆洗作爲文房之要器，一般置放在書房几案之上，以備隨時洗涮。其造型多爲敞口，淺腹，有足。有玉製者，銅製者，最多爲瓷製者。瓷製筆洗最早見於宋代哥窯、官窯、鈞窯。其中以哥窯所産粉青紋清朗者最爲著名，上飾各種圖案，清新雅觀。明清之際，景德鎮窯、德化窯、宜興窯、石灣窯等普遍燒製，沿用至今。明屠隆《考槃餘事・文房器具箋》："今用作洗，最佳者有官、哥元洗，葵花洗。"明文震亨《長物志・器具》："筆洗：玉者有缽盂洗、長方洗、玉環洗。古銅者有古鏒金小洗，有青綠小盂，有小釜、小卮、小匜。此數物原非筆洗，今用作洗最佳。陶者有官、哥葵花洗、磬口洗、四捲荷葉洗、捲口蔗段洗。龍泉有雙魚洗、菊花洗、百折洗。定窯有三箍洗、梅花洗、方池洗。宣窯有魚藻洗、葵瓣洗、磬口洗、鼓樣洗，俱可用。"清紀昀《閱微草堂筆記・槐西雜志》："賣花者顧媼，持一舊磁器求售，似筆洗而略淺。"許之衡《飲流齋説瓷・説雜具第九》："洗也者，在古時以之屬盆，雙魚洗之類是也。近世屬之筆洗，即水中丞之類是也。浣筆之器，淺者曰洗，深者曰盂。康窯豇豆紅、蘋果綠筆洗，最爲殊尤。"聞一多《聞一多先生的書桌》："筆洗説他分明是盛水的，怎麼吃得慣臭辣的雪茄烟。"《花城》1980年第 7 期："傅抱石用一隻很大的陶器筆洗盛着從瓦縫裏滴下的雨。"

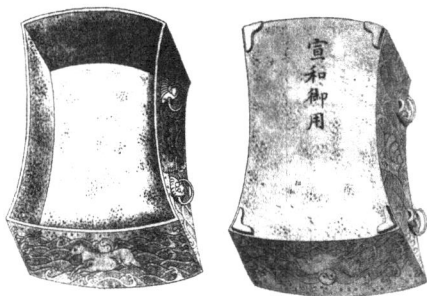

宋宣和風字煖硯銅池
（清于敏中等《西清硯譜》）

【銅池】

即筆洗。銅製，形若池，故名。此稱始見於宋代。宋王君玉《國老談苑》卷一："太宗一日寫書，筆滯，思欲滌硯中宿墨，顧左右，咸不在，因自俯銅池滌之。即畢，左右方至。"

單柄洗

筆洗之一種。因口沿下有一環形柄，故名。造型爲廣口、淺身，近似淺碗形，口部一端平出花瓣式板沿。宋代已有製作。由當時定窯、龍泉窯、鈞窯、耀州窯仿照金銀器樣式燒製。今傳世及出土者有白釉或青釉單柄洗。

葵瓣洗

筆洗之一種。通體造型呈葵花瓣狀，故名。始見於宋代。洗身較淺，平底或淺圈足，有敞口、撇口、折沿之分。其造型多樣，小巧規整，宋代官窯、哥窯均有燒製。明清時江西景德鎮所製有青花魚藻紋或團鳳紋

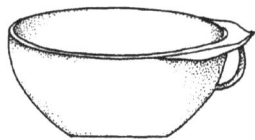

明葵瓣洗

葵瓣洗。明文震亨《長物志・器具》："筆洗……宣窯有魚藻洗、葵瓣洗、磬口洗、鼓樣洗，俱可用。"亦稱作"葵花洗"。明屠隆《考槃餘事・文房器具箋》："今用作洗，最佳者有官、哥元洗，葵花洗。"明文震亨《長物志・器具》："筆洗……陶者有官、哥葵花洗、磬口洗、四捲荷葉洗、捲口蔗段洗。"

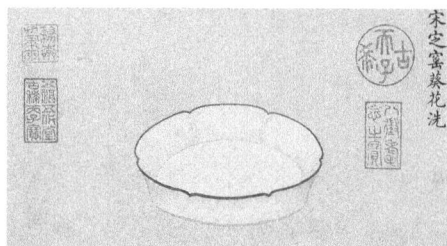

宋定窯葵花洗

【葵花洗】

即葵瓣洗。此稱明代已行用。見該文。

桃式洗

筆洗之一種。形同剖開的桃子，并連有桃之莖葉，故名。宋代官窯、龍泉窯皆有製作。明清時以景德鎮窯、宜興窯及廣窯爲多，今仍有製作。

蔗段洗

筆洗之一種。因洗身分節，類似蔗段，故名。自宋代以來官窯、哥窯及景德鎮窯均有燒製。明文震亨《長物志·器具》：“陶者有官、哥葵花洗、磬口洗、四捲荷葉洗、捲口蔗段洗。龍泉有雙魚洗、菊花洗、百折洗……俱可用。”

蓮花洗

筆洗之一種。通體呈蓮花形，故名。明清時期宜興窯、廣窯均有燒製。宜興窯蓮花洗之造型特點是：洗外部堆貼蓮莖三，莖端處凸起荷葉、荷苞、蓮蓬果各一，周身施有片紋的灰白釉。廣窯蓮花洗造型則具有花瓣層叠、簡潔生動等特點，通體施有明净的藍灰釉。製作均十分精巧。

楸葉洗

筆洗之一種。造型呈楸葉狀，故名。陶製，淺身似盤。洗心顯露出清晰的楸葉脉絡，下部及葉端枝莖凸起，通體施灰釉或深藍間有淡藍的花釉。流行於明清兩代。以宜興窯、廣窯製品居多。

象牙松鼠葡萄筆洗

象牙質筆洗。清代雍正五年（1727）作品。高 1.7 厘米，長 19 厘米，寬 11.4 厘米。枝蔓與葡萄縈繞於葉面，洗中二松鼠正啄食葡萄，旁雕花卉一枝，情態生動自然。據清代内務府檔案記載，雍正五年曾命造辦處“牙作”製象牙雕松鼠葡萄筆洗，當即此器。今收藏於北京故宫博物院。

松竹梅瑪瑙洗

瑪瑙質筆洗。清代作品。形同松樹狀，其上鏤雕松、竹、梅、靈芝與蝙蝠。高 10.3 厘米。質地瑩潤，配以緑色松靈竹蝠，又點綴白色梅花，顯得格外清新素雅。整個作品構思獨到，技藝精絶。今收藏於山東省博物館。

硯池 [2]

洗硯的池子。清俞樾《茶香室三鈔·王逸少硯池遺迹》：“山陰蘭亭，有逸少硯池，朝廷每有頒詔禮，則池水盡墨，可以染緇。”參見本考“墨池” [2]。

墨池 [2]

洗涮筆硯的池子。古代著名書法家多有“墨池”傳説行世。唐裴説《懷素臺歌》：“永州東郭有奇怪，筆冢墨池遺迹在。”宋曾鞏《墨池記》：“〔臨川〕新城之上，有池窪然，而方以長，曰王羲之之墨池。”宋朱勝非《紺珠集》卷七引唐佚名《水衡記》：“歸宗寺右軍所居中有墨池。”清趙翼《題錢撫棠少宰滌硯圖》詩：“吏部文章仰退之，陶泓餘瀋尚淋漓。人間溪沼那供洗，恰取澄江作墨池。”

筆筒

筆筒

盛放毛筆的一種案頭用具。早期放置毛筆的用具有筆床、筆格、筆架之類。筆筒在晋代已有使用。清厲荃《事物異名録・文具部》:《致虛雜俎》:〔王〕獻之有斑竹筆筒,名裘鐘。"從現存實物看,筆筒的大量出現及使用是在明代中晚期。明晚期文人屠隆《考槃餘事》中有"筆筒,湘竹爲之,以紫檀烏木棱口鑲坐

明代青花筆筒

爲雅,餘不入品"的記載,這是有關筆筒的比較確切的文獻記載。比起文房其他用具來,筆筒要大些,在書案上的位置也比較顯眼,故雕琢精美、古樸典雅的筆筒,尤爲文人雅士所欣賞。早期的筆筒,其製作材料爲竹木象牙等。現藏南京博物院的明代竹雕大家朱鶴名作"松鶴竹雕筆筒",製作於明代隆慶五年(1571)。圖案精妙,構思奇特,是難得的竹雕精品。木製筆筒以紫檀、烏木、花梨、鷄翅木等爲時尚。明文震亨《長物志・器具》:"筆筒:湘竹、栟櫚者佳。毛竹以古銅鑲者爲雅,紫檀、烏木、花梨亦間可用。"這類筆筒多出於嗜好文玩的文人雅士之手,他們自己設計製作,頗具情趣。所製筆筒,具有較高的藝術價值和欣賞價值。瓷製筆筒宋代雖有製作,但傳世極爲少見。至明代中期後,瓷製筆筒大量出現,有青花瓷、五彩瓷等,製作十分精妙。有一種扁鼓形筆筒,圈足,上有四圓孔一方孔。圓孔可插毛筆,方孔則可放墨。明文震亨《長物志・器具》:"陶者有古白定生節者,最貴,然覲得大者。青冬磁細花及宣窑者,俱可用。又有鼓樣,中有孔插筆及墨者。雖舊物,亦不雅觀。"這類筆筒曾出現於明晚期文人繪畫中,爲嘉靖時期所製,材質除瓷之外亦有銅鎏金等。入清以來,瓷筆筒製作更爲講究,造型以筒形爲主流,間有四方式、棱式、扁方式、花瓣式等。口徑大小不一,大者如康熙墨彩筆筒,圓徑高度均近尺,小者以宜興窑描金梅花紋筆筒最爲秀巧。尤其是康熙年間的内府製品,在筆筒上描繪有各種山水、人物、花鳥圖案及名人書法作品,更是古玩精品。許之衡《飲流齋説瓷・説雜具第九》:"康熙大筆筒,圓徑宏偉,所繪花彩,以人物爲最奇瑰,花卉次之。若書《滕王閣序》《歸去來辭》《蘭亭序》等類書法,出入虞、柳,亦饒有別趣也。藏家往往代作花盆之用,可爲別有匠心。此等筆筒,底必有露胎闊圓圈一道,其正中處,圓徑又往往凹下焉。"又:"乾隆小筆筒,好作海棠、四方等形,開光者居多,地或作古錦、夔紋狀,質瑩畫細,雖小品,亦自足珍。"玉製筆筒以乾隆時期所製最爲精絶。古銅筆筒偶有見之,多爲後人仿古之作。清劉鑾《五石瓠・濮仲謙江千里》:"蘇州濮仲謙水磨竹器,如扇骨、酒杯、筆筒、臂擱之類,妙絶一時。"清沈復《浮生六記・坎坷記愁》:"〔余〕因是於行囊之外,轉得吾父所遺圖書、硯臺、筆筒數件。"清曹雪芹《紅樓夢》第四○回:"當

地放着一張花梨大理石大案，案上磊着各種名人法帖，並數十方寶硯，各色筆筒、筆海内插的筆如樹林一般。"清文康《兒女英雄傳》第三八回："公子進得屋子，只見把他常用的一個大硯海，一個大筆筒都搬出來，研得墨濃，洗得筆净，放在當地一張桌兒上。"許地山《東野先生》："桌子底筆筒、花插、水壺、墨洗，没有一樣不是奶瓶子。"今筆筒製作仍以青花瓷製爲多，亦有用黑陶等材質，但造型較單一，雖比較實用，但缺少情趣。

筆海

大筆筒。清曹雪芹《紅樓夢》第四○回："案上磊着各種名人法帖，並數十方寶硯，各色筆筒、筆海内插的筆如樹林一般。"

筆屏

插筆之文具。以石或玉製。其正面平滑如屏，有天然花紋或鑲以字畫裝飾，背面有孔可插筆。約始見於宋代。宋代内府有玉製者，今已不用，僅供鑒賞。明屠隆《考槃餘事·筆屏》："筆屏，有宋内製方圓玉花板，用以鑲屏插筆，最宜。有大理舊石，方不盈尺，儼狀山高月小者，東山月上者，萬山春靄者，皆是天生，初非扭捏，以此爲毛中書屏翰，似亦得所。蜀中有石，解開有小松形，松止高二寸，或三五十株，行列成徑，描畫所不及者，亦堪作屏。取極小名畫或古人墨迹鑲之，亦奇絶。"明文震亨《長物志·器具》："筆屏：鑲以插筆，亦不雅觀。有宋内製方圓玉花版，有大理舊石方不盈尺者。置几案間，亦爲可厭，竟廢此式可也。"趙汝珍《古玩指南續編》第二三章："筆屏，插筆之器也。有宋内製者、玉者、大理石者，今亦不用，徒供鑒賞耳。"

其　他

硯屏

亦作"研屏"。置於硯端以障風塵的器物。猶如硯之屏風，故有此稱。古時多以玉、石、漆木爲之，屏上多刻硯銘或古人墨迹。始見於宋代，今不多見。宋代蘇軾有《和范子功月石硯屏》詩，歐陽修有《月石硯屏歌寄蘇子美》詩。宋趙希鵠《洞天清録·研屏辨》："古無研屏，或銘硯，多鐫於硯之底與側，自東坡、山谷始作硯屏。既勒銘於硯，又刻於屏，以表而出之。山谷有烏石研屏銘，今在婺州義烏一士夫家。南康軍烏石，蓋烏石堅耐，他石不可用也。"宋楊萬里《三辰硯屏歌》："影落硯屏不容洗，就中月輪景特奇。"宋杜綰《雲林石譜·虢石》："虢州朱陽縣石產土中，或在高山，其質甚軟，無聲。一種色深紫，中有白石如圓月，或如龜蟾吐雲氣之狀，兩兩相對。土人就石段揭取，用藥點化鐫治而成，間有天生如圓月形者極少。昔歐陽永叔賦《雲月石屏詩》，特爲奇異。又有一種色黃白，中有石紋如山峰，羅列遠近，澗壑相通，亦是成片修治鐫削，度其生趣，乃成物像。以手攏之，石面高低，多作研屏，置几案間，全如圖畫。"元張昱《寫易軒爲方以愚賦》："霞分曉色留書几，斗轉寒光落硯屏。"明胡應麟《少室山房筆叢·莊岳委談上》："廣之增城，有何仙姑者……將婚夕，忽不知其所之，惟研屏間遺題云：'麻姑怪我戀塵囂，一

隔仙凡道路遥。飛去滄州弄明月，倒騎黄鶴聽
鸞簫。'"清錢謙益《題李長蘅書劉賓客詩册》：
"隔船窗相語，顧視舟中，筆床硯屏，位置楚
楚。"清朱琰《陶説·談今》："文房硯屏、墨床、
書滴、畫軸、秘閣、鎮紙、司直，各適其用。"

【研屏】

同"硯屏"。此體宋代已行用。見該文。

研筒

貯放硯臺的器具。起保護硯臺的作用，也
便於携帶。宋歐陽修《硯譜》："又有鐵硯，製
作頗精，然患其不發墨，往往函端石於其中，
人亦罕用。惟研筒便於提携，官曹往往持之以
自從爾。"

規

畫圓形的工具。今稱圓規。約始於春秋戰
國，歷代改進，沿用至今。《韓非子·飾邪》："懸
衡而知平，設規而知圓。"《吕氏春秋·分職》：
"巧匠爲宫室，爲圓必以規，爲方必以矩，爲平
直必以準繩。"三國魏曹丕《車渠椀賦》："方者
如矩，圓者如規。"季賀《人類對形的認識的發
展》："在古代，人們不僅識别了各種不同的形，
而且還創造了規、矩、準、繩等製作圖形的工
具。用'規'畫圓，用'矩'作方，用'準'
定平直，用'繩'量長短，能動地改造自然。"

糊斗

盛糨糊的器具。以銅、陶或石製。宋代之
前當已行用。宋林洪《文房職方圖贊》將其列
爲文房十八學士之一，稱："胡都統，名厚，字
伯固，號善補疇士……可以貼服百萬之師於一
指。不剛不柔，如公其人。以之製敵，勝可占
矣。若夫符籍散逸，行伍缺漏，不過隨時補之
而已。"明屠隆《考槃餘事·糊斗》："有古銅小

唐糊斗二
（清梁詩正等《西清古鑑》）

提鼎一，如拳大者，上有提梁索股，有蓋，盛
糊可免鼠竊。有古銅元甕，肚如酒杯式，下乘
方座，且體厚重，不知古人何用？今以爲糊斗，
似宜。有古銅三箍長桶，下有三足，高二寸
許，甚宜盛糊。陶者有建窑外黑内白長罐，定
窑元肚並蒜蒲長罐，有哥窑方斗如斛，中置一
梁，俱可充作糊斗。銅者便於出洗，價當高於
瓷石。"

【胡都統】

"糊斗"之擬人稱謂。此稱宋代已行用。見
該文。

蠟斗

盛蠟之斗。多爲銅製。始於先秦，沿用至
宋元。時融蠟以緘封，後改用糨糊，故明代時
已不復用，僅作案頭陳設，以示古雅。明屠隆
《考槃餘事》："古人用以灸蠟緘啓，銅製頗有佳
者，皆宋元物也。今雖用糊，當收以備數。"明
文震亨《長物志·器具》："古人以蠟代糊，故緘
封必用蠟斗熨之。今雖不用蠟，亦可收以充玩，
大者亦可作水杓。"

削

亦稱"曲刀"。一種長刃有柄的小彎刀。刀
背常有切齒如鋸，刀柄有環或無環。以青銅或
鐵製成。秦漢以前，書寫工具多爲竹木簡，用
毛筆書寫，有誤時則用削刮修。也可用以刻字，
有誤時復刮修。其背鋸可用以截簡。1958 年 3
月，浙江紹興城關鎮西施山出土一件帶環首之

削，長 25.5 厘米，考古界名之爲“削形鋸”，實即削。因定名者不知削背有鋸，故而致誤。漢代造紙術發明後，紙張逐漸代替竹木簡，削的使用漸少，宋時已視爲罕見古物。《周禮·考工記·築氏》：“築氏爲削，長尺博寸，合六而成規。”鄭玄注：“削，今之書刀。”賈公彦疏：“鄭云‘今之書刀’者，漢時蔡倫造紙，蒙恬造筆，古者未有紙筆，則以削刻字。至漢雖有紙筆，仍有書刀，是古之遺法也。”《禮記·少儀》：“刀却刃授穎，削授柎。”孔穎達疏：“削，謂曲刀。”《淮南子·本經訓》：“公輸、王爾無所錯其剞劂削鋸。”高誘注：“削，兩刃句刀也。”宋張世南《游宦指南》卷七：“見一刀長可七八寸，微彎，背之中有切齒如鋸，未有環。予退而考諸傳記，乃知其爲削。”

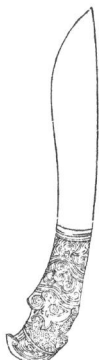

削
（宋呂大臨《考古圖》）

【曲刀】

即削。此稱唐代已行用。見該文。

【書刀】

亦稱“封刀”“鉸刀”“削刀”。“削”的別稱。因用以刻字或刮削竹木簡書寫之誤，故名。《周禮·考工記·築氏》：“築氏爲削，長尺博寸，合六而成規。”鄭玄注：“削，今之書刀。”賈公彦疏：“鄭云‘今之書刀’者，漢時蔡倫造紙，蒙恬造筆，古者未有紙筆，則以削刻字。至漢雖有紙筆，仍有書刀，是古之遺法也。”《釋名·釋兵》：“書刀，給書簡有所刊削之刀也。封刀、鉸刀、削刀皆隨時用作名也。”畢沅疏證：“削

刀，即書刀。”《隸釋·漢國三老袁良碑》：“今特賜錢十萬，雜繒卅匹，玉具、劍佩、書刀、繡文印衣、無極手巾各一。”《資治通鑑·漢獻帝初平二年》：“後紹遣使詣邈，有所計議，與邈耳語，馥在坐上，謂爲見圖，無何，起至溷，以書刀自殺。”胡三省注：“時雖已有筆，猶多用刀筆書，故有書刀。”晋陸雲《與兄平原書》：“筆亦如吳筆，硯亦爾，書刀五枚，琉璃筆一枚。”

【封刀】

即書刀。此稱漢代已行用。見該文。

【鉸刀】

即書刀。此稱漢代已行用。見該文。

【削刀】

即書刀。此稱漢代已行用。見該文。

刀筆

古代書寫工具。古代無紙。記事時用刀刻於龜甲或竹木簡上，有筆之後，用筆在簡帛上書寫，有誤則用刀刮去重寫，故刀筆合稱。有時亦單指刀。《史記·酷吏列傳》：“臨江王欲得刀筆爲書謝上，而都禁吏弗予。”《後漢書·劉盆子傳》：“酒未行，其中一人出刀筆書謁欲賀，其餘不知書者起請之。”李賢注：“古者記事書於簡册，謬誤者以刀削而除之，故曰刀筆。”南朝梁元帝《〈金樓子〉序》：“杜元凱言，德者非所企及，立言或可庶幾。故户牖懸刀筆，而有述作之志矣。”《資治通鑑·漢

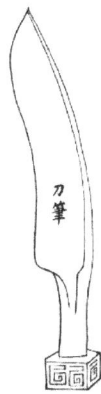

刀　筆
（明方于魯《方氏墨譜》）

獻帝初平二年》："後紹遣使詣邈，有所計議，與邈耳語，馥在坐上，謂爲見圖，無何，起至溷，以書刀自殺。"胡三省注："時雖已有紙，猶多用刀筆書，故有書刀。"清沈濤《交翠軒筆記》卷一："古人刀以書竹簡，筆以書縑帛，刀筆自是二物。"

漢刀筆

漢代書刀。古時無紙，記事時以毛筆書寫於竹木簡上，寫錯之處則用書刀削改，也可用書刀在竹木簡上刻寫。漢代猶沿用。故雖刀筆聯而成詞，漢代有紙筆之後常單指刀，即削。漢刀筆即漢削。宋王黼《博古圖》："〔漢刀筆〕長七寸五分，闊六分，重六兩有半，無銘。形制金，若刀匕，而柄間可以置纓結正觿佩之器。蓋古人用簡牒，則人皆以刀筆自隨而削書。"

漢刀筆
（明胡文煥《古器具名》）

裁刀

裁削竹木所用之刀。其形上尖下圓，長約尺許，刀把多以青綠纏裹。古人以此削裁竹簡，以供書寫。後亦用此裁紙。宋陶穀《清異錄·文用》："裁刀，治書之參差不齊者，在筆墨硯紙間蓋似奴隸職

古玉刀筆裁刀
（宋龍大淵《古玉圖譜》）

也，却似有大功於書。"明屠隆《文具雅編·裁刀》："有古刀筆，青綠裹身，上尖下環，長僅尺許。古人用以殺青爲書，今人入文具，似雅。有姚刀，可入格。近有崇明刀，頗佳，刀靶惟西番鸂鶒木，最爲難得，取其不染肥膩。其木一半紫褐色，內有蟹爪紋，一半純黑色，如烏木。有距者價高。山西澤潞有不灰木，作靶亦妙。"

【刁吏書】

"裁刀"之擬人稱謂。此稱宋代已行用。宋林洪《文房職方圖贊》將裁刀列爲文房十八學士之一，稱"刁吏書，名剛，字克之，號桂溪野客"。

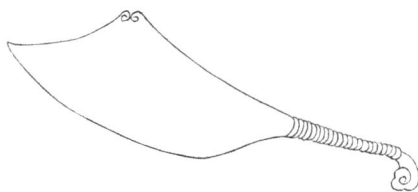

刁吏書
（宋林洪《文房職方圖贊》）

雌黃

一種顏料。用雌黃製成丸狀，古人於紙上寫字，如有錯誤，便以此塗改。亦可用於繪畫。北魏賈思勰《齊民要術·雜說》："雌黃治書法：先於青硬石上水磨雌黃令熟，曝乾；更於瓷碗中研令極熟，曝乾；又於瓷碗中研令極熟。乃融好膠清和於鐵杵臼中熟擣，丸如墨丸，陰乾。以水研而治書，永不剝落。"宋楊萬里《春興》詩："已挼膩粉塗雙蝶，更費雌黃滴一蜂。"亦稱"鉛黃"。唐劉禹錫《奏記丞相府論學事》："凡儒官各加稍食，其紙筆鉛黃視所出州，率令折入。學徒既備，明經日課，繕書若干紙，進士命雛校亦如之。"宋沈括《夢溪筆

談・故事一》："館閣新書净本有誤書處，以雌黄堊之……唯雌黄一漫則滅，仍久而不脱。古人謂之'鉛黄'，蓋用之有素矣。"

【鉛黄】

即雌黄。此稱唐代已行用。見該文。

貝光禄

省稱"貝光"。用以碾硏紙張的文具。以貝螺爲之。亦可用瑪瑙、水晶、玉石等製作。宋林洪《文房職方圖贊》將其列爲文房十八學士之一，稱："貝光禄，名粲，字孺文，號潔菴小友。"《三才圖會・器用》："此介蟲也。南中用以代錢，婦人以爲首飾。其紋有黄黑點，故名貝錦。楮先生（紙之擬人稱謂）有不平者，用以平之。書齋九錫，命貝光禄。"明屠隆《考槃餘事》："多以貝螺爲之，形狀亦雅。有古玉物，中如大錢，元泡高起半寸許，傍有三耳可貫，不知何物。以爲貝光，雅甚。有以紅瑪瑙製爲一桃稍匾，下光可硏紙，上有桃葉枝梗。凡水晶玉石，可做爲之。"明文震亨《長物志・器具》："貝光，古以貝螺爲之，今得水晶、瑪瑙。古玉物中，有可代者，更雅。"

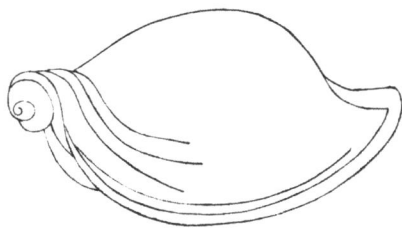

古玉仙桃貝光
（宋龍大淵《古玉圖譜》）

貝光禄
（宋林洪《文房職方圖贊》）

【貝光】

"貝光禄"之省稱。此稱明代已行用。見該文。

筆船

畫綫時架固毛筆的文具。其形如船，故名。多以玉、木所製。常與尺子合用畫書之欄綫、魚尾，起固定、穩托毛筆的作用。以筆船畫出的綫粗細均匀，乾净秀麗。宋代已行用。宋林洪《文房職方圖贊》將其列爲文房十八學士之一，稱："曹直院，名導，字公路，號介軒主人。"清厲荃《事物異名錄・文具部》："按，此乃界絲時用以托筆者。"明屠隆《考槃餘事》："有紫檀、烏木細鑲竹篾者，精甚。有以牙玉爲之者，亦佳。此與直方並用，不可缺者。"一説爲置放毛筆的文具。趙汝珍《古玩指南續編》第二三章："筆船，放筆之器也。紫檀、烏木、竹、牙、玉等製者。"恐非是。

曹直院
（宋林洪《文房職方圖贊》）

【曹直院】

"筆船"之擬人稱謂。此稱宋代已行用。見該文。

乳鉢

研磨顔料所用之器皿。多以陶或銅製，形似臼而小。唐虞世南有《借乳鉢帖》。清曹雪芹《紅樓夢》第四二回："寶釵説道：'擔筆四支，大小乳鉢四個。'"

筆覘

用於蘸筆的小碟。多爲陶瓷所製，亦有

以玉、水晶、琉璃爲之者。明文震亨《長物志・器具》：“筆覘：定窑、龍泉小淺碟俱佳，水晶、琉璃諸式俱不雅。有玉碾片葉爲之者，尤俗。”又：“又有中盞作洗，邊盤作筆覘者，此不可用。”《古今圖書集成・理學彙編・字學典》：“有以玉碾片葉爲之者。古有水晶淺碟，有定窑匾坦小碟最多，俱可做筆覘。”

仿圈

一種中空而成方形之圈，多以銅鐵製成。用於壓平仿紙，便於書寫，故名。清蒲松齡《鬧館》：“哦！有了，不免用仿圈敲動手板，呔喝幾聲‘教書’，可有主呢，也未可知。”

畫碟

調配繪畫顏料的小碟子。清吳趼人《二十年目睹之怪現狀》第四〇回：“你幾時便當，順便同我買點顏料來，還要買一份畫碟、畫筆。”又：“我便賃馬進城，順路買了畫碟、畫筆、顏料等件。”許之衡《飲流齋說瓷・說雜具第九》：“畫碟有數種，尋常梅花形者，以深而內外俱有花者爲貴，多係青花或豆彩也。至分爲各件者，則形式尤夥，有肖種種物形者，有分每格如高盒者，有作荷花瓣九片者，尤以荷花瓣者爲輕絕可愛。”

墨盒

盛放墨汁的盒子。多爲圓形，內放絲棉以墨汁浸透，可隨身攜帶應時蘸用。約始於清代中期，相傳有一士人入試，其家人以攜硯不便，爲其漬墨於脂，盛以粉奩，此爲墨水匣之始。清吳趼人《二十年目睹之怪現狀》第七二回：“被他這麼一招呼，倒不好意思空手出去了，只得揀了幾個墨盒、筆套等件。”趙汝珍《古玩指南續編》第二三章：“阮文達道光丙午重赴鹿鳴，以旗匾銀製墨盒。其制正圓，爲天蓋地式，旁有二柱繫環內。光緒初葉尚藏其家。”民國時，北京琉璃廠萬禮齋曾一度專營墨盒。因其攜帶使用方便，至今仍沿用。白樺《洛陽燈火》：“將軍的日記是用墨筆寫的——真有意思，戰争時期他還能帶墨盒。”亦稱作“墨盒子”。張天翼《溫柔製造者》：“對不起，將來我得用墨盒子寫字。”

【墨盒子】

即墨盒。此稱近現代已行用。見該文。

墨床

放置墨塊的用具。清阮元《詠十三金石文房》：“以唐文泉子紫石硯，硯匣上嵌漢貨幣，以漢五銖泉範爲墨床。”清朱琰《陶說・說今》：“文房硯屏、墨床、書滴、畫軸、秘閣、鎮紙、司直，各適其用。”許之衡《飲流齋說瓷・說雜具第九》：“文房用品，墨床以堆花及釉裏紅者爲佳，五彩山水，尤有尺幅千里之勢。”

第二節　藏貯用具考

本章指稱的輔助用具，係指案頭之外，作爲搭配使用之器具。兩者是相對而言，前者可置於案頭，隨手取用，且具有明顯的室內裝飾性；後者則用以補前者之不足，其中諸多器具并非文房專有。本考之藏貯器具即其中之一類。此類器具依形體分則有兩種，一是罐袋等容器，用以盛裝筆墨書刀等案頭用品，可藏貯，亦可攜行。如灰罐（據考先秦已有，指盛灰墨汁液的罐子）、墨匣（見宋何薳《春渚紀聞·墨磨人》，用以盛墨塊）、畫匣（見明文震亨《長物志·書畫》）、豹皮囊（見唐馮贄《雲仙雜記·養硯墨筆紙》，用以盛墨，可防潮濕）、算袋（見《舊唐書·睿宗紀》，用以盛筆硯等文具，唐宋兩代官員上朝時多隨身攜帶）、方便囊（見宋陶穀《清異錄·文具》，多爲唐代王侯出行時攜帶）、照袋（見宋李宗諤《先公談錄》，五代士人旅行所攜文具袋）、都承盤（見宋林洪《文房職方圖贊》，指盛放文具的器具，亦稱“都丞盒”）。二是收置圖書的櫥架，用以藏貯備檢，多用於室內，不可攜行。如書床（見南朝梁陶弘景《冥通記》卷一，指一種低矮書案，多用以置放圖書）、書匱（見《晋書·劉曜載記》，指置放書籍之櫥匱，亦作“書櫃”，亦稱“書櫥”）、高閣（見《晋書·庾翼傳》，一種高懸於墻上的閣架，亦稱“插架”，戲稱“高閣學”“清節處士”）、書架（見五代若虛《懷廬山舊隱》，美稱“玉架”“玉格”，亦稱“幽架”“鄴侯架”，省稱“鄴架”，依用料而言，又有“竹架”“石架”之別）。藏貯器具最早的行用，莫過於灰罐了。文字記載雖祇見諸元佚名《凍蘇秦》《裴度還帶》之類曲劇，謂六國相蘇秦、唐相裴度微時曾攜灰罐、毛筆，以賣文爲生，似不足憑。但早在新石器時代即已用墨，國內數百處文化遺址里的陶器中，多有紅、灰、黑三色，而黑陶、彩陶更具地域特點，尤精美。而殷商甲骨刻辭中，黑、朱二色更已廣泛使用，故漢李尤《墨硯銘》曰：“書契既造，墨硯乃陳。”先秦典籍中有關墨的記載已俯拾皆是，廣泛應用，生產中有墨繩，刑罰中有墨刑。同理，“墨硯既陳，貯器必生”，但墨硯貯器之初名，今已難考，或本無專用，亦無專名，其時祇是盆罐類容器，一器多用。灰罐用以盛墨汁，起源當甚早，而得名却甚晚，祇是元代而已。墨匣用以盛墨塊，墨塊在五六千年前的仰韶文化時期已見使用，那是天然形態的礦物。20世紀70年代末，陝西臨潼姜寨遺址中，出土了一套繪畫工具，其中除石硯、硯蓋、磨棒、陶杯各一之外，尚有黑色顏料數塊，這黑色顏料即石墨。明王三聘《古今事物考》卷二：“墨始於黄帝之時，一云田真造墨。”田真爲漢代人，後將論及。明朱常㳃《述古書法纂》載：“邢夷始製墨，字從黑土，煤烟所成，土之類也。”邢夷爲西周宣王時人，所製墨，史稱“邢夷墨”，學界認爲亦屬石墨。1975年，在湖北雲夢睡虎地秦墓出土圓柱形墨塊，直徑2厘米左右，色澤純黑，係簡單加工的石墨，爲戰國至秦代物。1973年至1975年間，在湖北江陵鳳凰山清理西漢墓群時，陸續發現一些碎墨，其中有一塊可合成一丸形整墨。這一時期的墨，係用松木燒出的灰烟拌以膠漆而製成的"松烟墨"，尚不能手研，必須用研石壓磨。因而欲急用，衹能以罐盛墨汁，此即盛墨汁之罐，當然仍爲灰罐。東漢之後，小圓墨塊改進爲墨錠，經壓模、出模等工序製成，可手持而研。史載，其時隃麋（今陝西千陽東）已形成製墨中心。前引《古今事物考》卷二之田真，或爲人工墨的製造者之一，墨的發明當爲群體所成。自東漢始，墨經人工製作而成墨錠之後，方可能有墨袋、墨匣之類藏貯器。墨袋，古無其名。唐人稱之爲"豹皮囊"（見唐馮贄《雲仙雜記》卷一），以豹皮製成，可防潮，明清沿用。亦省稱"豹囊"（見明麻三衡《墨志·藏蓄》、清周亮工《祭墨》）。"墨匣"之名，宋代始見行用（見宋何薳《春渚紀聞·墨磨人》），而唐名匠李廷珪之墨已爲匣裝，唐宋典籍多有記載。而作爲盛放筆墨硯等的貯物，據《正字通·衣部》載，秦代已行用。至唐宋時百官上朝時多隨身携帶，皇帝亦多以此物爲賞賜，且衹限定於一、二品官（見《唐書》《宋史》及宋李上交《近事會元》卷一、宋沈括《夢溪筆談·故事一》）。此時王侯及士子多作"方便囊""照袋"（見宋陶穀《清異錄》、宋李宗諤《先公談錄》），或用重錦，或用馬皮，似今之旅行袋，但甚重文具之貯。宋代更有"盤都承"（見宋林洪《文房職方圖贊》），猶今之文具盒。而"畫匣"之稱，明代始見行用（見明文震亨《長物志·書畫》）。作爲書籍的藏貯，其初有"書櫃""書床"之類用具，前者見於《晋書·劉曜載記》，後者指低矮書案，見於梁陶弘景《冥通記》卷一，文稱將兩囊"置書床上"。據文獻記載，最早的書架稱"插架"。所謂"插架"，多以竹製作，"下斂上張"，高懸於壁間，故亦稱"高閣"（見宋朱勝非《紺珠集》）。插架，約始於東漢之後，至唐宋猶行用，因此時書籍的主要形式爲"卷軸裝"。自唐宋始，"經摺裝""册頁裝"之書籍漸興，"下斂上張"之竹制書架已不適用，開始出現了今式之書架。而"書架"之得名，則見於五代若虛《懷廬山舊隱》，此後則有"玉架"（見唐王勃《觀内懷仙》）"玉格"（見《雲笈七籤》卷三）"幽架"（見宋惠洪《春日會思禹見於谿堂》）"鄴侯架"（見明楊焯《宣德窑脂粉箱爲萊陽姜仲子賦》）諸异稱。

灰罐

亦作"灰礶"。盛灰墨汁液的罐子。因罐本多用於盛放烟灰，故名。古時落魄文人常提筆携罐，於街頭賣文，如替人寫書信、對聯等，以此爲生計。元佚名《凍蘇秦》第三折："又不會做經商，止不過腕懸着灰罐，手執着毛錐，指萬物走筆成章。"元關漢卿《裴度還帶》第二折："我收拾灰礶、筆，便索往郵亭投奔李公子走一遭去。"按，凡涉及蘇秦傳聞之別史、說部，多記有蘇秦落魄時携灰礶沿街賣文事。先秦既已有筆墨，製灰礶以盛灰墨汁液，當爲史實，而非蘇秦之發明。

【灰礶】

同"灰礶"。此體元代已行用。見該文。

墨匣

盛墨用的小匣子。一般是根據墨的不同形狀，配以紙匣、錦匣、漆匣、木匣、玻璃匣等，以木匣、漆匣爲多。古時多用烏木、楠木等木料製作，可以養墨。自宋以來，名墨逐漸成爲文人書案上不可缺少的擺設欣賞品，故其外部裝潢也極爲講究，多用黑漆描金匣儲藏。造型一般小巧精緻，亦便於携帶。宋何薳《春渚紀聞·墨磨人》："一日謁章季子於富春之法門寺，出廷珪墨半笏爲示，墨匣亦作半笏樣。規制古樸，是百餘年物。"明屠隆《考槃餘事》："以紫檀烏木、豆瓣楠爲匣，多用古人玉帶花板鑲之。亦有舊作長玉螭、虎、人物嵌者爲最。有雕紅黑退光漆，亦佳。"明文震亨《長物志·器具》："文具雖時尚，然出古名匠手，亦有絕佳者……三格一替，替中置小端硯一，筆覘一，書册一，小硯山一，宣德墨一，倭漆墨匣一。"清阮元《詠十三金石文房》："以漢尚方辟邪銅筒爲筆筒，以宋王晋卿鏤金鐵匣爲墨匣。"

畫匣

盛放書畫作品的長方形匣子。以木爲之。明文震亨《長物志·書畫》："小畫匣，短軸作橫面開門匣，畫直放入，軸頭貼簽，標寫某書某畫，甚便取看。"

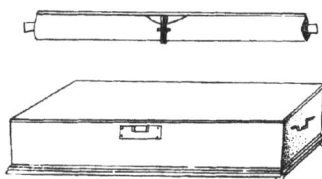

畫　匣
（明王圻等《三才圖會》）

豹皮囊

省稱"豹囊"。盛放墨丸的袋子。以豹皮所製，故名。用以藏墨，可防潮濕。唐馮贄《雲仙雜記》卷一："養墨以豹皮囊，貴乎遠濕。"明麻三衡《墨志·藏蓄》："孫直公頗與余有同志，而直公探元購勝倍於予。豹囊錦襲，極其矜愼。會風日清好，兩家品藻，務爲左右拒。"明高啓《贈賣墨陶叟》詩："玄玉初成敢輕用，萬里豹囊曾入貢。"清周亮工《祭墨》詩："小閣年年拜，隃麋夙所親……豹囊閒掛壁，静者剩爲鄰。"

【豹囊】

"豹皮囊"之省稱。此稱明代已行用。見該文。

算袋

亦作"算帒"。用以盛放筆硯等文具的袋子。始用於秦代。宋李上交《近事會元》卷一："腰帶乃是九環、十三環帶也……環以佩魚、龜、算帒等也。"亦稱"算縢"。《正字通·衣部》："帒，秦始皇時算袋，即算縢也。"唐宋兩代較爲盛行，百官上朝時多隨身携帶，皇帝賜賞亦多有此物。《舊唐書·睿宗紀》："又令內外官依上元元年九品以上文武官咸帶手巾算袋，武官咸帶七事鈷韘並足。"又《舊唐書·輿服志》："上元元年八月又制：'一品以下帶手巾、算袋，仍佩刀子、礪石。'"《資治通鑑·唐則天后神功元年》："賜以緋算袋。"胡三省注："唐初職事官，三品以上賜金裝刀、礪石。一品以下則有手巾、算袋。開元以後，百官朔望朝參，外官衙日，則佩算袋，各隨其所服之色，餘日則否。"宋代亦稱"算囊"。宋沈括《夢溪筆談·故事一》："帶衣所垂蹀躞，蓋欲佩帶弓劍、帉帨、算囊、刀礪之類。"

【算帒】

同"算袋"。此體宋代已行用。見該文。

【算囊】

即算袋。此稱宋代已行用。見該文。

【算勝】

即算袋。此稱明代已行用。見該文。

方便囊

盛放筆硯文具及雜物的袋子。以重錦製成，形同稍後的照袋。唐代王侯競作其物，出行則携帶，因其簡快，故稱。宋陶穀《清異錄·器具門》："唐季王侯競作方便囊，重錦爲之，形如今之照袋。每出行，雜置衣巾、篦鑑、香藥、詞册，頗爲簡快。"

照袋

盛放筆硯文具的盒子。四方形，有蓋與袢紐，多用馬皮製作。五代時讀書人多用之。可隨身携帶，輕巧方便。之所以稱"袋"，或因其物由算袋演化而成。"袋"，亦非專指軟狀物，如旱烟袋、水烟袋之"袋"，皆以銅製作。宋李宗諤《先公談錄》："王太保每天氣暖和，必乘小駟，從三四蒼頭，攜照袋，貯筆硯、《韻略》、刀子、箋紙並小樂器之類。照袋以馬皮爲之，四方，有蓋並袢，五代士人同用之。"《正字通·衣部》："袋，秦始皇時算袋，即算勝也。今蒼頭所攜貯筆硯者，謂之照袋。"明陳繼儒《珍珠船》卷四："照袋以馬皮爲之，四方，有蓋並袢，五代士人多用之。"

都丞盒

亦稱"都丞盤""盤都承"。亦作"都盛盤"。盛放文具的盒子。猶今之文具盒。宋代已行用。宋林洪《文房職方圖贊》將其列爲文房十八學士之一，稱"盤都承，名藏，字利用，號通悟先生"。明佚名《天水冰山錄·都丞文具》："銅水注一個，銅筆架一個，銅熨紙一個……以上共貯都丞盒一個内。"清石玉崑《龍圖耳錄》第四一回："何常喜取了都丞盤放下，又拿了封套、單帖。"清彭養鷗《黑籍冤魂》第二回："後又因坐着吃不便，就拿烟具來放在床上眠著吃，却恐這烟具齷齪了被褥，遂想着了書房裏面有個紫檀花梨木的都盛盤，拿來做個烟盤。"

【盤都承】

"都丞盒"之擬人稱謂。此稱宋代已行用。見該文。

【都丞盤】

即都丞盒。此稱清代已行用。見該文。

【都盛盤】

同"都丞盤"。此體清代已行用。見該文。

第三節　憑倚宜寫用具考

本節所謂憑倚宜寫器具，係指憑倚器具與宜寫器具兩類。

作爲憑倚器具，最初多以几案連稱泛指，其物即書几、書案之類，兩漢典籍時見記載，其物先秦已有，多單稱几案。《後漢紀·光武紀二》中已出現"書案"字樣，此無疑爲讀書寫字之用。宋黄庭堅《和答外舅孫莘老》詩中又出現"書几"字樣，"書案""書几"渾言之無異，細言之則有大小之別，通常認爲案大而几小。三國時出現了"欹架"，可坐可卧，可免手持讀書之勞，史稱乃三國曹操所製。南朝梁劉孝綽《〈昭明太子集〉序》稱之爲"欹案"。宋高承《事物紀原·舟車帷幄》稱之爲"嬾架"。元陸友《研北雜志》卷下稱之爲"倚書床"。其形制今已失傳。几案、書案、欹案等因已收列於本書《日用卷》中，故本考不列條文。作爲憑倚器具，另有"書格"。"書格"，書寫時枕臂之具。舉毛筆時用以支持手腕，不致爲桌面所掣肘，書寫順暢，并可防墨污。其可爲竹木，可爲陶瓷，亦可爲象牙，雕繪常剔透精妙。《南史·庾易傳》已見記載，至清代尤行用。唐代稱"庫露格"，因形似襄陽貢品"庫露真"，玲瓏空虛，故稱。明代稱"秘閣"（見明屠隆《考槃餘事》），清代稱"臂閣"（見清劉鑾《五石瓠·濮仲謙江千里》）。

所謂宜寫器具，專指常用書寫工具之外的個別器具。如《西京雜記》卷三所載，揚雄"好事，常懷鉛提槧……訪殊方絶域四方之語"，後世多連稱爲"鉛槧"，指鉛粉筆與木板。古人因其輕巧簡便，可携帶，易擦净，故至明代猶見行用。唐代又製成白色或黑色的漆板，因可用水洗，故後世稱之爲"水牌"（見唐馮贄《雲仙雜記》卷二、《元明雜劇·招凉亭賈島破風詩》），今世則稱爲"粉板"或"黑板"。

几閣

亦作"几格"。放置圖書的櫥案。猶後世之書架或書櫥。其形制與今之博古架略同。約始於秦漢時期。《漢書·刑法志》："文章盈於几閣，典者不能遍睹。"唐韋應物《燕居即事》詩："几閣積群書，時來北窗閱。"宋林逋《贈當塗朱仲敏》詩："高閒几格圖書畔，冷澹門庭樹石中。"宋劉克莊《趙日起除檢詳》："當甲兵問廟堂，文書盈几格之時，强敏足以應接，精明足以檢泥。"元邵亨貞《紅林檎近·水村冬景》詞："几格橫素帙，屏壁澹烟巒。"

【几格】

同"几閣"。此體宋代已行用。見該文。

書床

指低矮的書案，多用以置放圖書。南朝梁陶弘景《冥通記》卷一："其二人並持囊，囊大如小柱，似有文書，挾席人舒置書床上。"唐白居易《東南行一百韻》："書床鳴蟋蟀，琴匣網蜘蛛。"宋張耒《夏日雜興》詩之三："蝸殼已枯黏粉壁，燕泥時落污書床。"明王守仁《夜宿汪氏園》詩："驛樹雨聲翻屋瓦，龍池月色浸書床。"

書匱

亦作"書櫃"。置放書册文籍之櫥匱。多爲木製。當始於東漢卷軸裝興起之後，歷代沿用。《晋書・劉曜載記》："初，曜之亡，與曹恂奔於劉綏，綏匿之於書匱。"唐白居易《題文集櫃》詩："破柏作書櫃，櫃牢柏復堅。收貯誰家集，題云白樂天。"宋王安石《觀學文》："有即起書樓，無即致書櫃。"清方苞《書高素侯先生手札後二則》："獨先生所點定不敢弃擲，並數歲中手札巾笥而置之先世藏書櫃中。"《人民文學》1978 年第 7 期："他同我談起曹雪芹，告訴我最近在一個人家發現了一個曹雪芹用過的書櫃。"亦稱"書廚"。《宋史・吳時傳》："時（吳時）敏於爲文，未嘗屬稿，落筆已就，兩學目之曰：'立地書廚。'"清褚人獲《堅瓠七集・書廚》："南海唐奎遍覽諸書，稱唐書櫃，或有過譽，要皆美詞也。"

【書櫃】

同"書匱"。此體唐代已行用。見該文。

【書廚】

即書櫃。此稱宋代已行用。見該文。

高閣

亦稱"插架"。置放書籍、字畫等的閣架。多以竹製作。因高懸於墙上，故稱。《晋書・庾翼傳》："京兆杜乂，陳郡殷浩，並才名冠世，而翼弗之重也。每語人曰：'此輩宜束之高閣，俟天下太平，然後議其任耳。'"唐韓愈《寄盧仝》詩："《春秋》三傳束高閣，獨抱遺經究終始。"清陳元龍《格致鏡原》卷三九引宋朱勝非《紺珠集》："插架，一名高閣，以斑竹作，懸於壁間。"元劉因《遠山筆架》詩："中書未免從高閣，不向林泉怨少恩。"清王夫之《雜物贊》："高閣，小紫竹爲架，下斂上張，以庋字畫及稿紙，掛壁間。"清趙翼《插架》詩："插架圖書手一編，蕭齋晏坐意超然。"亦借指藏書。唐韓愈《送諸葛覺往隨州讀書》詩："鄴侯家多書，插架三萬軸。一一懸牙籤，新若手未觸。"宋樓鑰《李文綏和所贈老融詩復次韻爲謝》："鄴侯插架書最多，筆力雄奇天所命。"明湯顯祖《牡丹亭・延師》："我年將半，性喜書，牙籤插架三萬餘。"

【插架】

即高閣。此稱始見於宋代。見該文。

【高閣學】

亦稱"清節處士"。"高閣"之擬人稱謂。

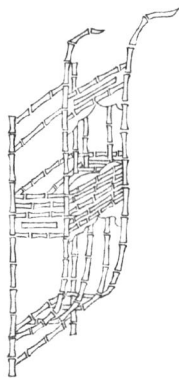

高閣學
（宋林洪《文房職方圖贊》）

始見於元代。元羅先登《文房職方圖贊續》："高閣學,名介,字文友,號清節處士。"

【高介】

即高閣學。此稱元代已行用。見該文。

【高文友】

即高閣學。此稱元代已行用。見該文。

【清節處士】

即高閣學。此稱元代已行用。見該文。

書架

放置書册卷軸的架子。多爲木製,亦有竹、石爲之者。有大小之分,大者一般2米多高,直立於書齋;小者則1米左右,可置放在書桌或書几上,製作小巧玲瓏,如今之博物架。其物當始於東漢卷軸裝興起之後,沿用至今。五代若虛《懷廬山舊隱》詩:"書架想遭苔蘚裹,石窗應被薜蘿纏。"宋蘇易簡《文房四譜·筆譜》:"《景龍文館集》云:中宗令諸學士入甘露殿,其北壁列書架,架上之書學士等略見,有《新序》《説苑》《鹽鐵》《潛夫》等論。"宋梅堯臣《次韻和景彝閏臘二十五日省宿》:"重臘雪花方漫漫,宿廳書架自層層。"宋范成大《放下庵即事三絶》之一:"無風香篆吐長絲,書架凝塵不下帷。"明文震亨《長物志·几榻》:"書架有大小二式:大者高七尺餘,闊倍之,上設十二格,每格僅可容書十册,以便檢取。下格不可置書,以近地卑濕故也。足亦當稍高;小者可置几上,二格平頭,方木竹架及朱墨漆者,俱不堪用。"又《位置》:"齋中僅可置四椅一榻,他如古須彌座、短榻、矮几、壁几之類,不妨多設。忌靠壁平設數椅,屏風僅可置一面。書架及櫥俱列以置圖史,然不宜太雜,如書肆中。"清曹雪芹《紅樓夢》第三七回:"〔迎春〕

走到書架旁,抽出一本書來。"冰心《超人》:"書架上却堆滿了書。"

【玉架】

"書架"之美稱。唐王勃《觀内懷仙》詩:"玉架殘書隱,金壇舊迹迷。"亦稱"玉格"。宋張君房《雲笈七籤》卷三:"東殿金房玉格,有寶經三百卷,玉訣九千篇。"宋周必大《玉堂雜記》卷中:"御前設小案,用牙尺壓斸紙一幅,傍有漆匣小歙硯,寘筆墨於玉格。"

【玉格】

即玉架。此稱宋代已行用。見該文。

【幽架】

"書架"之別稱。此稱宋代已行用。宋惠洪《春日會思禹兄於黏堂》詩:"盡簽書策齊幽架,已買漁舟泊小灘。"

【鄴侯架】

"書架"之別稱。此稱唐宋時期已行用。宋劉克莊《挽吳君謀少卿》詩:"鄴侯架冷惟書在,董子陵荒有策存。"元姚燧《楊補之墨梅》詩:"鉅唐鄴侯架,寶晋滄江船。"明楊焯《宣德窑脂粉箱歌爲萊陽姜仲子賦》:"藥房藝圃比清閟,玉軸牙籤鄴侯架。"清朱彝尊《題賈黃州百石圖四十韻》:"書盈鄴侯架,畫滿將軍廚。"清查慎行《以詩乞王麓台給諫畫山水》:"婁東富文獻,世守鄴侯架。"

【鄴架】

"鄴侯架"的省稱。此稱宋代已行用。宋魏了翁《謝邛守范季才宗丞啓》:"抱影韓檠之二尺,刳心鄴架之萬籤。"清趙翼《分校雜詠·卷箱》:"曹倉鄴架漫相同,無限精靈閟此中。"清吳偉業《呈玉峰少宗伯徐公四首》詩之一:"書局頻開邸第中,桓廚鄴架許誰同。"

竹架

竹製的書架。今仍沿用。宋陸游《愛閒》詩：“睡熟《素書》橫竹架，吟餘犀管閣銅螭。”

石架

石製的書架。晋葛洪《神仙傳·王烈》：“烈入河東抱犢山中，見一石室，室中有石架，架上有《素書》兩卷。”唐王績《贈李澄君大壽》詩：“有書橫石架，無氈坐土床。”

書格

書寫時托臂之具。舉毛筆時用以支持手腕，不致爲桌面所掣肘，書寫順暢，并可防墨污。古時多以竹木、玉、象牙或陶瓷製作，上多雕繪各種圖案，製作精美考究，既是具有實用價值的文具，亦是具有觀賞收藏價值的欣賞品。約始於南北朝時期，達於清代。《南史·庾易傳》：“安西長史袁象欽其風，贈以鹿角書格、蚌盤、蚌研、白象牙筆，並贈詩曰：‘白日清明，青雲嘹亮。昔聞巢、許，今睹臺、尚。’易（庾易）以連理几、竹翹書格報之。”清袁枚《隨園詩話補遺》卷八：“〔汪宜秋〕《病起》云：‘手戰愈憎書格弱，目昏翻厭紙窗明。’”亦稱“秘閣”。明屠隆《考槃餘事》：“有以長樣古玉璏爲之者，近以玉碾螭文、卧蠶、梅花等樣，長六七寸者。有以紫檀雕花者，有以竹雕花巧人物者。有倭人造墨漆秘閣，如圭，元首方下，闊二寸餘。肚稍虛起，恐惹字黑。長七寸，上

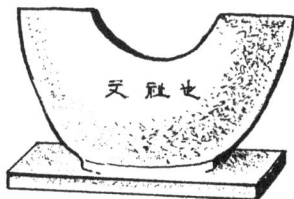

書　格
（華夫《中國古代名物大典》）

描金泥花樣。其質輕如紙，爲秘閣上品。”明文震亨《長物志·器具》：“秘閣以長樣古玉璏爲之，最雅。”清厲荃《事物異名錄·文具部》：“《考盤餘事》：‘秘閣如圭，肚稍虛起，恐惹字黑。’按，此即今人臨書時所用藉手是也。”

【秘閣】

即書格。此稱明代已行用。見該文。

【庫露格】

“書格”之俗稱。此稱唐代已行用。庫露真爲襄陽貢品，名漆器，以玲瓏剔透稱著，因以其喻稱書格。唐皮日休《誚虛器》詩：“襄陽作髹器，中有庫露真。”自注：“玲瓏空虛，故曰庫露。今俗呼書格曰庫露格是也。”

【臂擱】

亦作“臂閣”。即書格。因用以擱置臂腕，故名。宋林洪《文房職方圖贊》稱之爲“靠手”。清劉鑾《五石瓠·濮仲謙江千里》：“蘇州濮仲謙水磨竹器，如扇骨、酒杯、筆筒、臂擱之類，妙絕一時。”清紀昀《閱微草堂筆記·姑妄聽之三》：“又余在烏魯木齊時，見故大學士温公有玉一片，如掌大，可作臂閣。”清錢泳《履園叢話·藝能·雕工》：“余嘗見士元製一象牙臂擱，刻十八羅漢渡海圖。”

臂　擱
（據鄒安《廣倉硯錄》繪）

【靠手】

即臂擱。此稱宋代已行用。見該文。

【臂閣】

同“臂擱”。此體清代已行用。見該文。

鉛槧

古代書寫用具。鉛，鉛粉筆；槧，薄木板。書寫完畢，便於擦净，故可連續使用。漢代使用較多，至清代不絶。《西京雜記》卷三："揚子雲（揚雄）好事，常懷鉛提槧，從諸計吏，訪殊方絶域四方之語，以爲裨補輶軒所載。"唐韓愈《喜侯喜至贈張籍張徹》詩："以余經摧挫，固請發鉛槧。"宋文同《書軒》詩："坐此何可爲，惟宜弄鉛槧。"宋樓鑰《班馬字類序》："片言隻字，施之鉛槧。"清錢謙益《潘文學墓誌銘》："父子兄弟，橫經枕書，鉛槧交加。"亦指繪畫工具。明蘭陵笑笑生《金瓶梅詞話》第五五回："試裂齊紈，施鉛槧爰圖春牧。"

水牌

記事用的木板。一般漆成白色或黑色，水洗去字迹，即可再寫，故名。猶今之黑板。唐代以來在民間使用較廣，至今仍沿用。唐馮贄《雲仙雜記》卷二："李白游慈恩寺，寺僧用水松牌，刷以吳膠粉，捧乞新詩。"《元明雜劇·招凉亭賈島破風詩》第三折："今日施主人家請我赴齋去，你和五戒則在寺中，你將這山門閉上，怕有賓客至，你記在水牌上，等我回來看。"亦稱"簡板"。宋王十朋有《簡板銘》。明郎瑛《七修類稿·辯證類·簡板水牌》："俗以長形薄板，塗布油粉，謂之簡板，以其易去錯字而省紙。官府用之，名曰水牌，蓋取水能去污而復清，借義事畢去字而復用耳。"趙樹理《小經理》："〔三喜〕起先衹是認字和瞭解帳理，後來又慢慢學著寫——把帳本上的字寫到水牌上，寫滿了就擦，擦了又寫。"

【簡板】

即水牌。此稱宋代已行用。見該文。

【粉版】

亦作"粉板"。即水牌。此稱宋代已行用。《説文·巾部》："幡，書兒拭觚布也。"清段玉裁注："觚以學書或記事，若今書童及貿易人所用粉版，即書，可拭去再書。"宋馬永卿《論蔡確作詩譏訕事》第六："今安州根究得確詩，元書在粉板，後來削去墨迹，其板見在。"宋陳淵《過永春劇頭鋪見壁間石刻臨漳王漕詩輒題數句》："粉板會當洗，援毫聊自娛。從人分輕重，削迹今何如。"

【粉板】

同"粉版"。此體宋代已行用。見該文。

索　引

A

B

D

F

G

H

M

P

Q

R

S

Y